게르만 신화와 전설

Germanische
Götter ~ und Heldensagen

라이너 테츠너 지음/성금숙 옮김

범우사

차 례

신들의 전설

영웅들의 전설

옮긴이의 말

이 책의 원제는 게르만 족의 신화와 영웅전설이다. 라이프찌히의 작가 라이너 테츠너는 에다와 사가 등의 문헌을 토대로 중부유럽 및 북유럽의 신화와 영웅전설을 새롭게 재형성하고 있다. 오딘과 토르, 프라이야, 지그프리트와 크림힐트, 군터와 브륀힐트, 하겐, 베른의 디트리히, 힐데브란트 그리고 빌란트에 대한 옛 이야기들이 고대 북유럽 및 중고지 문헌들을 재수용함으로써 오늘날의 청소년과 성인들이 거리감을 좁히고 쉽게 접근할 수 있는 언어로 탄생된 것이다.

중부유럽과 북유럽의 선사시대에 생겨난 신과 영웅들의 이야기는 게르만 문학의 위대한 소재가 되고 있다. 이러한 게르만 시문학을 저자는 철저한 원전에 대한 탐구로 재조명하고 있다. 그는 다양한 문헌들과 그 수용에서 발생하는 모순적인 내용이나 배타적인 사건들을 이야기꾼의 입을 통해 보완하도록 하고 있다. 따라서 독자는 이 책에 등장하는 이야기꾼의 안내로 신들과 영웅들의 세계로 몰입하게 된다. 그는 거의 표면적으로 등장하는 일 없이 옛날 이야기를 들려주듯 조용히 푸념조로, 또 어떨 때는 비장한 자세로 이끌고 있다. 그러다가 느닷없이 독자가 의구심을 가질 만한 부분에서 독자를 대신해 의문을 제기하고는 또 다시 실마리를 제공한다. 화자는 주인공들의 심층적인 심리 분석도 마다하지 않는다. 그의 역할은 사뭇 친절하면서도 냉정함을 잃지 않는다.

1부인 '신들의 이야기'는 아제 신족과 바네 신족의 이야기가 전개되고 있다. 신들의 아버지로 군림하는 오딘은 거인 이미르를 죽이고 그의 시체로 우주를 창조한다. 특이하게도 게르만 신화에는 세계가 만들어짐과 동시에 그 몰락이 처음부터 예고되고 있다. 라그나뢰크로 알려진 신들의 몰락이 그것인데, 이 재앙이 있은 후 또한 세계의 재탄생이 암시된다. 라그나뢰크에 신들에게는 숙명적으로 맞서게 되는 주요 적이 있으니, 거인들이 바로 그들이다. 하지만 거인의 몸을 난사시켜 우주를 창조한 이래로 신들에게도 기인의 피가 흐르고 있다. 오딘이 전세계의 적인 펜리스 늑대에게 이상한 친화력을 느끼고 있는 것도 그 때문이다.

최고의 신 오딘과는 달리 인간들은 그의 아들인 토르에게 더 친근감을 갖는다.

북유럽의 신들은 결코 벌을 주는 신, 즉 두려움을 불러 일으키는 위력의 존재로 묘사되지 않는다. 그들은 인간들로부터 무조건 굴종을 요구하지도 않는다. 오히려 신과 인간의 관계는 부모와 자식 사이처럼 허물이 없다. 신들도 인간적인 속성을 지니고 있으며 그들은 불멸의 존재도 아니고, 그렇다고 전지전능하지도 않다. 그들은 사랑할 만한 약점들을 지닌 존재이다.

게르만 신화의 인간적인 신관을 가장 잘 드러내 주는 인물이 바로 토르이다. 천둥번개의 신인 토르는 존귀함과 위엄을 갖춘 신의 모습일 뿐만 아니라, 인간들의 수호신이며 친구로서 활약한다. 신들은 남신과 여신 할 것 없이 벌꿀술로 연회를 즐기고 매일 회의를 열기 위해 우주수인 물푸레나무 그늘 아래에 모여

민주적인 방식으로 문제를 해결한다. 그들은 인간들에게도 강압적인 무력을 행사하지 않는다. 그들은 거인들의 악한 행위로부터 인간들을 보호하며 세계의 보존을 위해 진력한다. 두 신족과 거인족, 요정에 가까운 알펜과 인간 등 그들은 모두 아홉 세계에서 각각의 주거지를 확보하며 살고 있다. 라그나뢰크에 유일하게 살아남는 존재는 두 명의 인간과 오딘의 아들들 그리고 고귀한 신으로 추앙받던 발더 신이 저승에서 부활한다. 또한 물푸레나무의 그루터기가 불에 그을리지 않고 살아남아 새로운 낙원을 형성한다.

1부에서는 2부에 이어질 영웅들의 그림자가 얼핏 스쳐 지나간다. 용의 피를 혀에 묻힘으로써 새들의 언어를 이해하게 되고, 또 그 피에 몸을 담그므로써 불사신의 존재가 된 영웅 지그프리트이다. 하지만 그에게도 약점은 있었으니 용의 피로 목욕을 할 때 그의 양어깨 사이로 떨어진 보리수 이파리가 남긴 치명적인 흔적이다. 지그프리트의 막강함은 그의 혈통에서도 드러난다. 그의 선조는 오딘으로 신의 혈통을 타고 났다는 사실이 그것이다.

베른의 영웅 디트리히 역시 오딘의 후손이다. 그는 제압하기 어려운 용사로서 민족이동 시기의 위대한 게르만 통치자인 테오데리히 대제의 신화적 형상화이다. 지그프리트와 디트리히 이야기는 역사적 사실과 전설이 시문학에서 밀접하게 융화된 예이기도 하다. 오딘은 번번히 후손들의 삶에 개입한다. 전쟁의 위험에서 묘한 방책을 제공하거나, 영웅만이 소유할 수 있는 신기의 검 발뭉을 선사하기 위해 특유의 푸른 망도를 걸치고 그 모습을 드러내기도 한다.

영웅 디트리히의 종사이며 친구이기도 한 비테게의 부친에 관한 이야기 또한 신화와 전설이 갖는 무한한 상상력의 보고이다. 이 대장장이 뷜란트가 벼리어 만든 위대한 칼과 무기는 대를 물리어 영웅들의 징표로 그 위세를 떨친다.

신화와 전설에 담긴 의미는 섣부른 해석을 불허한다. 지그프리트의 죽음을 둘러싸고 벌어지는 아름답고 처절한 사랑과 복수의 서사시는 1차 대전시에 민족적 동일화의 본질적 요인으로 기여함과 동시에 민족주의적 지향을 위해 정치적으로 악용되기도 했다.

신화라는 과거의 우물에서 무언가를 길어낸다는 것은 어떤 의미가 있을까? 인간존재의 기원과 사물의 기원들을 신비로운 방식으로 설명하고자 하는 것을 신화라고 본다면, 그 길어오름은 초자연적인 존재를 빌어 과거(종교적인 역사)가 인간존재에게 베풀어주는 선물같은 것은 아닐까. 그렇기 때문에 우물은 깊으면 깊을수록 오래되면 오래된 것일수록 좋은 것이다.

지난 겨울학기에 베를린 대학의 우르줄라 슐체 교수의 고대문학 강의가 이 글을 옮기는데 적지않은 도움이 되었다. 영웅들에 대한 그녀의 실감나는 해석이 제자들에 의해 음유시인의 노래로 만들어질 때는 더욱 큰 감동을 받았던 기억이 새롭다. 그 태생에 걸맞게 신과 영웅들이 두루 갖춘 고결한 덕목과 함께 혁혁한 무용담 또 때로는 잔인하리만큼 무서운 피의 혈전들이 생기生氣 없이 읽혀진다면 그것은 순전히 옮긴이의 잘못이다. 강호제현의 꾸중을 달게 받을 것이며 앞으로 더욱 좋은 번역이 되도록 힘쓰겠다.

2002년 3월
성금숙

신들의 전설

1. 아제 신들이 탄생하여 세계를 건설하다

태초에 북쪽에는 추위와 어둠이 있었고, 남쪽에는 따뜻한 기운과 밝음이, 그리고 그 사이에 기눙아가프Ginnungagap라 불리우는 심연이 입을 벌리고 있었다. 선사시대에는 아직 하늘도 땅도 없었으며, 신들도, 한 움큼의 풀도 없었다.

북쪽의 얼음지역은 니플하임Niflheim이라 부르는데 그곳은 으시시하고 안개가 자욱했다. 그 한가운데 있는 흐버겔미르Hvergelmir라고 하는 샘에서는 물이 뿜어져 나왔다. 이 요란한 소리를 내는 분지에서 열한 개의 강물이 생겨났는데, 소금과 독을 함유한 이 강물은 입을 쩍 벌리고 있는 심연 속으로 흘러 들어갔다. 흐르던 강물은 그 샘의 근원으로부터 멀리 떨어진 곳에서 멈춘 채 얼음으로 변해 돌처럼 굳어졌다. 그 위로 물거품이 튀어올라 유독한 시냇물이 되고 얼어붙었다. 이윽고 얼음과 서리가 기눙아가프란 심연 속으로 미끄러지면서 북쪽의 계곡을 폭풍과 눈으로 가득 채웠다.

한편 무스펠스하임Muspellsheim이라 부르는 남쪽에서는 불꽃이 타오르고 있었기 때문에 옛날부터 그곳에는 아무도 살 수 없었다. 그리고 그곳으로부터 불꽃이 심연으로 흩날려 갔으며 그결과 온화한 기운을 만들었다. 따뜻한 바람이 얼음과 서리를 녹였다. 얼음과 서리가 녹아내릴 때 쉭쉭거리는 소리와 물방울이 똑똑 떨어지는 소리, 그리고 불꽃이 탁탁 튀는 소리가 들렸다. 그 떨어지는 물방울들은 타오르는 불꽃의 힘으로 더욱 활기를 띠었다. 이렇게 해서 최초의 생명체가 생겨났으니, 그 이름은 이미르Ymir라 불리웠다. 이 생물체는 남자이면서 동시에 여자의 성을 지닌 양성 존재였다.

사람의 형상을 띤 거인이 잠을 자고 있을 때, 땀을 흘리기 시작했다. 그때 거인의 왼쪽 겨드랑이 아래에서 한 남자와 여자가 자랐고, 한 쪽 발은 다른 쪽 발의 아들을 하나 낳았다. 모든 거인들, 즉 서리 거인들과 난폭한 산의 거인들 역시 이 후손들의 후예이다.

무스펠스하임의 따뜻한 기운에 얼음들이 줄기차게 녹아 내렸다. 그때 방울져 떨어지는 서리에서 아우둠라Audumla라는 암소 한 마리가 태어났다. 이 뿔 없는 암소는 젖이 풍부했다. 네 개의 커다란 젖통에서 젖이 풍성하게 쏟아졌으며, 이미르는 그것을 먹고 양육되어 힘센 거인으로 성장했다.

그리고 이 최초의 암소인 아우둠라가 태어난 곳은 풀이 자라지 않았기 때문에 소금기가 배인 얼음 덩어리를 먹고 자랐다. 어느 날 암소가 돌처럼 딱딱한 얼음을 혀로 핥아내자, 저녁 무렵에 남자의 머리카락이 밖으로 솟아나왔다. 둘째 날에는 머리가 온전히 생겨났으며, 사흘째 되던 날에는 신들의 조상이 전신의 모습을 드러냈다. 그의 겉모습은 아름다웠으며 키가 크고 강인했다. 그리고 그는 아들 하나를 탄생시켰다. 그 아들은 거인의 딸인 베스틀라Bestla를 부인으로 맞아들였다.

거인족의 여인인 베스틀라는 최초의 신들인 장남 오딘Odin과 그의 형제 빌리Vili와 베Vé를 낳았다.

젊은 신들은 힘이 장사였으며 머리가 총명했고, 무엇인가를 이루고자 했다. 그들에게 거인들이 사는 척박한 세계는 만족스럽지 않았던 것이다. 하지만 서리 거인들은 원천에서 흘러나오는 강물을 얼게 만들었고, 삼형제가 확보하려 했던 영역을 향해 거칠게 부딪치는 소리를 내며 얼음 덩어리들을 미끄러뜨렸다. 이미르 역시 화를 내며 미친듯이 날뛰었다. 그런데 그의 거대한 몸이 비대해지면서 점점 더 많은 공간을 점령하게 되자 신들이 이미르를 죽였다. 그의 상처에서 솟구쳐 나온 엄청난 양의 피때문에 홍수가 났다. 그러자 젊은 신들은 모든 거인족들을 홍수 속에 빠져 죽게 했다. 교활한 거인 베르겔미르Bergelmir만이 부인과 가족들을 데리고 속이 텅 빈 튼튼한 나무줄기에 올라타고 홍수에서 살아남았다. 새로 탄생한 모든 거인족들과 훗날 그들이 신들에 대해 갖게 되는 증오심은 모두 베르겔미르에게서 유래한 것이다. 신들의 업적과 악행들, 그리고 그들의 적들과 싸운 전쟁에 대해 여기서 낱낱이 이야기 되어질 것이다.

오딘과 그의 형제들은 이미르의 거대한 몸뚱이를 기눙아가프의 한가운데로 끌고갔고 그의 주검으로 세계를 만들었다. 그의 살로 육지를 만들었고, 그의 피로 물과 바다를 이루게 하였다.

최초의 서리거인을 양육하는 암소 아우둠라. 1790년경 N. A. 아빌고르의 유화.

신들이 이미르의 두개골을 육지 위로 들어올려 거기서 하늘을 만들었다. 두개골의 네 귀퉁이가 대지의 끄트머리와 맞닿는 네 개의 점 아래에 각각 난쟁이 한 명씩을 배치했다. 그들의 이름은 베스트리Vestri, 주드리Sudri, 아우스트리Austri, 노르드리Nordri였으며 기둥처럼 하늘을 떠받치고 있었다. 신들은 땅을 바다에서 높이 들어올려 단단하게 굳혔다. 이 때 최초의 푸른 잡초들이 싹을 틔우기 시작했다. 바다는 둥그런 원처럼 대지 주위를 감싸고 있다.

이미르의 다리로 신들은 산을 창조해 냈고, 그의 턱뼈와 이, 그리고 부스러진 뼈로는 돌들을 만들었다. 나무들은 이미르의 머리카락에서 생겨났고 그의 뇌에서 구름이 만들어졌다. 그런 다음 신들은 강력한 중간세계인 미드가르트Midgard를 만들었으며 그곳의 거주자들인 인간들을 창조했다. 이 점에 대해선 앞으로 설명될 것이다. 신들은 인간들을 바깥 세계로부터 보호하기 위해 이미르의 속눈썹을 뽑아 미드가르트 둘레에 방벽을 설치했다. 이 바깥 세계를 우트가르트Utgart라고 부르는데 신과 인간 모두에게 살기 힘든 곳이었다. 우트가르트에 있는 산에는 수목이 자라지 않았고 얼음으로 뒤덮혀 있었으며, 철봉과 같은 나무들로 이루어진 그 원시림을 어느 누구도 뚫고 들어갈 수 없었다. 그리고 늪지대들은 탐욕스러웠다. 거기서 신들이 베르겔미르의 후손인 거인족들에게 거주할 장소를 배분해 주었다. 사악한 거인족인 트롤Troll들과 다른 괴물들 역시 황량한 해변가와 산 속에 자리를 잡았다.

그들이 인간세계 주변에 방벽을 충분히 쌓아 올리고나자 비로소, 신들은 그 한가운데에 자신들의 세계를 세웠다. 산 위에는 하늘로 우뚝 솟은 견고한 요새도 건축했다. 아제Ase 신들은 오딘의 혈통을 잇는 신족이었으며, 따라서 그들의 거주지를 아스가르트Asgard라 한다. 오딘과 대지의 여신인 요르트Jörd사이에서 낳은 장남 토르Thor와 다른 후손들이 아제 신족에 속한다.

　세 명의 젊은 신들은 광석을 발굴했고, 광석이 없는 암석에서 금속을 녹여내었다. 그들은 대장간의 화덕과 강력한 풀무가 딸린 가마를 만들었으며, 모루와 망치, 집게 그리고 다른 도구들도 만들어 내었다. 집안 살림도구 이외에도 그들은 도끼와 칼 그리고 예리한 창들을 벼리어 내었다. 세상 초기에는 이러한 무기들만으로도 충분했다. 그리고 신들은 많은 금이 들어있는 광석을 캐내었으며, 그것을 재료로 사용했다. 또 망치질을 해서 정교한 열쇠와 순금의 잔 그리고 장신구들을 가공, 생산했고 방패와 검을 장식하기도 했다. 우리가 그 시기를 황금시대라고 말하는 것은 이 때문만은 아니다(황금시대라는 어휘는 두 가지 뜻을 갖는다. 첫째는 그 시기가 순금과 같이 때묻지 않은 순수함을 지녔기 때문이고, 둘째는 글자 그대로 신들이 거주하는 아스가르트를 비롯해서 궁전과 홀 그리고 여러 저택들에서 사용하는 도구들이 모두 금으로 만들어졌기 때문이다 - 옮긴이).

　신들은 나무를 가지고 건축에 사용하기도 했으며 돌을 채굴하기도 했다. 토르는 가장 무거운 바위 덩어리들을 힘들여서 아스가르트로 끌고 갔다. 비로소 아제 신들의 모임 장소로 쓰일 넓은 홀이 완성되었다. 신들이 회의를 열 때, 그들은 그곳에 있는 높은 자리에 앉는다. 어떤 건축물도 오딘의 거주지보다 더 크고 훌륭할 수는 없었다. 그 주택은 기쁨을 주는 집이라 불렀으며, 그 내부와 바깥은 수 많은 순금때문에 광채를 발산했다. 전투에서 전사한 사람들의 혼령이 거주하는 홀도 이곳에 있었다.

　여신들을 위한 특별한 홀이 풍부한 금과 은으로 장식되어 지어졌다. 오딘의 아들들을 위해서도, 특히 토르를 위해 '힘이 깃든 집'이라 부르는 거주지가 만들어졌다. 그리고 아스가르트의 가장 높은 주거지는 철통같은 성벽을 갖추었고 온갖 화재에 대비해서 지은 안전한 집이었다.

아제 신들은 미드가르트와 우트가르트 그리고 아스가르트를 만들어서 이 세 개의 세계를 불멸의 것으로 간주했다. 그리고 그들은 신들의 성과 인간세계를 연결하는 강력한 아제 신들의 다리를 건축했다. 이 다리의 이름은 비프뢰스트Bifröst이며, 거대한 산의 거인들을 위협하는 붉은 빛의 불이 활활 타오르고 있었다. 그리고 다양한 빛깔이 희미하게 빛나고 있어서 무지개라고 불렀다. 비프뢰스트는 다른 건축물보다 더 깊은 통찰력과 뛰어난 기교로 만들어졌음에도 불구하고 훗날 적들이 공격해 올 때 붕괴될 것이다. 비가 내리는 날에 해가 비치면, 비프뢰스트는 천의 천 배 만큼이나 빛나는 보석들로 하늘에 세워진 것처럼 모든 이들에게 또렷이 눈에 띄었다. 아제 신들의 다리 근처에서 파수군 노릇을 하는 아제 신 하임달Heimdall 역시 눈부시게 빛을 내고 있다. 그는 신들의 성곽 주변에 위치하는 빛나는 궁전에 살고 있다. 하임달의 이는 금으로 되어 있고, 그가 몰고 다니는 말의 머리는 황금으로 땋아 늘이고 있었다. 게다가 눈부시게 빛나는 그의 검이 전 세계를 밝게 비추고 있다.

오딘의 거주지 위에는 창가에 좌석이 놓여있는 전망대가 있다. 이것이 오딘의 높은 자리인 홀리츠크얄프Hlidskjalf이다. 거기서부터 오딘은 온 세계를 감시할 뿐만 아니라 인간들의 행위를 낱낱이 기억해 둔다. 세상 초기에 아제 신들은 거인들과 종종 의좋게 서로 함께 살기도 했다. 우트가르트의 전 주민들은 거의 변두리 지역에 만족하며 살았다. 하지만 몇몇 서리 거인들과 산의 거인들은 인간들을 미워했다. 신들이 인간들에게 비옥한 지역을 자유롭게 쓰도록 방치했기 때문이었다. 그래서 그들은 인간들이 사는 농가에 바위 덩어리를 차버리거나 모래와 우박을 동반한 폭풍우를 미드가르트에 일으켰다. 홀리츠크얄프에 앉아 있던 신들의 아버지가 그와 같이 평화를 어지럽히는 거인들을 혼내 줄 기회를 엿볼 때면, 그는 토르에게 그 사실을 알려

신들의 아버지 오딘. 그의 양어깨에 까마귀 후긴과 무닌이 앉아 있다. 까마귀들은 세상을 두루 정찰하고 돌아와 오딘의 귀에 새로운 소식들을 속삭여 준다. 1760년 산문 에다에 수록된 그림.

서 그들을 격퇴시키게 했다.

신들은 인간들과 친교를 나누며 그들에게 기쁨을 가져다 주는 루네Rune 문자를 가르쳤다. 이제 신들과 인간들의 얼굴이 행복으로 빛났다. 미드가르트의 들판에서는 많은 사람들이 과식하여 위가 터질 지경으로 배불리 먹을 만큼 곡식을 풍부하게 수확하였다.

오딘은 까마귀 후긴Huginn과 무닌Muninn을 훈련시켜 조리있게 말할 수 있도록 가르쳤다. 까마귀들은 아침이면 바깥 세상으로 날아갔다가 저녁이 되어서야 돌아와 오딘의 양어깨에 앉아 그간에 있었던 새로운 소식들을 그의 귀에 속삭인다. 이 신들의 아버지는 자신의 부인 프리크Frigg 외에는 아무도 이 훌리츠크얄프에 발을 들여 놓지 못하도록 세심한 주의를 기울였다. 이에 대한 오딘의 주장은, 다른 신들에겐 관측된 모든 일을 해석할 만한 지혜가 없다는 것과, 또한 그들의 정신은 눈에 보이는 족족 혼란에 빠지게 될지도 모른다는 것이다. 그러한 일이 얼마나 갑자기 생겨났는지 곧 이야기 될 것이다.

자신의 전망대에서 오딘은 두 번째 신족을 관찰하고 있었다. 바넨하임에 거주하는 바네Vane 신이라고 하는 이 신족들의 기원에 대해서 알려진 사실이 없었다. 바네 신들은 아제 신들보다 더 부유하고 유복한 상황에서 살고 있었다. 그리고 까마귀 후긴과 무닌은 오딘에게 바네 신들이 아제 신들보다 더 많은 순금을 소유하고 있다고 속삭였다.

2. 아제 신들이 거인 로키를 받아들이다

오딘은 종종 훌리츠크얄프에서 내려와 자신의 푸른 색 구름 망또를 걸쳐 입고, 차양이 넓은 모자를 쓰고는 전세계를 돌아

다니며 직접 감시하기도 한다. 이따금씩 그는 미드가르트의 아름다운 처녀들과 우아한 부인들이 살고있는 집들을 방문하기도 한다.

오딘은 아주 키가 컸으며 모든 신들 중에서 가장 품위가 있었다. 그를 보고 있는 모든 사람들은 그의 위엄있는 모습때문에 즐거워한다. 그가 하는 말은 매우 재치있고 감동을 불러 일으켜서 그의 말을 듣고 있는 청중들은 오직 그만이 진리를 말할 수 있을 뿐이라고 생각할 정도이다. 그는 마법으로 겉모습과 형상을 마음대로 바꿀 수가 있고, 어떤 한 장소에서 멀리 떨어져 있는 다른 장소로까지 이동할 수도 있으며, 말로 불을 제압하고, 폭풍우를 진정시키며 그가 원하는 쪽으로 바람의 방향을 돌릴 수도 있다. 게다가 그는 병을 치료하는 방법과 재앙을 피해가는 방법도 알고 있다. 또한 누군가의 힘과 정신을 빼앗아 다른 사람에게 주거나 심지어는 그가 원하는 어떤 사람을 무슨 방법으로든지 질병과 불행, 그리고 죽음으로 벌을 내릴 수 있다. 그리고 그는 교수형에 처한 사람들 아래 앉아서 죽은 자를 일으켜 세우기도 한다.

이처럼 세상 일에 노련하고 현명하게 처신하는 오딘이지만 혼자서는 통치를 할 수 없었고 원치도 않았다. 신들은 모든 일을 공동으로 상의하며 수행해 나갔다. 그들은 매일 자리를 함께 하여 재판을 하고, 전 세계를 어떻게 보존해 나갈 것인지 함께 논의했다. 여신들도 회의에 참석해서 다른 남신들과 똑같은 힘을 발휘했다.

오딘의 부인 프리크는 가장 명망있는 아제 신이다. 그녀는 매의 날개옷을 갖고 있어서 그것을 입고 자주 미드가르트로 날아간다. 사람들은 그녀를 가정과 부인들의 신으로 존경하고 있으며, 그녀가 거주하는 곳을 바다의 궁성이라고 부른다. 아제 여신

아제 신들. 아제 신들은 영웅과 왕들로부터 숭배를 받는 전쟁의 신들
이었다. 신성한 존재이기는 하지만 불사신들은 아니었던 그들은 북
부 게르만족들처럼 인간적인 감정을 지녔으며 서로 사랑하고 싸웠
다. 그림 왼쪽에서 뿔달린 투구를 쓴 오딘이 아제 신들을 지휘한다.
1890년 경 W. 콜링우드의 그림.

풀라Fulla가 그녀의 보물 상자를 감시하고 있고 그녀의 신발을 보관하고 있으며 게다가 프리크의 비밀까지도 속속들이 알고 있다. 처녀인 풀라는 머리카락을 풀어헤치고 이마에는 금띠를 둘렀다.

오딘과 프리크는, 인간들에게 논쟁이 생기는 경우에 종종 반대편을 옹호해서 서로 속이도록 한다. 하지만 그 외에 두 신은 소위 행복한 결혼생활을 영위한다. 프리크는 오딘이 간혹가다 처녀들을 유혹하는 일때문에 마음의 상처를 받는다. 하지만 그녀에게도 사랑의 모험은 뒤따른다. 그러나 무엇보다 그들의 아들인 발더Balder에 대한 애정이 오딘과 프리크를 하나로 묶어주고 있다.

오딘의 맏아들이며 가장 강하고 뇌우를 관장하는 신 토르에게 인간들은 제물을 바치면서 그를 가장 많이 숭배한다. 토르는 물결치는 붉은 빛 수염을 나부끼고 구름 위에서 염소가 끄는 수레를 거세게 몰며, 밭과 목초지를 위해 온화한 뇌우와 따뜻한 비를 내려주거나 우트가르트의 적들을 향해 번개를 선사하기도 한다.

세상 초기에 아제 신들은 회의가 끝난 후에 즐거운 연회를 열고, 황금사발로 음식을 먹고 값 비싼 뿔잔으로 맥주와 꿀술을 마셨다. 번쩍이는 보석들이 그들의 식기를 장식해 주었기 때문에 소음으로 가득찬 홀은 황금빛 속에서 희미하게 빛나고 있었다.

오딘은 포도주를 마시는데 그것은 그의 주식이 된다. 토르는 대식가와 대주가로 유명하다. 연어는 그가 제일 좋아하는 음식이다. 상당한 식사시간에 걸쳐 그는 똑같은 연어요리를 먹어 치운다. 말하자면 대지의 여신 요르트의 아들인 토르의 이 거리낌 없는 식욕은 곧 그의 힘의 상징이다.

여신과 남신들은 거인들의 사나운 세계로부터 해방된 사실을 경축했다. 그들은 황금 장기의 말을 가지고 판 위에서 노는 유희를 즐겼다. 이따금씩 아제 신 발더는 장님인 회트Höd 신 옆자리에 앉아 그에게 음식을 건네주고 뿔잔에 마실 것을 채워주었다. 그리고 그를 데리고 거주지를 지나 아스가르트로 가거나 야외로 산책을 나갔다. 여러 번 아름다운 거인족의 여인들이 연회에 와서 황금 덩어리를 건네주었다. 하임달은 거인들의 선물이 위험의 징표임을 경고했지만 오딘과 아제의 여신들은 황금을 받아들였다.

아제 여신 이둔Idun은 황금빛으로 반짝이는 사과를 상자 속에 담아 보관하고 있다가 매일 식사를 마친 후에 아제 신들에게 그것을 건네준다. 어떤 아제 신도 과일이 바닥나리라고는 생각지 않았다. 그리고 신들은 늙지 않았기 때문에 과일의 불멸성을 믿었다. 여자들은 오딘의 힘찬 허리를 칭송해 마지 않았는데, 그도 그럴 것이 그는 젊었을 때보다 창을 더 멀리 던질 수 있기 때문이었다.

아제 신들은 매일 회의를 개최해서 어떻게 세상을 계속해서 구축해 나갈 것인지에 대해 논의했으며, 빛의 알펜이라 불리는 꼬마 요정들에 대해서도 논의했다. 이 작고 우아한 존재들은 태양보다도 아름다우며, 아스가르트의 서쪽에 있는 알펜하임Alfenheim에서 살고 있다. 그들은 신들에게는 말벗이 되었고, 인간들에게는 호의적인 존재로 여겨졌다.

그리고 아제 신들은 이미르의 살 속에서 성장해서 거대한 원시 생명체의 타액과 그의 상처에서 넘쳐 흘러 응결된 혈액 속에서 번식력을 보여준 구더기들에 대해서도 용단을 내렸다. 신들은 이 구더기들에게 인간의 모습과 지능을 부여했으며 흙과 자갈 속에서 살도록 결정했다. 그래서 어둠의 알펜이라고도 불리우는 난쟁이들이 생겨났다. 대부분의 난쟁이들은 역청보다도 더 검었다. 몇몇 난쟁이들의 이름은 '쪼글쪼글한 피부', '고집쟁이', ‘언덕을 느끼는 자’, ‘라우어 늑대’, ‘뿔천공기’로 불렸다. 많은 난쟁이들은 솜씨가 뛰어난 수공장인이었으며 신들보다 더 훌륭한 장식구와 도구, 그리고 무기제조법을 터득했다. 그것이 결국 그들에게 불행을 가져다 주었다. 이렇게 아제 신들은 난쟁이들의 거주지인 슈바르츠알펜하임을 만들었으며 이 세계 역시 영속하리라 믿었다.

어느 날 한 작은 거인이 아스가르트로 올라와서 튼튼한 건축물을 짓도록 조언했고 미드가르트에 대한 트롤들의 음모를 폭로했다. 그러자 아제 신들은 격렬한 싸움에 휘말렸다. 거인의 충고는 입증되었고, 그는 더 빈번하게 찾아왔다. 토르는 로키Loki라는 이름을 가진, 말 잘하는 이 젊은이에게 호의를 품고 그를 자신의 여행길에 동반자로 선택했다. 재미있는 장난에 마음이 쏠린 이 젊은 녀석은 오딘과 가까워지려고 애를 썼고, 그와 친밀해졌다고 생각하자 자신을 오딘의 아들로 삼아달라고 간청했다. 토르는 그 사실을 회의의 안건으로 삼았다. 그러자 아제 여신 이둔은, 로키가 아제 신들의 일부가 되려고 하는 이유는 순전히 자신의 황금사과 때문이라고 조롱했다.

경호원인 하임달도 로키를 신임하지 않았다. 하임달은 아홉 명의 누이들에 의해 탄생했다. 그가 잠을 자는 시간은 새보다도 더 적었다. 그는 낮과 밤 동안에 백 마일 앞을 내다보았고, 땅 위의 풀이 자라는 소리뿐만 아니라, 양의 털이 자라는 소리까지 들을 수 있었다. 무지개 다리인 비프레스트 옆에 서 있던 이 감시인은 젊은 거인이 아스가르트에 위험을 숨기고 있다고 경고했다. 즉 그의 날카로운 예지력은 간계에 빠르고, 그의 교활함은 술책에 능하다는 것, 그리고 그는 아제 여신들을 달콤한 말로 미혹시키며 회의에서 화를 불러 일으키리라는 것이었다.

오딘은 홀리츠크얄프로 올라가 아스가르트의 파수군이 내세운 항변을 깊이 생각했다. 그만큼 하임달은 가장 총명한 아제 신으로 알려져 있기 때문이었다.

하지만 발더는 로키를 옹호하는 발언을 했다. 발더는 모든 신들이 그를 칭송할 만큼 가장 훌륭한 신으로 인정받고 있었다. 그는 외모가 출중한 데다가 그로부터 빛이 뿜어져 나올 정도로 온 몸에서 광채가 났다. 인간들은 발더를 태양과 빛의 신으로 숭배했다. 그는 가장 총명한 신들 중에 속했으며, 오딘처럼 말하는데 재치가 있었고 가장 유화적이면서도 공정했다. 그 당시 발더의 다음과 같은 조언들이 지켜지기에 이르렀다. 즉 만일 아제 신들이 이 젊은 거인을 받아들인다면, 그것이 그들의 공동체를 강화시키고 신들과 거인들을 화해시키리라는 예견이었다. 아무도 이 기대의 결과를 예측하지 못했다.

오딘은 자신의 피를 통해서 로키의 피를 느꼈고 또 자신의 살을 통해서 로키의 살을 느꼈다. 그는 로키의 영특함과 아름다운 용모를 칭찬했다. 로키는 자신을 어디든지 데려다 줄 수 있고 아제 신들에게도 필요할 법한 특별한 신발을 신고 있었다고 한다. 그래서 신들의 아버지는 의심하는 신들을 설득시켜서 로키와 자신의 피를 섞고는 그를 선택된 아들로 삼았다. 이후로는 로키도 아제 신으로 불리워지게 되었다. 아마도 오딘은 신들과 거인들 사이의 평화적 관계가 곧 붕괴되리라는 것과, 또한 거인들의 교활함을 신으로 탈바꿈한 로키보다 더 잘 꿰뚫어 볼 만한 자는 아무도 없다는 사실을 예감하고 있었던 것 같다. 아스가르트로 로키를 받아들인 일은 신과 인간들 모두에게 화를 불러일으킬 것이었다.

3. 우주의 나무

신들은 매일 열리는 회의를 위해 물푸레나무인 이그드라질

우주수인 이그드라질이 전 세계를 에워싸고 있으며 어두운 니플하임의 심연 속에 뿌리를 내리고 있다. 또한 그 가지가 미드가르트와 아스가르트에도 닿아있다. 가장 높은 가지는 하늘에까지 닿아있고, 가장 깊은 뿌리는 저승에까지 미친다. 1984년 앨런 리의 그림.

Yggdrasill이라고 부르는 우주의 나무 근처에서 만난다. 이 나무는 가장 크고 모든 나무들 중에서도 단연 뛰어났다. 나무의 가지들이 온 세계 위에 드리워져 있어서 미드가르트를 지켜주고 있다. 그 수관樹冠은 하늘을 떠받치고 있다. 이 생명의 나무는 항시 푸르름을 간직하고 서 있다. 가지가 시들었다가도, 그 다음 날이면 어김없이 새 잎파리들이 자라난다. 세 개의 튼튼한 뿌리가 싱싱하게 멀리까지 뻗어 있어서 이그드라질을 의연하게 받쳐주었다. 첫 번째 뿌리는 신과 인간들를 향해 뻗어있고, 두 번 째 뿌리는 거인들에게, 세 번째 뿌리는 니플하임에 닿아 있다. 각각의 뿌리 아래에는 샘물이 뿜어져 나온다.

협의가 이루어지는 모든 장소들과 마찬가지로 이 거대한 물푸레나무 근처의 장소 역시 불가침의 영역, 즉 신성한 영역이다. 신들은 말을 타고 신들의 다리인 비프뢰스트를 건너 이곳까지 온다. 토르만이 수 많은 개울을 걸어서 온다.

우주의 나무 꼭대기에는 금빛으로 반짝이며 태양 속에서 빛나는 수탉이 깨어 있다. 물푸레나무의 가지에는 영특한 독수리가 앉아서 적의 동태를 살피고 있다. 독수리의 눈과 눈 사이에는 매가 앉아있는데 거기서 날씨를 다스린다. 이 매의 이름은 '폭풍 속에서 엉망진창이 된 새' 라는 뜻이다.

네 마리의 사슴들이 물푸레나무 바깥 주변을 뛰어다니며 뒤로 휘어진 목으로 나무 잎파리들을 씹어먹고 신선한 꽃봉오리를 물어 뜯는다. 태초에는 동물들이 부지런히 풀을 먹으면 먹을수록, 이그드라질의 새로운 가지들은 더 무성해졌다. 어떤 거친 가지일지라도 무성한 잎 때문에 동물들을 찌르지 않았다.

니플하임 위에 놓여있는 물푸레나무의 뿌리 아래에는 무수히 많은 뱀들이 서식하고 있어서 이그드라질의 뿌리를 갉아먹고 있다. 뱀들의 이름은 '동굴 속의 암늑대'와 '잿빛 등어리', 그리고 '꼬심쟁이' 라고 한다. 이 독사들 한가운데는 격렬하게 뿌리줄기

우주수는 우주의 한 가운데에 위치한다. 정교하게 얽혀있는 이 바이킹의 무늬는
삶의 중심에서 나오는 힘을 인상 깊게 보여준다. 사슴 한 마리가 항시 푸른 이그드
라질의 잎파리를 갉아먹고 있는데, 뱀이 그 사슴의 목을 물고 있다. 이는 삶의 시
작부터 벌어지는 생사의 투쟁을 상징한다. 8세기 경 목판 조각.

를 잘근잘근 씹고 있는 용 니드회크Nidhögg가 있다. 괴물들은 나무줄기를 갉아먹거나 줄기가 흔들리도록 애를 쓰고 있다. 하지만 이그드라질은 거기에 아랑곳 하지 않고 새로운 뿌리를 땅 속으로 늘어뜨린다. 위에서는 사슴들이 가지를 물어뜯고 있고 나무의 표면들은 썩어가고 있으며, 아래에선 니드회크가 뿌리를 갉아먹고 있었음에도 불구하고 세상 초기에 이 나무는 아제 신들에게 벌목할 수 없는 신성한 존재로 간주되었다.

니드회크 용과 독수리 사이에서는 나게찬Nagezahn이라고 불리우는 다람쥐 라타토스크Ratatosk가 거대한 물푸레나무 줄기에서 오르락 내리락하며 분주하다. 라타토스크는 민첩하게 움직이며 호기심이 강하고 수다스럽다. 이 다람쥐가 독수리와는 용에 대해서, 용과는 독수리에 대해서 밀담을 주고 받고, 그리고 서로에게 오해를 불러일으키기 위해 귓속말로 부지런히 속삭인다. 나게찬은 니드회크의 험담을 독수리에게 털어놓고 또 독수리의 비난을 다른 누구에게 누설한다. 이렇게 해서 불화가 생길 때까지 신들의 신뢰를 받고있는 독수리와 용 사이에 다툼이 일어난다.

니드회크와 뱀들이 갉아먹고 있는 니플하임의 뿌리 아래에는 호버겔미르Hvergelmir, 즉 끓어오르는 분지가 있다. 서리 거인들에게로 뻗쳐있는 뿌리 근처에는 미미르Mimir의 샘이 있다. 미미르는 지혜가 충만한 신이다. 그가 돌보고 있는 샘 속에 지성과 예지가 들어있다. 그가 이 우물을 지켜왔던 그 오랜 기간 동안 그는 하임달을 위해 간직했던 갈라르Gjallar 뿔나팔로 매일 샘물을 마셨다. 온 세계에 위험이 들이닥칠 때 아스가르트의 파수꾼은 큰 소리가 나는 이 뿔나팔을 비로소 우물에서 건져올려 경적을 울릴 것이다.

인간 세계에 닿아있는 거대한 물푸레나무의 뿌리 밑에는 운명의 세 여신 중 최연장자인 우르트Urd의 샘이 있다. 화려한 홀에서 운명의 여신들인 세 노르네들이 살고 있다. 여신들은 매일 샘에서 물을 길어내어 가지들이 마르지 않도록 물푸레나무에 물을 뿌린다. 그리고 물 속에 있는 찰흙으로 이그드라질에 거름을 준다. 이 물을 적시는 모든 사물들은 눈 속의 흰자위처럼 흰색으로 변할 만큼 이 물은 성스럽다. 이슬이 물푸레나무에서 방울방울 떨어져서 땅을 촉촉히 적신다. 이 물을 꿀물이라고 부르는데, 그도 그럴 것이 꿀벌들이 바로 이 물을 먹으며 살아가고 있기 때문이다. 우르트의 우물에서 살고 있는 두 마리의 백조 역시 이 물을 먹고 자란다. 백조들의 모든 종種은 이 두 마리의 백조로부터 유래한 것이다.

운명의 여신인 세 노르네들은 모든 존재에게 각자의 운명을 나누어 준다. 우르트 여신은 과거에 대한 운명을, 베르단디 Verdandi 여신은 현재에 대한 운명을, 그리고 스쿨트Skuld 여신은 미래에 대한 운명을 관장한다.

다른 노르네들도 있는데, 그녀들도 마찬가지로 미래에 대한 운명에 얽혀져 있다. 운명의 여신들 몇몇은 아제 신들의 후손이고, 나머지 다른 여신들은 꼬마 요정 또는 난쟁이들의 혈통을 잇고 있다. 말하자면 고귀한 혈통을 타고 난 여신들은 선한 것을 배분해 주고 악한 혈통을 이어 받은 여신들은 재앙을 나누어 준다. 많은 인간들이 유복한 삶과 권력을 선사받게 되지만, 또 많은 인간들은 이익도 명예도 얻지 못한다. 그도 그럴 것이 인간의 운명이라는 것이 각자 다양하게 짜여져 있기 때문이다. 모든 인간은 탄생부터 운명의 여신을 갖게 되어, 그녀가 인간의 운명을 동행한다고 전해진다. 몇몇 운명의 여신들은 인간들이 태어날 때 그 옆에서 출산을 돕는 역할을 맡고 있다.

신들 역시 인간의 운명에 관여한다. 하지만 아제 신들에게는 그들 자신들의 운명이 숨겨져 있다고 운명의 여신들은 말했으며, 그녀들이 신들의 앞날을 직물 짜듯 엮어내기 때문에 그녀들만이 신들의 운명을 알고 있다고 선언했다. 후일 우주의 나무는 시들어버릴 것이며, 남쪽의 따뜻한 지역에 있는 무스펠스하임 Muspellsheim에서 그들의 지휘자인 불의 거인 주르트Surt가 나타나 불의 칼로 온 세계를 불태워 버린다는 것이다. 이그드라질은 활활 타오르며 붕괴되리라는 운명이라고 선언했다.

발더와 회트Höd 신은 이러한 예언에 대해 괘념치 않았다.

토르는 자신의 힘과 신들의 능력과 지혜를 확신했다.

하임달은 세계의 적들을 감시했다.

오딘은 예감에 이끌려 흘리츠크얄프로 올라갔다.

4. 바네 신 프라이가 아름다운 거인족의 여인인 게르트에게 구애하다

아제 신들의 아버지는 자신의 높은 자리에 앉아 종종 바네 제국을 관찰했다. 황금시대에는 이 두 신족들 중에서 가장 명망있는 신들이 빈번하게 그들의 거주지를 왕래했었다. 바네 신들은 싸움을 기피해 왔고 자신들이 다른 신들보다 더 영리한 척 행동하지도 않았기 때문에 그들의 쾌활함은 아제 신들에게 호감을 주었다. 많은 바네 신들은 감각적 쾌락에 집착했다. 가장 주목할 만한 바네 신은 프라이Frey다. 인간들이 그에게 간구하는 이유는 그가 평화와 번영을 베풀 뿐만 아니라 풍부한 수확을 가져다 주기 때문이다.

언젠가 프라이와 그의 아버지 뇌르트Njörd가 오딘의 홀에 머문 적이 있었다. 아제 신들의 아버지가 포도주를 넉넉히 마신 후 운문으로 연설을 하자, 젊은 프라이는 슬그머니 홀에서 나와 금지된 장소인 흘리츠크얄프로 올라갔다. 호기심이 그를 충동질한 것이다. 흘리츠크얄프에서 프라이는 평상시에 신들의 아버지

풍요와 여름의 신 프라이. 그는 빛나는 거인 족의 처녀 게르트를 보고 연정이 불타 오른 다. 그림에서 그는 꿈꾸는 여름의 신으로써 손에 벼이삭을 쥐고 있다. 또한 수확에 대한 상징으로 그의 발치에 수퇘지가 있다. 1870 년경 E. 번 존스의 유화.

인 오딘이 그랬던 것처럼 온 세계를 관찰했다. 그는 인간들이 집을 짓는 것과 나무 쟁기 앞에서 황소와 애쓰는 광경을 목격했다. 거인들은 비옥하지 못한 언덕 위에서 분주히 움직이고 있었다. 그는 세 개 또는 여섯 개의 머리가 달린 거인들과 다섯 개 또는 일곱 개의 손이 달린 거인들을 보았다. 사악한 거인들을 투르스Thurs라 불렀다. 한 편 프라이는 북편 거인들의 집에서 화려하게 울타리를 두른 한 저택을 보았다. 그 앞에는 한 처녀가 농가를 지나 걸어오고 있었다. 이 광경은 태양의 빛보다도 오래 지속되지 않은 한 순간이었다.

프라이는 다시 연회장으로 내려와 더 이상 한 마디도 하지 않았다. 심지어 꿀술을 거절하기까지 했는데, 이런 일은 여지껏 한 번도 없던 일이었다. 울타리 쳐진 지택 앞에 서 있던 처녀의 이름은 게르트Gerd였고 무서운 산의 거인인 기미르Gymir의 딸이었다. 오딘의 금령을 위반한 프라이의 불손한 행위는 벌을 받게 되었을까?

향유의 신으로서 또 사랑의 희열을 누리는 신으로서, 프라이는 여성들에 대해 매우 정통했다. 혹독한 얼음으로 뒤덮힌 겨울이 지나고 나면 그는 성대하게 암소들이 끄는 수레를 타고 시골로 가서 파종하고 목장의 수확물을 거두어들인다. 그 순간에 빼어나게 아름다운 부인들과 처녀들이 그에게 빠져들고 마는 것이다. 오딘의 홀에서는 아무도 프라이의 침묵을 이해할 수 없었다. 어느 누구도 감히 그에게 말을 걸 엄두를 내지 못했다. 뇌르트는 아들이 걱정되어서 아들의 벗인 '빛나는 자'라는 뜻의 스키르니르Skirnir를 불러들였다. 그리고 프라이에게 말을 걸어서 왜 그가 그토록 의기 소침한 채로 홀에서 웅크리고만 있는지 알아보도록 요청했다.

스키르니르는 마지 못해 갔다. 프라이에게서 험악한 대답을 듣게 될까봐 두려웠기 때문이다. 그의 질문에 프라이는 다음과 같이 대답했다.

"그대가 어떻게 내 고통을 이해할 수 있단 말인가! 찬란한 태양이 온 초원을 위해 비춰주건만 내 사랑을 위해선 한 줄기 빛도 내려주지 않는단 말이야."

"태양이 그렇게 대단한 건 아니지요." 스키르니르가 답변했다. "연회 때마다 우리는 얼마나 자주 나란히 앉아 있었나요. 그때마다 서로의 속마음을 터놓치 못 할 자리는 없었습니다." 그리고 그는 프라이에게 아무도 헤아릴 수 없을 만큼의 연애 행각을 상기시켰다.

프라이는 기미르의 저택에 있던 그 처녀를 찬탄해 마지 않았다. "그녀가 문을 열려고 팔을 들어 올렸을 때, 그녀의 팔로부터 하늘과 바다가 빛을 발했고, 세상은 그녀로부터 뿜어져 나오는 광채에 의해 환해졌다네. 일찍이 어느 젊은이가 그와 같은 처녀를 사랑해 보았겠나! 내가 그녀를 얻지 못 한다면, 난 더이상 살고 싶지 않다네."

스키르니르의 보고를 듣고 난 후에 뇌르트는 프라이가 얼마나 심각한지 이해했다. 그는 아들의 벗에게 아들의 청을 들어주고 게르트에게 구애하도록 부탁했다. 신과 거인의 결합은 또한 세계의 단결을 촉진하는 일이 될 것이다.

스키르니르는 프라이가 그의 검을 내어 준다면 게르트에게 구애하러 나서겠다고 마음 먹었다. 그 검은 혼자서도 저절로 싸움을 하는 놀라운 무기였다. 그 칼을 소유한 자는 제압하기 어려운 존재로 간주되었다. 프라이는 기미르의 궁성을 둘러싸고 있으며 외부로부터 보호해 주는 불의 담장, 즉 바버로에Waberlohe를 뛰어넘을 수 있는 자신의 말도 역시 그에게 주었다.

스키르니르는 무장을 단단히 하고 프라이가 준 선물과 함께 거인들의 거주지를 향해 말을 몰았다. 밤은 칠흑 같이 어두웠다. 암석 투성이인 산맥이 아침 여명 속에서 촉촉히 반짝이고 있었다.

그때 스키르니르가 말에게 말했다. "우리가 게르트를 집으로 데리고 가든지, 아니면 무시무시한 기미르가 우리를 가루로 만들어 버리든지 둘 중의 하나다." 대부분의 거인들은 온화하고 평화를 사랑했다. 하지만 게르트의 아버지는 극렬한 싸움을 좋아하고 가장 심술궂은 산의 거인들에 속했다.

기미르의 저택근처 언덕 위에 한 파수꾼이 앉아 망을 보고 있었다. 저택의 울타리에서는 사나운 개가 짖고 있었다.

스키르니르가 파수꾼에게 말했다. "난 게르트에게 전해 줄 소식을 가져왔소, 그런데 개떼가 사납게 날뛰고 있구료."

"당신은 그 아름다우신 분을 절대로 보지 못 할 것이오!" 파수꾼이 외쳤다. "오히려 당신은 목숨을 잃게 되겠시. 아니면 이미 죽어서 안장에 앉아 있는 것이오?"

하지만 파수꾼도 사나운 개들도 스키르니르의 임무를 방해할 순 없었다. 어쨌든 자신에게는 인생 최후의 날을 결정할 권한이 없다고 생각한 스키르니르는 말에 박차를 가해 힘찬 도약으로 바버로에를 훌쩍 뛰어넘어 버렸다.

농가에서는, 아버지가 여행 중일 때 누이 곁을 지키는 광포한 거인인 게르트의 오빠가 짐승처럼 울부짖으며 스키르니르에게 덤벼들었다. 스키르니르는 그에게 해를 입히고 싶지 않았다. 오빠의 피가 게르트를 겁주게 할까봐 염려되었기 때문이다. 그 거인이 스키르니르를 공격해 들어와 그의 방패를 쪼개어 버렸다. 쓰러지지 않기 위해 스키르니르는 무시무시한 검을 뽑아야 했다. 칼이 상대의 허점을 스스로 찾아내 거인을 쓰러뜨렸다.

칼날이 부딪치는 소리가 게르트의 홀 안에까지 울려 퍼졌다. 아름다운 여인이 하녀에게 물었다. "이게 무슨 소란이냐? 홀바닥이 진동하고 온 성 안이 전율하는구나."

하녀가 나가 살피더니 한 남자가 말에서 내려와 말에게 풀을 뜯게 하고 있다고 보고했다. 그는 가늘고 긴 칼을 차고 있는데 극도로 단호한 인상을 주고 있다고도 전했다.

"그를 안으로 모셔오고, 꿀술을 대접하도록 하여라." 게르트가 말했다.

스키르니르가 홀 안으로 들어왔다.

게르트는 이 낯선 이방인에게 아제 신인지 혹은 바네 신인지 물었다. "그런데 어째서 당신은 홀로 불타는 바버로를 뚫고 달려왔나요?"

스키르니르는 자신은 신이 아니며 단지 바네 신인 프라이의 사자일 뿐이라며, 그가 그녀에게 젊음을 되찾아 주는 황금사과를 보내왔다고 말했다. 스키르니르는 게르트에게 열한 개의 사과를 보여주며 말했다. "이 사과는 프라이가 사랑에 대한 징표로 당신에게 주는 선물이오. 그리고 이것을 받아들임으로써 당신도 그에게 당신의 사랑을 고백하는 것이 되오."

게르트는 몹시 격노해서 선물을 되돌려 주고는 큰 소리로 말했다. "난 결코 그 구혼자에게 굴복하지 않겠소. 내가 살아있는 한은 절대로 프라이의 궁성 안에 앉아있는 일은 없을 것이오!"

그러자 스키르니르는 모든 팔찌 중에서 가장 값진 팔찌를 그녀에게 주었다.

게르트는 그것 역시 거절했다. 그녀에겐 금도 값진 보석들도 아쉽지 않았다. 거인 기미르는 딸을 위해 온갖 보물로 가득찬 세 개의 동굴을 모아 두었던 것이다.

그의 주인처럼 스키르니르는 굴복과 무력을 단호히 거부했다. 하지만 그는 아무래도 프라이의 목숨이 염려되었다. 고집 센 게르트는 자만심과 거인다운 완고함 때문에 프라이에게 저항했던 것일까? 그녀도 다른 거인들처럼 남 몰래 아름다운 프라이에 대한 열망으로 쇠약해졌을까? 그녀의 아버지에 대한 두려움 때문일까, 아니면 그녀의 오빠를 쓰러뜨렸기 때문일까? 이제 스키르니르는 최후의 수단으로 그녀를 위협했다.

"이 날이 시퍼런 칼을 보시오. 이 칼날에 새겨진 장식이 당신 몸에 새겨지게 만들겠소. 당신이 승낙하지 않으면, 아름다운 머리를 당신의 목에서 베어버릴 참이오!"

게르트는 여전히 더 확고한 태도로 응답했다. "난 결코 완력이나 남자들의 사랑에 굴복치 않을 것이오! 곧 나의 아버님이 이 홀 안으로 황급히 들이닥치셔서 당신을 베어 쓰러뜨릴 것이오."

스키르니르는 칼을 잽싸게 뽑아서 문쪽을 향해 높이 치켜들었다. "이 칼이 그 노인 또한 쓰러뜨리고 말 것이다!."

게르트는 바깥의 암석처럼 차갑게 얼어 붙어버렸다.

이때 스키르니르는 마법의 가지를 꺼내 완강한 여인을 향해서 주문을 외웠다. "나의 의지가 너를 제압할 것이다, 여자여. 그대는 독수리들만이 다가갈 수 있는 가파른 암벽 위에서 쪼그리고 있어야 한다. 인간들이 가장 독살스러운 뱀들을 참을 수 없이 싫어하는 것보다 더 그대는 모든 음식물을 앞에 두고 구역질을 할 것이다. 광기와 시기, 환멸과 초조가 그대의 눈물을 자아낼 것이다. 날이면 날마다 요물들이 그대를 괴롭힐 것이다. 날이면 날마다 그대는 너무나 배가 고파 발을 질질 끌며 서리 거인들이 사는 곳으로 기어갈 것이다. 삶의 희열 대신 고통이 그대를 싫증나게 하리라. 머리가 셋 달린 투르스(사악한 거인족-옮긴이)들의 집이 그대가 거주할 곳이며 그대는 독신으로 늙어 꼬부라질 것이다. 정욕이 그대를 뒤흔들 것이며 그리움이 그대를 애태우리라. 너는 가시 돋힌 엉겅퀴처럼 길가에서 시들어가리라. 오딘의 원한이 그대에게 미치리라. 들으소서, 그대 아제 신들과 바네 신들이여. 나는 가장 우아한 여인에게서 모든 남자의 즐거움을 쫓아내 버렸다오!"

스키르니르는 그가 저주를 내리는 사이에 어떻게 게르트의 입가의 미세한 주름이 그녀의 피부에 더 깊이 새겨지고 있는가를 보았다. 프라이의 벗은 두려워 움추러든 여인에게 계속 저주를 퍼부었다.

"가장 추악한 괴물인 흐림그림니르Hrimgrimnir가 매일 저승길 가는 문 앞에서 너를 능욕할 것이고 트롤들이 너에게 홀려 넣어준 염소 오줌을 너는 마시게 될 것이다. 다른 모든 음료는 거부될 것이다. 처녀여, 이것은 네 스스로가 자초한 일이기도 하고 나 또한 그렇게 되도록 해줄 것이다. 나는 곧 트루스들의 표시인 루네 문자에 금을 새겨서 넣을 것이다. 그리고 세 개의 지팡이에 음탕함과 괴로움 그리고 광포한 사랑을 새길 것이다!"

루네 문자의 마술에 효력을 내기 위해 스키르니르는 천천히 칼을 그녀에게 갖다 대었다. 그 때 게르트가 재빨리 술을 가득 채운 크리스탈 잔을 들고 소리쳤다.

"여기 이 꿀술을 드세요. 저는 그 훌륭한 프라이를 선택하리라고는 꿈에도 생각해 본 적이 없었답니다!"

화해의 잔을 마신 후 스키르니르는 게르트가 언제 그녀 자신을 프라이에게 내맡길 것인지 프라이에게 전해 줄 답신을 요청했다.

그리고 나서 스키르니르는 말을 몰고 고향으로 돌아갔다. 프라이는 벌써 문 밖에 나와 그의 벗이 안장을 내리고 한 걸음 내딪기도 전에 답변을 재촉했다.

스키르니르는 밀밭을 알려 주면서 봄바람이 선들거리는 그 곳에서 앞으로 아흐레 밤이 지나고 게르트가 프라이와 결혼식을 올리고 싶어한다고 전했다.

"하룻밤이라도 길고, 이틀밤은 더 긴데 어떻게 내가 견디어낼 수 있을까?" 프라이가 소리쳤다. "하지만 때로는 한 달이란 시간이 밤의 반절 동안 겪는 그리움보다도 더 내게는 빠르게 느껴진다네."

프라이와 게르트는 결혼식을 올리고 남편과 부인으로 남았다. 그들은 퓔니르Fjölnir라는 아들 하나를 얻었는데, 그는 강력한 왕이 되었다.

감사의 뜻으로 프라이는 그의 벗 스키르니르에게 자신의 칼을 선사했다. 그만큼 그의 사랑이 중요했던 것이다. 어쨌든 풍요의 신에게 무기란 성가신 물건이었는지도 모른다. 하지만 훗날 그 무기가 없어서 아쉬우리라는 사실을 그 때는 알 수 없었다.

5. 어떻게 머슴과 농부 그리고 왕이 유래했는가

오딘과 프리크는 홀리츠크얄프에 있어 온 세계을 바라보면서 인간들에게 계급을 만들어 주기 위해 하임달을 미드가르트로 보내야 한다는 최후의 협정에 대해 토론을 벌이고 있었다. 하지만 오딘은 그 일을 직접하려고 했다. 그도 그럴 것이 수 많은 인간들에게 소유와 권력을 부여하는 일이야말로 그의 책임이기 때문이었다.

프리크는 그녀의 남편에게 미드가르트의 여행을 기꺼이 허락할 마음이 생기지 않았다. 왜냐하면 그녀의 생각대로 이번 여행이 남편에게 즐거움과 쾌락을 가져다 줄지도 모르는 일이기 때문이다. 아마도 오딘은 능수능란한 연설로 프리크의 의구심을 풀어주는데 성공했을 것이다. 그래서 그는 하임달이라는 이름으로 인간들의 세계로 떠났다. 어쩌면 그는 정말로 하임달 자신일 수도 있었다.

이제 이 아제 신은 미드가르트로 향했다. 그는 풀이 무성한 길을 걷다가 몇 채의 오두막으로 이루어진 한 농가를 향해 내륙 호의 해안으로 접어들었다. 하임달은 열려있는 문을 통해 집안으로 들어갔다. 돌로 둘러쌓인 화덕에는 장작이 타고 있었다.

그 주변에는 아이Ai와 에다Edda, 즉 증조모와 증조부가 앉아 있었다. 이들은 아직 아이들이 없었다. 그들이 하임달의 이름을 물었기 때문에 그는 리크Rig라고 말해주고서 두 노인 사이를 떼어놓고 그들 사이의 의자에 앉았다. 에다는 낟알 껍질을 부수어서 만든 거친 빵을 건네주고는 고기 스프를 거친 점토로 만든 접시에 담아 다른 보잘 것 없는 음식과 함께 식탁 위에 놓았다.

곧 바로 식탁에서 일어난 오딘은 에다에게 잠자리를 준비하라고 일렀다. 오딘은 증조모와 증조모 사이에 누웠다. 이렇게 사흘간을 그들의 집에서 보내고 그는 계속해서 길을 떠났다.

아홉 달 후 에다가 사내아이를 낳았는데 아이는 더럽혀져 있었기 때문에 물로 씻겨졌으며 머슴이라고 부르게 되었다. 그의 손은 주름이 많아 쭈글쭈글 했고, 손가락 마디는 막되고 촌스러웠으며, 손가락은 투박했다. 게다가 용모는 우악스러웠고, 등은 구부러진 데다가 발꿈치는 길었다.

이 머슴은 성장해서 아주 힘센 사람이 되었고 바구니를 만들 끈을 엮기 시작했다. 그는 온종일 땔감과 다른 사람들의 짐을 힘들여 날랐다.

그때 매부리코에다 다리가 휘어진 여자가 그 농가에 들어왔다. 그녀의 팔은 갈색으로 그을렸고, 축축한 흙이 그녀의 발바닥에 착 달라붙어 있었다. 그래서 사람들이 그녀를 하녀라고 불렀다.

머슴과 하녀는 의자에 앉아서 오랫동안 서로 이야기를 나누고 나더니 각자 자신의 일을 했다. 그리고 저녁에는 잠자리에 들었다. 그들은 잠자리에서 서로 기분좋게 느꼈으며 곧 많은 자식들을 낳았다. 아들들의 이름은 '암소의 새끼', '굼벵이', '구린내 나는 놈', '배불뚝이', '게으름뱅이' 그리고 '허풍쟁이'라고 했다. 그들은 울타리를 짜맞추고 밭을 갈고 돼지를 사육했으며 염소를 지키고 이탄泥炭을 캤다. 딸들의 이름은 '굼벵이', '뚱뚱한 장딴지', '욕쟁이', '부엌데기', '추접스러운 여자' 그리고 '새다리'라고 했다. 그들은 머슴과 하인들처럼 처신했다.

하임달은 아이, 에다와 헤어지고 난 후 넓고 잘 다듬어진 길을 걸어서 규모가 제법 큰 농가에 도착했다. 손님은 집안의 홀로 들어가는 문이 반쯤 열려있는 것을 발견하고 그리로 들어가서 자신의 이름이 리크라고 밝혔다. 방바닥 위에 활활 타오르는 불 주위로 아이를 생산하지 못 한 할아버지 아페Afe와 할머니 암마Amma가 앉아 있었다. 그들은 자신들의 일을 그만둘 수가 없었다. 할아버지는 옷짜는 틀에 쓸 장작을 잘라 다듬고 있었다. 하임달은 노인의 눈썹 위까지 잘려진 머리가 이마 위로 잘 빗겨진 모습을 보았다. 그는 자신의 몸을 꼭 죄는 내의를 입고 있었다. 할머니는 상자 옆에 앉아 옷 만들 천을 짜면서 분주한 작업 중에 연신 팔을 뻗었다. 여인은 머리 장식을 꽂고, 소매 달린 외투를 걸쳐 입었으며 목에는 숄을 둘렀다. 숄이 어깨에 가지런히 놓여있도록 두 개의 핀으로 고정되어 있었다.

하임달은 부인이 입고 있는 옷이 마음에 들었다. 그는 할머니와 할아버지가 앉아있는 간격을 넓혀 달라고 요청하고는 그 가운데 의자를 놓고 앉았다. 할머니는 신선하게 구운 빵과 맥주를 가져와서 맛 좋은 송아지 고기로 접시를 가득 채웠다.

식사를 마친 후 하임달은 두 사람에게 잠자리에 들도록 권하고는 할머니와 할아버지 사이에 누웠다. 하임달은 사흘 낮과 밤을 그들의 집에서 유숙한 다음 다시 길을 떠났다.

아홉 달 후 할머니는 아기를 낳았고, 아기는 씻겨졌으며 그 이름을 카를Karl이라고 부르게 되었다. 소년의 피부는 생생하고 혈색이 돌았으며 눈빛은 강렬했다. 소년은 무럭무럭 자랐다. 카를은 나무로 집을 지었고, 황소를 기르고, 보습을 벼리어 만들고, 쟁기를 다루었으며 짐을 운반하는데 쓸 손수레를 발명했다.

그후 카를은 벨트에 열쇠를 달고 염소가죽으로 만든 치마를 입은 여자를 데려왔다. 그녀의 이름은 슈누르Schnur인데 면사포를 썼다. 농부와 그의 아내는 가계를 꾸려 나갔으며 잠자리에서도 불가에서처럼 썩 좋은 기분을 느꼈고 많은 아이들을 두었다. 아들들의 이름은 '대장장이', '꼰수염', '목공', '쟁기장이'와 '미끈한 수염'이었으며, 딸들의 이름은 '수다쟁이', '얌순이', '베짜는 계집', '말쑥이' 그리고 '콧대 높은 계집'이었다.

카를과 그의 부인으로부터 신분의 자유가 비롯되었고 농부와 수공업자, 상인 그리고 어부들은 이 자유로운 신분에 속한다.

그리고 나서 하임달은 단단하고도 직선으로 곧게 뻗은 길을 달려 어느 큰 농가에 도착했다. 홀로 통하는 문이 남쪽을 향해 나 있어서 바람과 폭풍우로부터 지켜주었으며 옆으로 열려 있었다. 하임달은 마루에 깔린 짚을 밟고 들어가 자신의 이름이 리크라고 말했다.

홀에서는 아버지와 어머니가 앉아서 손가락으로 장난을 치고 있었는데 퍽이나 다정하게 보였다. 손가락 놀이를 하는 것 이외에 부부는 아무 일도 하지 않았다. 그리고 나서 남편은 활시위를 꼬고, 활을 팽팽하게 당기고 화살을 깎아 만들었다. 그리고 부인은 만족스러운 기분으로 자신의 팔을 세심하게 주시했다. 그리고는 값 비싼 그녀의 옷감을 쓰다듬더니 소매를 팽팽하게 끌어당겼다. 그녀의 머리 장식은 자락이 끌리는 드레스 위에서 높이 두드러져 보였다. 이 때 하임달이 그녀의 뺨을 건드렸다. 그녀의 두 뺨은 투명했으며, 가슴은 풍부했고, 목은 막 떨어진 순수한 눈보다도 희었다.

하임달은 부부 사이의 간격을 넓혀달라고 요청하고 두 사람 사이에 앉았다. 아내는 흰색의 무늬가 있는 천을 식탁 위에 씌웠고, 뭉근하게 끓인 얇은 베이컨 조각과 구운 새 요리가 담긴 은접시를 차렸다. 그리고는 밀로 만든 얇은 하얀 빵을 건네 주었다. 식사 후 그들은 계속해서 술을 마시면서 하루 종일 이야기를 나누었다.

하임달은 그들에게 잠자리를 마련해 줄 것을 요청하고는 남편과 아내 사이에 누웠다. 그는 사흘 밤을 머물렀으며 매우 쾌적한 기분을 느꼈다. 그런 다음 하임달은 무거운 마음을 안고 길을 떠났다.

아홉 달이 흘렀다. 어머니는 사내 아이를 낳아 명주천으로 감쌌다. 아기는 물과 함께 쏟아져 나왔으며 그 이름을 야를Jarl이라 했다. 아이의 머리카락은 담황색이고 두 뺨은 밝은 빛이 났다. 눈은 새끼 뱀처럼 예리하게 번쩍였다. 어린 야를이 자라 활의 현을 당기고 화살을 뾰족하게 깎는 법을 배웠다. 그는 숫말을 몰았고, 창을 던졌다. 그리고 개들을 데리고 사냥을 했으며 해협을 헤엄쳐 건넜다.

어느 날 어린 야를이 숲 속에서 사냥을 하고 있었다. 그 때 리크로 변장한 하임달이 숲에서 나와 루네 문자를 새기는 법, 즉 루네 문자의 의미와 마력을 그에게 가르쳤다. 하임달은 어린 야를이 능숙하게 루네 문자를 다루는 것을 보고 아이의 이름을 자신의 이름을 따서 지어주고 그를 자신의 아들로 승인했다. 이제 야를은 리크 야를이라는 이름을 사용했으며 하임달로부터 소유지를 넉넉하게 받았다.

리크 야를은 열여덟 개의 농가를 소유하면서 매우 유복해졌다. 그는 말들과 황금 팔찌를 선사했고 다른 보석들을 나누어 주었다. 또한 그 때문에 그는 대단한 명성을 얻었다.

리크 야를은 동료들을 막강한 헤르젠의 궁성으로 보냈다. 그의 딸인 에르나Erna에게 구혼을 하기 위해서였다. 이 처녀는 매우 총명하고 품위가 있었다. 그녀는 손가락이 가늘었으며 피부는 어린 거위의 깃털처럼 흰빛으로 반짝였다. 전령들은 그 딸을 얻어 그녀를 야를이 있는 고향으로 데려왔다.

리크 야를과 에르나는 함께 살면서 서로 만족하게 생각했으며 많은 자식들을 낳았다. 장남은 '아들'이라는 이름으로 불리웠으며, 나머지는 '유산', '후손', '자손'이라고 했다. 그리고 막내 아들의 이름은 '융 왕'이었다. 야를의 아들들은 자라서 화살을 날카롭게 깎고, 방패를 둥글게 만들었으며 사나운 말들을 길들이고 떡갈나무로 만든 창을 던졌다.

하임달은 융 왕에게 루네 문자를 가르쳤으며, 그 문자의 마력을 영원히 존속시키는 법도 가르쳤다. 융 왕은 이제 인간들의 탄생을 장려하며 칼과 활들을 무디게 할 뿐만 아니라 폭풍을 잔잔하게 할 수 있는 능력도 생겼다. 그리고 그는 새들이 우는 소리를 이해하고, 불 같은 욕정을 가라앉히며, 마음의 격정을 달래고 근심을 더는 법도 익혔다. 그는 여덟 명의 용사가 지닐 수 있는 강력한 힘을 얻었다.

융 왕은 루네 문자에 대한 지식에 있어서 리크 야를과 대등했으며, 지혜와 간교는 그를 훨씬 더 능가했다. 그래서 그를 리크라 부를 수 있도록 허용되었으며, 루네 문자에 정통한 사람으로 일컬어지게 되었다.

한번은 융 왕이 숲을 가로질러 말을 몰며, 활과 화살로 사냥을 하면서 미끼로 새들을 유인하고 있었다. 그 때 나뭇가지에서 까마귀 한 마리가 큰 소리로 말했다. "융 왕이시여, 왜 당신은 새들 따위를 잡으려고 하십니까? 당신은 차라리 말에 안장을 얹고 전사들을 쓰러뜨려야 할 분이십니다. 해협 저 편에 있는 나라에 한 왕이 통치하고 있는데, 그는 스스로 누구보다도 더 막강한 자라고 여긴답니다."

융 왕은 정적 속에서 까마귀 같은 놈이 성가시게 까악거린다고 대꾸했다. 그리고는 그 보잘 것없는 까마귀를 쫓아내겠다고 했다. 그는 가장 강한 왕보다는 차라리 가장 힘센 사슴을 쓰러뜨리겠노라고 말했던 것이다.

세상 초기에는 이와 같은 왕들이 살고 있었다.

6. 난쟁이들이 내기를 걸고 대장간에서 보물을 만들다

아제 신들은 아스가르트에서 머슴과 농부 그리고 야를의 후예들이 번성하는 모습, 또 그들이 숲을 개간하고 땅 위에 거주하는 모습들을 지켜보고 있었다. 그런데 땅 속에서는 난쟁이들이 소근거리고 킥킥대며 동굴 속에서 신나게 망치질을 하는 소리가 들려왔다.

그리고 로키는 야를과 왕의 용사들이 무장을 하고 대군을 배치하는 광경을 목격했다. 그는 이 사실을 오딘에게 알렸다. 한편 로키는 토르가 우트가르트로 가는 여행에 많은 시간을 할애했고, 은신처에 있는 트롤들을 찾아 내었으며 산의 거인들을 방어할 때 종종 토르를 도왔다. 그런데 거인 기미르가 고향에 돌아와서 자신의 아들이 스키르니르에게 살해되었고 또 신들의 거처로 떠나는 딸 게르트를 보게 되었을 때, 그는 산 위에서 미친 듯이 날뛰었으며 바위를 계곡 아래로 집어던졌던 것인데, 그 사건에 비해 지금 그 일이 로키에게는 행운이었다. 힘센 산의 거인들은 가장 아름다운 거인족의 처녀인 게르트에게 기꺼이 구혼을 하고 싶었을 것이다. 실망한 거인들은 감히 신들에게 맞서지는 못하고 대신 신들이 총애하는 피조물인 인간들에게 원한을 품었다. 토르는 인간들을 보호하고 많은 침입자들을 물리쳐야 했다. 하지만 신들의 창이 무디어지거나 부러지기 일쑤였다. 칼들도 휘어졌다. 아제 신들에 의해 벼리어 만들어진 무기들이 전투에서는 충분히 견고하지 못한 것으로 입증되었다.

어느 날 거인들과 맞서서 싸운 토르가 부러진 무기를 들고 전장에서 돌아왔을 때, 그의 부인인 지프Sif가 울고 있는 것을 발견했다. 그녀가 잠들어 있는 사이 로키가 그녀의 기다란 금발 머리카락을 잘라버렸기 때문이었다. 어떤 아름다운 장신구도 그녀의 머리카락처럼 지프를 화려하게 치장해 주진 못했다.

토르와 로키는 거의 친구처럼 지내왔었다. 하지만 토르를 자극하는 건 어렵지 않았다. 그는 성이 나서 끓어 올랐다. 로키는 그렇게 여러 번 토르가 자신에 대해 격분하도록 만들었다. 토르의 화가 누그러지면, 로키는 그때서야 기지를 발휘해서 친구에게 용서를 빌었다.

하지만 이번만큼은 천둥 번개의 신이 로키를 움켜쥐고 로키가 난쟁이들이 사는 세계로 내려가서, 지프가 늘 간직해 왔던 것보다 훨씬 더 아름다운 머리카락을 만들어올 것을 자신에게 맹세하지 않는다면 그의 모든 뼈를 가루로 만들어 버리겠노라고 위협했다. 그래서 로키는 이발디Ivaldi의 아들들에게로 갔다. 그들은 난쟁이들 중에서도 가장 기술이 뛰어나다고 소문이 난 대장장이들이었다. 대장장이들은 그들의 동굴 속에서 지프를 위해 순금으로 머리카락을 만들었다. 그것은 진짜 머리카락처럼 자랐다고 한다. 로키는 자신의 어리석은 짓이 어떤 결과를 가져올지 깊이 생각해 보지 않았고 또 신들의 손으로 만들어진 무기들이 무디다는 사실을 알고 있었기 때문에, 이발디의 아들들에게 더 훌륭한 무기들을 만들어 달라고 부탁했다. 그러자 난쟁이들은 던지기에서 대적할 무기가 없는 창 궁니르Gungnir를 망치로 두들겨 단련하기 시작했으며 배 스키드블라드니르Skidbladnir를 제작했다.

집으로 돌아오는 길목에서 로키는 난쟁이 브로크Brokk를 만나 그 정교한 물건들을 보여주며 찬양해 마지 않았다. 브로크는 업신여기는 태도로 물건들을 내려다보면서 최고 대장장이인 자신의 형제 진드리Sindri야말로 신들에게 훨씬 더 많은 이익을 끼칠 수 있는 물건들을 만들 만한 적임자라고 주장했다. 감정이 고조된 로키는 진드리가 지프의 황금 머리카락, 배 스키드블라드니르 그리고 창 궁니르와 같은 빼어난 세 가지의 물건을 만들어 내지 못 하리라는 데에 자신의 머리를 걸고 내기를 걸었다. 브로크는 킥킥거리며 그에 맞서서 자신의 머리를 걸었다.

　브로크는 서둘러 형제에게로 가서 그 합의한 내용을 설명했다. 두 형제는 즉시 대장간으로 갔다. 진드리는 돼지의 가죽으로 만든 풀무를 화덕 속에 넣고는 물건을 화덕에서 끄집어 낼 때까지 쉬지 않고 입김을 불어 넣도록 브로크에게 당부했다. 진드리가 대장간을 떠나고 브로크가 바람을 불어넣기 시작하자마자, 파리 한 마리가 살갗에 앉더니 그를 쏘았다. 로키는 자신이 신중하지 못 했고 생각이 짧았던 것은 아니었을까, 또 내기에서 과연 이기게 될 것인지 또 다시 의구심이 들었다. 그래서 그는 파리로 변신했던 것이다. 브로크는 고통을 참고 견디며 진드리가 물건을 화덕에서 꺼낼 때까지 계속해서 입김을 불어 넣었다. 그 결과 거기에서 황금털이 달린 굴린보르스티Gullinborsti라는 이름의 수퇘지가 나왔다.

　그리고 나서 진드리는 황금을 화덕 속에 놓고 자신이 돌아올 때까지 입김을 불어 넣으라고 브로크에게 일렀다. 진드리가 밖으로 나가자, 다시 파리 한 마리가 붕붕 소리를 내며 날아와 브로크의 목에 앉았는데, 이번에는 먼저보다 두 배로 강하게 쏘았기 때문에 너무 고통스러운 나머지 바람 부는 걸 거의 그만두어야 할 판이었다. 하지만 진드리가 두 번째 단철조각을 화덕에서 끄집어 낼 때까지 돼지가죽은 계속해서 타오르고 있었다. 이것이 황금 팔찌인 드라우프니르Draupnir였다.

　마지막으로 진드리는 철을 화덕 안에 집어넣고는, 입김 부는 일을 단 한 순간이라도 소홀히 하면 물건이 쓸모 없게 될 것이라고 브로크에게 엄히 경고했다. 이번에도 파리가 날아와 브로크의 양 눈썹 사이에 앉아 그의 눈꺼풀을 쏘았다. 브로크는 피가 눈 속으로 뚝뚝 떨어져서 더 이상 아무 것도 보이지 않게 될 때까지, 계속해서 입김을 불어 넣었다. 이때 그는 황급히 손으

대장간에서 신들의 무기를 만들고 있는 난쟁이들.

로 파리를 쫓아내었다. 그 순간 풀무가 털썩 주저앉아 버렸다. 대장장이가 와서 마지막 작품이 거의 망쳐질 뻔 했다고 말했다. 그리고 나서 화덕에서 쇠망치를 꺼냈는데, 그것을 그는 '으스러 뜨리는 망치', 즉 묠니르Mjöllnir라고 이름 붙였다.

진드리는 아우에게 수퇘지 굴린보르스티, 팔찌 드라우프니르 그리고 묠니르 망치를 건네주었다. 그리고 브로크에게 그 물건들을 들고 아스가르트로 가서 가장 훌륭한 물건을 만들어낸 최고의 대장장이가 누구인지 신들에게 결정하게 하라고 말했다.

로키 역시 이발디의 아들들이 만든 물건을 들고 오딘의 거처로 갔다.

오딘과 토르 그리고 이제 신들의 성에 손님으로 와있던 프라이가 재판관석에 앉았다.

로키는 자신이 가지고 온 빼어난 작품들을 나누어 주면서 그것들의 가치를 설명했다. 그는 오딘에게 창 궁니르를 건네고 이 창이야말로 결코 표적을 빗나가는 일이란 없을 것이라고 장담했다. 로키는 이 유일한 무기를 과시하는 것으로 오딘이 자신을 승리자로 결정해 주리라고 희망했다. 다음으로 로키는 토르에게 지프를 위한 황금 머리카락을 주고는, 이것을 머리 위에 올려놓으면, 그 즉시 살과 결합해 머리카락이 자라기 시작할 것이라고 장담했다. 이것으로 로키는 토르의 지지표가 자신을 승리자로 결정할 것이 확실하다고 믿었다. 그리고 프라이는 로키가 단언했듯이 모든 배들 중에서 단연 으뜸인 스키드블라드니르를 받았다. 이 배는 돛을 올리는 즉시 가고자 하는 목적지를 향해 가장 쾌적한 순풍을 타고 저절로 움직인다고 말했다. 그리고 육지로 간다거나 다른 이유에서 배가 필요치 않을 때는, 천조각처럼 배를 말아서 돈주머니에 넣어 들고 다닐 수도 있다는 것이었다. 이런 물건들이라면 로키는 내기에서 단연 승리를 쟁취할 수 있으리라 생각했다.

오딘의 마법의 반지 드라우프니르. 아흐레 째마다 똑같은 무게의 팔찌가 여덟 개씩 생겨난다는 신기의 물건. 바이킹들에게 황금팔찌는 권력과 명예, 그리고 부유함의 상징이었다. 10세기 금 도금한 은.

이젠 브로크가 형제인 진드리가 만든 물건들을 가지고 와서 오딘에게 팔찌 드라우프니르를 선사하며, 아흐레째 되는 밤마다 똑같은 무게의 새팔찌가 여덟 개씩 그 팔찌에서 뚝 떨어져 나오게 될 것이라고 말했다. 따라서 이 팔찌의 이름은 '떨어져 나오는 팔찌'라는 뜻의 드라우프니르라 부르게 되었다. 브로크는 프라이에게 수퇘지를 주면서, 이것은 공기를 뚫고 달리며 모든 말보다 더 빨리 바다 위를 날아갈 수 있다고 설명했다. 그리고 돼지의 빛나는 황금털로 밝아질 수 없을 만큼 그렇게 어두운 밤을 없을 것이라고 설명했다. 마지막으로 난쟁이는 토르에게 뮐니르라는 망치를 건네주고, 토르는 이 망치로 공격을 가할 수 있을 뿐만 아니라 언제나 그가 아무런 해를 입지 않도록 방어해 줄

천둥 번개의 신 토르의 마법의 망치 묠니르. 묠니르는 쇠장갑을 껴야만 잡을 수 있
었다. 이 망치는 파괴의 무기일 뿐 아니라 창의력을 보충해 주고 결혼식과 탄생을
축원할 때도 사용되었다. 1세기에 만들어진 은 장신구.

만큼 막강한 물건이라고 자부했다. 게다가 이 망치는 아무리 멀리 떨어져 있어도 정확히 과녁을 맞추고 항상 제 손 안으로 돌아오게 되어 있다는 것이었다. 그리고 원할 때는, 그것을 셔츠 속에 꽂고 다닐 수 있을 만큼 작아진다는 것이었다. 유감스럽게도 이 망치는 손잡이가 좀 짧다는 것이 흠이라면 단 하나의 흠이라고 설명했다. 이 말을 할 때 로키는 그 음흉한 웃음을 억지로 참고 있었다.

오딘과 토르 그리고 프라이가 상의를 한 결과, 이 망치야말로 최고의 작품이라고 칭찬했다. 이것은 눈부신 번개라는 사실도 밝혀졌다. 그 어떤 것도 서리 거인들과 다른 적들에게 대항할 무기로써 이 물건을 능가할 수 없다는 판결이었다. 진드리야말로 최고의 대장장이이며, 따라서 브로크가 내기의 승리자라고 선언했다.

그러자 로키는 타협을 제안했고 비싼 대가를 치루더라도 내기에서 풀려나기를 원했다. 하지만 브로크는 그의 머리를 요구했다.

"그렇다면 날 잡아보시지." 로키가 말했다.

브로크가 그를 붙잡을려고 했을 때, 로키는 신발을 신고 사라져 버렸다.

난쟁이가 토르에게 로키를 잡아 달라고 부탁했다. 로키가 망치의 손잡이에 손상을 입혔기 때문에 토르는 화가나 있었다. 토르는 계약을 엄수할 것을 주장했다. 그래서 그는 염소가 끄는 수레를 타고 추적해서 로키를 붙잡아 돌아왔다.

브로크가 로키의 머리를 막 베려고 한 순간, 그 교활한 자가 말했다. "이 머리는 너의 것이지만 이 목은 아니란 말씀이야. 우리가 내기를 걸었던 건 머리가 아니었나?"

그러자 난쟁이는 칼을 쥐고 로키의 입술에 구멍을 내어 그의 입을 꿰매버리려고 했다. 그렇게 되면 이 무법자는 굶어 죽거나 목말라 죽게 될 것이다. 하지만 칼이 들어먹지 않았다. 이 때 브로크가 말했다. "내 형의 송곳이 있다면 좋았을 텐데." 그러자 즉시 송곳이 그 자리에 나타났다. 브로크는 그것으로 로키의 입술에 구멍을 뚫어 꿰매어 버렸다.

잠시 후 그 주제넘은 주둥이는 잠잠해졌다. 로키는 고통스러웠지만 꿰맨 자리를 찢어벌린 다음 그곳을 떠났다.

신들은 최고의 대장장이가 그들을 위해 만든 물건들을 자세히 음미했다. 그리고 로키를 도망치는대로 내버려 두었다.

프라이는 수퇘지 굴린보르스티 위에 올라타고는 가장 빠른 말들을 추월했다.

오딘은 창 궁니르를 던져 그것을 저지할 만한 물건이 없음을 확인했다.

토르는 밤에도 망치 묠니르를 옆구리에 차고 있었다. 더우기 그는 아제 신들의 힘을 자라게 해주는 힘의 띠와 쇠장갑을 소유하고 있었다. 토르가 벨트와 장갑을 몸에 지니고서 묠니르를 던질 때마다, 그는 억누를 수 없이 고조된 기분을 느꼈다.

의심쩍어 하던 하임달 역시 지프의 황금 머리카락을 가지고 장난을 친 로키를 용서하고야 말았다. 나중에 오딘은 로키를 오히려 칭찬하기까지 했는데, 그도 그럴 것이 로키는 최고의 대장장이를 경기에 참가하도록 선동한 장본인이기 때문이었다.

7. 오딘과 지혜로운 거인 파프트루드니르가 머리를 걸고 내기하다

회의에서 논쟁을 끝내고 나면 아제의 남신과 여신들 모두는 자주 의좋게 연회를 베풀었다. 눈은 멀었지만 힘센 회트는 남을 돕기 좋아하는 발더 옆자리에 앉았다. 어느 날 오딘은 포도주를 마음껏 마신 후 흘리츠크얄프로 올라가 우트가르트를 감시하면서 운명의 여신들이 선언한 예언을 곰곰히 되새기고 있었다. 때마침 거인들로부터 위협을 느꼈기 때문에 그는 그들이 주장한대로 몇몇의 거인들이 실제로 그렇게 현명한지 탐색하고 싶었다. 그는 옥좌로 따라온 프리크에게 물어보았다. 하지만 그녀는 가장 경험이 많고 가장 현명하다고 간주되고 있는 파프트루드니르Vafthrudnir를 방문하지 말도록 그에게 충고했다.

"나는 세상을 두루 돌아다녀 보았고, 수 많은 일들을 탐험했소." 오딘이 말했다. "이제 파프트루드니르의 궁전이 어떻게 지어졌고 또 거인들이 어떤 심성을 지녔는지 더 정확히 알아야만 하겠소."

"그렇다면 떠나세요." 프리크가 답변했다. "하지만 당신이 그 거인들 앞에 나서면 정신을 바짝차리고 그리고 몸 성히 돌아오세요."

오딘은 거인들의 거주지를 가로질러 파프트루드니르의 궁전으로 갔다. 그리고 그에게 인사를 한 다음 다음과 같이 말했다. "나는 당신에 대해 들리는 바대로 당신이 그만큼 지혜로운지 알고 싶소."

"당신은 누구요?" 파프트루드니르가 물었다. "당신이 여기 들어온 이상 당신이 더 총명하다는 사실을 입증하지 않는다면 당신은 절대로 이 방을 떠나지 못할 것이오."

"내 이름은 강라트Gangrad요. 난 당신의 지혜를 갈망하며 또 당신의 포도주에 목말라하면서 먼 거리를 여행했소." 오딘이 말했다.

"그렇다면 어째서 당신은 문가에 서 있는 것이오? 강라트여, 홀 안으로 들어와 이 의자에 앉으시오. 우리의 총명함을 겨루어봅시다."

오딘이 안으로 들어왔다. 그리고 파프트루드니르의 맞은 편에 자리를 잡고 앉아 차려놓은 식탁에서 포도주잔을 잡으려 했다. 하지만 파프트루드니르는 그에게 그럴 시간적 여유를 허락하지 않고 즉시 질문을 퍼부었다.

"말해 보시오, 강라트. 지상에 사는 주민들 위로 항상 낮을 끌어올리는 말의 이름은 무엇이오?"

"그 말의 이름은 불타오르는 갈기인데 세계의 모든 공간을 밝게 비춰주고 있지요. 신들이 숫말을 낮과 동행하게 해서 하늘 위로 달리게 하는 것이오."

"그렇다면 그 숫말은 무엇이라고 하오?" 파프트루드니르가 계속해서 질문했다. "신들과 인간들 위로 펼쳐져 있는 밤을 동편으로부터 끌고 오는 그 말 이름말이오."

"서리 갈기라고 합니다. 그 입에서 거품이 떨어져 매일 아침 땅을 이슬에 젖게 한답니다." 오딘이 답변했다.

"그럼 낮과 밤은 어디서 옵니까?" 파프트루드니르가 물었다.

"거인 나르퓌Narfi에게 딸이 있는데, 그녀의 이름이 밤이지요. 그녀는 어두운 베일에 싸여있으며 그녀의 선조들처럼 새까맣고 세 번째 남편으로써 봄이라는 이름의 아제 신과 결혼했답니다. 그들의 아들은 부계의 혈통을 이어받아 금발머리에다가 외모가 출중했으며 낮이라는 이름을 가졌다오."

"말해 보시오, 강라트, 인간들 위로 지나가는 해와 달은 누가 조종하는 것이오?"

"문딜파리Mundilfari가 그들의 아버지인데, 그는 아들 하나와 딸 하나를 두었던 것이오. 그는 아들을 마니Mani, 그러니까 달이라는 이름으로, 그리고 딸을 졸Sol, 즉 태양이라고 부를 만큼 그들은 한결같이 몸에서 광채가 날 뿐만 아니라 아름답기가 그지없다오. 그 딸이 빛이란 이름의 남자와 결혼을 했지요. 신들은 그러한 이름을 선택한 무례함때문에 문딜파리에게 화를 내었던 것이오. 그런데 아이들 역시 그러한 이름들을 버리고 싶어했

태양. 게르만 신화에 따르면 태양은 번쩍이는 밝은 불꽃에서 형성되었다. 신들은 두 마리의 백마가 몰고 태양의 딸인 졸이 조종하는 전차에 불타는 원반을 실었다. 스발린Svalin이라는 이름의 보호방패는 파괴적인 뜨거운 열기에 대한 두려움때문에 신들이 황금마차에 부착한 것이다. 기원전 1000년 경, 금 도금한 청동제품.

기에, 신들이 두 아이들을 하늘에다 옮겨 놓았던 것입니다. 아제 신들은 시간의 척도로써 달을 바늘처럼 가늘게 되도록, 또 사과처럼 둥글게 되도록 했다오. 이렇게 해서 졸이 태양 수레를 조종하게 되었고, 말들은 누구보다도 일찍 깨어나 쏜살같이 빠른 속도로 수레를 끌고 있는 것이오. 신들은 말들이 빠르게 질주할 때 그들의 관절을 시원하게 하기 위해서 말의 견갑골 아래에 두 개의 풍구를 달아 놓았답니다. 그리고 태양 방패인 쇠의 차가움이 지구를 더위로부터 지켜주고 있지요. 그렇지 않다면 산과 바다조차도 재가 되버리고 말 테니까요."

"말해보시오, 강라트. 달의 반점은 어떻게 생겨난 것이오?"

"마니가 달의 운행을 이끌어주다가 지구에서 두 아이들을 데려왔습니다. 그리곤 두 아이들을 달 뒤로 데려가서 지팡이 하나를 들고 두 개의 양동이를 어깨에 지고 있게 한 것이지요. 그래서 그것이 우리의 눈에는 달 표면의 검은 반점으로 비춰지고 있는 것이오.

"당신은 과연 영특하오, 강라트!" 파프트루드니르가 큰 소리로 말했다. "이리 와서 내 곁에 앉으시오. 우리 둘 중에 누가 더 현명한지 우리의 머리를 걸고 내기를 합시다. 이번에는 당신이 질문할 차례요."

마침내 오딘은 포도주 잔을 집을 수 있었고, 큰 잔으로 들이켰다. 그런 다음 정신을 바짝 차리고 질문을 시작했다.

"말해보시오, 파프트루드니르. 별들은 어떻게 만들어졌소?"

"무스펠스하임에서 떨어져 나간 큰 불꽃들을 신들이 하늘과 땅을 비추기 위해 붙잡았소. 하지만 별들은 그들의 자리가 어딘지는 아직 모르고 있었지요. 태양도 아직 그 자리를 몰랐소. 그리고 달도 아직 자신의 힘이 어디까지 미치는지 알지 못했던 겁니다. 그때 신들이 몇 개의 불꽃을 심연 속에 놓아두고 거기에다 단단히 붙잡아 두었던 것이오. 다른 불꽃들은 흐트러진 채 떼를 지어 하늘 아래로 끝없이 흐르게 하고는, 모든 별들에게 그 자리를 지정해 주거나 별들이 운행해야 할 궤도를 정해주어야 했소. 해年와 날日을 세기 위해 신들은 그 일을 했던 것이오."

"최초의 인간들은 어디서 왔소?"

"어느 날 오딘과 그의 형제들이 바닷가의 모래밭으로 갔었소. 거기서 그들은 두 개의 나무 줄기를 발견했답니다. 그때 신들이 그 줄기를 취해서 그것으로 인간들을 만들었던 것이오. 오딘은 그들에게 호흡과 생명의 기운을 불어넣어 주었고, 두 번째 신은 이성과 활력을 그리고 세 번째 신은 용모와 언어, 청각과 시력을 주었소. 신들은 그들에게 옷과 이름까지 지어주었소. 남자가 생겨난 나무는 아스크Ask라고 부르는 물푸레나무였는데 그후 남자가 되었소. 그리고 여자가 만들어진 나무는 엠블라Embla라고 하는 느릅나무인데 그후 여자가 되었소. 아스크와 엠블라로부터 온 인류가 유래된 것이지요."

오딘이 계속해서 질문을 하려는데 파프트루드니르가 그를 잠시 만류하고, 왜 신들이 인간들을 가장 비옥한 중간세계로 이주시켰는지 알고자 했다.

인간들은 최상의 곡식을 재배하는 방법을 터득하고 있었으며, 곡식을 정성스럽게 보호하고 수확할 때는 조금이라도 허비하지 않았기 때문이라고 오딘은 답변했다.

그렇다면 어째서 신들은 거인들을 불모의 변두리 지역으로 밀려나게 했는가? 파프트루드니르는 알고 싶어했다.

그 이유는 거인들이 그들 자신들의 경작지를 밟아 무너뜨렸기 때문이라고 강라트의 모습으로 변신한 오딘이 말했다. 그리고 거인들은 포효하며 자신들의 황소를 몰아서 어린 자작나무들을 부러뜨리고 암석의 파편으로 계곡들을 막아버렸기 때문이라고도 말해주었다.

신들이 거인들을 이해해 주지 못 했다고 지혜로운 파프트루드니르는 생각했다. 거인들은 오만방자한 아이처럼 행동했으며 고삐 풀린 망아지처럼 초원과 들을 분방하게 날뛰었고 나뭇가지들을 던졌다. 그들은 무엇보다도 자유를 사랑했다. 신들이 전 세계를 동여맸던 끈들을 거인들은 자신들의 팔과 다리 양쪽으로 잘라버렸던 것이다.

오딘은 새들이 지저귀는 동안 포도주를 마시면서 그의 항변에 귀를 기울였다. 그리고는 다시 거인 파프트루드니르에게 물었다.

"이제부터 가장 어려운 질문들이 남아있소. 태양은 어째서 추격을 당하게 되었소?"

"태양은 빠르게 움직이고 있답니다." 거인이 말했다. "괴물에게 붙잡히게 될까봐 두렵기 때문이지요. 슈포트Spott라고 불리는 늑대 스퀼Sköll이 뒤쫓고 있는 것이라오. 그리고 하스라고 하는 늑대 하티Hati가 달을 쫓고 있지요. 괴물들이 이 태양과

별에 도달하면, 일식이 되는 거라오. 그건 위험을 뜻하지요. 그러니까 장차 태양과 달은 더 이상 그들에게서 풀려나지 못 하게 될 것이오."

"그렇다면, 말해 보시오, 파프트루드니르. 스퀼과 하티는 어디서 유래한 것이오?"

"둘 다 미드가르트의 동편 '철의 숲'이라고 일컫는 태고의 숲에 거주하고 있는 한 거인족의 여인이 낳은 자식들이라오. 그곳에서 한 마녀가 늑대의 형상을 한 거인의 아이들을 낳았소. 즉 그 늑대 새끼들 중에서 가장 흉칙하게 생긴 녀석의 이름이 '달을 쫓는 개'라고 불리워지게 될 것인데, 왜냐하면 그는 죽은 남자들의 살로 배 터지게 포식을 하고는 달을 꿀꺽 삼켜 버리기 때문이오. 그래서 태양은 그 빛을 잃어버리고 하늘과 대기는 피로 물들여지게 될 것이오."

늑대들이 어째서 그런 일들을 저지르는지 오딘은 계속해서 물었다.

신들이 악행을 저지르기 때문에 오직 자신들의 피로써만 치룰 수 있을 만큼 엄청난 죄값을 짊어지게 될 것이라고 현명한 거인은 생각했다. 그런데 그 죄는 신들이 피를 흘리는 것만으로 충분치 않을 정도로 클 것이라고 말했다.

"말해보시오, 파프트루드니르. 그대가 신들의 미래에 대해 알도록 해준 그 지혜를 그대는 어디서 얻게 되었소?"

"나는 모든 루네 문자를 새기는 법을 알고 있을 뿐만 아니라 그 마력도 훤히 꿰고 있소". 거인이 대답했다. "나는 모든 세계를 두루 거쳐서 여기에 이른 것이오. 심지어 저 아래 죽은 자들의 세계에까지 말이오. 아스가르트와 미드가르트가 아직 세워지기도 전에 있었던 모든 시간의 기원에 대해 나처럼 알고 있는 거인은 아무도 없을 것이오." 최초의 신들이 이미르를 쳐죽이고 대홍수가 일어났을 때, 그는 베르겔미르와 동고동락하는 한 가족으로서 그와 더불어 우묵하게 패인 나무가지 속에 들어가 있다가 그와 함께 도망쳐 나왔다는 것이었다.

"당신은 거의 모든 사실들을 알고 있구료, 파프트루드니르. 이제 당신에게 마지막 문제를 내겠소. 오딘의 아들 발더가 죽어 장작더미 위에 눕히게 된다면, 오딘은 그때 아들에게 귓속말로 무슨 말을 속삭일지 말해줄 수 있소?"

파프트루드니르 역시 포도주잔을 들고 마시더니 다음과 같이 말했다. "그것은 오딘 자신만이 아는 일이오. 당신은 대체 누구요? 당신은 강라트가 아닌 것이 분명하오. 장차 당신이 당신의 죽은 아들에게 하게 될 말을 아는 자는 당신말고는 아무도 없을 것이오."

"내 아들 발더가 목숨을 잃게 되리라는 사실을 내가 어떻게 알 수 있겠소? 당신은 그러한 사실을 어디서 알 수 있었겠소? 난 단지 당신을 계략에 걸려들게 하려고 한 질문에 불과하오."

"당신은 틀림없이 모든 현자들 중에서 가장 지혜로운 신이오!" 파프트루드니르가 감탄의 소리를 질렀다. "내 머리는 당신의 것입니다."

파프트루드니르는 그토록 현명하기 때문에, 자신도 그에게 그의 머리를 선사한다고 오딘이 말했다.

거인들은 신들의 호의로써 오딘의 고결함을 칭송해마지 않았다.

8. 두 신족들 사이의 전쟁

식사 시간이 되어서 아제 신들이 나란히 자리를 하고 있을 때, 인간들 사이에 느닷없이 발생한 살인에 대한 보고가 전달되었다. 당시는 평화의 왕들이 통치하던 시대였기 때문에 이런 일들은 이례적인 사건에 해당했다. 황금을 탐하는 굴바이크 Gullveig라는 이름의 한 여자가 여지껏 쇠와 가느다란 반지만을 알고 지냈왔던 사람들에게 대량의 황금 팔찌와 핀들을 나누어 주었다. 그 결과 큼직한 금을 소유하려는 욕심이 싸움과 탐욕을 부추기고 말았다. 몇몇 아제 신들이 미드가르트로 건너가서 굴바이크에게 답변을 요구했다. 그녀가, 자신은 바네 여신이며 인간들도 자신과 함께 사치를 누리며 살도록 만들고 싶었다고 말했다. 그들도 붉은 금속의 광채를 보고 즐거워할 의무가 있다는 것이었다.

아제 신들은 굴바이크를 추방해 버렸다.

바네 신들은 그들의 재물을 증식시키고 향유했으며 그리고 많은 것들을 선물로 주었다. 그들의 선조 뇌르트는 풍요와 바다의 신이며, '배의 궁전'이라고 부르는 노아툼Noatum에 거주하면서 바람을 조종하고 폭풍과 불을 진정시킨다. 사람들은 바다로 갈 때 그리고 고기잡이를 할 때 뇌르트에게 은총을 구했다. 그러면 그는 간구하는 모든 사람에게 토지 또는 동산을 선물로 줄 만큼 부유했다. 뇌르트는 자신의 누이를 부인으로 삼아 슬하에 프라이야와 프라이를 두었다. 하지만 아제 신들에게 있어서 오누이 간의 근친상간은 금지된 일이었다.

뇌르트와 다른 바네 신들이 후하게 재물을 나누어 주었듯이, 굴바이크 역시 이전보다 훨씬 더 많은 금을 가지고 또 다시 미드가르트로 향했다. 가족들과 무장한 군인들 사이의 싸움이 일어나 많은 살인이 발생했다. 그러자 아제 신들이 굴바이크를 붙잡아 그녀를 오딘의 홀로 데려갔다. 그런데 자신의 잘못된 행위를 자책하기는커녕, 굴바이크는 몸에 지니고 있던 황금을 아제 여신들과 남신들에게 모조리 선물하고 말았다. 그때 아제 신들이 그녀를 창으로 찔렀다. 하지만 황금을 가지고 유혹의 손길을 뻗치는 그녀는 생생하게 살아 또 다시 아제 신들 앞에 모습을 드러내면서 마법으로 그들의 감각을 현혹시키려 들었다. 그녀는 세 번이나 화형에 처해졌다가 그때마다 불 속에서 다시 걸어나왔다. 이제 아제 신들과 인간들은 황금에 대한 갈망을 더 이상 몰아낼 수가 없게 되었다.

오딘은 이제 이야기 될 전쟁의 신 티르Tyr에게 시합을 권유했다. 티르가 자신의 검을 강한 오른손으로 휘두르면, 아무도 그에게 저항하지 못했다. 그는 법의 신이기도 했으며 엄숙한 맹세의 의식을 할 때는 선서를 하기 위해 오른손을 들어올렸다. 인간들이 결투를 할 때는 그에게 중재를 청했다. 아제 신들이 굴바이크를 죽이려고 했었기 때문에, 그들은 바네 신들에게 높은 배상을 제의했다. 하지만 그것만으로는 바네 신들에게 충분치 않았다. 그들도 아제 신들 못지 않게 막강하고 현명한 신으로 간주되고 있었기 때문이었다. 따라서 그들은 똑같은 권리와 희생을 요구했다. 하지만 아제 신들의 생각은 달랐다. 자신들이 더 중요한 존재이며 세계의 운명을 더 잘 운영하고 있다는 것이 그들의 생각이었던 것이다.

따라서 오딘은 거대한 물푸레나무인 이그드라질 근처에 있는 지혜로운 미미르의 우물을 향해 걸어가서 그에게 물 한 모금을 청했다. 미미르는 오딘이 담보로 한 쪽 눈을 우물 속에 넣어줄 때에만 그에게 최고의 지혜를 제공하려고 했다. 하지만 애꾸라는 현실이 오딘에게는 너무 큰 대가였다.

발더는 아제 신들이 우주의 물푸레나무 근처에서 회의를 열었을 때, 바네 신들과 화해하도록 조언했다. 소경인 회트와 아제의 여신들도 그 의견에 찬성했다. 하지만 지금에 와서 바네 신들에게 권리를 양도하면, 그들이 내일에 가서는 그 이상의 것을 요구하게 되리라고 오딘은 경고했다. 따라서 아제 신들은 자신들의 전투준비를 과시하고 무기들을 들고 전투를 알리는 요란한 소리를 내야 한다는 것이었다.

미미르의 샘. 미미르는 오딘에게 전설적인 지혜의 샘물을 한 모금 허락한
다. 그 대가로 미미르가 요구한 것은 오딘의 한 쪽 눈이다. 한편 하임달의
뿔나팔이 반달을 의미하는 반면, 오딘의 눈은 보름달의 상징으로써 샘물
속에 떠 있게 된다. 1995년 닉 빌의 그림.

티르, 하임달, 토르 그리고 로키는 오딘의 말에 찬성을 표했고 과반수로 자신들의 뜻이 관철 되었음을 공표했다.

이때 바네 신들이 아스가르트 앞으로 몰려와서 자신들의 요구를 주장하고 나섰다. 아제 신들은 전력으로 그들에게 대항했다. 각자의 군대가 공격을 주저했다. 그때에 오딘이 자신의 창인 궁니르를 바네 신들의 무리 위로 던져서 전투의 시작을 알렸고, 그 때문에 그는 더 무거운 책임을 떠맡게 되었다. 왜냐하면 이렇게 해서 최초의 전쟁이 세상 속으로 들어왔기 때문이다. 아제 신들은 궁니르 창과 묠니르 망치와 같은 훌륭한 무기들을 소지했기에 스스로 무적의 존재들로 여겼던 것 같다.

아제 신들이 바네 신들을 추방하고 그들의 땅을 황폐화시켰다. 하지만 나머지 평화를 사랑하는 바네 신들이 서둘러 무장을 하고 아제 신들의 땅으로 침공해왔다. 토르가 자신의 망치를 적에게 내던졌고, 오딘이 궁니르를 던졌음에도 불구하고, 전쟁의 신은 자신의 강력한 오른손으로 검을 휘둘렀으며 아홉 신들의 힘을 모아 분투했음에도 불구하고 바네 신들이 아스가르트를 돌격해서 그 성벽을 간신히 열 때까지, 한 번은 바네 신들의 거주지에 대항한 아제 신들의 군대가 밀렸고, 또 다음 번은 아스가르트에 맞선 바네 신들이 밀렸다. 왜냐하면 바네 신들이 아제 신들에게는 알려지지 않은 마법을 써서 주도권을 잡았던 것이다.

그리고 나서 바네 신들은 자신들이 요구한 사항에 대해 협의할 여유를 아제 신들에게 주었다.

아제 신들과 바네 신들은 똑같이 전쟁에 넌더리를 냈으며, 따라서 화해할 것을 약속하고 평화를 체결했다. 아제 신들이 바네 신들에게 동일한 권리를 갖고 희생을 떠맡기로 약속했다. 이 협정을 뒷받침하기 위해 그들은 서로 인질들을 교환했다.

아제 신들은 회니르Hönir를 내세워, 그가 지도자로 적합하다

오딘의 창 궁니르. 난쟁이 이발디의 아들이 창을 만들고, 오딘이 창
자루를 완성했다. 창자루에 마법의 루네 문자를 새긴 오딘의 궁니
르는 결코 과녁을 빗나가는 법이 없었다. 1906년 헨드리히의 그림.

고 말했다. 그는 체격이 크고 용모가 아름다웠다. 그와 함께 지혜로운 미미르가 인질로 갔다. 바네 신들은 곧 바로 회니르를 지도자로 삼았고, 미미르는 모든 일을 할 때 그에게 조언을 해주었다. 회의 중에 미묘한 사건들이 회니르 앞에서 발생한 데다가 미미르가 부재 중이었을 때, 의견을 부탁받은 회니르의 대답은 여러분들이 알아서 판단을 내려도 괜찮다는 식이었다. 이런 일들이 빈번하게 되풀이 되자, 바네 신들은 인질교환에서 자신들이 기만을 당했다고 느끼게 되었다. 그러자 그들은 미미르를 붙잡아 그의 목을 베어버린 다음 그 목을 아스가르트로 보내버렸다. 한편 오딘은 그의 머리를 세심하게 보존시켜서, 약초물로 가볍게 적셨다. 그러자 목이 부패하지 않고 그 입술이 다시 혈색을 되찾았다. 오딘은 마법의 루네 문자를 그의 이마에 문지르고 나서 그 머리를 주술로 치료했다. 이 마력이 미미르의 지혜를 보존시켰으며, 그의 생존과 함께 오딘의 질문에 답할 수 있고 또 숨겨진 것들을 찾아내는 힘을 갖게 했다.

바네 신들은 가장 우수한 신들, 즉 선조인 뇌르트와 그의 자녀 프라이와 프라이야를 인질로 내세웠다. 뇌르트는 자신의 누이를 바네 신들의 거주지에 남겨 두고 아스가르트에서 새 부인을 고대해야만 했다. 이에 관해선 앞으로 더 얘기할 기회가 있을 것이다. 손님으로 자주 아제 신들의 거주지를 방문해 왔던 프라이는 더 큰 명망을 얻어 그의 아내가 된 게르트와 함께 아스가르트로 이주했다.

프라이야는 그녀가 이주한 후 바네 신들에게는 관례인 온갖 마술을 아스가르트에서 가르쳤다. 그녀는 가장 아름다운 여신이며, 고양이가 끄는 수레를 타고 신들이 소지하는 가장 값 비싼 목걸이인 브리징아멘Brisingamen을 걸고 다닌다. 모든 여신들 중에서도 프라이야는 인간들에게 가장 가까운 존재다. 특히 애정 문제에 관한 한 부인과 처녀들은 그녀에게 탄원을 했다. 막

땅 위를 날고 있는 프라이야. 그녀의 아름
다움은 생명을 가진 모든 존재들이 그녀를
갈망하고 그녀에게 구애할 정도였다. 1914
년 F. 폰 슈타쎈의 그림.

강한 거인들이 그녀를 열망한 결과 신들을 위험한 싸움에 빠뜨
리기도 했다. 이 사랑하는 연인들의 여신은 수 많은 나라들을
누비고 다니면서 긴 여행 길에 있는 그녀의 남편 오트Od를 찾고
있다. 그때문에 그녀는 자신의 이름을 바꾸고, 찾지 못한 오트
때문에 황금의 눈물을 흘리고 있다.

바네 신들은 아제 신들의 사회에 받아들여졌으며 그 후 아제
신들로도 불리게 되었다.

화해의 징표로 아제 신들과 바네 신들은 한 솥에 침을 뱉고
그 침을 섞은 다음 거기에서 위대한 현자를 만들었다. 그리고
그를 크봐지르Kvasir라고 불렀다.

9. 오딘이 시인들의 꿀술을 빼앗다

크봐지르는 아제 신들과 바네 신들처럼 지혜로웠고 온갖 질문
에 대한 해답을 알고 있었기 때문에, 신들은 그를 파견해 인간
과 난쟁이 그리고 요정들에게 화목하게 지내는 법을 가르치도록

했다. 누구도 그가 알고 있는 모든 지식을 그에게서 알아낼 수 있을 만큼 영리하지는 못했다. 크봐지르는 온 세계에서 존경을 받게 되었고, 그의 명성은 점점 더 널리 알려졌다. 이 악의 없는 자가 여행 길에 난쟁이 프얄라르Fjalar와 갈라르Galar에게 간 적이 있었다. 그들은 그를 옆에 앉혀놓고 그에게 한 가지 비밀을 폭로하겠다고 속였다. 크봐지르가 프얄라르에게로 머리를 숙였을 때, 갈라르가 그를 칼로 베었다. 그리고 두 난쟁이들은 크봐지르의 피를 항아리 하나와 두 개의 사발에 담았다. 프얄라르와 갈라르는 그 피에다 꿀을 타서 꿀술을 빚었다. 이 술을 마시는 자는 시인이나 현자가 되었다.

신들은 크봐지르가 실종되었음을 알게 되었다. 그들은 온 세계를 더욱 큰 분별력으로 이끌려는 위대한 희망을 그에게 걸고 있었던 것이다. 난쟁이들은 크봐지르가 지혜의 무게를 이기지 못해 그 속에 파묻혀 죽었다고 신들에게 보고했다. 하지만 오딘은 그 난쟁이들의 말을 신뢰하지 않고 까마귀 후긴과 무닌을 밀사로 보냈다.

프얄라르와 갈라르는 우선 비밀로 해둔 자신들의 획득물에 대해 환성을 올렸다. 그리고 그것을 과시하기 위해 그 꿀술을 친구들에게 맡겼다. 그 즉시 난쟁이들은 안전하다고 믿고 다시 새로운 범행을 저질렀다. 그들은 거인 길링Gilling을 그의 부인과 함께 초대했고, 손님에게 바닷가로 노를 저어가자고 청했다. 그들이 해안으로부터 충분히 멀리 떨어졌을 때, 난쟁이들은 물 밑 암초를 향해 배를 조종했다. 그러자 배가 전복되었다. 프얄라르와 갈라르는 보트의 가장자리를 꽉 붙들고서 헤엄을 칠 수 없었던 길링이 물을 들이키면서 익사하는 광경을 바라보고 있었다. 그리고 나서 난쟁이들은 보트를 똑바로 일으켜 세우고, 그의 불행을 고소하며 육지를 향해 배를 몰았다.

해변에 있는 자신들의 집에 도착한 난쟁이들은 길링의 부인에게 남편이 보트에서 추락했으며, 그를 끝내 구해내지 못 했노라고 전했다. 프얄라르는, 남편이 불의의 사고를 당한 그 현장을 그녀가 바라본다면, 그것이 그녀의 눈물을 진정시키지 않겠느냐고 말했다. 그 사이 갈라르는 지붕 위에 올라가 있었고 문 위에서 두 손으로 맷돌을 쥐고 있었다. 부인이 문을 나설 때, 그는 맷돌을 떨어뜨렸다.

프얄라르와 갈라르의 꿀술을 시샘하던 다른 난쟁이들이 길링의 아들인 주퉁Suttung에게 이 살인행위를 누설했다. 주퉁은 범죄자들의 집을 찾아가 강제로 문을 열고는 그들을 붙잡아 자신의 아버지가 물에 빠져 죽음을 당한 장소 근처로 배를 몰고갔다. 그리고 썰물이 일어날 때만 바다에서 돌출하는 작은 절벽 위에다 난쟁이들을 꽁꽁 묶었다. 주퉁은 이 암초도 근처에서 배를 타고 기다렸다. 밀물이 되면서, 두 난쟁이들의 비명소리는 점점 더 커져갔다. 물이 그들의 아래턱까지 차올랐을 때, 난쟁이들은 주퉁의 부모를 죽인 보상으로 귀중한 꿀술을 내놓겠다고 맹세했다. 그러자 주퉁은 사슬을 풀고 난쟁이들을 그들의 집으로 데리고 갔다. 그리고 꿀술을 얻고나서 난쟁이들이 도망가도록 내버려 두었다. 거인 주퉁은 항아리와 사발을 가지고 와서 그것들을 슐락 산에 깊이 숨겨두고 딸 군뢰트Gunnlöd를 경호원으로 배치해 두었다.

까마귀 후긴과 무닌은 크봐지르의 죽음과 꿀술이 현재 숨겨져 있는 장소에 관한 소식을 오딘에게 가져왔다. 모든 아제 신들이 회의에서 꿀술을 도로 찾아오자는 의견에 일제히 찬성했다. 그들의 자존심이 그것을 재촉했다. 그렇지 않으면 거인들은 시인과 현자들이 될지도 모르는 일이기 때문이었다. 그리고 꿀술을 되찾는 일에 오딘보다 더 적합한 인물은 아무도 없었을 것이다.

신들의 아버지는 길을 떠나 주퉁의 형제 바우기Baugi의 소유인 한 목초지에 당도했다. 그곳에서는 아홉 명의 머슴들이 풀을 베고 있었다. 그러자 오딘은 그들에게 낫을 갈아주어도 되는지 물었다. 머슴들은 마침 잠시 숨을 돌리려고 했었기 때문에, 오딘은 허리춤에서 숫돌을 꺼내 신속히 그들의 낫을 날카롭게 갈아주었다. 이제 낫의 날이 훨씬 더 잘 들게 되자, 머슴들은 숫돌을 얻고 싶어했다. 오딘은 숫돌의 가격을 그들이 정하는 대로 요구했다. 머슴들 모두가 그 돌을 청하자, 오딘은 숫돌을 공중에 던졌다. 아홉 명의 하인들이 각자 그것을 잡으려고 했지만, 그 때문에 싸움과 격투가 벌어졌고 예리하게 갈린 낫으로 서로 목을 베고 말았다.

저녁에 오딘이 자신을 뵐베르크Bölverk라고 소개하고서 주퉁의 동생 집에 들러 하룻밤 숙박을 청했다. 동생은 잠자리를 승락했고 자기의 불충한 하인들이 다투다가 서로를 죽였다고 불만을 털어놓았다. 그리고 어쨌든 새 머슴들을 어디서 구해야 할지 모르겠다고 말했다. 오딘은 자신이 머슴 아홉의 몫을 해내겠다고 제의했다. 보수로 그는 주퉁의 동생으로부터 한 모금의 꿀술을 맛보게 해달라고 요구했다. 그것은 오직 형의 딸만 마시게 하고 있으며, 자기에게는 꿀술을 담은 그릇조차 보여주지 않는다고 거인이 대답했다. 하지만 자신이 뵐베르크를 데리고 가서 그를 위해 한 모금 청해보겠다는 것이었다.

오딘은 뵐베르크로 변장한 모습으로 아홉 명 몫의 일을 해내느라 꼬박 여름 한 철을 보냈으며 겨울이 시작될 때쯤 품삯을 요구했다. 거인은 오딘과 함께 주퉁에게로 가서 자신들이 합의한 결정에 대해 설명했다. 주퉁은 그들에게 꿀술을 담은 항아리를 보여주었지만, 그것을 만지지도 못 하게 했다. 그리고 그는 한 방울의 꿀술도 따라주지 않았다.

오딘과 주퉁의 동생이 거인의 저택을 떠나 한 구간쯤 갔을 때, 오딘은 천공기 라티Rati를 꺼내 거인에게 주면서 슐락산을 뚫어보라고 그를 유혹했다. 기계의 입이 바위를 덥석 물더니 점점 더 깊이 먹어들어 갔다.

"산이 뚫렸다!" 주퉁의 동생이 소리쳤다. 하지만 오딘이 뚫린 구멍 안으로 바람을 불어넣자, 나무조각들이 그의 얼굴로 날아왔다. 그러자 그는 실망스러운 빛을 나타냈고 동굴 속까지 구멍을 파도록 거인에게 요구했다. 거인은 계속해서 파들어갔다. 오딘이 두 번째로 안에 바람을 불어넣었을 때, 나무조각들이 안으로 흩날려 갔다. 그때 오딘이 뱀으로 둔갑해서 뚫린 구멍 속으로 기어 들어갔다. 거인이 뱀을 겨누어 찔렀지만 놓치고 말았다. 변신한 오딘이 그를 속이고 교묘하게 피해버렸기 때문이다.

뱀은 동굴 속으로 미끄러져 들어가더니 다시 뷜베르크의 모습으로 탈바꿈했다. 그리고 아름다운 군뢰트가 항아리와 두 개의 사발을 지키고 있는 곳까지 앞으로 기어갔다. 오딘은 일부러 그릇에서 시선을 멀리두고 오직 처녀에게 몸을 바쳤다. 그는 아름다운 여인의 사랑으로 원기를 북돋우고, 그녀를 유혹해서 약혼이나 다름없는 서약을 했다. 그는 그녀와 사흘밤을 동침했다. 그리고 나서 그녀는, 아마도 그의 정력에 대한 사의로 그에게 꿀술을 세 모금 맛보도록 허락했다. 오딘은 첫 번째 한 모금 들이마시는 걸로 항아리를 비워버렸고, 두 번째 모금으로는 첫째 사발을, 그리고 세 번째 모금으로는 두 번째 사발을 다 마셔버렸다. 그리고 나서 오딘은 동굴에서 달려나와 독수리 형상을 취하고 그곳에서 날아가 버렸다.

군뢰트는 자신이 속았다는 것을 알아채고, 주퉁이 서둘러 달려올 때까지 비명을 지르며 동굴 앞으로 달려갔다. 거인은 배가 불룩한 독수리가 날아가는 것을 보고 자신도 독수리 옷을 걸쳐 입고 꿀술을 훔쳐간 도둑을 추적했다.

오딘이 힘겹게 날아오는 것을 본 아제 신들은 아스가르트의 성 안에 그릇들을 준비해 놓고 자신들의 무기를 가져왔다. 주퉁은 오딘을 향해 점점 더 가깝게 거리를 좁히며 다가갔고, 도망자인 오딘은 소량의 꿀술을 뒷쪽으로 쏟아내지 않았더라면 거의 붙잡힐 뻔했다. 그 소량의 꿀술은 그때부터 재능이 없는 시인들과 박학한 수다쟁이들에게 주어졌다. 하지만 거의 모든 꿀술을 오딘은 솥에다 토해냈다. 오딘이 이 꿀술을 시인과 학자가 되려는 아제 신들과 인간들에게 주고 있다. 그리고 얼마간의 꿀술은 오딘 자신이 보관했다. 그렇지 않았다면 그는 시문학의 아버지이자 가장 지혜로운 아제 신이 될 수 없었을 테니까 말이다.

다음 날 실종된 주퉁의 연고자들인 서리 거인들이 오딘의 홀로 몰려와서 뷜베르크가 아스가르트에 있는지, 또는 주퉁에 관해서 뭘 좀 알고 있는지 오딘에게 물어왔다. 오딘은 뷜베르크가 누구인지 알지도 못 할 뿐 아니라 또 그가 머무르고 있는 곳이 어딘지도 모른다고 맹세했다. 서리 거인들은 뷜베르크가 속임수로 주퉁의 꿀술을 탈취해 갔으며, 그의 딸 군뢰트는 고통 속에서 눈물만 흘리고 있노라고 하소연했다.

거인들이 모두 홀을 떠나고 났을 때, 토르는 오딘의 기만과 거짓 맹세를 비난했다. 요컨대 이 거인들은 심성이 선하며 정당한 대우를 받을 가치가 있다는 것이었다.

이에 대해 오딘은 모든 거인들은 사악하다고 소리쳤다.

그렇다면 그는 신들에게 모든 거인들을 적으로 삼게 하는 것과 다름없는 일이라고 토르가 항변했다.

10. 신들이 석공을 속이다

난쟁이들의 범행이 있었고 또 서리 거인들이 소동을 일으킨 이후 신들은 바네 신들이 돌격했을 때 부서져버린 성벽의 잔해 위를 더 이상 부주의하게 걸어다닐 수는 없었다. 발더는 폐허를 헐어버리자는 의견에 찬성했다. 다른 아제 신들은 재건축을 요구했지만 노력을 하지는 않았다. 연회 때문에 신들은 지쳐서 녹초가 되어있었다. 전쟁의 신 티르 역시 강한 오른손으로 차라리 뿔술잔을 손에 쥐었다.

그때 한 석공이 와서 미드가르트를 지나 침략해 들어올 지도 모를 산의 거인들과 서리 거인들로서도 난공불락인 성을 일 년 반 동안에 지어 주겠다는 제안을 했다. 대신 보수로 그가 요구하는 것은 프라이야 여신과 해와 달이었다.

신들은 석공이 터무니 없는 사람이라고 생각하고, 우선은 무뚝뚝하게 그 제안에 퇴짜를 놓았지만 결국은 승락하고 말았다. 석공이 한 겨울 내에 성을 세우면 그가 원하는 것을 얻게 되지만, 만일 돌아오는 여름의 첫날까지도 성벽 안에 돌이 하나라도 빠져있으면, 보수를 줄 수 없고 또 이 공사에 누구의 도움도 받아서는 안 된다는 조건을 그에게 요구했다. 토르는 미드가르트를 지키기 위해서 트롤들과 싸우러 동쪽으로 여행하는 중이었기 때문에 이 협상에 관여하지 못했다.

석공은 이 조건들을 받아들였다. 다만 한 가지 그의 말 스바딜파리Svadilfari를 조수로 부릴 수 있도록 허용해 줄 것을 아제 신들에게 요구했다. 아제 신들은 그것이 하나의 계략일 것이라 생각하고 말의 도움을 승인하지 않았다. 하지만 새 성벽을 쌓는 일이 절대적으로 필요했기 때문에, 오딘이 로키에게 조언을 구했다. 로키는 신들의 편에서 유리한 협상을 원했지만, 석공의 계획이라는 것이 사실 말 한 필의 도움 가지고는 그가 제시한 기한 내에 도저히 실현할 가망이 없다는 의견을 내세워 그에게 말을 허락하라고 충고했다. 회의에 참석한 모든 아제 신들은 이 이방인을 그러한 조건으로 일하게 하자는 데 합의했다. 아마도 아제 신들과 바네 신들이 화해조약을 체결한 이후 그들에게는 더 이상 잘못된 일들이 있을 수 없을 만큼 강하다고 스스로 생각했던 것 같다.

겨울의 첫날 이른 아침 일찍 석공은 성벽 쌓는 일을 시작했다. 밤에는 거대한 돌들을 스바딜파리에 싣고 끌고왔다. 아제 신들은 어떻게 한 필의 말이 그와 같은 거대한 암석덩어리들을 끌어올 수 있는지 의아스러워 했다. 눈과 얼음은 그에게 크나큰 열정을 쏟게하는 자극제가 될 뿐이었다. 그러니까 겨울이 추워지면 추워질수록, 건축사는 점점 더 많은 양의 작업을 하는 것처럼 보였다. 그리고 그 스스로가 제 아무리 무거운 짐들을 끌어 나른다 한들, 말은 언제나 그를 갑절이나 능가했다. 이방인은 튼튼한 원형의 성벽을 건축했으며, 설령 토르가 귀환하게 될지라도 그의 보수는 의심할 여지가 없었다. 그도 그럴 것이 계약은 선서로 보증된 데다가 증인들도 재삼 확인했기 때문이었다. 티르는 선서할 때 올리는 자신의 오른손을 높이 치켜들었던 것이다.

석공이 자신의 말인 스바딜파리와 함께 아제 신들의 거주지인 아스가르트의 성벽을 재건하고 있다. 1984년 앨런 리의 그림.

여름이 시작되기 사흘 전에 문을 만들어 달기 위한 자리만 남겨놓고 성벽이 완성되었다. 그러자 신들은 회의를 소집해서 프라이야를 넘겨주고 대기와 하늘이 몰락하는 일이 생기도록 약속을 이행해야 하는 지에 대해 토론을 벌였다. 해와 달이 없이는 하늘은 빛을 잃게 될 것이고 땅은 그 온기를 잃게 되리라는 것은 당연한 결과였다. 신들은 어지러운 꿈에서 막 깨어났을 때처럼 갑자기 화를 내었고 로키에게 책임을 추궁했다.

로키는, 오딘과 하임달 역시 말을 허락하는데 찬성했었기 때문에 정당하다고 주장하면서 자신에게 너무 부당하게 죄를 덮어씌운다고 생각했다.

한편 발더는 회의에 출석하지 않았었다고 프리크가 말했다.

아무런 결정도 하지 않고 또 아무런 행동도 보여주지 않는 자는 순수하고 고결한 채로 남아있다고 로키는 격분해서 소리쳤다. 발더에 대한 그의 공격적인 말투가 아제 신들을 더욱 더 격분시켰다.

신들에게는 다만 신성한 맹세를 깨뜨리거나 아니면 가장 아름다운 여신과 해와 달을 넘겨 주느냐 하는 선택만이 남아 있었다. 두 가지 모두 가당치 않은 일로 여겨졌기 때문에, 신들은 만일 로키가 타개책을 찾아내지 못 한다면, 잔인한 방법으로 죽여주겠다고 로키를 위협했다. 두려운 나머지 로키는 어떠한 희생을 치루더라도 석공은 자신의 보수를 얻지 못 하게 될 것이라고 신성한 서약을 하고야 말았다.

석공이 저녁에 스바딜파리와 함께 채석장으로 출발했을 때, 마침 느닷없이 숲에서 암말이 뛰쳐나와 히힝 소리를 내지르며 숫말을 향해 달려들었다. 숫말은 냄새로 암말을 알아보았고, 그동안 고된 작업때문에 오랫동안 암말을 거느리지 못했던 터라 마구를 갈기갈기 잡아 뜯고나서 암말을 따라갔다. 암말은 숲으로 달려나갔고, 스바딜파리는 그 뒤를 쫓아갔다. 그러자 석공도 말의 뒤를 따랐다. 스바딜파리는 밤새도록 암말을 뒤쫓았지만 달아난 암말을 따라잡는 데는 역부족이었다. 석공도 그의 말을 붙잡는데 실패하고 말았다. 이렇게 해서 그날 밤에 성문에서 해야 하는 공사는 자연 소홀해졌다. 낮에도 일은 거의 시행되지 못했다.

석공이 성문때문에 성벽이 완성되지 못 하리라는 사실을 알게 되었을 때, 그는 오직 거인들에게서만 볼 수 있는 무시무시한 분노에 휩싸였다. 신들은 그제서야 석공의 본성 속에 숨겨져 있는 산악 거인의 모습을 인식하게 되었고, 그동안 자신들이 기만당했음을 깨닫고 나서 곧 자신들의 맹세를 잊었다. 누군가가 토르의 이름을 불렀다. 그 사이 석공은 미친듯이 광란을 일으켰으며 성벽을 다시 허물어뜨리기 시작했다. 그때 토르가 그 자리에 나타나 석공이 바위덩어리를 신들을 향해 내던지고 있는 모습을 보았다. 그는 뮐니르 망치를 치켜들고 공사에 대한 대가를 해와 달이 아니라, 거인의 머리에 강한 일격을 가함으로써 그 값을 지불했다. 그의 머리가 산산 조각이 나 니플하임으로 내던져질 때까지 산의 거인은 땅바닥에 곤두박질 쳐 있었다.

한편 토르는 아제 신들에게 질책을 당했다. 그는 신들이 선서한 사실에 대해 아무 것도 모르고 있었기 때문이었다. 아마도 오딘은 은밀히 기뻐했을런지도 모른다. 그도 그럴 것이 토르가 지금 자신의 책임까지 떠맡아 주었으니 말이다.

신들이 프라이야와 큰 별들을 구했으므로 하늘은 환하고 따뜻한 빛을 내면서 그대로 머물러 있었다.

하지만 신들은 신성한 것으로 공언한 계약과 선서 그리고 법을 깨뜨리고야 말았다.

암말로 변신을 꾀해서 수컷 스바딜파리와 교미를 했던 로키는 얼마 지나지 않아 회색빛 털과 다리가 여덟 개 달린 망아지를 낳았다. 이 망아지는 신들과 인간들이 부리는 말들 중에서 가장

훌륭한 것으로 오딘의 승용말이 되었으며 슬라이프니르Sleipnir
라는 이름으로 불리웠다. 이제 신들은 성벽을 완성하면서 튼튼
한 성문을 달았다. 그와 동시에 신들은 번번히 공사보다는 술마
시는 일에 더 큰 관심을 쏟았다.

11. 토르와 거인 흐룽니르의 대결

일찍이 몇몇 거인들은 신들에게 적대적인 존재였다. 자신들의
소중한 석공을 죽인 것에 대한 분노때문에 이제 수 많은 산의
거인들이 낙석을 굴려서 인간들의 들판을 짓밟아 버렸다.

그래서 오딘은 그들을 염탐하기 위해 거인들의 나라로 말을
몰고가 가장 크고 힘센 거인, 흐룽니르Hrungnir의 저택에 당도
했다. 그가 문 앞에 서서 물었다.

"저기 황금 투구를 쓰고서 대기와 바다 위를 날 듯이 말을 몰
고오는 자가 누구인가?"

오딘은 거인이 자신을 알아볼 지도 모른다고 생각했기 때문에
대답을 하지 않았다.

"당신은 놀랍게도 훌륭한 말을 갖고 계시는구료." 흐룽니르가
말했다. 오딘은 여덟 개의 다리가 달린 새로운 종마 슬라이프니
르가 다른 온갖 말들을 능가한다고 여겼기에 다음과 같이 답변
했다. "거인들의 성 안에 이만큼 빠른 말은 없다는 사실에 내
머리를 걸겠소."

"당신의 말은 바람처럼 빠르오." 흐룽니르가 말했다. "하지만
나의 황금 갈기는 훨씬 더 멀리 도약을 하는 데다가 폭풍까지도
추월하지."

대답 대신 오딘은 슬라이프니르의 등에 훌쩍 뛰어올라 달리기
시작했다. 격노한 흐룽니르도 황금 갈기에 올라타고서 오딘의

자만을 꺾기 위해 그의 뒤를 추적했다. 오딘은 어찌나 맹렬하게 달리는지 항시 두 개의 구릉을 앞선 상태로 달렸다. 흐룽니르가 황금 갈기를 아무리 거세게 몰아대도 슬라이프니르 위에 올라탄 오딘을 따라잡는 데는 여지없이 실패하고 말았다. 그러자 성난 거인은 아스가르트의 성 안까지 오딘을 뒤따라 들어갈 정도로 맹목적이었다.

신들의 아버지가 행로를 바꿔 아스가르트로 돌아 온 사실을 두고 많은 신들은 그것을 패주라고 판정했으며, 또 다른 신들은 적을 신들의 성으로 유인한 책략으로 인정하고 칭찬했다.

흐룽니르는 어쩔 수 없이 아스가르트에 발을 들여놓았기 때문에, 오딘은 그를 자신의 홀에서 개최된 연회에 초대했다. 신장에 관한 한 거인들은 신들보다 더 컸다. 따라서 거인들 중에서도 가장 힘 세고 키가 큰 거인이 이제 신들 옆으로 걸어 왔을 때, 그는 위협적인 모습으로 신들 위에 우뚝 솟아 있었다. 신들은 산악 거인들에 대항해 출정하고 없는 토르의 전용 술잔을 그에게 건넸다. 토르는 늘 한 사람이 한 잔 마시는 것처럼 들이키지 않고 여러 사람의 분량을 한꺼번에 털어 넣곤 했던 것이다. 거인은 매 번 술잔을 단숨에 비워냈다. 그 즉시 그의 술잔에 새로운 술이 채워졌다. 그러자 흐룽니르는 술에 취해서 신들을 자극하기 시작했다. 즉 석공이 거인의 신분이었기 때문에, 감히 신들이 서약을 위반했을 거라는 주장이었다.

선서는 선서라고 발더가 단언했다.

흐룽니르는 술기운에 용기를 내어 큰 소리로 외쳤다. "우리가 당신네들한테 속박을 받고 있지 않기 때문에, 당신네 신들이 우리 거인들을 사악하다고 비난하는 것이오. 게다가 당신들은 우리 거인들을 다스릴 수 있을 만큼 완전하다고 자부하고 있소."

프라이야만이 계속해서 거침없이 거인에게 술을 따라주었고, 흐룽니르는 점점 더 취해서 신들을 협박했다.

"나는 이 발할Walhall(라그나뢰크를 대비해 싸움터에서 전사한 용사들의 혼령들을 소집하는 오딘의 궁 - 옮긴이)을 쑥 뽑아서 거인들의 거주지로 끌고갈 수도 있어. 그리고 우리가 아스가르트를 짓밟고 당신들이 석공에게 했듯이 신들을 모두 쳐죽일 수도 있어. 프라이야와 지프만을 빼고서 말이야. 그리고 나는 지금 당신들의 맥주를 모조리 마셔버리고야 말겠어" 그가 소리쳤다. 그의 쩌렁쩌렁한 목소리가 늑대의 울부짖음처럼 홀을 가득 메웠다.

몇몇 아제 여신들이 흐룽니르의 공세를 두려워할 정도였다. 아제 신들은 그의 허풍을 더 이상 감수하려고만 하지 않았다. 하지만 오딘은 이 술고래를 과감히 문 밖으로 쫓아내지 못 했다. 누군가가 토르의 이름을 불렀다. 그러자 얼마 지나지 않아 붉은 수염을 단 그가 홀 안으로 한 달음에 뛰어 들어와 망치를 휘두르며, 여기 맥주를 마시는 자리에서 흐룽니르가 허풍을 치도록 허락한 사람이 누구이며, 어째서 아제 신들의 향연 때처럼 프라이야가 그의 술시중을 들고 있는지 물었다.

흐룽니르는 두려워하지 않고 토르를 응시하며, 오딘이 자기를 이 홀로 청했노라고 답변했다.

"네가 출구에 당도하기도 전에, 넌 그 초대에 응한 사실을 후회하게 될 것이다!" 토르가 소리치면서 묠니르를 치켜들었다.

흐룽니르는 바위덩어리처럼 그 자리에서 꿈쩍도 하지 않고 말했다. "네가 무기도 없는 나를 죽인다면, 넌 명예를 얻지 못할 것이다. 거인들의 거주지로 가는 경계지점에서 나와 결투하자, 거기 바위로 둘러싸인 농가에서 내게 더 많은 용기를 보여줄 수 있겠지. 내가 내 방패와 숫돌을 가져오면, 즉시 싸우러 가겠다."

거인이 적대적인 태도를 드러냈기 때문에, 몇몇 아제 신들은 토르에게 이 괴물을 그 자리에서 쳐죽일 것을 요구했다. 하지만 대지의 아들은 거인을 품위있게 대했다. 그리고 여지껏 그 누구도 감히 그에게 결투를 신청한 적이 없었기 때문에, 그는 어떠한 희생을 치루더라도 그의 요구를 받아들이고 싶었다.

토르와 흐룽니르는 바위로 둘러싸인 농가 근처에서 홀름강 Holmgang의 결투(작은 섬이나 말뚝으로 경계를 표시한 육지에서 벌이는 경기. 용어 설명 참조 - 옮긴이)를 약속했다. 그리고 나서 황금 갈기 위에 올라탄 흐룽니르는 긴 도약으로 그 곳으로부터 내달았다.

거인들은 아스가르트로 향했던 흐룽니르의 기이한 행동과 토르에 대한 도전을 칭찬하였다. 그들은 이 결투가 여러 가지에 결정적인 작용을 하게 될 것임을 알고 있었다. 흐룽니르는 그들 중에서 가장 강력한 용사이며 가공할 만한 무기를 소지하고 있었다. 하지만 최악의 상황은 토르의 뮐니르에 대해 각오를 해야 한다는 사실이었다.

거인들은 바위로 둘러싸인 곳 근처에 찰흙으로 키가 9마일에다 팔 사이의 폭이 3마일이나 되는 거인을 세워 토르를 겁주려 하였다. '안개 장딴지'라는 뜻을 지닌 뫼쿠어칼피Mökkurkalfi가 이 찰흙 거인의 이름이었다. 그런데 거인들이 찰흙 거인에게 달아줄 충분히 큰 심장을 찾지 못했을 때, 그들은 힘센 암말의 심장을 그 속에 끼워놓았다. 흐룽니르는 돌출한 뿔이 달린 매우 단단한 돌심장을 갖고 있었다. 그의 머리 역시 정교한 돌로 만들어진 것이었으며, 그의 창 또한 크고 두꺼운 돌로 만든 것이었다. 흐룽니르는 토르를 기다리면서 방패를 가슴 앞쪽으로 갖다대고 던질 자세를 취하고서 숫돌을 어깨에 올려놓았다. 흐룽니르 옆에는 찰흙 거인이 서서 자신의 모습을 뽐내고 있었다. 하지만 그는 토르가 다가오는 모습을 보고 너무 무서운 나머지 오줌을 쌌다고 전해진다.

토르는 홀름강의 결투를 벌이기 위해 미드가르트에서 가장 빨리 달리기로 정평이 나 있는 하인 트얄피Thjalfi를 데려왔다. 그는 미리 앞서 달려가 산의 거인에게 큰 소리로 말했다.

"당신은 방패를 가슴에 대고 있지만, 토르는 밑에서 당신을 공격할 참이랍니다!"

흐룽니르는 방패를 땅 위에다 내려놓고 그 위에 올라섰다. 혹시 저 하인 녀석이 나를 속이려드는 건 아닐까? 하고 생각한 거인은 다시 창을 가슴 앞으로 들어올렸다. 곧 그는 어떻게 해야 제대로 방어를 하게 되는 것인지 몰라 혼란에 빠졌다. 그는 방패의 위치를 이리저리 바꿔보고 나서야 모든 걸 분쇄시키는 석돌을 두 손으로 던질 준비를 갖추었다.

이윽고 하늘이 진동을 하고 달의 행로가 심하게 전율을 일으켰다. 독수리와 매가 나르는 창공은 토르가 타고 온 전차의 흔적으로 활활 불타올랐다. 아제 신들의 노여움을 품고, 토르는 우박이 후두둑 떨어지고 바위가 금이 갈 정도로 두 마리의 숫염소를 몰아댔다. 땅은 거의 산산조각이 날 것 같았다. 벽력과 번개에 맞아 쪼개진 암석들 때문에 하늘이 화염에 휩싸였다. 토르는 묠니르를 휘두르더니 멀리서 흐룽니르를 향해 내던졌다.

토르가 그를 향해 돌진해 갔을 때, 거인은 막 방패 위에 섰다가 두 손으로 숫돌을 쥐고 토르를 향해 던졌다. 망치가 날아가면서 재빨리 숫돌과 부딪쳤고, 그것을 가루로 만들어 버렸다. 그 파편이 땅으로 떨어져, 거기에서 거대한 숫돌산과 채석장이 생겨났다. 헌데 다른 한 조각의 숫돌이 전력으로 날아와 토르의 머리에 박혀 그를 바닥에 넘어뜨렸다. 하지만 묠니르는 파괴되지 않고 고스란히 남아, 흐룽니르의 머리 한가운데를 정통으로 맞추고 그의 몸을 산산조각 내버렸다. 거인은 그 사이 그 곁으로 와 있던 토르의 몸 위로 쓰러졌다. 죽은 흐룽니르의 발이 그의 목에 가로놓이게 되자 그는 꼼짝달싹도 못 하고 바닥에 달라붙어 있었다.

두 마리의 염소가 끄는 전차를 몰고 거인들과 격투를 벌이고 있는 토르.
1890년 경 M. E. 빙에의 유화.

그 사이 트얄피는 찰흙 거인과 격투를 벌이고 있었다. 찰흙 거인은 방어를 했지만, 그의 암말 심장이 무서워하며 전율을 일으켰다. 트얄피는 서너 번 그에게 덤벼들어 그의 두 팔을 베어 버렸다. 그러자 그 거대한 놈은 덩치값도 못하고 맥없이 쓰러져 버렸다.

그런 다음 트얄피는 토르에게로 가서 흐룽니르의 발을 토르의 목에서 들어올리려고 애를 썼지만, 거인의 발을 치우기에는 역부족이었다. 소식을 들은 아제 신들이 득달같이 그리로 달려갔다. 하지만 그들 역시 토르를 자유롭게 해주지는 못했다.

그때 아제 신들이 거인족의 여인인 야른작사Jarnsaxa가 이제 막 삼일 전에 낳은 토르의 아들 마그니Magni를 불러 들였다. 마그니가 와서 흐룽니르의 발을 토르의 목에서 들어올려 내동댕이 치고는 말했다. "아버지, 제가 너무 늦게 와서 화가 많이 나셨죠. 결투를 했더라면 제가 흐룽니르를 맨주먹으로 저승에로 내동댕이 쳤을 거예요."

토르가 일어나서 아들에게 고맙다는 말을 하고 그에게 장차 중요한 미래가 도래할 것임을 예언하면서 종마 황금갈기를 선물로 주었다.

"어째서 네 아비가 그 말을 갖지 못하고, 한낱 거인족의 여인이 낳은 아들이 차지해야 하느냐?" 화가 난 오딘이 말했다.

그리고 나서 토르는 아스가르트의 '힘의 집'이라 불리는 자신의 거주지로 돌아갔다. 그런데 여전히 토르의 머리에 박혀서 고통을 주고 있는 석돌조각에 관한 이야기를 그로아Groa라는 예언녀가 듣게 되었다. 그녀는 수 개월 전 거인들이 사로잡은 용감한 남자의 부인이었다. 예언녀는 토르의 머리 위로 몸을 구부리더니 마법의 가락을 노래했다. 그러자 돌의 파편이 느슨해지기 시작했다. 토르는 고통이 어느 정도 남아있는 것을 느꼈지만 그만큼이라도 누그러진 사실에 대해 예언녀에게 너무 성급하게 보답한 나머지 자기가 어떻게 거인들의 거주지에서 그녀의 남편을 구해냈으며, 또 어떻게 그를 바구니에 숨겨서 등에 지고 나왔는지에 대해 설명하기 시작했다. 하지만 편물을 엮어서 만든 바구니에서 삐져나온 발가락 하나가 얼어버렸기 때문에 그가 그것 하나를 분질러 하늘에 던졌는데, 거기서 그녀 남편의 이름을 붙인 별자리 하나가 만들어졌다고 말했다.

"당신 남편이 곧 집으로 돌아올 것이오." 토르가 말했다. 그 순간 예언녀는 기쁜 나머지 마법의 주문을 잊어버릴 정도로 흥분하고 말았다. 이렇게 해서 숫돌의 파편은 여전히 토르의 머리 속에 박힌 채로 남아있게 되었다. 그 후 땅 위로 숫돌을 던지지 말라는 경고가 내려졌다. 토르의 머리 속에 박힌 파편이 흔들리면서 그에게 고통을 준다는 이유에서였다.

신들은 이 격투가 토르에게 있어서 얼마나 위험천만한 일이었으며, 또 자신들의 앞날에 대해서 얼마나 무지했던가를 깨닫게 되었다. 그러므로 오딘은 또 다시 미미르가 더 이상 지키고 있진 않지만 여전히 그의 이름을 달고있는 거대한 물푸레나무 근처의 샘으로 갔다. 이번에는 그도 한 쪽 눈을 담보물로 내놓는 것이 아깝지만은 않다고 생각했다. 그래서 그는 최고의 지혜를 담고 있는 음료를 마시기 위해 한 쪽 눈을 우물 속에 놓았다. 이제 신들의 아버지는 예언을 더 잘 알아듣게 되었다. 그리고 그 예언이란 노르네들이 라그나뢰크에 대해 헤아리고 있는 것들이었다. 즉 전 세계 적들과 맞서게 될 최후의 전쟁에서 신들과 세계의 몰락에 대한 경고가 그것이었다.

지혜의 우물에서 샘물를 마신 후 오딘은 다시 즐거워질 수 없게 되었다. 그는 자기가 선택한 아들 로키 또한 눈으로 보지 않고서는 더 이상 신뢰하지 않게 되었다.

12. 로키가 세계의 적들인 세 아이를 낳다

아제 신들에게 거인 로키의 혈통에 대한 기억은 거의 남아있지 않았다. 그의 아버지는 '위험한 난폭자'로 칭했고, 그의 어머니인 풍성한 나뭇잎의 여인은 '번개에 쉽게 불타오르는'이란 뜻이었다. 그리고 그의 형제는 '폭풍 속에서 번개 치는 거인'이었다. 로키는 불의 신이기도 하다. 불은 만물을 황폐하게 할 뿐만 아니라 따뜻하게 해주며 황소를 요리할 수 있고, 어두운 겨울 밤을 밝혀주며, 새싹들이 자라날 공간을 만들어주고 나무의 재로 새싹들에게 거름을 주기도 한다. 로키는 활활 타오르는 불꽃에 필적한다. 불꽃이 살아있는 것이야말로 불에게는 제일 중요한 것이었고, 그 불꽃은 움직이지 않는 것, 즉 불변하는 것들을 삼켜버린다.

거인들은 신족으로 적을 옮긴 로키의 무뢰한 태도 때문에 그를 업신여겼다. 그리고 많은 신들은 그의 출신때문에 여전히 그를 신뢰하지 않았다. 로키는 거인들을 적대시하는 행동으로 신들에게 두각을 나타내려고 했다. 영악함과 수완을 발휘해 그는 아제 여신 지그니Signy를 아내로 삼아 그녀 사이에 두 아들을 두었다.

하지만 로키는 이따금씩 거인들의 거주지를 동경하곤 했으며, 그 결과 과거 자신의 고향에 거인족의 여인인 안그르보다Angrboda 사이에서 세 명의 아이들을 더 낳았고, 그 자식들을 어머니가 양육하고 있었다. 이 자식들 중 첫째 아들은 늑대의 형상을, 둘째 아들은 뱀의 형상을 하고 있었다. 그리고 막내인 딸은 전체 분위기가 음산하게 보였는데, 절반은 푸른 빛깔을, 그리고 나머지 절반은 살색을 띠고 있었고 헬Hel이라 부르게 되었다. 신들은 이 남매들이 거인국에서 얼마나 빨리 자라고 있는지, 그리고 그들로부터 위험이 닥칠 것이라는 사실을 알게 되었다. 이미 수 많은 근심거리를 만들고 분파를 일으키는 아버지와 어머니의 혈통때문이었다.

그러자 오딘은 세 아이들을 붙잡아서 아스가르트로 데리고 오도록 서넛의 아제 신들을 파견했다. 신들은 이 남매들을 관찰한 결과 그들이 유익한 존재인지 아니면 위험한 괴물들인지 섣불리 판단을 내릴 수가 없었다. 그래서 아제 신들은 왜 그들의 동료인 로키가 그와 같은 자식들을 낳았는지 서로 물어보았다. 오딘은, 모험가인 로키는 자기가 저지른 행동의 결과에 대해 깊이 생각하고 있지 않다고 말했다. 자식들이 적이 될지도 모른다는 사실을 그가 어떻게 예측할 수 있는냐는 것이었다. 하지만 하임달은 이 괴물들의 겉모양 뒤에 도사리고 있는 로키의 사악한 의도를 짐작하고 있었다.

신들은 이 세 남매들을 얼마간 주시하고 나서, 그들이 위험하다고 생각했고 그들을 그대로 방치하지 않도록 회의에서 결의했다. 오딘은 뱀을 물에 빠뜨려 대지를 에워싸고 있는 깊은 바다 속에 던졌다. 하지만 뱀은 계속 살아나서 바다 한가운데에 넓게 자리를 차지하고 앉아 나중에는 대지 전체를 휘감았으며 지구의 궤도처럼 인간세계를 지키고 있을 만큼 커져 버렸다. 따라서 이 뱀을 미드가르트 뱀 또는 세계의 뱀으로 부르게 되었다. 후에 뱀은 이 좋은 의도를 포기하고 세계의 적이며 토르의 적대자가 되었다.

그리고 나서 오딘은 헬을 니플하임으로 던져 버렸으며, 마찬가지로 그녀를 헬이란 이름으로 부르고 난 후부터 저승을 감독하고 다스릴 권력을 그녀에게 부여했다. 저승에는 전쟁에서 전사한 사람들이 아닌, 지상에서 늙어 죽거나 병으로 죽은 사람들이 오는 곳이었다. 그곳으로 가는 길이 북쪽으로, 그리고 밑으로는 경계천 꾈Gjöll까지 나 있었고 그 위로는 꾈다리가 걸쳐 있었다. 헬은 대저택을 소유하고 있으며, 사방의 벽들은 울타리처럼 극도로 높게 지어졌고 창살문은 살아있는 사람들로서는 결코 넘을 수 없었다. 죽은 자들의 세계는 형벌을 받는 장소는 아니더라도 늘 젖어있고 차가우며, 황량하고 고통스럽다. 헬의 접시들은 절반만 채워져 있고, 그녀의 칼은 늘 배고프게 만들고, 그녀가 거느리는 하인은 느림보라고 하며, 그녀의 하녀는 잠꾸러기라고 부른다. 문턱 주변에는 함정이 숨어있다. 헬의 침대에서는 병을 얻게 된다. 왜냐하면 그녀의 침실 커튼은 종종 재앙을 가져오는 빛으로 빛나고 있기 때문이다. 헬은 머리를 숙인 채 눈을 내리깔고 격노해 있다.

늑대 펜리스라고 부르는 새끼 늑대를 이제 신들은 사육장에 가둬놓고 길러내려고 했다. 곧 가장 용감한 티르 신만이 두려워하지 않고 늑대에게 먹이를 줄 엄두를 냈다. 늑대는 하루가 다르게 날마다 쑥쑥 자라 더 불손해지고 재앙을 갈구하며 울부짖었다. 신들은 이렇게 위협적이면서 임박해 있는 위험에 어떻게 대처할 것인지 의논하기 위해 회의를 소집했다. 하임달은 늑대를 당장 그 자리에서 때려 죽이라고 요구했다. 하지만 발더가 아스가르트는 신성한 곳이기 때문에 피로 더럽혀져서는 안 된다고 주장했다. 토르는, 늑대를 죽이는 일이 고결하지 못한 짓이며 자신을 입증해 보일 가능성을 얻게 될지도 모르는 일이라고 생각했다. 그리고 오딘은 이 어린 늑대가 장차 무엇이 될지 시험해 보고 싶은 강한 충동을 느꼈으며 거인들과의 싸움에 사용하기 위해 늑대를 훈련시켜보고 싶었다. 그는 그 짐승과 이상한 친화력을 느꼈다.

신들이 신중하게 생각하고 논의를 하는 동안에도 늑대는 끊임없이 자라 더 강해지고 더 흉악해졌다. 그러자 신들은 교묘하게 엮어 만든 레딩Läding이라 부르는 사슬을 만드는 일 외에 다른 뾰족한 수가 없게 되었다. 그들은 늑대에게 그의 힘을 시험해 볼 것을 부탁했다. 늑대는 그 끈을 대수롭지 않게 여겼으며 자신의 몸에 사슬을 묶게 했다. 그러자 늑대가 발에 불끈 힘을 주자 한 번에 사슬이 끊어졌다.

그 후 신들은 드로마Droma라 부르는 제동장치격인, 두 배로 질긴 두 번째의 쇠사슬을 만들어서 늑대에게 보여주며 이 사슬을 끊으면 그 강한 힘 때문에 명성을 얻게 될 것이라고 말해 주었다. 처음에는 늑대도 꽁무니를 빼더니 사슬을 타진해 보고 나서, 자신의 힘이 그 사이에 더 커졌을 것이고 모험을 감수하지 않고서는 명성도 얻을 수 없을 것이라고 말했다. 이렇게 해서 늑대는 두 번째 사슬을 묶게 했다. 이윽고 늑대는 몸을 부르르 떨더니, 몸을 늘여 기지개를 켜서 사슬을 벗겨 버렸다. 그리고 사슬이 끊어져 그 파편들이 사방으로 흩어져 버릴 때까지 격렬하게 발로 짓밟았다. 이제 늑대는 전보다 더욱 강해졌다고 믿게 되었다.

이제 신들은 늑대에게서 위험한 적의 모습을 분명히 직감하고 더 이상 그를 제어할 수 없다는 사실에 두려워졌다. 신들은 더 견고한 사슬을 만들어 낼 수 없었기 때문에, 프라이의 동료인 스키르니르를 슈바르츠알펜하임으로 보내어 난쟁이들로 하여금 사슬을 만들어 오게 했다. 이 사슬의 이름은 글라이프니르 Gleipnir라 불리웠는데 이 세상에서는 존재하지 않는 것들로 만들어졌다. 즉 고양이의 발걸음 소리, 여자의 콧수염, 곰의 힘줄, 산의 뿌리, 물고기의 숨과 새의 침, 이렇게 여섯 가지의 재료였다. 이제 신들은 용무를 마치고 돌아 온 스키르니르에게 사의를 표했다.

그런데 글라이프니르의 표면은 매끄럽고 명주 리본처럼 부드러웠기 때문에, 하임달은 과연 이 물건이 펜리스 늑대를 영원히 묶어 둘 정도로 강하고 안전한지 의아해했다. 하지만 오딘은 난쟁이들의 빼어난 솜씨를 신뢰하고 있었다. 따라서 아제 신들은 히드 섬으로 노를 저어 가서 늑대를 이 항해에 초대했다. 거기서 신들은 늑대에게 비단결 같이 부드러운 끈을 보여주며, 그것이 두꺼운 사슬보다는 조금 더 질긴 것이라고 말해 주었다. 그리고 끈을 하나씩 차례차례 돌려가며 늑대가 보는 앞에서 손으로 잡아 끊으려고 애를 써 보았다. 그것이 이루어지지 않자 아제 신들이 늑대에게 말했다. "네가 우리보다는 더 힘이 셀 테니 글라이프니르를 끊어 버릴 수 있을 거야."

늑대는 그 부드러운 끈을 믿지 않았다. 견고하다고 하기에는 그에게 너무나 얇아 보였기 때문이었다. 하지만 동시에 자기의 힘을 과시하고 싶은 충동이 그를 흥분시켰다. "내가 그토록 가느다란 끈을 끊어 버린다고 해서 내 명성에 무슨 득이 되겠소. 그리고 그 가느다란 끈이 계략과 속임수라면, 그 끈으로 날 묶지 못할 것이오." 하고 그가 답변했다.

그러자 아제 신들이 대꾸했다. "너는 그 무거운 쇠사슬도 끊어버렸기 때문에 이 비단결 같은 끈도 당연히 끊어버릴 수 있을 거야. 네가 만일 끊어버리지 못 한다면, 우린 널 두려워할 필요가 없을 테고 그럼 널 즉시 풀어줄 거야."

아제 신들은 늑대에게 깊이 생각할 여유를 주었다. 그리고 나자 늑대가 말했다. "만일 당신들이 내가 결박을 풀 수 없게끔 묶는다면, 당신들은 나를 조롱할 것이고 그리고 어쩌면 사슬이 절대로 풀어지지 못하게 될 지도 모르잖아요." 그는 신들의 속임수를 예측하고 글라이프니르를 뿌리쳤다.

그러자 신들은 늑대에게서 몸을 돌렸으며, 그를 경멸적인 태도로 대하면서 겁쟁이라고 비난했다.

이런 질책에도 아랑곳 없이 명예욕이 강한 늑대는 속지 않았으며, 만일 아제 신 중 하나가 약속을 지키겠다는 진실성에 대한 증표로 자신의 손을 그의 입 속에 넣고 있겠다면, 글라이프

신들이 사나운 펜리스 늑대를 마법의 끈으로 묶는다. 이때 늑대는 신뢰의
표시로 자신의 주둥이에 법의 신 티르의 오른손을 놓게 했으며, 그 대가
로 티르는 오른손을 잃고 만다. 8세기 주물.

니르를 자기 몸에 묶게 하도록 허락하겠다는 것이었다.

아제 신들은 당황해서 서로를 뚫어져라 쳐다보며 모두 자기들의 손을 몸에 착 붙이거나 손을 등 뒤로 가져갔다. 오딘과 토르 역시 마찬가지였다. 이때 티르가 늑대 옆으로 다가갔던 것인데, 그렇지 않아도 늑대는 이 정의의 신을 가장 많이 신뢰하고 있던 터였다. 티르는 늑대의 입 안에 왼손을 밀어 넣었지만 늑대는 선서할 때 사용하는 오른손을 요구했다. 법의 신이 자기의 오른손을 물어 뜯기게 되는 일이란 절대로 없을 것이라 생각한 늑대는 그제서야 자기 몸을 묶도록 허락했다.

늑대가 비단 같은 끈에다 대고 격렬하게 발길질을 하면 할수록, 점점 더 끈은 단단해졌다. 그가 사납게 몸을 돌려 끈을 휘어 감고 빠져 나오려고 하면 할수록, 점점 더 끈은 예리하게 죄어들었다. 그러자 티르를 제외한 모든 신들이 놀려대며 웃었다. 그도 그럴 것이 티르의 손은 이미 늑대에게 물어 뜯기고 말았기 때문이다.

늑대는 너무나 분이 나서 더 이상 빠져나올 수 없을 정도로 격렬하게 끈을 짓밟으며, 무섭게 울부짖었다. 늑대는 신들을 신뢰했었는데도 불구하고 그들로부터 기만을 당했던 것이다. 아제 신들은 펜리스 늑대를 육중한 석판에 묶어 두고 그 석판을 땅속 깊은 곳에 있는 바위에 단단히 고정시켰다. 늑대는 격렬하게 몸을 움직이며, 울부짖고 위협하면서 아제 신들을 물려고 했다. 그 늑대는 훗날 오딘을 꿀꺽 삼킬 것이다. 그때 오딘이 자신의 칼을 괴물의 주둥이에 푹 내리꽂는 바람에 칼 끝이 윗턱 속을 찌르자 칼자루가 늑대의 입천장을 받치게 되었다. 이렇게 입이 고정된 채 늑대는 라그나뢰크가 올 때까지 울부짖고 있다.

13. 오딘이 전사자들을 발할에 소집하다

전 세계 곳곳에 위험한 조짐이 점점 커져가자, 오딘과 다른 아제 신들은 전사한 혼령들의 궁전인 발할을 더 자주 방문했다. 이 홀은 아스가르트와 더불어 지어진 것으로 오딘이 거주하는 기쁨의 집 안에 위치하고 있다.

싸움터에서 죽은 전사들은 국경에 흐르는 강을 걸어서 건너 죽음의 문을 통해 신속하게 들어온다. 그렇지 않으면 그 문이 그들의 발꿈치를 때리기 때문이다. 문 앞에는 늑대가 지키고 있다. 그 위로는 독수리 한 마리가 날고 있다. 황금빛으로 반짝이는 홀 안에는 창들이 서까래 장식의 뼈대 모양을 하고 있고, 방패들은 지붕의 널빤지로써 천장을 덮고 있으며, 쇠사슬을 넣어 만든 갑옷들이 벤치 위에 놓여 있다. 칼에서 반사하는 광채가 거대한 홀을 비추어 주고 있다. 장차 540개의 문에서 각각 800명의 전사들이 출동하게 될 것이다. 그 정도로 발할의 엄청난 규모는 헤아리기 어려울 정도이다. 발할의 화려함은 홀의 내부 장식들만으로 끝나지 않는다. 홀 앞으로 숲이 나 있는데, 그곳의 나무에는 황금가지들이 달려 있다.

오딘은 자신의 보좌에서 전사자들을 맞이한다. 이들은 발할의 전사자들로서, 오딘이 장차 세계의 적들과 싸우기 위해 출전할 때까지 홀 안에 머무르게 된다. 전사이며 시문학의 신인 브라기 Bragi가 오딘의 이름으로 환영의 술잔을 건넨다. 전쟁에서 쓰러진 전사자들의 수는 거의 헤아릴 수 없을 정도다. 하지만 그 수효는 아직도 훨씬 더 많이 필요하게 될 것이다. 아무리 많은 전사자들이 가세하게 되더라도, 수퇘지 제림니르Sährimnir의 고기가 그들의 식탁에 제공될 것이다. 막대한 양의 짐승이 매일 도살되고, 요리사에 의해 솥에서 보글보글 끓여지다가 저녁에는 다시 네 발로 서서 꿀꿀거린다.

오딘의 식탁으로 날라오는 고기는 그의 발 아래 앉아서 지키고 있는 두 마리의 늑대인 게리Geri와 프레키Freki의 먹이가 되고 있다. 그가 유일한 음식으로 마시는 포도주만으로는 그에게 충분치 않을지도 모른다, 그러면 그는 종종 남몰래 고기를 꿀꺽 삼켜 버린다. 어쩌면 오딘이 마시는 포도주는 지혜와 상상력을 강화시켜 주고, 그로 하여금 더 큰 예지력으로 미래를 내다볼 수 있게 해주며, 또 적절한 시구가 떠오르도록 영감을 불러 일으켜주고 있는 지도 모른다. 아니면 취기가 그의 감각을 흐리게 하고 있는 것일까? 새벽녘에 정찰을 보내는 까마귀 후긴과 무닌이 정오가 되어 돌아와서는 각 종족의 통치자들이 새로운 전투를 궁리하거나 거인들이 작당을 하고 있다고 오딘의 귀에 대고 속삭였다. 오딘은 장차 후긴이 다시는 되돌아 오지 못하게 될지도 모를 현실이 두려웠지만, 그는 무닌을 더 걱정했다. 다른 까마귀들은 전장에서 오딘을 도우면서 시체를 먹이로 삼으며 살아가기 때문에 죽음의 전조를 알리는 새들로 불리웠다. 따라서 오딘은 까마귀의 신으로도 일컬어진다.

수퇘지 고기와 마찬가지로 고갈되지 않는 음식이 있는데, 바로 전사자들이 마시는 음료이다. 그들의 고통과 치명적인 상처들은 최상의 꿀술로 위로받는다. 노예들과 하인들은 올 수 없고 오직 자유로운 전사들만이 올 수 있는 곳이 발할이다. 또한 경멸적인 뜻으로 불리워지는 바, 늙어서 죽은 사람들은 이곳에 오지 못하고 오직 전쟁에서 쓰러진 자만이 올 수 있다는 곳이다. 백발의 여러 전사들은 죽음을 목전에 두고 불명예로 비참하게 죽는 것을 피하며 오딘에게 축원을 받기 위해서 싸움터에서 죽는 길을 택한다. 종종 오딘은 그 뾰족한 창끝에 루네 문자를 새긴 창 궁니르를 심복들에게 수여한다.

발할의 지붕에는 사슴이 서서 물푸레나무인 이그드라질의 가

발할. 가장 훌륭한 전사들 중에서 오딘이 선택한 전사자들이 머무는 화려한 궁전. 신과 거인의 최후의 대결인 라그나뢰크에 동원하기 위해 오딘이 발퀴레들을 통해 이들을 불러 모으고 있다. 산문 에다의 삽화, 1760년.

지를 갉아먹고 있다. 사슴뿔에서는, '끓어 오르는 분지'인 흐버 겔미르에 이르기까지 물이 아래로 고여들고 거기서 '포효하는 강', '격렬하게 윙윙거리는 강', '창에서 치는 강', '사람들을 삼키는 강'과 같은 강물들이 발원할 정도로 엄청난 양의 물이 떨어진다. 이중 몇 개의 강물들이 인간들을 기습하기도 한다.

발할의 지붕에는 또한 염소인 하이드룬Heidrun이 있어서 거대한 물푸레나무 가지를 씹어먹고 있다. 하이드룬의 젖꼭지에서는 매일 엄청난 양의 풍부한 꿀술이 흘러나오고 있어서 전사자들이 마시고 전투준비를 할 만큼 충분했다. 전사자들은 아침마다 전투준비를 갖추고 무기를 들고 넓은 궁전마당으로 나와 싸우다가 서로 죽이기도 한다. 최초로 대규모의 정찬을 위해 그들은 준비된 식탁으로 말을 타고가서 화해의 분위기로 나란히 앉아 술을

높은 보좌인 흘리츠크얄프에 좌정한 최고의 신 오딘. 오딘은 이곳에서 전 세계를 굽어본다. 어깨에는 '생각'이란 뜻의 후긴과 '기억'이란 뜻의 무닌이 앉아있고, 발치에는 행운을 가져다 주는 늑대 게리와 프레키가 있다. 1870년 E. 번 존스의 그림

마시고 잡담을 나눈다. 이렇게 그들은 최후의 대전투에 대한 각오를 다진다.

발할에서는 젊고 아리따운 처녀와 부인들이 오딘과 전사자들의 시중을 들고 있다. 그녀들 대부분은 일찍이 군대를 이끌었거나, 배를 지휘했거나 또는 대열 속에서 싸움에 참전했으며, 전투에서 쓰러져 전사자들처럼, 발할로 옮겨 온 방패막이 처녀들로 용감한 여전사들이었다. 그녀들은 발퀴레들로서 하이드룬의 젖에서 나온 꿀술이 가득찬 뿔잔을 제공하고, 식기들과 수퇘지 제림니르의 고기를 날라온다. 하지만 오딘은 그녀들을 전투장으로 보내기도 한다. 그곳에서 그녀들은 싸움에 지거나 승리한 용사들을 선택한다. 이 발퀴레들은 셋씩, 또는 아홉이나 열둘씩 무리를 지어 바다를 넘거나 대기를 가로질러 말을 달린다. 남신들처럼 그녀들은 투구와 방패 그리고 창을 지닌다. 대부분 그녀

발퀴레들

들은 빼어난 아름다움을 지녔고 목전에서 죽음에 직면한 용사들에게 다가가 그들에게 말을 건넨다. 그런 다음 발할로 말을 타고 되돌아와서, 오딘이 지시한 사항을 실행했다고 알리거나, 또는 그런 오딘의 명령을 그녀들이 직접 판결하기도 한다. 명성이 가장 뛰어난 발퀴레는 브린힐트Brynhild와 지그룬Sigrun이었다. 브린힐트는 언젠가 오딘이 이미 자신의 적수에게 승리를 예정했었음에도 불구하고, 그녀는 젊은 왕 아그나르Agnar에게 승리를 선사했다. 오딘은 주제넘게 행동한 브린힐트에게 벌을 내려 잠들게 하는 가시로 그녀를 찌르고 바버로에로 둘러싸인 성으로 추방해버렸다.

다른 발퀴레들의 이름은 창을 던지는 여인, 무기를 든 여인, 높이 솟아오르는 여인, 소리 높혀 외치는 여인, 방패를 쪼개는 여인이 있다. 노른네들 역시 발퀴레들로써 싸움터에 출정한다.

말하자면, 오딘은 전사자들의 절반만을 선택하고, 나머지 절반을 프라이야가 발할을 위해 전쟁터에서 찾고 있다.

14. 토르의 절친한 친구

오딘은 특히 왕들과 무사들 그리고 막강한 용사들과 그들의 수행원들로부터 존경을 받고 있다. 농부, 대장장이, 상인 그리고 항해자들은 대개 토르를 떠받든다. 왜냐하면 토르에게는 비록 창과 검은 없지만 망치가 있기 때문이다. 그는 말에 몸을 싣거나 높이 걸터앉지도 않고, 대신 숫염소에 마구를 얹는다. 토르는 오딘이 그러했다고 전해지듯이 왕들 사이의 싸움을 선동하지도 않고 그들을 싸움터로 내몰지도 않는다. 그는 들과 숲 그리고 바닷가 등 인간들 곁에 가까이 있다. 사람들은 그를 제일 친한 친구라고 말한다. 그들이 그를 부르면, 그는 항상 그 자리

오딘과 브린힐트(브륀힐트). 발퀴레인 브린힐트는 오딘의 명을 어기고 지그문트의 이복형제를 도와준다. 그 벌로 그녀는 저주를 받아 가장 용맹무쌍한 용사의 도움을 받고 깨어날 때까지 불타는 담장인 바버로에에 둘러싸여 잠들어 있게 된다. 1900년경 F. 리크의 유화.

에 있기 때문이다.

그를 특별히 신뢰하는 많은 사람들과 토르는 긴밀한 우의를 유지하고 있다.

흐롤프Hrolf는 노르웨이의 모스트르Mostr 섬에서 가장 명망있는 용사다. 그는 장신이고 힘이 장사이며 거대한 수염을 지니고 있다. 흐롤프는 섬에서 토르에게 봉납된 신전을 관장하고 있으며, 토르 신의 특별한 친구로 여겨지고 있었고 따라서 토롤프Thorolf로 불리워진다.

노르웨이의 하랄트 쇤하르Harald Schönhaar왕이 무력으로 통일을 이루었을 시기에, 막강한 용사들은 그에게 굴복하지 않고 아이슬란드로 이주했다. 그들 중에는 친척을 방문하기 위해 뱃사공과 함께 튼튼하고 기다란 배를 내어준 토롤프의 절친한 친구가 있었다. 왕이 그 사실을 전해 듣고 사자를 통해, 그도 친구처럼 추방을 당하거나 왕에게 와서 왕의 결정을 받아들이라고 그에게 전해왔다.

토롤프는 자신이 관장하는 신전에서 봉납제를 마련하고 자신이 왕과 화해를 해야 하는지, 아니면 이 나라를 등져야 하는지 점을 치는 막대기를 던짐으로써 그의 절친한 친구 토르 신에게 답변을 구했다. 토르는 그에게 아이슬란드로 떠나라고 충고했다. 그 곳엔 이주할 만한 좋은 땅이 있다고 항해자들이 알려왔다.

토롤프는 대규모의 함선을 입수해서 식솔들과 세간 그리고 가축을 데리고 그 큰 섬으로 항해했다. 많은 친구들이 그를 전송했다. 토롤프는 신전을 떼어내어 거의 모든 건축용 재목과 문기둥을 세워두었던 주춧대 밑의 흙마저 지니고 떠났다.

토롤프는 순풍을 만나 곧 아이슬란드에 닿은 후 서쪽 남해안으로 갔다. 땅 속 깊이 깎여 들어간 큰 협만 앞에서 바람이 잔잔해졌다. 토롤프는 신전에 세웠던 높은 기둥들을 뱃전으로 던졌다. 그 기둥들 중 하나에는 토르의 신상이 새겨져 있었다. 이 토르의 신봉자는 많은 그의 동향인들 생각처럼, 그의 친구 토르가 그 기둥들을 떠밀려가게 한 그 자리에 정착하길 원했다. 토르가 순풍을 일으켰다. 그리고 기둥들은 예기치 않게 재빨리 서쪽에 위치한 협만을 향해 움직였다. 선원들이 협만 안쪽으로 배를 몰았다. 협만이 매우 넓고도 길었기 때문에 토롤프는 그 이름을 브라이다표르트Breidafjord라고 불렀다. 그 이름은 오늘날에도 여전히 그대로다. 토롤프는 협만 한가운데인 남쪽 방면에 상륙했으며, 후에 신전의 만으로 불렀던 만灣 안의 바닷가로 배를 끌어 당겼다. 이주자는 부하들과 함께 주변을 탐색하고 토르의 그림이 새겨진 기둥이 곳에 도착했음을 알았다. 그리고 나서 그들은 그곳을 토르스네스Thorsnes, 즉 토르의 곳이라 불렀다. 그들은 자신들이 얻은 땅을 햇불을 들고 토르자Thorsa라고 불렀던 하천까지 주위를 둘러보고는 그곳에 정착했다.

토롤프는 대규모의 농가와 토르의 명예를 위해 화려한 신전을 건축하고 그곳을 돌보았으며 봉납제를 거행했다. 따라서 그는 신전의 성직자인 셈이었다.

신전은 평화의 장소가 되었다. 문 뒤의 종벽에는 높은 기둥이 세워져 있었다. 문에서 멀리 떨어진 곳에 오늘날의 교회 성가대와 비슷한 공간이 있어서, 그 곳에 토르를 위해 봉헌되는 동물의 피를 담은 솥이 제단 위에 놓여있었다. 의식을 거행하는 사람들은 의자에 마주보고 앉아서 희생 제물의 피를 담은 성수를 뿌렸다. 그리고 이 제단 형태의 구조물에는 20외레 Öre(덴마크, 노르웨이, 스웨덴의 최소액 화폐 단위. 100외레 = 1크로네 – 옮긴이) 무게의 반지가 그대로 놓여있어서, 모두들 그 반지 위에다 대고 맹세를 했다. 신전의 성직자로서 토롤프는 집회를 가질 때 팔에 반지를 끼었다. 제물이 들어있는 그릇 주변에는 토르와 다른 신들의 신상들이 반원형 속에 놓여 있었다. 모든 주민들은 신전에 바칠 세금을 납부할 의무가 있었으며 또 신전의 사제인 토롤프의 일에 대해서 그를 따를 의무가 있었다.

토르의 그림이 물결에 실려 떠밀려 왔던 육지의 좁고 길쭉한 반도의 꼭대기에서 토롤프는 온갖 집회를 진행하게 하고 지방의 의회를 설치했다. 토롤프는 이 장소를 신성한 곳으로 공언했다. 따라서 누구도 그 곳에서는 피를 흘려서는 안 되고, 용변을 보아서도 안 되고 또한 달리 더럽히는 일이 있어서는 안 되었다. 생리적 욕구를 위해서는 배설물 암초도라고 불리는 암초를 이용했다.

토롤프는 반도 위의 산에 존경심을 표명했으며, 누구도 더러운 몸으로 그 산을 바라보아서는 안 되었다. 이 바위로 된 구릉을 토롤프는 헬가프옐Helgafjell이라 칭했는데, 이는 '신성한 산'이라는 뜻으로 그와 친척들이 죽어 그 산으로 들어가게 될 것이라고 믿었다.

토롤프는 남에게 후히 베풀기 좋아하는 배포가 큰 사람이었으며 부유하게 살았다. 당시 식료품들은 바다와 섬에서 넉넉히 조달되었다. 토롤프는 결혼을 했으며, 그의 부인인 운Unn은 슈타인Stein이라는 아들을 낳았다. 토롤프는 아들을 그의 친구인 토르에게 바쳤던 까닭에, 아들의 이름을 토른슈타인Thornstein, 즉 '토르의 돌'이라 불렀다. 인간과 사물의 이름은 토르의 이름을 따서 붙이게 되었는데, 그것은 반드시 존경심때문만은 아니고, 신의 특성을 만물에 결부시키기 위함이었다.

사후에 토롤프는 한 언덕에 매장되었다. 그의 아들 토르쉬타인은 아버지의 유산을 상속 받았으며 토라Thora라는 여자를 부인으로 삼았다.

토롤프가 물심 양면으로 도와주었던 그 친구의 자손은 수 많은 가족들과 함께 이웃에서 살았다. 그런데 이 사람들은 몹시 교만해서 민회가 열릴 때 그들의 생리적 욕구를 다른 곳에서처럼 풀숲에서 해결을 하려고 했다. 어째서 토르스네의 끝머리가 다른 땅보다 더 신성한 장소일 수 있는가? 하고 의문시했던 그들은 배설물 암초도로 가는 길에서 오랫동안 자신들의 신발을 더럽히려고 하지 않았다. 토르쉬타인은 수 차례 이웃 사람들에게 경고했다. 그들이 또 다시 토르에게 바쳐진 신성한 장소의 풀숲에서 소변을 보았을 때, 토르쉬타인은 민회에 모인 사람들과 함께 이웃사람들을 모욕했다. 그는 한 평의 땅도 더럽혀지는 걸 원치 않았기 때문이었다. 그 일이 싸움을 불러일으켰다. 양쪽에서 사람들이 쓰러졌다. 양진영의 몇몇 추종자들은 그것이 토르의 뜻이라고 생각지 않았다. 그 순간 아득한 천둥 소리가 들려왔다. 이제 서둘러 도착한 주민들이 양진영을 즉시 떼어놓았다. 신성한 집회장이 피로 물들었다.

양진영의 사람들이 무장을 한 수 많은 군인들과 대치했다. 브라이다표르트에서 가장 주목할 만한 인물인 토르트Thord가 화해로써 조정을 해야 했고 토르의 뜻으로 판결을 내렸다.

이웃 사람들은 생리적 욕구때문에 다시는 암초도로 걸어 갈 필요가 없다는 조건을 내세웠다.

그리고 토르쉬타인은 누구도 토르스네의 반도의 끝을 더럽히지 말 것을 요구했다. 판결에서 토르트는 이땅의 끝자락이 이제 다른 장소보다 더 신성하지 않다는 말로 그 신성한 땅을 욕되게 하고 모독했다. 그러자 민회의 장소는 동쪽으로 멀리 옮겨졌다. 그리고 두 진영은 토르의 신전을 공동으로 관리할 의무가 주어졌다.

15. 영원한 청춘의 여신을 빼앗기다

거인들 중에서도 지혜로운 파프트루드니르와 바다 거인 에기르Ägir와 같이 가장 총명했던 거인들은 신들과 화목하게 지내기를 갈구했다. 에기르는 원시시대부터 신들과 친하게 지내면서, 그들을 연회에 초대하기도 했던 것이다. 에기르의 부인은 바다의 여신 란Ran이다. 그녀는 익사한 사람들을 바다에서 낚을 수 있는 그물을 가지고 있어서 그들을 바다 속 저승의 세계로 데려간다. 에기르와 란의 자녀들은 아홉인데, 그들은 파도다.

어느 날 레세Hlesey 섬에 살고 있는 에기르가 아제 신들의 방문에 보답하기 위해 아스가르트로 향하는 여행길에 올랐다. 아제 신들은 그의 방문을 미리 알고 있었고, 그를 맞을 채비를 갖추고서 손님을 친절하게 영접했다. 그래서 아제 신들은 그의 마음에 깊은 인상을 남겨주었다. 주연이 시작된 저녁무렵에 오딘은 칼들을 홀 안으로 가져오도록 명했다. 그 칼들은 예리하게 번쩍였으며 홀을 밝게 비추어 잔치가 진행되는 동안에 다른 등불들은 더 이상 필요치 않을 정도로 환하게 빛을 뿜어냈다. 에기르는 홀이 훌륭하게 장식되어 있다고 생각했다. 벽에는 화려한 방패들이 가득 매달려 있었다.

그 방패들의 광채가 아제 신들의 머리 위를 비추고 있었다. 옥좌에는 우선 오딘이 그의 부인 프리크와 나란히 앉아 있었고, 그 다음으로는 토르와 뇌르트, 하임달 그리고 손 하나만 가진 티르와 로키 순으로 자리에 앉았다. 남편인 발더를 몹시 사랑하는 난나Nanna 역시 손님을 맞이하기 위해 연회에 참석했다. 긴 수염의 브라기 옆에는 아름다운 젊은 부인인 이둔Idun이 자리를 함께했다. 그녀는 매일 아제 신들에게 황금빛으로 은은하게 빛나는 사과를 제공한다. 이 사과는 세계의 만물을 주관하는 막중한 의무를 이행하는데 있어서 아제 신들에게 젊음을 유지시켜 준다.

브라기는 에기르에게 인사를 건네고 그에게 환영의 건배를 나누었으며 그를 자신의 옆자리에 앉도록 청했다. 에기르는 그 혈통과 경솔한 행동때문에 늘 아제 신들의 빈축을 샀던 거인들의 동족인 로키의 행실에 대해 물어보았다. 브라기는 발할에서처럼 특유의 달변으로 - 그의 혀에는 루네 문자가 새겨져 있다 - 아제 신들이 로키때문에 무슨 봉변을 당했었는지 그간의 정황을 설명했다.

얼마 전 세 명의 아제 신들이 집에서부터 출발해, 한 채의 오두막도 들어서지 않은 산, 즉 황량한 고원지대에 오른 적이 있었다. 오딘과 회니르 그리고 로키는 지니고 온 예비품을 너무 신속하게 써버리고 말았다. 그때 그들은 한 계곡에서 황소떼가 무리지어 있는 것을 보았다. 아제 신들은 그중 한 마리를 잡아 도살하고 불을 집폈다. 그들은 돌을 가열해서 그 사이에 고기를 놓고, 고기가 잘 구워지도록 뚜껑을 덮었다. 고기가 연하게 잘 익었을 것이라 생각하고 살펴보니, 고기는 여전히 날것이었다. 그들의 식욕이 왕성해졌다. 하지만 더 오랜 시간이 흐른 후 두

이둔. 그녀는 이제 신들에게 젊음을 되찾아주고 생기를 불어 넣어주는 전설적인 과일나무를 감시한다. 영원히 고갈되지 않는 바구니에서 이둔 신이 사과를 꺼내주고 있다. 1890년 경 J. 펜로즈의 그림.

번째로 시식을 했을 때도 고기는 여전히 딱딱하고 질긴 상태로 있는 것이 아닌가. 아제 신들은 어떻게 이런 일이 생길 수 있는지 서로 물어보았다. 때마침 그들은 거대한 떡갈나무 속에서 그들에게 말하는 소리가 들려왔다. 그 목소리의 주인공이 말했다. "고기가 익지 않도록 한 건 바로 나란 말씀이야." 아제 신들이 올려다 보니 말라 비틀어진 가지들이 우수수 떨어지듯 아제 신들의 머리 위로 말을 쏟아내고 있는 꽤 큰 독수리가 앉아있는 것이 아닌가. "당신들이 먹을 음식에서 내게 한 조각을 떼어주면, 그 고기를 금방 먹도록 해보리다."

아제 신들은 몹시 시장했기 때문에 독수리의 원대로 해주겠다고 동의했다. 그러자 독수리는 고기를 굽고 있는 장소를 비행하고 나서 – 신들의 머리 위로 하늘이 어두워졌다 – 먼저 황소의 양쪽 넓적다리 살과 그리고 양쪽 어깨살을 덥석 움켜잡는 것이었다.

로키는 화가 났다. 그래서 그는 아제 신들에게 도움이 되도록 막대기를 잡고서 독수리를 때려 죽이려고 했다. 로키가 독수리의 두 날개 사이를 맞추었다. 거대한 새는 그대로 날아갔고, 막대기는 독수리의 등에 단단히 박혔다. 그리고 로키의 손이 막대기에 착 달라붙은 채 함께 날아가 버렸다.

독수리는 로키의 발이 돌조각에 질질 끌리고 돌과 그루터기에 부딪칠 정도로 땅 위에서 가깝게 비행을 했다. 로키는 마치 양어깨에서 팔이 빠져 나올 듯한 고통을 느꼈다. 로키는 외마디 소리를 지르며 타협을 청했다. 그렇지만 독수리는 로키가 영원한 청춘의 사과를 소유하고 있는 이둔을 자신에게로 유인해 내겠다는 약속을 하지 않으면, 결코 풀려나지 못할 것이라고 대답했다. 로키는 아제 신들을 속일 수 없어서 이를 거절했다. 그러자 로키의 피가 땅을 붉게 물들이고, 또 급기야는 목숨을 잃게 될까봐 두려워할 지경까지 오랫동안 독수리는 그루터기와 돌 위로 그를 질질 끌고 다녔다. 결국 로키는 이를 부드득 갈면서 맹세하고야 말았다. 그는 독수리에게서 풀려나 동료들에게로 되돌아갔다.

약속한 시간이 다 되어갈 즈음 로키는 아주 귀중한 사과를 발견했노라는 말로 숲 속으로 이둔을 꾀어냈다. 그는 그녀의 사과를 가지고 가서 그 처음보는 신기한 사과와 비교해 볼 것을 아제 여신에게 청했다. 이둔이 사과나무 아래 서 있을 때, 거인 트야찌Thjazi가 독수리의 형상으로 날아와, 사과를 들고 있던 그녀를 잡아채고 '소음의 집'이라 부르는 자신의 궁전 트림하임 Thryheim으로 그녀를 납치해 갔다.

트야찌는 가장 주목할 만하며 강력한 거인들에 속했다. 그의 아버지는 대단한 갑부였다. 그가 죽은 후 아들들은 차례대로 가질 수 있을 만큼 재산을 소유함으로써 재산을 분배하고, 금의 양을 정해 가졌다.

젊음을 회복시켜주는 사과의 공급이 중단되었을 때, 신들은 늙어가면서 신속하게 백발이 되었다. 창도 예전의 절반 밖에는 던지지 못했다. 여신들은 회의 석상에서 쇠약해가는 남편들의 정력을 애석히 여기며 사과와 함께 이둔을 지체없이 데리고 돌아올 것을 남신들보다 더 적극적으로 촉구했다. 신들은 이둔을 마지막으로 본 자가 누구인지 서로 물어보았다. 로키는 이미 그녀와 함께 아스가르트를 떠난 상태였다. 이윽고 로키가 붙들려와서 고문과 죽음의 위협을 받게 되었다. 그는 프라이야가 매의 깃털옷을 자기에게 빌려준다면, 거인들의 거주지로 날아가 이둔을 찾아오겠노라고 맹세했다.

로키는 황급히 그 옷을 걸쳐 입고 북쪽 거인국으로 날아갔다.

그가 거인 트야찌의 궁전에 닿자 잠시 건물의 주변을 날아다녔다. 트야찌는 바다로 배를 타고 나간 뒤였고 이둔 홀로 자신의 집에 남겨 두고 있었다. 로키는 착륙해서 자기의 정체를 드러내고는 이둔을 호두로 변신시킨 뒤 그녀가 늘 몸에 지니고 다니는 사과와 함께 그녀를 그의 갈귀발톱 사이에 끼고 할 수 있는 최대한 빨리 아스가르트로 날아갔다.

트야찌는 배에서 커다란 매가 날아가는 것을 보고 재빨리 노를 저어 집으로 갔다. 그는 이둔을 놓쳐버린 사실을 깨달았다. 그래서 그는 딸 스카디Skadi에게 알리고는 독수리 털옷을 입고 날 수 있는 한 가장 빨리 로키를 추적했다. 매가 앞서서 날아간 거리는 상당했지만 독수리는 신속하게 날아가 금방이라도 매를 따라잡을 것 같았다.

아제 신들은 이 추격전을 지켜보고 있었다. 그들은 쌓아 올린 대팻밥을 아스가르트 앞으로 끌고 갔다. 신들은 매가 호두를 달고 자신들을 향해 날아오는 것을 보고 있었다. 독수리가 그를 금방이라도 덮칠 기세였다. 추적을 당한 매는 가까스로 아제 신들의 성벽 위에 이르렀다. 매는 벽 뒤에 착륙했고 다시 로키의 본 모습으로, 그리고 호두는 이둔의 모습으로 돌아왔다. 그 사이 아제 신들은 대팻밥에 불을 붙여 바람을 일으켰다. 순식간에 불꽃이 이제 신들의 성 위로 더 높게 불타올랐다. 독수리는 시야에서 매를 놓쳐버렸고, 제 때에 신속하게 비행을 멈추는데 실패하여 불의 장벽 속으로 떨어져버렸다. 화염이 그의 날개를 잡아채자 그는 아래로 추락했다. 아제 신들이 그를 붙잡았다. 토르가 망치를 들고 트야찌를 때려 잡으려고 했다. 그 때 로키가 선수를 써서 지팡이로 거인을 때려 죽이므로써 그에게 보복을 가했다.

법의 신 티르는 옆으로 떨어져 서 있었다. 그는 선서할 때 사용하는 자신의 오른손을 물어 뜯겼기 때문에, 그 손은 더 이상 칼을 지니고 있을 수가 없게 되었던 것이다.

16. 거인족의 여인 스카디가 뇌르트 신을 선택하다

거인 트야찌는 슬하에 아들이 없었기 때문에 딸인 스카디가 투구와 갑옷으로 무장을 하고 무기들을 갖추고서 아스가르트로 왔다. 하임달은 언제나처럼 아제 신들의 다리에서 경호를 하고 있다가 부친의 목숨을 앗아간 싸움에 분개한 그녀를 저지하기 위해 칼을 빼들었다. 스카디는 철저하게 무장한 아제 신들에 맞서서 큰 성과를 거둘 수 없다는 사실을 알고 있었음에도 불구하고, 그녀는 창을 가지고 위협했다. 그도 그럴 것이 거인들의 분노에 사로잡힌 그녀는 용사 여덟명 분의 힘을 소유하고 있었기 때문이었다. 아제 신들은 그녀의 대담한 용기에 존경심을 가지고 대했으며 그 결연한 아름다움의 소유자를 진정시켜 보려고 했다. 오딘은 아버지의 복수를 원하는 거인족 처녀를 죽이는 것은 불명예스러운 일로 간주했다. 발더는 스카디에게 화해와 평화를 청했다. 그러자 스카디는 이 잘생긴 발더에게 호의를 품었다.

아제 신들이 스카디에게 아량을 베푸는 타협안을 제시했다.

아제 신들 중에서 직접 신랑감을 선택할 권리가 그녀에게 주어진 것이었다. 아제 신들은, 신들과 거인들을 화해시킨다는 점에서 이 일을 대단히 의미있는 일로 평가했다. 하지만 남신들의 몸을 가린 채 스카디에게는 그들의 발만을 보여주었다. 스카디가 그 제안을 받아들이고 한 남신의 발을 가리키면서 말했다. "이 신을 선택하겠어요. 발더는 완벽하니까요!" 남신들이 가운을 벗어 던지자, 그녀는 자신이 잘못 판단했음을 깨달았다. 그 발은 청년의 아름다움을 소유한 발더의 것이 아니라, 늙은 뇌르트의 것이었다. 하지만 스카디는 젊고 힘센 거인보다 늙은 신을 더 좋아했을런지도 모르겠다. 어쨌든 그녀는 합의한 대로 자신이 선택한 늙은 신을 남편으로 맞았다.

겉으로는 이행하기 어려운 조건이 화해의 일완으로 거론되었다. 아제 신들은 트야찌의 죽음으로 고통에 차 있는 그녀를 활짝 웃게 만들어야 했던 것이다. 로키가 밧줄의 한쪽 끝을 염소의 수염에 묶고, 다른 한쪽 끝을 자신의 음낭에 묶는 묘안을 내놓았다. 로키와 염소는 서로 이리저리 움직이면서 줄다리기를 했다. 한 번은 로키가, 또 한 번은 염소가 잡아당겼다. 그러자 둘은 어찌나 고통스럽고 동시에 즐거운지 가공할 만한 큰 소리를 질렀다. 느닷없이 로키가 스카디의 품 속에 안겨 버리자, 그녀는 웃음을 터뜨리고 말았다. 이렇게 해서 스카디는 아제 신들과 화해했다. 계속해서 전해지는 이야기에 따르면 오딘은 참회하는 뜻에서 세 번째로 트야찌의 두 눈을 하늘에 던졌는데, 거기서 두 개의 별들이 생겨났다는 것이다.

스카디와 뇌르트는 이제 명실공히 남편과 부인과 되었다. 결혼 후에도 스카디는 트림하임에서 살고 싶어했다. 그곳은 그녀가 아버지의 집에서 성장했던 험난한 산 속에 있었다. 뇌르트는 바다와 항해의 신으로서 자신의 거주지인 배가 정박하는 조선소에 머물고자 했다. 그래서 이 부부는 트림하임에 있는 성에서 아흐레를 보내고, 또 그 다음에는 노아툼의 바닷가에서 아흐레를 번갈아가며 살자는 데 합의했다. 그러나 트림하임에 머물 때마다 르트는 산들 사이에 갇혀있는 기분이 들었고, 암석에 부딪치게되어 탁 트인 바다를 그리워했다. 그는 백조들의 노래소리가 숲과 협곡에서 들려오는 늑대들의 노호怒號 소리보다 더 아름답다고 생각했다. 스카디는 그녀가 노아툼에 머물게 될 때마다, 새가 날카롭게 우는 소리와 파도가 암벽에 부딪쳐 부서지는 소리 때문에 거의 잠을 이룰 수 없노라고 하소연했다. 매일 아침 바다로부터 갈매기가 날아와 그녀를 잠못이루게 만든다는 것이었다. 스카디는 눈으로 뒤덮힌 언덕하며 암벽 골짜기에서 포효하는 곰들이 그리웠다.

스카디는 바닷가에서 행복을 느끼지 못했고 뇌르트는 산에서 행복할 수 없었다. 둘은 다시 헤어졌다. 뇌르트는 여지껏 살아왔던 노아툼에 머물고 있다. 그리고 스카디는 스키산으로 달려가서 활과 화살을 쏘며 야수들을 쓰러뜨린다. 인간들은 그녀를 사냥과 스키 활주의 여신으로 숭배한다. 후에 오딘이 그녀와 사이에 아들들을 낳았다고 하는데, 그 아들들은 후에 미드가르트의 강력한 통치자들이 되었다.

17. 오딘의 양자 가이로트 왕

오딘과 프리크는 양자들을 입양하거나 양육하게 해서, 인간 세계에서 그들의 뜻을 따르는 더 많은 사람들이 나라를 다스리고 또 인간세계를 적으로부터 더 잘 지키도록 했다.

오딘과 프리크가 흘리츠크얄프에 앉아서 각자 사람들로부터 맞아들인 양아들을 누가 가장 잘 키웠는가 하는 논쟁에 빠졌다.

프리크는 아그나르Agnarr를 양아들로 양육시켰다. 그러자 오딘은 홀리츠크얄프에서 어둠침침한 동굴을 가리키며 말했다. "자, 당신의 양아들이 동굴에 거주하면서 졸렬한 거인족의 여인과 아이들을 만들고 있는 모습을 좀 보시오." 오딘과 프리크는 홀리츠크얄프에서 그 광경을 바라보며 거부감을 느꼈다.

의기 양양해진 오딘이 말했다. "헌데 저기 저 거대한 땅을 보시오. 저기서 내 양자인 가이로트가 왕으로서 임무를 수행하고 있소."

"하지만 당신은 어떤 꺼림직한 일로 해서 그를 왕으로 삼았죠?" 프리크가 말했다.

"그리고 그 묘안은 누가 제공했던가." 오딘이 응수했다. "흐라우둥Hraudung의 두 아들을 빼앗고 내기를 걸어서, 우리 둘 중의 누가 그 수양 아들을 가장 재능있는 아들로 키어냈을꼬?"

흐라우둥왕에게는 두 아들이 있었는데, 하나는 열 살 난 아들 아그나르였고, 다른 하나는 가이로트인데 여덟 살이었다. 둘은 떼어놓을 수 없을 만큼 늘 함께 있었다. 함께 놀고 사냥하며 고기를 낚았다. 한 번은 그들이 작은 물고기들을 잡으려고 배를 타고 바다로 나갔다. 형제 중 하나가 노를 젓는 동안, 다른 하나는 보트 뒤에 앉아 낚시 바늘을 이리저리 흔들어 씻어냈다. 갑자기 생겨나서 그들을 바다로 몰아대는 강한 바람에도 형제들이 아랑곳하지 않자, 수 많은 물고기들이 걸려들었다.

칠흑 같이 어두운 밤에 형제는 낯선 하천에 빠져 암초에 부딪쳤다. 아그나르와 가이로트는 육지에 구조되어 미지의 해안을 헤매고 다니다가 어떤 오두막집에 당도했다. 농부와 그의 아내가 그들을 맞이했다. 형제들은 그들의 집에서 꼬박 겨울을 넘겼다. 농부의 아내는 프리크의 분부에 따라 아그나르를 돌보았고 그를 고결한 인물로 키웠다. 반면에 농부는 오딘의 뜻대로 가이로트에게 간계와 술수를 가르쳤다. 전해지는 다른 이야기에 따르면 부인인 프리크와 농부인 오딘이 직접 양육했다고 한다.

봄이 되어 형제들은 집으로 돌아가려고 했다. 농부는 오딘이 선물로 준 배 한 척을 그들에게 제공했다. 그리고 부부는 형제들을 해안까지 바래다 주었다. 도중에 농부는 그의 양자인 가이로트에게 무언가를 귓속말로 속삭였다.

형제는 보트를 타고 해안을 떠나 즉시 순풍을 타고 신속히 바다를 항해했다. 그리고 아버지의 성 근처에 있는 부두에 도착했다. 뱃머리에 서 있던 가이로트가 육지로 훌쩍 뛰어오르더니 보트를 바다로 되밀어버린 다음 큰 소리로 "트롤들에게로 가라!" 하고 외쳤다. 아그나르가 아무리 육지로 되돌아 가려고 해도, 배는 빠르게 거인들이 거주하는 섬으로 나아갔다. 그곳에서 그는 영영 되돌아오지 못했다.

가이로트는 양친의 성에 도착해서 충성으로 맺어진 추종자들로부터 환호의 인사를 받고 아버지의 죽음에 관한 소식을 들었다. 그런데 우선 유산을 받게 될 장남 아그나르가 실종되어 죽은 것으로 여겨졌기 때문에, 곧 가이로트가 왕이 되었다. 그는 막강한 세력을 구축했고 유명해졌다

프리크는 흘리츠크얄프에 앉아 가이로트가 호사스런 홀에 앉아 주연을 베풀면서 그의 수행원들로부터 존경을 받고 있는 모습을 지켜보았다. 그리고 그녀는 자신의 수양 아들이 가쁜 숨을 몰아쉬고 애를 써가면서 추악한 트롤 여인에게 아기를 갖게 하고 있는 동굴로부터 혐오스런 눈길을 거두어 버렸다.

"당신의 양자인 가이로트가 음식에 대해 인색하게 구는 바람에, 손님들을 시장하고 목마르게 하고 있군요." 프리크가 오딘에게 비꼬아 말했다.

"그건 터무니 없는 거짓말이오." 오딘이 자신의 양자를 변호했다.

그래서 프리크와 오딘은 가이로트의 후덕한 인심을 놓고 내기를 걸었다.

오딘은 자신의 양자를 직접 시험해 보기로 마음 먹었다.

하지만 프리크는 미리 시녀인 풀라Fulla를 가이로트에게로 보내 그의 나라를 방문하고 있는 어떤 마법에 뛰어난 사람을 조심하라고 그에게 말하도록 했다. 가장 사나운 개조차도 그에게는 덤벼들지 않는다는 사람이 바로 그 이방인이라고 넌지시 일러두었던 것이다.

가이로트는 그 남자를 찾아내도록 수소문하고는 친절하게 자신의 홀로 초대했다. 남자는 자신을 '가면을 쓴 자' 라는 뜻의 그림니르Grimnir라고 이름을 밝혔으며 품이 넓은 푸른색의 망또를 입고 있었다. 왕이 아무리 음식으로 유혹을 하고 또 질문공세로 괴롭혀도, 그가 어디서 왔으며, 또 무슨 일을 하고 있는 사람인지 털어놓지 않았다. 다른 사람들의 온갖 경고를 마다하고 왕은 자신의 홀에서 두 개의 불 사이에 이방인을 두고는 그렇게 꼬박 여드레를 고문시켰다. 음식과 음료는 보여주기만 할 뿐 그에게는 그림의 떡에 불과했다

가이로트 왕에게는 아들 하나가 있었는데, 그의 삼촌인 아그나르가 죽은 직후에 태어났다 하여 삼촌의 재생으로 여기게 되었으며, 이름도 아그나르를 그대로 따랐다. 그리고 어느 새 아그나르의 나이는 그때와 똑같은 열 살이 되었다.

이 아그나르가 갈증으로 고생하는 그림니르를 믿고 따랐다. 아그나르는 아버지 가이로트가 아무런 죄도 없는 그를 괴롭힐 때마다, 부당하게 대우한다고 말했다. 아그나르는 햇불 사이에 있는 그에게 맥주가 가득 찬 뿔잔을 건네 주었다.

그림니르는 그 잔을 어찌나 빨리 단숨에 비워버렸던지 바싹 건조한 식도에서 쉿쉿 소리가 울렸다. 그런데 불꽃이 그림니르의 푸른 외투에 튀어 올라 외투를 태우고 있었다.

"앗 뜨거워! 불, 네 이놈, 썩 사라져 버려! 내 옷을 태우고 있잖느냐 말이다!" 그림니르가 소리쳤다.

이 말을 마치자 그림니르의 외투를 태우던 불꽃이 꺼져버렸다. 그리고 불은 감쪽같이 그에게서 자취를 감춰버렸다. 그리고 나서 그림니르가 계속해서 말했다. "난 여드레 밤 동안을 햇불 사이에 앉아서 땀을 흘렸네. 이제 곧 아흐레 째 밤이 저물고 있구나. 오직 한 사람 너를 제외하고 누구도 나에게 먹을 것이나 마실 것을 가져다 주지 않았어. 인간을 가장 많이 존중해 주는 신이 너에게 은총을 베풀 것이다. 너는 온 땅을 다스릴 것이야."

아그나르는 이 고통을 당하고 있는 자에게 두 번째 잔을 건네주려고 했다. 하지만 가이로트 왕이 아들의 손에서 잔을 빼앗아 바닥에 쏟아부었다. 맥주는 그림니르의 발 옆에 있던 뜨거운 돌 위에서 증발되었다.

가이로트왕은 그 술잔을 그림니르의 눈 앞에 놓고 맥주가 거품이 일어 술 잔을 가득 넘쳐흐를 때까지 새로 따르게 했다. "네 정체가 무엇이냐, 그림니르?" 가이로트 왕이 계속해서 이방인을 심문했다.

이방인은 불 사이에 꿈쩍도 않고 앉아서 말했다. "사람들은 나를 흰 수염 달린 노인이자 빛나는 애꾸눈이라고 부르지."

그러자 가이로트는 껄껄 웃어버리고는 왼쪽에 놓여있던 불을 발크기 만큼 더 가까이 그림니르 쪽으로 밀어버렸다. 하지만 불꽃은 용케 그의 푸른색 외투를 피했다.

"넌 결코 평범한 마법사가 아니야!" 가이로트가 큰 소리치며 술을 더 따르게 했다. "그렇지 않았다면 넌 벌써 오래 전에 질식해 죽어버렸을 테니까 말이야."

그림니르는 껄껄 웃고나서 말했다. "내가 누구를 믿을 수 있겠소? 활활 타오르는 불꽃을 믿겠소? 까악까악 우는 까마귀를 믿겠소? 당신 앞에서 재롱을 떨거나, 자신의 난폭함을 즉시 꺾을 수 있는 잘 길들여진 곰을 믿을 수 있겠소? 또아리를 틀고서 그럴싸하게 평화를 가장하는 뱀을 믿겠소? 아니면 홀에서 맥주를 마시며 대화에 초대하는 한 왕을 믿겠소? 아니면 은밀하게 속삭이는 여자의 말을 믿겠소?"

"우리 사나이들 역시 여자들을 실망시키곤 하지. 우리가 아첨을 가장 많이 하는 순간이, 가장 음흉한 생각을 하는 때지." 가이로트가 말했다.

"여자들은 그 점에 있어서 우리 남자들을 능가한답니다." 그림니르가 답변했다.

"타락시키는데 약삭빠른 자를 누가 당해낼 수 있겠습니까!" 아그나르가 소리쳤다.

"저는 갈대숲에 앉아서 아름다운 여인을 기다리고 있었지요." 그림니르가 시작했다. "수일 전 나는 그녀의 찬란한 몸을 목욕할 때 보고 난 이후, 난 그녀를 사뭇 열망해 왔었던 거랍니다. 소녀는 생명과도 같이 그렇게 내게는 사랑스러웠소. 하지만 그녀는 약속을 지키지 않았답니다. 그래서 나는 아침에, 방에 있는 그녀를 불시에 찾아가 놀라게 해 주었소. 그녀의 침실로 들어가 해처럼 밝게 빛나는 그녀가 잠자고 있는 모습을 보았지요. 그녀는 태양 광선보다 더 밝게 빛나고 있었소. 차라리 나는 그 아름다운 여인을 포기하느니 내 명예와 내 모든 재산을 잃는 게 낫다는 생각을 했었소. 그녀가 깨어나 나를 알아보고는 말했습니다. 〈저녁에 다시 오세요. 그 때는 제 기분이 한결 좋아지고 옷치장도 할 수 있어요. 하지만 그 사실을 어느 누구에게도 말해선 안 됩니다. 그렇지 않으면 앞으로 언젠가 그 우주의 나무처럼 제 정절도 깨어져 버리고 말테니까요!〉 난 쏜살같이 그녀의 침대로 올라가 이슬에 젖은 듯 싱싱한 그녀를 취하는 대신, 그녀의 말을 믿고 그 방을 떠났답니다. 그리고 사랑의 환희에 가득 차서 밤이 오기를 기다렸지요. 저녁이 되자, 그녀의 집 앞에는 하인들이 보초를 서고 있었습니다. 그들은 무기들을 가지고 쨍그랑거리는 소리를 내면서 격렬한 햇불로 나를 쫓아 냈답니다."

가이로트 왕은 껄껄 웃으며 술잔을 가득 채우게 했다. 그림니르는 같은 음조로 계속해서 말했다. "아침이 되자 하인은 술에 취해 잠들어 있었습니다. 그래서 나는 다시 아름다운 그녀가 잠들어 있는 방으로 몰래 들어가서 그녀를 유혹해보려고 결심했답니다. 희미한 빛 속에서 우아한 그녀의 황금빛 머리카락이 이상하게도 가느다랗게 내비쳤습니다. 그리고 그녀의 머리가 뾰족하게 보이는 것이었습니다. 상심한 나머지 그렇게 보였을까요? 나는 이불을 뒤로 젖혔습니다. 그때 아름다운 그녀는 거기에 누워있지 않았고, 한 마리의 암캐가 그녀의 침대에 묶여있는 것이었습니다. 암캐는 적의에 차서 으르렁거렸고 나를 집에서 쫓아냈답니다."

그 말에 가이로트는 소리내어 웃고는 술잔에서 맥주를 쏟아붓고 말했다. "오딘 역시 그런 이야기를 한 적이 있지."

"아버님!" 아그나르가 가이로트 왕에게 경고했다 "아버님께서는 그를 보신 적이 한 번도 없으시잖아요? 그림니르야말로 푸른색 외투를 입고 있는데다 외눈이라구요!"

가이로트는 아들에게 조소를 보내며 술을 더 따르게 했다. "많은 사람들이 푸른색 외투를 입고 다니지. 그리고 많은 노인들이 젊었을 적에는 한 쪽 눈을 잃어버릴 수도 있는 법이야!"

"그럼 가장 사나운 개가 그의 눈 앞에서 꽁무니를 뺐다면요?"

가이로트는 자기의 판단을 확신하고 있었다. "오딘은 하늘을 창조하셨지. 오딘은 바다에서 지구를 들어 올리셨단다. 오딘은 나무줄기에서 최초의 인간들을 만드셨지. 바로 그 신이 여드레 동안 나에게 붙들려 꼼짝도 못하고 두 개의 불 사이에 앉아있었을 성 싶으냐?"

그러자 아그나르는 아무 말도 하지 못했다.

그림니르의 이야기는 계속되었다. "내가 내 자신에게 스스로 가했던 고통에 비하면 한 처녀 때문에 벌어진 이 고통은 하찮은 것에 불과한 것이죠. 내가 거대한 물푸레나무에 올라가 나 자신을 나무에 매달았을 때, 내가 나 자신을 오딘에게 바쳤을 때, 내가 창에 상처를 입고 그 피가 땅 위에 떨어졌을 때, 또 어느 누구도 내게 여드레 동안 한 조각의 빵이나 마실 것을 건네주지 않아서 말린 대구처럼 바싹 말라갔을 때보다는 말입니다. 헌데 아흐레 째 되던 날 아래로부터 루네 문자가 새겨진 지팡이가 나에게 건네졌습니다. 나는 그 지팡이를 향해 손을 뻗어 큰 소리를 외치며 지팡이를 집어 올리자 나는 자유로운 몸이 되어 땅으로 다시 떨어졌습니다. 이제 나는 이러한 징표에 정통하게 되어 탄생의 루네 문자, 맥주 루네 문자, 잠을 오게 하는 루네 문자를 익히게 되었답니다. 그리고 내 어머니와 남매지간인 지혜로운 미미르로부터 효력이 강한 아홉 개의 주문을 배웠지요. 나는 고귀한 인물로 자라나 나와 같은 사람이 필요로 하는 온갖 경험들을 다 누려 보았습니다. 그리고 나는 인생의 루네 문자, 불행의 루네 문자, 승리의 루네 문자 그리고 죽음의 루네 문자를 습득했지요. 지금 내 옆의 불이 여드레 동안 타고 있는 이 순간까지는 한 행동이 다른 행동으로 이어진 것이랍니다. 때마침 막 아홉 째 날이 시작되는군."

"당신은 누구요, 그림니르?" 가이로트가 무거운 입을 떼고 물었다.

"내 이름은 강라트Gangrad라 하기도 하고, 뷜베르크라고 하기도 하지." 대답을 요청받은 그가 답변했다. "다른 사람들은 나를 황금 투구를 쓴 자, 또는 시인들의 꿀술을 관리하는 자, 창의 투사 그리고 애꾸눈이라고도 부르지. 자네에게 있어서 내 이름은 그림니르야."

"당신은 그림니르가 아니란 말씀인가요?" 가이로트가 바르르 떨리는 목소리로 물었다.

"자네는 너무 성급하게 맥주를 마시는 군. 가이로트. 그래서 곤드레만드레 되어서 뒤죽박죽으로 말하고 있는 거야. 자네는 오딘의 총애를 잃고 말았어. 내가 자네에게 많은 것을 충고했지만, 자네는 염두해두고 있는 게 아무 것도 없는 것 같군. 노르네들은 자네의 적이 되고 말았어. 난 자네의 칼이 피로 더럽혀져 있는 것을 보고 있다. 너의 생명도 이제 끝이야. 지금 넌 오딘을 볼 수 있을 것이다." 그림니르는 변장을 벗어 던졌다. "이리 가까이 오너라."

가이로트 왕은 자신의 옥좌에 기대어 칼집에서 절반쯤 뽑힌 칼을 덜덜 떨리는 무릎 위에서 잡고 있었다. 그는 오딘에게 꼬박 여드레를 불 사이에서 고문을 가했던 사실을 기억하고는 화들짝 놀라 펄쩍 뛰어올랐으며, 자기 자리에서 오딘을 풀어주려고 했다. 그때 그의 칼이 칼집에서 무심코 미끄러져 나와, 칼자루의 머리가 바닥으로 미끄러져 떨어졌다. 왕은 몸을 구부리고 비트적거렸으며 곧이어 똑바로 세워진 칼 위로 쿵하고 넘어졌다. 칼이 왕의 몸을 꿰뚫었다 이렇게 해서 가이로트는 목숨을 잃었다.

오딘은 불 사이에 놓여있던 자리에서 홀연히 사라졌다.

그리고 아그나르가 왕이 되었다. 그는 오랫동안 정의롭게 통치했다.

18. 토르가 망치를 되찾아 오다

토르 역시 온 세계의 존립을 염려하며 막강한 거인들과 우정 어린 관계를 유지하기 위해 노력을 기울였고 몇몇 거인들을 주연에 초대하기까지 했다. 바다의 거인인 에기르와 거인족의 여인인 그리트Grid와 같이 신들과 친분이 두터운 거인들뿐만 아니라 아제 신들을 이미 신뢰하지 않고 있는 거인들까지도 방문했다. 거기에는 서리 거인인 가이뢰트와 거인들의 왕인 트림Thrym이 끼어있었던 것인데, 토르는 그들과 믿을 만한 교제와 친목을 갖게 되리라 희망하고 있었다. 토르는 트롤 거인들을 때려 죽이라는 천명을 느꼈고, 간혹 거칠고 피에 굶주려서 황금시대를 즐겨 회상하곤 했다.

하임달은 이번 연회를 조심하라 말하고는 오딘처럼 향연에서 멀리 떨어져 있었다. 힘의 집이라는 주택 안에 있는 토르의 홀은 '빛으로 번쩍이는 집'이라는 뜻으로써, 이 날도 천둥 번개가 칠 때처럼 환하게 빛나고 있었다. 토르는 하인인 트얄피와 다른 식솔들에게 맥주와 맑은 꿀술을 넉넉히 따르도록 주문했다. 로키는 540개 방이 있는 토르의 주택 안에 있으면서 손님들을 지켜보고 있었다. 발더는 토르의 옆자리에 앉아서 세계 상호간의 화해에 대해, 그리고 모든 세계의 주민들이 다른 세계의 주민들을 인정해야만 한다는 사실에 대해 역설하고 있었다. 눈 먼 회트는 종종 그러하듯이 발더 옆에 있었다. 몇몇 아제 여신들도 토르의 홀에 앉아 이따금씩 거인들의 왕 트림과 다른 강력한 거인들에게 술을 따라주고 있었다. 티르가 선서할 때 올리는 오른손을 상실함으로써 온 세계의 법적인 안전성이 흔들거리고 있었다. 따라서 여신들은 계속되는 재앙을 예방하려고 했다.

오딘이 염려했던 것처럼 싸움은 일어나지 않았다. 거인들은 평화를 사랑하는 토르의 뜻을 칭송했다. 늦은 밤이 되어서야 손님들은 꿀술에 취해서 떠들썩거리며 즐거운 마음으로 토르의 연회장을 떠났다.

다음 날 아침 토르는 일찍 잠에서 깨어나 여느 때와 마찬가지로 망치를 잡으려고 손을 뻗쳤다. 그는 여러 번 반복해서 손을 뻗쳤다. 하지만 망치가 있던 자리는 텅 비어 있는 것이 아닌가.

토르는 잠자리에서 벌떡 일어나 붉은 수염을 흔들어대며 자제하기 어려운 분노에 사로잡혀 머리카락을 쥐어뜯었다. 혹시 어떤 거인이 연회와 토르의 선량한 심성을 이용해, 망치가 놓여있던 장소를 탐색하고는 그것을 직접 훔쳤거나 약탈하도록 시킨 것은 아니었을까? 오딘과 하임달은 토르의 경솔함을 꾸짖었다. 토르는 우선 로키에게 가서 아스가르트와 미드가르트에서 아직 아무도 모르고 있는 사실을 그에게 털어놓았다. "내 망치를 도둑 맞았다네!"

로키는 이미 아제 신들에게 많은 불행을 안겨주었기 때문에, 자신의 과오를 다시 만회하려는 뜻에서 토르를 도와주려고 했다. 둘은 백성의 홀이라는 자신의 거주지에 묶고 있는 프라이야에게로 가서 도둑질당한 사실을 여신에게 보고했다. 매의 옷을 빌려달라는 토르의 부탁에 대해 여신은 다음과 같이 대답했다. "그것이 비록 은으로 만들어졌다 해도 당신에게 주었을 것이고, 금으로 만들어진 것이었다 해도 당신에게 주었을 거예요."

토르는 프라이야의 날개옷을 로키에게 건네주며 묠니르를 찾아오도록 그에게 부탁했다. 이 주문이 모험가를 흥분시켰다.

로키는 그 옷을 걸쳐 입고 깃털 셔츠가 스치는 소리를 내며 하늘로 날아올랐다. 그는 아스가르트와 미드가르트를 지나 우트가르트로 날아갔다. 로키는 거인들의 왕인 트림이 언덕에 앉아 있는 것을 볼 때까지 거인들의 농가 위를 맴돌았다. 트림은 개에게 채울 금쇠줄로 만들어진 개목걸이를 엮고 있는 중 이었다.

총명한 트림이 매를 보고 깃털을 달고 온 자가 누구인지 알아보았다. 그는 토르의 저택에서 베푼 향연에 대해 몇 마디 하려고 불렀다. "아제 신들에게 무슨 일이 생겼소? 어째서 당신은 혼자서 거인들의 거주지로 왔지?"

"아제 신들에게 좋지 않은 일이 있어요. 토르가 묠니르를 빼앗겼답니다. 당신이 그걸 숨겨두었나요?" 로키가 물었다.

트림은 황금 목걸이를 끝까지 다 엮었다. 로키는 트림이 총애하는 말의 갈기에 빗질을 하기 시작해서 마침내 답변을 할 때까지 조마조마한 마음으로 언덕 주변을 몇 바퀴 맴돌았다.

"내가 토르의 망치를 땅속 8마일 아래에 숨겨두었지. 프라이야를 나에게 부인으로 데려오지 않는 한, 누구도 그것을 다시는 집으로 가져 가지 못 할 거야."

로키는 살랑살랑 소리나는 날개옷을 입고 거인들의 거주지 위를 지나서 돌아왔다.

토르는 벌써 집 앞에 나와 서 있다가 들어오는 그를 향해 소리쳤다. "공중에서 그대로 내게 보고하게. 앉아서 말하는 자는 번번이 자기가 들은 사실을 잊는 법이지. 누워있는 자는 편안해져서 거짓을 말한다네."

그러자 로키는 토르의 홀로 착륙을 시도하면서 대답했다. "트림이 망치를 숨겨 놓았는데, 그 대가로 프라이야를 부인으로 요구하고 있다오."

이미 다른 거인들도 프라이야를 소유하고 싶어했던 것이다. 트림은 가장 막강하면서도 가장 품위있는 거인이었다. 그런 그가 프라이야를 열망하고 있었다. 게다가 그는 왕이었다. 그럼에도 불구하고 토르는 감히 프라이야에게 부당한 요구를 말할 엄두를 내지 못했다. 그렇지만 약삭 빠른 로키 자신도 묠니르를 되찾아 올 수 있는 다른 방책을 알지 못 했다. 따라서 토르와 로키는 사랑의 여신에게로 가서 트림의 요구에 대해 알렸다. 토르는 가장 아름답고도 명망있는 프라이야 여신에게 면사포를 쓰고 그와 함께 트림이 거주하고 있는 곳으로 가자고 청했다.

프라이야는 신들의 홀이 진동을 하고 값비싼 장신구인 브리징아멘이 산산조각이 나서 바닥에 떨어질 만큼 몹시 화가 나서 가쁘게 숨을 헐떡였다. "내가 먼저 남자에게 미쳐버린 여자가 되어야겠군요." 자존심 강한 여신이 소리쳤다. "당신과 함께 거인들의 거주지로 가기 위해선 말이죠!"

필니르가 없는 미드가르트와 아스가르트는 위험에 방치된 것이나 다름 없었다. 거인들이 현존하는 가장 위험한 무기들을 앞세워 공격해 들어 온다면, 이제 신들이 패배할 것은 불 보듯 뻔한 일이었다. 남신들과 여신들은 모두 황급히 회의에 참석해서 망치를 되찾아 올 수 있는 방법을 상의했다. 사리에 가장 밝다는 하임달이 비난을 가하는 대신 토르에게 다음과 같은 제안을 할 때까지 오딘 역시 아무런 방책을 내놓지 못 하였다.

"프라이야가 아니라 자네가 신부의 면사포를 쓰는 거야. 우리가 자네에게 브리징아멘 장식을 걸쳐주고, 자네의 벨트에 열쇠를 걸어주고 그것들을 찰랑거리게 하는 거야. 여자들이 입는 옷에 자네를 감쪽같이 숨기는 거지. 그 옷들이 자네의 무릎까지 내려오게 하고, 폭 넓은 보석을 자네의 가슴에 달고 우아한 머리장식으로 자네를 치장하는 거야."

토르는 화가 끓어 올랐다. 어찌나 성이 났던지 그의 붉은 수염이 바르르 떨렸다. "신부가 입는 옷에 나를 쑤셔넣겠다니!" 그가 소리쳤다. "내 형제들이 나를 계집애 같다고 헐뜯을 것이고, 거인들과 난쟁이들이 나를 놀려댈 게 뻔하오."

"토르, 차라리 입을 다무시오!" 로키가 말했다. "당신이 망치를 되찾아 오지 않으면, 거인들이 곧 이 자리에 앉게 될 것이고, 프라이야는 메스꺼운 트림에게 맥주를 따라야 할 뿐 아니라 시키는 대로 해야만 될 운명이란 말이오."

토르는 과연 그의 친구인 인간들을 보호하기를 원치 않는 것인지 오딘이 물었다.

토르는 다시 한 번 화를 불끈 내며 나부끼는 수염을 뒤흔들었다. 그런 다음 마지 못해 면사포와 브리징아멘 장식을 걸치게 하고, 머리를 높이 쌓아올려 신부로 단장하게 했다. 동시에 그는 화를 삭이기 위해 일 톤 가량되는 어마어마한 양의 꿀술을 들이켰다. "어느 시대 어느 세계에도 일찍이 신이 이처럼 우스 꽝스러워진 적은 없었어!" 그는 소리쳤다. 아제 신들은 토르가 괴어 있는 하천을 통과하여 지나가지 못하도록 했다. 그렇지 않 았다면 그는 수면에 비친 자신의 모습을 보았을 것이다.

로키는 하녀로 변장을 하고 토르를 따라 트림하임으로 동행하 고자 했다.

숫염소인 '이빨 가는 염소'과 '이빨 부딪치는 염소'가 토르의 수레에 매여졌다. 그리고 변장한 두 신을 태운 수레가 요란하게 굴러가는 소리를 내며 출발했다. 산들이 갈라지고, 암석의 칼날 같은 모서리들이 금이 가고, 땅은 수레바퀴 아래에서 불타 버렸 다. 두 신은 거인들보다 더 큰 소란을 일으켰다. 귀가 먹먹해질 만큼 큰 소음이 트림에게 닿았다.

"들어봐라, 지금 프라이야가 오고 있다!" 왕이 거인들에게 큰 소리로 말했다. "일어나서, 환영할 준비를 위해 의자에 노간주 나무 가지들을 뿌려라."

거인들은 의자에 노간주나무 가지와 값 비싼 고리들로 장식했 다.

거인의 왕 트림은 순금으로 만든 훌륭한 목걸이 같은 귀금속 류뿐만 아니라 칠흙같이 새까만 황소들과 황금 뿔이 달린 암소 들을 소유하고 있었다. 그의 부유한 재산에 부족한 것이라고는 오직 프라이야 하나뿐이라고 그는 생각했다.

트림은 호사스러운 결혼 피로연을 마련하고 수 많은 손님들을 위해 맥주를 넉넉히 따르게 했다.

"거인의 왕에게 어울릴 만큼 과연 프라이야는 크고 강건하구 나! 그녀의 브리징아멘 장식은 또 얼마나 화려하게 번쩍이는 고!" 트림이 큰소리로 말했다.

토르의 머리를 휘감고 있는 린네르 두건이 그의 머리와 수염 을 감추고 있었다. 그리고 신부의 베일은 늘어뜨린 속눈썹과 이

글이글 타오르는 듯한 눈을 덮어 주었다. 가장 힘센 거인들도 그 앞에서는 부르르 떨게 만드는 이 우악스러운 힘을 자랑하는 사나이는, 벨트에 찰랑거리는 열쇠를 달고 그리고 무릎 위를 덮고 있는 결혼 의상을 입고서 시끌벅적한 거인들의 무리 속에서 어찌할 바를 모르고 서있었다. 토르는 너무 화가 나서 입술을 악물었다. 비밀이 알려지지 않기 위해 그는 아무 말도 하지 않았다. 분노를 달래기 위해 그는 세 톤이나 되는 꿀술을 들이켰고 거기다가 황소 한 마리와 여덟 마리의 연어, 그리고 여인들을 위해 별도로 만든 온갖 비스켓을 먹어 치웠다.

트림은 당황한 채 바라보고 있다가 말했다. "신부라면 절대로 저렇게 맹렬하게 달려들어 먹진 않을 게야! 신부라면 절대로 그처럼 탐욕스럽고 꼴 사나운 주둥이로 삼켜버리진 않을 게야! 난 신부가 결코 저렇게 마구 들이키는 걸 본 적이 없어!"

트림의 홀은 초대받은 손님들이 신부가 숨쉬는 걸 들을 수 있을 정도로 조용해졌다.

그때 프라이야의 하녀가 여주인의 옆으로 황급히 살짝 달려와서 말했다. "프라이야님은 여드레 낮과 밤동안 아무 것도 드시지도 마시지도 않으셨습니다, 그 만큼 트림 왕을 몹시 만나고 싶어하셨답니다."

이 말에 그는 흡족하게 고개를 끄덕였다. 그리고는 홀의 한쪽 좁은 구석에 서있는 프라이야에게로 걸어가서 신부의 베일을 들어올려 그 속을 엿보고 신부에게 입을 맞추려고 했다. 깜짝 놀란 그는 프라이야의 입술로부터 주춤하더니 홀의 한가운데로 한 발짝 뒤로 물러섰다.

"프라이야의 눈은 무섭게 불타는 듯하구나!" 왕이 큰 소리로 말했다. "프라이야의 시선은 또 얼마나 불처럼 이글이글 타오르는고!"

민첩한 하녀가 다시 프라이야의 옆으로 다가왔다. "프라이야님은 여드레 밤 동안 영 잠을 이루시지 못하셨습니다. 그만큼 위대하신 트림님과의 결혼식을 갈망하셨답니다."

왕의 동료들은 방패를 앞에 두고 그 뒤에서 그에게 조심하라고 주의를 주었다. 하지만 명석한 왕은 가장 아름다운 여신에 대한 연정으로 불타고 있어서 신중함을 상실하고 말았다.

그러자 왕의 누이가 프라이야에게로 다가와서 신부의 지참금으로 팔에 낀 그녀의 황금 팔찌를 요구했다.

이때 트림이 말했다. "망치를 가져 오너라!"

왕의 동료들은 이 말을 일부러 못들은 체했다.

그러자 트림이 큰 소리로 외쳤다. "망치를 가져 오너라! 묄니르를 신부의 무릎에 올려놓고 관습대로 우리를 남편과 부인으로 축원하거라."

여덟 명의 거인들이 나무로 만든 식탁을 짊어지고 들어와서 그 위에 묄니르를 올려 놓았다. 그런 다음 다시 신부의 무릎에 놓았다. 토르가 자신의 망치를 알아보았을 때, 그는 속으로 환호성을 질렀다. 그는 망치를 손에 들고 그것을 여린 가지처럼 가볍게 휘둘렀다.

토르가 베일과 머리 두건을 벗어던지고 그 붉은 수염이 홀 안으로 모습을 드러내자, 손님들은 혼비백산되어 달아나려고 했다. 하지만 로키가 문을 봉쇄했다. 거인들은 고함을 쳤다. 토르는 맨 처음으로 트림을 쳐죽였다.

천둥 번개의 신이 트림의 뻔뻔스러운 누이에게 황금 팔찌 대신, 우지끈 소리를 내며 망치의 일격을 가했다. 토르의 손가락은 마치 망치와 유착된 듯이, 그의 손이 묄니르를 휘감았다. 분노에 사로잡힌 토르는 모든 손님들, 즉 거인의 왕인 트림의 혈족들을 모조리 쳐죽였다.

이렇게 해서 토르는 로키의 도움을 얻어 묄니르를 되찾았다.

하지만 피투성이의 결혼식은 다른 거인들의 왕들과 그 식솔들에게 토르와 신들에 대한 깊은 증오심을 초래하고 말았다.

19. 게프욘이 셸렌 섬을 얻다

오딘은 흘리츠크얄프에서 거인들이 미드가르트를 향해 새로운 공격을 준비하고 있는 광경을 보고 인간들을 위해 무언가 일을 해야겠다고 결심했다. 그는 오늘날 퓌넨Fünen이라고 부르는 한 섬으로, 그리고 후에는 그에 의해서 오덴제Odense라고 불리게 된 어떤 장소로 갔다. 거기서 그는 여신 게프욘Gefjon을 만났다. 그녀는 가족과 행복 그리고 풍요를 선사하기 때문에 '베푸는 여신'이라는 이름으로 불린다. 오딘은 인간들이 거주할 새로운 땅을 구해오도록 그녀를 파견했다.

게프욘은 스웨덴의 왕으로서 마법을 사랑했던 길피Gylfi에게로 가서, 자신을 떠도는 여자로 소개하면서 그가 여지껏 한 번도 본적이 없는 재주로 그를 유쾌하게 해주었다. 그 보답으로 그는 그녀에게 네 마리의 황소가 하루 낮과 밤을 꼬박 갈아야 할 만큼 많은 농토를 선물로 주었다. 게프욘은 거인국의 준수하게 생긴 거인들로부터 강건한 네 아들을 낳았는데, 그녀는 그들을 거대한 황소로 둔갑시켰다. 황소들을 데리고 그녀는 하루 낮과 밤을 쟁기로 갈아 엎은 결과, 땅에서 김이 모락모락 피어올랐다. 그리고 강력한 쟁기날이 깊고 신속하게 땅을 일궈내 거대한 평지를 밭으로 만들어냈다. 게프욘은 이 땅을 서쪽으로 끌고 가서 오늘날의 섬 퓌넨과 스웨덴 사이의 바닷 속으로 가라앉혀 버렸다. 그리고 게프욘은 그 땅을 그곳에 단단히 붙들어 매고 셸렌이라는 이름으로 불렀다.

본토와 셸란 사이에 오늘날 외레순드Öresund라고 부르는 좁은 해협이 남아있다. 그리고 게프욘이 땅을 일궜던 스웨덴의 그 자

리에서 호수가 생겨났는데, 오늘날 이 호수를 멜라르세Mälarsee
라고 부른다.

전해지는 바로는, 게프욘은 새로운 섬에 자신의 거주지를 정
했다고 한다. 그리고 오딘의 아들인 스필트Skjöld가 게프욘을
부인으로 삼았다. 덴마크 최초의 왕족인 스필둥의 후예들은 이
들에게서 유래한다.

20. 토르가 오딘의 용사인 슈타르카트에게 상처를 입히다

발할의 전사자들을 위해 오딘은 가장 용감한 전사들을 뽑아
그들을 자신의 용사로 삼았다. 토르는 이 직업 전사들을 믿지
않고 오딘의 총애를 받는 슈타르카트Starkad를 해하려고 했
다.

세 살의 나이에 슈타르카트는 아버지를 여의고 한 왕의 궁전
에서 성장했다. 호로스하르스그라니Hrossharsgrani라는 이름으
로 위장한 오딘이 출정 중에 이 아이를 자기의 수중으로 데려와
구 년 동안 격리된 섬에서 양육시켰다.

이제 거의 다 성장한 청년이 꿈을 꾸기를, 수양 아버지 호로
스하르스그라니가 그를 숲 속 어느 곳으로 데려갔는데, 그곳에
아제 신들이 앉아서 호로스하르스그라니를 오딘으로 부르며 맞
이하는 것이었다. 오딘은 자신의 용사에게 특권을 베풀었고, 토
르는 매번 그것들에 반대하는 불리한 점들을 내놓았다.

토르는 슈타르카트에게 아들들을 거느릴 수 있는 가정과 그
밖의 후손들을 허락하지 않았다. 오딘은 대신 그에게 3세대를
주었다. 토르는 그가 토지를 소유하는 것을 용납하지 않았다.
그렇기 때문에 슈타르카트는 이 나라에서 저 나라로, 이 왕에서
다른 왕에게로 전전했으며, 전쟁은 그의 전문이 되다시피 했다.

그는 칼을 휘두르므로써 화를 잠재웠으나, 침해당한 자존심의 상처를 극복하지 못했다. 오딘은 그에게 가장 훌륭한 무기들을 주었다. 슈타르카트는 폭풍과 폭설에도 스스로를 내맡겼으며 맛있는 음식을 탐하지 않도록 자신의 미각을 훈련시키므로써, 포식으로 자신의 힘과 무명武名에 해가 되지 않도록 했다. 따라서 그는 채소와 양념으로 양질의 맛을 내지 않는 고기를 먹었으며 삶은 고기를 또 한 번 구워 맛을 내는 이웃 작센의 모든 식도락가들을 경멸했다.

오딘은 슈타르카트를 모든 전투에서 단연 승리자로 단언했지만, 토르는 그 대신 매번 그에게 깊은 상처를 입히게 했다. 그래서 전쟁의 흔적들처럼 슈타르카트의 몸에는 상처와 부스럼 딱지들이 늘어갔다. 그의 육신은 점점 더 볼품 없게 변해갔다. 한번은 내장이 배 밖으로 많이 나와 축 느러뜨려져 있었지만 슈타르카트는 신분이 낮은 자들의 도움을 마다했다. 결국 어떤 농부가 버들가지로 엮어서 만든 끈으로 내장을 단단히 묶어주었다. 오딘은 다른 사람들에게는 분명 죽음을 초래했었을 슈타르카트의 상처를 낮게 해주었다. 왜냐하면 오딘의 용사는 발할을 위해 수 많은 전사들을 쓰러뜨려야 했기 때문이었다. 전쟁에서 그는 빼어난 용사들을 많이 쳐죽였는데, 오딘이 억측했듯이, 이 사실이 왕들과 다른 유력한 용사들에게 있어서는 그에게 명성을 얻게 해주는 결과가 되었지만, 일반 백성들에게 있어서는 두려움과 증오심을 심어 주었다. 토르가 그렇게 되기를 바랬기 때문이었다.

슈타르카트는 자기 고향의 보금자리를 거절당했기 때문에, 오딘은 그에게 시인들의 꿀술을 넉넉히 주어서 시를 예술적으로 낭송하는 재능을 부여했다. 하지만 토르가 그에게 건망증을 심어주었기 때문에 그는 시를 잊지 않기 위해서 성급히 낭송해야만 했다.

토르가 슈타르카트의 3세대 중 모든 세대에 걸쳐서 행해졌던 일이라 생각했던, 슈타르카트의 믿을 수 없고도 크나 큰 수치스런 한 행위에 대해 이야기 되어질 것이다. 슈타르카트는 그 일을 노르웨이의 왕인 비카르Vikar에게 저질렀던 것인데, 그 왕은 태어나기도 전에 이미 오딘에게 바쳐진 몸이었다.

한 왕이 지그니Signy와 가이르힐트Geirhild라는 두 부인을 두고 있었다. 두 부인은 너무나 자주 다투었기 때문에 왕은 자신에게 가장 맛 좋은 맥주를 빚어주는 한 부인만을 가까이 두려고 했다. 지그니는 프라이에게 자신을 도와달라고 간청했다. 그리고 가이르힐트은 오딘에게 의뢰했다. 오딘은 그녀에게 자신의 타액을 효소로 주었고, 그 대가로 그는 그녀와 양조통 사이에 있는 것, 즉 그녀의 몸 속에서 자라고 있는 아기를 달라고 요구했다. 왕이 여행에서 돌아와 두 부인이 만든 맥주 맛을 시음했다. 가이르힐트의 승리였다. 그리고 곧 그녀의 아들이 태어나자 비카르라는 이름으로 불렀다.

후에 오딘이 비카르의 최후를 결정했을 때, 그는 슈타르카트를 조수로 불러들였다. 슈타르카트는 비카르의 근처에서 싸우면서 두각을 나타냈기 때문에, 그의 수행원으로 받아들여졌고 지나친 충성 뒤에 감추어진 사악한 의도를 숨겼다.

언젠가 비카르는 역풍때문에 배를 타고 더 이상 전진하지 못하게 되었다. 함대는 그 자리에 꼼짝도 못하고 발이 묶였으며, 설상가상으로 예비품은 바닥이 나게 생겼다. 그때 비카르 왕이 운명을 점치는 지팡이를 바닷 속에 던져 넣도록 명했다. 그들은 전 승무원 중에서 오딘이 한 사람을 요구하고 있음을 깨달았다. 그들은 늘어진 밧줄을 단지에 던졌다. 그런데 왕 자신이 지명된 것이 아닌가. 선원들은 비카르 왕을 내놓지 않으려고 했다. 그때 슈타르카트는 왕을 봉헌하는 척하는 모습만을 보여주자는 제안을 했고 꿀술을 더 마시도록 따르게 했다. 함대는 근처 섬 주변에 정착했다. 슈타르카트는 거기서 가느다란 나무 아래에 있는 막대기 위로 올라가 손가락으로 가지를 구부리고는 거기에 양질의 송아지 내장을 매달았다. 선원들이 원형으로 빙 둘러앉아 정렬하고는 술을 마시고 소란을 피웠다. 왕 또한 교수대를 보고 웃고 있었으며, 지팡이 위로 올라가 그 끈을 자신의 목에 감았다. 선원들은 즐거운 비명을 질렀다. 흐로스하르스그라니로 변장한 오딘이 마지막 밤 슈타르카트를 찾아와 갈대막대기를 주었었는데, 지금 슈타르카트가 그 막대기를 비카르에게 보여주었다. 그러자 왕은 그 막대기를 구부려보고는 또 다시 웃었다. 그러자 슈타르카트는 가늘게 떨고 있는 가는 갈대 막대기로 비카르를 찔러보고 말했다. "이제 내가 너를 오딘에게 주겠다." 그때 갈대 막대기는 예리한 창이 되었고, 송아지 내장은 팽팽해져 밧줄이 되었으며, 뷔카르가 서 있던 막대기는 땅으로 쓰러졌다. 그러자 가지가 높이 치솟더니 창에 찔린 왕을 위로 끌어 당겼다.

21. 거인 가이뢰트가 토르를 죽이려 하다

거인들은 오딘이 막강한 왕들과 용감한 전사들을 불러모으고 있는 모습을 의심의 눈초리로 주시하고 있었다. 하지만 그들 최고의 적은 여전히 토르였다. 거인들은 언젠가 토르가 결혼식을 유혈이 낭자하게 만들어버린 사건에 어떻게 앙갚음 할 것인가를 두고 이미 오래 전부터 깊이 궁리해 오고 있던 참이었다. 이때 우연한 한 사건이 그들을 도왔다. 로키는 기분이 썩 좋은 상태였다. 그는 토르의 하녀로 분장하고 망치 묠니르를 도로 찾아오는데 공헌했으며, 아제 신들의 위신을 되찾아 준 공로를 인정받았다. 그는 프리크가 빌려준 매의 깃털옷을 걸치고 미드가르트와 우트가르트의 상공을 신기한 듯이 활개치며 날았다. 이렇게 해서 가이뢰트의 농가에 도달했던 것이다. 아마도 로키는 막강한 거인들이 신들과 인간들에 대해 무슨 악한 음모를 꾸미고 있는지 엿보려고 했을 것이다. 로키는 거대한 궁전의 지붕 위에 앉아서 창문 같은 구멍으로 안을 주시하고 있었다. 가이뢰트는 그 연기 구멍 맞은 편에 있는 높은 자리에 앉아서 방금 날아온 큰 새를 살피고 있었다. 그는 이 새를 잡아 그에게로 데려오도록 명했다. 가이뢰트의 신하가 홀의 지붕 위로 올라갔다. 하지만 그곳은 매우 높고 가파랐기 때문에, 어려움이 이만저만 아니었다. 그런데 로키는 몇몇 하인들이 미끄러지며 올라오는 모습을 재미있어했고 추적자가 그를 잡으려고 손을 뻗게 될 순간에 비로소 훨훨 날아오르려고 했다. 마침내 하인이 가까이 다가왔을 때, 로키는 날개치며 탄력을 주어 창에서 비약하려고 했다. 하지만 그의 발은 창에 꽉 달라붙어 있었다. 거인의 마력이 그를 묶어놓았던 것이다. 그는 사로잡혀 가이뢰트 앞으로 끌려갔다.

가이뢰트는 매를 똑바로 보았으며 그 모습 뒤에 인간이 숨어있음을 직감하고 대답을 요구했다. 하지만 로키는 침묵을 지켰다. 그러자 가이뢰트는 그를 상자에 가두고 두 달 동안 굶게 한 다음, 그를 다시 데리고 나와 힐문했다. 굶주려 지치고 거의 목말라 죽을 지경인 로키는 자신의 정체를 털어놓았다. 가이뢰트는 환성을 질렀으며 토르에게 권해서 무방비 상태로 자신의 궁전으로 오도록 꾀어내겠다고 로키가 맹세로 서약하지 않는다면, 그를 다시 상자에 가두어버리겠다고 위협했다. 로키는 동료를 배반하는 일에 동의하지 않았기 때문에, 거인은 이 새를 다시 상자에 가두고 이전보다 더 오랜 시간 동안 음식과 음료를 금지시켰다. 그런 다음 가이뢰트는 무력해진 그를 다시 끌어내게 했다. 이때는 그도 이를 갈면서 요구한 선서를 하고 자유를 얻었다.

로키가 토르에게 묠니르를 소지하지 말고 가이뢰트의 초대에 응하자는 제의를 했을 때, 이 천둥 번개의 신은 망설이지 않을 수 없었다. 하지만 토르가 베푼 연회 때 그의 맞은 편에 앉아있었던 가이뢰트에게서 당시 그는 어떤 악의의 낌새도 맡지 못했던 것이다. 또한 토르는 트림의 결혼식에서 분에 못 이겨 죄없는 거인들을 쳐죽인 일이 있지 않았던가. 평화적인 거인들과는 화해를 도모한다는 것이 그의 뜻이었기 때문에, 그는 무방비 상태로 로키와 함께 가이뢰트의 초대 길에 나섰다.

도중에 토르와 로키는 거인족의 여인인 그리트의 집에서 하룻밤 숙소를 정했다. 그녀는 아제 신들에게 호의적이였을 뿐만 아니라 아울러 토르에게 가이뢰트를 경계하라는 말까지 해주었다. 가이뢰트는 개처럼 교활하고 간교하기가 이를데 없으며 자신의 의도를 숨기고 있을 게 분명하다는 것이었다. 거인족의 여인은 토르에게 그녀의 마술 지팡이와 힘의 띠 그리고 쇠장갑을 빌려주겠다고 말했다. 토르는 자신의 힘을 믿고 사양을 했지만, 로키 또한 가이뢰트가 토르의 믿기 잘하는 토르의 고결한 마음씨에 보답하지 않을 것이라고 덧붙였다. 아마도 로키는 가이뢰트가 자기를 상자에 가두고 선서를 강요했던 일에 대해 보복을 하고싶어 했을 것이다. 그래서 토르는 거인족 여인의 지팡이인 그리다르볼Gridarwol과 쇠장갑 그리고 힘의 띠를 갖게 되었다.

거인 가이뢰트에게로 가는 도중 토르와 로키는 가로 질러가야 할 넓은 강에 당도했는데, 그 강은 비무르Wimur라고 불렀다. 토르는 힘의 띠를 차고 높이 치솟는 물결을 향해 지팡이 그리다르볼을 들어올렸다. 로키는 힘의 띠에 달라붙어 있었다, 그렇지 않았다면, 큰 물결이 그를 삼켜버릴 정도로 강물이 거셌던 것이다. 급류 속에서 허우적거리는 토르와 로키가 강 한가운데에 도달했을 때는, 파도가 토르의 어깨를 적시고 로키가 연거푸 물을 들이킬 정도로 물살이 거셌다. 그때 토르가 성이 나서 소리쳤다. "불어나지 말지어다, 비무르. 내가 너를 걸어서 건너야 하겠다! 네가 불어나면, 내 아제 신의 힘은 하늘처럼 높이 치솟는

토르의 힘과 묠니르 망치는 거인들로부터 신들을 보호할 가장 확실한 도구다.
1890년경 B. 포겔베르크의 대리석 입상.

다!"

토르는 강물이 갑작스럽게 치솟는 이유를 알아냈는데, 비무르가 물결치며 지나가는 협곡 위를 그가 거슬러 올라갔을 때 가이뢰트의 딸인 걀프Gjalp가 바위로 둘러싸인 두 개의 강가 위에서 가랑이를 벌리고 서서 엄청난 양의 소변을 쏟아냄으로써 강물을 불어나게 하고 있는 모습을 보았던 것이다. 토르는 강물에서 돌을 들어 올려 걀프의 두 다리 사이로 던져버리고는 외쳤다. "강은 그 근원에서 멈추거라!" 돌은 목표를 빗나가지 않았고 그 벌어진 구멍을 막아버렸다. 하지만 격랑은 여전히 몰려오는 중이었다. 토르가 강가를 향해 기운차게 걷는 동안, 그의 발이 미끄러졌다. 그는 가까스로 마가목을 잡게 되어 자신과 로키를 육지로 끌어 올렸다. 그 이후로 마가목은 '토르를 구조한 나무'로 일컫게 되었다.

저녁 무렵 두 여행자는 가이뢰트의 농가에 도달했고 식솔들로부터 밤을 지샐 거처인 염소우리로 안내 받았다. 방에는 의자가 하나밖에 놓여있지 않아서, 토르는 이 사실 역시 모욕으로 받아들였으며 앉아서 손에 지팡이를 쥐었다. 이때 토르는 자신을 앉힌 의자가 위로 들어 올려지더니 그를 으깨어 죽이려고 위협하는 것을 알아챘다. 그의 머리는 이미 두꺼운 지층을 얹은 지붕에 부딪쳤다. 이때 대지의 아들이 지팡이 그리다르볼을 마룻대에 받치자 의자와 함께 다시 아래로 내려졌다. 뚝 부러지는 소리와 고함치는 소리가 들려왔다. 지붕에서 토르를 찧어 으깨어버리려던 가이뢰트의 딸들인 걀프와 그라이프Greip의 척추가 부서질 때 나는 소리였다.

그리고 나서 가이뢰트는 시합을 하기 위해 토트를 그의 홀로 초대했다. 홀 바닥 한가운데는 거대한 여러 개의 불들이 타오르고 있었다. 토르는 용의 주도하게 쇠장갑을 끼고, 자신의 손을 등 뒤에 감추었다. 그리고는 거인이 앉아 있는 옥좌 맞은 편에 손님에게 어울릴 법한 두 번째로 높은 자리를 차지하려고 했다. 그때 가이뢰트가 불을 향해 달려가 집게로 한 조각의 쇠를 화염 속에서 끄집어 내더니 토르를 향해 들어올렸다. 쇠는 하얗게 작열하면서 불꽃을 튀겼다.

거인은, "신들은 과연 거인들보다 더욱 많은 금과 더 강한 무기를 소유하고 있는가? 하지만 그렇더라도 묠니르 없는 토르는 또 무슨 소용이란 말인가?" 하고 소리쳤다.

가이뢰트는 불꽃 튀는 쇠조각이 토르를 정통으로 꿰뚫을 정도로 전력을 다해 그를 향해 던졌다. 토르는 팔을 앞으로 번쩍 들어올려 그리트의 쇠장갑으로 쇠조각을 잡았다. 세차게 날아오던 무게의 힘에 의해 그는 한 걸음 뒤로 밀려났다. 그리고는 다시 앞으로 걸어 나가 이번에는 거인을 향해 쇠뭉치를 이리저리 흔들어 보였다.

"나는 토르지, 오딘이 아니야!" 하고 토르가 소리쳤다. 토르는 거인이 자신을 평화적인 경기에 초대했기 때문에 무방비 상태로 여기에 왔을 뿐이라고 말했다. 하지만 오늘날 정직한 거인이 아직 있느냐고 그가 물었다.

토르는 불꽃이 튀고 있는 쇳덩이를 이제 신의 힘으로 던졌다. 가이뢰트는 때 맞추어 지붕을 버티고 있었던 쇠기둥 뒤로 달려갔다. 하지만 토르는 기둥을 뚫고, 가이뢰트의 심장을 관통한 후, 벽을 뚫고 날아가 바깥 바위에 구멍을 내고 그대로 꽂힐 정도의 가공할 만한 힘으로 쇳덩이를 던져버렸다.

토르를 가이뢰트에게 유인한 로키의 비열한 행동은 용서받지 못했다.

발더는 이때 처음으로 재앙으로 가득찬 꿈을 꾸었다.

22. 오딘이 토르에게 강을 건네주기를 거부하다

이제 미드가르트를 공격하는 거인들은 서리 거인들과 산의 거인들로 끝나지 않았다. 폭풍 거인들도 기회가 생길 때마다 바닷가의 제방을 향해 해일을 몰고왔고, 불의 거인들도 화산에서 용암을 토해냈다.

토르는 거인들과 한바탕 격투를 벌이고 여행에서 돌아오고 있다. 숫염소가 끄는 수레를 타지 않고 걸어서 왔기 때문에 오후가 되어서야 해협에 도착한 토르는 황급히 맞은 편으로 건너가려고 했다. 적과의 싸움이 그에게 전쟁의 흔적을 남겼다. 또한 세찬 파도 때문에 그는 좁은 바다를 뚫고 걸어갈 수가 없었다.

해협 맞은 편 배 근처에 사공이 서 있었다. 토르가 건너 편에 대고 소리쳤다.

"당신은 누구요?"

"거기 바다 건너 고함을 질러대는 사람은 어떤 위인이야?" 상대편 뱃사공이 되받아 물었다. "나를 해협 건너 편으로 데려다 주시오. 등에 지고 있는 내 광주리에서 청어와 귀리죽을 뱃삯으로 내놓으리다." 토르가 말했다.

"어째서 자네는 바닷가에서 어슬렁거리고 있단 말인가. 오늘 자네에게 무슨 일이 벌어지고 있는지 미리 알 수는 없단 말인가? 지금 자네 집에선 눈물이 바다를 이루고 있어, 자네의 어미가 죽었거든." 사공이 대답했다.

토르는 웃었다. "당신은 어째서 함부로 입을 놀리는 거요? 어디서 당신이 그걸 알아냈단 말이오? 난 여느 사람이 아니라, 재산이 아주 많은 사람이오."

사공은 토르가 다 드러난 다리에 거지처럼 누더기 옷을 걸쳐 입고 있는 것을 보았다. "자네는 바지조차 입지 않았군. 과연 거대한 저택깨나 소유하고 있는 사람처럼 보이는군 그래."

"어서 이리로 배를 저어 오시오!" 토르가 성이 나서 소리쳤다.

사공은 배를 향해 한 걸음도 움직이지 않았다. "어떤 현명한 사람이 말하기를, 내가 알고있는 행실 바른 사람들만 빼놓고 노상강도와 말도둑 따위는 건네주지 말라고 경고했어. 어디 내게 자네의 이름을 대보시게."

"난 고귀한 혈통을 타고난 신이야." 토르가 말했다. "말하자면 오딘의 아들이며 내 부인은 황금 머리카락의 아름다운 지프지. 마침내 당신이 누구와 얘기하고 있는지 알게 되었으니 하는 말인데, 난 토르란 말씀이야. 그런데 당신의 이름은 무엇이지?"

"난 하르바르트Harbard라 하지." 사공은 계속해서 자신의 신분을 속였다. "어째서 내가 내 이름을 숨기겠나?"

토르는 떨어져 있는 거리에서 최대한으로 사공을 세밀하게 관찰했다. 그리고는 생각했다. '하르바르트라고? 수염을 단 노인이렸다. 키가 크고 이름을 수시로 바꾸는 여행자이고 보면 오딘이 아닐까? 그라면 저런 못 된 짓을 하고도 남을 거야'. 토르가 오딘의 전사인 슈타르카트에게 해를 끼쳤다고 앙갚음을 하고 있는 걸까? 토르는 오딘을 알아볼 수 있었을까? 토르는 정직한 역할만을 했는가? 토르가 말했다.

"그러니까 당신은 하르바르트란 말이지. 당신은 자신의 이름을 숨기고 있는 건가? 아니면 무슨 부정한 죄라도 저지르고서 쫓기는 몸이시군 그래?"

"내가 누군가와 싸우고 있는 중이라면", 사공이 그의 말에 반응을 보였다. "자네같이 넝마를 걸친 작자 따위는 멀리하게 될 테지. 내 목숨이 염려스러우니 말이야."

토르는 불끈 화를 냈다. "내가 해협을 걸어서 건너가게 되면, 내 광주리가 물에 젖고 말겠지. 이 시시하고 뚱기저귀 같은 놈아, 내가 건너가면 네놈은 그 무례한 말에 꼭 앙갚음을 할 게다!"

"그렇다면 건너와 보시지!" 사공이 말했다. "넌 흐룽니르와 싸운 이후로 적수다운 적수를 만나보지 못 했을 테니."

"머리는 돌로 되어있지만 내가 쓰러뜨린 그 대단한 거인인 흐룽니르와 내가 싸운 무용담을 당신이 이야기하고 있는 것이라면 말이야." 토르는 자기의 무용담을 떠올리자, 어느 새 분노가 순식간에 사그러들었다. 그는 용사들간의 대결을 받아들였다. "그렇다면 너는 그 사이에 무슨 일을 했나, 하르바르트?"

"난 알그륀Allgrün이란 섬에서 다섯 번의 겨울이 지나도록 머물러 있었지." 사공이 뽐내며 말했다. "그곳의 통솔자는 신중한 사람이라서, 우리가 적군을 격퇴시켜 버렸지. 그리고 나서 우리는 가지가지 많은 것들을 음미했어, 처녀들 역시 말야."

"네가 처녀들을 어떻게 했다는 거야?" 토르가 호기심에 차서 물었다. "여자들 하고 어땠는데?"

"기막힌 여자들이었지." 오딘이 말했다. "그녀들은 나긋나긋 하면서도 사납지. 하지만 우리는 유감스럽게도 함께 지낼 정도로 그녀들을 잘 길들이지는 못했지. 그녀들은 어찌나 어리석은 지 모래로 새끼를 꼬고 이미 너무 깊이 판 골짜기를 파서 더 깊어지게 만들었다네. 하지만 나는 모두를 속이고 일곱 명의 자매들을 꾀어냈지. 그래서 하룻밤에 그것도 한꺼번에 일곱 명의 아가씨들과 동침을 하고 사랑의 쾌락을 즐겼단 말씀이야. 그런데 토르, 자네는 그 동안에 무슨 일을 하셨는가?"

토르는 잠시 침묵을 지켰다. 아마도 그는 자신이 그렇게 여자들을 유혹하는 기술에 대해서는 능숙하지 못 했기 때문이었으리라. 혹 사공이 지나치게 허풍을 떠는 걸까? 이에 질세라 토르는 자신의 유능한 면을 생각해 내려고 애썼다. 마침내 그는 더욱 중차대한 일을 전해줄 수 있었다.

"난 교활한 거인인 가이뢰트를 찔러 죽였지. 그가 아스가르트 와 미드가르트의 보호자를 때려 죽이려 했던 거야. 그런데 너는 그 동안 무슨 일을 했지?

"난 젊은 요부들을 남편들에게서 꾀어냈지."

"그래서 그녀들과 재미를 나눴단 말씀인가?"

"교활한 마법을 부려서 했지. 내가 한 가혹한 거인 녀석에게 마법의 반지를 달라고 했는데, 그 반지로 녀석의 지식을 빼앗았거든."

"너는 남의 후한 베풂에 그런 식으로 보답을 하는군!" 토르가 격분했다.

"누구나 자신을 위해 살기 마련이지." 오딘이 태연하게 말했다. "참나무의 가지들을 쳐내주면, 더 잘 자라는 법이야. 그런데 자네는 그 동안에 무슨 일을 했는가?"

토르는 오딘과는 대조적으로 자신의 선량한 행동을 인간들을 위한 일들로 생각했다. "난 동쪽 여행길에서 돌아와 사악한 거인들과 그 딸들 역시 모조리 죽여버렸지. 만일 모든 거인들이 살아남아있다면, 그들의 세력은 너무나 막강해질 거야. 그렇게 되면 그들은 미드가르트를 짓밟아 버리고 머지 않아 아스가르트를 위협하게 될 게 틀림 없어. 그래 하르바르트, 너는 그동안에 무엇을 했지?"

"난 전쟁터로만 이루어진 곳에 머물면서 왕들 사이에 새로운 싸움을 부채질하고 평화가 발붙이지 못하도록 방해했다네. 토르는 싸움터에 남아있는 머슴들 따위의 청이나 들어 주겠지만, 하지만 싸움터에서 전사한 왕과 야를 그리고 헤르제의 후손들은 발할의 오딘에게로 가거든, 바로 그런 거야.

"네가 떠벌리는 대로 그렇게 막강하다면, 넌 전사자들을 아제 신들 사이에 그만큼 불공평하게 분배할 테지!" 토르가 소리쳤다.

"토르, 자네는 힘이 장사이긴 하지만 심기는 나약하기 짝이 없군 그래." 오딘의 험담은 계속되었다. "자네는 거인의 장갑 속으로 들어가기도 할 게야. 그리고 자신이 천둥 번개의 신이라는 사실을 믿지 못 하게 되어 두려움때문에 감히 재채기도 못하고 방귀를 뀌지도 못하게 될 테지"

토르는 몹시 격분해서 파도가 해협 위로 더 높이 치솟을 정도로 고함을 질렀다. "이 악당놈아, 이 해협만 건널 수 있다면 네놈을 저승으로 힘껏 내던져 버리겠다!"

오딘은 마치 토르의 분노에 대해서 아무런 동기도 제공하지 않았던 것처럼 행동했다. "우리가 싸우지도 않았는데, 자네는 어째서 삿대질을 하는 겐가. 그런데 그 동안에 자네는 무슨 일을 했나?"

분에 못 이겨 토르는 뱃사공의 말을 그대로 흉내냈다. "그런데 하르바르트, 당신은 무슨 일을 하셨나?"

"난 동쪽에 있었다네." 사공은 또 다시 토르가 여인들에 대해 경험이 없다는 사실을 넌지시 비꼬며 말했다. "거기서 한 여인과 재미있게 얘기를 나누다가 린네르처럼 하얀 피부를 가진 다른 여인을 유혹해서 금빛 찬란한 장식을 단 그녀와 은밀히 만났지. 그녀는 환희 속에서 나와 깊은 관계를 가졌다네."

그것이 토르에게 경탄의 마음을 불러일으켰다. "당신의 여인들은 고분고분하기도 하구료."

"그때 린네르처럼 하얀 그녀를 붙들어 두고 연거푸 행복해질 수 있도록 자네가 날 도와줄 수도 있었을 텐데 말씀이야."

"내 당신을 기꺼이 도와주었을 텐데." 토르가 말했다.

"자네를 믿을 수 있을까? 날 배신하진 않겠어?" 오딘이 확인했다.

"난 발꿈치를 무는 짓 따윈 안해." 토르가 소리쳤다. "더위에 말라 비틀어진 구두처럼 더 이상 아무 쓸모도 없는 무용지물이 아니라구!"

"그런데 자네는 그 동안 무슨 일을 했지?" 누더기 옷을 걸쳐입고, 여전히 등에는 광주리를 짊어진 채로 해협에서 강을 건너기만을 기다리고 있는 토르에게 사공이 물었다.

"레쇠Lesø 섬에서 베르제르커족의 여자들을 쳐죽였지." 토르가 말했다.

"저런 수치스러울 데가 있나!" 오딘이 소리쳤다. "여자들에게 무기를 들다니 말이야."

"그것들은 늑대의 암컷들이나 마찬가지지, 여자들이 아니란 말이야." 토르가 해명을 했다. "그것들이 섬에서 주민들을 모두 죽이고, 육지의 발판 위에 세워둔 내 배를 가루로 만들어 버렸어. 게다가 내 동료인 트얄피를 내쫓고 쇠지팡이로 습격을 했지. 그래서 급기야는 내가 묄니르를 던져야만 했던 거야. 그런데 넌 그동안에 무슨 일을 했지, 하르바르트?"

"이 지역을 향해 진군하는 부대에서 돌아왔다네. 저기 저 뒤에 바람에 펄럭이는 전쟁 깃발이 보이나? 칼과 창들이 피로 붉게 물들여졌지."

"넌 해협 주변의 이 비옥한 지역을 황폐화시키기 위해서 오직 여기에만 있다는 건가?" 토르가 격분했다.

"참회하는 뜻으로 자네에게 반지를 하나 선물하지." 오딘이 야유를 던지며, 열 손가락을 오무려 반지의 모양이 생기도록 했다. "이제 그만 화해하도록 하지."

이 엉터리 참회가 토르를 화나게 했다. "내가 건너가면, 네놈의 그 상스러운 주둥이를 실컷 두들겨서 짓이겨 버릴 테다. 내가 너에게 망치로 일격을 가하면, 넌 늑대보다 더 크게 울부짖게 될 거야."

"네놈이 허풍을 떠는 대신, 차라리 네 부인을 걱정해라. 오딘이 네 아리따운 부인 지프에게 네 의붓아들인 울르Ullr를 가지게 했다지 아마. 자네는 그 사실을 모르고 있었나?" 오딘이 대답했다.

토르는 미친듯이 등에서 광주리를 떼어내 땅에다 내려 놓고, 니르를 들었다. 토르는 사공의 그 인물됨으로 보아 그가 신들의 아버지임을 짐작할 수 없었더라면, 그를 향해 묠니르를 내던질 뻔했다. 바로 다음의 뻔뻔스러움이 그의 의혹을 뒷받침해 주었다.

"만일 자네가 모습을 바꿀 능력이 있다면, 득달같이 이쪽으로 건너 왔을 텐데." 토르로 말하자면 오딘처럼 마술도, 또 동물로 변신하는 방법도 터득하지 못 했고, 빌어온 매의 깃털옷을 걸쳐 입고 로키처럼 한 번 날아오를 수조차 없었던 것이다. 토르는 다음과 같이 주장하기 전에, 서너 번 파동이 생길 동안 여전히 침묵을 지켰다.

"하르바르트, 이 끊임없는 말다툼이 무슨 이득이 되겠나, 어서 배를 이쪽으로 대게!"

"일개 가축지기가 위대한 토르를 저지할 수 있으리라는 사실은 꿈에도 몰랐는 걸." 사공은 자신의 승리를 만끽했다.

"당신이 어떤 약삭빠른 작자인지 알고 싶었을 뿐이야." 토르가 말하곤 소리가 진동하도록 큰 소리로 웃었다.

"해협에서 사라져버려, 넝마주의는 내 배를 더럽힐 뿐이니 말이야!" 사공은 해변을 따라 돌아가는 길을 토르에게 설명해 주었다.

23. 황금보화에 저주가 내리다

발더는 잠에서 소스라처 놀라 일어나 꿈에서 본 것을 이야기 했다. 늑대 스퀼이 태양을 추적해서 따라 잡았다. 신들이 선서를 위반한 후 지구의 끈이 풀어졌다. 미드가르트의 뱀이 풀려나 종종 해저로부터 돌연 모습을 드러냈고 해안 쪽으로 거센 파도를 일으켰다. 또 평평한 육지를 침수시키고, 인간과 가축들이 살고 있는 집까지도 덮쳤다. 혹독한 추위가 홍수에 뒤이어서 들이닥쳐 파도를 유리 같이 얼게 만들었다. 무르익은 밀밭을 흰눈이 덮었다. 황금시대에는 인간들이 자손을 많이 생산해서 후손들이 많아졌다. 그런데 미드가르트의 뱀이 해협에 독을 섞어 많은 대어들을 먹어치웠기 때문에, 인간들은 지금 배고픔에 시달리고 있었다. 그리고 빛의 신이 창과 화살을 자기에게 겨누고 확 트인 공간에서 무방비 상태로 홀로 서 있는 것이 보였다.

아제 여신들과 남신들은 발더의 꿈 이야기에 놀라 이 꿈이 사실로 실현되지 않도록 우주의 나무 아래에 모여 의견을 나누었다. 토르는 보조원으로 로키와 트얄피를 데리고 거인들을 향해 길을 떠나려는 참이었다.

발더의 꿈 얘기를 듣고 당황한 오딘은 그 꿈이 자신들에게 닥칠 임박한 재앙에 대한 징조임을 깨닫고 로키와 아제 신 회니르Hönir와 더불어 전 세계를 향해 정찰길에 올랐다. 오랜 여행 후 그들은 강가에 도착했으며 폭포수에 당도할 때까지 해안을 따라 달렸다. 그곳에 수달 한 마리가 앉아서 눈을 깜박이며 연어를 잡아먹기 시작했다. 로키는 돌멩이를 하나 집어들어 수달의 머리를 강타했다. 오딘과 회니르는 일격에 연어와 수달을 쓰러뜨린 로키의 능란한 수렵 솜씨를 칭찬해 마지 않았다.

세 명의 아제 신들은 그들의 노획물을 들고 곧 큰 농가에 도착했는데, 그 저택은 흐라이드마르Hreidmar라는 명성이 자자하고 마법에 능통한 한 농부의 소유였다. 나그네들은 그에게 하룻밤 유숙을 청하고 자신들이 사냥한 짐승을 보여주면서 먹을 음식을 자신들이 직접 제공하겠다고 약속했다.

아제 신들이 잡아 온 수달을 본 농부는 두 아들인 파프니르Fafnir와 레긴Regin을 불러서 그들의 형인 수달이 맞아 죽었다고 말했다. 그리고 그 살인자들을 가리키면서 오딘이 미처 자신의 힘으로 맞서기도 전에 마법을 걸어 그들을 꼼짝 못하게 마비시켰다. 곧 바로 아버지와 두 아들은 아제 신들을 붙잡아 묶어 두었다. 나그네들은 수달이 농부의 아들이었다는 사실을 전혀 몰랐으며, 또한 화해의 조건으로 농부가 직접 결정하는 만큼 인질이 된 자신들의 몸값을 내어놓겠다고 맹세했다.

수달의 가죽이 벗겨졌다. 농부는 참회의 뜻으로 수달의 가죽을 순금으로 가득 채워 그에게서 털 하나라도 눈에 띄지 않게 완전히 덮어줄 것을 요구했다. 이 타협안은 선서로 뒷받침 되었다.

농부는 오딘에게서는 궁니르 창과 로키에게서는 신발을 담보로 차압한 다음 아제 신들을 놓아 주었다.

오딘은 금을 조달하기 위해 로키를 슈바르츠알펜하임으로 보냈다. 그곳에서 로키는 가장 부유한 난쟁이들을 몰래 엿보고 나서, 그 중 안드바리Andvari라 하는 난쟁이가 가장 많은 보물을 간직하고 있다는 사실을 알게 되었다. 가물치로 변신한 안드바리가 물 속에서 이리저리 뛰어 오르고 있을 때, 로키는 그를 잡아 인질의 몸값으로 난쟁이가 동굴에 모아둔 금을 모조리 내어놓을 것을 요구했다. 안드바리는 다시 난쟁이의 모습을 되찾았다. 그리고 나서 로키는 난쟁이의 동굴까지 그를 동행했다. 난쟁이는 로키가 지켜보는 가운데 그가 소유하고 있는 금을 남김없이 끌어내야 했으며 훌륭한 보석들을 산더미처럼 쌓아 올렸다. 로키는 난쟁이가 작은 금반지를 재빨리 소매에 쑤셔넣는 것을 주시하고 그것마저 요구했다. 안드바리는 그 보잘 것 없는 반지만은 허용해 달라고 로키에게 간청했다. 그 반지 하나면 또다시 자기의 보물을 늘릴 수 있기 때문이라는 것이었다. 로키는 그 청을 들어줄까 고려해 보았지만 '만의 하나 수달을 덮어 줄 반지 하나라도 부족하게 된다면?' 하는 데에 생각에 미치자 그 마지막 반지 하나까지 빼앗아 버렸다.

그러자 난쟁이는 걷잡을 수 없을 만큼 화가 치밀어 반지에 천

벌이 내리기를 기원했다. 반지를 소유한 사람이면 누구든지 그 대가로 목숨을 내놓아야만 한다는 저주를 내린 것이다.

로키가 말했다. "내가 이 반지를 소유할 다음 번 주인에게 그 사실을 알리면, 네 예언이 이루어질 게야."

로키는 보물을 농부의 농가로 끌고가서 오딘 앞에 펼쳐 놓았다. 오딘은 반지를 보고, 비록 작지만 매우 귀중해 보인다고 말하면서 반지를 찔러 넣었다. 아제 신들은 나머지 금을 농부에게 주었다. 그러자 농부는 할 수 있는 한 많은 금을 수달의 가죽에 가득 채워 넣고 가죽의 발이 위로 올라 가도록 세워 놓았다. 오딘이 그 둘레에 남아있는 금을 첩첩이 쌓아 올리자, 이제 가죽은 완전히 덮어 씌워졌다. 신들의 아버지는 농부에게 아직도 수달의 가죽이 조금이라도 보이느냐고 물었다. 농부는 쌓아올린 금을 세밀히 살피고나서, 아주 조금한 코 밑 수염털이 빠져나와 있는 것을 보고 말했다. "최후의 작은 털이라도 금으로 덮여있지 않으면, 당신들은 풀려날 수 없소이다." 그때 오딘은 주머니에서 작은 반지를 꺼내야 했고 그것을 코 밑 수염 위에 올려놓고, 이것으로 수달에 대한 배상을 다 치뤘다고 말했다.

농부는 흡족한 기분으로 오딘의 창 궁니르와 로키의 신발을 되돌려 주었다. 이제 아제 신들이 문가에 서서 농부에 대해 더 이상 두려워할 아무런 이유가 없게 되었을 때, 로키가 말했다. "이것은 안드바리의 예언이오. 이 금과 반지를 소유한 사람은 목숨을 잃게 될 것이니!"

아버지와 아들들은 수달의 가죽을 둘러싸고 있는 산더미 같은 금을 뚫어지게 응시하면서 그 붉은 광채에 현혹되어 난쟁이의 저주를 못들은 체 했다. 농부는 금 전부를 혼자서 차지했다. 파프니르와 레긴은 죽은 형제에 대한 대가로써 금의 일부를 요구했다. 하지만 농부는, 자기 아들에 대한 보상은 그 권한이 아버지인 자신에게만 있으며 가장 작은 반지라도 넘겨줄 수 없다고 말했다. 그러자 파프니르와 레긴은 잠들어 있는 아버지의 몸을 칼로 꿰뚫었다. 그런 다음 레긴은 두 사람이 지켜보는 가운데 보물을 공평하게 나누어야 한다고 파프니르에게 요구했다. 파프니르는 두 형제들 중에서 키가 더 크고 힘이 세었다. 그는 온갖 두려움을 초래했던 아버지의 무시무시한 투구를 쓰고, 또 아버지의 칼을 몸에 지녔다. 그리고 파프니르는 레긴이 황금에 눈이 멀어 아버지를 쳐죽였다고 그를 질책하면서 그는 도망쳐야만 하고, 그렇지 않을 경우 아버지처럼 똑같은 일이 그에게 닥칠 것이라고 경고했다. 레긴은 작지만 매우 영리했으며 금속세공술에 있어선 단연 재주가 뛰어났다. 파프니르가 아버지의 유산에서 아무 것도 내주지 않자 레긴은 누이에게 조언을 구했다. 그녀가 레긴에게 말하길 형제에게는 오직 예의를 갖추어 부탁을 하고 손에 칼을 쥐고 금을 요구하지 말라고 충고했다. 하지만 파프니르는 레긴을 집에서 내쫓아버렸다.

형제들은 아버지로부터 마력을 물려받고 있었다.

파프니르는 그니타하이데Gnitaheide 위에 동굴을 뚫고, 보물을 그곳으로 운반한 다음 용으로 변신하고 황금 위에 또아리를 틀었다.

레긴은 왕의 궁전으로 가서 왕실의 대장장이들 중 우두머리가 되었다. 그는 또한 자신의 부친이 적의 손에 의해 죽임을 당한 지구르트Sigurd를 양자로 길렀다. 지구르트는 훗날 힘과 명석한 사상으로 가장 명성을 떨친 군인왕이 되었다. 레긴은 그에게 자신의 형이 부당하게도 아버지의 보물을 모조리 착복했다고 설명하고 그 금을 입수해 주도록 젊은 전사를 부추겼다. 지구르트는 대가로 재산을 요구하지는 않았지만, 레긴을 도와 그의 권리를 되찾게 해주겠다고 약속했다. 그래서 레긴은 지구르트를 위해 검 그람Gram을 불에 벼리어 만들어 주었다. 그 검은 강물에 떠 있는 털뭉치를 마치 물인냥 두 쪽으로 절단할 만큼 날카로웠다.

그러자 지구르트는 검 그람으로 레긴의 모루를 나무 지팡이 위까지 쪼개어버렸다. 레긴은 지구르트의 힘을 칭찬하면서 자신의 형인 파프니르에 대해 원한을 갖도록 선동했다.

"황금반지를 손에 넣기 전에, 먼저 내 부친의 원수부터 갚아야 하겠습니다." 지구르트가 말했다.

레긴은 자신과 지구르트가 살고 있는 궁전의 왕으로 하여금 배를 무장시키도록 설득했다. 지구르트는 레긴을 동반하고 강한 군대와 함께 출항하다가 폭풍에 말려들었다. 바다에서 가파르게 돌출한 산맥을 앞에 두고 그들은 바람을 거슬러 가로지르면서 금방이라도 산산조각이 되어버릴 것 같았다. 그때 바위 위에 한 사람이 서서 큰 소리로 자신을 배에 태워달라고 청했다. 배가 파랑에 가까스로 지탱하면서, 격랑이 갑판을 엄습하고 있었음에도 불구하고 지구르트는 배를 갖다 대고 그 사람을 태우도록 명했다. 그러자 곧 풍랑이 멎었다. 오딘을 그 배후에 숨기고 있는 이 이방인은 지구르트, 즉 그의 전사에게 V자형으로 공격하도록 가르쳐 주었다. 그리고 오딘은 이 전쟁에서 승리를 거두고 그의 부친을 죽인 살인자를 처단할 것이라고 그에게 예언했다.

성공적인 전투를 치루고 지구르트와 레긴은 왕의 궁전으로 돌아왔다. 그리고 레긴은 또 다시 파프니르를 대적하도록 지구르트를 자극했다. 공포감을 주는 파프니르의 투구 때문에 누구도 대적할 수 없는 막강한 존재로 간주되고 있는 그를 지금까지는 감히 아무도 그에게 공격을 시도한 적이 없었다는 것이다. 이러한 그를 때려 눕히는 일이야말로 그에게 더 큰 명성을 가져다 줄 것이 분명하다는 것이었다. 이러한 유혹에 지구르트는 거역할 수가 없었다.

레긴은 동굴로부터 가까운 물통에 이르기까지 파프니르가 기어가는 길에 구덩이를 파도록 지구르트를 부추겼다. 그 안으로 들어간 지구르트는 몸을 구부리고 나뭇가지로 위장을 한 다음,

레긴이 지구르트의 마법의 검인 그람의 날을 수리하고 있다. 지구르트는 이 칼로 쇠로 된 모루를 쪼개기까지 한다. 1880년 W. 폰 한쉴트의 프레스코화.

동굴 위로 지나가던 파프니르의 심장을 검 그람으로 찔렀다.

파프니르는 그러고도 조금 더 기어가더니, 몸을 부르르 떨었다. 이윽고 지구르트가 구덩이에서 뛰쳐나왔다. 그 순간 용과 지구르트는 서로 뚫어져라 쳐다보았다.

"네 놈은 누구냐? 너를 낳은 아버지가 누구냔 말이다?" 파프니르가 소리쳤다. 지구르트는 적에게 자신의 이름을 실토하면 치명적인 저주가 재앙을 가져온다고 믿고 있었기 때문에 대답을 거부했다.

"난 나 자신을 모든 사람들보다 더 강한 존재로 생각하고 있는 몸이야. 불사신의 몸이란 말이다. 어떤 공격도 어림 없는 수

용으로 변신한 파프니르와 대결하고 있는 지구르트. 1906년 H. 헨리히의 유화.

작에 불과하지. 금은 너를 파멸시킬 뿐이다! 말을 타고 고향으로 돌아가거라!" 파프니르가 승리자에게 경고했다.

"보물은 네 형제인 레긴의 것이야." 지구르트가 대꾸했다.

"레긴은 날 배신하고 말았다." 파프니르가 불평을 늘어놓았다. "그는 너 역시 죽음으로 몰아갈 게야. 황금 보화를 소유한 사람은 자신의 피로 적셔지도록 저주를 받았느니!."

이 말을 남기고 파프니르는 숨을 거두었다. 지구르트는 검 그람을 파프니르의 심장에서 뽑아 그 피를 풀로 깨끗이 닦아냈다. 그때 싸움이 진행되는 동안 꼭 숨어있던 레긴이 지구르트에게 나타나 그를 모든 인간들 중에서 가장 용감한 영웅이라고 추켜세웠다.

"전 양부께서 비꼬는 말로 몇 번이고 자극을 하셨기 때문에 말을 타고 파프니르에게 왔을 뿐, 그 정도로 용감하진 않습니다." 지구르트는 찬사를 사양했다. "그런데 제가 이 칼을 피로 더럽히는 동안, 양부께서는 히드 속에 숨어 계셨군요."

"그람을 만들어준 장본인은 바로 나야." 레긴이 답변했다.

"누구라도 칼을 가지고 머리를 쪼개는데 쓰지 않으면, 가장 날카로운 칼일지라도 녹이 스는 법이지요!" 지구르트가 소리쳤다.

레긴은 파프니르에게 다가가 칼로 용의 심장을 도려내었다. 그리고 나서 발육이 불완전한 레긴은 강한 형의 힘을 얻기 위해 상처에서 흘러나오는 형의 피를 마셨다.

"넌 내 형을 살해했어." 이렇게 말한 레긴은 속죄하는 의미로 파프니르의 심장을 불에 구워 줄 것을 지구르트에게 요구했다. 레긴은 한 숨 자고 일어난 후에 파프니르의 구운 심장 고기를 먹으려고 했다.

지구르트는 불을 피워 파프니르의 심장을 나무 꼬챙이에 꽂아 구웠다. 잠시 후 그는 고기가 부드럽게 익었는지 보려고 손가락으로 맛을 보았고, 또 육수에서 거품을 떠내다가 손가락에 화상을 입고 말았다. 그는 황급히 손가락을 입 안에 찔러넣었다. 용의 심장에서 흘러나온 피가 지구르트의 혀에 떨어졌을 때, 그는 돌연 새들의 언어를 이해하게 되었다. 근처 나무 위에 앉아있던 박새가 심장을 직접 먹고 레긴의 말을 믿지 말라고 지구르트에게 충고했다. 다른 박새는 레긴을 경계하라고 지구르트에게 말했다. 레긴이 자신의 형을 참살했다고 그에게 덮어씌우고 그 앙갚음을 하기 위해 교활한 방법으로 그를 살해하려고 한다는 것이었으며 게다가 황금을 혼자서 모두 차지하려고 한다는 것이었다.

파프니르의 충고와 박새들의 경고는 지구르트에게 레긴의 정직성에 대해 은밀한 의혹을 품게 만들었다. 그리고 지구르트는 수 많은 금을 기억하고 있었다. 더구나 자신은 명성이 자자한 뵐중엔 가문의 후예인 자신의 몸을 보호해야만 했다.

그래서 지구르트는 레긴이 자신에게 만들어 준 검 그람으로 레긴의 머리를 베었다. 그런 다음 파프니르의 심장을 직접 먹었다. 그리고 파프니르의 피를 마셨다. 그는 또한 레긴의 피도 마셨다.

박새는 지구르트로 하여금 보물을 상기시켰다.

다른 박새는 지구르트에게 가장 아름다운 처녀를 얻도록 충고했다. 지구르트는 키가 훤출한 데다가 남의 이목을 끄는 출중한 외모를 간직하고 있었다. 그리고 밝은 피부색과 초롱초롱 빛나는 눈을 가졌다.

세 번째 박새는 지구르트에게 발퀴레인 브린힐트와 결혼하도록 조언했다. 브린힐트는 이야기 되었듯이, 오딘의 뜻을 좇지 않고 자신의 원대로 승리자를 선택했었다. 불타오르는 무적의 담장인 바버로에를 뚫고 성에서 해방된 아름다운 브린힐트와 결혼하는 일이야말로 파프니르를 살해하는 일보다 몇십 배 더 위대한 영웅적 행위라고 박새는 낮은 소리로 소근거렸다. 그리고 그것이 그에게 불멸의 명성을 가져다 주리라는 것이었다.

지구르트는 훌쩍 말에 뛰어 올라타고는 파프니르의 흔적을 좇아 그의 지하 저택으로 말을 몰았다. 그 집은 기둥뿐만 아니라, 문과 창틀도 모두 쇠로 만들어져 있었다. 문은 열려 있었다. 금이 남아돌 만큼 그곳에 쌓여 있었다. 지구르트는 두 개의 커다란 궤짝에 금을 채우고 양쪽 말등에 매달았다. 지구르트가 등에 올라타기 전에 말은 한 걸음도 떼려고 하지 않았다. 지구르트는 공포의 투구를 깊이 눌러쓰고, 황금 갑옷을 걸치고 그리고 자신의 두 번째 칼로써 레긴과 파프니르의 아버지가 쓰던 검을 거두었다. 말이 황금의 무게에 짓눌려 힘겹게 발을 떼어 놓다가 휘청거렸을 때, 죽어가는 파프니르의 마지막 말이 또 다시 지구르트의 귀에 들려왔다. 이 황금보화를 소유한 사람은 죽게 되리라는 말이 그것이다.

하지만 지구르트는 이마에 흘러내린 밝은 금발의 머리카락을 훔치고, 미소를 지으며 말을 타고 유유히 그곳을 떠났다.

24. 우트가르트 로키가 천둥 번개의 신을 우롱하다

토르는 로키와 트얄피와 더불어 동쪽으로 여행길에 나섰다. 그는 언제나처럼 스스로 거인들을 능가하는 힘을 지니고 있다고 자부하고 있었다. 토르의 망치인 뮐니르는 신들조차 두려워했던 흐룽니르의 몸을 가루로 만들어 버리지 않았는가. 하지만 이제 이 가장 강력한 신은 거인 우트가르트 로키Utgart-Loki의 궁전에서 예기치 않은 곤궁에 처하게 될 운명이었다.

토르는 동료들과 함께 우트가르트로 향하는 경계지점 근처에 살고있는 트얄피의 아버지 집에서 하룻밤 숙소를 정했다. 그러자 그들은 토르와 로키가 처음으로 이곳 농부의 집을 방문한 적이 있었던 옛날의 기억을 회상했다.

그 당시에도 역시 그들은 맥주를 풍성하게 대접 받았었다. 그리고 토르가 몸소 두 마리의 숫염소를 잡아, 그 껍질을 벗기고 솥에다 요리를 함으로써 식사를 준비했었다. 먹을 음식물들이 완료되자, 토르는 손님을 후대하는 주인들에 대한 감사의 표시로 농부와 부인을 저녁식사에 초대했었다. 토르는 화덕 옆에 염소가죽을 펼쳐놓고 농부와 가족들이 먹고 난 염소의 뼈를 가죽 위에 던져야 한다고 말했다. 하지만 뼈는 조금이라도 상하지 않고 온전해야 한다는 것이었다. 풍요로운 만찬이 끝나고 모두들 취침하러 들어갔다. 날이 새기 전 토르는 자리에서 일어나, 옷을 입고, 손에 망치를 들었다. 그는 망치를 들어올리며 염소가죽을 축성했다. '이빨 가는 염소'와 '이빨 부딪치는 염소'가 살아나 자리에서 일어섰지만, 그 중 한 마리만 기운차고 팔팔했다. 다른 한 염소는 뒷다리를 절름거렸다. 토르는 맥을 짚어보

토르의 망치 묠니르는 창조적인 동시에 파멸적인 힘의 상징이며, 또한 근원과 생산, 부흥과 행복을 뜻한다. 북유럽이 기독교화가 되면서 십자가는 망치와 융합된 형태로 나타났다. 10세기 은.

고 몹시 화가 나서 농부나 그 식솔들 중에 누군가가 염소뼈를
상하게 했음에 틀림없다고 농부를 질책했다. 하지만 그러한 잘
못을 시인하는 사람은 아무도 없었다. 이때 토르가 밑으로 눈썹
을 내리깔았다. 눈으로는 거의 아무 것도 볼 수 없게 되었다.
이러한 시선은 농부를 내동댕이 치고도 남으리라고 생각하기에
충분했다. 그의 부인과 아이들도 두려움과 공포에 사로잡혔다.
토르는 망치의 손잡이를 어찌나 단단하게 손에 쥐었는지 그의
손가락 마디가 하얗게 질려버릴 정도였다. 농부의 식솔들은 비
명을 질렀다. 이때 트얄피가 자신이 숫염소의 골수를 먹고 싶은
열망에서 몰래 칼로 넓적다리 뼈를 절개했었노라고 고백했다.
농부와 식솔들은 토르에게 관용과 타협을 간청했다. 참회하는
뜻으로 그들은 자신들이 소유하고 있는 모든 것, 즉 그들 자신
과 집과 농장을 내놓았다. "염소고기는 너무나 훌륭했습니다."
트얄피의 누이동생이 오빠의 과오를 변명하려고 했다. 토르는
농부와 그의 가족들이 두려워하고 절망하고 있는 모습을 보고,
다시 한 번 그들을 꾸짖는 듯한 눈초리로 바라보았다. 그러고
나자 그의 화는 금방 누그러졌다. 화를 가라앉힌 토르는 농부가
보상으로 제공한 트얄피와 그의 누이인 뢰스크바Röskva를 받아
들였다. 남매는 토르의 집에서 고용살이를 하였고 그 이후로 내
내 그를 따라다녔다.

이번에도 역시 트얄피는 토르의 옆에 있었다. 그리고 이번 방
문에도 토르는 자신의 숫염소들을 잡으려고 했지만, 농부가 이
미 신선한 고기를 김이 펄펄나는 솥에 끓이고 있었다. 그들은
식탁에 앉아 풍족히 마셨다. 토르는 숫염소들을 농부의 집에 맡
겨두고 다음 날 아침 해뜰 무렵에 동행자들과 함께 여행을 계속
했다.

먼저 그들은 배를 타고 호수를 횡단했다. 그런 다음엔 해협을
헤엄쳐 건넜다. 그들이 바다를 떠나 잠시 걸어가자, 우트가르트

의 큰 숲에 당도했고, 날이 어두워질 때까지 온종일 숲을 가로 지르며 달렸다. 트얄피가 토르의 식량자루를 들고 다녔는데, 그들은 대부분의 식량을 그 예비품으로 충당하고 있었다. 날이 칠흑같이 어두워지자, 그들은 숙소를 찾다가 넓은 홀을 발견했다. 홀의 문이 한쪽 끝에서 방처럼 넓게 트여있었다. 그들은 그곳에 자리를 잡고 잠을 잤다. 한밤중에 그들은 지진에 의해 잠에서 깨어났다. 그들이 누워있는 밑의 땅이 파도처럼 흔들거렸다. 대지가 끊어지고, 균열이 생겼으며, 건물이 흔들거렸다. 이때 토르가 자리에서 일어나 동료들을 깨웠다. 그들은 더듬거리며 기어나와 홀 한가운데서 오른쪽으로 딸려 있는 좁은 방을 발견했다. 토르는 그 입구에 앉았고, 다른 신들은 혼비백산 방안에 숨었다. 토르는 좀 짧게 만들어진 망치의 손잡이를 움켜쥔 채 만일의 사태에 대비할 궁리를 했지만 만물이 격렬하게 흔들리는 소리와 요란한 소음 외에는 아무 것도 식별할 수가 없었다.

먼동이 틀 무렵 토르는 밖으로 나가 멀지 않은 숲 속에 엄청나게 키가 큰 남자가 누워있는 것을 보았다. 그는 자면서 드르렁거리며 코를 골았는데, 그 때문에 누워있는 주변의 나무가지들이 부르르 떨 정도였다. 이제 토르는 지난 밤의 소음이 어떻게 생겨난 것이었는지 사태를 깨닫게 되었고, 그들의 잠을 방해했던 이 괴물을 벌주려고 했다. 토르는 힘의 띠를 차고 묠니르를 잡았다. 그때 잠자던 사나이가 잠에서 깨어나 쏜살같이 일어섰다. 그러자 제아무리 토르라고 해도 그 괴물이 자신의 키를 훨씬 더 능가하는 한 이번만큼은 감히 묠니르로 박살낼 엄두를 내지 못했다. 그의 이름을 묻자 사나이는 스크리미르Skrymir라고 대답했다.

"당신 이름이 무엇인지는 물어볼 필요조차 없지." 스크리미르가 말했다 "당신은 토르야. 헌데 당신이 내 장갑을 치워버렸소?" 스크리미르는 팔을 펴서 벙어리장갑을 주어올렸다. 그러자 토르는 그가 집이라고 생각하고 그의 동행자들과 함께 안에서 밤을 지새웠던 곳이 어처구니 없게도 그의 장갑이었다는 사실을 깨달았다. 그러니까 옆 방은 다름아닌 벙어리장갑의 엄지손가락이었던 것이다.

스크리미르는 자신이 토르와 동행해도 되는지 물었다. 토르는 그를 여행의 동반자에서 내칠 용기가 없었다. 그러자 스크리미르는 배낭 보따리를 열고 아침식사를 했다. 토르와 동행자들은 저만치 떨어져서 앉아 있었다. "우리의 식량을 한데 모아 공동으로 식사를 해야 하오." 스크리미르가 제안했다. 자신과 동료들이 스크리미르의 식량으로 푸짐하게 함께 먹을 수 있을 것이라고 생각한 토르는 그의 제안에 동의했다. 스크리미르는 식량을 몽땅 한 개의 보따리에 동여매고 등에 짊어졌다.

그들은 숲을 가로질러 계속 걸었다. 스크리미르는 온종일 앞서 달리면서 활보했다. 달리기에서 내로라 하는 일등 주자인 트얄피 자신도 간신히 뒤쳐지지 않을 정도였다. 오랜 도보행진에 길들여진 토르라고 하지만, 그도 음식을 먹기 위해 휴식을 취하고 싶었다. 로키 역시 피곤하고 허기지고 목이 마르기는 마찬가지였다. 하지만 그들 셋은 연약한 모습을 드러내고 싶지 않아서 휴식을 포기하고 말았다. 날은 이미 오래 전에 어두어졌고, 스크리미르는 떡깔나무 아래에 잠자리를 마련하고 토르에게 말했다. "저장품이 들어 있는 보따리를 풀러 실컷 먹으시오." 스크리미르는 떡깔나무 옆 풀밭에 벌렁 나자빠지더니 곧 잠이 들었다. 그리고 떡깔나무 잎파리들이 그 위에서 팔랑거릴 정도로 세차게 코를 골았다.

토르와 동료들은 온종일 먹지도 마시지도 못해 몹시 시장했다. 그런데 가장 힘센 아제 신이 아무리 식량 보따리를 풀어보려고 애를 써보아도, 보따리 끈은 머리카락 한 가닥 들어갈 틈만큼도 헐거워지지 않았다. 그러자 토르는 성이 나서 눈썹을 내리깔고, 험상궂은 눈초리를 보이더니, 두 손으로 망치를 움켜잡고 스크리미르에게로 걸어가 그의 머리를 내리쳤다.

스크리미르가 잠에서 깨어나 말했다. "나뭇잎이 방금 내 이마 위로 떨어졌나? 자네들은 맘껏 먹고 마셨겠지? 그런데 어째서 아직도 잠을 청하지 않고들 있소?"

"잘 채비를 하던 중이었소." 토르가 중얼댔다. 그러자 스크리미르는 흡족해했다. 토르와 동료들은 너도밤나무 아래 누워 스크리미르가 잠을 자고 있는 방향으로 유심히 귀를 기울였다. 한밤중에 그는 숲이 술렁거릴 정도로 코를 골았다. 토르는 자리에서 일어나 스크리미르에게로 다가갔다. 배가 고파 화가 난 토르는 망치를 뒤흔들다가 팔을 높이 치켜들어 요란한 소음을 내는 거인의 정수리 한 가운데에 일격을 가했다. 망치의 끝이 머리에 정통으로 깊이 박혔다. 같은 순간 스크리미르가 잠에서 깨어나 말했다.

"무슨 일이지? 도토리가 머리에 떨어졌나? 그런데 토르, 뭘하고 있는 거요?"

토르는 재빨리 제자리로 물러나서 말했다. "이제 한밤중이라오. 아직도 잘 시간이 많이 남아있소."

스크리미르는 곧 진정되었다. 토르는 나무 아래로 되돌아 간 후, 세 번째로 때릴 기회가 생기면, 스크리미르의 눈이 또 다시 떠지는 일은 절대로 없을 것이라고 생각했다. 토르는 누워서 거인이 잠이 들때까지 애타게 기다렸다. 날이 새기 직전 거인의 코고는 소리에 숲의 땅들이 진동을 했다. 그리고 새들은 날카로운 소리를 내며 날았다. 이때 토르가 일어나, 힘의 띠를 차고 스크리미르 앞으로 바짝 다가가, 자신이 동원할 수 있는 모든 아제 신의 힘으로 그를 향해 누워있는 스크리미르의 관자놀이에 망치를 때려 박았다. 묠니르는 손잡이까지 깊이 박혔다.

스크리미르는 잠에서 깨어나 정수리를 쓰다듬더니 잠자리에서 일어나 말했다. "내 머리 위로 있는 나무에 새들이 앉아있는 모양이군. 머리 위로 나무가지가 떨어진 것 같은 느낌이야. 자넨 벌써 일어났나, 토르? 일어나 옷 갈아입을 시간이 되었네."

어찌나 배가 고프고 목이 마른지 토르는 대꾸할 기력조차 없었다. 스크리미르는 일어서서 식량 보따리를 집어들었다. 하지만 토르와 그의 동료들 기대와는 반대로 그는 배낭의 매듭을 푸는 대신, 배낭을 손에 쥐고 말했다.

"우트가르트 로키의 성까지 가는 길은 멀지 않아. 난 자네들이 서로 소근대는 걸 들었지, 내 몸의 발육이 대단하다는 걸 말이야. 하지만 자네들이 그 성에 들어서면, 훨씬 더 키가 큰 거인들을 보게 될 것이네. 내가 자네들에게 해 줄 수 있는 충고는, 주제넘은 말들을 삼가하라는 것뿐이야. 우트가르트 로키의 시종들은 잘난 체하는 꼴을 못 참아내거든."

토르는 망치로 식량 보따리를 툭 쳤다. 스크리미르는 그 싸인을 눈치채지 못한 듯 계속 말을 이었다. "자네들이 겁을 낸다면, 차라리 돌아가는 게 나을 걸. 그게 최선일 거야. 하지만 계속 그리로 가길 원한다면, 동쪽 방향으로 가시구려. 난 그 뒷편 구름 속에 우뚝 솟아있는 저 산으로 가는 북쪽 길을 택할 테니." 스크리미르는 식량이 든 꾸러미를 등에 걸치고, 반대 방향으로 몸을 돌려 숲을 향해 힘차게 발을 디뎠다. 토르와 동료들은 거인이 식량을 들고 너도밤나무 사이로 사라지는 모습을 바라보고 있었다. 그들 셋은 배고픔과 목마름으로 기진맥진한 채 덩그러니 숲 속 한가운데 서있었다. 이제 그들에게는 우트가르트 로키가 살고 있는 가까운 성을 찾아내는 길 외에는 다른 방법이 남아있지 않았다.

정오쯤 되어 그들은 성 꼭대기까지 쳐다보려면 고개를 뒤로 젖혀야 할 만큼 멀리 두꺼운 널빤지로 쌓아올린 높은 방벽을 보았다. 좀더 가까이 다가간 그들은 성문 앞의 창살이 굳게 닫혀

저 있는 것을 발견했다. 토르는 창살을 구부리거나 뽑아내려 했지만 꿈쩍도 하지 않았다. 토르와 동료들은 젖먹던 힘까지 동원해서 끈질기게 시도했다. 로키와 트얄피가 마침내 창살 사이로 간신히 비집고 들어가는데 성공했다. 우람한 몸을 소유한 토르는 안으로 들어가는데 더 많은 시간이 걸렸다.

성문은 열려 있었다. 그들 셋은 커다란 홀에 들어섰다. 방 양쪽에 놓여 있는 두 개의 긴 의자에는 스크리미르를 능가할 만한 많은 거인들이 앉아 있었다. 기다란 벤치 한가운데 거인들 중에서도 가장 큰 거인인 우트가르트 로키 왕을 위한 용상이 놓여 있었다. 그 앞으로 토르가 동료들과 함께 다가섰다. 하지만 우트가르트 로키는 자신의 얼굴을 손님들에게로 돌리기 전에, 방한가운데에 불을 피우도록 명했고 야유하듯 이를 드러내 보이며 말했다. "당신이 정말로 그 유명한 토르란 말이오? 당신이 그렇게 작은 꼬마라고는 한 번도 생각해 본 적이 없었는 걸."

토르는 붉은 수염을 잡아당기며 화가 나서 노려보았다.

"아니면 당신은 그 보잘 것 없는 용모로 추측케 할 수 있는 것보다 더 큰 일을 할 수 있는 게요?" 우트가르트 로키는 계속해서 말했다. "그리고 당신의 동료들은 무엇으로 뛰어나다는 걸 증명해 보이겠소? 여기 홀 안에 있는 모든 거인들은 남들보다 더 잘할 수 있는 재주 하나씩은 통달해 있다고 자부하는 자들이오."

로키는 이리처럼 굶주려 있었기 때문에 앞으로 나아가 말했다. "이 홀에 앉아있는 거인들 중에 나만큼 빨리 먹어치울 수 있는 자는 아무도 없을 것이오."

"당신이 그렇게 대식가라면 한 번 해보시지", 우트가르트 로키는 이렇게 말하고 거의 존재감이 없는 거인들이 앉아 있는 문 가까운 곳으로부터 한 남자를 불렀다. 로기Logi라고 하는 이 남자는 방 한가운데로 걸어나와 로키와 우열을 가려야 했다. 그러자 거대한 나무통이 안으로 운반되어 홀의 바닥에 놓여졌고, 방금 도살한 신선한 고기로 채워졌다. 로키는 통의 끝에서부터 먹기 시작했고, 로기는 다른 한쪽 끝에서 시작했다. 둘 다 할 수 있는 한 최대한으로 빨리 음식을 삼켰다. 그리고 그들은 정확히 나무통 한가운데서 만났다. 하지만 로키가 뼈다귀에 붙은 살점만을 먹었던 반면, 로기는 뼈와 통까지 모조리 삼켜 버렸던 것이다. 모두들 로키가 내기에 졌다고 생각했다.

"그런데 젊은이는 잘 할 수 있는게 뭐가 있나?" 우트가르트 로키가 트얄피에게 물었다.

"전 왕이 지정하는 누구와도 개의치 않고 달리기 경주를 하겠습니다." 트얄피가 대답했다.

그가 이곳에 신들과 함께 있는 것으로 보아, 철저하게 대비를 했음에 틀림없다고 생각한 우트가르트 로키는 다른 거인들을 수행하고 밖으로 나갔다. 고른 들판에 경주할 거리를 측정하기 위해 말뚝을 땅 속에 박았다. 그리고 우트가르트 로키는 후기Hugi라고 부르는 작은 거인을 불러들였다.

첫 번째 경주에서 작은 거인은 목적지로 정한 말뚝에서 트얄피를 다시 마중 나갈 만큼 훨씬 더 앞질렀다. 이때 우트가르트 로키가 말했다. "자네가 이기고 싶다면, 다리를 좀더 빨리 움직여야 할 걸세. 하지만 실제로는 여지껏 어떠한 손님도 속력에 있어선 자네를 능가하진 못 했지."

두 번째 경주에서는 작은 거인이 말뚝에 도달했을 때, 트얄피는 목표 지점까지 아직도 화살을 늘여 쏠 수 있을 정도의 폭만큼 미치치 못했다.

"트얄피도 제법 달리는군." 우트가르트 로키가 말했다. "하지만 내 생각에는 그가 경기에서 이길 것 같지는 않아. 세 번째 달리기에서 판가름이 날 게야."

하지만 트얄피는 전에 없이 빨리 달리지 못했다. 작은 거인이 말뚝에 당도한 다음 되돌아 왔을 때도, 트얄피는 아직 구간의 절반에도 미치지 못하고 경기에서 지고 말았다.

자신의 동료들이 패배한 사실에 대해 화가 난 토르는 수염을 부르르 떨면서 자신만의 재주로 위신을 되찾으려고 했다. 전 세계에서 가장 잘 마시기로 유명한 술군이 타오르는 목마름에 지쳐 있었던 것이다. 따라서 그는 음주시합에 나섰다. "이 홀에 있는 어느 누구도 나만큼 빨리 잔을 비워내지는 못 할 것이오."

우트가르트 로키는 작인들을 불러 이곳 시종들이 즐겨 사용하는 뿔술잔을 가져오도록 명령한 다음 말했다. "이곳에서 대단한 술꾼이란 이 뿔잔에 든 술을 한 입에 비워내는 것을 말하오. 개중엔 두 모금에 걸쳐 들이키는 자들도 있지만, 세 모금에도 비우지 못 하는 바보는 내 부하들 중엔 없소."

뿔잔은 그 폭이 넓지는 않았지만, 상당히 긴 것으로 모습을 드러냈다. 토르는 탐욕스럽게 마시기 시작했다. 그는 벌컥벌컥 들이켰고 갈증이 어느 정도 진정된 듯이 여겨졌으며 더 이상 마실 수 없게 되었을 때, 한 번만 입에서 떼지 않으면 안 되겠다고 생각했다. 그가 안을 들여다 보니, 아직도 상당히 많은 술이 채워져 있었다. 우트가르트 로키 역시 놀라운 속도로 마셨다. "꽤 마시긴 했지만 유감스럽게도 너무 조금 마셨구료. 실제의 실력보다 앞선 당신의 명성에 따라 난 당신을 훨씬 더 대단한 술꾼으로 생각했었지. 하지만 두 번째 시도 때는 뿔잔을 다 비워야 할 것이오."

대답 대신 토르는 뿔잔을 입에 대고 마실 수 있는 한 최대한으로 들이켰다. 그런데 마시고 보니 잔 밑부분의 소량만을 마셨을 뿐이었다. 그런데도 그는 마시는 걸 잠시 멈추어야 했고 안을 들여다 보니, 술은 첫 번째보다 더 적게 줄어든 것 같이 보였다.

"무슨 일이신가, 토르?" 우트가르트 로키가 물었다. "그대가 세 번째 시도에 이 잔을 다 비우면, 갈증이 싹 가시게 될 게 틀림없어. 그렇지 않으면 우리는 당신을 다른 아제 신들처럼 찬사를 보내긴 힘들 것 같군."

토르는 수염을 잡아뜯고는 성이 나서 여지껏 한 번도 마셔본 적이 없던 것처럼 엄청난 양을 들이켰다. 잔을 입에서 떼어야만 했을 때, 그는 전보다도 약간 적게 마신 것을 알게 되었다. 토르는 젖 먹던 힘까지 동원해서 마셨는데도 불구하고 술의 양이 거의 줄지 않았다는 사실을 의아하게 생각했다. 하지만 어쩔 수 없는 노릇, 그는 잔을 되돌려 주었다.

"이제 실력이 드러나고 말았구료." 우트가르트 로키는 개가를 올렸다. "신들의 힘이란 당신들이 우리에게 그럴싸하게 보이게 하는 것처럼 그렇게 대단치는 않은가 보오. 아니면 그대의 힘을 다른 경기에서 입증해 보이겠소?"

"다른 방식으로 내 강력한 힘을 보여 주겠소." 토르가 답변했다. "내 생각으로는 내가 아스가르트에서 그처럼 막강하게 마셨다면 대성공을 거두었을 것이오. 당신은 내게 어떤 내기를 제안하겠소?"

"우리 성에서는 젊은 거인들이 종종 고양이와 장난 치면서 고양이를 높이 들어 올린다오. 당신이 마지막 시합에서만 굴복했기 때문에, 내 당신에게 그걸 제안하리다." 우트가르트 로키가 답변했다.

그 말이 떨어지자 얼마 안 되서 회색빛의, 정말로 큰 고양이 한 마리가 홀 한가운데로 뛰어들었다. 토르는 한 손을 고양이의 배 밑에 넣고 있는 힘을 다해 고양이를 들어 올리려고 했지만, 고양이는 꿈쩍도 하지 않았다. 고양이를 더 세게 위로 들어 올리려 하면 할수록, 고양이는 점점 더 등을 구부렸다. 토르가 마지막 힘을 다해 몸을 주욱 펴자 고양이의 한 쪽 발이 겨우 바닥에서 들어 올려졌을 뿐이었다. 그 이상은 토르도 이번 경기에서 힘을 쓰지 못했다.

"과연 내가 예상했던 그대로요." 우트가르트 로키가 말했다. "고양이가 상당히 큰 데다가 내 부하들에 비하면 당신은 애송이에 불과하오."

토르는 이러한 굴욕에 대해 이제 신의 노여움으로 큰 소리로 말했다. "당신들이 나를 작다고 한다면, 씨름으로 겨뤄볼 자를 내게 보내시오!"

우트가르트 로키는 벤치를 따라서 쭉 훑어 보았다. "내 부하들 중에서 가장 힘이 약하다고 하는 자들이라고 해도 그건 시시한 경기에 불과할 것이오. 그러니 여자와 겨뤄보시오. 당신 못지 않은 힘센 사내들을 제압한 바 있는 내 유모 엘리Elli를 불러들이리다."

곧 고령의 부인이 홀 안으로 들어왔다. 토르는 여자인데다가, 이미 허리가 꼬부라진 노파와 씨름을 한다는 사실이 가장 힘 세다는 신의 신분으로서 과연 타당한 일인지 헤아려 보았다. 이러한 모욕적인 제안은 그에 대한 모욕과 다름 없는 일이었지만 지금껏 패배로 일관하고 난 후였기 때문에 그는 이런 체면 깎이는 경기에 동의해야 했고, 무엇보다도 그는 자신의 승리를 추호도 의심하지 않았다.

그런데 토르가 격렬하게 손을 뻗쳐 움켜쥐려고 하면 할수록, 노파는 점점 더 꼿꼿하게 버티고 서 있는 것이 아닌가. 마치 그가 헛되이 흔들어 보는 기둥 같았다. 이번에는 허리가 꼬부라진 노파가 공격해 들어왔다. 토르는 다리를 걸어 쓰러뜨리려고 시도했다. 노파와 토르는 격분해서 서로 내동댕이 치기를 반복하며 필사적으로 싸웠다. 그러자 노파가 토르의 한 쪽 발을 바닥에 꿇게 함으로써 토르를 굴복시키고 말았다.

그때 우트가르트 로키가 다가와 싸움을 중단시켰다. "내 용사들과 씨름을 한다는 건 이제 필요 없게 되었군." 말할 것도 없이 토르 역시 더 이상 싸움을 거부했다.

그 사이에 날은 이미 어두워져 있었다. 우트가르트 로키는 토르와 그의 동료들에게 밤을 지샐 방을 지정해 주고는 그들을 연회에 초대했다. 거인들이 마구 폭음을 하고 짐승들처럼 울부짖었기 때문에 거실에 피워놓은 불꽃이 부르르 진동을 했다. 배고픔과 갈증에도 불구하고 토르와 동료들은 맥주와 음식에 거의 손도 대지 못했다.

해가 떠오르기 전에 토르와 동행자들은 자리에서 일어나, 옷을 입고, 여행을 계속하려고 했다. 그때 우트가르트 로키가 그들을 다정하게 맞이하며 모두의 식탁에 기름진 음식과 마실 것을 푸짐하게 차리도록 명했다. 아침 식사를 끝낸 후 손님들은 그들을 성문 앞까지 동행한 우트가르트 로키의 성을 떠났다. 그런데 우트가르트 로키가 손님들과 작별을 고하기 직전에 토르에게 물었다. "당신은 지금껏 나보다 더 강한 거인을 만나본 적이 있소?"

"내가 이와 같은 모욕을 당해본 적은 난생 처음이오. 당신은 어떤 세계에서 왔소?"

"당신은 지금 성문 밖으로 나왔으니, 진실을 알게 될 것이오." 우트가르트 로키가 대답했다. "어쨌거나 당신은 다시는 안으로 절대로 들어가지 못할 게요. 우리에게 거의 파멸을 초래했던 당신의 강력한 힘에 대해서 내가 미리 알고 있었더라면, 내 성문은 당신에게 굳게 잠겨져 있었을 것이오. 난 당신들의 감각을 이용해서 당신들을 현혹시켰던 것이오. 숲에서 나타나 스크리미르라 이름한 자, 그리고 마법의 철사로 식량 보따리를 묶었던 장본인은 바로 나였소. 당신은 세 번 나를 망치로 치고 덤볐소. 첫 번째 타격이 제일 미약했지만, 사실 그것은 내 머리를 부수어뜨릴 만큼 충분히 강한 것이었소. 하지만 당신은 사전에 내가 미리 보호하기 위해 앞으로 밀어 넣은 산을 맞추었던 것이오. 저편에 세 개의 사각형으로 된 계곡이 있는 산이 보이지요? 그것이 당신이 마지막으로 내리칠 때 생긴 가장 깊숙이 패인 자국, 즉 망치자국이오. 경기를 할 때도 역시 나는 당신들의 감각을 현혹시켰소. 로키는 몹시 배가 고픈 터라 엄청나게 빨리 먹어치웠소. 하지만 로기라고 하는 그의 상대는 사납게 미쳐 날뛰는 불이었으며 고기와 뼈, 그리고 그것들을 담은 그릇까지도 모조리 삼켜버린 것이오. 그리고 트얄피와 경주를 했던 후기라고 하는 거인은 나의 생각이었소. 가장 빠른 주자라도 내 생각을 따라 잡을 순 없었을 것이오. 그리고 그대가 뿔잔을 입에 대고 술을 실제로 마시기 시작했을 때, 그것은 내게 하나의 기적처럼 여겨졌다오. 그도 그럴 것이 뿔잔의 밑바닥은 당신의 눈으로는 보이지 않도록 먼 바다 속에 놓여져 있었기 때문이오. 해변으로 가서 한 번 보시오. 당신의 무시무시한 주량때문에 바다표면이 얼마나 가라앉아 버렸는지 말이오. 그것을 지금은 썰물이라고 한다오. 당신이 고양이를 들어올리는 경기 역시, 난 불가능한 일로 생각할 뻔 했소. 그 짐승이 당신들에게는 고양이로 보였겠지만, 사실은 지구를 둘러싸고 있는 미드가르트의 뱀이었소. 당신이 몸을 쫙 펴서 그 괴물의 발 한짝을 바다에서 떼어놓았을 때, 우리 모두는 두려운 나머지 몸을 떨었소. 그때 하늘이 아주 가까웠던 것이오. 씨름 경기에서도 당신이 그렇게 오랫동안 버티고 서서 한 쪽 다리만 무릎을 굽혔다는 사실은 크나 큰 기적이었소. 엘리는 이제껏 아무도 그녀를 능가해 본 적이 없는 정복자라오. 왜냐하면 엘리는 세월이기 때문이오. 그건 시간이오." 우트가르트 로키의 이야기는 계속되었다, "우리가 서로 작별을 하는 마당에 하는 말이지만 다시는 그대가 우리를 찾지 않는 것이 당신을 위해서도 좋을 것이오. 그대가 또 다시 온다면 나는 당신들이 내 성에 힘을 쓰지 못하게끔 또 다른 속임수와 다른 기술로 내 성을 방어할 것이오."

토르는 자신이 여지껏 그를 알아보지 못했던 사실에 화가 치밀어, 망치를 손에 들고 공격하려고 했다. 하지만 우트가르트 로키는 더 이상 그 어디에서도 보이지 않았다. 토르와 동행자들은 성을 열기 위해 그곳으로 향했다. 하지만 그들에게 보이는 건 광활한 푸른 들판뿐, 널빤지로 이루어진 성벽은 이미 사라지고 없었다.

토르는 아스가르트와 미드가르트의 생존을 염려하며, 동료들과 함께 고향으로 발길을 돌렸다. 하지만 도중에 그는 장차 그의 주요 적敵이 될 미드가르트의 뱀을 한 번 만나보기로 결심했다. 그 기회는 곧 주어졌다.

25. 토르가 미드가르트의 뱀을 낚아올리다

아제 신들은 사냥에서 야생동물들을 풍족히 잡아 그것들을 집으로 가지고 왔고, 전에 없이 성대한 연회를 베풀려고 했다. 따라서 예전보다 더 많은 맥주가 필요했다.

신들은 루네 문자를 가지에 새겨, 그것을 점치는 운명의 지팡이로 던졌다. 지팡이는 그들에게 거대한 양조 가마를 넉넉히 소유하고 있다는 바다의 신 에기르 Ägir에게 가도록 명했다. 토르는 바다 거인에게로 가서 아제 신들이 마실 만큼 필요한 양의 맥주를 빚어달라고 요구했다. 에기르는 이제 막 해변에 앉아서 그의 딸인 파도와 장난을 치고 있던 참이었다. 그는 토르의 요구때문에 마침 즐거운 기분을 방해 받았다고 생각했다. 아제 신들은 에기르에게서도 옛날 같은 명성을 더 이상 누리지 못했다. 신들이 과도하게 술을 마시길 원한다면, 자신들이 마실 술을 직접 빚어야 한다고 그는 생각하고 다음과 같이 답변했다. "우선 당신들에게 필요한 술을 한꺼번에 빚을 만큼 커다란 가마를 가져 오시오." 이렇게 말한 바다 거인 자신도 물론 그처럼 거대한 항아리는 듣도 보지도 못 한 것이었다.

아제 신들은 그와 같은 항아리를 어떻게 조달할 수 있는지 상의하기 위해 회의를 열었다. 티르가 입을 열 때까지 처음에는 아무도 방법을 알지 못했다. "동쪽 나라에 나의 계부인 지혜로운 거인 히미르Hymir가 살고 있는데, 그가 가마를 가지고 있다네. 그 항아리의 깊이는 수 마일에 이를 정도지." 토르는 즉시 티르와 길을 떠나 거대한 가마를 얻어올 채비를 갖추었다. 다른 아제 신들도 그렇게 하도록 결정을 내렸다.

"그런데 어떻게 그 수 마일이나 되는 가마를 얻어올 수 있지? 토르가 물었다.

"계략을 써야지." 티르가 대답했다.

히미르는 가장 무서운 서리 거인으로 얼음바다를 다스렸다. 그곳은 오직 여름에만 눈과 폭풍우에 휘몰아쳐진 파도 위에 빛이 스며들었다. 여느 때는 하늘 가장자리가 바다표범의 피부처럼 잿빛으로 칙칙한데다가 축축하기까지 했다.

날이 새기 전 토르와 티르는 아스가르트를 떠나 트얄피의 아버지가 있는 농가에까지 동물이 달릴 수 있는 한 최대한 빨리 토르의 염소 수레를 타고 달렸다. 그곳에다 그들은 '이빨 가는 염소'와 '이빨 부딪치는 염소'를 맡겨두고, 설원을 지나 히미르의 농가까지 단숨에 달려 그의 홀 안으로 들어섰다. 머리가 900개 달린 서리 거인의 늙은 할머니만이 벤치 사이에 서 있었다. 거인 히미르는 바깥 어디에선가 얼음산 사이에서 사납게 울부짖고 있었다. 그러자 히미르의 부인이 그들 쪽으로 다가왔다. 그때 칙칙했던 홀이 완전히 금으로 뒤덮힌 그녀의 옷과 밝은 금발의 눈썹으로 금새 광채가 났다. 그 우아한 거인이 손님들을 다정하게 맞아주었고 풍족한 맥주로 대접했다. 처녀시절에 이 아름다운 여인은 오딘을 만나 마음을 빼앗기고 유혹을 당해 후에 티르를 낳았던 것이다. 그녀는 아들을 사랑했고 전쟁의 신을 낳은 어머니로서 거인족의 여인들 중에서도 특별한 명성을 누리고 있었다. 그녀의 남편 히미르를 맞이해서 그것이 그녀에게 많은 이득을 주었지만, 불쾌감과 증오심도 동시에 가져다 주었다. 티르는 그녀에게 방문한 이유를 털어놓았다. 그러자 그녀는 아제 신들을 도와주겠다는 약속을 했고, 다만 그들에게 대들보에 매달려 있는 항아리 뒤에 앉아 있도록 충고했다. 히미르는 종종 손님들을 냉혹하게 대하기 때문이라는 것인데, 그가 집안으로 들어설 때, 추위 때문이 아니라, 인색함 때문에 몸을 부르르 떨게 된다는 것이었다.

그런 히미르가 두렵지 않은 티르와 토르는 은신처를 거절하고 홀의 박공벽 근처에 있는 의자에 앉아 있었다. 그들에게는 맥주를 풍족히 마시며 티르의 어머니와 담소할 시간이 남아 있었다. 저녁 늦게서야 비로소 거인이 발자국 소리를 내며 농가로 걸어 들어왔다. 얼음에 덮힌 산들이 술렁거렸다. 히미르가 사냥감을 들고 안으로 들어왔다. 그의 길고 넓은 수염에 붙어 있던 고드름들이 찰칵찰칵 맞부딪쳤다. 히미르가 말을 하면, 얼음 덩어리들이 부딪치듯이 이상한 소리가 울려났다.

우아한 거인의 부인이 남편을 맞이하면서 그의 차가운 호흡을 녹여주려고 했다. "우리 아들이 여기에 앉아 있답니다." 그녀가 말했다. "긴 시간과 고된 여행 끝에 말이에요. 우리가 아들을 만나보기를 얼마나 고대했던가요! 그의 옆에 앉아있는 신은 인간들의 보호신이예요."

히미르는 홀의 박공을 뚫어져라 응시했다. 그때 서리 거인의 시야에 있던 기둥이 부셔졌다. 그러자 항아리를 매달고 있던 튼튼한 대들보가 무너져 내렸다. 여덟 개의 항아리 역시 바닥 위로 쿵 쓰러지더니 산산 조각이 나버렸다. 그 중 하나만이 견고하게 벼리어 만들어진 것이어서 무사히 남아있었다.

토르와 티르는 자리에서 일어나 홀의 한가운데로 걸어갔다.

히미르는 두려운 거인 살해자들의 모든 움직임을 주시했다. 토르가 자신의 홀에 머물고 있다는 사실이 히미르에게는 심상치 않은 어떤 낌새를 예감케 했다. 그렇지만 그는 의붓아들 때문이라도, 주인으로서 갖추어야 할 손님들에 대한 접대를 소홀히 하지 않았다. 세 마리의 황소가 목이 베어졌고, 그 내장들이 빼내어져 요리용 구덩이로 운반되었다. 그리고 고기 토막들이 잎파리에 싸여져서 강한 불로 타오르는 돌 사이의 커다란 구덩이에 놓여져 흙으로 덮힌 채 잘 삶아 졌을 때, 비로소 그들은 불에서 고기를 꺼냈다. 풍요로운 저녁식사에서 토르는 혼자서 두 마리의 황소를 해치웠다. 그 사실이 거인에게 괘씸하게 여겨졌다. 그가 토르에게 말했다.

"우리는 내일 먹을 거리를 함께 낚시로 잡아야 하네."

"내게 미끼를 주면, 같이 바다로 나가겠소이다." 토르가 대답했다.

"자네가 식사 때 그처럼 왕성한 식욕을 보여 주었으니, 미끼도 직접 조달할 수 있을 걸세. 밖에 내 가축떼가 있네." 히미르가 대답했다.

토르는 거인의 소유인 황소가 무리지어 있는 곳으로 갔다. 보통의 황소들보다 큰 소들이 숲 근처에서 풀을 뜯고 있었다. 가장 왕성하게 자란 황소는 검은색을 띠었고 '하늘을 향해 돌진하는 소'라는 이름이 붙여져 있었다. 그의 뿔은 두둥실 떠가는 구름을 열어 젖혔다. 토르는 그 황소의 대가리를 비틀어 히미르가 이미 배를 정박시켜 놓은 해변으로 들고 갔다. 거인은 마지 못해 피를 흘리고 있는 자신의 가장 훌륭한 황소 대가리를 쳐다보고는 격노해서 토르에게 말했다. "내가 오랫동안 먼 바다로 노를 저어 나가는 동안 자네는 추워서 몸이 얼어붙지는 않겠지?"

"나도 내가 원하는 만큼 해안에서 멀리까지 노를 저어갈 수 있소이다." 토르가 대답했다. "그런데 당신이 먼저 귀향을 재촉하게 될지 어찌 알겠소이까? 그리고 또 당신의 귀에 동상이라도 생길지 그걸 어찌 알겠소이까?" 그와 동시에 토르는 망치를 들고 거인에게 일격을 가하고 싶었지만, 자신의 분노를 억제하고 뮐니르를 늘어뜨렸다.

그리고 나서 미끼와 도구들이 배 안에 차곡차곡 쌓였다. 토르는 뒤로 올라 탔으며 두 개의 키를 잡고 힘차게 노를 젓기 시작했다. 히미르는 선체의 앞에서 노를 저었다. 노가 급하고 깊게 잠기더니 히미르가 넙치류들을 늘상 잡곤 했던 어장으로 그를 데려갔다. 거인은 노를 잡아 당기고 낚시 바늘을 집으려고 했다.

"멈추시오!" 토르가 큰 소리로 말했다. "난 계속 더 나가고 싶소." 히미르는 투덜거리며 낚시줄을 옆으로 치우고, 다시 노젓기를 중단할 때까지 토르와 함께 빠르고 힘차게 먼 곳으로 노를 저어 나갔다. 히미르가 다음과 같이 말했다. "더 이상은 나갈 수 없네, 미트가르트의 뱀이 숨어서 기다리고 있어!"

"당신은 동족이 두렵단 말이오?" 토르가 야유를 보내며 얼마쯤 더 먼 바다로 나갈 것을 고집했다. 히미르가 거역하고 거의 노를 젓지 않자 토르는 혼자서 두 배의 힘을 쏟아야 했다. 마침내 이제 신이 노를 접었다. 그는 목표지점에 이르렀다고 생각했던 것이다. 거인은 다음 식사에 먹을 고래를 낚기 위해 낚시대를 펼쳤다. 토르는 크고 실팍한 낚시 바늘이 달린 강한 낚시줄을 적당하게 드리웠다. 그는 아직도 피를 떨어뜨리고 있는 황소머리를 낚시 바늘에 꽂아 두고 있었다. 이 막강한 미끼는 바다 밑바닥까지 가라앉았다. 미드가르트의 뱀이 피 냄새를 맡고 미끼를 덥석 물더니 낚시 바늘의 끝을 물어 뜯었다. 토르는 낚시줄이 홱 당겨지는 것을 느끼고 미드가르트 뱀에게 밧줄을 던졌다. 한동안 많은 일은 일어나지 않았지만 토르는 이제 자신의 진짜 적을 사로잡았다고 생각했다. 그때 그 괴물이 느닷없이 격럴하게 낚시줄을 잡아 당기는 바람에, 그것을 꽉 쥐고 있던 토르는 뱃전으로 내동댕이 쳐졌다. 뱀은 자신의 실수를 깨달았고 낚시꾼으로하여금 안전하다고 믿게 하고서 슬며시 밧줄을 끊고 도망치려고 했다. 화가 치민 토르는 황급히 이제 신들의 힘을 빌리자, 즉시 그의 모습이 커졌다. 그는 뱃전을 두 발로 걷어차 부러뜨리고 바다 밑바닥에 서 있게 되었다. 그러자 이제 바닥에 몸을 버티고 선 토르는 심연에 있는 미드가르트의 뱀을 배 가장자리까지 끌어내기에 이르렀다. 토르는 예리하고 날까로운 눈으로 뱀을 쏘아 보았다. 괴물은 아래서부터 노려보더니 그를 향해 독을 내뿜었다. 미끼가 뱀의 입을 가득 채우고 있었기 때문에, 뱀은 배를 덥썩 물 수가 없었다.

그러자 토르는 벌써 묠니르를 뒤흔들면서 전에 그가 미드가르트의 뱀을 고양이로 생각하고 들어올렸던 사실을 회상했다. 지금 그는 뱀을 계략에 넘어가게 만들었던 것이다. 낚시 바늘은 꼭 붙어 있었다. 그가 팔을 쳐들자 대기가 그의 머리 위에서 윙윙 울렸다. 하지만 그는 자신의 승리를 마음껏 맛보고 있었고, 뱀으로하여금 자신의 힘을 느끼도록 했다. 토르는 이 순간 자신의 우월감을 너무 오랫동안 즐기고 있었고, 너무나 무서운 나머지 몸을 떨며 새파랗게 질려버린 히미르를 마음에 두지 않았다. 그도 그럴 것이 이보다 더 두려운 광경을 본 사람은 아무도 없었다고 한다. 독이 어른거리는 괴물과 토르가 서로 상대를 노려보면서 주문을 외워 시선으로 상대방을 제압하려는 모습, 바닷물이 배안으로 들어왔다 나갔다 하면서 또 다시 거품이 이는 모습이 그랬다. 마침내 토르가 망치로 뱀을 두들겨 팼을 때는 이미 거인이 자신의 미끼칼로 막 낚시줄의 끄트머리를 잘라내고 난 뒤였다. 그러자 뱀이 바다 속으로 가라앉았다. 토르는 망치를 집어던지면서 온 세계의 적인 미드가르트 뱀의 머리를 몸통에서 떨어져 나가게 만들었다고 생각했다. 망치가 토르의 손으

천둥의 신 토르가 숙적인 펜리스 늑대와 대결하고 있다. 토르가 이 괴물을 제압하려고 애를 쓰는 동안 겁에 질린 히미르 거인이 낚시줄을 끊어 버림으로써 괴물을 놓아준다. 1790년 F. 퓨슬리의 유화.

로 되돌아왔을 때, 그는 거인을 향해 주먹을 들어 그의 귀를 쳤다. 히미르가 바다로 나가 떨어졌다. 그의 발바닥이 물 속에서 볼 수 있었던 마지막 모습이었다. 그리고 나서 그는 육지로 걸어 나왔지만, 히미르가 익사하도록 내버려 둘 수는 없었다. 그래서 그를 바닷가로 함께 끌고 나왔다.

이렇게 해서 한 쪽 귀가 시뻘개진 거인이 물에 흠뻑 젖은 채로 토르와 나란히 해변에 앉았다. 그러자 그들의 옷에서 떨어져 이룬 작은 실개천이 바다로 흘러들었다. 토르는 미드가르트의 뱀을 낚시 바늘에 낚아보기라도 했지만, 히미르는 아직 저녁 식탁에 올릴 생선 한 마리도 낚아보지 못하고 배만 잃고 말았다. 거인은 새 낚싯대를 갖추고 바다의 종마라 불리는 두 번째 배를 바다에 띄웠다. 이번에 그와 토르는 바닷가에 더 바싹 자리를 잡았다. 히미르는 두 마리의 고래를 잡았다. 이윽고 뱃사공들이 육지에 닿았을 때, 히미르는 토르에게 배를 정박시키든가, 아니면 고래를 육지로 가져가든가 절반의 노동쯤은 그도 떠맡아야 한다고 말했다. 그래서 토르는 배 안에 고인 물과 키, 그리고 물긷는 통을 포함해서 배를 통채로 들어올려, 그것을 어깨에 올려 놓은 다음 두 마리의 고래와 함께 히미르의 저택으로 운반해 갔다.

한편 토르와 히미르가 언덕에서 바다를 슬쩍 쳐다보니 미드가르트의 뱀이 뒹굴며 격렬하게 물결을 일으키고 있는 모습이 보였다. 뱀은 장차 토르에게 보복을 할 것이다.

가장 힘센 아제 신은 거인에 대한 분노를 간신히 억제할 수 있었다. 그런데 히미르는 토르를 자극시키려고 궁리하고서, 아직 식사를 마치기도 전에 다음과 같이 말했다. "내가 보니 당신은 아주 강한 손을 지녔구료, 노를 저을 때나 뱀을 상대로 싸울 때 그리고 고래를 운반할 때 보여주었듯이 말이오. 하지만 내 술잔을 깨 부술 만한 힘은 없을 성 싶소. 왜냐하면 이 잔을 부순 자는 이제껏 아무도 없었기 때문이오."

그 말에 토르는 잔을 집어들고 앉은 채로 돌기둥을 향해 냅다 던졌다. 하지만 유리잔은 멀쩡한 채로 히미르의 손에 되돌아 왔다.

"미드가르트의 뱀에 맞서서도 역시 토르는 아무런 힘을 발휘하지 못 했다네." 히미르가 심술을 부리며 의붓아들인 티르에게 말했다. 그의 어머니가 토르 옆으로 몸을 구부려 그의 귀에다 대고 속삭였다.

"술잔을 히미르의 머리에다 대고 던지세요, 그의 머리보다 더 단단한 물건은 이 세상 어디에도 없답니다."

토르는 자리에서 일어나 모든 아제 신들의 힘을 집중시켜 증오심으로 히미르의 이마를 향해 술잔을 던졌다. 그러자 이마는 찰과상도 입지 않고 멀쩡했지만, 잔은 가루가 되어버렸다.

"그 잔은 내가 가장 귀하게 여기는 물건이거늘!" 거인이 탄식하며 더 이상 한 모금의 맥주도 마시지 않았다. "술잔과 함께 행운이 나로부터 사라져 버렸구나. 맛 좋은 맥주를 빚는 기술도 말야. 이제 결코 다시는 내 잔을 입술에 대지 못하게 되었어!"

"양조 항아리는 먼지에 쌓이게 되겠군요." 티르의 어머니가 말을 꺼냈다.

"항아리를 농장에서 가져가시오!" 거인이 소리쳤다. "단 한가지 조건을 내걸겠소. 항아리를 들어보시오."

티르가 두 번 그 막강한 가마를 움직여 보았지만 손가락 폭만큼도 움직이질 못 했다. 이번에는 토르가 나서서 가마의 가장자리를 움켜잡고, 힘차게 끌어당겨 번쩍 들어올리더니 머리 위로 뒤집어 썼다. 항아리의 고리들이 그의 장딴지 쪽에서 쨍그랑 소리를 냈다.

그리고 나서 아제 신들은 고향으로 출발했다. 얼마되지 않아 그들은 돌비탈 사이에 이르렀다. 그때 등 뒤로 잔돌들이 굴러 떨어지는 소리가 났다. 티르는 히미르의 동굴과 산비탈에서 여러 개의 머리가 달린 전사들의 무리가 기어나와 그들을 향해 진격하는 모습을 보았다. 바위로 된 각목들처럼 잿빛의 거칠고 억센 형상들이 돌사태처럼 그들에게로 우르르 몰려오고 있었다. 그들 한가운데 히미르가 있었다.

토르는 항아리를 내려놓고 묠니르를 손에 들었다. 그리고 히미르를 포함한 추적자들을 완전히 섬멸해 버렸다.

그런 다음 토르와 티르는 누구의 방해도 받지 않고 모든 아제 신들을 위해 맥주 빚을 준비를 갖추어 놓은 에기르의 홀에 도착했다. 그리고 아제 신들은 에기르와 함께 마지막 대연회를 베풀었는데, 연회는 재앙을 불러일으킬 만한 싸움없이 무사히 끝이 났다. 만취상태에 빠지는 술의 피해를 막기 위해 누군가가 맥주 루네 문자를 새겨 넣었던 것이다.

26. 발더가 꿈에서 재앙을 보다

티르가 선서할 때 사용하는 오른손을 잃어버리고 난 후, 새로운 법의 신이 필요해졌다. 그 자리에 발더와 그의 부인 난나의 아들이 등용되었다. 그의 이름은 포르제티Forseti로, '빛나는 집'이라 불리우는 그의 홀 글리트니르Glitnir에 자리한 법원의 의장이 된 것이다. 그 홀은 황금 기둥이 떠받치고 있고 지붕은 은으로 덮혀 있었다. 대부분의 시간을 포르제티는 그곳에 앉아 분쟁을 조정하고 새로운 법을 만들어냈다.

그럼에도 불구하고 발더는 또 다시 재앙을 가져오는 불길한 꿈을 꾸었다. 펜리스 늑대가 사슬을 끊어버리자, 산들이 무너져 내려앉고 세계의 적이 풀려났다. 그 괴물은 하늘에 닿기까지 입을 쩍 벌리고 오딘을 공격했다. 발더는 꿈에서 거인들이나 탐욕스런 늑대들로부터 생명의 위협을 받았다는 사실을 보게 된 것이 아니었다. 정녕 아니었다. 그 자신의 형제들이 웃으면서 돌과 갈대 줄기를 던져서 그에게 해를 입혔던 것이다.

아제 여신과 남신들은 오랫동안 회의를 열었다. 가장 순수하고 고귀한 신이 자신의 죽음을 꿈에서 보았다면, 그것은 아스가르트와 미드가르트가 위험에 처해있다는 사실을 의미하는 것이었다. 오딘은 아들 때문에 큰 근심에 빠졌다. 그리고 그 꿈의 의미를 탐색하도록 오딘이 파견되었다. 명랑쾌활한 신들은 예언녀가 살고 있는 저승으로 가는 길을 알지 못했다. 오직 오딘만이 그 길을 알고 있었으며 슬라이프니르를 타고서만 위험을 무릅쓰고 감행할 수가 있었다. 따라서 마법을 가장 훌륭하게 다룰 줄 아는 이 아제 신은 자신의 말에 안장과 마구류를 싣고, 동쪽으로 그리고 저 아래 니플하임으로 말을 재촉했다.

저승 입구를 지키고 있는 개, 즉 그람Gram이 동굴에서 사납게 짖으며 뛰쳐나왔다. 개는 갓 죽은 신선한 시체로 살았고 그의 가슴은 피에 젖어 번쩍거리고 있었다. 개는 오딘을 보고 오랫동안 짖어댔지만, 아무리 모든 개들 중에서도 가장 사납게 무는 개라 하더라도 슬라이프니르에 올라탄 기사를 당해낼 수는 없었다. 오딘이 쉬지 않고 저승의 문까지 빠르게 달려가자 지층이 흔들릴 지경이었다. 이윽고 예언녀 뵐바Völva의 묘총으로 갔다. 그녀에게 오딘은 장차 일어날 일들에 대해 묻고 싶었던 것이다. 신들의 아버지는 북쪽을 바라보고 마법의 가지를 들어 올리며 비밀스런 주문들을 중얼거렸다.

그때 묘가 열리고 한 목소리가 심연에서 올라왔다. "나를 번거롭게 올라오도록 한 자가 누구인가? 난 이미 오래 전에 죽은 몸인데. 그동안 눈비가 내렸었고 오랫동안 이슬에 적셔 있었지."

저승으로 향하는 문이 열려 있었다. 오딘은 접견실을 흘긋 쳐다보았다. 사방이 금으로 번쩍거렸다. 심지어 양탄자도 금으로 짜여 있었다. 오딘은 묘에서 걸어나온 예언녀에게 대답했다. "난 뵉탐Vegtam이라 하오. 이곳에서 성대하게 맞이할 자가 누구인지 나에게 말해 준다면, 저 위의 세상에 대해 기꺼이 당신에게 보고하겠소. 중요한 자인가요?"

"발더를 위해 꿀술을 빚었지요." 예언녀가 대답했다. "아무 것도 섞이지 않은 독한 술이랍니다. 아직도 술에 방패가 덮혀 있지요. 이제 그만 질문하고 날 편안히 내버려 두시오."

"더 말해 주시오, 뵐바." 오딘이 재촉했다. "그러니까 꿈에서 본 그대로 발더에게 이루어진단 말이오? 그렇게 되면 이제 신들이 어떻게 미드가르트를 보호하고 또 궤도 안에 있는 별들을 어떻게 지킬 수 있단 말이오? 누가 발더를 죽이게 되오? 그가 더 지혜로워지는 걸 누가 막으려 하는 것이오?"

예언녀는 열린 묘지의 입구 옆에 서서 대답했다. "회트가 발더의 피를 흘리게 할 것이오. 이제 충분히 알게 되었으니 난 묘 안으로 되돌아가서 침묵을 지킬 것이오." 그녀는 또 다시 막 땅 속으로 들어 가려고 했다.

"말해주시오, 뵐바!" 오딘이 소리쳤다. "달리 어떻게 이제 신들이 용기를 내야 한단 말이오. 그 살인자를 불타는 장작더미 위에 올려놓을 발더의 원한을 갚게 될 자는 누구요?"

다시 한 번 예언녀가 입을 열었다. "당신은 린트Rind라는 이름의 미녀를 우롱할 것이오. 당신은 그녀와 동침하게 되고, 그녀는 서쪽의 저택에서 발리Vali를 낳을 것이오. 발리가 발더의 살인자를 살해했을 때야 비로소 그는 손을 씻고, 머리를 자르고 빗질을 하게 될 것이오. 이제 더 이상 아무 말도 하지 않고 다시 땅 속으로 내려가겠소."

"그 복수하는 사람을 내가 낳는단 말이오?" 오딘이 물었다.

예언녀의 몸 한 부분이 이미 묘 안에 들어가 있었다. 이제 그녀는 움직임을 멈추었다. 그리고 그녀의 목소리는 전혀 괴이쩍게 들리지 않았다.

"당신은 내가 생각했던 대로 뵉탐이 아니군요. 당신은 오딘, 왕들 사이에서 종종 전쟁을 일으키는 늙은 신이오."

"그리고 당신은 뵐바가 아니야. 지혜로운 여인이 아니란 말이오." 오딘이 그녀에게 이의를 제기했다. "당신은 세계의 적인 펜리스 늑대와 미드가르트의 뱀 그리고 헬의 모친이지."

"이제 그만 말을 타고 귀향하시오." 예언녀가 말했다. "그리고 아무에게도 이 소식을 아는 체하지 마시오. 마지막 겨울이 시작될 때까지 더 이상 정탐군도 보내지 마시오." 그리고 나서 여인은 다시 심연 속으로 하강했다. 그리고 묘는 닫혀졌다.

오딘은 슬라이프니르에 올라타고 귀향했다. 말은 힘겹게 걸음을 옮겼다. 마치 오딘이 사자에 대한 근심을 저 위 아스가르트로 질질 끌고 가듯이.

27. 로키가 신들을 모욕하다

오딘이 명부의 세계에서 귀향한 후 신들은 거대한 물푸레나무 근처에서 오랫동안 회의를 열었다.

토르는 예언녀가 신들의 집단을 파멸시키려 한다고 추측했다.

회트는 사랑하는 발더를 죽이는 일은 절대로 없을 것이다, 그리고 티르는 차라리 굶어 죽겠다고 말했다.

소경인 회트가 어떻게 누군가를 쳐죽일 수 있는가? 하고 프리크가 물었다.

하임달은 소경인 회트 속에서 어떤 위험을 직감했다.

예언이란 경고일 뿐이며, 신들에게 아무런 해도 끼치지 못할 것이다. 예언은 이제 신들의 손아귀에 들어왔다고, 영원한 청춘의 여신인 이둔은 말했다.

프라이야가 말하기를, 예언녀들은 아제 신들에게 불운을 가져오는 말을 했으며, 말이 한 번 발설되면 그것을 막기 위해서는 세 배의 아제 신들의 힘이 요구된다는 것이었다.

세계의 세 가지 적들을 낳은 뷜바가 예견한 일은 반드시 막아야 한다고 오딘이 촉구했다.

아제 신들의 근심을 몰아내 주기 위해 발더는 밝게 웃으며 자신의 용모가 환하게 빛을 발하도록 했다. 회트는, 예언녀가 말한 예언은 그녀가 일찌기 말한 것 중 최고로 악의있는 말이며 신들에 대한 가장 무례한 모욕이라고 규정지었다.

하임달은 신중하게 대처하도록 신들을 독려했으며 로키를 경계하라고 말했다. 결국 그는 사과와 함께 이둔을, 그리고 토르를 무방비 상태로 거인들에게 넘겨주었던 사례가 있지 않았던가. 로키는 분별없이 행동했을 뿐이라고, 토르가 그 모략자를 변호했다. 그리고 위험이 생기면, 신들의 단결이 모두에게 필요해 지는 법이라고 주장했다.

아제 신들은 발더의 충고에 따라 로키에 대해 타협과 화해를 도모하기로 결의했다.

이때 아제 신들이 바다의 거인 에기르로부터 연회에 초대를 받았다. 에기르는 발더의 불길한 꿈 이야기를 들어서 알고 있으며, 아제 신들의 근심을 함께 나누고 세계의 존립을 위해 건배를 들고자 했다. 아제 신들은 기꺼이 에기르의 홀로 갔다. 많은 요정들이 왔다. 토르는 미드가르트의 뱀과 세 번째 만남을 시도했다. 발더 또한 연회에 참석하지 않았다.

에기르는 토르가 천신만고 끝에 날아온 항아리로 풍족히 꿀술을 빚어서 잔치를 베풀었다. 황금이 불처럼 밝게 빛나는 홀에 많은 손님들이 앉아 있었다. 뿔잔은 저절로 채워졌다. 거인들과 신들에게 항아리의 술을 퍼주는 이곳이 바로 평화의 안식처였다. 모두들 의좋게 나란히 앉아 있었다.

에기르의 하인들은 손님들에게 부족함이 없도록 주의를 기울였다. 신들은 하인 퓌마펭Fimafeng에게 칭찬을 아끼지 않았다. 잔치가 지루하다고 느낀 로키가 이 평화로운 분위기를 방해하고 나섰다. 그는 퓌마펭과 다투고서 그를 때려 죽였다. 그는 이 자리를 위해 약속한 평화를 깨뜨린 것이다.

신들은 각자 무기를 들고, 살인자를 홀에서 몰아내고 숲 속으로 쫓아버렸다. 평화를 어지럽힌 자는 언제나 추방당하는 것으로 간주되었다. 손님들은 무기를 옆에다 놓고 다시 그들의 뿔잔을 들었다.

로키는 토르가 동쪽 여행을 떠난 사실에 대해 알고 있었기 때문에, 두려워하지 않고 또 다시 홀 앞으로 가서 하인 엘디르 Eldir에게 이제 신들이 무엇을 화제로 삼고 있는지 물었다.

"칼과 창에 대해서 이야기하고 있습니다. 하지만 당신에 대해 좋은 말은 하나도 없답니다", 하인이 그를 물리쳤다. "그런데 당신이 이제 신들에게 침을 뱉는다면, 그들은 그 모욕을 당신 자신에게 되돌려 줄 것 입니다." 그러자 로키는 후회의 빛을 나타냈다. 용감한 하인은 그를 믿고 홀로 들어가게 했다.

아제 신들은 이야기를 중단하고 마시는 걸 멈추었다. 그들은 화해하기로 마음먹었기 때문에 추방당했던 자를 막지 않았다. 오딘은 부인 프리크와 나란히 앉아 있었고, 프라이는 아름다운 프라이야 옆자리에 그리고 두 남매의 아버지인 뇌르트와 스카디가 함께, 그 다음으로 브라기와 부인 이둔, 토르의 부인 지프와 게프욘, 티르와 오딘의 아들 비다르 역시 함께 앉아 있었다. 나머지 아제 신들과 많은 요정들도 기다리며 뿔잔을 쥐고 있었다.

로키가 침묵을 깨고, 숲에서 걸어나오느라 오래 고생했던 관계로 갈증을 호소하면서 아제 신들에게 한 모금의 꿀술을 청했다.

아무도 손을 움직이지 않자 로키는 기분이 상해서 아제 신들을 교만하다고 생각하고 말했다. "나에게 주연을 위해 자리를 내주든지 나를 이 홀에서 쫓아 내시오!"

브라기가 처음으로 추방당했던 자에게 거부할 뜻을 비출 때까지 아무도 대답하지 않았다. "평화를 어지럽힌 자에게 내줄 자리는 더 이상 없소!" 브라기는 언젠가 부인 이둔을 로키가 거인 트야찌에게 넘겨 주었던 일을 상기했다.

에기르와 그의 손님들은 로키가 홀에서 떠나주기를 기대했다.

하지만 그 책망이 로키를 격분시켰고, 오딘으로 하여금 자신과 함께 했던 처음의 관계를 상기시켰다. "오딘, 당신은 아직도 기억하고 있겠지요. 우리가 처음에 서로 피를 섞었던 때를 말입니다. 그리고 당신은 내게 맥주를 건네지 않고서는, 혼자서는 마시려고 하지 않았습니다."

홀의 가장자리에 앉아있던 빛의 요정들은 로키가 하는 소행이 부당하다고 여겼고, 오딘이 그에게 나가라고 명령할 것을 기대하고 있었다.

하지만 오딘은 로키를 위해 자리를 내주라고 부탁했다. 비다르가 자리에서 일어나 로키에게 맥주를 따라주었다. 또한 몇몇 아제 신들은 오딘의 그러한 행동이 과연 관대한 마음에서 나온 것인지 아니면 혈연간의 유대때문에 로키에게도 베풀 의무가 있다고 느낀 것인지 생각했다.

로키는 자신에게 건네준 뿔잔을 들고 브라기만을 제외하고 모든 아제 여신들과 남신들에게 행복을 기원했다.

시문학의 신은 더 이상의 싸움을 원치 않았기 때문에 화해를 위해 말 한 필과 반지를 내어 놓았다.

하지만 로키는 선물을 물리치고 나서 비난을 늘어놓기 시작했다.

"당신은 전쟁에서 말과 팔찌를 획득했다고 주장했을 만큼 비겁하오."

브라기는 화가 치밀어 올라 에기르의 홀에서 약속했던 평화에 대한 서약이 그를 막지 않았더라면, 로키에게 달려들 뻔했다. "서약만 하지 않았다면 네놈의 머리를 손에 쥐고 거짓말에 대한 대가를 치루게 해줄 텐데."

로키는 경멸적으로 웃었다. "당신이 시를 짓는데 있어서만큼은 용감할지 몰라도, 칼에 관해서는 아무 것도 아니야." 그리고 나서 자신과 함께 밖으로 나가 칼로 겨뤄볼 것을 브라기에게 요구했다.

이둔이 그 둘 사이로 걸어나가 남편을 진정시켰다.

로키는 점점 주정이 심해지도록 만드는 새 술잔을 자꾸 비워냈다. 이제 그는 중재하던 그녀를 공격했다. "당신은 모든 여자들 중에서 가장 남자에게 미친 여자요, 심지어 당신은 오빠를 죽인 살인자를 껴안기까지 했으니 말이야."

이 폭로의 말은 너무나 무례했으므로 진지하게 받아들여지지 않았다. 이둔은 술에 만취한 브라기를 설득해서 로키와 홀 밖에서 싸우지 못하도록 막았다.

발더의 꿈때문에 화해와 단결을 도모하기로 작정한 게프욘이 심지어 로키를 보호하고 나섰다. "당신들은 틀림없이 로키가 농담을 즐기는 경향이 있다는 사실을 알고 있을 거예요. 그는 신들을 사랑하고 있답니다."

이 말에는 정령들뿐만 아니라, 몇몇 아제 신들도 웃었다.

이제 로키는 게프욘을 모욕했다. "어떤 풋나기가 당신에게 장식품을 선물했다지. 그 대가로 당신은 허벅다리로 그 치를 껴안았고."

아래 벤치에 앉아 있던 빛의 요정들이 이런 신성모독에 대해 불평을 늘어놓으며 오딘이 꾸짖어 주기를 요구했다. 오딘은 아침 이슬처럼 순수하다고 생각했던 게프욘을 보호하며 앉아 있었다. 로키는 오딘때문에 결코 뒤로 물러서지 않았다. "언제 당신

에기르의 연회. 로키가, 에기르가 베푼 연회를 어지럽히고 역한 말들로 신들을 조롱하고 있다. 오른 쪽에 앉아 있는 오딘이 걱정에 휩싸인 채 침묵을 지키며 바라보고 있다. 1861년 경 G. 안센의 유화.

이 전쟁의 승리를 공정하게 배분했습니까? 대개는 더 나약한 자들에게 승리를 안겨 주었소."

홀 안은 손님들이 맥주가 거품을 내는 소리를 들을 수 있을 정도로 조용해졌다.

"세계의 적들이 언제 우리를 공격해 들어올지 모르기 때문에 난 가장 용감한 전사들을 발할로 소환하는 것이네." 오딘이 말문을 열고 로키에게 향했다. "넌 땅 아래에서 여덟 번의 겨울을 지냈지. 암소들의 젖을 짜면서, 직접 암소가 되어본 다음 아이들을 낳는 여자가 되었어. 넌 우롱당한 여자들의 심장을 먹어치웠지. 또 다시 임신을 해서는 네 허벅다리 사이에 나 있는 구멍에서 괴물을 낳았지." 이러한 비난은 비겁한 행위보다 더 나쁜 유일한 것이었다.

빛의 요정들은 만족스러운 나머지 수런댔다. 몇몇 아제 신들은 찬성의 표시로 무기들을 맞부딪쳤다. 프리크는 오딘의 응수가 너무 냉혹했다고 여기고 싸움을 조정하고자 했다. 즉 어느 누구도 그가 어딘가에서 흘려버린 다른 이의 오물에 손을 대서는 안 된다고 말했던 것이다.

하지만 로키는 이 준엄함을 정녕 지당하다고 여기고서 이제는 프리크를 모욕했다. "당신은 남자들에 대한 정욕으로 전율을 한다지. 그래서 오딘의 형제들인 빌리와 베에게도 가슴을 내주신 거야."

이제 프라이야가 로키에게 술을 마시고 이야기하는 자리에서 중용을 지키도록 주의를 주었다. 그도 그럴 것이 그녀는 그의 운명을 알고 있으며 또 그의 종말을 선언할 수 있기 때문이라는 것이었다.

이것이 로키로 하여금 가장 명망있는 여신의 체면을 손상시키도록 고무시켰다. 그는 여기 이 홀 안에 있는 누군가와 그녀가 쾌락을 나누었다고 말했다. "그리고 당신은 오빠의 집에서 큰 소리로 방귀를 뀌었다지 아마."

뇌르트가 딸인 프라이야를 보호하려고 나섰다. "어째서 결혼한 여자라고 해서 애인이 없으라는 법이 있는가. 그게 누구한테 해가 된다고." 로키는 계속 술잔을 비워냈고, 자제심을 완전히 잃은 상태에서 뇌르트, 즉 평화를 가장 애호하는 신에게 대항했다. 인질의 몸으로 아제 신들에게 가는 도중에 거인 히미르의 딸들이 이 바네 신으로 하여금 강제로 입을 열도록 다그쳤고 요강에다 하듯이 그에게 방뇨를 했다는 것이었다.

소음이 마지막 말을 삼켜 버렸다. 몇몇 아제 신들은 무기를 들고 가장 유화적이 신에 대한 로키의 모욕을 처벌하려고 했다. "어째서 당신들은 그처럼 참을성이 강하단 말이오?" 스카디가 소리쳤다. 하지만 티르는 왼손에 들고 있던 칼을 옆에다 내려놓고 다른 신들을 만류했다.

그 대가로 로키가 그를 공격했다. "당신의 부인은 나와 아기를 만들 때 의욕적이었어. 그리고 당신은 이러한 치욕에 대한 보상으로 단 일 엘레(1엘레는 55-85 센티 미터, 옛날 독일의 길이 단위 - 옮긴이)의 투박한 천도 받지 못할 게야."

티르는 이제 또 다시 검의 손잡이를 움켜쥐고 대답했다. "화를 재촉하는 네놈의 입을 당장 다물지 않겠다면, 네 아들 펜리스 늑대처럼 사슬에 결박당하게 될 것이다."

하임달은 이미 황금시대 이후로 로키를 신뢰하지 않았다. 그만큼 그는 회의에서 결의한 사항을 엄수하는 일이 어려웠다. 그 모략자가 그를 또한 모욕했음에도 불구하고, 하임달은 억지로 평화적인 태도를 취했다. "로키, 자네는 술에 취해서 맑은 정신상태가 아니라네. 조용히 있게, 설화舌禍로 목숨을 잃을 수도 있으니 말일세!"

이러한 훈계에 대한 보답으로 로키는, 하임달이 경호원으로서 곱사등이를 바깥 폭풍우 속에서도 그대로 비를 맞게 했다고 비난했다. 그때 로키보다 머리 두서넛만큼 큰 스카디가 로키 앞에 서서 큰 소리로 말했다. "입을 다물어라, 로키. 그렇지 않으면 신들이 네 아들의 내장과 함께 네놈을 싸늘한 바위 모퉁이에 매달아 놓을 테니!"

"당신이 나를 당신의 침대로 초대했을 때, 당신은 얼마나 즐거워 했소." 로키가 말했다. "우리가 당신 아버지 트야찌를 살해했을 때가, 처음이자 마지막으로 내가 폭력을 행사했을 때지."

그때 스카디가 그녀의 칼을 빼어 들었다. 오딘이 그녀의 팔을 꽉 껴앉지 않았다면, 로키는 피를 흘리고 말았을 것이다.

지프가 화해를 위한 마지막 방법을 시도했다. 그녀는 앞으로 걸어나와 로키의 크리스탈 잔에 꿀술을 따라 주고나서 말했다. "건강을 기원해요, 로키, 가득 채운 잔을 비우고 이제 여신들 중의 한 여신으로 하여금 조롱을 당하지 않게 해주세요."

로키는 잔을 들었고, 마시고 나서 대답했다. "당신이 여신이라면, 당신이야말로 유일한 여신일 것이오. 하지만 심지어 난 토르의 부인과 놀아난 자가 누구인지 알고 있단 말이오. 이 교활한 로키가 말이오."

프리크가 그의 말을 중단시켰다. "하지만 발더가 여기 이 홀에 앉아 있다면, 그래도 너는 감히 그의 얼굴에다가도 침을 뱉을 수 있을까?"

로키는 잠시 침묵했다.

오딘이 물었다. "그를 여기에 오지 못 하도록 네 놈이 막았단 말이냐? 그에게 걸맞는 비열한 말을 찾지 못했기 때문에?"

그의 가장 큰 약점은 무죄라고 로키가 대꾸했다. 그리고 그것이 언젠가는 가장 큰 허물이 될 것이라고 말했다. 이 말을 정확하게 이해한 자는 오직 오딘 하나뿐이었다.

그 사이에 마치 마차가 울퉁불퉁한 거리를 쏜살같이 달려오듯 천둥소리가 요란하게 울렸다.

"마침내 토르가 도착했다!" 지프가 소리쳤다.

대지의 아들이 에기르의 홀로 쿵쾅거리며 걸어 들어와 너울거리는 수염을 잡아 뜯으며 호전적인 눈초리로 좌중을 둘러 보았다. 아제 신들의 얼굴에는 아직 로키에 대한 조롱이 묻어 있었다. 게다가 아제 여신들의 얼굴에서는 로키에게 당한 모욕을 읽어낼 수 있었다. 거인들과 싸울 때부터 줄곧 힘의 띠를 차고 있던 토르는 묠니르를 들고 로키를 위협했다. "내 망치가 네 주둥이를 다물라고 하는데."

로키는 토르에게 물러서지 않았다. "미드가르트의 뱀이 당신에게 세 번째 격투를 신청한다면, 그때도 당신은 그처럼 용감할 수 있을까?"

"공중으로 널 날려 버릴 수도 있어. 아주 높이, 다시는 절대로 내려오지 못 할 정도로 말야!" 토르가 응수했다.

"당신이 다음 번에 거인의 장갑 속에서 또 밤을 지샌다면, 당신은 너무 무서워서 숨을 쉴 용기도 없을 거야."

토르의 수염이 분노로 부르르 떨렸다. "네 뼈를 아주 살짝만 쳐도 바람이 네놈을 아주 멀리 날려 버릴 텐데!" 토르가 망치 손잡이를 힘차게 움켜쥐자, 그의 손가락 마디가 하얗게 질려 버렸다. "지금 묠니르가 네 주둥이를 멈추게 하고 네 머리를 목에서 빠개 버릴 거야, 그렇게 되면 티끌 속에서 네 입술은 더 이상 거짓말을 찾아내지 못 하겠지."

"내 혀가 지금 이 순간처럼 자유로운 적은 없었어." 로키가 물러서며 소리쳤다. 어째서 아제 신들은 죄악을 인정하지 않는가? 그들은 자신들의 명예를 황금과 보석에다 드러내 보인다.

토르는 로키를 추격했고, 비방자는 문에서 소리쳐 대답했다. "에기르, 당신은 여전히 맥주를 빚게 되겠지만, 연회 따위는 절대로 다시 베풀지 못 하게 될 거야. 불이 여기 이 홀에 있는 모든 것을 삼켜버리고 말 테니 말이야. 그리고 거대한 불길이 당신의 곱사등을 불태워버리고 말 거야." 그리고 나서 로키는 큰 신발을 들고 달아나 버렸다

토르, 하임달, 브라기 그리고 스카디는 로키를 즉시 잡아 들여 바위 모퉁이에 결박하도록 요구했다. 하지만 뇌르트, 프라이 그리고 여신들에게 그것은 너무나 잔인한 처사라고 여겨졌다.

로키는 훨씬 더 사악한 짓을 저지르게 될 것이라고 하임달이 예언했다.

발더 역시 그 사이에 아제 신들의 회의에 참석해 있었고 로키는 말로만 자극을 할 뿐이며, 신들의 강점은 그 고결함에 있는 것이라고 말했다.

후에 해명을 요구했을 때, 로키는 그 음흉함을 지나친 음주 탓으로 돌리며 뉘우쳤다.

그리고 발더는 그 온화함에 있어서 전 세계의 칭송을 받게 되었다.

28. 오딘의 하랄트 캄프찬 왕

인간들 사이에서 풍자 싯구들은 급속하게 비방하는 말들로 바
뀌어서, 불화와 탐욕을 조장한다. 그리고 수 많은 막강한 남자
들은 더 빠른 말과 더 예리한 무기, 더 화려한 건축물 그리고
더 아름다운 여인들을 소유함으로써 자신들의 이웃을 능가하려
고 애쓴다.

이기심과 황금에 대한 욕심 때문에 연회는 더 소란하고 무절
제해진다. 세력이 강한 사람은 다른 사람보다 더욱 더 고급스런
음식을 식탁에 내놓는다. 모든 사람들은 손님들에게 날이 갈수
록 더 풍부한 선물을 한다. 허랑방탕하게 보내고 난 후 강과 바
다에 쓰레기를 마구 던져버린다. 물은 악취를 풍기면서 부패한
다. 그리고 인간들은 더 이상 시간을 들이지 않는다. 원시시대
이후로 공동체 사회의 의무이기도 했던, 죽은 자들의 손톱을 깎
아줄 시간도 없어졌다. 너무 길거나 가위질하지 않아 죽은 자들
의 손톱에서 자란 나글파르Naglfar, 즉 '죽은 자들의 배'를 타고
언젠가는 세계의 적들이 공격을 할 것이다. 그런데 인간의 태만
함때문에 그 손톱에서 자란 배는 곧 완성될 것이다.

서리 거인들은 더 뻔뻔스러워져서 달걀 크기만한 우박으로 이
루어진 폭풍우를 미드가르트에 일으켰다. 미드가르트의 뱀은 더
자주 바다 밑바닥에서부터 올라와 독기를 내뿜어 대기를 부패시
킨다. 이그드라질의 가지들은 바싹 말라버린다.

신들의 아버지 오딘은 그가 신중하게 작은 상자에 보관하고
있는 미미르의 머리에게 물어보고 나서 덴마크 사람을 군사령관
으로 삼기로 결정했다.

한 덴마크 왕이 임신 불능의 부인과 함께 산제물을 바치는 신
전인 웁살라로 나아가서 아들 하나를 점지해 달라고 간청했을

때, 오딘은 그에게 아들을 허락했다. 탄생 후 아들은 하랄트 Harald라는 이름으로 불리웠다.

청년은 같은 연배의 친구들보다 외모가 더 준수하고 힘도 강했다. 양친이 죽고 난 후 친구들은 젊은 왕에게 있을 음모를 두려워했다. 그래서 이들은 어떠한 강철도 그에게 해를 입힐 수 없는 위대한 마법을 간구했다. 오딘은 그가 불사신의 몸이 되도록 승락했다. 그러자 하랄트는 관통하기 어려운 갑옷을 취하는 대신 자포를 입었으며 무장한 군인들을 선두에 세우고 진군했다. 하랄트의 머리카락은 황금으로 수 놓은 리본을 매달고 있었다. 그에게 가까이 다가가면 적들의 화살과 칼들이 두 동강이 나고 말았다.

목재로 인해서는 상처를 입을 수 있다는 이유에서 캄프찬 Kampfzahn이라는 이름이 유래했다고 한다. 젊은 왕은 거지로 변장을 하고 아버지를 죽인 살인자의 결혼식에 잠행한 적이 있었다. 이 싸움에서 신랑이 나무지팡이로 하랄트의 이빨 두 개를 부러뜨렸다. 그 이후 신속하게 두 개의 치아가 재생했다고 한다. 하랄트는 수 많은 전쟁을 지휘했기 때문에도 역시 캄프찬이라는 이름이 붙여졌는데, 그 많은 전쟁에서 그는 고결한 모습을 보여왔다. 그가 대군을 이끌고서 언젠가 자신의 누이가 군대로 굴복시킨 적이 있었던 곤궁한 처지의 클라인쾨니히Kleinkönig를 도왔을 때, 하랄트는 승리의 대가로 받은 선물을 되돌려 보냈다. 명예가 그에게 이미 충분한 보상이 되었다고 생각했던 것이다. 이것이 그의 명성을 증대시킨 결과를 가져왔다.

하랄트는 덴마크 왕을 습격했던 스웨덴의 세 젊은 왕의 형제들도 공격하려고 했다. 캄프찬은 전쟁의 결과를 예측해 보기 위해, 운명의 지팡이를 던졌다. 그때 비범한 모습의, 크고 애꾸눈인 남자가 푸른색 외투를 걸쳐 입고 그의 앞으로 걸어와 자신을 오딘이라고 하면서 다음과 같은 비방을 그에게 알려 주었다. 즉 전사들을 수퇘지처럼 세 개의 V자형으로 정렬해서 나란히 세우는데, 그 중간에 나란히 뒷줄의 전사보다는 조금 더 큰 병사들을 세우게 했다. 이 새로운 전투대형으로 하랄트는 왕의 형제들 중 두 형제에게 승리를 거두었다. 그는 세 번째 왕을 제압할 수 없었기 때문에, 그를 동맹자로 삼아 혈맹관계를 맺었다. 그리고 스웨덴의 동맹자는 하랄트의 누이동생을 부인으로 삼았다.

수 많은 나라에서 온 전사들이 하랄트의 군대로 물밀듯 밀려왔다. 그들을 위해 하랄트는 엄격한 규정들을 정했다. 아무리 위험한 상황에 처하더라도 아무도 목소리나 다른 방식으로 위험이나 두려움을 드러내서는 안 되었다. 어떤 전사가, 누군가가 구타당하는 것을 보고 두려움에 눈꺼풀을 실룩거렸다면 그는 군인들의 무리에서 추방당했다. 부상자들은 고통때문에 신음소리를 내서는 안 되었으며 24시간이 흐른 뒤에라야 비로소 피투성이의 상처에 붕대를 감을 수 있게 했다.

하랄트 캄프찬은 라인강에 인접한 종족들을 제압하고 그들에게 소작료를 부과시켰다. 그리고 나서 그는 영국에서도 승리를 거두었다. 이후 그는 슬라브인들을 향해 진군했다. 그리고 그들의 용감무쌍함때문에 그 수령을 죽이지 못하게 하고 결박한 다음 그들을 자신의 수행원으로 받아들였다. 프리슬란트의 우두머리 우보Ubbo가 위틀란트Jütland에 침입해서 농부들을 학살했을 때, 하랄트는 용감한 전사를 무기로 때려 눕힐 수가 없었다. 그때도 그는 그를 제압해서 포박시켰다. 그리고 이런 굴욕적인 패전 후 하랄트는 그에게 누이동생을 부인으로 주고 그 역시 자신의 수행원 중의 하나로 받아들였다. 우보는 이것을 특별한 신의로써 감사했다.

하랄트가 나라를 통일시키고 이웃나라들을 굴복시키거나 국경으로 내몬 후에, 그는 강력한 군대를 보유했고 그로 인해 50년 동안 평화를 강행했다. 이웃나라의 그 어떤 왕도 감히 전쟁을 하지 못 했다. 강력한 함대로 그는 바다 위에서도 평화를 유지했다.

장기간의 평화 가운데 나라가 번성했다. 농부들은 부유하게 생활했다. 상선들이 항구로 밀려들었다. 신들을 위해서 훌륭한 제물들을 바치는 신전들이 세워졌다.

한편 하랄트와 혈맹관계를 맺고 그의 누이를 부인으로 삼았던 스웨덴의 왕이 죽었다. 그의 아들 링Ring이 왕위에 올랐다. 그러자 하랄트는 조카와 긴밀한 유대 관계를 장려했으며 그에게 자신의 온갖 사업을 가르쳤다. 왕과 함께 성장했던 하랄트의 심복인 브루노Bruno가 은밀한 용건들을 전하는 임무를 맡았다.

그 사이 하랄트는 노쇠해졌으며 장님이 되어가기 시작했다. 자다가 침대에서 죽는다는 사실이 그에게는 극히 불명예스런 것으로 여겨졌을 것이다. 오딘은 이 용사를 위해 발할로 의기양양한 입성을 준비했다. 아마도 오딘에게는 전쟁이 없는 시간이 너무 오랫동안 지속되고 있다고 여겨졌을 것이다.

브루노는 덴마크에서 스웨덴으로 여행하는 도중 악천후로 물이 불어난 강에서 익사했다. 그러자 오딘은 눈치 채이지 않게 브루노의 모습과 이름을 취했고, 하랄트와 링 사이를 오고가는 소식을 변조했고, 불신과 질투심을 조장했으며 마침내 전쟁을 통해서만 회복할 수 있을 정도로 그들의 명예를 손상시켰다. 오딘은 두 왕이 화해를 도모하려는 회합을 방해하기까지 했다. 따라서 하랄트와 링은 절교를 선언했고 칠 년간 강력한 전쟁 준비를 했다. 오딘은 그들을 선동하여 점점 더 새로운 전투준비를 시켰으며, 두 왕으로하여금 가장 큰 병력을 겨루게 했다. 요컨대 하랄트가 군대를 모집하는 원인은 반드시 링에 대한 증오심 때문만은 아니었다. 그는 될 수 있는 대로 대규모의 군대와 함께 발할로 들어가기 위해서, 그리고 불멸의 명성을 얻기 위해서 노력했던 것이다. 온갖 나라에서 점점 더 주목할 만한 전사들이 두 군대로 물밀듯이 밀려 들어왔으며 그들은 지금까지 존재했던 가장 큰 전투에서 두각을 나타내고 명성을 얻고자 하는 의지에 불타 있었다.

이렇게 해서 브라발라Bravalla 전투가 일어났다.

링의 정찰병은 하랄트의 육상군대가 스웨덴 방향으로 이동하는 모습을 관찰하면서, 왕에게 하랄트가 해가 떠오를 때 적군의 선두와 마주쳤으며 해가 질 때는 그 후위군과 맞부딪쳤노라고 전했다. 거대한 덴마크 함대의 펼쳐진 돛들이 하늘을 올려다보는 시선을 차단할 정도였다. 그리고 셀렌과 스웨덴 사이의 해협에 뒤얽혀 있는 무수한 배때문에 그 위로 사람들은 다리 위에서처럼 이 바다에서 저 바다로 건너다닐 수밖에 없었다.

하랄트 편에서 싸우는 외국의 군대들은 여전사들의 지휘를 받았다. 강하고 자신에 차 있는 수 많은 소녀와 부인들이 당시 그들에게 지정되어 있는 아궁이와 가족에서의 자리를 박차고 나섰다. 자유와 독립에 대한 억누를 수 없는 그들의 열망이 방패막이 처녀병사로 또는 여전사와, 여군 통솔자로, 뿐만 아니라 최고 여지휘관으로 실현되었다. 하랄트 수하에 있던 최초의 여성 군사령관은 슐레스비히 출신의 베비오르크Webiorg 였으며, 그 다음으로 비스마Wisma는 엄격하고 전투 경험이 많은 여성이었으며, 세번째 헤타Hetha는 완벽한 전투 준비로 무리를 전장으로 이끌었다. 주목할 만한 지휘자들은 이 경험있고 용감한 최고 여지휘관들에게 복종했다.

하랄트 캄프찬은 덴마크 편에서 싸우고 있었던 작센의 인솔자를 당시 관례였던 대로 싸움터의 경계를 개암나무 가지로 표시하기 위해 링에게로 보냈다.

링은 하랄트를 위해 싸우는 모든 군대들이 가까이 이르러 정렬할 때까지 이미 진출하고 있었던 자신의 군대를 제지시키고 신중을 기하도록 타일러야 했다. 링의 군대에는 코쟁이 트론더,

매의 모습을 닮은 레티르Rethyr, 여성을 혐오하는 롤프Rolf, 들창코 블리하르Blihar, 현명한 할슈타인Hallstein, 말더듬이 루타르Ruthar, 널리 여행을 즐기는 방랑자 알프Alf와 같은 전사들이 있었다. 백발이 다 된 오딘의 용사 슈타르카트 역시 링을 위해 싸웠다. 그리고 방패막이 처녀 루슬라가 여지휘관들 중에 속해 있었다.

링의 함대는 그 수가 이천 오백척 이었고, 그 무수한 돛들이 바다의 전망을 차단했다.

링은 그 사이에 소경이 된 하랄트 왕에 대한 승리를 예견하고 있었다. 하랄트는 불구의 몸때문에 전차에 앉아 심복인 브루노에게 의지해서 자신의 생각을 전달했다. 그리고 그는 자신의 군대를 싸움터에 배치하도록 그에게 부탁했다. 따라서 헤타가 오른쪽 함대를 이끌고, 비스마는 왕의 기수가 되었다.

이윽고 공격 나팔소리가 울렸고, 함성이 울리기 시작했다. 그리고 두 개의 군단이 연달아 돌진했다.

화살이 눈송이처럼 빽빽하게 날아갔다. 베르제르커족 용사들이 불 속에서 단련된 곤봉을 가지고 적군의 대열 속으로 돌파구를 만들었다. 검들이 쨍하고 부딪치는 소리를 내었고, 바닥이 진동을 했다. 투석기 발사대와 비오는 듯한 창들이 태양을 가렸다. 무기의 소음에 나무들이 뒤흔들렸다. 악취가 상처에서 올라왔고 안개처럼 하늘로 치솟았다. 상처에서 흐르는 피들이 실개천을 붉게 물들였다. 그것은 마치 들과 숲들이 가라앉고, 하늘이 땅으로 추락하며 달이 궤도에서 이탈하는 것 같은 아수라장이었다. 전사들은 마치 하늘과 땅이 거칠게 날뛰는 악천후 속에서 침몰하고 있는 것처럼, 또 모든 시간의 끝에 신들이 세계의 적들과 싸우고 있는 것처럼 그렇게 전사들은 칼로 베고, 포효하고, 쳐죽였다.

하랄트 캄프찬의 군대가 스웨덴의 군대를 맹렬하게 공격했다.

덴마크의 왕을 위해 싸우는 여전사들이 많은 전공을 보고해왔다. 베비오르크는 뛰어난 적들을 쓰러뜨리고 나서 그들의 아래턱과 악골을 두 쪽으로 잘라버렸다. 하지만 적은 수염을 입 안으로 끌어당겨 씹더니 아래턱을 위쪽에다 고정시켰다. 비스마는 슈타르카트가 그녀의 오른손을 베어버릴 때까지 하랄트의 군기를 들고 선두에 서서 돌진했다. 하랄트 편에 선 프리슬란트 사람인 우보는 가장 격렬하게 싸웠고, 전에 하랄트 왕 자신이 그러했듯이 두 손으로 칼을 휘둘렀으며 그의 팔은 어깨까지 피투성이가 되었다. 이렇게 해서 그는 스웨덴의 군대를 패주시켰다.

링의 군대는 점점 더 동요했다. 그때 그 스웨덴 사람은 텔레마르켄 지방의 궁수를 투입했다. 화살들이 덴마크 군사들의 방패를 향해 폭풍우처럼 흩날려가더니 자작나무 껍질처럼 방패를 뚫고 들어가, 갑옷과 투구를 관통함으로써 전투에 결정적인 역할을 해냈다. 그러자 프리슬란트 사람 우보가 가슴에 144개의 화살을 맞고 비로소 바닥에 고꾸라졌다.

브루노는 하랄트에게 그의 군대가 당한 살육에 대해 보고했다. 그러자 이제 소경이 된 왕은 무릎에 몸을 버티고 일어서서, 옛날처럼 두 개의 짧은 칼을 움켜쥐고, 브루노에게 말을 몰라고 명했다. 그리고 양손으로 수 많은 적들을 베어 넘어뜨렸다. 그리고 나서 그는 브루노에게 스웨덴 사람들이 그들의 군대를 어떻게 정렬시켰는지 물었다. V자 형으로 정렬했노라고 브루노가 대답했다. "그것은 오딘이 틀림없이 나에게만 가르쳐 준 것일텐데!" 하랄트가 소리쳤다. 그 사실에 대해 브루노가 아무 말도 하지 않자, 하랄트는 깜짝 놀랐고 브루노가 오딘 자신일 것이라고 추측하기에 이르렀다. 오딘에게 승리를 부탁하는 대신, 하랄트는 운명에 순종하기로 결심하고 단지 오딘이 자신을 모든 군대와 함께 죽게 해줄 것과 싸움터에서 죽은 모든 사람들을 신께봉헌해 달라고만 그에게 간청했다. 하랄트는 검들을 남김없이 마차에 던지고는 계속해서 싸우기 위해 나무로 된 곤봉을 향해 손을 뻗쳤다. 그때 오딘이 브루노의 모습으로 하랄트 왕을 마차에서 밀어 떨어뜨렸다. 그리고 그의 곤봉을 낚아채고 그 자신의 무기로 그를 쳐죽였다. 그리고 나서 브루노는 더 이상 볼 수 없게 되었다.

링은 위대한 왕의 죽음에 대해 알게 되었고 즉시 전투를 중단시켰다. 링의 부하들이 하랄트의 시체를 찾아 나섰다. 그 일은 꼬박 반나절이 걸렸는데, 하랄트의 마차 주위에는 맞아 죽은 시체들이 수레의 지붕까지 높이 쌓여 있었기 때문이었다. 링의 부대는 만 이천 명의 훌륭한 용사들을 잃게 되었고, 하랄트는 삼만 명의 군사를 잃었다. 죽은 병졸들의 수는 아무도 세지 못할 정도였다.

링은 자신의 말을 하랄트의 마차에 매고, 마차에 금으로 수놓은 천정을 얹고 그것을 숙부의 영전에 바쳤다. 그는 "발할로 입성하십시오!" 하고 소리치고는 화장을 하기 위해 장작더미를 쌓도록 지시했다. 그리고 나서 그는 금을 두들겨 박은 왕의 배를 화염 속으로 운반하도록 덴마크 사람들에게 명했다. 하랄트 캄프찬의 시체가 재로 변해가는 동안, 링은 또한 전사한 용사들, 무기, 황금 그리고 다른 보석들도 화염 속으로 던져 넣도록 지시했다.

오딘은 하랄트 캄프찬과 더불어 링의 군대에서 전사한 병사들과 함께 여느때처럼 전사자들의 병력을 발할로 데려갔다. 이렇게 해서 그는 세계의 적들과 싸우기 위한 전투에 대비해 최상의 준비를 갖추었다고 생각하기에 이르렀다.

29. 하임달과 로키 사이의 싸움은 어떻게 시작되었는가

후기시대에는 신들조차 가장 귀중한 장신구인 프라이야의 목걸이 브리징아멘 때문에 싸우기 시작했다. 여신이 이전에 목걸이에 대해 어떤 대가를 치루었는가에 대한 소문이 싸움의 동기가 되었다.

초기시대에 프라이야는 네 명의 난쟁이들을 찾아가 솜씨가 뛰어난 대장장이들이 진기하게 아름다운 목걸이를 망치로 두들겨 만들어 폭이 넓은 보석들로 장식을 하는 모습을 오랫동안 구경한 적이 있었다. 여신은 목걸이를 차지하고 싶어서 좀처럼 보기 드문 장식품을 대가로 내어 놓았다. 장신구라면 이미 충분히 갖고 있다고 대답한 난쟁이들이 여신에게 요구한 것은 그들 모두가 하룻밤씩 번갈아 가며 그녀와 동침을 해야 한다는 것이었다. 프라이야는 화가 나서 난쟁이들의 요구를 물리쳤다. 그런데 브리징아멘이 완성되었을 때, 미녀는 또 다시 동굴로 내려가 시범으로 장신구를 목에 걸어보게 해달라고 했다. 그러자 프라이야는 금과 보석의 광채에 현혹되어서 목걸이를 무조건 소유하고 싶어 했다. 대장장이들은 대가를 주장했기 때문에, 프라이야는 네 명의 난쟁이에게 하룻밤씩 몸을 허락해야 했다.

그 사실을 오딘이 알게 되었다. 로키 또한 소문을 숨기지 않았다. 신들은 여전히 사이가 좋았기 때문에, 감히 누구도 프라이야를 비난하지 않았다. 하지만 아스가르트의 성벽이 진동하기 시작했을 때, 로키는 몇몇 아제 신들이 동석한 자리에서 프라이야의 과오를 꾸짖고 나섰다. 여신은 전에 없이 격렬하게 발을 구르며 화를 냈지만, 이번에는 브리징아멘을 잡아 뜯지는 않았다. 프라이야가 큰 소리로 말했다. "내가 난쟁이들을 침실에서 쫓아버렸기 때문에, 난쟁이들이 거짓말을 한 것이에요!"

어쩌면 오딘은 여신의 말을 그대로 믿었을런지도 모른다. 하지만 그는 프라이야에게 벌을 주어 장신구를 제 것으로 삼게 된 동기를 꾸짖었다. 그렇지 않아도 세계 종말의 시기가 가까이 오면서 신들의 아버지는 더욱 엄격해졌고 자신의 뜻대로 통치하려고 했던 것이다. 로키가 브리징아멘을 훔쳐와야만 한다는 것이었다. 그 자리에 참석했던 발더가 간곡하게 그렇게 하지 말라고 충고했다. 프라이야는 사랑에 경험이 많고 남자를 갈망한다는 것이었는데, 설령 그러한 질책이 정당한 것이라 하더라도, 그녀의 행위가 아무에게도, 적어도 당사자들에게 해를 입히지 않았다는 것이었다. 그런데 장신구를 도둑질한다는 것은 자칫 신들 사이의 평화를 깰 수도 있다고 환기시켰다.

발더의 이러한 충고 역시 이제 더 이상 영향력을 갖지 못 했다. 따라서 로키는 밤에 교활하게 프라이야의 침실로 몰래 다가갔다. 그는 문이 잠겨 있는 것을 발견하고, 되돌아 와서는 오딘의 명령을 포기하려고 했다. 하지만 오딘은 자신의 의지를 굽히지 않았다. 로키가 장신구를 손 안에 넣기 전에는 절대 올 수 없다는 것이었다. 그러자 로키는 훌쩍거리며 눈물을 흘렸다. 홀 안에 있던 아제 신들은 이 모략자가 어렵고 궁한 처지에 있는 것을 알고 내심 고소해했다. 로키는 다시 바깥 추위 속으로 쫓겨날 판국이었던 것이다. 급기야 프라이야의 침실 앞으로 걸어간 그는 자신에게 익숙한 파리의 모습으로 변신한 다음, 문이나 벽 속의 틈을 찾았지만 한 군데도 발견하지 못 했다. 결국 박공에 나있는 바늘귀만한 크기의 구멍을 발견하고 그리로 미끄러져 들어갔다. 프라이야는 브리징아멘을 목에 걸고 자물쇠를 깔고서 그 위에서 잠을 자고 있었다. 이때 로키는 벼룩으로 변신해서 여신의 뺨을 물었다. 그러자 프라이야는 잠결에 몸을 뒤척였고, 자물쇠가 그녀의 몸에서 빠져나왔다. 로키는 서둘러 또 다시 원래의 모습을 되찾고, 자물쇠를 풀어 문을 열었다. 그리고 장신

브리징아멘. 여신 프라이야는 이 값진 목걸이를 얻기 위해 난쟁이들에게
몸값을 지불한다. 1890년경 J. 펜로즈의 그림.

구를 들고 유유히 그곳을 빠져나왔다.

파수군인 하임달이 로키를 죽 지켜보고 있다가 오딘에게로 가는 그의 길을 막았다. 로키는 황급히 해안으로 가서 바다표범으로 변신하고는 암초도를 황망히 헤엄쳐갔다. 그리고 그는 브리징아멘을 바위 틈에 숨겼다. 밤에도 수백 마일 밖을 내다보는 하임달이 그 광경을 놓칠 리 없었다. 그는 로키와 같은 동물의 형상을 취하고 암초도로 헤엄쳐 갔다. 로키는 브리징아멘 위에 앉아서 탈취한 물건을 지키고 있었다. 하임달이 격렬하게 공격했다. 두 마리의 바다표범이 서로 피투성이가 된 상처를 물어뜯었다. 로키가 계략을 써서 아주 높이 점프를 했음에도 불구하고, 그는 자신보다 더 강한 하임달에게 굴복당하고 말았다. 그리고 그는 자신의 생명을 구하기 위해 하임달에게 장신구를 던져주면서 그에게 복수를 맹세했다.

하임달은 프라이야에게 탈취물을 되돌려 주었다. 세계의 질서는 원상복구 되었다. 하지만 신들의 사회에서 두 신이 서로 생사를 걸고 치열하게 싸움을 일으킨 적은 이번이 처음이었다.

30. 토르가 총명한 난쟁이 알비스를 계략에 넘어가게 하다

토르가 동쪽 여행길에서 되돌아 왔을 때, 한 난쟁이가 핏기 없는 얼굴로 아스가르트 궁전의 홀인 힘의 집에 앉아 마침내 결혼식을 위해 토르의 딸을 자신의 나라로 데려가기 위해 왔노라고 말했다. 그는 그러한 사실을 신들로부터 확약받았다는 것이었다.

토르는 분노를 터뜨리며 큰 소리로 말했다. "난쟁이들은 이제 신의 딸을 취할 권리가 없다!" 그리고 자신은 그와 같은 결정에 대해 아버지로서 들은 바가 전혀 없다고 말했다.

난쟁이는 언젠가 다른 아제 신들을 위해 특별한 무기를 만들어 준 적이 있었다. 아제 신들은 그 대가로 토르의 등 뒤에서 그의 딸을 난쟁이에게 내주기로 약속하였던 것이다. 전지자全知者라는 뜻의 알비스Alvis란 이름으로 불리웠음에도 불구하고, 그는 오랫동안 감히 신부를 자신의 동굴로 데려올 생각을 하지 못 했었다. 그도 그럴 것이 불구의 난쟁이와 여신 사이의 결합이 아스가르트와 미드가르트에선 불경스런 일로 간주되고 있었기 때문이었다. 아제 신들에게도 불화가 일어나고 있을 때에야 비로소, 난쟁이는 아스가르트에 들어올 용기가 생겼던 것이다. 그럼에도 불구하고 그는 토르의 망치인 묠니르를 두려워하고 있었다. 하지만 토르는 결코 무기의 손잡이에는 손도 대지 않고, 그가 질문하는 온 세계에 대한 모든 지식을 난쟁이가 알고 있다면 그에게 자신의 딸을 주겠다고 약속했다.

총명한 난쟁이는 겉으로 허술해 보이는 토르를 오딘보다 훨씬 더 총기가 떨어진다고 판단하고서 자신의 승리를 확신했다. 토르의 그 많은 질문들 중 첫 번째 질문이 들려왔다. "인간들이 직접 눈으로 보지 못하는 바람은 어디서 오지?"

난쟁이는 즉시 대답했다. "독수리의 형상을 한 시체를 탐하는 거인으로부터 옵니다. 그가 자신의 양 날개를 펼치면, 바람을 일으키는 것이죠."

이렇게 난쟁이는 모든 질문에 대한 대답을 알고 있었다. 토르가 더 많이 알고자 하면 할수록, 난쟁이는 더 적절한 대답을 들려 주었다. 시시각각으로 시간이 흘러가고 있었다. 풍부한 지식이 알비스를 우월하게 만들었고 그를 무아지경에 빠뜨렸다. 그러자 그때 그는 밤을 지나 서서히 다가오는 새벽의 여명을 알아차리지 못 하고 있었다.

최초의 일광이 홀 안에 스며들어와 난쟁이의 얼굴을 비추었다. "알비스, 자네가 모든 것을 다 알고 있다고 하지만 말일세,

그럼에도 불구하고 자네는 이 순간 돌로 변하고 말 걸세." 토르는 이것으로 그를 계략에 넘어가게 만들었다. 그도 그럴 것이 태양 빛은 모든 난쟁이들을 여지없이 돌로 변화시켜 버리기 때문이었다.

난쟁이 알비스의 얼굴이 점점 더 창백해지면서 굳어져 갔고 결국에 가서는 단단하고 차가워졌다.

31. 발더의 죽음

발더는 또 다시 자신이 죽는 꿈을 꾸었다.

한편 발더가 시골로 말을 달리고 있을 때, 그의 말이 채어 비틀거리는 바람에 발을 삐었고 피를 흘리고 절뚝거리면서 되돌아왔다. 이 사건 역시 임박한 불행의 징조로 간주되었다.

아제 신들은 오랫동안 회의를 한 결과 가장 순수하고 고귀한 신을 보호하는데 필요한 모든 방책을 취하기로 결정했다. 혐의를 받고 있던 회트는 누구보다도 발더의 안녕에 대해 깊이 생각했으며, 삼라만상이 발더에게 아무런 해를 입히지 않겠다는 맹세를 해야만 한다고 제안했다. 프리크는 모든 만물에 선서를 시켰다. 즉 발더를 해치지 않겠다는 의무감을 갖도록 했다. 물과 불, 쇠와 금속 따위, 돌과 흙, 나무, 수풀, 목재, 네 발 달린 사납거나 잘 길들여진 짐승들, 새, 질병과 독과 사악한 뱀들 할 것 없이 모두 맹세를 했다. 아제 신들이 소유한 무기들 역시 기꺼운 마음으로 가담했다.

그 모든 일을 이루고 널리 세상에 알린 후에, 신들은 꼼꼼하게 선서의 효용을 시험했다. 먼저 그들은 작은 돌멩이들을 던져 보았다. 그 다음으로는 땅속 줄기를, 또 다음으로는 암석의 파편들을 그리고 마지막으로 창을 던져 보았다. 발더는 무사했다.

이제 아제 신들은 심심풀이로 발더를 회의 장소 한가운데에 세워놓고 그를 겨누어 찌르고 때리는 놀이를 했다. 오딘은 그 어떤 것도 방해할 수 없는 자신의 창 궁니르를 혹시나 주저하는 마음으로 던졌다. 하지만 창은 발더의 발 앞에 떨어져 땅 속에 박히고 말았다. 그리고 한 번도 목표를 빗나간 적이 없는 토르의 망치 묠니르는 발더에게 상처 자국 하나 남기지 않고 토르의 손으로 되돌아왔다. 이러한 시험들은 곧 풍족한 꿀술을 곁들인 축제행사가 되었다. 그리고 오딘은 발더의 불가침을 믿기 시작했다. 토르는 말할 것도 없이 노르네들이 장담한 불길한 예언과 발더의 꿈을 거의 존중하지 않게 되었다.

가장 고결한 아제 신은 이제 결정적으로 불사신의 존재로 간주되었다. 자신의 주변을 널리 발산하는 그의 광채는 더 환하게 빛을 내뿜었다. 발더는 이러한 명성을 누렸다.

로키는 아제 신들이 행동하는 방식이 외람되며 불손하다고 생각했다. 모든 것을 집어 삼키는 불과 흡사하게 그는 불변의 것에 참아내지 못하는 성미를 가지고 있었다. 그때문만이 아니라 필시 그는 음흉한 마음과 질투심에서 노파의 모습으로 변장을 하고 프리크의 홀인 바다의 궁전으로 갔던 것이다. 변장한 로키는 발더가 화살에 맞아 쓰러지지나 않을까 걱정하는 체 했다.

"서리 거인들과 잔인한 산의 거인들조차 선서를 했답니다." 프리크가 단언했다.

"당신은 과연 모든 만물들에게 맹세를 시키셨나요?" 노파가 확인했다.

"가장 가혹하다고 하는 눈雪들까지도 했답니다." 프리크가 답변했다. "그래서 아직 어떤 신도 죽지 않았답니다."

노파가 꼬부라진 등을 한 너비 만큼 더 깊이 구부리자, 온 세계는 조금 더 세월이 흘러버렸다. "내가 알고 있기만 한다면", 로키가 노파의 모습으로 말했다. "당신이 혹 무엇을 빠뜨렸는지 말이오. 그러면 내가 발더를 보호할 수 있을 거요."

프리크는 곰곰이 생각을 해본 후 기억해냈다. "발할 서쪽 편에 겨우살이 가지 하나가 있는데, 아직 너무 어려서 맹세를 받아내지 못 했어요."

노파는 그곳을 떠나 모습을 바꾸었다. 로키는 프리크가 언급한 장소로 가서 겨우살이의 가지를 꺾어가지고 서둘러 법정으로 갔다.

두 명의 아제 신들이 동시에 발더를 겨누어 쏘고 있었다. 티르는 창을 던졌고, 토르는 묠니르를 던졌다. 발더는 빛의 신에게서 기대하는 대로 밝게 웃었다. 또 다시 풍족한 꿀술이 뿔잔에 넘치게 되었다. 황금시대의 걱정 근심 없는 홀가분한 분위기가 되돌아왔다. 토르는 양손으로 뿔잔을 쥐었다. 오딘을 포함해서 모두들 환하게 웃자 위험은 사라져 버렸다. 하임달만이 이러한 시험에 이의를 제기했지만 다른 모든 신들에게 호응을 얻지 못해 아제 신들의 다리인 비프뢰스트 옆에서 끈질기게 경호를 하고 있었다. 황금을 박아 넣은 방패들이 회의장소에서 번쩍번쩍 빛을 발하고 있었고, 은장식을 단 무기들이 태양 속에서 찬란하게 빛나고 있었다. 몇몇 아제 여신들은 자포를 입고 있었다. 신중한 여신들 역시 두려움을 잊어버리고 밝게 빛나는 보석이 달린 장신구들을 내보였다. 부인들은 기분좋게 남자를 동경하며 날카로운 소리를 질렀다.

로키는 환성을 질러대는 방종한 신들을 쏘아보고 화가 치밀었다. 아제 신들은 얼마나 빨리 위험을 망각하는가! 오딘 자신도 선서를 맹신하고 있는 듯이 보였다. 어쩌면 로키는 발더에게 가장 많이 화를 내고 있었는지도 모른다. 그도 그럴 것이 발더에게는 어느덧 자신이 불사신이 된 모습이 태양빛처럼 익숙해져 있었기 때문이었다. 로키는 남신들이 발더 주위를 둘러싸고 있는 원 밖에 홀로 서 있는 회트에게로 가서 그에게 물었다. "당신은 왜 발더를 향해 쏘지 않는 것이오?"

"난 발더가 어디에 있는지 볼 수 없기 때문이야. 게다가 난 무기도 없고." 소경 신이 대답했다.

"내가 당신에게 발더가 있는 자리를 가르쳐 주겠소." 로키가 대꾸했다. "자, 여기 이 가지를 들고 쏘시오!"

회트가 어린 가지를 움켜쥐자, 가지가 얼마나 가늘고 바르르 떨고 있는지 감지되었다. 이때 회트의 무릎이 두려움으로 떨리기 시작했다. 그는 뵐바의 예언과 슈타르카트가 비카르 왕을 향해 쏘았던, 흔들리는 갈대막대기를 상기했기 때문이었다.

"당신도 다른 남신들처럼 던지시구려." 로키가 회트에게 재촉했다.

소경 신이 계속 망설이고 있을 때, 로키가 그의 귀에다 대고 속삭였다. "아제 신들 몇 명이 이쪽을 보면서 당신이 왜 발더에게 경의를 표하지 않는지 의아하게 생각하고 있답니다."

"어떤 대상도 선서하는 걸 잊지는 않았겠지?" 회트가 확인했다.

"심지어 뮐니르와 거인들의 독화살도 발더에게는 무용지물이랍니다." 로키가 답변했다.

회트에게는 그 동안 명성을 얻을 기회가 없었다. 따라서 소경 신은 수 년 동안 비축해둔 모든 힘을 한데 모았다. 그리고 그는 로키가 가리킨 방향으로 가지를 힘껏 던졌다.

발더는 가지에 찔린 채 바닥에 쓰러졌다.

오딘을 제외한 아제 신들이 즐거운 나머지 비명을 질렀다. 발더가 연약한 가지에 맞고 바닥에 쓰러져 죽은 체하는 놀이를 하고 있는 듯이 보였기 때문이었다. 하지만 신들의 아버지는 사태를 즉시 파악했다. 외눈박이 현자는 새가 한 번 우는 동안 회트를 눈에서 놓쳤단 말인가? 그는 겨우살이 가지를 간과했었단 말인가?

로키와 회트. 발더를 시기한 로키가 장님인 회트
로 하여금 겨우살이 화살로 발더를 죽이도록 사주
한다. 1890년경 C.크봐른스트렘의 대리석 입상.

회트는 발더가 얼마나 가까이에 서 있었는지 알지 못 했고 돌연 환성이 사라지자 화들짝 놀랐다. 아제 신들은 발더의 가슴에서 피가 서서히 흘러 나오는 것을 보자 할 말을 잃고 말았다. 신들은 발더가 죽었다는 사실을 깨달았을 때, 고통의 외마디도 나오지 않았다. 그만큼 그들의 충격이 컸던 것이다. 발더를 부축해서 일으키려던 손들이 아래로 떨어졌다. 아제 신들은 서로를 쳐다보며 이런 짓을 한 신을 벌하겠다는 한 가지 생각밖에 없었다. 하지만 신성한 회의 장소에서의 평화는 손댈 수 없는 것이었다. 아제 신들은 함께 이야기를 나누려고 했지만, 눈물이 그들의 말을 삼켜버리고 말았다.

오딘의 충격이 가장 컸다. 그도 그럴 것이, 발더의 죽음이 아제 신들과 세계의 생존을 위해 어떤 의미를 갖고 있는지 그보다 더 잘 이해하고 있는 자는 아무도 없었기 때문이었다. 그것은 일찍이 신들과 인간들에게 미치게 될 최악의 범죄행위였다.

발더의 부인인 난나는 괴로워서 몸부림을 치다가 돌 위로 미끄러져 넘어졌다.

로키 역시 꼼짝도 하지 않고 서 있었다. 그는 태연하게 해명을 요구받고 맹세하기를, 우려하는 마음과 신중함이 되살아 나도록 발더의 피부를 가볍게 할퀴려고만 했다고 말했다. 어떻게 이 연약하게 떨고 있는 가지가 신을 살해할 수 있겠는가? 하면서.

어떤 아제 신도 로키의 말을 믿지 않았다. 그는 살인의 원흉으로 간주되었다.

아제 신들은 발더의 시체를 해안가로 운반해서 시체를 배에 싣고 수장하려고 했다. 흐링호르니Hringhorni라는 이름의 배였다. 그것은 태양을 상징하는 고리 모양의 뿔을 지닌 배였다. 그런데 아무리 신들이 선판 쪽으로 배를 밀어 붙이려고 해도, 배는 손가락 넓이 만큼도 움직이지 않았다. 그때 주름이 쪼글쪼글하고 힘센 거인족의 여인 히로킨Hyrrokkin이 불 속에서 소환되

발더의 죽음. 태어날 때부터 소경인 회트가 로키의 사주로 발더를 죽게 만든다.
1900년경 아서 랙컴의 그림.

었다. 그녀는 즉시 도와줄 준비가 되어 있었다. 거인족의 여인
은 늑대 등에 올라타고 와서는 독사를 고삐삼아 늑대를 붙들고
있었다. 오딘은 올라 탈 동물을 붙드는데 네 명의 용사들를 불
렀다. 그들은 짐승을 바닥에 던져 쓰러뜨림으로써 해결해냈다.
거인족의 여인이 배에 가까이 다가가 일거에 배를 바다쪽으로
밀어붙이자, 굴림대에서 불꽃이 흩날리며 해변이 진동을 했다.
토르는 소음과 가벼운 지진을 신성모독으로 알고, 격분해서 망
치를 움켜 쥐고 거인녀의 머리를 박살낼 것처럼 으르렁거렸다.
하지만 다른 신들이 그녀의 의도가 전혀 악한 구석이 없음을 확
인하고, 그들을 위해 평화를 구하면서 토르를 진정시켰다.

발더의 시신이 배에 옮겨져 장작더미 위에 눕혀졌다. 그 자리
에 있던 난나는 사랑했던 남편과 떨어질 수 없었다. 그래서일

까, 그때 그녀의 심장이 산산조각이 되어 파열하고 말았다. 난나는 배로 옮겨졌고, 발더 옆에 나란히 뉘어졌다. 그리고 나서불이 점화되었다.

토르는 배 옆에 서서 묠니르를 쳐들고 장작더미를 축성했다. 그런데 한 난쟁이가 그의 발 사이로 뛰어 들었다. 토르는 난쟁이 주제에 신성한 장례식을 방해한다고 생각해서 시체가 타고 있는 불 속으로 난쟁이를 발로 밀어 넣었다.

거대한 장례식에 수 많은 조문객들이 발더에게 마지막 경의를 표했다. 처음으로 오딘을 말할 수 있겠다. 그는 슬라이프니르를 타고 있진 않았지만, 발퀴레들과 두 마리의 까마귀를 대동하고 나타났다. 그의 옆에는 부인 프리크가 서 있었다. 프라이는 황금털의 수퇘지가 이끄는 마차를 타고왔다. 하임달은 자신의 말, 황금 머리카락을 타고왔다. 프라이야는 고양이가 끄는 수레를 타고 나타났다. 다른 아제 신들 역시 장례식에 모습을 드러냈다. 로키와 회트는 징벌에 대한 두려움때문에 몸을 숨겼다. 결국 신들의 적이었음에도 불구하고, 가장 악독한 거인들은 절대로 발더를 해치려고 시도하지 않았던 것이다. 수 많은 산의 거인들과 잔인한 서리 거인들이 장작 더미를 쌓아올린 화장대에 모습을 드러냈다. 얼마나 많은 난쟁이들이 대열에 끼어 있었던 가! 숙련된 대장장이들도 보였다. 태고적부터 신들과 인간들의 친구였던 알펜들은 언급할 필요조차 없었다.

오딘은 장작더미로 가까이 다가가서 무슨 말인가를 아들의 귀에다 속삭였다. 그가 무슨 말을 했는지는 오직 발더와 그 자신만이 알고 있을 뿐이다. 어쩌면 그는 발더에게 살인에 대한 앙갚음을 약속했거나 또는 죄없는 천진난만한 자로 그가 돌아오게 되리라는 사실을 말해주었을런지도 모른다. 그런 다음 오딘은 아들을 위해 팔찌 드라우프니르를 불 속에 던지고 귀중한 그릇과 더불어 발더의 말을 송두리째 불태우게 했다.

발더의 죽음을 애도하는 조문객들이 어두운 바다 속으로 점차 떠밀려 가는 발더의 시신에 작별을 고하고 있다. 1893년 F. 딕시의 그림.

32. 헤르모트가 저승으로 말을 몰다

프리크는 발더를 잃은 슬픔때문에 가장 많이 괴로워했다. 그래서 그녀는 누군가가 저승으로 말을 몰고 가서, 그녀의 아들을 찾아 죽음의 여신이 요구하는 대로 많은 몸값을 지불해야 한다고 재촉했다. 발더는 전사한 것이 아니었기 때문에, 그에게는 발할로 들어가는 문이 닫혀 있었던 것이다.

빠르고 용감한 신이며 오딘의 아들이기도 한 헤르모트Hermod가 갈 채비를 했다. 오딘은 슬라이프니르를 내주었다. 헤르모트는 훌쩍 말에 올라타고 그곳으로 내달렸다. 그는 아흐레 낮과 밤을 깊고 어두운 계곡을 뚫고 달려 떠들썩한 괼 강과 휘황찬란한 금으로 뒤덮혀 밝게 빛나고 있는 괼 다리에 이르렀다. 캄프뮈데Kampfmüde라는 한 소녀가 저승으로 가는 다리를 지키고 있다가 말을 타고 달려온 그의 이름과 혈통을 물었다. 파수꾼

소녀가 말했다. "어제는요, 다섯 무리의 전사자들이 이 다리를 건너갔어요. 하지만 당신이 서 있는 이 다리가 오늘은 그들을 합친 것보다 훨씬 더 심하게 요동을 하는군요. 어째서 당신은 산자로서 저승으로 가고 있나요?"

"나는 발더를 찾고 있어." 헤르모트가 말하고서 물었다. "넌 저승에서 그를 본 적이 있니?"

"발더는 여기 이 괼다리를 말을 타고 지나갔어요." 파수군 소녀가 답변했다. "이 길은 저기 아래 북쪽으로 이어져 있답니다."

헤르모트가 산자들로서는 난공불락으로 간주되고 있던 격자문에 이르기까지 계속 말을 몰았다. 말 탄 기사는 슬라이프니르에서 내려, 마구류를 팽팽하게 죄고는 신들의 가장 훌륭한 말인 슬라이프니르에 다시 올라타고서 말에 박차를 가했다. 그리고 격자 막대기를 건드리지도 않고 문 위로 높이 뛰어 넘었다.

헤르모트는 저승의 성 앞에서 내려 문으로 들어갔으며 높은 자리에 앉아 술잔을 들고 있는 형을 보았다. 황금으로 치장한 궁전 안에 발더와 그의 부인 난나가 앉아 있었던 것이다. 헤르모트는 그들 옆에 있는 의자에 자리를 잡았다. 그리고 형제들은 꿀술을 마시며 한밤중까지 담소를 즐겼다.

다음 날 아침 헤르모트는 발더를 풀어주어 자신과 함께 고향으로 돌아갈 수 있게 해달라고 헬에게 청했다. 헤르모트는 모든 아제 신들의 슬픔을 하소연했다. 죄 없는 아들의 죽음을 프리크가 얼마나 견디기 힘들어하는지, 또 처음으로 발생한 부부 신의 죽음이 세계의 적들을 고무시키고 있어서, 신들이 세계의 존속에 대해 얼마나 근심하고 있는지에 관해 전했다.

"당신이 주장하는 대로, 발더가 실제로 그처럼 사랑을 받고 있는가?" 헬이 물었다.

헤르모트가 무자비한 서리 거인들조차도 발더에게 호의를 품

헤르모트. 헤르모트가 저승 다리를 건너기 위해 전설적인 슬라이프니르에 박차를 가하고 있다. 오른쪽에 불안해하는 난나와는 달리 침착하고 의연하게 기다리고 있는 발더의 모습이 보인다. 1760년 산문 에다의 그림.

고 있다는 사실을 보증하고 나자 헬이 말했다. "온 세계의, 온갖 살아 있는 생명체들과 모든 죽어 있는 것들이 발더를 애도하고 슬퍼한다면, 그는 마땅히 이제 신들에게로 되돌아 가야만 하오. 하지만 진정한 눈물로 애도하는 자들 중에서 한 사람이라도 거부감을 갖는다면, 발더는 내 궁전에 남게 될 것이오."

그리고 나서 발더와 난나는 높은 자리에서 일어나 헤르모트를 궁전 밖으로 안내했다. 기념으로 발더는 오딘을 위해 팔찌 드라우프니르를 건네 주었다. 난나는 그녀가 장례식에 썼던 값비싼 아마포를 프리크에게, 그리고 금가락지를 풀라에게 전했다.

헤르모트는 슬라이프니르가 달릴 수 있는 한 최대한으로 빨리 말을 몰고 돌아와서, 그가 보고 들은 모든 사실을 신들에게 보고했다.

이제 신들은 회의를 한 결과 사자들을 온 세계로 파견해, 저승에 있는 발더가 되돌아오도록 울어 줄 것을 간청하게 했다. 모두들 그렇게 했다. 신과 인간, 식물과 동물, 땅과 돌, 나무와 온갖 금속이 울었다. 만물들이 추위에서 따뜻한 곳으로 오면, 그렇게 만물이 녹아 우는 모습을 볼 수 있듯이 울었다. 모든 알펜들과 난쟁이들 역시 눈물을 흘렸고, 산의 거인들과 냉혹한 서리 거인들도 울어주었다. 모든 생명체들과 사물들이 그처럼 일치를 이루웠던 적은 일찍이 없었던 일이었다. 프리크는 아들의 귀향을 고대했다.

하지만 발더가 돌아오지 않자, 새로이 발퀴레들이 파견되었다. 발퀴레들은 눈물 한 방울 나오지 않을 만큼 눈물샘이 마른 한 거인족의 여인이 동굴에 앉아 있는 것을 보았다. 그녀들은 발더가 저승에서 돌아올 수 있도록 울어 달라고 거인족의 여인에게 부탁했다. 그러자 그녀는 눈에서 나온 마른 눈물을 비비면서 말했다. "발더는 내게 있어서 삶에도 죽음에도 아무런 이익이 되지 않는 존재야. 그러니 저승에 그대로 내버려 둬."

거인족의 여인은 얄궂게도 '감사'라는 뜻을 지닌 퇴크Thökk 라는 이름으로 불리웠으며 축축한 눈물을 그대로 간직했다. 귀향한 후에 발퀴레들은 퇴크라는 여인이 사실은 로키였다고 아제 신들에게 단언했다. 그녀들이 그를 눈초리로 알아봤다는 것이었다.

이 사건에 의거해서 신들은 로키에게 답변을 요구했다. 그는 완고하게 이러한 변신을 부정하고 나섰고, 헬 자신이 거인족 여인의 모습을 취했던 것이며, 그렇게 그녀는 세계의 질서를 수호하고 있노라고 주장했다. 그녀가 한 가지 예외를 인정하기 시작한다면, 모두가 저승으로부터 죽은 자를 반환할 권리가 생길 수 있기 때문이라는 것이었다.

하지만 아제 신들은 발퀴레들의 말을 신뢰했다.

그리고 이렇게 해서 로키에 대한 모든 인연의 굴레가 신들로부터 끊어져 버렸다.

33. 로키의 처벌

로키는 멀리 떨어진 산악지대로 날아가 산봉우리에 올랐다. 거기서 문이 네 개 달린 집을 손수 지었다. 그는 문 뒤 불 옆에 앉아 사방으로 감시를 하면서, 아제 신들이 무슨 계략을 써서 자신을 잡으러 올지 곰곰히 생각했다.

아침에는 자주 가까운 폭포로 달려가, 연어로 모습을 바꾸고 조류들 속에 숨어 있었다.

오딘은 매일 흘리츠크얄프에 올라가서 로키를 그의 집 앞에서 볼 수 있을 때까지 오랫동안 감시했다. 오딘 혼자서 이 교활한 자를 붙잡는다는 것은 성공할 확률이 거의 없었다. 따라서 그는 토르와 하임달을 동반하고 여행길에 올랐다.

로키는 불 옆에서 몸을 녹이며 종종 네 개의 문 중 한 곳을 지키고 앉아 감시를 게을리하지 않았다. 그런 다음에는 소일거리로 아마실의 매듭을 만들어 그물코를 특수한 망에다 묶었다. 그때 그는 자신이 만들어낸 발명품을 보고 깜짝 놀랐으며 이윽고, 세 명의 아제 신들이 언덕길을 올라오는 모습이 보였기 때문에 더 크게 놀라고 말았다. 로키는 그물을 불 속에 집어 던지고, 강으로 가는 반대쪽으로 내달려서 연어로 변신했다.

오딘과 동행자들이 집 안으로 들어왔다. 그리고 불이 활활 타고 있는 것으로 보아 로키가 멀지 않은 곳에 있을 것이라고 추측했다. 하임달이 활활 타오르는 불 속에서 하얀 재를 뒤집어 쓴 그물 모양을 발견했다. 매듭을 묶은 아마실이 재 속에서 검게 그을려 있었다. "이것으로 물고기를 잡을 수 있을 거야!" 그는 소리쳤다. 그러자 오딘은 로키가 물고기로 변신을 꾀했을 것이라고 예측했다. 아마실은 집안 귀퉁이에 충분히 놓여 있었다. 그러자 아제 신들은 재 속에서 꺼낸 모양대로 재빨리 그물에 매듭을 묶었다. 그리고 나서 그들은 서둘러 강으로 가서 로키가 빠져나가기 힘들 만한 폭포 속에 그물을 던졌다. 토르가 그물의 한 쪽 끝을 잡고, 다른 두 아제 신이 건너편 강가에서 다른 한쪽 끝을 붙잡았다. 그리고 나서 그들은 그물을 강을 따라 아래로 끌어 당겼다. 로키는 눈치채지 못하고 그들 앞 쪽으로 헤엄을 쳐왔다. 그는 다른 은신처를 발견하지 못 하고 두 개의 돌 사이에 끼어 있었던 것이다. 아제 신들이 돌 위로 그물을 끌어 당기자, 그 속에 무언가 살아 있는 것을 알아채고는, 다시 한번 폭포로 돌아갔다. 그리고 빠져 나갈 구멍조차 보이지 않을 정도의 무거운 돌을 그물에 얹어 놓고 두번째로 그물을 강 아래 쪽으로 끌어 당겼다. 그들이 강에 도달하기 전, 로키는 연어의 모습으로 그물 가장자리 위로 뛰어 오르더니 폭포가 있는 쪽으로 도로 헤엄쳐 갔다. 이제 아제 신들은 물고기 배후에 누가 숨어 있는지 알 수 있었다. 그래서 다시 폭포수로 달려갔다. 거기서 그들은 세 번째로 그물을 강 속에 떨어뜨렸다. 오딘이 한 쪽 강에서 그물을 잡고, 하임달은 다른 쪽 강에서 붙잡고 있었다. 그런 다음 그물을 끌어 올렸다. 토르는 흐르는 물 한 가운데서 발을 세게 디디며 걷고 있었다. 아제 신들이 로키를 바다 쪽으로 몰아 붙였다. 교활한 로키는 변신의 수칙에 굴복당하고 말았다. 즉 가령 그가 파리로 변신하고 붕붕거리는 소리를 내며 날아가버리기 전에, 우선은 인간과 비슷한 본래의 자연스런 모습을 다시 취해야만 했던 것이다. 따라서 로키에게는 두 가지 기회가 남아 있었다. 그런데 각각의 가능성이란 모두 그의 생명을 위협하는 것이었다. 즉 바다 속에서 추적을 당하거나, 또는 그물을 지탱하고 있는 밧줄 위로 뛰어오르는 것이었다.

로키는 할 수 있는 한 재빨리 밧줄 위로 뛰어올랐다. 하지만 토르가 물고기를 지켜보고 있었고 그의 모든 감각은 숫돌의 파편이 그의 머리 속을 아프게 할 정도로 로키에게 집중되어 있었다. 토르의 재빠른 손놀림은 연어의 비약보다 더 민첩했다. 그들은 연어를 잡아 움켜 쥐었다. 연어는 미끈미끈했고, 몸부림을 쳤으며, 토르가 연어를 꼬리에서 단단히 눌러 압착하지 않았더라면 거의 놓쳐버릴 뻔했다. 그래서 연어는 후미가 그렇게 가늘고 길게 된 것이다.

로키는 그의 본래의 모습 그대로 다시 돌아와야 했지만 이제는 법의 보호 밖에 있었다. 아제 신들이 그를 질질 끌고 동굴로 데려갔다. 아제 여신 지긴이 그에게서 낳은 로키의 아들 나르피Narfi와 발리Vali도 사로 잡아 그곳으로 데려왔다.

신들은 세 개의 석판을 쥐고서, 모든 석판에 구멍을 내어 그것을 모퉁이 위에 세워 두었다. 펜리스 늑대처럼 로키는 보통의 사슬로는 묶어둘 수가 없었다. 때문에 아제 신들은 로키의 아들 발리를 늑대로 변신시켜 자신의 형제를 쫓도록 그를 부추겼다.

그는 나프리의 몸을 갈가리 찢어 놓았다. 그런 다음 아제 신들은 로키를 수직의 석판 위에 올려 놓고서 그를 자신의 아들 나프리의 창자로 단단히 동여맸다. 첫 번째 석판은 양 어깨 쪽으로, 두 번째 석판은 허리쪽으로 그리고 세 번째는 오금쪽으로 로키를 짓눌렀다. 그리고 이렇게 로키를 묶은 창자는 특별히 견고한 쇠사슬만큼이나 질겨졌다.

그런 다음 스카디는 자신이 잡아놓은 독사를 로키의 머리 위에 붙들어 매놓고, 독이 한 방울씩 한 방울씩 로키의 얼굴 위로 떨어지게 했다. 하지만 아제 여신 지긴은 사슬에 묶인 남편을 떠나지 않았다. 그녀는 로키의 옆에 서서 뱀의 머리 아래에 놓여있는 그릇을 지켰다. 그릇이 가득 채워지면, 지긴은 서둘러 독을 따라 부었다. 그 사이에 독이 결박당한 자의 얼굴에 떨어져 얼굴을 부식시키면, 로키는 땅이 진동을 하고 바닥이 흔들거릴 만큼 격렬하게 경련을 일으키면서 쇠사슬을 물어 뜯었다. 이것을 지진이라고 부르게 된 것이다.

이 동굴 속에 로키는 라그나렉크가 시작될 때까지 묶여있을 수밖에 없는 운명에 놓여있다. 독이 그의 얼굴에서 오랫동안 타오르면 타오를수록, 그는 더욱 더 신들을 증오하며 세계의 질서를 위협하고 있다.

34. 오딘이 린트를 유혹하다

로키가 사슬에 묶인 후 토르, 프라이, 프라이야, 뇌르트 그리고 다른 아제 신들은 회트를 더 이상 쫓지 않고 그를 보호해 주려고 했다. 소경 신은 로키의 사악한 의도를 알지 못했기 때문에 죄가 없다는 것이었다. 오딘의 아들들은 더더욱 그들의 형제인 회트를 쳐죽일 준비가 되어있지 않았다.

책략의 신 로키는 처음에는 약삭빠른 무뢰한에 불과했지만 신들이 그를 감금시켜야 할 만큼 사악해진다. 석판에 묶인 그는 신과 거인의 최후의 대결인 라그나뢰크에 다시 풀려나와 아제 신 하임달과 일대 격투를 벌인다. 로키의 충실한 부인 지긴이 그의 곁을 떠나지 않고 로키의 이마 위로 떨어지는 독을 그릇에 담아낸다. 하지만 그녀가 그릇을 비워내는 동안에는 로키는 고통에 못 이겨 지진을 일으킬 만큼 몸을 뒤틀어댄다. 1870년경 M. E. 빙에의 유화.

하지만 오딘과 하임달, 티르 그리고 다른 신들은 복수를 주장했다. 그런데 핀란드의 한 점장이가 오딘에게 예언하기를, 한 루테니아 왕의 딸이 오딘과 사이에서 회트를 살해할 자를 낳게 되리라는 것이었다. 그러자 오딘은 차양이 넓은 모자를 이마를 가릴 정도로 푹 눌러 쓰고, 점장이가 언급한 왕의 궁전으로 가서 그의 병사가 되겠다고 자청했다. 적의 군대에 맞서서 자신의 군대가 승리를 거두고 나자 왕은 그를 최고 지휘관으로 승격시켰다. 오딘은 모든 전투에서 승리를 이끌어 내었다. 그는 쳐들어오는 전사들의 대열에서 혼자서 적들을 패주시켰다. 왕은 그를 자기가 가장 신임하는 동료들 중의 하나로 임명했다. 그제서야 오딘은 왕에게 그의 딸에 대한 애정을 털어 놓았다. 왕은 린트Rind에게 키스를 청해보라고 그를 부추겼다. 하지만 왕의 딸은 그의 뺨을 때렸다.

다음 해에 오딘은 분장을 하고 되돌아 와서, 자신을 금세공사라고 퍼뜨리고는 값진 장신구들을 만들었다. 마침내 궁전에 있는 모든 금은세공들을 뛰어넘는 훌륭하고 아름다운 반지와 팔찌를 완성해냈다. 그리고 그것을 교만한 소녀에게 선사했다. 하지만 린트는 그것이 금세공사의 후한 선심공세임을 간파했고, 그가 그녀에게 키스를 하려고 하자, 이번에도 또 다시 그녀는 그의 뺨을 때리고 말았다.

왕은 고집 센 딸에게 야단을 쳐보기도 했지만, 그녀는 늙은 남자와 결혼을 승락하지 않았다. 늙은 남편은 그녀의 즐거운 처녀 시절을 망쳐버릴 것이 분명하다는 것이 그 이유였다.

두 번째로 겪은 결혼 퇴짜는 여자를 유혹하는데 노련한 그의 마음을 아프게 했다. 하지만 아름다울뿐더러 반항적인 린트는 여전히 그를 황홀하게 만들었다. 게다가 오딘은 회트에 대한 징벌자를 생산한다는 의무감에서 행동했다. 프리크, 토르 그리고 다른 아제 신들이 세 번째 여행을 시도하지 못 하도록 오딘을 막아보고자 애를 썼다. 오딘이 세계의 존속을 위해 더 절박한 일을 할 시간을 복수하는데 많은 시간을 탕진하고 있다는 이유에서였다.

하지만 오딘은 젊고 열정에 타오르는 전사의 모습으로 루테니아 왕 앞에 나타나, 무술 시합에서 승리를 거둔 다른 어떤 병사들보다도 더 용감하고 민첩하게 싸웠다. 모든 여인들이 그에게 환성을 올렸다. 심지어 린트까지도 손짓으로 자기에게 오라는 신호를 보냈다. 그러자 오딘이 말을 타고 그녀 옆으로 다가갔다. 그는 말에서 내려 그녀에게 키스로 답례하려고 했다. 린트는 고개를 앞으로 숙였다. 하지만 마지막 순간에 그녀는 노인의 냄새를 맡고 그를 우악스럽게 물리쳐 버렸고, 이에 오딘은 몸을 가누지 못하고 비틀거리다가 턱이 땅 속에 박히고 말았다.

최악의 사태를 각오했던 오딘은 한 조각의 나무껍질을 수중에 쥐고 있었다. 쓰러지면서 그는 그 거만한 여자를 나무껍질로 살짝 건드렸다. 나무껍질에는 루네 문자가 새겨져 있었고, 그것이 소녀를 질병과 광기에 사로잡히게 만들었다.

이제 오딘은 의술에 밝은 여인의 행세로 궁전에 왔다. 여왕은 그녀가 보여준 의술적 성과때문에 그녀를 딸의 하녀로 삼았다. 오딘은 최선을 다해 린트의 발과 허벅다리의 오물을 씻어냈다. 즐거움과 기쁨에서 한 일인지 아니면 성가신 의무감에서 한 일인지는 알 길이 없다. 린트가 열에 들떠서 다른 약으로는 효험이 없는 더 두드러진 환각 증세를 보였을 때, 의술에 밝은 여인의 충고에 따라 약초즙으로 음료를 조제했다. 또한 왕은 여의사의 충고에 따라 소녀가 저항하지 못하도록 그녀를 침대에 묶어 두도록 했다. 이렇게 해서 오딘은 아주 미세한 혈관에서 발병한 그녀의 질병을 쫓아버렸다. 그가 여러 번에 걸쳐서 그녀 속으로 뚫고 들어갔던 요인이 약초즙 때문인지 또는 그의 정력 때문인지는 확실치 않았다. 어쨌거나 린트는 빠르게 회복되었다. 그것이 그녀로서는 처음으로 겪는 남자 경험이었다.

왕의 딸은 건강하고 힘센 아들을 낳아, 발리라고 이름 지었다. 소년은 일찍이 말타기와 창던지기 그리고 칼싸움을 익혔다. 그는 해협을 가로질러 헤엄을 쳤으며 사슴 사냥을 했다.

오딘은 발리에게 그의 형제인 발더를 살해한 일에 대해서 그리고 그러한 참혹한 짓이 세계의 주민들에게 얼마나 무거운 짐을 지우는 일인가를 설명했다. 신들의 아버지는 그에게 전투에서 죄없는 군사를 베어 넘어뜨리기보다는, 차라리 그의 형을 살해한 자에게 복수를 해야 한다고 조언했다.

그래서 결국 발리는 소경 회트를 살해했다.

아제 신들은 또 한 명의 신을 잃게 되었다.

35. 신들의 멸망

우주의 물푸레나무가 전율을 하고, 그 최초의 가지가 부러진다. 여자들은 보석에 대한 열망때문에 화를 초래한다. 더 큰 권력과 황금을 얻기 위한 싸움에서 형제들이 서로를 무참히 살해하고, 아버지들은 아들의 머리를 쪼갠다. 신성한 법정에서도 피를 흘린다.

삼 년 동안 군대는 끊임없이 전쟁을 치루었고 평화를 구축할 시간은 남아 있지 않다. 헤아리기 어려운 전사자들의 무리가 그들의 최고 지휘관인 오딘의 승리를 믿고 있다.

용 니드획이 이그드라질의 뿌리를 갉아 먹고, 사슴들은 하루살이 꽃봉오리를 먹어치운다. 그리고 노르네들이 물 긷는 일을 이행하지 않아, 바싹 마른 가지들이 거대한 물푸레나무의 누렇게 변한 잎새에서 솟아나온다.

미드가르트의 뱀은 영구히 바다 표면에 모습을 드러내면서 해

안쪽으로 해일을 몰아대고, 바다를 독기로 가득 채운다. 물고기들은 물을 먹을 수 없게 된다. 펜리스 늑대가 울부짖는다. 난쟁이들은 그들의 보금자리인 동굴에서 추위에 떨고 있다. 그리고 로키는 자기를 묶어두고 있는 석판을 뒤흔들어, 산이 진동을 하고, 땅이 갈라진다. 유황 가스가 갈라진 틈에서 솟아나오고, 사화산이 다시 불을 내뿜는다.

산은 일찍이 난쟁이들이 접근할 수 없는 모든 세계 중에서 가장 안전한 장소였다. 지금은 솜씨가 노련한 대장장이들의 손이 느닷없이 경련을 일으키고, 암벽의 전문가들은 돌문 앞으로 위태롭게 걸어가고 있고, 파편때문에 신음 소리를 토하고, 길을 헤맨다.

다시 한 번 태양이 추적자로부터 벗어난다.

하임달은 독수리가 한 번 우는 동안의 절반만큼만 잠을 청했고 끊임 없이 세상을 두루 살피고 있다.

그리고 나서 삼 년 동안 가혹한 긴 겨울이 여름을 건너 뛰고 계속된다. 폭풍우가 사방에서 눈을 흩날려서 최후의 목초지를 묻어버렸다. 인간들은 더 무자비해진다.

산자들을 죽은 자들의 나라로부터 구별하는 동쪽의 창과 검의 강이 홍수를 일으키지만, 얼어붙지는 않는다. 그 속에서는 예전보다 더욱 많은 무기들이 떠돌고 있다. 그 강을 횡단하려고 시도하는 자는 토막토막 잘려져 나간다. 그리고 태양에서 멀리 떨어진 죽은 자들의 해안에는 거짓 맹세를 하는 자들과 살인자들로 가득 채워졌다. 그 가장자리는 배배 꼬인 뱀들 때문에 반짝거린다. 지붕에 난 구멍으로 똑똑 떨어진 독이 바닥에 고이게 되고 그것이 범죄자들에게 고통을 가한다. 늑대가 시체를 갈기갈기 찢어버리고, 니드회크는 그 피로 생기를 얻고 죽은 자의 지혜를 훌쩍훌쩍 들이마신다.

그리고 나서 이제 신들의 닭인 황금볏 골드캄이 홰를 친다.

저승에 있는 검붉은 닭은 잠들어 있는 자들을 깨우고 거인들을 전장으로 소환한다.

가장 놀라운 일이 발생한다. 늑대 스퀼이 해를 움켜잡는다. 그런데 해는 더 이상 스스로 떨어져 나올 힘을 잃고 검게 변해 버린다. 대지가 어두워진다. 늑대 하티 역시 달에 당도했고 영원히 달을 붙들고 있어서, 년수에 따라 날을 더 이상 읽을 수 없다.

하임달은 미미르의 샘에서 자신의 뿔나팔을 가져온다. 이제 싸움은 불가피하다. 저승에까지 울릴 정도로 하임달이 큰 소리로 경적 나팔을 불어댄다. 아제 여신과 남신들은 서둘러 작전회의를 개최한다. 오딘은 미미르의 머리가 보관되어 있는 상자를 열고 현자와 상담을 한다.

펜리스 늑대가 사슬을 끊어버리자, 땅이 뒤흔들리고 쏴쏴 소리를 내며 잎파리들이 떨어진다.

로키는 산이 갈라지고, 나무들이 땅에서 뽑혀지고, 바위들이 우지끈 소리를 내며 붕괴할 때까지 석판 위에서 나뒹군다. 그는 사슬과 매듭이 끊어질 때까지 땅을 뒤흔들고 있다. 이렇게 해서 펜리스 늑대도 자유의 몸이 된다.

그는 입을 쫙 벌리고 일 만 마일에 달하는 싸움터로 진군한다. 그의 아래턱이 땅에 질질 끌린다. 그리고 위턱은 하늘에 닿아있다. 공간이 더 크다면, 그는 아가리를 더 크게 벌릴 것이다. 그의 눈 속엔 불이 타오르고 있고, 불꽃이 콧구멍 속에서 흩날린다.

한편 미드가르트의 뱀이 몸을 굴려 육지로 다가와서는 대기와 바다에 튀겨져 더럽혀질 만큼 거인의 분노로 수 많은 독을 내뿜는다. 물이 썩고, 독으로 아른거리는 거품이 물결 위를 표류한다. 이 세계의 적은 파도를 일으키는 해일에 실려 강가와 싸움터로 기어간다.

만조에 실려 죽은 자들의 손톱과 발톱으로 만들어진 배 나글파르 역시 모습을 드러내고 저승의 나라에서 적들을 실어온다. 배는 바다를 가르고 동쪽에서 빠르게 달려간다. 로키가 키를 쥐고 있다.

그리고 저승으로 들어가는 입구를 지키는 개 가름이 가까이 쫓아온다.

지금이 바로 그때다. 스퀼은 해를 꿀꺽 삼켜 버리고, 하티는 달을 삼킨다. 별들은 궤도에서 떨어져 나와 헤매고 있거나 육지나 바다 속으로 추락한다.

이러한 소동 속에서 하늘이 쪼개지고, 남쪽에 있는 빛의 나라의 거인들이 불의 거인 주르트를 선두로 말을 타고 도착한다. 그의 칼은 태양보다 더 밝게 타오르고 있다. 이렇게 그들은 비프뢰스트 다리 위로 급히 서둘러 달려간다. 하지만 아제 신들의 다리는 이미 부러져 있다. 그러자 무스펠의 군단은 계속 강을 거슬러 헤엄을 쳐서 두 번째로 큰 군대로 싸움터에 이른다.

우트가르트에서 온 서리 거인들과 산의 거인들, 그리고 다른 적들은 세 번째로 큰 부대를 형성한다.

신과 인간의 적들은 모두 전투대형으로 정렬한다. 거대한 물푸레나무가 흔들거리고, 아주 튼튼한 가지들이 부러진다. 그러자 전 세계의 어떤 주민도 두려움에 떨지 않는 자가 없다.

아제 신들은 군비를 갖추고, 각자 무기를 잡는다. 오딘이 발할의 오백 사십 개의 문을 열어놓도록 명하자 각각의 문에서 팔백 명의 전사자들이 출동한다. 전투 준비를 갖춘 헤아리기 어려운 수 많은 군사들이 싸움터로 진군한다.

오딘은 신들의 병력 중에서 다리가 여덟 개 달린 슬라이프니르에 올라타고 선두에서 돌진한다. 그는 황금투구와 번쩍이는 갑옷 그리고 자신의 창 궁니르를 갖추고 있다. 그의 옆에는 숫염소가 끄는 마차를 탄 토르가 달리고 있다. 그는 힘의 띠를 차고, 쇠장갑을 끼고 묠니르를 휘두른다. 그 다음으로는 황금볏에 올라 타고 있는 하임달이, 그리고 티르와 황금 머리카락의 수퇘지를 타고 있는 프라이 그리고 나머지 다른 신들이 순서대로 진군한다.

신들의 아버지는 자신의 오랜 적을 향해 말을 달린다. 펜리스 늑대가 사슬에 결박당한 앙갚음을 하려고 싸움에 목말라하며 오딘을 향해 짖어댄다. 토르는 오딘을 도울 수가 없다. 미드가르트의 뱀이 그를 향해 독을 내뿜고 있기 때문이다. 그와 뱀은 마침내 세 번째로 부딪친다.

주르트는 프라이에게 달려들어, 평화를 사랑하는 신을 향해 불검을 뽑는다. 그는 자신의 사슴뿔을 뒤흔들어 보지만, 주르트의 화염 광선을 향해서 거의 겨냥조차 못 해보고 결국 최초의 전사자들 중 하나로 쓰러진다. 그가 아름다운 게르트때문에 저절로 싸우는 보검을 스키르니르에게 선사한 일에 대한 결과인 것이다.

가름과 티르가 정면대결을 한다. 전쟁의 신이 왼손으로 모든 개들 중에서 가장 위험한 개를 향해 칼을 휘두른다. 아마도 티르는 더 강한 오른손이 끝내 아쉬웠을 것이다. 둘 중의 누구도 상대를 정복할 수 없었다. 따라서 그들은 서로에게 치명적인 상처를 입히고 죽어간다.

하임달과 로키는 서로를 향해 달려들어, 마치 암초도에 있는 바다표범의 모습으로 싸움을 계속하듯이 성난 모습으로 서로에게 칼을 휘두른다. 자신이 결박당해 있는 동안 쌓아왔던 모든 분노를 로키는 신뢰할 수 없는 파수군에게 퍼붓는다. 하임달은 거인의 신분에서 신으로 탈바꿈한 로키가 신들의 몰락을 일으킨 원흉임을 간파한다. 그들은 오랫동안 다른 하나의 죽음을 통해서만 진정될 수 있는 증오심을 품고서 상대를 추격한다. 그러자 그들의 칼이 부딪치면서, 땅이 진동을 하고 불꽃이 흩날린다.

라그나뢰크에서 오딘은 지혜와 힘에도 불구하고 신들의 몰락을 막을 수 없게 된다. 1914년 F. 폰 슈타쎈의 그림.

마침내 하나가 다른 하나를 쓰러뜨린다.

미드가르트의 뱀이 토르를 향해 독을 뿜어대면서 싸움터에서 더 많은 자기 영역을 확보한다. 토르는 세계의 적을 향해 세 번 묠니르를 휘둘러 뱀을 베어 넘어뜨린다. 그을린 방패와 뜨거운 쇠장갑을 끼고 괴물의 시체를 향해 몸을 돌린 토르는 아홉 발짝을 뒷걸음질 친다. 이윽고 토르는 뱀이 그를 향해 내뿜은 독에 의해 땅에 쓰러진다.

오딘은 가장 거센 적과 맞서서 가장 오랫동안 싸운다. 그는 거대한 늑대를 향해 궁니르를 던져 상처를 입히지만, 그를 죽이지는 못한다. 늑대 펜리스가 하늘과 땅에 닿을 만큼 입을 크게 쩍 벌리고 신들의 아버지를 집어 삼켜버린다.

이제 토르의 아들인 모디Modi와 마그니Magni가 앞으로 돌격해서 묠니르를 탈환한다. 하지만 오딘의 아들 비다르와 발리조차도 아스가르트와 미드가르트의 파멸을 저지할 수는 없다. 한편 비다르는 신발을 재단할 때 남아서 버려진 가죽을 모아 만든 거대한 신발 한 짝을 소유하고 있다. 이 신발은 쇠처럼 단단하

오딘이 전쟁의 소용돌이 속으로 뛰어들기 전 연정에 가득찬 표정으로
부인 프리크를 포옹하고 있다. 독수리 투구를 쓰고 푸른 투니카 망또
를 걸친 오딘은 힘과 풍요의 상징인 궁니르 창과 마법의 팔찌인 드라
우프니르를 휴대하고 다닌다. 1875년경 F. 리크의 유화.

고 늑대의 아가리를 벌려놓을 만한 힘을 지니고 있다. 비다르는 괴물의 목구멍 속에 신발을 집어넣고 한 손으로 위턱을 움켜잡는다. 그리고 괴물의 입을 갈기갈기 찢어놓음으로써 아버지의 원수를 갚는다.

발할에 머물던 전사자들의 무훈에 대해서는 전해지는 바가 아무 것도 없다. 그들과 함께 싸우려던 오딘의 노력은 헛된 것이었을까?

이윽고 주르트는 불칼을 땅에 내던진다. 미드가르트는 화염 속에 휩싸인다. 온 세계가 불타오른다. 황금으로 만든 보물들이 용해되어 없어진다. 우주의 나무가 솨솨 소리를 내며 붕괴된다. 아스가르트가 불타오른다. 흘리츠크얄프가 무너져 내려 앉는다. 오딘과 토르의 아들들이 아스가르트의 가장 튼튼한 성벽 뒤로 물러난다. 아마도 오딘의 전사자들이 이 장소와 거대한 물푸레 나무를 엄호할 것이다. 그 그루터기는 불에 그을리지 않는다.

태양이 빛을 잃고, 대지는 천천히 바다 속으로 가라앉는다. 불과 연기가 하늘로 치솟는다.

36. 새로운 세계

땅이 두 번째로 바다에서 올라와 푸른 싹을 낼 것이다. 들판은 씨를 뿌리지 않아도 저절로 생물이 자랄 것이다. 독수리 한 마리가 산봉우리를 맴돌다가 산중턱에서 흘러나오는 폭포수를 발견하고 물고기를 낚아챌 것이다.

비다르와 발리, 모디와 마그니는 아스가르트의 가장 높고 강력한 성벽 뒤로 몸을 피해 불의 해를 받지 않고 살아 남을 것이다. 토르의 아들들이 새로운 적들로부터 자신들을 보호하기 위해 묠니르를 몸에 지니게 될 것이다. 어째서 거인이 살아남아서는 안 된단 말인가?

오딘은 발할과 함께 몰락할 것이고 토르 역시 영원히 죽게 된다. 세계의 적들과 거인들처럼 주르트 또한 자신이 일으킨 회오리 불바람 속에서 죽어 갈 것이다.

하지만 죄 없는 발더는 역시 결백한 회트와 함께 명부에서 귀환할 것이다. 두 신은 토르와 오딘의 아들들과 함께 나란히 앉아서 불화와 황금욕이 없는 새로운 세상을 구축할 것이다.

새로운 아제 신들은 과거에 있었던 일들에 대해서 이야기 꽃을 피울 것이다. 어떻게 토르가 미드가르트의 뱀 앞에서 아홉 걸음을 뒷걸음질 쳤으며 노쇠한 신들 중에서 유일하게 승리를 거두었는지, 그리고 오딘은 어떻게 루네 문자를 발명했으며 또 어떻게 시인들의 꿀술을 고향으로 가져 왔는지에 대해서 회상할 것이다. 아제 신들은 풀로 뒤덮힌 파편더미 속에서 그들이 좋아하는 장기를 발견하게 될 것이다. 그리고 그들은 황금상들을 새로 세울 것이고, 운명의 지팡이를 던져 미래를 점치게 될 것이다.

산 사이의 계곡에서는 거대한 물푸레나무의 그루터기가 불에 손상을 입지 않게 된다. 거기서 한 쌍의 남편과 부인, 즉 리프 Lif와 리프트라지르Lifthrasir가 살아남아 아침 이슬을 먹고 살게 될 것이다. 리프와 리프트라지르는 수 많은 자손들을 낳아 그들의 후손을 땅에 새롭게 이주시킬 것이다.

늑대가 해를 삼켜버리기 전에 해 역시 딸을 낳을 것이라는 사실에 대해 아무도 놀라지 않을 것이다. 그 딸은 엄마 못지 않는, 눈부시게 밝은 모습을 띠면서 엄마의 궤도를 따라간다.

그때 어두운 산맥에서 용 니드횝이 최후의 전투에서 죽은 사자를 그의 등에 싣고 확 트인 들판을 날아와 산 뒤에 내려 앉을 것이다. 그는 추락해서 마지막 노획물과 함께 멸망할 것인가? 아니면 시체를 탐하고 독을 내뿜으며 새로운 목표에 접근할 준비를 할 것인가?

이러한 미래에 대해서는 아직 아무도 이야기 할 수 없다.

영웅들의 전설

니벨룽엔의 보물

옛날부터 결코 몰락하지 않으리라 생각했던 한 왕국에 관한 이야기를 들려주려 한다. 보물을 소유한 자가 세계에 대한 권력을 누리게 되는 보물을 둘러싼 전쟁에 관한 이야기, 또 죽음을 통해서만 배반을 속죄할 수 있었던 사랑에 얽힌 이야기, 그리고 영웅의 업적과 참혹한 행위에 관한 이야기들이 전개될 것이다.

베른의 디트리히Dietrich와 나란히 지그프리트는 가장 그 이름을 떨친 용사로 여겨졌다. 가장 솜씨가 뛰어난 대장장이로서는 빌란트Wieland가 있다. 브륀힐트Brünhild와 크림힐트Kriemhild는 위대한 여왕들이었다. 유랑가수들은 찬가를 쓰고, 다른 위대한 영웅들의 업적을 시로 엮어냈다. 많은 것들이 잊혀졌거나 또는 단편적인 것들이 필사본으로만 남겨지게 되었다. 니벨룽엔에 대해 더 나중에 알려진 노래의 경우에서도 많은 부분이 미지로 남아있다. 우리는 그 근원을 좇아서, 가장 오래된 문헌으로 돌아갈 것이다. 이제 우리는 일찍이 영웅들과 여왕들이 죽음을 맞이하게 된 근본적인 이유를 추적해 보겠다. 하지만 그들 각각의 운명을 파헤치치는 않을 것이다.

1. 보름스 궁전의 크림힐트

부르군트Burgund 사람들은 앞으로 이야기가 전개될 저 위대한 왕국을 라인강변에 세웠었다. 그 왕국의 권력과 명성에 관해선 오늘날까지도 되풀이되어 이야기한다. 세 명의 젊은 왕들이 보름스Worms에서 통치하고 있었다. 하지만 그들의 누이동생인 크림힐트는 더 명성이 자자했었다고한다. 다른 어떤 왕의 딸들과는 비길 수 없는 아름다움을 그녀는 지니고 있었다. 나라의 많은 막강한 사람들은 이 왕족이 영원히 존속하리라 생각했다. 하지만 다름 아닌 바로 그녀의 아름다움이 가장 강한 적의 군대보다 더 큰 위험이 될 수도 있었던 것이다. 크림힐트는 가장 용감한 용사들이 그녀를 아내로 삼고 싶을 만큼 사랑스럽고 우아했으며, 많은 젊은 용사들이 그녀를 위해 기꺼이 목숨을 내놓고자 할 만큼 아름다웠다.

하지만 청혼자들이 그녀를 열렬하게 갈망하면 갈망할수록, 크림힐트는 더욱 더 냉혹하게 그들을 뿌리쳤다. 그 이유는 그녀가 단 하루도 잊지 못하는 어떤 꿈때문이기도 했다.

꿈에 그녀는 매 한 마리를 기르고 있었는데, 그 힘세고 품위가 있으며 사나운 매를 그녀는 무척 사랑했다. 그런데 두 마리의 독수리가 날아와 그녀가 보는 앞에서 매를 갈퀴발톱으로 움켜잡더니 갈기갈기 찢어버렸다.

눈물을 쏟아내며 그녀는 어머니인 우테Ute 대비에게 꿈 이야기를 들려주었다.

"네가 길들인 매는 바로 존귀한 남자를 상징한단다." 여왕이 꿈을 해몽했다. "그런데 네가 그 남자를 얻게 되자마자 그는 다시 네게서 떠나갈 것이다."

"사랑하는 어머니, 어째서 제게 남자에 대한 말씀을 하시나요. 이렇게 된 이상 전 더욱 더 어떤 용사하고도 사랑에 빠지지 않겠어요. 전 죽는 날까지 고결하게 남고 싶어요."

"성급하게 생각하지 말아라." 어머니가 대꾸했다. "넌 한 남자의 사랑을 통해서만 행복을 경험하게 될 것이다. 한 남자 옆에 누울 때 넌 더 아름다와질 수 있게 되는 거란다."

크림힐트는 어머니에게 더 이상은 아무 말도 하지 말아달라고 간청하고는 사랑을 아예 자신의 의식에서 쫓아버림으로써 가장 용감한 구혼자들을 물리쳤다. 수년 후 마침내 그녀는 어떤 남자에게도 굴복하지 않으리라 생각했다. 이때 그녀가 꿈 속에서 보았던 그 매가 나타났다. 그는 모든 용사들 중에서도 가장 명성이 자자했으며 신의 혈통을 타고 난 영웅이었다.

이렇게 해서 행복과 배반 그리고 죽음이 시작되었다. 그리고 아무도 그러한 운명을 거역할 수 없었다. 왕가가 막강하고 훌륭한 만큼, 크림힐트가 속한 부르군트의 가문은 유명했으며, 그녀의 오라버니들인 Gunter군터와 게르노트Gernot 그리고 젊은 기젤헤어Giselher는 용감한 용사이며 현명한 왕들이었다. 그들은 넘치는 정력과 대담성을 소유한 영웅들이었으며 타고난 행동력과 배포를 겸비하고 있었다. 세 왕과 그들의 어머니 우테 대비 – 아버지 당크라트Dankrat는 운명을 달리했다 – 의 신하인 트론예의 하겐Hagen과 그의 동생 당크바르트Dankwart는 강력한 대장부들이었다. 메츠Metz의 오르트빈Ortwin과 변경의 수령인 게레Gere 그리고 에케바르트Eckewart 및 알차이Alzey의 폴커Volker도 있었다. 또한 주방장인 루몰트Rumold, 궁성의 음료 담당관인 진돌트Sindold 그리고 시종관인 후놀트Hunold가 있었다. 당크바르트는 궁내 대신이었으며 오르트빈은 왕의 궁성 취사담당관이었다. 이 밖에도 그 이름들을 모두 열거할 수 없는 수 많은 혁혁한 용사들이 궁성의 영광을 더해 주었다.

2. 지그프리트의 혈통

크림힐트의 매가 될 법한 저 영웅은 막강한 왕 지그문트의 아들이었다. 비교적 최근의 이야기에 따르면 지그문트Siegmund 왕은 부인인 지그린트Sieglind와 함께 견고하게 축성된 라인강변의 시 크산텐Xanten에서 통치했다. 지그프리트가 무기를 다룰 줄 알게 되었을 무렵, 왕은 하지 때 기사 서임식 축제를 위해 사람들을 그곳에 초대했다. 사백 명의 시종들과 더불어 지그프리트는 기사 서임식을 치룸으로써 기사에 임명되어 진정한 성년이 되었다.

축제에 참석하기 위해 아름다운 아가씨들이 예복에 금으로 테두리를 두르고 번쩍이는 보석으로 장식을 했다. 마상 시합의 즐거운 비명소리들이 그칠 줄을 몰랐다. 창들이 쪼개지고 방패 부딪치는 소리가 궁성에 울려 퍼졌다. 우아한 부인들은 전사들의 신변을 걱정했다. 시합이 끝나자 가운데가 쪼개진 방패 조각들이 궁성 마당에 여기저기 널브러져 있었고, 옷에서 떨어져 나간 보석들이 풀밭에서 나뒹굴며 반짝거렸다. 잠시라고 감히 이 복된 날의 증거들에 손을 대려는 자는 아무도 없었다.

칠 일에 걸쳐서 지그문트 왕과 지그린트 왕비는 손님들에게 훌륭한 음식물들을 먹고 마시게 했으며 귀한 포도주를 따라주도록 명했다. 음악이 연주되었다. 곡예사들도 불러들였다. 일찍이 어떤 왕도 이보다 더 배포가 크지는 못했다. 아들을 위해 수 많은 손님들에게 순금과 말, 반지 그리고 옷들을 선물로 나누어 주었다. 선물은 마치 다음날 아침에 바닥이 날 것처럼 왕과 왕비의 손에서 신속히 사라져 버렸다.

나라의 강력한 영주들은 이제 지그프리트가 젊은 왕으로 추대되기를 바랐다. 하지만 자신의 부모님이 오래도록 살아계시는

크림힐트의 꿈. 1843년 율리우스 슈노르 폰 카롤스펠트의
그림을 목판으로 인쇄한 것.

한, 그는 왕관을 쓰려 하지 않았다. 그는 나라에 적의 세력이 위협을 가해올 때만 자신의 강인함을 입증해 보이겠다고 말했다. 오히려 그는 먼 나라로 가서 자신의 용맹함을 시험해보고 싶다는 것이었다.

아주 옛날부터 지그프리트의 혈통에 관한 더 주목할 만한 이야기들이 전해지고 있다. 그의 조부는 뵐중Völsung 왕이었으며, 따라서 지그프리트는 뵐중엔 왕가의 가장 유력한 왕족에 속했다. 게다가 뵐중 왕의 부친인 지기Sigi는 오딘의 아들이었다고 한다. 지기와 부인은 자녀가 없는 관계로 오딘과 그의 부인인 프리크에게 청원을 올렸다. 그때문에 오딘은 까마귀의 모습으로 왕에게 접근해서 그의 무릎에 사과 한 개를 던져주었던 발퀴레를 파견했던 것이다. 지기는 부인에게 그 사과를 먹도록 권했다. 여왕은 곧 수태를 했다. 그런데 때마침 그녀가 병이 들어 아기의 숨이 금방이라도 끊어질 것처럼 위급했다. 그래서 오늘날의 제왕절개라고 부르는 방법으로 산모의 배를 열게 되었고 아기는 구제되었다. 소년은 크고 강건했으며 뵐중이라는 이름이 붙여졌다. 그리고 아기가 어머니와 작별의 입맞춤을 나누자 곧 어머니는 숨을 거두었다.

후에 지그프리트의 조부인 뵐중이 장성해서 스스로 왕이 되었고 또 아들 지그문트를 얻게 되었을 때, 그는 웅장한 홀을 짓게 했는데 그 한가운데는 거대한 떡깔나무가 버티고 서 있었다. 그는 명망있고 막강한 인사들을 향연에 초대했다. 떡깔나무 근처에는 거대한 불이 타오르고 있었다. 음식과 꿀술은 풍족했다. 이때 즐겁게 소란을 떨고있는 손님들 앞으로 품이 넓은 푸른 망또를 걸치고 차양이 넓은 모자를 쓴, 키가 훤출한 남자가 걸어 들어 왔다. 애꾸눈인 것으로 보아 모두들 그가 오딘 신이라는 것을 알아챘다. 사람들은 입을 다물었다. 뿔술잔으로 술을 꿀꺽 삼키는 소리조차 더 이상 들려오지 않았다. 이윽고 오딘이 검을

지그프리트. 율리우스 휘프너의
목판화.

빼어들고 떡깔나무의 가지 속에 깊숙이 찔러 넣자, 칼손잡이 외
에는 아무 것도 보이지 않았다. 어찌나 놀랐던지 순식간에 그들
에게서 취기가 사라져 버린듯 했다. 이때 외눈의 신이 말했다.

"이 가지에서 칼을 뽑아내는 자에게 이 칼을 선물로 주겠노
라. 이보다 더 훌륭한 무기는 정녕 없을 것인즉."

그러자 가장 힘센 용사들이 잇달아 자신들의 운을 시험해 보
았다. 하지만 칼을 조금이라도 움직여 본 자는 한 사람도 없었
다. 마지막 용사가 기권했을 때 뵐중의 어린 아들인 지그문트가
떡깔나무로 다가가 단 한 번의 시도로 나무에서 칼을 뽑아냈다.
일찍이 누구도 그처럼 훌륭한 무기를 보았던 적은 없었다. 이렇
게 해서 지그프리트의 아버지는 오딘의 손에서 그 유명한 승리
의 검을 받아쥐게 되었다.

오딘의 도움으로 지그문트 왕은 당대의 가장 위대한 영웅이
되었다. 그는 수 많은 전투에서 승리를 거두었으며 강력한 왕으

로서 오랫동안 통치했다. 그가 노쇠해졌을 때, 그의 아버지 뵐중 왕을 살해했던 저 상대방 통치자의 아들들과 대규모의 전투가 일어났다. 지그문트는 아무런 해를 입지 않을 만큼 독에 대해 무감각했다고 한다. 말하자면 피부에 대한 외부의 독성뿐 아니라 음료나 음식으로 인한 내부의 독성에도 피해를 입지 않았다. 이전의 전투에서와 다름 없이 지그문트는 이번에도 오딘의 승리의 검을 쥐고 적군의 한가운데를 뚫고 돌진해서 적의 군대를 혼란에 빠트렸다. 그는 적의 무수한 방패와 갑옷들을 부수어 버렸다. 여느 때처럼 창과 화살들이 그의 방패와 갑옷에 맞고 튕겨져 나갔다. 이 날에도 역시 왕이 쓰러뜨린 전사들의 수는 헤아릴 수 없을 정도였다. 그의 팔은 겨드랑이까지 피투성이가 되었다. 지그문트의 군대가 상대편 아들들의 군대를 곤궁에 빠트렸다. 그의 승리가 이번에도 확실해 보였다. 그때 지그문트 왕을 가로막고 선 한 남자가 있었으니, 그가 왕을 향해 창을 들어올렸다. 남자는 푸른 망또에 아래로 축 늘어진 모자를 쓰고 있었고 외눈이었다. 지그문트는 그와 맞서 싸웠으며 그의 창을 향해 칼을 휘둘렀다. 하지만 상대의 창이 지그문트의 검을 두 동강 내버렸다. 이로써 지그문트의 운도, 싸울 용기도 꺾어져 버렸다. 그는 중상을 입었고 전투에서 패했다. 적들은 그 명성이 자자한 뵐중의 가문에서 아무도 살아남지 못 했을 것이라고 믿었다. 하지만 늙은 왕과 결혼했던 젊은 부인은 그의 아이를 수태하고 있었다.

오래된 보고에 따르면 이 부인의 이름은 회르디스Hördis라고 불리웠으며 발퀴레였다. 전투가 끝나자 그녀는 전장으로 가서 지그문트를 찾아내 그를 치료해 주고자 했다. 왕은 피를 흘리고 누워 있으면서도 간호를 단호히 거절했다.

"오딘이 내 칼을 부러뜨려서 난 더 이상 싸울 수도 생명을 부지할 수도 없게 되었소. 당신은 당신 속에 사내 아이를 배고 있으니 그 아이에게 온갖 정성을 기울여주길 바라오. 그 아이는 우리 가문에서 가장 강력하고 명성이 뛰어난 용사가 될 것이오. 그리고 아이의 이름을 지그프리트라 부르시오. 아이에게 내 두 동강난 칼을 벼리어 새 칼로 만들게 하고 그 칼의 이름을 그란 Gran이라 하시오."

지그문트 왕은 이렇게 말하고 나서 해가 뜰 무렵 숨을 거두었다.

3. 지그프리트가 보름스로 오다

전해지는 오래된 이야기에 따르면 지그프리트의 아버지는 아들이 태어나기도 전에 싸움터에서 전사했다. 크산텐의 왕인 지그문트와 또 지그프리트를 둘러싼 주변의 이야기들은 좀 더 최근부터 이야기되고 있다. 하지만 전해 내려오는 모든 이야기들 가운데 지그프리트는 그 비범한 힘으로 인해서 탁월한 존재로 두각을 나타내고 있으며 그 힘이 그를 불가항력으로 보름스로 가도록 내몰았다.

지그프리트가 크림힐트에 관한 기별을 전해받기까지, 그는 홀가분하게 살고 있었다. 왕의 딸은 비길데 없이 아름답고 매력적이며, 그녀 앞에서는 누구라도 마음이 끌리고 열망하는 마음이 생긴다는 것이었다. 그리고 그는 어떻게 구혼자들이 모든 나라들로부터 부르군트 궁성으로 몰려가고 있는지를 들었다. 크림힐트가 가장 강력하고도 용감한 용사들까지 물리치고 있다는 사실이 지그프리트를 점점 더 자극하는 결과를 가져왔다.

지그문트 왕이 그러한 사실을 듣게 되었을 때, 그는 아들을 설득하여 이 청혼을 말리려고 애썼다.

"제 마음은 크림힐트에 대한 사랑으로 가득 차 있습니다. 저

신성한 떡깔나무 주위로 세워진 뵐중의 거대한 홀. 밤에 오딘이 나타나 자신의 칼을 떡깔나무에 깊이 찔러넣고, 영웅들에게 그 칼을 뽑아보라고 요구한다. 오딘은 승리자에게 그 칼을 선사했는데, 지그문트 왕이 그 장본인이 된다. 1984년 앨런 리의 그림.

는 그녀를 포기할 수가 없습니다." 지그프리트가 단언했다. "제가 그녀와 결혼할 수 없다면, 전 더 이상 한 여인을 선택할 수 없게 될 것입니다."

"그것이 돌이킬 수 없는 사실이라면, 내가 너에게 힘이 되어 주겠다. 하지만 군터의 궁성에 기거하는 단 한 사람때문에 네게 위험이 닥칠 것 같구나. 바로 트론예의 하겐인데, 그는 오만하고 교활한 사람이란다. 그는 자기 측근에 막강한 사람이 있는 걸 참아내지 못 하지." 아버지가 아들의 뜻을 받아들였다.

"제가 호의적으로 아무 것도 얻어낼 수 없을 때는, 영토와 그 주민들을 제 힘으로 쟁취하겠습니다." 지그프리트가 대꾸했다.

"만일 부르군트 사람들이 그 점을 알고 있다면, 넌 절대로 보름스로 가서는 안 될 것이다." 지그문트가 경고했다. "난 군터와 게르노트 왕을 알고 있지. 힘으로는 절대로 크림힐트의 마음을 얻어낼 수 없을 게야. 하지만 네가 군대와 함께 나서고 싶다면, 나는 나의 모든 아군들을 동원할 예정이란다."

"강력한 군대를 동원해서 보름스로 말을 타고 가는 것은, 제 뜻이 아닙니다. 저는 혼자서 크림힐트의 마음을 사로잡고자 합니다. 아버님, 제게 열두 명의 종사를 허락해 주십시오. 그들을 무장시킨 후 곧 출발하겠습니다."

여왕인 지그린트가 지그프리트의 계획을 알게 되었을 때, 그녀는 눈물을 흘렸으며 아들이 군터의 종사들에 의해 위협을 받을 수도 있다고 생각했다.

"울지 마세요, 어머니." 지그프리트가 간청했다. "저와 저의 종자들에게 명예에 걸맞는 적절한 옷을 마련해 주십시오."

"네가 그 아름다운 여인을 포기할 수 없다면, 일찍이 한 영웅이 착용한 예가 없던 가장 훌륭한 옷을 입을 수 있을 게다." 어머니가 단언했다.

아름다운 부인들이 밤낮없이 일하고 바느질을 했다. 지그문트는 빛나는 갑옷과 견고한 투구를 만들고 새 방패를 완성하도록 명했다. 방패는 폭이 넓고 훌륭했다. 말의 머리용 장구는 금으로 붉게 반짝거렸고 가죽끈은 비단으로 만들었다. 옷들은 황금빛으로 휘황찬란했고 용사들의 칼끝은 박차에까지 닿아 있었다. 지그프리트의 창은 폭이 두 뼘이나 되었다.

크산텐과 이별을 고할 때 궁성의 용사들이 슬퍼했고 수 많은 부인들이 눈물을 흘렸다. 그들은 다가올 고통과 죽음을 예감하고 있었던 것이다. 지그프리트가 그들을 위로한다는 것은 역부족이었다.

칠 일째 되던 날 아침에 용사들은 말을 타고 보름스의 강가에 당도했다. 그들의 장비와 복장은 황금빛으로 눈부시게 빛나고 있었다. 사방에서 몰려와서 궁성으로 향하는 지그프리트의 행렬을 따르는 사람들에게 그들은 마치 다른 세계에서 온 사람들이거나 심지어 신들로부터 온 사람들처럼 보였다. 이곳에서는 그들보다 더 화려한 복장을 한 용사들을 결코 본 적이 없었던 것이다. 지그프리트의 방패는 순금으로 뒤덮혀 있었고 용의 그림으로 장식되어 있었다. 이 영웅은 황금 갑옷을 입고 있었고, 그의 모든 무기들은 황금 장식을 달고 있었다고 옛날 이야기 속에는 전해지고 있다. 지그프리트의 머리카락은 갈색빛이었으며 기다란 곱슬머리로 내려뜨려져 있었다. 그의 수염은 숱이 많았고 짧게 나있었다. 그는 뼈대가 굵은 얼굴에 소수의 사람들만이 감히 그의 눈을 쳐다볼 수 있을 정도로 그 눈매가 매서웠다. 어깨는 두 용사의 어깨를 합친 것만큼이나 넓었다. 그는 매우 세련된 말투를 썼다. 친구들을 돕는 일이 그에게는 하나의 즐거움으로 여겨졌다. 그들을 위해서라면 그는 기꺼이 적들에게서 가진 것을 빼앗았다.

왕의 전사들과 시종들은 그들을 맞이하러 서둘러 출발했으며, 관습에 따라 그들의 방패와 말의 고삐를 받아 쥐었다. 그런데

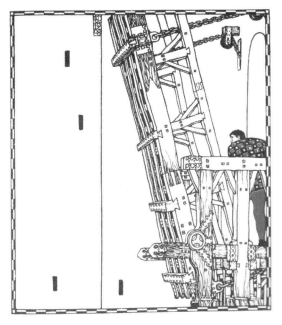

보름스에 당도한 지그프리트 일행. 칼 오토 체쉬카의 그림.

그들이 말을 마구간으로 데려가려 했을 때, 지그프리트가 가로 막았다.

"말들을 그대로 서 있게 내버려 두시오. 우리들은 곧 다시 말을 타고 떠날 테니 말이오. 그런데 군터 왕은 어디서 만날 수 있소?"

그것을 알고 있는 한 사람이 그들을 안내했다.

그 사이 왕에게는 낯선 용사들이 도착했다는 소식이 전해졌다. 군터는 창밖을 내다보고 눈부시게 빛나는 옷과 은빛으로 반짝이는 갑옷을 입고 궁성에 서 있는 그들을 보았다. 그들이 어디서 온 자들인지 그에게 말해줄 수 있는 자가 아무도 없다는 사실이 왕을 화나게 했다. 메츠의 오르트빈이 그의 곁에 서서 그의 숙부인 트론예의 하겐을 불러와 그에게서 저 낯선 나라와 그 곳의 군주들에 대해 알아보라고 말했다.

따라서 하겐이 자신의 종자들과 함께 어전에 나섰다. 왕의 질문에 따라 이 트론예의 사람은 창 밖으로 오랫동안 이방인들을 살피고 나서 말했다.

"저들의 의상과 장비가 훌륭하고, 또 용사들이 저토록 당당하게 걸어오는 것으로 보아서, 저들은 영주들이거나 그들의 사자들임이 확실합니다. 또한 저는 지그프리트를 한 번도 본 적은 없지만 저렇게 위풍당당하게 서서 대담한 눈매를 자랑하고 있는 저 용사가 그 유명한 영웅임이 분명합니다."

"자네는 그에 관해서 무엇을 알고 있는가?" 군터가 물었다.

"그는 헤아리기 어려운 엄청난 보물인 니벨룽엔의 보물을 소유하고 있습니다. 지그프리트는 모든 나라들 중에서 가장 부유한 영웅입니다. 그는 용감한 니벨룽엔족들을 때려 죽임으로써 그 보물을 획득했습니다. 그가 죽인 쉴붕Schilbung과 니벨Nibelung룽은 막강한 왕의 두 아들이었습니다."

"그러한·일이 어떻게 일어났단 말이오?" 군터가 계속 물었다.

"알려진 바로는 지그프리트는 혈혈단신으로 말을 타고 어느 산을 지나가고 있었는데, 바로 그때 어떤 동굴에서 보물이 모두 실려 나와 눈 앞에 펼쳐지게 되었습니다. 쉴붕과 니벨룽은 이 유산을 나누어 가지려고 생각했던 것입니다. 그 용사들은 이방 인이 말을 타고 지나가는 것을 보고 그를 환영하는 인삿말을 했습니다.

자, 보아라, 여기 네덜란드의 영웅인 막강한 지그프리트가 왔도다.

쉴붕과 니벨룽은 보물을 공평하게 분배할 수 없었기 때문에 지그프리트에게 보물을 나누어 달라고 요청했습니다. 그는 거절했지만 결국 그들의 강권에 응하고 말았습니다. 알려진 그대로 지그프리트는 엄청난 양의 보석들이 펼쳐져 있는 것을 보았던 것이고, 게다가 수백 대의 거대한 마차로도 운반할 수 없을 마만큼 엄청난 양의 순금을 목격했던 것입니다.

형제는 지그프리트의 수고에 대한 보답으로 미리 니벨룽엔의 검을 선사했습니다. 하지만 크산텐의 영웅은 막대한 보물을 제대로 분배하는 일에 실패하고 말았습니다. 형제는 매우 화가 나서 지그프리트를 공격했습니다. 지그프리트는 두 왕자의 시종이었던 열두 명의 거인들을 쳐 죽였고, 칠백 명의 니벨룽엔 전사들도 마찬가지로 없앴습니다. 마법의 검인 발뭉이 없이는 아무리 대단한 그였더라도 그러한 일을 해낼 수는 없었을 것입니다. 쉴붕과 니벨룽 역시 그들이 경솔하게 내어준 선물 때문에 쓰러지고 말았습니다. 힘센 알베리히Alberich 난쟁이는 자기 군주들에 대한 원수를 갚을 수 있으리라 생각하고 사나운 사자처럼 지그프리트를 향해 달려들었습니다. 그는 난쟁이의 힘때문에 크나큰 궁지에 빠졌던 것이지만 마침내 알베리히가 걸치고 있던 마법의 망또를 벗겨버리고 그것을 빼앗아 자신의 것으로 삼는데 성공했습니다. 이로써 난쟁이의 힘은 무력해졌고, 그는 지그프리트에게 굴복해야 했습니다. 나머지 니벨룽엔의 용사들도 그 뒤를 따랐습니다. 그에게 저항했던 용사들은 모두 참살당한 채 땅바닥에 쓰러져 있었답니다. 지그프리트는 보물을 다시 산으로 가져가도록 명했습니다. 이렇게 해서 영토와 성을 포함해서 니벨룽엔의 보물은 그의 소유가 되었던 것입니다. 알베리히는 시종처럼 지그프리트를 섬기겠다는 선서를 해야했던 것이고, 그때문에 보물을 지키는 임무를 맡게 된 것이지요. 이상이 제가 알고 있는 지그프리트의 몇 가지 행적입니다." 하겐이 보고했다.

군터 왕과 그의 형제들은 하겐이 다음과 같은 조언을 했을 때. 그의 말이 여전히 귓 속에서 맴돌고 있었다.

"이 용사를 정중하게 영접하십시오. 그렇지 않았다가는 그의 미움을 받게 될 것입니다. 그는 무척 호전적으로 보이는군요."

왕이 그의 말에 동의했다. 그들은 궁성으로 내려가서 손님들을 친절하게 맞아들였다.

크산텐에서 온 영웅은 왕과 그 동료들에게 감사하는 뜻으로 허리를 굽혔다.

"그대들은 어디서 왔소?" 군터 왕이 물었다. "그리고 어째서 보름스로 오는 길을 택하셨소?"

"그 일에 대해 저는 숨김 없이 말씀드리려고 합니다." 지그프리트가 답변했다. "저는 당신들께서 일찍이 한 왕이 자기 주위에 모을 수 있는 가장 용감무쌍한 용사들을 거느리고 있다는 말을 크산텐에서 전해 듣게 되었습니다. 그리고 당신들은 다른 모든 왕들보다도 더 용맹하다는 사실을 자부하고 있다고도 들었습니다. 저 역시 왕관을 썼어야 할 입장입니다. 하지만 사람들이 그러한 사실을 저에 대해 당당히 말해줄 수 있도록, 저는 제 목숨을 걸고 시합을 하고자 합니다. 저는 당신에게 도전을 신청합니다. 군터 왕이시여, 저는 시합으로 당신의 영토와 궁성을 차지하고자 합니다."

군터의 종사들은 지그프리트가 증오로 가득 차 있다고 생각했다. 그리고 놀라 어안이 벙벙해진 왕이 대꾸했다.

"내가 이 나라와 성을 어떻게 얻었을 것 같소? 나의 부왕께서 명예롭게 획득해서 지켜온 유산을 단 한 사람의 힘때문에 잃는단 말이오? 그러한 일을 우리가 어떻게 감당할 수 있겠소?"

"저도 양보하지 않을 것입니다." 지그프리트가 주장했다. "저 역시 제 영토와 성 그리고 저의 시종들과 유산까지도 내기에 걸겠습니다. 우리 두 사람 중에서 승리를 거두는 자가 바로 그곳에서와 마찬가지로 이곳의 영토와 부하들을 지배하는 것입니다." 아마도 크산텐의 영웅은 자신이 지상에서 가장 막강한 용사라는 생각을 갖고 있었던 것 같다.

게르노트가 이의를 제기했다. "사람들을 쳐죽임으로써 영토를 얻는 것에 난 반대합니다. 우리는 오랫동안 이곳에 거주해왔고 충분히 윤택하게 살고 있소."

메츠의 오르트빈 역시 분개해서 큰 소리로 말했다. "지그프리트는 왕에게 도전할 권리가 없소이다. 당신의 교만을 무너뜨리기 위해 저 혼자서 당신과 싸우겠소."

"그대는 나의 상대가 될 수 없소!" 지그프리트가 화가 나서 대답했다. "나는 위대한 왕이고 자네는 한갓 왕의 시종에 불과하오. 당신과 같은 용사 열두 명이라도 나를 대적할 순 없을 것이오."

그때 메츠의 오르트빈이 칼을 가져오라고 소리쳤다. 트론예의 하겐은 여전히 침묵을 지키고 그 자리에 서있었는데, 그것이 군터 왕에겐 불쾌한 노릇이었다. 게르노트가 의연히 중재를 시도했다.

"그대는 분노를 거두어 들이시오. 지그프리트는 그의 칼을 뽑지 않았소이다. 내 충고를 따르면 우리는 싸움을 끝낼 수가 있소. 또 우리로 하여금 지그프리트를 친구로 삼게 허락하시오."

이때 마침내 하겐이 뛰어들었다. "대관절 왜 무장한 네덜란드의 영웅이 말을 타고 우리에게 달려 왔습니까? 당신은 이 싸움을 그만두는 편이 나을 것입니다. 우리 군주들께서는 당신에게 아무런 해를 끼친 적이 없으니 말입니다."

"하겐 장군, 내가 말한 것이 당신들에게 모욕이 된다면, 나는 부르군트의 성을 모조리 때려부술 수밖에 없소." 지그프리트가 격렬하게 대꾸했다.

"그만 하시오!" 게르노트가 소리쳤다. 그는 자신의 용사들에게 지그프리트를 격분시킬 수 있는 모든 말들을 금했다. 이렇게 해서 지그프리트의 화가 누그러졌다. 그리고 이 영웅은 또 다시 아름다운 크림힐트를 생각했다. 결국 그는 그녀 때문에 보름스로 온 것이 아닌가.

"우리가 무엇 때문에 싸워야 한단 말이오? 몇 사람의 영웅들이 피를 흘린다 한들, 그 일이 우리들에게 명예를 가져다 주진 못 할 것이오." 게르노트가 분쟁을 중재하고 나섰다.

지그프리트는 여전히 화해를 한다는 것에 내키지 않았고 상대를 자극했다. "어째서 하겐 장군은 칼을 뽑는 걸 주저하는 것이오? 그리고 오르트빈 장군은 무얼 두려워 한단 말이오?"

게르노트가 이 도전적인 이방인을 자제시키고 그의 종자들에게도 계속되는 모든 말들을 금하는데 가까스로 성공을 거두었다.

"우리는 당신들을 환영하는 바이오!" 느닷없이 아직 소년티를 벗지 못한 기젤헤어가 큰 소리로 말했다. 이 막내 왕자의 낭낭한 목소리가 싸움에 대한 욕망을 누그러뜨렸다. 그가 계속해서 말했다. "나의 친척들과 나에게는, 당신이 원하는 바가 성취되는 일이야말로 곧 기쁨이 될 것입니다."

"술을 따르도록 하시오." 왕이 명했다. 포도주가 가득 부어졌다. 손님들은 환영의 축배를 들었다. 그러자 군터 왕이 말했다.

"당신이 정중하게 요구한다면, 우리가 가지고 있는 모든 것들이 당신에게 열려 있습니다. 우리는 생명과 재산 모두를 당신들과 기꺼이 공유하고자 합니다."

이로써 지그프리트의 마음이 훨씬 더 부드러워졌다. 손님들은 가장 훌륭한 숙소를 제공받았다. 그리고 그들은 지그프리트의 종사들에게 무기를 내놓게 했다. 내가 말로 표현할 수 있는 것보다도 부르군트 사람들은 더 크나 큰 존경심을 그들에게 표했던 것이다. 지그프리트의 심성과 용기로 인해서 그는 군터 왕의 궁성에서 큰 명성을 얻었다. 그를 미워할 사람은 아무도 없었다. 그들이 투석 경기를 하든 창던지기를 하든 지그프리트는 모든 면에서 그들을 능가했다. 부인들은 창문을 통해서 투사들을 주시했다. 그녀들 중에 상당수가 지그프리트를 진심으로 좋아하게 되었다. 크림힐트 역시 지그프리트를 주목하며 은밀히 그녀의 애정을 고백했다. 곧 그녀는 여가 시간을 다른 일로 보내는 법이 더 이상 없게 되었다. 지그프리트는 오직 아름다운 공주를 위해서 싸웠다. 그의 모든 정신은 그녀에 대한 사랑에 집중되어 있었다. 지그프리트는 공주를 만나려는 것을 마음에 두고 있었음에도 불구하고 그녀의 얼굴조차 볼 수가 없었다. 궁성 마당에서 말을 타고 있는 그의 모습을 그녀가 창문 뒤에서 엿보고 있었다는 사실을 그가 눈치채고 있었더라면, 그의 기분은 한결 가벼웠을 것이다. 세 왕들이 말을 타고 궁성 밖으로 나갈 때마다, 지그프리트 역시 그들과 동행했다. 그러면 크림힐트는 텅빈 궁성을 슬퍼하며 바라보았다. 이렇게 네덜란드의 영웅은 1년을 보름스 왕의 궁성에서 살았지만, 왕의 누이 동생에 대해선, 그녀의 머리카락 한 올도 볼 수가 없었던 것이다. 그리고 지그프리트는 그녀 때문에 여전히 얼마나 많은 애정과 고통을 겪어야 할지 예감하지 못했다.

4. 작센족과 전쟁

크산텐의 영웅이 그렇게 일 년을 부르군트의 성에서 지내고 있을 때, 나라의 평화를 깨뜨리는 일이 발생했다. 작센 출신의 뤼데거Lüdeger와 덴마크 출신의 뤼데가스트Lüdegast의 전령들이 성으로 황급히 달려왔던 것이다. 두 왕은 막강한 동맹관계에 있었으며 번성하는 부르군트 영토를 침범하고자 했다. 군터 왕은 사자들을 환대하였으며 부르군트 사람들이 그들의 왕들을 화나게 만들었다는 사실을 그들로부터 알게 되었다. 따라서 그들은 강력한 병력을 이끌고 이 나라를 침공할 것이며 수 많은 부르군트 용사들의 투구와 갑옷들을 박살낼 것이라는 전갈이었다. 하지만 왕이 협상을 원한다면, 공격은 막을 수 있다는 것이었다.

군터는 협의할 시간을 얻고서 하겐과 게르노트를 불러오라고 명했다.

"적들이 쳐들어 오면, 죽을 운명에 처한 자, 그 자는 죽게 될 것입니다." 게르노트가 말했다.

뤼데거와 뤼데가스트는 극도로 교만하고 권력에 대한 야심이 강한 자들이지만, 그렇다고 해서 단시간 내에 부르군트 종사들이 군대를 모집할 수는 없는 노릇이라고 하겐은 생각했다. 그는 지그프리트의 조언을 청해보도록 제안했다.

군터와 지그프리트가 서로 대면했을 때, 그가 왕에게 물었다. "궁성 구석구석에 울려 퍼졌던 당신의 웃음과 쾌활함은 어디로 사라졌단 말입니까?"

"오직 진정한 친구들한테만 털어놓는 얘기오." 군터가 답변했다. 지그프리트는 안색이 붉그락푸르락하다가 말을 이었다. "만약 당신이 친구를 찾는다면, 저는 기꺼이 그런 사람의 하나가 될 것이며 내 목숨이 다하는 날까지 당신을 도울 것이오."

"지그프리트시여, 신께서 당신에게 보답해 주시기를 비오." 군터 왕이 대답을 하고 나서 사자의 전갈을 전해주었다. 지금까지 어떠한 적군들도 감히 그의 나라를 침략해 들어올 엄두를 내지 못 했다는 사실도 덧붙였다.

"당신의 용사들을 소집하십시오." 지그프리트가 큰 소리로 말했다. "그러면 적들이 삼만 명의 용사들을 거느리고 온다 한들, 저는 천 명의 군사들만으로도 그들을 공격해서 승리를 이끌어 내겠습니다." 군터 왕이 그에게 감사의 말을 했다.

"저는 단지 열두 명의 동행자들밖에 없습니다." 지그프리트가 유감스럽게 생각했다. "그러니 제게 천 명의 군사를 주십시오. 하겐과 오르트빈 역시 우리를 도울 수 있을 것이며, 당크바르트와 진돌트도 그리할 것입니다. 그리고 폴커도 당연히 출정해야 합니다."

군터 왕이 사자들을 불러들이게 하고 그들에게 많은 선물을 하사한 다음 말했다.

"나의 강적들에게 고하라! 그들은 그들의 고향에 머물러야 할 것이다. 하지만 만일 내 영토로 쳐들어 온다면 그들은 위험에 처하게 될 것이다."

이러한 보고를 접하게 되었을 때 덴마크의 왕은 몹시 화가 나서 부르군트 사람들을 오만하다고 판단했다. 하지만 그가 군터의 궁성에 기거하고 있는 크산텐의 영웅에 관한 소식을 들었을 때는, 이만 명의 군사로 구성된 군대를 집결시킬 때까지 계속 더 많은 전사들을 모집했다. 작센의 뤼데거 역시 그 이후로 장비를 강화하고 자신의 군대에 사만 명의 전사들을 투입시켰다.

"이곳 부인들 곁에서 편안히 머물러 계십시오. 저는 당신의 명예와 재산을 지키고 적의 오만함을 몰아내겠습니다." 지그프리트가 왕에게 조언했다.

그런 다음 지그프리트는 천 명의 부르군트 병사들을 거느리고 보름스를 떠났다. 하겐의 군사들이 그 뒤를 따랐다. 그는 지휘자들 중의 하나였다. 게르노트 역시 당크바르트와 오르트빈, 폴커, 진돌트 그리고 후놀트와 마찬가지로 함께 싸움터 깊숙이 앞으로 진군했다.

그들의 여정은 라인강을 시작으로 헤센을 지나 작센으로 치달았다. 그들은 그 지역들의 땅을 약탈과 방화로 제압했다.

적군과 싸움이 임박했을 때, 지그프리트는 누가 부하들을 지휘할 것인지를 물었다.

모두들 당크바르트에게 종사들을 맡기고 오르트빈으로 하여금 후군을 지휘하도록 조언했다. 그리고 지그프리트가 적의 군대를 탐색하려고 혼자서 말을 타고 나가기 전에, 그는 게르노트와 하겐에게 지휘권을 넘겨주었다.

얼마 안 되어서 평야에 진을 치고 있는 대규모의 적군을 발견한 지그프리트는 여전히 싸울 용기가 고조되어 있었다.

상대편에서도 한 용사가 전초前哨에 나와 있었다. 그들 중에서도 최고 사령관, 즉 덴마크 왕 자신이 달려나왔던 것이다. 그 두 사람은 서로 마주쳤으며 적의에 차서 노려 보았다. 뤼데가스트가 번쩍이는 황금 방패를 들고 지그프리트를 향해 들판을 지나 돌진했다. 두 사람은 상대편의 방패에 창을 겨누고 말을 타고 출발했다. 무기들이 서로 부딪치고 나자 왕들은 마치 폭풍이 미쳐 날뛰듯이 서로를 비켜 지나쳐 버렸다. 그리고 나자 그들은 칼을 뽑아들었다. 그리고 지그프리트가 뤼데가스트에게 일격을 가하자, 불길이 타오르듯이 그의 투구에서 붉은 불꽃이 튀었다. 지그프리트의 방패 역시 뤼데가스트가 휘두른 칼의 타격으로 흔들거렸다.

그러는 사이 서른 명 가량의 덴마크 정찰병들이 그들의 왕에게로 말을 타고 달려오고 있었다. 그들이 공격을 가하기도 전에 지그프리트는 그들의 왕에게 세 군데의 심한 상처를 입혔던 것이다. 뤼데가스트는 목숨만은 살려달라고 애걸하면서 자신의 영토를 내어 놓겠다고 제안했다. 지그프리트가 덴마크 왕을 데려가려고 했을 때, 서른 명이나 되는 그의 동행자들이 지그프리트를 공격했다. 그는 그들 모두를 쳐죽여야 했다. 그는 적의 진영으로 달려가 소식을 전할 한 사람만을 살려 두었다. 피로 붉게 물든 투구를 쓴 채 그 덴마크 병사는 말을 타고 그곳을 떠났다.

지그프리트는 덴마크 왕을 부르군트의 진영으로 데려와 하겐에게 넘겨주었다. 그리고 나서 부르군트 용사들은 싸울 채비를 갖추었다. 지그프리트가 그들의 군대를 지휘했다. 그의 군대는 상대방의 군대보다 훨씬 적은 천 명의 병사들로 이루어져 있었지만, 그의 지휘관들은 트론예의 하겐과 알차이의 폴커 그리고 게르노트왕과 같은 영웅들이었다. 그리고 라인 강변의 크산텐 출신인 열두 명의 영웅들이 지그프리트와 함께 전투에 가세했다. 말의 발굽들은 그들의 창끝이 잿빛으로 변해버릴 만큼 거센 먼지를 일으켰다.

작센의 군대에서는 훨씬 더 날카로운 칼들이 번쩍거리고 있어서, 들판은 온통 눈부신 빛을 내는 금속으로 넘쳐나는 듯했다.

이윽고 두 군대가 충돌을 일으켰다. 부르군트 병사들이 적의 무리 속으로 뚫고 들어갔다. 게르노트와 진돌트는 많은 적군들을 베어 쓰러뜨렸다. 폴커와 하겐 그리고 오르트빈은 덴마크 병사들과 작센 병사들의 손발에서 흘러나와 개천을 이룬 낭자한 피를 보고 투혼을 식혔다. 방패들이 만나면서 부딪치는 소리, 창자루가 깨어지는 소리 그리고 칼들이 쉴새 없이 맞부딪치는 소리들이 진동했다. 지그프리트가 격투를 벌이는 곳에서는 말 위에 올라타 있는 적군은 아무도 없었다. 세 번이나 그는 작센의 군사를 뚫고 들어가 싸웠다. 하겐과 다른 동료 용사들은 그의 옆에 바싹 붙어 있었다. 두 진영의 수 많은 용맹무쌍한 전사들이 쓰러져 갔다. 피로 넘쳐 흐른 말의 안장들이 텅 비어 있었다. 이때 작센의 왕인 뤼데거가 부르군트 군사들의 통솔자와 맞부딪쳤다. 두 사람은 서로 싸우기 시작했다. 뤼데거는 게르노트 왕이 자신의 형을 사로잡고 스물 아홉 명의 덴마크 인들을 쳐 죽였다고 생각했던 것이다. 그는 그에 대한 보복으로 지그프리트의 말이 채어서 비틀거릴 정도로 그를 향해 격렬하게 칼을 휘둘렀다. 게르노트와 하겐 그리고 다른 동료들이 작센 군사들의 대열 속을 뚫고 통로를 만들어 지그프리트의 옆에서 싸웠다. 적의 방패들이 쪼개지고, 부상자 운반병들이 피로 뒤범벅이 되어 말에서 떨어졌다. 많은 부르군트 사람들도 부상당한 채 싸움터에 쓰러져 있었다.

뤼데거와 지그프리트는 가차없이 서로 칼을 휘둘렀다. 지그프리트의 말이 푹 주저앉았을 때, 그것은 작센 왕의 위대한 업적에 견줄 만한 일이었다. 그도 그럴 것이 그라니Grani는 결코 평범한 말이 아니기 때문이었다. 그리고 나서 뤼데거는 지그프리트의 팔을 찔러 명중시키는데 성공했다. 그 타격이 격렬한 것이었음에도 불구하고 지그프리트는 상처 하나 없이 말짱했으며 그 대가로 뤼데거의 방패 고리쇠가 떨어져 나갈 정도로 그에게 발뭉을 휘둘러 맹렬한 타격을 가했다. 작센의 왕은 부르군트의 통솔자와 그의 동료들이 어떻게 자기 부하들의 대열을 뚫고 통로를 형성했는지 보게 되었다. 아무 것도 그들을 저지할 수 없었다. 이때 그는 상대방의 방패에서 왕관을 알아보았다. 그것은 지그프리트임을 알리는 표시였던 것이다. 그제서야 그는 자신이 누구와 대적하고 있으며 그 유명한 영웅과 그의 용사들과 싸움을 계속한다는 사실이 얼마나 가망이 없는 일인가를 알게 되었다.

"무기를 내려 놓아라!" 뤼데거의 목소리가 먼 곳으로 울려 펴졌다, "지그문트 왕의 아들이 적들을 지휘하고 있다. 발뭉을 휘두르는 이 불사신을 염라대왕이 우리에게 보냈도다!"

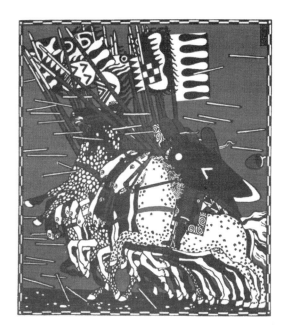

칼 오토 체시카의 그림

이렇게 작센의 왕이 말했던 것이다. 하지만 나는 비교적 오래된 이야기에서 말하고 있는 사실, 즉 크산텐의 영웅은 뵐중 왕의 혈통에서 유래하고 있는 힘을 소유하고 있다는 점과 오딘 자신이 그의 아버지 지그문트에게 신들에게서는 그란이라고 부르고 여기선 발뭉이라고 부르는 저 유명한 승리의 검을 주었다는 사실을 상기시키고자 한다. 그리고 어떻게 해서 옛날에 이미 지그프리트가 불사신이 되었는지 곧 이야기 되어질 것이다.

전장에서 작센의 군사들은 기를 내리도록 명령받았다. 전쟁의 소음이 잠잠해졌다. 공통된 충고에 따라 전투는 중단되었다. 온 둘레에 시체들이 즐비했다. 꿰뚫린 창과 찌그러진 투구들이 내팽개진 채 나뒹굴고 있었다. 부르군트 사람들은 평화를 허락했다. 그 대신 뤼데가스트 왕과 뤼데거 왕은 볼모의 몸으로 보름스로 출발해야 했다.

게르노트와 하겐은 오백 명의 뛰어난 적군들을 포로로 뽑아 마찬가지로 그들을 보름스로 데려갔다.

부상병들은 들것에 실렸고, 죽은 자들은 애도를 받으며 품위 있게 매장되었다. 덴마크의 용사들은 패자가 되어 말을 타고 고향으로 돌아갔다. 작센의 용사들은 용맹스럽게 싸우기는 했지만, 그들 역시 대개가 전사자들이어서 큰 소리로 애통해했다.

게르노트는 보름스로 사자들을 보냈다. 크림힐트는 적진에 있던 영웅들에 관해 알아보려고 사자들 중 한 명을 은밀히 자기에게로 부르게 했다.

"자 이제 나에게도 소식을 전해다오." 세 왕들의 누이 동생인 그녀가 말했다. "나의 오라버니이신 게르노트는 어떻게 싸웠느냐, 그의 동료들은 무슨 일을 당했지? 전사한 사람이 있느냐? 누가 가장 용감하게 싸웠지?"

"아무도 겁쟁이이거나 나약한 사람은 없었습니다." 사자가 보고했다. "하지만 어느 누구도 네덜란드의 영웅이신 지그프리트만큼 승승장구하며 적의 무리 속으로 뚫고 들어가지는 못했습니다. 그라니라고 하는 자신의 말에 올라타고 그는 발뭉을 휘두르며 진정한 기적을 이루어 내었습니다. 그리고 지금껏 그 누구도 두 명의 왕과 오백 명의 늠름한 용사들을 인질로 삼아 보름스로 데려온 적은 없었습니다." 그에 비해 다른 부르군트 용사들의 업적은 보잘 것 없었다.

크림힐트는 지그프리트의 업적에 대한 기쁨을 감추기 위해 무던히 애를 썼다. 그녀의 얼굴은 애정과 자부심때문에 상기되었다. 그녀는 사자가 가지고 온 소식을 값 비싼 옷과 금화 십 마르크로 보답했다.

다른 아름다운 처녀들과 나란히, 크림힐트 역시 궁성의 창가에 서서 부르군트의 군대가 귀향하는 모습을 바라보고 있었다. 왕이 말을 타고 그들을 맞이했으며 그의 영웅들에게 승리에 대한 고마움을 표했고 이방인들에게도 인사를 했다. 그의 군사들 중 예순 명만이 전사했다는 사실을 그는 이미 알고 있었다. 왕의 옆을 지나가는 많은 용사들은 박살나버린 방패나 투구를 들어올려 답례를 했다. 들것 위에서 흔들거리며 지나가는 부상병들 역시 승리에 대한 기쁨으로 활짝 웃음을 띠었다.

이방인들은 시의 주민들 집에서 숙소를 얻었다. 왕이 뤼데가스트에게 말했다. "내가 당신들의 과실로 큰 손해를 입긴 했지만, 그렇더라도 당신들을 환영하는 바이오. 그러나 내 친구들이 나를 도와 보상을 해주었소."

"왕께서는 그들에게 감사할 만합니다. 왜냐하면 이처럼 탁월한 인질들을 가져본 왕은 이제껏 없었기 때문입니다." 뤼데가스트가 대답했다. "왕께서 베풀어주신 친절과 관용에 대한 답례로 우리는 풍부한 재물을 내어놓을 것입니다."

왕은 이방인들이 자유로이 움직일 수 있도록 허락은 했지만, 왕의 허락이 없이는 이 나라를 떠나서는 안 된다는 것에 대해 보증을 요구했다. 그래서 작센의 왕은 악수로 서약을 했던 것이다.

부상당하지 않고 건강한 자들은 풍족한 포도주와 꿀술로 축제를 벌였다. 따라서 피곤에 지친 병사들은 다시 즐겁게 소란을 피웠다. 부상자들은 숙소에서 세심한 간호를 받게 되었으며, 무게를 잴 수 없을 만큼 많은 양의 은과 금을 하사받았고 그들을 위해 유능한 의사들이 고용되었다.

쪼개진 방패와 산산조각난 창들이 모습을 드러내고 무기고로 운반되었지만, 아름다운 부인들의 눈에서 눈물이 흘러나오지 않게끔, 피 묻은 수 많은 안장들이 은밀하게 감추어졌다.

부하들 중에서 집으로 가기를 원하는 자들은 풍족하게 선물을 받고 떠났다가 육 주 후 대규모의 축제에 초대를 받게 되었다. 그때까지 부상병들은 치료가 되어 있을 것이었다.

지그프리트 또한 귀향을 생각했다. 군터가 그의 의향을 듣고서 크산텐의 영웅에게 머물러달라고 청했다. 그는 오직 크림힐트 때문에 보름스에 남았다. 왕의 아들로서 그는 자신이 이룬 업적에 대한 보수와 선물을 거절했다. 그럴수록 그는 군터와 그의 동료들로부터 더 큰 사랑을 받았다.

5. 지그프리트가 용을 정복하고 보물을 얻다

이제 아주 오랜 옛날부터 지그프리트에 관해 전해져 오는 것들에 대해 이야기 되어질 것이다.

어린 뷜중이 성장했을 무렵, 왕은 그에게 말 한 필을 선택하라고 조언했다. 그래서 지그프리트는 숲 속에 있는 가축의 무리에게로 갔다. 거기서 그는 처음으로 수염이 길고, 테가 넓은 모자를 썼으며 외눈인 한 사람을 만날 수 있었다.

"말들을 강물 속으로 몰아넣도록 도와주게나." 흰수염의 노인이 큰 소리로 말했다. 그래서 지그프리트가 그를 도왔다. 오직 수컷 한 마리만 헤엄쳐서 육지에 닿지 못했다. 그 준마는 회색에다 젊고 발육이 대단했으며 아직 사람의 손길이 닿지 않은 말이었다. "이 말은 발이 여덟 개 달린 명마 슬라이프니르의 혈통을 이어받았다네." 낯선 사람이 말했다. "이 말을 정성을 들여 사육하면, 다른 모든 말들을 능가할 게야." 지그프리트가 그 회색말을 자신의 말로 선택하자, 외눈의 남자는 사라졌다. 어린 뷜중은 숫말의 이름을 그라니라고 불렀다.

왕이 지그프리트를 위해 대장장이 레긴이라는 사람을 양부로 삼았다. 지그프리트는 루네 문자에 대한 지식을 깨우치게 되었으며, 장기와 많은 다른 것들도 습득하게 되었다. 명성을 떨친 대장장이로서 레긴은 무엇보다도 비범하게 견고한 칼을 제조하는데 탁월한 솜씨를 자랑하고 있었다. 대장장이는 매우 총명하고 마법에 능했지만 오랜 증오심에 휩싸여 있었다.

"어째서 그토록 통분해 하십니까?" 지그프리트가 물었다.

"내 형인 파프니르가, 우리의 아버지를 살해하고 전 재산을 차지했어. 헤아리기 어려울 정도로 막대한 양의 황금보화란다. 내 형은 그 보화 중에서 나에게 나눠 줄 몫을 가로채고서 용의 모습으로 변신하고 말았지. 그 모습에선 두려움과 공포를 발하고 있어. 그 용은 무적의 존재로 간주되었지. 그럼에도 불구하고 네가 그를 쳐죽인다면, 대단한 명성과 보물을 얻게 될 거야." 레긴이 설명했다. 지그프리트는 그 보물에 관한 더 상세한 내용과 또 보물이 생겨난 경위에 대해 듣게 되었지만 아직은 모험을 감행하려는 의욕을 보이지 않았다. 레긴은 어떻게 파프니르가 보물 위에 안락하게 앉아서 가까이 다가오는 모든 사람들를 향해 불을 토해내고 있는지에 관한 얘기를 계속했다. 그를 흘끗 쳐다보는 것만으로도 모든 사람들이 마비되고 무기조차 들어울릴 수 없게 만드는 공포의 투구때문에 그는 무적의 존재로 여겨지고 있다는 것이었다.

"네가 그 용을 죽이면, 너의 명성은 모든 왕들의 명성을 뛰어넘어 오래도록 남게 될 거야." 레긴이 유혹했다.

"제가 양부를 도와 양부의 권리를 되찾게 해드리겠습니다." 지그프리트가 단언했다. "제게 칼을 하나 만들어 주시면, 파프니르와 겨루어 보겠습니다."

레긴이 칼을 완성하고 난 후, 지그프리트는 무기를 시험해 보고 싶어서 칼로 모루 위를 내리쳤다. 그러자 칼날이 쪼개졌다.

"더 나은 칼을 만들어 주세요." 젊은 뷜중이 요구했다. 하지만 두 번째 것도 역시 모루에 닿자 산산조각이 나버렸다.

무거운 모루에도 견뎌낼 수 있는 견고한 무기를 만들어 내는데 과연 성공하게 될 것인가? 지그프리트는 언젠가 오딘이 자기 아버지에게 주었고 후에 두 동강이 나버린 그 칼을 달라고 어머니에게 청했다. 그 칼에서 레긴은 새로운 칼을 만들어 내었다. 그가 칼에 망치질을 하자 대장장이들에게는 마치 동강난 칼자루에서 불이 타오르는 것처럼 여겨졌다. 다 완성된 무기로 지그프리트는 모루를 바닥까지 쪼개어 버렸다. 그런 다음 젊은 뷜중은 번쩍이는 칼을 들고 라인 강변으로 가서 흐르는 물에 털뭉치를 던졌다. 칼이 손쉽게 털뭉치를 두 쪽으로 베어버렸다. 지그프리트는 대장장이인 양부의 솜씨를 칭송해 마지 않았다.

"이제는 네가 약속한 일을 이루어 파프니르를 죽여다오." 레긴이 상기시켰다. "그 용은 온순한 숲 속의 보행자들에게도 독을 뿜어대고 있단다."

"어떤 사람들이 피해를 입었나요?" 지그프리트가 확인을 했다.

"파프니르는 상인들의 황금이 탐이 나서 한 부락 전체를 공격한 적이 있었지. 기억해라, 지그프리트, 너보다 더 훌륭한 무기

레긴이 지그프리트의 마법의 검인 그람을 수리하고 있다. 12세기 목판조각

를 갖고 있는 사람은 아무도 없다는 사실을 말이다."

"제가 먼저 원수를 갚는 대신 황금 반지들을 얻는다면, 제 아버지를 살해한 훈딩Hunding의 아들들이 저를 비웃고 말겁니다." 젊은 뵐중이 대답했다.

이 오래된 이야기에 따르면 지그프리트는 왕에게 도움을 청했다. 강력한 함대가 무장을 하고 출동 준비를 갖추었다. 지그프리트는 가장 웅장한 용의 머리가 달린 큰 배를 뱃머리에서 지휘했다. 항해한 지 며칠이 지난 후 마치 피거품이 일듯 폭풍우가 바다를 미쳐 날뛰게 하기까지 그들에게는 한동안 순풍이 돛을 부풀게 했다. 젊은 뵐중은 돛을 내리지 말고 더 높이 돛을 올리도록 명했다. 그들이 큰 산맥 앞의 구릉맥 옆을 지나 돌진하고 있을 때, 암석 위에서 한 남자가 폭풍우에도 요동치 않고 그대로 서있는 것이 보였다. 그 남자가 배에 태워달라고 청했다. 출렁이는 바다는 선체의 앞과 뒤에 우뚝 솟아오른 뱃머리보다 더 높게 격노하듯 날뛰었다. 그럼에도 불구하고 지그프리트와 레긴은 그 남자를 배에 태우게 했다. 물보라가 끓어 오르는 바다 속에서 그의 얼굴 윤곽을 알아보기란 거의 불가능한 일이었다. 그가 배에 뛰어 오르자, 그들은 폭풍에도 부풀리지 않는 그의 푸른색 망또와 그의 머리 위에 걸쳐진 테가 넓은 모자를 볼 수 있었다. 그 외눈의 남자가 배에 올라타고 있는 동안에 이미 그는 바다를 잠재웠다.

낯선 사람은 자신을 흐니카르Hnikar라고 소개했는데, 그 뜻은 '선동자', 또는 퓔니르Fjölnir, 즉 '현자'였다. 외눈의 남자는 기꺼운 마음으로 조언을 하면서 신과 인간들에 대한 의미 깊은 징후를 보여주었다.

"불길한 까마귀들은 그대들이 항해하는 방향으로 날아가고 있다네. 물푸레나무 근처에서 그대들은 오늘 늑대가 우는 소리를 듣게 될 거야. 그대들은 그때 처음으로 적들을 알아보게 될 것이네." 푸른색 망또를 입고 있는 키가 큰 남자가 예고하면서 승리를 위한 은밀한 방법을 지그프리트에게 알려 주었다. "전사들을 보통 때처럼 길게 늘어뜨린 전투 대형으로 하지 말고 V자형으로 공격하게. 그러면 그대는 적들을 정복하게 될 것이네."

그들이 훈딩의 아들들이 살고 있는 나라에 정박했을 때는 이방인은 이미 사라지고 없었다. 지그프리트가 그의 충고를 따랐기 때문에, 그가 예언했던 일이 정확히 그대로 일어났다. 훈딩의 아들들과 싸운 대규모의 전투에서 수 많은 방패들이 부수어졌고, 갑옷들은 가루가 되었으며 투구와 머리들이 쪼개졌다. 지그프리트는 자신의 칼인 그란을 휘두르며 적군의 포위를 뚫고 한가운데로 나아가서 말들과 더불어 무수한 기병들을 베어 넘어뜨렸다. 그의 두 팔은 어깨까지 피로 물들여졌다. 지금껏 그 누구도 그토록 맹렬하게 싸우는 용사를 본 적이 없었다. 자신의 새칼로 지그프리트는 훈딩의 아들들 역시 쓰러뜨렸다. 그리고나서 젊은 뷜중은 압도적인 승리를 거둔 자신의 군대와 함께 배를 타고 귀국길에 올랐다.

레긴은 이제 대성공을 거두고 돌아온 그를 새로이 유혹해서 무적의 존재로 간주되고 있는 용을 살해하도록 재촉하다. 그래서 지그프리트와 레긴은 말을 타고 파프니르가 체류하고 있는 그니타하이데로 갔다. 용은 대부분의 시간을 황금 위에 또아리를 틀고 앉아있었다. 그는 가끔씩 기어서 바다로 내려왔고 서른 길 높이의 암초에서 흘러나오는 물을 마셨다.

지그프리트와 레긴은 괴물이 머물러 있던 흔적 옆에 서 있었다.

"용의 크기가 대단치는 않다고 말씀하셨잖아요. 그런데 끌린 자국을 보면 무덤처럼 폭이 넓고 깊은 걸요." 지그프리트가 대장장이에게 항의했다.

"용이 누워있던 자리 아래에 구멍을 파거라. 그리고 용이 물 쪽으로 기어가면, 밑에서 칼로 찌르거라." 레긴이 말했다.

"피가 내 몸 위로 쏟아지면, 무슨 일이 생길까요?" 지그프리트가 말했다.

"급히 뛰쳐 나오거라." 레긴이 충고했다.

지그프리트는 구멍을 파기 시작했고, 레긴은 멀리 떨어진 숲속으로 도망쳤다.

이때 창이 넓은 모자를 쓴 외눈의 남자가 와서 젊은 뷜중에게 무슨 일을 하고 있는지 물었다.

지그프리트는 하던 일을 멈추지 않고 말했다.

"한 개의 구덩이만으로는 어림도 없을 텐데." 외눈의 남자가 의아하게 생각했다.

"자네는 용의 피 속에 몸을 담궈야 하네." 그가 경고했다. "피가 골고루 흩어지기 위해서는 더 많은 구덩이를 만들어야 해. 그리고 그리로 가 앉아서 괴물의 심장 깊숙이 칼로 찌르게."

지그프리트는 노인이 충고하는 대로 따랐다. 용이 기어서 다가오자 땅이 요동을 쳤다. 모래가 구멍 가장자리에서 잘게 부서져 떨어졌고, 썩어서 무르게 된 나무가지들이 뚝뚝 부러져 나갔다. 괴물이 불꽃을 튀기며, 탐욕스럽게 주둥이를 쫙 벌렸다. 괴물이 지그프리트 앞으로 거칠게 독을 내품었음에도 불구하고, 지그프리트는 두려워하지 않고 그 울부짖음 앞에서 구덩이 속으로 몸을 구부렸다. 그리고 적시에 칼 그란을 파프니르의 왼쪽 어깨 관절 속으로 푹 찔러 넣었다. 어찌나 깊이 찔렀던지 칼 손잡이의 머리까지 박히고 말았다.

거대한 용이 치명상을 입은 것을 알았을 때, 땅이 또 한 번 요동을 쳤다. 용의 피가 젊은 뷜중의 몸 위로 내뿜어졌지만 신속히 다른 구멍 속으로 흘러 떨어졌다. 용은 고통과 분노에 차서 큰 가지들이 갈라질 정도로 사납게 머리와 꼬리로 닥치는 대로 쳐부수었다. 젊은 뷜중은 용의 몸에서 칼을 뽑아낸 다음 그의 몸으로 덮혀있지 않은 다른 구멍에서 뛰어 나왔다. 바깥에서

파프니르와 대결하는 지그프리트. 1984년 앨런 리의 그림.

그는 무기를 깨끗이 닦아냈다.

이제 지그프리트와 용이 서로 마주 보고 서 있었다. 독이 그의 콧구멍 속에 꽂힌 채 남아 있었다.

"네 놈은 누구냐? 네 애비는 누구지?" 경악한 파프니르가 물었다.

"나는 아버지도 어머니도 없는 몸이다." 젊은 뵐중이 주장했다. 만일 죽어가는 자가 상대방의 이름을 알고 그에게 저주를 내리면, 자신에게 불행이 초래될 수 있을 것이라 지그프리트는 염려했던 것이다.

"너를 부추겨서 이런 일을 저지르도록 시킨 자가 누구란 말이냐?" 파프니르는 냉정을 잃고 말했다. "모든 사람이 나를 두려워한단 말씀이야. 나는 누구보다도 힘이 장사기 때문이지. 내투구는 모든 사람의 간담을 서늘케 만들거든."

"나는 오직 내 용기만을 믿고 여기에 왔다. 나를 도와줄 수 있는 건 내 손과 칼 뿐이야." 지그프리트가 주장했다.

용의 몸에서 점점 힘이 빠져나갔다. 젊은 뵐중은 구덩이 옆의 피바다 속에 서 있었다.

"충고하겠는데." 용의 목소리가 이제는 확실히 더욱 낮은 목소리로 들려왔다. "말에 올라타고 빨리 이곳을 떠나거라."

"그렇게는 안 되지, 난 너의 동굴 속으로 뚫고 들어가서 보물을 가져올 거야." 지그프리트가 대답했다.

"그 타는 듯이 빨간 보물은 네 피로 적셔지게 될 거고, 그러면 소리나는 금이 너를 죽이고야 말 것이다." 용이 경고했다.

"내 운명을 결정하는 권한은 노르네들에게 있어." 젊은 뷜중이 주장했다.

"비록 네가 이미 해안을 바라보고 있고 스스로를 위험에서 벗어나 있다고 믿고 있을지라도, 넌 죽고 말거야." 용이 경고했다. "조심한다고 구제받는 건 아니지."

"죽어야만 하는 존재에겐 항상 생명의 위험이 따르는 법이지." 지그프리트가 웃으면서 대꾸했다.

"나는 나 자신을 가장 힘센 존재로 자부했었지." 용이 여전히 자신을 제압한 자에게 경고했다. "내 자신을 확실히 믿고, 그리고 나를 무적의 존재로 여겼었지." 사투의 와중에서도 다음과 같은 말이 들려왔다. "내 형제인 레긴이 나를 배신한 것처럼, 그가 너 역시 죽이고 말 것이다!"

그리고 나서 그 육중한 몸체가 푹 쓰러지더니 구멍의 일부를 함몰시켜 버렸다. 그러자 뜨거운 피가 끊임없이 젊은 뷜중의 발 사이로 계속해서 흘렀다. 그는 용의 피가 자신에게 도움이 되리라는 사실을 깨닫게 되자, 옷을 벗고 구멍 속으로 내려가 그 속에서 목욕을 했다. 그때 보리수나무 이파리가 하나 떨어져 그의 양 어깨 사이에 내려 앉았다. 때문에 그 자리는 각질이 생기지 않아 그것이 영웅에게 상처를 입힐 수 있는 약점을 만들어주었다.

위험이 지나가 버리자 대장장이가 수풀에서 나와 큰 소리로 말했다.

"네게 복이 내리기를, 지그프리트, 네가 가장 위험한 적을 무찔러버렸구나! 이 세상이 존재하는 한, 이 행적은 인간들의 기억 속에 영원히 남게 될 것이다."

레긴은 그 굉장한 몸체와 무시무시한 양의 피를 살펴보고서 말했다. "하지만 네가 나의 형을 살해하고 말았으니, 나 역시 무죄일 순 없구나."

"양부께서는 천지를 구별할 수 없는 덤불 속과 빽빽한 히드 속에 기어들어가 숨어 계셨습니다. 그런데 저는 용의 피에 빠져 거의 익사할 뻔 했어요." 지그프리트가 그에게 이의를 제기했다.

"그란을 제조한 사람이 누구더냐?" 레긴이 말했다.

"용사의 용기가 없이는 제 아무리 최고의 칼이라 하더라도 녹슬고 말 것입니다." 젊은 뵐중이 주장했다.

레긴은 거의 적개심에 찬 눈으로 지그프리트를 쳐다보며 반복해서 말했다. "넌 내 형을 쳐 죽였고, 나 역시 죄가 없진 않지."

이러한 질책은 지그프리트로 하여금 대장장이에게 불신을 품도록 만들었다.

레긴은 칼로 자기 형의 심장을 도려내어 불에 구워달라고 지그프리트에게 부탁했다. 그런 다음 레긴은 파프니르의 피를 마셨다. 사나운 짐승의 피가 불가사의한 힘을 부여해 준다고 믿고 있었기 때문이었다.

지그프리트는 불을 붙인 다음 거대한 용의 심장을 막대기에 꽂아서 불에 구웠다. 살에서 육수가 흘러나오자, 그는 고기가 잘 구워졌는지 알아보기 위해 손가락으로 만져 보았다. 그 때 그는 손가락에 화상을 입고 급히 손가락을 입 안에 찔러넣었다. 용의 심장에서 흘러나온 피가 그의 혀에 닿자, 갑자기 그는 새들의 언어를 알아듣게 되었다. 그가 심장을 굽는 동안 줄곧, 그는 새들의 음성에 귀를 기울였다.

"레긴이 그를 죽이려고 하는데, 어떻게 그가 레긴을 믿을 수 있을까?" 박새 한 마리가 지저귀었다.

"그가 직접 파프니르의 심장을 먹어야 해. 그렇게 되면 다른 모든 사람들보다 더욱 지혜로워 지지." 두 번째 박새가 충고해 주었다.

"보물은 지그프리트 혼자에게 돌아가야만 해. 그가 보물을 취해야 하지." 세 번째 박새가 소근거렸다. "그래야 이 세상에서 가장 막강한 여인에게 구혼할 수가 있지."

"레긴이 지그프리트의 머리를 베어버릴 때까지, 그는 기다리고만 있을까?" 네 번째 박새가 경고했다.

젊은 뵐중은 오딘이 자기에게 더 많은 구덩이를 파내라는 충고를 들음으로써 어떻게 자신의 목숨을 구할 수 있었던가를 깊이 생각해 보았다. 레긴이 그를 또 다시 적대감에 찬 시선으로 대했을 때, 그는 대장장이를 앞질러 그란으로 대장장이의 머리를 베어버렸다. 그리고 나서 젊은 뵐중은 갓 구워진 용의 심장을 먹었다.

지그프리트는 그라니를 타고 용의 동굴로 달려가 공포를 불러 일으키는 투구와 황금 갑옷 그리고 많은 보석들을 찾아냈다. 그는 평범한 말이 싣고 올 수 없을 만큼 수 많은 황금과 보석들을 상자에 꾸렸다. 그라니는 짐을 받아 싣고 지그프리트와 함께 그 곳을 떠났다. 이것으로 지그프리트가 불사신이 된 경위와 보물에 얽힌 오래된 이야기는 끝을 맺는다.

6. 지그프리트와 크림힐트가 만나다

이제 부르군트 궁성에 머물고 있는 지그프리트에 관한 더 나중에 알려진 이야기를 계속하려고 한다. 작센족들에게 승리를 거두고 난 후 보름스로 향하는 연안 해안에는 거대한 축제를 위해 의자와 쿠션이 있는 긴 의자와 탁자들이 설치되었다. 여기서 지그프리트는 마침내 지극히 아름다운 공주를 바라볼 수 있으리라고 희망했다. 크림힐트 역시 경탄에 마지 않는 그의 얼굴을 대면할 수 있으리라는 기대 속에 축제를 준비했다.

연일 온 나라에서 손님들이 속속 도착했다. 왕의 초대로 도착한 사람들은 말과 값비싼 옷을 선물로 받을 수 있었다. 게르노트와 기젤헤어는 끊일 사이 없이 새로이 도착하는 손님들을 맞이했다. 나라의 막강한 손님들은 황금빛 안장 위에서 화려한 예복을 입고 걸터앉아 있었으며 값 비싼 보석들로 치장한 방패를 들고 있었다. 가장 고귀하고 명망있는 영주들이 모습을 드러냈는데, 그 수는 서른 두 명에 달했다.

궁성의 아름다운 부인들은 열렬히 준비를 하면서 고귀한 장식품과 화려한 옷들로 서로를 능가하려고 앞을 다투었다. 부상병들은 기대에 찬 즐거움으로 더 빨리 회복되었다. 아직도 병석에 누워있는 환자들은 고통을 잊었다.

성심강림절 아침에 궁성의 방들이 열렸다. 위엄있는 왕의 모습으로 차려입은 군터가 시종들과 함께 나타났다. 오백 내지 그 이상의 손님들이 승리의 축제에 모습을 드러냈다. 그 사이 군터 왕은 지그프리트가 자신의 누이동생인 크림힐트를 사랑하고 있다는 사실을 익히 들어 알고 있었다. 메츠의 오르트빈 역시 그 사실을 알고 있는 듯이 보였으며 왕에게 다음과 같이 의뢰했다.

"우리의 승리를 기념하는 축제와 손님들의 명예를 위해서 우리가 내세울 수 있는 가장 훌륭한 것, 즉 부인들과 숙녀들의 아름다움을 보여주도록 하십시오."

이 제안이 왕의 마음에 들었다.

시녀들이 옷장에서 화려한 옷들을 택해서 입었다. 그리고 황금으로 눈부신 빛을 자아내면서 고리들로 장식을 한 크림힐트와 우테가 수행원들 앞에 발을 내디뎠다. 군터는 손에 칼을 쥔 백 명의 전사들로 하여금 누이동생 옆에서 호위하도록 분부했다. 수 많은 우아한 처녀들이 그녀를 따랐다. 우테 대비 역시 백 명이 넘는 아름다운 부인들을 자기 주위에 거느리고 있었다.

용사들은 축제 행렬로 행진했다. 수 많은 영웅들은 부인들이 자신들을 주목해주기를 원했으며 또 그들로부터 칭송받기를 원했다. 그것을 위해서라면 기꺼이 나라와 재산을 포기할 수 있을 정도였다.

흐릿한 구름 사이로 아침 노을이 모습을 나타내듯 그렇게 그 사랑스런 크림힐트가 자태를 드러냈다. 노련한 용사들은 그녀를 바라보았을 때 숨을 멈추었다. 보석으로 치장한 크림힐트의 옷이 광채와 아름다움으로 빛나고 있었다. 그녀의 얼굴에는 장미빛 같은 붉은 빛이 내비치고 있었다. 이제껏 그 누구도 이 세상에서 이보다 더 아름다운 모습을 본 적은 없을성 싶었다. 구름 사이로 그토록 밝게 빛을 발하는 밝은 달이 별들을 무색케 하듯, 그렇게 크림힐트는 부인들의 행렬 앞에 서 있었던 것이다.

영웅들이 이 아름다운 여인을 보려고 앞 다투어 모여 들었다. 그녀를 바라보면서 지그프리트는 얼굴빛이 붉으락푸르락 해지면서 생각했던 것이다. '어떻게 내가 감히 그녀를 사랑할 수 있을까? 하지만 그녀의 사랑을 얻지 못한다면 차라리 죽는 게 나으리라.' 마치 위대한 예술가가 양피지에 그려놓은 그림처럼, 사랑에 빠진 크산텐의 지그프리트는 그렇게 서 있었다. 일찍이 그렇게 당당하고 아름다운 영웅은 한 번도 본 적이 없었다고 말할 정도였다.

그때 게르노트가 그의 형에게 말했다. "우리를 그토록 충실하게 섬겨준 그에게 다른 모든 사람들의 면전에서 그 고마움을 보여주십시오. 크림힐트로하여금 지그프리트 앞에 나서게 해서 아직 누구에게도 인사를 청하지 않은 그녀가 크산텐의 영웅을 환영할 수 있게끔 하십시오. 그렇게 함으로써 우리는 그를 영원히 친구로 삼을 수가 있을 것입니다."

지그프리트가 그 말을 들었을 때, 그 마음의 고통은 일시에 사라져 버렸다. 또한 크림힐트가 선택을 받은 그를 바라보았을 때, 그의 얼굴은 불타는 듯이 홍조를 띠게 되었다.

"환영합니다. 존엄하신 영웅이시여!" 크림힐트가 말했다. 그녀가 그의 손을 잡고 둘이 나란히 의젓하게 걸음을 옮길 때까지, 그는 정중하게 고개를 숙여 인사를 했다. 그들은 사랑의 눈빛으로 은밀하게 서로를 바라보았다. 나는 그들이 서로 애정어린 마음으로 손을 꼭 쥐고 있었는지는 알 길이 없다. 하지만 그들이 그렇게 하지 않았다고는 결코 믿을 수가 없다. 그는 그녀의 하얀 손을 어루만졌고, 그리고 크림힐트는 그에게 자신의 애정을 드러냈다고 전해진다. 지그프리트는 일찍이 그처럼 숭고한 기쁨을 느껴 본 적이 없었다.

많은 영웅들이 지그프리트를 부러워했고 그 대신 그녀의 옆에서 걷거나 혹은 심지어 그녀 곁에 누울 수 있기를 소망했다. 두 사람의 애정은 모든 사람들이 그 사실을 눈치챌 만큼 명백한 것이었다.

그리고 나서 크림힐트는 크산텐의 영웅에게 키스하도록 허락했다.

"많은 영웅들이 이러한 행운을 나처럼 심한 부상이나 심지어 목숨으로 지불해야 했었소." 덴마크의 왕인 뤼데가스트가 말했다. "지그프리트가 내 왕국에서 항상 멀리 떨어져 있게 하소서!"

이제 크림힐트는 수행원들과 함께 미사를 드리기 위해 대성당으로 걸음을 옮겼다. 손님들이 자리를 비켜주었다. 지그프리트 역시 그녀로부터 떨어져 있어야만 했다. 미사곡이 그에게는 끝없이 길게만 여겨졌다. 크림힐트가 다시 대성당 밖으로 나왔을 때, 그녀는 기다리는 사람들을 자기에게 다가올 것을 권고했고 지그프리트에게 작센에 대해서, 승리를 이끈 사실에 대해 감사의 말을 했다.

"전사들이 당신께 신의를 지키는 것은 당연한 일입니다."

그는 사랑에 가득찬 눈으로 크림힐트를 쳐다보면서 대답했다.

"저는 항상 그들에게 도움이 되도록 할 것입니다. 그리고 그들이 원하는 모든 일을 해 낼 때까지 저는 결코 쉬지 않을 것입니다. 크림힐트여, 이 모든 일은 오로지 당신의 행복을 위해 하는 것이랍니다."

축제가 진행되는 열 이틀 동안 줄곧 사람들은 아름다운 크림힐트 곁에 지그프리트가 동행하는 것을 보았다. 궁성의 모든 사람들이 그에게 경의를 표했다. 다른 누구보다도 특히 하겐과 오르트빈이 성심성의껏 그를 돌보았다. 부상병들은 회복되었다. 훌륭한 음식과 음료들이 제공되었다. 왕은 매우 배포가 큰 태도를 보이며 단언을 했다. "나의 선물을 물리치지 마시오, 나는 당신들과 함께 나누어 가질 것이오."

축제의 소란이 잠잠해졌을 때, 덴마크에서 온 영웅들은 고향으로 돌아가는 기마 여행을 앞두고 용서를 구했다. 뤼데가스트는 부상에서 완쾌되었고, 작센의 통치자 역시 회복되었다. 화해와 방면을 위해 그들은 오백 마리의 말에 실을 수 있을 만한 수많은 금을 내어놓았다.

"그것은 옳지 않다고 봅니다." 지그프리트가 경고했다. "그들을 자유롭게 떠나게 하시고 그들 두 왕의 약속과 악수를 통해서 그들이 다시는 절대로 당신의 나라에 침공해 들어오지 않겠다는 사실을 확인하십시오. 그렇게 되면 왕께서는 그들을 동맹국이자 친구로 삼게 되는 것입니다."

군터는 그 충고에 따랐고, 그들의 금을 받고 싶어하는 사람이 여기서는 아무도 없다는 사실을 외국의 왕들에게 전하라고 명했다. 그는 성실한 벗들이 출발하기 전 그들에게 더욱 더 풍부한 선물을 나누어 주었다. 저울질 해보지도 않고 오백 마르크 혹은 그 이상이 그들에게 분배되었다. 많은 사람들이 보물로 가득 찬 방패들을 집으로 싣고 갔다. 그렇게 하도록 게르노트가 조언했던 것이다.

출발하기 전 손님들은 우테 대비와 크림힐트를 찾아 뵈었다.

지그프리트는 크림힐트를 신부로 얻고자 하는 계획이 달성될 수 없다고 생각하고 귀향할 채비를 갖추고 있었다. 기젤헤어가 그가 떠나는 것을 제지하고 나섰다.

"당신은 어디로 떠나려는 겁니까? 군터 왕과 종사들 곁에 머물러 주시오. 그리고 이곳의 수 많은 아름다운 여인들이 간절히 그것을 바라고 있습니다." 그가 크림힐트의 이름을 거론했는지에 관해서 우리는 알 길이 없다.

이에 지그프리트는 말을 다시 마구간으로 데려가게 하고 방패들도 성 안으로 운반하도록 했다. 물론 그는 누군가가 나서서 귀국 여행길로부터 자신을 막아주기를 바라고 있었던 것이다.

내 생각에, 그는 이제 매일같이 궁성에서 볼 수 있는 탁월한 미녀인 크림힐트때문에 보름스에 머물렀던 것이다. 그러나 그녀 때문에 그 또한 죽어야만 한다는 사실을 아는 사람은 아직 아무도 없었다.

7. 군터가 브륀힐트에게 구혼하다

어느 날 군터 왕은 친구들로 둘러싸인 자리 한가운데서 포도주를 마시며 앉아 있었다. 그들은 왕이 아름다운 여인들 중 하나에게 구혼을 해야 한다고 말했다. 이때 브륀힐트가 거론되었는데, 바닷가에서 살고 있는 여왕인 그녀는 이 세상의 다른 어떤 여인과도 비교가 될 수 없다는 것이었다. 그녀는 탁월하게 아름다울 뿐만 아니라 강력한 힘을 지니고 있어서 창던지기에서 가장 힘센 영웅들과 우열을 다투고, 모든 사람들보다 더 멀리 돌을 던질 수 있으며, 그리고 나서 도약을 해서 그 던진 돌을 앞지른다는 것이었다. 하지만 그녀의 사랑을 얻으려는 자는 세 가지 시합에서 그녀를 이겨야만 한다는 것이었다. 시합에서 단 한 번만이라도 굴복하는 자는 목숨을 잃는다고 했다. 그토록 많은 영웅들이 이미 이 경기에 참가했었지만, 여지껏 여왕은 한 번도 져본 적이 없었던 것이다.

"내게 무슨 일이 생긴다고 하더라도, 그 전례 없이 아름다운 여왕을 얻기 위해서라면 나는 라인강을 따라 내려가 바다로 가서 브륀힐트에게로 가겠소." 군터가 선언했다. "그녀의 사랑을 얻기 위해 과감히 내 목숨을 걸 각오가 돼있소."

"저는 그런 일을 하지 마시도록 충고합니다." 지그프리트가 이의를 제기하고 나섰다. "그 여왕은 잔혹하며 화를 불러오기까지 합니다. 그런 그녀를 얻으려 하다가는 목숨마저 희생할 수 있습니다."

이 말이 군터 왕으로 하여금 자신의 뜻을 더욱 확고하게 해주었다. "그녀가 제 아무리 힘이 세고 용맹스럽다고는 하나 내가 내 자신의 힘으로 제압하기 어려울 만한 여자는 없을성 싶소."

"네 명의 용사가 지니고 있는 힘을 모은다고 해도 그녀의 사나움을 당해낼 수는 없을 것입니다." 지그프리트가 왕에게 맹세했다. "당신께서 죽기를 바라지 않는다면, 그녀를 포기하십시오."

하지만 군터는 점점 더 그녀에게 매료되어 브륀힐트의 힘과 아름다움을 얻기 위해서라면 모든 것을 감행하겠다고 결심했다. 하겐은 왕이 자신의 뜻을 굽히지 않을 것이라는 사실을 깨닫고 지그프리트에게 간절히 도움을 청할 것을 왕에게 부탁했다.

크산텐의 영웅은 잠시 주저했으나 이미 대답을 준비한 듯이 보였다.

"저에게 만일 당신의 누이동생인 아름다운 크림힐트를 아내로 주신다면, 제가 왕께서 브륀힐트를 제압하도록 도와드리겠습니다."

"그 거만한 브륀힐트가 이 나라에 온다면, 나는 그대에게 내 누이동생을 아내로 줄 것이오." 군터가 그에게 약속했다. 그들은 그것을 선서로써 맹세했다. 그것으로부터 생겨날 싸움과 고통에 대해선 아무 것도 모르는 채 말이다.

군터와 지그프리트는 여행에 필요한 모든 준비를 갖추기 시작했다. 크산텐의 영웅은 난쟁이 알베리히와 싸우면서 획득한 마법의 망또를 챙겼다. 이 망또를 걸친 사람은 열두 명의 용사들에 해당하는 힘을 얻을 수 있으며 눈에 띄지 않고서 원하는 모든 일을 할 수 있었다. 이 마법의 망또로 지그프리트는 아름다운 크림힐트를 얻기 위해 여왕 브륀힐트를 계략에 넘어가도록 만들려 했다. 무엇이 그로하여금 군터와 선서하도록 결심하게 했는지 나로선 알 도리가 없다. 오만때문이었을까, 아니면 자신이 착수하는 모든 일에 성공을 거둘 수 있다는 믿음때문이었을까? 오래 전 옛날에 그는 브륀힐트와 약혼한 적이 있었다. 그때문에 큰 불행이 생길 수밖에 없었다. 지그프리트가 일찍이 브륀힐트와 결합했었던 일은 곧 이야기 되어질 것이다.

군터는 브륀힐트의 나라에 삼만 명의 용사들을 데리고 갈 생각을 했다. 이에 대해 지그프리트는 반대의사를 표명했다. 여왕은 가공할 만한 두려운 존재여서 모두를 죽게 할 수도 있다고 지그프리트는 단언했다. "우리가 용사라면 마땅히 라인강을 따라 내려가야 합니다. 우리와 함께 하겐과 당크바르트, 이렇게 넷이서만 말입니다. 그렇게 되면 이천 명의 용사들이라도 우리에게 기가 꺾이지 않을 수 없을 것입니다." 그가 말했다.

"브륀힐트에게 청혼하기 위해선 어떤 옷을 입어야 하겠소?"

군터가 물었다.

"일찍이 궁성에서 선보인 가장 아름다운 옷들을 브륀힐트의 성에선 예사로 입고 다닌답니다. 우리는 마땅히 그러한 옷들을 능가해야 할 것입니다." 지그프리트가 요구했다.

하겐은 여행에 필요한 적절한 옷을 크림힐트에게 고르게 해서 그녀가 직접 만들어 내도록 할 것을 조언했다. 그때문에 크림힐트는 그녀의 오라버니와 지그프리트를 맞아들이기 위해 그들에게로 다가갔다. 그녀는 인사로 손을 잡고 그들을 방 한구석에 놓여있는 쿠션이 있는 의자로 데리고 갔다. 그곳은 그림들로 수를 놓은 커튼이 쳐져 있었다. 크림힐트는 크산텐의 영웅에게로 아주 가까이 다가앉아 그와 뜨거운 사랑의 눈짓을 교환했다. 필요한 옷의 품질에 대해 크림힐트가 말했다.

"비단이라면 제가 충분히 가지고 있답니다. 그러니 보석으로 가득 채운 방패를 이곳으로 운반해 오도록 해 주십시오. 그러면 우리는 가장 훌륭한 옷들을 만들어 놓겠습니다."

네 명의 동행자들을 위해 나흘 동안 각각 세 벌의 다른 옷들을 마련해야 했다. 모두 화려하고 전례 없이 훌륭한 옷으로 말이다.

크림힐트는 훌륭한 옷들을 손수 재단했다. 서른 명의 아름다운 처녀들이 칠 주 동안 바느질을 했다. 그들은 눈처럼 흰 아라비아산 비단과 클로버 잎처럼 푸른 차차망크산의 우수한 천 위에 보석으로 수를 놓았다. 어떠한 왕의 딸이라 할지라도 모로코와 리비아산의 가장 훌륭한 비단을 그처럼 풍족하게 비축해 두고 있진 못 했다.

이 시기에 영웅들은 장비를 정비하고 무기의 날을 세우도록 명했다. 부지런히 튼튼한 배 한 척이 건조되었다. 이것은 네 사람을 싣고 강을 따라 내려가 바다로 운반해 줄 배였다. 군터는 출항준비를 재촉했다. 크림힐트는 군터 왕과 그의 동행자들을 오게 하고서 그들에게 옷을 입어보게 했다. 옷들은 정확히 분배되었다. 군터는 지상에서 이보다 더 훌륭한 옷을 본 적이 없었으니, 그는 여인들의 일솜씨를 칭찬하지 않을 수 없었다. 영웅들은 아름다운 여인들에게 고마움을 표하고서 작별을 고했다.

여인들의 해맑은 눈이 눈물에 젖어 흐릿해졌다.

"사랑하는 오라버니, 여기에 머물면서 오라버니의 생명을 해칠 수 없는 어디 다른 곳의 여인에게 구혼을 하세요. 이 근방에서도 고귀한 태생의 아름다운 여인이 있을 거예요." 크림힐트가 군터에게 간곡히 말했다.

크림힐트는 언젠가 꾸었던 매에 관한 꿈을 상기했다. 다른 여인들 역시 다가올 재앙을 예감하고 있었다. 하지만 아무리 영웅들이 여인들의 슬픔을 위로하려 해도, 그녀들의 가슴에 걸려있는 금목걸이가 눈물로 흐려지는 걸 막을 수는 없었다.

"지그프리트 왕자님, 제 오라버니를 당신의 보호와 충성심에 맡겨드립니다." 크림힐트가 사랑하는 사람에게 간절히 부탁했다.

"걱정하지 말고 계십시오." 지그프리트가 연인을 진정시키고자 했다. "저는 당신의 오라버니와 건강한 몸으로 돌아올 것입니다."

이제 사람들은 영웅들의 황금빛 방패 네 개를 강가에 정박한 배로 운반했으며 무기와 다른 장비들도 차곡차곡 쌓았다. 말들도 단단히 묶어두었다. 식량들도 충분히 날라왔다.

배가 해안을 떠나자, 아름다운 여인들이 큰 소리로 울음을 터뜨렸다. 그리고 수 많은 여인들이 창가에 서서 바람이 돛을 부풀리게 하는 모습을 지켜보았다.

"누가 선장이 되어야 하지?" 군터 왕이 물었다.

"제가 당신들을 인도할 수 있습니다. 저는 이 바다와 소용돌이 그리고 급류를 익히 잘 알고 있기 때문이지요." 지그프리트가 제의했다. 그래서 지그프리트가 삿대를 잡았다. 군터 왕이 손수 노를 잡았다. 성급히 그들은 해안과 성을 뒤에 남겼다. 그들은 음식과 더불어 라인 근교에서 자라는 가장 품질이 좋은 포도주를 풍부하게 지니고 있었다. 배가 안전하게 미끄러져 갔다. 말들은 태연히 서 있었다. 밤이 되기 전에, 순풍으로 그들은 바다 위로 이십 마일이나 항해하고 있었다.

전해지는 이야기로는 십이 일째 되던 날 아침에 바람과 조수가 브륀힐트의 땅 이젠슈타인Isenstein으로 배를 날라다 주었다고 한다. 지그프리트 외에 네 명의 영웅들에게 그곳은 미지의 땅이었다. 그토록 많은 성곽들과 넓은 영지들을 보고 군터 왕은 그것이 누구의 소유인지 지그프리트에게 물었다.

"땅과 백성들은 브륀힐트의 것입니다. 오늘 중으로 당신은 이젠슈타인의 성채에서 많은 아름다운 여인들을 보고 경탄해마지 않을 것입니다." 지그프리트가 대답했다. 그리고 나서 그는 동행자들에게 브륀힐트를 속이자는 의견을 내세웠다. "여왕 앞에 당도하면, 우리는 서로 입을 맞추어야 합니다. 즉 군터는 나의 군주이고, 나는 그의 신하라는 점 입니다."

네덜란드의 영웅이 계략으로 자기의 신하 행세를 하겠다는 사실을 왕은 결코 받아들이려 하지 않았다.

"우리가 가령 브륀힐트 없이 귀국하기를 바라십니까? 아니면 요컨대 그것이 우리가 바라는 바가 아니란 말입니까?" 지그프리트가 큰 소리로 말했다.

그러자 모두들 협의한 이 사실을 지키기로 서약했다. "제가 이렇게 하는 것은 오직 당신의 아름다운 누이동생을 위해서 입니다. 그녀는 제게 내 영혼과 같고 내 자신의 몸과 같은 존재이기 때문입니다. 그녀를 내 아내로 맞이하기 위해서 저는 어떠한 희생이라도 치를 각오가 되어 있습니다." 지그프리트가 왕에게 단언했다.

8. 브륀힐트와 지그프리트의 이른 맹세

지그프리트와 크림힐트에 관한 더 나중에 알려진 이야기에는 이 최초의 만남에 얽힌 상세한 내용이 어디에도 나와 있지 않다. 이젠슈타인에 대한 보고를 계속하기 전에 이 오래전 전해져 내려오는 이야기를 들어보아야 한다. 그렇지 않으면 브륀힐트의 운명에 관한 많은 것들이 어둠 속에 그대로 묻혀버리고 말 것이다.

옛날 이야기에는 깊은 산 속으로 그라니를 타고 들어가는 지그프리트의 모습이 전해지고 있다. 그 산에 브륀힐트가 감금되어 있었다. 그 사이 새들의 언어를 터득한 지그프리트에게 박새들이 그 사실을 고했던 것이다. 산 꼭대기에 오른 지그프리트는 마치 불이 타올라 하늘까지 비추고 있는 듯한 거대란 빛을 발견했다. 불타는 담장, 즉 바버로에가 활활 타올라 불꽃을 일으키며 브륀힐트가 살고 있다는 산을 방어하고 있었다.

어떤 평범한 말로는 감히 그 불담장을 뛰어 넘을 엄두조차 내지 못 했으리라. 평범한 말이라면 다치지 않고 무사히 그러한 화염벽을 뛰어넘을 수는 없었을 것이다. 하지만 여덟 개의 다리가 달린 슬라이프니르의 혈통을 자랑하는 그라니는 힘껏 점프를 해서 구름을 살짝 스치는 듯 하더니 산꼭대기에 안전하게 착륙했다. 거기서 한 용사가 완전무장을 한 채로 잠들어 있는 듯이 보였다. 지그프리트는 우선 그의 머리에서 투구를 벗겨버렸다. 그런데 놀랍게도 기다란 붉은색 머리카락이 튀어나왔기 때문에 지그프리트는 그 용사가 여자라는 사실을 알게 되었다. 갑옷은 마치 붙어버린 것처럼 그녀의 몸에서 조금도 떨어질 줄을 몰랐다. 지그프리트는 우선 칼로 그녀의 흉갑을 목에서부터 아래까지 수직으로 절단했다. 그리고 나서 거기서부터 오른쪽과 왼쪽으로 두 개의 절단면을 수평으로 양 소매 끝까지 옷처럼 길게째서 틈새를 냈다. 그는 갑옷의 가장자리를 위로 젖히고 그녀를 그 안에서 들어냈다. 이때문에 여자가 잠에서 깨어나 일어났다.

"당신은 오랜 시간을 잠들어 있었나요?" 지그프리트가 그녀에게 말을 걸었다.

"내 갑옷을 절단하고 내 잠을 방해할 만큼 힘센 당신은 누구신가요? 이런 일은 용을 살해한 영웅 지그프리트만이 할 수 있는 일이죠."

"내가 바로 뵐중 가문의 혈통을 타고난 그 사람이오." 지그프리트가 답변했다. "그리고 당신은 막강한 왕의 딸이라고 들었소. 당신의 총명함과 아름다움은 널리 알려져 있으니, 내 한 번 시험해 보고 싶소."

브륀힐트는 뿔잔을 들었다. 그리고 거기에 꿀술을 가득 채우더니 지그프리트에게 건네주면서 그가 한 말을 호의적으로 받아들였다.

"저는 발퀴레이며 전투를 관장해야만 했지요." 그녀가 말했다. "두 왕이 전쟁을 치루고 있었는데, 한 명의 왕은 늙고 위대한 전사이며 오딘이 그에게 승리를 약속했었답니다. 다른 왕은 아직 젊고 경험이 부족한 사람이었습니다. 그때 제가 오딘에게 반기를 들어서 결국 늙은 왕은 쓰러지고 젊은 왕에게 승리를 가져다 주었지요. 제가 멋대로 고집을 피운 벌로 오딘은 나를 잠들게 하는 가시로 찔러서 언제든 또 다시 승리를 획득하지 못하도록 나를 금했답니다. 그때문에 저는 결혼을 해야만 한답니다. 이 벌은 피할 수 있는 것이 아니어서, 저는 적어도 대담하지 않은 남자에게는 절대로 몸을 허락하지 않겠다는 서약을 했습니다. 그리고 오딘에게 보호와 시험을 위해 바버로에를 설치해 줄 것을 청했던 것이죠."

"자, 우리 둘이 함께 술을 마시도록 합시다. 그리고 이 세상에서 최후의 불가사의한 세계로 나를 안내해 주시오." 지그프리트가 말했다.

"당신은 더욱 지혜로운 자가 될 것입니다." 브륀힐트가 답변했다. "하지만 기꺼이 당신이 여지껏 모르고 지내온 마술과 루네 문자의 모든 힘을 당신에게 가르쳐 드리지요. 술잔을 가득 채웁시다. 내가 알고 있는 지식에서 당신의 명예가 자라도록 신들이 우리에게 좋은 날을 선사했을지도 모르는 일일 테니 말입니다."

브륀힐트가 지그프리트에게 술잔을 건네면서 말했다.

"제가 당신에게 주는 이 맥주는 힘과 고귀한 명성, 그리고 전쟁의 노래 가락과 마법의 주문을 섞어서 만든 것입니다. 그리고 당신은 승리를 안겨주는 루네 문자를 잘라서, 칼 손잡이에 새겨 넣어야 합니다. 또한 칼날에도 전쟁의 신(전쟁의 신 티르Tyr를 가리킨다 - 옮긴이)을 상징하는 T-루네 문자를 두 번 새겨 넣으세요. 그리고 동시에 그의 이름을 불러야만 합니다." 이어서 그녀는 독과 마법의 미약媚藥에 저항하는 법을 그에게 가르쳤다. 출산의 루네 문자 또한 그에게 가르쳤는데, 어머니의 몸에서 나오려는 아기가 빠져나오는데 장애가 생길 경우, 아기를 위해 처방할 수 있는 주문을 배우는 것이었다. 특히 바다 위에서 악천후에 대비하는 루네 문자의 마법을 배웠다. 또한 그는 능변술을 더해주는 루네 문자들을 익혔는데, 이는 법정에서 필요한 것이었다. 그리고 브륀힐트는 오딘이 직접 고안한 감사의 루네 문자를 가르쳐 주었다.

"난 이 세상에서 당신보다 더 지혜로운 여인을 알고 있지 못합니다. 저는 당신을 아내로 맞이할 것을 서약하오." 지그프리트가 말했다.

브륀힐트가 처음에는 완강하게 거절했다. "저는 방패를 들고 싸우는 여전사입니다. 왕의 군대 편에서 투구를 쓰고 칼을 휘두르며 싸워야 합니다. 여지껏 어떤 남자에게도 제 옆자리에 자리

말을 타고 있는 발퀴레. 1900년경 슈테펜 진드링의 대리석상.

를 내어 준 적도 없거니와 맥주를 건네 준 적도 없습니다."

지그프리트는 계속해서 그녀에게 조언을 청했다.

"당신의 친척들에게 잘 대해주십시오." 브륀힐트가 권했다. "그리고 적개심에 차서 앙갚음을 하지 말고, 인내로 받아들이십시오. 그러면 칭송을 얻게 될 것입니다. 위험이 도사리고 있는 길을 갈 때에는 그 곳에서 잠자리를 정하지 마십시오. 처녀를 유혹하지 말고, 다른 용사의 아내를 탐하지 마십시오. 거기에서 발생하는 재앙이 당신의 목숨을 요구할 수도 있답니다."

"당신보다 더 총명한 사람은 존재하지 않을 성 싶소. 나는 굳게 약속합니다. 당신을 내 아내로 삼겠다고 말이오." 젊은 뵐중이 확언했다.

"저는 멀리 뛰어오르고 또 거대한 돌들을 집어 던져야만 합니다. 게다가 용감한 용사들을 향해 창을 던져 그들의 방패에 구멍을 뚫어 놓습니다. 또 칼로 그들의 갑옷에서 불꽃을 일으키고 투구를 쪼개어 버리는 일도 예사입니다. 나에게는 싸움에서 승리를 거두는 일보다 더 큰 행복은 없습니다!" 발퀴레인 그녀는 이렇게 큰 소리침으로써 그의 간담을 서늘케 하려고 했다.

하지만 지그프리트는 그녀가 시녀들의 일인 규방일에 있어서 다른 누구보다도 능란한 솜씨를 자랑하고 있다고 믿었다. 벽걸이 융단 위에다 그녀는 지그프리트가 어떻게 용을 쓰러뜨리고 보물을 얻게 되었는가에 대한 위대한 행적들을 금실로 수를 놓았던 것이다.

"당신보다 더 아름다운 여인은 없소." 지그프리트는 단언했다.

"제 충고들을 명심하세요. 어떤 여인도 완전히 믿지 마세요. 당신은 여인의 수중에 들어갈 것이고, 그녀는 틀림없이 자신의 말을 깨트릴 것입니다." 브륀힐트가 경고했다.

그들은 온종일 대화를 나누면서 술을 마셨다. 하지만 그들은 그 결과를 예감하지 못했다.

그리고 나서 지그프리트는 자신은 그녀만을 소유하기를 원하며 절대로 다른 여인을 원하지 않겠노라고 신들을 걸고 맹세했다. 그리고 긴 대화를 마친 후 그에게 브륀힐트가 고백했다.

"내가 모든 용사들 중에서 한 사람을 선택할 수 있다면, 전 가장 흠모하는 당신을 택할 거예요."

이렇게 해서 브륀힐트와 지그프리트는 결합해서 결혼식을 올리기로 신성한 선서로 맹세했다.

지그프리트가 후에 그녀와 재회했을 때 브륀힐트를 여전히 사랑하고 있었는지는 알려진 바가 없다. 불가사의한 망각의 음료가 이 기억을 지워버렸다고 하는 사실을 나는 믿을 수가 없다. 그 이후 이젠슈타인에서 발생한 일은 비교적 최근의 이야기에 담겨 있다.

9. 군터가 시합에서 승리를 거두다

그 사이 부르군트의 배는 브륀힐트의 가장 거대한 성에 아주 가까이 다가서고 있어서 창문 안의 미녀들의 모습을 식별할 수 있을 정도였다.

"그대는 말해 줄 수 있겠소? 우리를 내려다보고 있는 저 처녀들이 어떤 사람들인지 말이오." 왕이 물었다.

"눈에 띄지 않게 조심해서 저 위를 살펴보시지요." 지그프리트가 왕에게 권유했다. "왕께서 마음 놓고 선택을 하신다면 누구를 얻고 싶으신가요?"

"저기 눈처럼 하얀 옷을 입은 여인이 있구료. 저토록 아름다운 여인을 내 이제껏 만나 본 적이 없소. 내 힘에 닿는 일이라면 그녀는 내 아내가 되지 않을 수 없을 텐데 말이오."

브륀힐트의 성으로 나아가는 지그프리트와 군터 일행.
칼 오토 체쉬카의 그림.

"당신의 눈이 제대로 보셨습니다. 그 처녀가 바로 당신이 동경하는 그 여왕이랍니다." 지그프리트가 말했다.

여인들은 이방인들을 맞이하기 위해 몸을 치장했다.

배가 뭍에 닿았다. 지그프리트는 군터 왕이 안장에 앉을 때까지 그 강하고 화려한 말의 고삐를 쥐고 있었을 뿐만 아니라, 그 외에도 왕에게 등자鐙子를 붙잡아 주기까지 했다. 네덜란드의 지그프리트 왕이 그러한 봉사를 해 본 적은 이제껏 한 번도 없던 일이었다. 브륀힐트가 이 모습을 창문을 통해 지켜보고 있었으며, 그는 이로 인해서 앞으로 어떤 일이 발생할 것인지 예측하지 못했다.

그리고 나서 지그프리트는 배에서 자신의 말을 이끌어 내리고는 훌쩍 말에 올라탔다. 두 마리의 말은 눈처럼 새하얬다. 그들이 입고 있는 옷 역시 순백의 희미한 빛을 띠고 있었다. 그들이 들고 있는 창들 또한 번쩍이면서 마치 불처럼 타올랐다. 말들이 가슴 혁대는 좁고, 안장은 번쩍이는 보석으로 장식되어 있었다. 재갈에는 번쩍이는 금방울이 매달려 있었다. 그들의 창은 새로이 잘 갈아진 채로 눈부시게 빛나고 있었다. 폭이 넓은 칼은 그들의 박차에까지 내리워져 있었다. 이제 그들은 당크바르트와 하겐을 동반하고 브륀힐트의 홀 앞으로 돌진했다. 그들의 옷은 칠흑같이 어두웠으며 값 비싼 인도산 보석들로 장식되어 있었다. 폭이 넓은 방패 역시 번쩍번쩍 불꽃이 튀었다.

측량할 수 없이 거대하고 튼튼하게 쌓아 올린 성에는 여든 여섯 개의 탑이 솟아 있었다. 성문은 활짝 열려 있었다. 그들은 넓은 마당이 딸린 세 개의 궁전을 보고서 잔디보다도 더 푸른 우아한 대리석으로 장식된 화려한 홀 안으로 들어갔다. 그곳에서 그들은 브륀힐트와 그 신하들로부터 영접을 받게 되어 있었다.

말들이 낯선 사람들의 손에 맡겨졌고 방패들도 넘겨졌다. 한 시종이 그들의 칼과 갑옷을 건네달라고 요청했다.

"그것들은 우리가 직접 지니고 있겠소", 하겐이 거절했다.

그러자 지그프리트가 설명을 해주었다. "낯선 손님들이 무기를 소지할 수 없다는 사실이 이 성에서는 관례로 되어 있습니다. 무기들을 맡기시오. 그렇게 하는 것이 올바른 일입니다."

하겐은 마지 못해 응했다.

사람들은 손님들에게 꿀술을 따라 주었다. 그들이 도착했다는 소문이 빠르게 번져갔다. 여왕의 조신이 홀 안으로 서둘러 달려갔다. 브륀힐트는 그녀의 심복들 중 하나에게 방금 도착한 손님들에 대해 물었다.

"저는 지금껏 그들 중 누구도 본 적이 없습니다." 그가 말했다. "하지만 한 사람은 용을 살해한 지그프리트와 흡사하게 생겼습니다. 그를 친절하게 맞이하실 것을 조언하는 바입니다. 두 번째 사람은 왕처럼 홀 안에 서 있는 모습이 마치 대단한 권력을 쥐고 있는 듯이 보입니다. 세 번째 용사는 사악하게 보이는 것이 적대감을 불러일으키는 인물입니다. 비록 풍채는 훌륭하오나, 매서운 눈초리를 하고 있습니다. 그를 경계하시라고 말씀드리고 싶습니다. 하지만 제일 젊어 보이는 용사는 음험한 구석과 오만함도 없이 고결하고 품위있는 모습으로 서 있습니다. 하지만 저희가 그에게 싸움을 건다면, 그 역시 두려움의 대상이 될 것입니다."

브륀힐트는 왕의 품위에 걸맞는 존엄한 옷을 입고 백 명에 달하는 아름다운 처녀들을 거느리고서 부르군트의 영웅들을 맞이했다. 오백 여 명에 달하는 브륀힐트의 종사들 또한 손에 칼을 쥐고서 그녀의 옆에서 행진했다. 그것을 불쾌하게 생각했던 것은 하겐 뿐만이 아니었다.

겉보기에는 더 막강하게 보이는 군터 왕에게 지그프리트가 등자를 붙잡아 주었음에도 불구하고, 브륀힐트는 그에게 맨 먼저 인사의 말을 건넸다.

"지그프리트 왕자님, 이 나라에 오신 것을 환영합니다. 저는 당신이 어떤 계획을 갖고 오셨는지 알았으면 합니다."

브륀힐트 여왕이 생각했고 기대했던 일이 무엇이었는지는 비교적 최근의 이야기에는 빠져 있다. 하지만 우리가 알고 있는 더 옛날의 이야기에 의하면 그녀는 크산텐의 왕이 마침내 자신이 선서한 것을 이행할 것이고 따라서 그녀와 결혼하게 되리라고 희망했을 것이리라. 따라서 그의 대답이 그녀에게는 가혹한 것이었다.

"브륀힐트 여왕님, 당신은 여기 제 앞에 서있는 고귀한 용사에 앞서서 저를 환영해 주시니 대단한 영광입니다. 이분은 라인 강변의 보름스에서 오신 군터 왕이시며 막강한 군주이십니다. 그는 당신의 사랑을 갈구하고 계시며 당신을 부인으로 맞이하시기를 바라고 계십니다. 그가 저에게 이리로 오는데 동행하도록 명하셨습니다. 만일 제 생각을 따랐더라면, 저는 기꺼이 그의 명령을 물리쳤을 것입니다."

"그가 당신의 군주라면 당신은 그의 가신이 되겠군요." 하고 브륀힐트가 단장했으나, 괴이쩍게 생각했다. 어째서 영웅인 지그프리트가 자신을 낮추고 있는 것일까? 하고 그녀는 생각하게 된 것이다. 그녀는 이 기만을 예감하고 있었던 것일까? 그녀가 계속해서 말했다 "만일 당신의 군주가 시합에 이긴다면 나는 그의 아내가 될 것이오. 하지만 만약 내가 이기게 된다면, 당신들 모두는 생명을 잃게 될 것입니다."

"당신은 어떤 시합을 요구하십니까?" 하겐이 알고자 했다. "군터 왕을 보시면 아시겠지만, 나의 군주께서 모든 시합을 이기고 말 것입니다."

그러자 브륀힐트가 설명했다. "그는 돌을 던져야 하며, 그리고 나서 그것을 따라잡아야 합니다. 게다가 그는 나와 경쟁해서 창을 던져야 합니다. 그가 한 경기라도 패한다면, 당신들 넷은 생명을 잃게 되는 것이오. 이 점을 숙고하시오. 하지만 아직은 아무 것도 합의된 사항이 없으니, 당신들은 아직 내 손님들입니다."

지그프리트가 왕 옆으로 다가가 마법과 책략을 써서 시합에 이길 수 있으니 두려워하지 말고 시합에 응하라고 왕에게 충고했다.

"여왕이시여, 규정을 정하도록 하시지요." 군터가 요구했다. "가장 힘겨운 일일지라도 나는 당신의 아름다움을 얻기 위해서라면 과감히 위험을 무릅쓸 것이오. 당신이 내 아내가 되지 않는다면, 난 기꺼이 내 목숨을 내놓겠소."

따라서 여왕은 시합을 준비하라고 명하고서 순금으로 만든 흉갑과 튼튼한 방패를 가져오라고 명했다. 그리고 훌륭하게 짠 리비아산 천으로 만든 전투복을 착용했다. 전투복 위에는 금테두리가 눈부시게 번쩍거리고 있었고 일찍이 어떤 무기에 의해서 상처 자국 하나 입지 않은 흠 없는 것이었다.

이러한 준비가 진행되는 동안 하겐과 당크바르트는 자부심을 상실하고 말았다. 그들이 왕과 더불어 빠져들고만 위험한 상황이 그들을 우울하게 만들었던 것이다. 이 여행이 우리의 생명을 요구하는구나 하고 그들은 생각했다.

그 사이 지그프리트는 아무도 눈치채지 않게 배를 향해 서둘러 가서 마법의 망또를 걸쳐 입고는 누구의 눈에도 띄지 않고 그의 동료들에게로 돌아왔다.

경기를 위해 둥그런 원이 표시되어졌다. 칠백여 명의 용사들이 원을 그리며 몰려들었다. 그들의 무기가 맞부딪치는 소리를 내었고 번쩍번쩍 빛을 내었다. 그녀는 마치 세상의 모든 왕국들을 상대로 싸움을 하려는 듯이, 그렇게 브륀힐트가 무장을 하고 나타났다. 비단의복 위에 걸친 금장식이 그녀의 피부와 얼굴을 더 사랑스럽게 비추어 주었다.

하겐과 당크바르트는 브륀힐트의 방패가 운반되어 오는 모습을 보았을 때 숨을 멈추고 말았다. 방패는 순금으로 만들어졌고 강철 같은 조임쇠가 달려 있었다. 방패의 띠 위에는 풀처럼 녹색의 보석들이 번쩍거리고 있어서 금빛과 서로 경쟁이라도 하는 듯이 보였다. 방패는 순금과 강철 같은 쇠장식이 달려있어서 어찌나 무거운지, 그것을 운반하려면 네 명의 시종들이 끌고 와야만 했을 정도였다.

"군터 왕이시여, 이게 어찌된 일입니까. 지금 우리의 목이 위급하옵니다. 당신이 구혼하려는 여인은 사악한 마녀인가 봅니다." 하겐이 놀라서 말했다.

그리고 브륀힐트의 창이 운반되었을 때, 군터와 그의 동료들은 새파랗게 질려버렸으며 그것을 착각으로 간주했다. 그녀가 늘상 던지곤 했던 무기는 무겁고 폭이 넓었으며 또 매우 예리한 날을 달고 있었다. 그리고 그 무게로 말하자면 브륀힐트 수하의 네 명의 종사들이 온 힘을 다 쏟아야만 들을 수 있었던 것이다.

저것으로 무엇을 하려는 거지? 하고 군터는 걱정에 가득차서 생각했다. 지옥에 있는 악마라 할지라도 절대로 이런 함정으로부터 벗어날 순 없을 거야. 내가 부르군트의 땅에 있었더라면 얼마나 좋았을까! 그러면 다시는 절대로 브륀힐트에게 구혼하는 일 따위는 없을 것이다! 하고 그는 속으로 굳게 맹세했다.

"이 궁성으로 온 것을 난 후회스럽게 생각하오." 당크바르트가 고백했다. "우린 전쟁에 숙달된 용사들이오. 절대로 굴복한 적이 없었소. 그런 우리들이 여자의 손에 죽어야만 한단 말입니까?"

당크바르트와 그의 형제인 하겐과 군터 역시 브륀힐트의 용사들이 무기와 그 무거운 짐들을 오만불손함으로 내보이는 모습을 지켜보고 있었다. 브륀힐트는 손님들이 깜짝 놀라는 모습을 즐거워하며 우월감을 마음껏 즐기고 있는 듯이 보였다.

그것이 당크바르트의 감정을 상하게 했다. "하겐과 내가 번쩍거리는 칼을 쥔다면, 브륀힐트의 사람들이 드러내고 있는 불손함을 없애버릴 수 있을 텐데 말이야. 그리고 내가 평화를 수호한다고 수천 번이나 맹세를 했다 한들, 내 군주가 죽는 것을 보기 전에 아름다운 마녀를 죽이고 말 것이오."

"우리가 우리 자신의 투구와 칼을 지니고 있다면, 자유롭게 이곳을 떠날 수 있을 테고 게다가 이 오만한 처녀의 거만함을 꺾어버릴 수 있을 텐데 말이오." 하겐이 큰 소리로 말했다.

브륀힐트는 그가 말하는 것을 듣고 비웃으며 큰 소리로 말했다. "그가 그처럼 용감하다고 자부하는 모양이니, 그들에게 갑옷을 가져다주고 그들의 칼을 건네주어라."

부르군트의 사람들이 자신들의 무기를 되찾게 되었을 때, 당크바르트는 기뻐서 상기된 얼굴로 말했다. "우리의 무기를 다시 쥐게 되었으니, 그들이 원하는 대로 시합을 하더라도 군터 왕을 제압할 수는 없을 것이오."

여왕이 실제로 얼마나 강한지는 첫 번째 경기로써 육중한 바위 덩어리가 운반되어졌을 때 이미 명백해졌다. 열두 명의 용감한 용사들이 그것을 간신히 옮길 수 있었던 것이다. 하겐은 자신의 칼손잡이에서 손을 떼어 놓았다. 그 마름돌을 보았을 때 부르군트의 영웅들은 자신들의 무기들을 손에 넣음으로써 되찾게 되었던 모든 자신감을 상실하고 말았던 것이다. "왕은 어찌해서 저런 마녀같은 신부를 택한 것일까? 저런 여자는 악마에게나 보내버려야 해!" 하겐이 말했다.

브륀힐트는 흰 팔로 소매를 걷어붙이고는 방패를 움켜쥐고 싸움의 시작을 알리는 표시로 창을 흔들어 보였다. 군터와 지그프리트는 그녀가 품고 있는 적개심을 감지할 수 있었다.

만일 크산텐의 영웅이 왕을 도우러 오지 않았다면, 왕은 목숨을 잃었을 것이다. 지그프리트는 가까이 다가가서 군터의 손을 가볍게 스쳤다. 군터는 당황해서 주위를 둘러보았지만 아무도 보이지 않았다.

"무엇이 날 건드렸지?" 왕이 물었다.

"저예요, 지그프리트, 당신의 절친한 친구입니다. 여왕을 두려워하지 마세요. 내게 방패를 건네주십시오. 제가 그것을 지니고 있을 겁니다. 그러니 제가 말하는 것을 잘 명심하세요. 당신이 움직이는 척 하기만 하면, 제가 직접 던지고 뛰어갈 겁니다. 내 마술에 대해서는 비밀로 해야 합니다. 그래야 여왕을 제압할 수 있으니까요. 그녀가 아무런 두려움도 없이 창을 쥐고 있는 모습을 좀 보십시오."

왕이 지그프리트의 목소리를 알아듣고 기뻐했다.

브륀힐트는 오직 발퀴레들만이 보여줄 수 있는 그러한 힘으로 지그프리트가 쥐고 있는 군터의 강력한 새 방패를 향해 창을 힘차게 던졌다. 그것은 공기를 가르며 쉬익 소리를 냈다. 강철로 된 창이 불꽃을 튀겼다. 강력한 창의 뾰족한 날이 방패를 뚫고 들어오자 갑옷에서 불길이 타올랐다. 군터와 지그프리트는 날아온 창의 무게에 실려 바닥에 쓰러졌다. 마법의 망또만이 그들을 죽음에서 지켜줄 수 있었다. 지그프리트의 입에서 피가 터졌다. 하지만 그는 방패를 뚫고 들어온 브륀힐트의 창을 단숨에 뽑아버렸다. 여왕을 해치지 않기 위해 그는 그녀가 던졌던 창을 뒤로 돌려 창자루로써 그녀의 전투복을 향해 앞쪽으로 던졌다. 소리가 진동을 하면서 마치 폭풍에 의해 불꽃이 위로 솟구치듯이 갑옷에서 불꽃이 흩날렸다. 그 충격으로 여왕이 바닥에 쓰러졌다. 군터 왕이라면 결코 그런 힘으로는 던질 수 없었을 것이다.

브륀힐트는 분개하면서 벌떡 일어나 말했다. "고귀한 영웅 군터여, 당신이 이렇게 창을 던진 것에 대해 감사하는 바예요!" 그리고 그녀는 불같이 화를 내며 큰 돌덩이를 향해 맹렬하게 달려가서 그것을 높이 들어올리고는 전력을 다해 열두 발이나 멀리 던졌다. 그런 다음 그녀는 철거덕거리는 갑옷을 입은 채로 그 뒤를 따라 쫓아가서 그녀가 던진 돌을 앞질렀다.

힘세고 체구가 큰 지그프리트는 브륀힐트보다 돌을 더 멀리 던졌다. 게다가 멀리뛰기에서도 브륀힐트를 능가했다. 마법의 망또가 그에게 부가한 열두 명의 건장한 용사들의 힘으로 그는 도약을 할 때 군터를 같이 들고 뛰었다. 그때 사람들은 군터만을 볼 수 있었기 때문에, 그것도 마땅히 그가 한 행위로 간주되었다. 이렇게 해서 지그프리트는 부르군트 사람들을 죽음에서 지켜주었던 것이다.

브륀힐트 여왕은 화가 나서 얼굴이 달아올랐으며 부득이 그녀의 시종들에게 다음과 같이 선언하지 않을 수 없었다.

"그대들 친척들과 종사들이여, 이리 가까이 오시오. 이제 그대들은 모두 군터 왕의 신하가 되는 것이오!"

브륀힐트의 종사들은 손에서 무기를 내려놓고 군터 왕에게 절을 했다. 왕은 브륀힐트에게 허리를 굽혔다. 그러자 그녀는 그의 손을 잡고 그와 함께 넓은 궁전으로 걸어 들어가서 그에게 통치권을 위임했다. 하겐은 기뻐하지 않을 수 없었다.

그 사이 지그프리트는 마법의 망또를 숨겨두었었던 부르군트 용사들의 배로 되돌아가 있었다. 그리고는 다시 넓은 홀로 달려와서는 조급한 체 했다.

"마침내 시합은 언제 시작되는 겁니까?" 이미 지나간 일에 대한 설명을 듣게 되자 그는 몹시 놀라워하는 표정을 지었다.

"지그프리트는 우리 배에 가 있었습니다." 하겐이 그의 부재를 해명해 주었다.

"얼마나 기쁜 일입니까? 당신의 자존심은 꺾어졌으나 당신을 굴복시킬 수 있는 누군가가 존재한다는 사실이 말입니다." 지그프리트가 들뜬 기분으로 말했다.

이 말에 브륀힐트 여왕은 죽고 싶을 정도로 심한 모욕감을 느겼음이 분명했다.

그녀는 군터 왕을 즉시 따라가야 한다는 말에는 격렬하게 저항했다. 그녀는 우선 친척들 및 친구들과 상의를 하고 싶어했다. 즉시 그녀는 전령들을 파견했다.

곧 이른 아침부터 저녁 늦게까지 브륀힐트의 신하들이 무리를 지어 성으로 달려와 홀과 궁성을 가득 메웠다.

"그녀가 무엇을 계획하고 있는 걸까요?" 하겐은 여왕의 저의를 의심하고 있었다. "여왕이 분노때문에 우리의 생명을 노릴 음모를 계획하고 있다면?" 지그프리트가 말을 할 때까지 부르군트 사람들은 나날이 더욱 곤경한 입장에 빠져들어갔다. "걱정하지 마시오. 내가 탁월한 종사들을 이 나라로 데리고 오겠소. 내가 어디로 가는지는 묻지 마시오. 가장 뛰어난 영웅 천 명을 데려올 테니 말이오."

"우리를 너무 오래 떠나 있진 마시오!" 군터가 부탁했다. "우리는 그대의 도움이 필요하오."

"나는 수 일 내로 돌아올 겁니다." 지그프리트가 확언했다. "브륀힐트가 나에 대해 물으면, 당신이 임무를 주어 나를 파견했다는 말만 하십시오."

10. 지그프리트가 니벨룽엔으로 떠나다

크산텐의 영웅은 마법의 외투를 걸쳐입고 해변에서 보트 한 척을 풀었다. 그는 마치 배가 돌풍에 휩쓸리듯이 배를 몰았다. 해안에 있던 사람들은, 강한 바람이 주인을 싣지 않은 보트를 바다 위로 나는듯이 실어가는 것이라고 생각했다. 그만큼 신속하게 지그프리트는 마법의 망또로 몸을 감춘 채 노를 저었다.

전력을 다해 그는 하루 낮과 밤 동안에 족히 백 마일, 혹은 그 이상의 거리를 배를 저어 나아갔다. 그리고 결국 그는 엄청난 보물이 보관되어 있는 니벨룽엔의 해변에 도달했다.

그는 작은 섬의 해안에 배를 묶어두고 자신의 성곽이 높이 솟아있는 산으로 올라가 문을 두들겼다. 두 번째 노크 소리에도 아무런 기척이 없자, 그에게는 그의 종사들이 성을 잘 지키고 있는 것으로 여겨졌다. 세 번째 문 두들기는 소리가 나자, 그는 경호원이기도 한 기형적인 거인의 목소리를 들을 수 있었다.

"누가 문을 이렇게 끈질기게 두드리는 게야?"

"나는 떠돌이 용사다." 지그프리트는 자신의 목소리를 위장하고 말했다. "네 침상에서 꾸물럭거리지 말고 잠자리에서 일어나 문을 열어라. 그렇지 않으면 내 너에게 결투를 신청하겠다!"

몹시 성이 난 파수군은 투구를 쓰고 방패와 철봉을 챙기고서 문을 연 다음 이방인에게 달려들었다. 지그프리트는 방패로 방어하면서, 재빠른 일격으로 자신의 방패 조임쇠를 박살내버린 파수군의 열의와 적에 대한 주도면밀함에 대해 내심 기뻐했다. 거인이 철봉으로 지그프리트를 곤경에 처하게 함으로써 그는 목숨을 잃어버릴 수 있다는 두려움에 빠졌다. 발뭉과 문지기의 무기가 서로 부딪치자 불꽃이 날렸고 격렬하게 싸우는 소음에 의해 온 성이 니벨룽엔의 홀 아래에까지 울려퍼졌다. 마침내 지그프리트가 거인의 손에서 철봉을 떨어뜨렸고 그를 포박했다.

산 속 깊은 곳에서 살고 있던 알베리히가 천지를 뒤흔드는 싸움소리를 들었다. 그는 무장을 하고 갑옷과 투구를 쓴 다음 지그프리트가 파수군을 막 결박한 문쪽으로 내달았다. 그 힘세고 사나운 난쟁이는 채찍에 일곱 개의 공이 매달린 무거운 황금 채찍을 뒤흔들었으며, 그것으로 지그프리트에게 달려들어 그의 방패를 조각내버렸다. 크산텐의 영웅은 또 다시 생명의 위협을 느낄 수밖에 없게 되었다. 자신을 이방인으로 간주한 그의 종사를 그는 결코 죽이고 싶지 않았다. 그래서 그는 발뭉을 칼집에 꽂

아버렸고, 박살이 나버린 방패를 옆으로 던져버리고는 강한 두 손만으로 알베리히를 공격했다. 그는 알베리히의 수염을 움켜쥐고서 어찌나 세게 잡아당겼는지 고령의 난쟁이는 고래고래 고함을 질렀다.

"목숨만 살려주세요! 만약 제가 다른 영웅의 신하만 아니라면, 또 그에게 선서로써 복종을 맹세하지만 않았더라면, 저는 당신의 신하가 되겠다고 청했을 것입니다."

이렇게 해서 지그프리트는 거인에게 했던 것처럼, 난쟁이를 결박했다.

"당신의 이름은 무엇입니까?" 알베리히가 물었다.

"내 이름은 지그프리트, 자네는 나를 알고 있다고 생각하는데."

"영웅에 걸맞는 당신의 용맹스런 힘을 보고 저는 당신이 우리 땅의 주인임이 분명하다고 느꼈습니다. 저에게 관용을 베풀어 주십시오. 그러면 당신이 명령하는 대로 수행할 것입니다."

지그프리트는 알베리히와 거인의 결박을 풀어주고서 그들로하여금 니벨룽엔의 용사들을 깨우도록 명했다. 알베리히는 니벨룽엔의 부하들이 잠들어 있는 성의 홀 안으로 서둘러 달려가서 소리쳤다. "자, 일어나라. 그대 용사들이여, 지그프리트님이 그대들을 부르신다!"

삼백 명에 달하는 용사들이 잠자리에서 벌떡 일어나 급히 옷을 걸쳐입고 득달같이 성안으로 달려가서 지그프리트에게 경의를 표하며 인사를 했다. 촛불에 불이 댕겨졌고 그 너울거리는 불빛에 성벽들이 흔들거리고 있는 것처럼 보였다. 식탁이 옮겨졌고 흥을 돋구는 포도주로 환영의 음료를 나누었다.

"그대들은 나와 함께 바다를 건너야겠네!" 지그프리트가 용사들에게 요구했다.

니벨룽엔의 모든 용사들이 즉시 채비를 갖추었고 그들 중에 지그프리트가 선발한 천 명의 종사들이 몰려왔다. 그들은 가장 좋은 무기와 투구 그리고 갑옷으로 무장을 했다.

"그대 용감한 용사들이여!" 지그프리트가 말했다. "브륀힐트 여왕의 성으로 가세나. 그곳에서 아리땁고 사랑스런 여인들이 우리들의 마음을 끌고 있다네. 그리고 막강한 왕을 섬기러 가세나. 그러니 그대들이 가지고 있는 가장 훌륭한 옷으로 입어야 해. 우리가 궁성에서 부유하고 화려하게 보이도록 말일세!"

단시간에 배들이 떠날 채비를 갖추었다. 근사하게 무장을 한 용사들과 불같이 붉은 말들을 태운 배들이 출발했다.

그즈음 브륀힐트의 성첩城堞에서는 아름다운 여인들이 서서 바다를 내다보고 있었다. 여인들은 호화롭게 장비를 갖추고 다가오는 배를 보자 여왕을 모셔왔다. 그녀는 자신의 눈을 의심하면서 옆에 서 있던 군터에게 물었다.

"저기 바다 위에 보이는 배가 어디서 오는 것인지 알고 있는 사람이 있습니까? 장엄한 범선들이 눈보다 더 하얗게 보이는군요."

"저들은 내가 이 근처에 남겨두었던 나의 부하들이오. 내가 용사들을 불러오도록 지그프리트를 파견했던 것이오." 군터가 뻐기며 말했다.

사람들은 곧 훌륭하게 차려입은 크산텐의 영웅이 뱃머리에 서 있는 것을 보았다. 그러자 브륀힐트는 군터의 충고에 따라 성 앞으로 나가 니벨룽엔의 용사들을 성대하게 맞이했다. 그녀는 지그프리트만을 자신의 인사에서 제외시켰다. 좀 더 최근의 필사본들은 그 이유에 대해 언급을 하지 않고 있다. 다만 우리는 그 이전의 원전에서 추론해 볼 수 있을 뿐이다.

니벨룽엔의 용사들은 그들의 무기와 장비를 보관해주는 숙소를 받았다.

그 외에도 온갖 나라에서 손님들이 속속 도착해서 온 궁성으로 떼지어 몰려들었다. 하지만 부르군트 사람들은 귀향할 채비를 갖추었다. 그때 여왕이 군터 왕에게 요청했다.

"내 금고에 담겨있는 거의 파악하기 어려울 정도의 금은보화들을 나와 왕의 손님들에게 나누어줄 수 있는 사람이 있다면, 나는 그에게 감사할 것이오."

"친애하는 여왕님, 저에게 열쇠를 맡기십시오. 제가 공평하게 나누어줄 자신이 있습니다만." 당크바르트가 말했다.

하겐의 아우가 열쇠를 인수받게 되었을 때, 그는 거침없이 분배했다. 금화 한 푼만을 원하는 가난한 사람에게도 그는 호사스럽게 지낼 만큼 풍족하게 주었다. 계산도 하지 않고 당크바르트는 수백 파운드를 소비했다. 전에는 한 번도 그렇게 값 비싼 옷을 입어본 적이 없었던 사람들이 어느 날부터 느닷없이 호사스런 옷을 입고 회당 앞에서 활보했다.

자신의 보물을 이렇듯 소홀하게 다루는 사실에 화가 난 여왕이 군터 왕에게 하소연을 했다.

"왕이시여, 당신의 시종이 하는 짓을 제지해 주십시오. 그는 마치 내가 금방이라도 죽을 사람처럼 내 금은보화를 소비하고 있습니다. 하지만 저는 제 아버지의 유산을 지켜야 합니다. 유산을 낭비하려면, 그런 일은 스스로도 충분히 할 수 있었을 겁니다."

"보름스에서도 군터 왕에게는 금과 옷들이 충분하게 있습니다." 하겐이 끼어들었다. "저희에게는 당신의 보물들이 필요치 않습니다."

"그렇다고 해도, 저로하여금 이십 개의 여행 금고를 금과 은으로 채우게 해주십시오." 여왕이 주장했다. "그 금궤를 군터 왕의 나라로 가지고 가겠습니다." 이제 브륀힐트는 이 일을 더 이상 당크바르트에게 맡기지 않고 그녀의 시종장에게 위탁했다. 그것을 보고 군터와 하겐은 웃고 말았다.

그리고 나서 브륀힐트는 외숙을 후견인으로 임명하고 나라와 성을 그에게 맡겼다.

브륀힐트는 자신의 종사들 중에서 자신을 호위할 이천 명을 선발했다. 그리고 그녀를 수행할 여든 여섯 명의 아름다운 부인들과 백 명의 아름다운 처녀들을 뽑았다.

배에 짐을 싣고 출항할 준비를 갖추었다. 해안에 배들이 빽빽히 늘어서 있었다. 천여 명의 니벨룽엔의 용사들 역시 보름스로 떠날 신호를 기다리고 있었다.

작별의 인사로 브륀힐트는 친척들과 가까운 친구들에게 키스를 했다. 남아있는 사람들은 마치 그들의 여왕이 다시는 부친의 나라로 돌아오지 못 하게 되리라는 사실을 예감하고 있는 사람들처럼 큰 소리로 오랫동안 울음을 그치지 않았다.

바람이 돛을 부풀게 하고 범선을 신속하게 남쪽으로 실어다 주었다. 배 위에서는 흥겨운 놀이소리가 울려 퍼졌다. 한편 항해를 하는 동안 브륀힐트는 군터에게 동침을 거부했다.

11. 지그프리트가 사자로 임명되어 보름스로 출발하다

항해한 지 아흐레가 지나자 하겐은 먼저 보름스로 사자를 보낼 것을 왕에게 충고했다. 군터 왕은 이 수고를 하겐에게 하도록 부탁했다.

"저는 사자로는 적합하지 않습니다." 하겐이 거절했다. "저로 하여금 부인들 곁에 시종장으로 남아 그들의 보물상자를 지키게 해주십시오. 그러니 지그프리트에게 청하십시오."

이렇게 해서 왕은 지그프리트를 불러오도록 명했다. 처음에는 크산텐의 영웅 역시 그 사사로운 임무를 실행할 뜻이 없었다. 그러자 군터 왕은 하겐의 조언대로 아름다운 크림힐트를 위해서

하는 일이라고 선언했을 때에야 비로소 그의 마음이 움직였다.

"그렇다면 제가 어찌 거절할 수가 있겠습니까. 제가 그녀를 진심으로 사랑하고 있는 마당에 말입니다. 왕께서 그녀를 위해서 명하시는 것은 무엇이든 제가 실행할 것입니다." 그가 말했다.

군터는 대비와 누이동생에게 인사를 전하고 시합에서 승리를 거두고 돌아온다는 소식을 전하도록 지그프리트에게 위임했다. 크림힐트와 오르트빈은 브륀힐트를 맞이할 준비를 갖추어야만 했던 것이다.

지그프리트는 스물 네 명의 용사들과 함께 보름스를 향해 출발했다. 어느 누구도 사자로서 그보다 더 훌륭한 적임자는 있을 수 없었다. 그들이 라인강변의 성 앞에서 내렸을 때, 그들이 도착했다는 소식은 빠르게 퍼졌다. 하지만 왕이 빠져 있다는 사실이 부하들을 슬프게 했다. 환영의 인사를 하기 위해 게르노트와 기젤헤어가 서둘러 달려왔다.

크산텐의 영웅은 왕의 전갈을 알리고 우테 대비와 크림힐트를 뵙게 해달라고 청했다. 기젤헤어가 중재인으로 나섰다.

화려하게 차려입은 두 여인이 지그프리트를 맞이했다. 크림힐트는 두려운 마음으로 그에게 인사했다.

"어서오세요, 선택 받으신 지그프리트 왕자님. 저의 오라버니이신 막강한 왕께서는 어디에 계신가요? 그가 브륀힐트의 비교할 수 없는 탁월한 힘때문에 목숨을 잃지는 않으셨나요? 아, 그렇다면 나는 정말 이 세상에 태어난 걸 슬퍼할 겁니다!"

"아름다운 여인이시여, 그대들은 공연히 슬퍼하고 계시는 겁니다." 지그프리트는 크림힐트와 그녀의 어머니를 진정시켰다. "제가 떠나올 때, 그리고 그가 그대들에게 인사를 전하라고 저에게 맡기셨을 때 군터 왕은 웃고 계셨습니다. 당신들의 눈물을 거두십시오. 왕과 브륀힐트께서 곧 여기에 도착하실 것입니다." 그들은 어느 때고 이보다 더 기쁜 소식을 들어본 적이 없었다.

크림힐트는 눈처럼 흰 옷자락으로 눈에서 흘러내리는 눈물을 닦아내고는 이처럼 기쁜 소식을 전하여 준 지그프리트에게 고마움을 전했다.

"당신께서 그토록 고귀한 혈통만 아니시라면, 심부름 값으로 당신께 금으로 보답을 하고 싶습니다만." 그녀가 말했다.

"제가 서른 개의 나라를 소유하고 있는 군주라 하더라도, 저는 당신이 손수 주시는 선물을 기꺼이 받고 싶습니다." 크산텐의 영웅이 말했다.

크림힐트는 시종장에게 심부름값을 가져오게 했다. 그리고 빈 틈없이 보석이 박힌 스물 네 개의 팔찌를 지그프리트에게 주었다. 크산텐의 영웅은 즐거워하며 크림힐트의 가까운 수행원들에게 팔찌를 나누어 주었다.

지그프리트는 라인강변으로 마중 나갈 것과 훌륭한 결혼식을 준비하라는 군터 왕의 부탁을 전달했다.

"내가 사랑하는 오라버니에 대한 충성심에서 저는 그 모든 일을 실행하겠습니다." 크림힐트가 대답했다. 동시에 그녀의 양볼은 그에 대한 애정으로 붉게 상기되었다. 하지만 후에 군터 왕에 대한 그녀의 애정은 어려운 시련을 겪게 될 것이다. 심부름에 대한 대가로 크림힐트는 영웅에게 키스로 답례하고 싶었지만 궁성의 예법때문에 그만두었다. 진돌트, 후놀트 그리고 루몰트는 축제에 필요한 모든 준비를 감독했다. 보름스 앞 라인강변에 식탁과 의자들이 놓여졌고 천막들이 세워졌다. 오르트빈과 게레는 전령들을 각 나라에 보내서 친척들과 친구들을 왕의 결혼식에 초대하는 일을 맡았다. 성은 호화롭게 치장되었고, 헤아릴 수 없는 수 많은 손님들을 위한 좌석들이 군터의 홀 안에 마련되었다.

모든 나라에서 벗들과 친척들이 속속 도착했다. 성 앞의 도로에는 수 없이 많은 손님들로 인산인해를 이루고 있었다.

손님들을 접대하기 위해서 크림힐트는 가장 아름다운 옷들을 고르게 했다. 순금으로 장식한 훌륭한 안장들이 갖추어졌다. 말의 재갈들은 보석들의 광채로 번쩍번쩍 빛을 발하며 불타오르고 있었다. 크림힐트는 여든 여섯 명의 우아한 부인들을 자신의 수행원으로 정했다. 그녀들은 모두 머리장식이나 이마에 묶는 띠, 그리고 얼굴을 장식하는 띠로 치장을 하고 있었다. 빛나는 옷을 걸친 쉬흔 네 명의 처녀들이 금발머리에 반짝이는 리본을 달고 그들의 뒤를 따랐다. 라인 강변으로 말을 탄 행렬이 천천히 이어졌다. 손님들은 화려한 옷에 경탄을 아끼지 않았다. 많은 옷들이 검은 담비와 족제비털로 장식되어 있었다. 팔찌로 치장을 한 고귀한 부인들의 팔이 태양빛 속에서 번쩍거렸다. 아라비아산 비단으로 만든 치마 위에 걸쳐있는 값 비싼 장식띠는 사람들의 경탄을 자아냈다. 보석들로 장식한 넓은 핀은 가슴 앞의 옷을 여며주었다. 이렇게 여인들은 물푸레나무 창과 넓은 방패를 든 수 많은 용사들의 호위를 받으며 장엄한 행렬로 군터 왕을 영접하기 위해 말을 몰았다.

12. 군터가 브륀힐트와 결혼식을 거행하다

함대가 서서히 보름스에 가까와지고 있었다. 용사들이 힘차게 노를 저었음에도 불구하고, 그들은 조류에 거슬려 힘겹게 앞으로 나아갔다. 군터와 손님들을 영접할 때까지는 서두를 것이 없었다. 크림힐트가 수행원들을 거느리고 품위있고 위엄있는 모습으로 강가로 나아갔다. 용사들은 부인들의 말들을 이끌었다. 지그프리트는 크림힐트 옆에서 그라니를 타고 있었다. 마침내 우테 대비가 오르트빈의 호위를 받으며 성을 떠났다. 군터 왕의 형제들 역시 말을 몰았다. 많은 종사들과 부인들은 두 사람씩

크림힐트가 보름스에 당도한 브륀힐트를 영접하고 있다. 1913년 K. 슈 몰 폰 아이젠베르트의 프레스코화.

짝을 지어 말을 몰았다. 금은장식이 눈부신 빛을 발했다. 이윽 고 라인강변에 부인들이 부축을 받으며 안장에서 내렸다.

초원 위에 마련된 벤취에 사람들이 가득 차게 되었다. 식탁들 이 신속하게 차려지고, 포도주와 꿀술이 갖추어졌다. 용사들은 경기를 하기 위한 준비를 마쳤다. 말과 무사들이 장비를 마련했 다. 시합으로 많은 창들이 축제 기분에 들뜬 부인들 앞에서 조 각이 났다.

군터의 배가 보름스 앞의 해안을 향해 달렸다. 함대가 강을 거의 빈틈없이 메웠다. 그러자 다리 없이 배 위로 사람들은 발 에 물을 적시지도 않은 채 한쪽 강가에서 다른 쪽 강가로 건널 수 있을 것 같았다. 왕과 왕비 그리고 수행원들을 태운 배를 따 라서 천 명의 니벨룽엔의 용사들과 이천 명의 브륀힐트의 부하 들을 태운 용머리의 배들이 보름스의 해안으로 몰려들었다.

왕의 배가 뭍에 닿았다. 군터 왕이 육지로 뛰어올라 브륀힐트 의 손을 잡고 그녀를 부르군트의 강가로 인도했다. 브륀힐트의 화려한 옷과 값비싼 보석들이 광채를 발했다. 많은 사람들은 그것을 마치 라인강변 위를 비추고 있는 번개로 느꼈고 지금은 일어나지 않았지만, 장차 무시무시하게 뒤따를 천둥을 예견했다.

크림힐트는 당당하고 사랑스런 모습으로 군터의 신부에게 다가갔다. 그들은 관습대로 서로 입을 맞추었다. 그런 다음 왕의 누이동생이 말했다.

"제 어머니와 저 그리고 우리의 충실한 친척들과 부인들은 당신이 저희 나라에 오신 것을 환영합니다!"

브륀힐트는 다정한 인사에 대해 감사를 했으며 크림힐트와 우테의 포옹에 진심으로 답례했다. 우테와 크림힐트는 브륀힐트의 장미빛 입술에 거듭해서 키스를 퍼부었다. 그와 같은 애정어린 인사는 일찍이 한 번도 전해진 적이 없었다.

부르군트의 용사들은 강가에 서서 브륀힐트를 수행한 여인들에게 손을 내밀어 육지까지 안내해 주었다. 웃음과 농담이 오가는 가운데 그들의 장미빛 입술은 수 많은 낯선 미녀들에게 키스를 했다. 브륀힐트는 그들 처녀들에 둘러싸여 서 있었다.

수 많은 부르군트 사람들은 자신들의 왕에 의해서만 제압당한 이 낯선 여왕을 훔쳐보면서 그녀의 매력을 크림힐트의 매력과 비교해 보았다. 일찍이 그 누구도 두 여인들과 같이 아름다운 자태를 본 적이 없었다. 게다가 그녀들은 꾸미거나 화장으로 현혹하지 않은 순수한 아름다움을 보여주고 있었다. 여성의 미에 정통한 사람들은 군터 왕의 신부를 칭송했다. 그녀의 아름다움은 팔과 어깨의 힘에서 보여주듯이 고도의 발육에서 오는 것이라고 했다. 이에 반해 현명한 사람들은 크림힐트의 늘씬한 자태를 찬양했다. 즉 그녀의 기품과 우아함을 더 선호했다. 얼핏 연약해 보이는 궁성의 예법을 익힌 왕의 딸은 북방의 발퀴레 옆에 서 있었다.

보름스 앞에 펼쳐진 초원 위에 비단으로 만든 천막들이 세워졌다. 여왕과 그녀의 시종들이 걸친 장신구와 옷들이 햇빛을 받아 광채를 발했다. 높이 세워진 천막의 지붕 아래에서 여왕과 공주가 그늘을 발견했다.

그사이 용머리 배를 탄 니벨룽엔의 용사들이 정박했고 그들이 즉시 마상시합을 위해 말들을 점검했을 때는 토착민들이 놀라워했다. 지그프리트는 대비와 공주를 떠나 자신의 무사들을 맞이했고 그들을 천막 근처의 들판으로 인도했다. 니벨룽엔의 용사들은 부인들을 위해 용사들의 무리가 서로 대항해서 말을 달리는 기사들의 무예시합을 시작했다. 질주하는 말들로 인해 태양 속에서 바싹 말라버린 땅이 뽀얀 먼지 구름을 일으켰다. 마치 온 땅이 화염 속에 둘러싸여 있는 것만 같았다.

귀부인들과 처녀들은 멀리 북방에서 온 용사들에 대해 경탄을 아끼지 않았다. 지그프리트가 여러 번 그 무리들 가운데로 말을 달렸기 때문이었다. 하지만 아름다운 여인들의 장신구와 입고 있는 옷의 광채가 회오리쳐 일어나는 먼지 속에서 색이 바래졌다.

"말들을 그대로 두시오. 날씨가 더 추워지면, 여인들을 성으로 모셔가야 하오. 내가 신호를 보낼 때까지 대기하고 있으시오." 군터 왕이 말했다.

니벨룽엔의 용사들도 마상시합을 멈추었다. 지그프리트는 다시 공주와 함께 있게 되었다. 웃고 마시는 가운데 오후 시간이 흘러갔다. 해가 지고 들판에 이슬이 떨어질 때, 왕은 훌쩍 말에 올랐다. 모두들 성으로 출발했다. 우테 대비와 크림힐트 역시 수행자들을 거느리고 그들의 안식처로 자리를 옮겼다. 성에서는 즐거운 소음과 웃음소리가 울려 퍼졌다.

왕은 손님들과 함께 식탁으로 갔다. 그의 옆에는 그 사이 여왕의 품위를 상징하는 왕관을 쓴 브륀힐트가 서 있었다. 식탁에는 훌륭한 음식들이 차려져 있었다. 손님들이 원하는 모든 음식들이 제공되었다. 식사가 시작되기 전 왕의 시종들이 황금대야에 손 씻을 물을 대령했다. 하지만 군터 왕이 손을 물에 담그기도 전에 지그프리트는 군터에게 그가 한 약속을 상기시켰다. 크산텐의 영웅은 초조하게 왕 스스로가 선서를 이행하기를 기대했던 것이다.

지그프리트가 그에게 말했다. "브륀힐트가 당신의 나라에 오면, 당신의 누이동생을 저에게 아내로 주기로 한 맹세를 기억하십시오. 그 맹세는 어떻게 되었습니까? 당신의 청혼은 저에게도 크나큰 수고를 요구한 것이었습니다."

"당신은 나로하여금 그 일을 상기시킬 권리가 있습니다." 왕이 기억을 떠올리며 말했다. "내 손이 거짓 맹세를 한 셈이 되어서는 안 되지요. 우리가 약속한 대로 두 사람을 맺어 주겠소." 이렇게 말하고 군터는 크림힐트를 모셔오도록 명했다.

누이동생이 아름다운 처녀들의 무리를 거느리고 황급히 당도했을 때, 기젤헤어가 계단을 뛰어내려가 다음과 같은 말로 그녀를 맞이했다. "그대의 수행원은 돌려 보내시오. 그대는 혼자서 왕 앞에 나서야 하오!" 크림힐트가 넓은 홀 한 가운데로 걸어 들어갔다. 고귀한 용사들과 제국의 위대한 인물들이 왕 주위를 감싸고 있었다. 브륀힐트 역시 왕의 식탁에 앉아 있었다.

"사랑하는 누이동생이여, 나는 한 위대한 영웅에게 그대를 부인으로 주기로 약속을 했소. 그대가 그의 부인이 되도록 서약을 한 것이오. 그대가 그를 남편으로 맞이하면, 그대는 내 뜻을 이루어주는 셈이 되오." 군터 왕이 크림힐트에게 말했다.

"사랑하는 오라버니." 그녀가 대답했다. "저는 오라버니께서 제게 요구하시는 대로 따를 것입니다. 오라버니가 제게 남편으로 선택해 주신 그를 저는 기꺼이 받아들이겠습니다." 이 말을 하면서 그녀의 시선은 지그프리트를 향해 멈추었다. 그의 얼굴이 기쁨으로 붉게 물들었다.

그리고 나서 사람들은 두 사람으로 하여금 증인으로 나선 늠름한 용사들이 만든 하나의 원 한가운데 속으로 들어가게 했다. 왕이 물었다.

"그대는 네덜란드의 영웅을 남편으로 맞이하겠느뇨?"

그녀의 얼굴 역시 지그프리트보다 훨씬 더 붉어졌지만 그녀는 기쁜 마음으로 예라고 대답했다.

그들은 서로 포옹을 했다. 그리고 지그프리트는 왕과 왕비 그리고 모든 종사들이 지켜보는 앞에서 그녀에게 키스를 했다.

지그프리트와 크림힐트는 왕의 맞은 편 상석에 자리를 잡았다. 그러자 니벨룽엔의 용사들이 지그프리트 주변에 모여들었다.

브륀힐트는 크산텐의 영웅이 그토록 친밀하게 크림힐트 옆에 앉아있는 것을 보고 크나큰 고통에 사로잡혔다. 발퀴레인 그녀가 감정을 억제할 수 없을 만큼 고통이 그녀를 엄습했던 것이다. 뜨거운 눈물이 그녀의 투명한 뺨 위로 흘러내렸다.

"그대의 눈빛이 흐려지다니 무슨 일이오?" 군터 왕이 놀라서 물었다. "그대는 어째서 기뻐하지 않는 것이오? 내 나라와 내 성곽들 그리고 용맹스런 전사들까지 이제 그대의 휘하에 있게 되는 것인데 말이오."

그 당당한 브륀힐트가 가까스로 대답을 할 수 있게 되기까지 계속해서 눈물을 흘렸다.

"당신의 누이동생때문에 저의 가슴이 괴로워하는 것이랍니다. 그녀가 당신의 종신들 중의 한 사람과 나란히 앉아있기 때문이에요. 그녀가 그런 식으로 품위를 떨어뜨리고 있으니, 저는 슬퍼하지 않을 수 없는 것입니다."

"이제 그만 울음을 그치시오!" 왕이 성이 나서 말했다. "왜 내가 나의 누이동생을 지그프리트에게 아내로 주었는지 다른 기회에 들려주겠소. 누이동생은 그의 곁에서 기쁘게 살아갈 것이오."

"그녀의 미덕과 아름다움이란 얼마나 애석한 것인가요! 당신이 그에 대한 진정한 이유를 저에게 숨기고 있는 한, 저는 당신 곁에 머물지도 않을 것이고, 결코 당신과 잠자리도 하지 않겠어요."

"그것을 당신에게 말해주겠소." 그는 생각을 고쳐서 말했다. "지그프리트는 나처럼 성들과 넓은 영토를 소유하고 있소. 또한 그는 막강한 왕이라오. 그렇기 때문에 나는 그에게 내 아름다운 누이동생을 아내로 준 것이오."

하지만 군터 왕이 무슨 말을 하더라도 브륀힐트는 침울한 기분을 내몰지 못 했다. 우리는 그녀가 흘리는 눈물의 더 깊은 이유를 알고 있다. 지그프리트에 대한 그녀의 사랑에 대해서 군터는 전혀 아무 것도 모르고 있었던 것이다.

식사가 끝나고 용사들은 시합을 하러 궁성 마당으로 서둘러 달려갔다. 곧 온 성이 마상시합으로 시끌벅쩍했다. 하지만 군터는 브륀힐트와 사랑을 나눌 기회를 열렬히 갈망하고 있었다. 그녀가 배에서 그를 거부한 이후로, 마침내 그는 그녀와 동침할 기회를 갖게 된 것이었다. 보통때보다 더 일찍 그는 기사들의 시합을 종결시킬 것을 명했다.

다시 한 번 크림힐트와 브륀힐트는 홀로 올라가는 계단 앞에서 서로 만났다. 지그프리트의 부인은 다정한 태도를 보여주었다. 하지만 브륀힐트가 자신의 언짢은 기분을 숨길 수 있었는지는 알 길이 없다.

하인들이 침소를 준비했다. 화려한 방으로 등불들이 운반되었고, 간이 침대들이 설치되었다. 그런 다음 하인들이 물러갔다.

지그프리트가 크림힐트의 품 속에 안기게 되었을 때, 그에게는 그녀의 몸이 마치 자신의 몸인 것처럼 여겨졌고 그의 몸이 그녀의 몸과 한 몸인 것처럼 느껴졌다. 그녀는 그에게 있어서 유일한 여인이었다. 그녀를 위해서라면 그는 천 명의 아름다운 여인들이라도 포기했을 것이다. 그들 사랑의 기쁨을 묘사하는 데는 어떤 말로도 충분치 않을 것이다. 하지만 군터가 브륀힐트 곁에 어떻게 눕게 되었는지 들어보자. 그녀는 섬세한 흰 속옷을 걸치고 나타났다. 군터는 등불을 끄고 욕망에 사로잡혀 그녀에게 가까이 다가갔다. 그는 그녀 옆으로 바짝 다가가 누운 다음 그녀의 부드러운 살갗을 어루만지고 팔로 그녀의 몸을 휘감았다. 하지만 그에게는 애정 대신 갑자기 적대감과 증오심이 몰려왔다.

"나를 내버려둬요. 당신이 원하는 일은 이루어지지 않을 거예요. 그리고 반드시 알아둬야 할 겁니다. 당신이 그 비밀을 내게 털어놓지 않는 한, 전 영원히 처녀로 남아있을 것이라는 사실을 말예요." 브륀힐트가 그에게 경고했다.

아마도 군터는 이젠슈타인에서 거둔 자신의 승리를 상기했을 것이다. 그는 그녀를 꼭 껴안고 그녀의 속옷을 벗기며 그녀와 몸싸움을 벌였다. 하지만 그녀는 제압당하기는커녕, 그에게서 벗어나 허리에 두루고 있던 허리띠를 움켜쥐었다. 그녀는 그의 손과 발을 한데 묶어서 벽에 못을 박고 걸어 두었다. 그녀와의 싸움에서 군터 왕은 거의 죽을 뻔했다. 그녀를 제압하리라고 믿었던 그는 벽에 매달려서 간청하기에 이르렀다.

"고귀한 왕비여, 나는 그대를 정복하는데 실패했소. 그러니 당신과 일정한 거리를 취하리다. 그러니 제발 이 포승을 풀어주시오!"

브륀힐트는 침대에 편안히 누워서 군터 왕 따위는 아랑곳하지 않았다. 이렇게 해서 군터는 밤새도록 못에 걸려 있었다. 창문을 통해서 밝은 아침빛이 새어들어 오자 브륀힐트가 말했다.

"자, 군터 주인님, 시종들이 당신이 묶여있는 것을 발견하게 되면, 그들이 무슨 말을 하게 될까요? 그것도 여자의 손에 의해서 말입니다. 그 일이 당신께 치욕이 되지는 않을까요?"

"이 일로 그대에게 값 비싼 대가를 치루게 해주겠소. 이 갈고 리에 매달려 있는 나, 왕이 말이오! 당신의 품위를 생각해보시 오. 나를 풀어주면, 다시는 당신의 속옷에는 절대로 손도 대지 않겠소."

그 말을 듣고 브륀힐트는 못에서 왕을 떼어 결박을 풀어주었 다. 군터 왕은 침대로 가서 결코 그녀의 속옷에 몸이 닿지 않게 끔 조심해서 그녀 옆에 누웠다.

아침에 하녀들이 결혼식을 거행하기 위한 화려한 옷을 날라왔 다. 궁성과 홀 안은 흥겨움이 넘쳐 흘렀다. 왕은 간신히 자신의 분노를 삼키고 있었다.

두 쌍의 신랑 신부를 위해 대성당에서는 미사곡이 불려지고 있었다. 그곳에 왕관을 쓰고 존엄한 의관을 갖춘 네 사람이 서 있었다. 이렇게 해서 그들이 결혼식을 올리자, 친척들과 친구들 그리고 수 많은 종사들이 그들에게 밀어닥쳤다. 문들이 일제히 열렸다. 많은 사람들은 입장 허가를 얻지 못하고 브륀힐트가 예 복과 왕관을 쓰고 교외로 걸어나올 때까지 기다리고 있었다.

왕의 명예를 위해 육백 명의 종자들이 기사의 칼을 받았다. 두 쌍의 결혼식이 치뤄지자 큰 기쁨이 부르군트의 영토를 지배 했다. 칼이 부딪치는 소리가 궁성을 뚫고 울려 나왔고, 시합으 로 창자루가 부러졌으며, 방패들이 눈부시게 번쩍거렸다. 어여 쁜 처녀들이 창턱에 앉아서 용사들이 잇달아 말을 달리며 창 싸 움에서 불꽃이 튀기는 모습들을 지켜보고 있었다.

지그프리트는 군터 왕이 격노한 눈초리를 하고 있는 것을 보 고 지난 밤 일에 대해 물어보았다.

"이 몸이 무시무시한 마녀를 성 안으로 불러들인 것이오." 군 터 왕은 한탄하며 그녀가 자신을 벽에다 걸어놓고 그녀 자신은 요 안에 누워 편안하게 잠을 잤다는 사실을 보고했다. "친구여, 이 일에 대해선 오직 당신한테만 털어놓는 것이오."

크림힐트의 결혼. K. 슈노르 폰
카롤스펠트의 그림.

"그것 참 유감스런 일입니다." 지그프리트가 애석해 했다.
"당신이 허락만 하신다면, 그녀가 당신에게 절대로 사랑을 거부
하지 않고 기꺼이 그녀의 몸을 허락하도록 제가 애를 써 보겠습
니다만."

군터 왕은 이번 일에도 자신을 도와달라고 지그프리트에게 부
탁하고는 그에게 자신의 퉁퉁 부은 두 손을 보여주었다. 그녀가
고문도구로 손가락을 조여대듯이 그의 손을 눌러버렸기 때문에
손가락 끝이 피딱지로 덮여있었다.

"나에게는 당신의 누이동생이 내 생명보다도 더욱 귀중한 존
재가 되었습니다." 지그프리트가 확신있게 말했다. "그러니 브
륀힐트도 오늘 밤에는 당신의 신부가 되어야 할 것입니다. 저는
마법의 망또를 걸치고 가겠습니다. 그렇게 하면 내 계략에 대해
아는 사람이 아무도 없게 될 것입니다. 시종들을 내보내기만 하
십시오. 내가 등불을 꺼버릴 테니. 그럼 당신은 내가 가까이 있

다는 사실을 알아차릴 수 있을 겁니다. 당신이 그녀를 취할 수 있도록 내가 당신의 부인을 제압할 것입니다. 목숨을 걸고 말입니다."

"당신이 그녀와 잠을 자지 않는다는 조건으로 말이오." 왕이 경고했다. "그 밖에는 당신이 원하는 대로 하시오. 그 무서운 여자가 생명을 잃게 되더라도 말이오."

지그프리트가 약속했다. "내 명예를 걸고 그렇게 하겠습니다. 제가 어떻게 그녀와 잠을 잘 수 있겠습니까. 당신의 아름다운 누이동생은 내가 지금껏 보아 온 모든 여인들보다도 단연 뛰어난 여인인 마당에 말입니다." 군터 왕은 네덜란드의 영웅이 한 말을 굳게 믿었다.

기사들의 마상시합이 군터 왕에게는 너무 긴 시간으로 느껴졌다. 그는 무기들이 부딪치는 소리와 날카로운 여인들의 목소리에 넌더리를 냈다. 곧 말과 사람들로부터 궁성이 텅 비게 되었다. 왕은 식탁으로 초대했고 곧 밤이 오기만을 고대했다. 이 하루가 그에게는 한 달 같이 여겨졌다.

지그프리트는 그러는 동안에 자신의 부인과 다정하게 앉아 있었다. 그녀의 흰 손이 그의 손을 지긋이 눌렀다. 하지만 그녀도 모르는 사이 지그프리트는 갑자기 그녀의 시야에서 사라져 버렸다.

"왕이 어디로 가셨는지 누가 나에게 말해줄 수 있겠느냐?" 그녀가 놀라서 물었다. "누가 나에게서 그의 손을 빼앗아 갔을까?"

군터 왕은 많은 시종들이 등불을 들고 분방한 가운데 이미 방에 앉아 있었다. 그때 돌연 등불이 꺼진 것을 보고 왕은 시종들을 방에서 내보냈다. 그는 직접 재빨리 문을 잠그고 두 개의 무거운 빗장을 질렀다.

왕은 등불을 침대 휘장에 놓았다. 지그프리트가 브륀힐트 옆으로 가까이 다가가 누웠다. 그러자 그녀가 그에게 경고했다.

"군터 왕이시여, 나를 내버려 두세요. 그렇지 않으면 당신은 지난 밤 같은 일을 겪게 될 것입니다. 아침 해가 당신을 비출 때까지 갈고리에 걸려있게 될 테니까요."

지그프리트는 자신의 정체가 알려지지 않도록 침묵을 지키면서 이 고집센 여인을 양팔로 휘감아버렸다. 이때 그녀가 침대 밖 의자가 있는 곳으로 그를 내동댕이치자 그의 머리는 걸상에 부딪쳐 쿵 하는 소리가 났다.

그것을 보고 군터 왕은 네덜란드의 영웅이 그녀와 아무런 은밀한 행동을 하지 않았음을 알게 되었다. 오히려 그는 그의 벗에게 무슨 일이 생길까봐 걱정이 되었다.

그 영웅은 다시 일어나 새로이 침대 위로 달려들었다. 처녀는 계속해서 저항하면서 그로부터 몸을 피했다. 그녀는 벌떡 일어나 그에게 경고했다. "내 속옷을 절대로 망치지 말아요! 누가 더 힘이 센지 다시 증명해 보여야겠어요?"

그녀는 지그프리트를 양팔로 죄어대면서 군터 왕에게 한 것처럼 그를 묶었다. 그녀가 그를 벽과 장롱 사이에다 높이 들어올리려고 했지만, 이때 그는 열두 명의 용사들의 힘으로 그녀를 침대로 내쳤다. 내 생각으로는 늦어도 이때는 그녀도 그를 알아볼 수 있었을 것이라고 짐작이 된다. 오랫동안 그녀의 저항이 지속되었다고 전해지고 있다. 그녀는 신음했고 여러 번 고함을 질렀다. 지그프리트가 브륀힐트를 제압할 때까지 걸린 시간이 군터 왕에게는 매우 길게만 느껴졌다. 그리고 침대에서는 격렬한 움직임이 있었다고 한다.

지그프리트는 군터가 그녀와 잠자리를 가질 수 있도록 해주기 위해 그녀의 침대로 올라갔을 것이다. 하지만 어째서 이번에는 그녀가 동침의식을 거행하려는 그를 실망시키지 않았던 것일까. 그녀가 그를 유혹해서 자기 쪽으로 끌어들였는지, 그래서 적어

도 사랑하는 사람과 단 한 번만이라도 즐거움을 누리려고 했는
지 우리로선 알 길이 없다. 하지만 만약 북방의 여왕이 그 기회
를 잡지 못했다면, 그것이 나로서는 이상하게 여겨질 것이다.
초기의 이야기 속에는 단지 지그프리트가 이 강력한 힘을 가진
여인의 처녀성을 빼앗을 만한 힘을 소유했었노라고만 적혀 있
다. 이것은 또한 비통한 결과를 말해주는 것이다.

어쨌든 지그프리트가 그녀를 여러 번 제압하고 나서 꽤 오랜
시간이 흐른 후 브륀힐트가 말했다.

"내 목숨을 살려주세요. 내가 한 일을 보상하겠어요. 앞으로
는 절대로 당신의 애정을 거절하지 않겠어요. 나는 당신이 여자
를 정복할 줄 안다는 걸 알았습니다!"

나는 브륀힐트가 사랑때문에 혼란스러웠을 것이라 생각한다.
이때 지그프리트는 눈치 채지 못하게 그녀의 손가락에서 반지
하나를 빼어냈고 그녀가 일상적으로 허리에 차고 다니면서 또
그것으로 군터 왕을 묶기도 했던 허리띠를 취했다. 그것으로 그
녀는 그녀의 힘을 잃고 말았다. 아주 옛날 이야기에 따르면, 그
녀는 지그프리트의 반지와 교환하고 그에게 그녀의 반지를 선사
했다고 전해진다. 지그프리트는 그녀의 침대를 떠났고 그 자리
에 군터 왕이 기어들어와 그의 혼인의 권리를 차지했다. 그것이
브륀힐트로 하여금 속죄할 수 없는 상처를 입혔을 것이다.

브륀힐트는 이제 힘에 있어서도 다른 여자들과 다를 바가 없
었다. 군터가 그녀를 사랑스럽게 껴안았다. 브륀힐트는 더 이상
저항하지 않았다. 그녀가 군터 왕에게 기꺼이 몸을 허락한 것인
지 아니면 단지 그러는 체 했던 것인지 우리는 알 도리가 없는
것이다. 군터 왕은 아침이 밝아올 때까지 자신이 정복한 여인
곁에 누워있었다. 행복과 즐거운 기분으로 자리에서 일어나 그
는 두 주일 동안이나 결혼식을 경축했다.

지그프리트는 밤의 나머지를 어디서 보냈느냐는 크림힐트의

질문을 용케 피했다. 후에 자신의 나라에서 그녀에게 왕관을 씌어주었을 때 비로소 그는 들뜬 기분에서 그녀에게 브륀힐트의 허리띠와 반지를 주었다. 훗날 이것이 많은 사람들에게 비운이 되었던 것이다.

마상시합의 끊임없는 굉음과 즐거운 소란들 그리고 노래소리가 궁성과 홀을 뚫고 흘러나왔다. 단 한 순간도 여흥으로 떠들썩한 소리가 그친 적이 없었다. 왕이 축제에 들인 비용은 아무도 추측할 수 없었다.

군터 왕의 명예를 위해서 그의 친척들과 친구들이 손님들과 유랑객들에게 옷과 금, 게다가 말과 은까지 선물로 주었다. 무언가를 얻고자 했던 사람들은 그것을 얻었고 기쁜 마음으로 그곳과 작별을 고했다. 이렇게 해서 지그프리트와 천 명의 니벨룽엔의 용사들도 자신들의 값 비싼 옷들과 화려하게 장식을 한 안장이 딸린 많은 말들을 선사했다. 손님들은 일찍이 이보다 더훌륭한 대접을 받아본 적도, 또 이보다 더 풍족하게 선물을 받아본 적도 없었다.

13. 지그프리트가 크림힐트와 함께 고국으로 돌아오다

결혼식 축제가 끝이 나고 손님들이 보름스를 등지고 나자, 지그프리트는 귀향을 재촉했다. 크림힐트는 남편의 고향으로 떠나게 된 사실을 고대하면서 그녀의 형제들과 유산을 분배하고 싶어했다. 그러한 사실을 지그프리트는 달갑지 않게 받아 들였다. 세 명의 왕이 누이동생의 남편에게 말했다.

"지그프리트 군주시여, 우리는 죽는 날까지 언제나 신의로써 당신에게 헌신할 것입니다."

감사하는 마음으로 지그프리트는 그들에게 고개를 숙였다.

"우리는 우리가 소유하고 있는 영토와 성곽들을 나누어 가질 것이오." 기젤헤어가 제안했다. "그로 인해서 당신과 크림힐트는 큰 몫을 차지하게 될 것입니다."

"그대들이 유산으로 소유한 영토와 성곽에 축복이 내리기를 기원하오." 지그프리트가 축원했다. "하지만 내 아내는 그대들의 상속분을 필요로 하지 않습니다. 그녀가 내 나라에서 왕관을 쓰게 되면, 그녀는 일찍이 어떤 여왕보다도 더 부유하고 호화로워질 것이니 말이오."

"당신이 제가 받을 땅을 포기한다고 한다면, 전 부르군트의 종사들만은 단념하지 않겠어요. 당신은 삼천 명의 종사들 중에서 천 명은 가질 수 있을 것입니다." 크림힐트가 주장했다.

크림힐트는 트론예의 하겐과 메츠의 오르트빈을 불러오라고 사람을 보냈다. 그리고 그들이 그녀와 함께 크산텐으로 갈 의향이 있는지 물어보았다. 그 말에 하겐은 매우 화를 냈다.

"군터 왕은 우리를 다른 누구에게도 넘겨줄 권리가 없습니다." 그가 저항했다. "다른 종자들을 데리고 가십시오. 우리가 있을 곳은 여기 보름스의 궁성입니다. 저희는 여기에 계시는 왕들을 섬기겠습니다."

지그프리트와 크림힐트는 이렇게 냉혹한 대답을 괴이쩍게 여겼다.

크림힐트는 고귀한 수행원들을 얻었다. 그들 중에는 서른 두 명의 소녀들과 오백 명의 부하들이 있었다. 그리고 에케바르트 백작이 지그프리트를 따랐다. 무엇보다도 우테 대비에게 있어서 딸과의 이별은 힘든 일이었다. 하지만 천 명의 니벨룽엔의 용사들을 거느린 지그프리트와 수행원들을 대동한 크림힐트는 기쁜 마음으로 부르군트의 땅을 지나 북방으로 이동했다. 친척들과 친구들이 그들을 동행했다. 침소가 마련되었고, 음식과 음료들이 제공되었다.

때마침 지그프리트는 지그문트 왕과 지그린트 왕후에게 사자들을 보냈다. 아들이 비길 데 없이 아름다운 크림힐트를 고향으로 데리고 간다는 소식을 전하기 위해서였다.

지그린트는 붉은색 빌로드와 은 그리고 무거운 금으로 사자에게 보답했다. 성대한 환영의식이 준비되었다. 지그린트는 열의를 다해 시종들에게 새옷을 만들어 입혔다. 앉을 자리들이 설치되었고 지그문트 왕이 아들에게 왕관을 넘겨줄 장소에 특별히 신경을 써서 치장을 했다. 왕이 손수 이 축제를 위해 필요한 작업을 감독했다.

왕비가 일군의 종사들과 또 부인들을 동행하고서 곧 도착하는 손님들을 향해 말을 몰았다. 하루 길의 여정이 지나자 그들은 지그프리트와 크림힐트를 만날 수 있었다. 지그린트는 그들을 그녀의 수행원들과 함께 성대하게 라인강변의 크산텐으로 인도했다.

일찍이 한 아들이 이보다 더 훌륭하게 환영을 받은 적은 없었다. 지그린트와 지그문트는 기뻐하며 얼마나 수 없이 아름다운 크림힐트에게 입을 맞추었던가! 아들이 귀향함으로써 그들의 모든 고통은 사라져버렸다. 왕의 궁중 홀 앞에서 아름다운 여인들이 말에서 내렸다. 많은 영웅들이 열성으로 그 일을 도왔다. 새 이주민들의 수행원들 역시 진심으로 환영을 받았던 것이다.

그리고 나서 손님들은 훌륭하게 장식된 지그문트의 홀 안으로 초대되었다. 보름스의 축제가 제 아무리 훌륭했다고 한들 일찍이 그들이 입었던 옷 보다 더 이상 좋을 수 없는 옷들이 영웅들에게 제공되었다. 크산텐 궁성의 부유함과 호화로움에 대해서는 놀라운 이야기들이 전해지고 있다. 종사들이 벌써 눈부시게 빛을 발하는 진주와 보석들이 박힌 황금빛의 창들을 가져왔다. 영웅들과 심지어 여왕들이 걸친 예복과 장식들에 대해서는 무슨 말로 다 기술할 수 있겠는가! 그에 걸맞는 표현은 어떤 찬사의 말로도 부족할 것이다.

자기 수하의 영웅들에게 둘러싸인 지그문트가 공포했다.

"지금부터 나의 아들 지그프리트가 왕관을 쓰게 될 것이다. 그가 나라와 성을 다스리고 재판을 할 것이니라."

네덜란드인들은 이 사실을 기쁜 마음으로 받아들였다.

지그프리트는 강력한 왕으로서 통치했다. 적들은 그의 강함을 두려워했다. 어느 누구도 감히 그의 나라를 넘볼 생각을 하지 못했다. 평화를 깨뜨리는 자는 냉혹한 벌을 받았다. 전쟁이나 심지어 정복에 대해서도 전해지는 바가 없다. 십 년이 넘도록 지그프리트 왕은 고귀한 명예를 지키면서 다스렸다. 정의에 대한 그의 식견은 널리 칭송을 받게 된다. 상공업이 번성했다. 유랑 가수들은 풍부하게 보답을 받았다.

결혼한 지 십 년 만에 크림힐트는 아들을 낳아 외숙부의 이름을 따서 군터라고 불렀으며 온갖 사려와 열의를 가지고 양육했다. 그 아들이 태어날 즈음 지그린트 대비가 눈을 감았다. 온 나라에 슬픔이 감돌았다. 그래서 이제는 크림힐트가 홀로 여왕이 되었으며 나라의 안녕을 위해 모든 권력을 이용하게 되었다는 사실로써만 그 슬픔이 경감되었다.

그 즈음에 브륀힐트도 군터의 아들을 낳았다. 마찬가지로 고모부이자 영웅을 생각해서 아기는 지그프리트라 불리웠다. 군터 왕은 아들을 유능한 용사로 길러내고자 했다. 어린 지그프리트는 장차 어떤 불행한 일이 그의 가족들에게 닥치게 될 지 예감하지 못했다.

군터 왕에 대해서도 칭송할 만한 이야기들이 전해지고 있다. 그의 나라는 적들로부터 해를 입지 않았다. 그의 군대는 전투하러 출동할 필요가 없었다. 보름스 역시 더 부유해졌다. 더 많은 수공업자들이 이주해 왔다. 허다한 날에 성곽 근처의 항만에서는 수 많은 배들이 정박해 있어서 속속 도착해 들어오는 배들이 거의 자리를 발견할 수 없을 정도였다.

지그프리트는 라인강변의 크산텐을 빙 둘러싼 네덜란드의 왕이었을 뿐 아니라 니벨룽엔 제국의 통치자였다. 그는 일찍이 어떤 영웅도 얻지 못한 막대한 보물을 소유했다. 보물은 금을 비롯해서 보석류와 무기들 그리고 각종 장비들이 헤아릴 수 없이 풍부했기 때문에, 그 중에서 많은 보석들을 선물로 나누어 주었다고 해도 조금도 줄어들지 않았을 것이다. 그것이 그를 세계에서 가장 막강한 용사로 만들어 주었다. 그가 그러한 사실을 알고 있었는지 우리로선 알 길이 없다. 게다가 마법의 망또가 소유하고 있는 열두 명의 무사들의 힘때문에 동시에 그는 무릇 가장 힘센 용사가 되었던 것이다. 어쨌든 그와 비교할 만한 것은 아무 것도 없었다고 전해지고 있다. 용의 피가 그로 하여금 불사신의 존재로 만들어주지 않았던가. 때문에 아마도 지그프리트는 스스로를 무적의 존재로 여겼을 것이다. 하지만 그가 용의 피로 목욕을 하고 있었을 때, 양어깨 사이로 보리수 이파리 하나가 떨어졌던 사실을 그는 점점 자주 잊고 있었다.

14. 군터가 지그프리트와 크림힐트를 보름스로 초대하다

비교적 최근의 이야기에 따르면, 브륀힐트는 부르군트의 성곽을 가로질러 발걸음을 옮길 때마다 종종 생각하는 것이 있었다. '어째서 크림힐트는 그렇게 당당한 것일까? 그녀의 남편인 지그프리트는 틀림없이 우리의 봉신封臣임에도 불구하고 말이다. 그런데 그는 지금까지 우리에게 어떤 봉사도 한 적이 없어. 공물을 바치거나 조세의 의무를 다한 적도 없단 말이야. 그런데도 군터 왕은 어째서 그것을 묵인하고 있는 것일까?'

하지만 우리는 더욱 오래된 출전에서 그에 대한 더 깊은 이유를 익히 알고 있는 것이다.

"당신의 아름다운 누이동생은 저 멀리 크산텐에 있어요." 브륀힐트가 왕을 자극했다. "나는 크림힐트를 다시 만나보고 싶어요."

"그건 불가능하오. 크산텐은 멀리 떨어져 있는데, 어떻게 그녀가 이곳으로 올 수 있겠소. 난 그들에게 와 달라고 간청할 수는 없소." 군터가 그녀의 청을 거절했다.

"지그프리트는 당신의 봉신이 아니던가요." 브륀힐트가 교묘하게 대답했다. "그가 제 아무리 부유하고 막강하다고 하더라도 당신은 군주로서 그에게 요구할 수 있는 것입니다."

그 말에 군터는 미소를 지어보였다. 지그프리트가 그를 위해 그 일을 한다면, 그건 봉신의 의무로서가 아니라 우정에서 하는 것이었다. 그리고 왕은 이젠슈타인으로 떠났던 그들의 여행과 그들이 어떤 속임수로 여왕을 정복했었는가를 회상했다. 그 일이 그로 하여금 그녀의 뜻을 거역하고 싶지 않은 기분을 느끼게 했다.

"사랑하는 낭군이시여", 브륀힐트는 자신의 장점을 이용해서 말했다. "내 소원을 이루어 주세요. 그리고 나를 사랑하는 마음에서 지그프리트와 당신의 누이동생이 우리를 만나러 여기 보름스로 오도록 도와주세요. 내가 당신의 성에 처음 왔을 때, 그녀가 나를 얼마나 충심으로 맞아주었던가요. 그리고 내가 당신의 아내가 되었던 밤을 보내고 나서 우리가 서로 입을 맞추고 함께 나란히 앉아 있었던 일이 생각나네요." 그녀가 어떤 의도로 그 밤에 일어났던 일을 넌지시 암시했는지 우리로선 알 수 없는 일이다.

브륀힐트는 왕이 마침내 양보할 때까지 그렇게 집요하게 몰아댔던 것이다. "당신도 알고 있겠지만 내게도 그들보다 더 보고 싶은 손님들은 없다오. 즉시 사자들을 보내겠소."

"누구를 보내실 건가요?" 여왕이 물었다.

"변경 영주인 게레가 내 사람들 중 삼십 명을 데리고 갈 것이오." 군터가 설명했다. 그는 사자들을 불러오게 해서 왕에게는 이 세상 어디에도 보름스로 초대받은 그들보다 더 소중한 사람들은 없으며, 다음 하지가 되기 전에 그들이 도착하면 좋겠다는 전갈을 전하도록 그들에게 위임했다. 지그문트 왕에게도 안부 인사를 전해야 했다. 그리고 크림힐트는 이 여행을 거절해서는 안 될 것이라는 말도 전했다. 대규모의 축제가 준비될 것이라는 말도 있었다.

브륀힐트는 사자들에게 훌륭한 옷을 장만해 주었다. 삼 주 후에 그들은 지그프리트의 성에 당도했다.

그들이 도착했다는 소식이 알려지자, 크림힐트는 휴식을 취하고 있던 침상에서 일어나 평소 신임했던 게레가 말을 타고 궁성 안으로 들어오는 것을 보았다. 그즈음 그녀는 향수병을 앓고 있었다.

사자들은 진심으로 환영을 받았고, 그들이 타고온 말들은 마구간으로 옮겨져 보살펴졌다. 변경 영주인 게레가 수행원들을 동반하고 왕의 홀로 걸어들어 오자, 지그프리트와 크림힐트는 의자에서 일어섰다. 크림힐트가 게레를 안내했다.

"자리에 앉기 전에 저희가 이곳으로 가지고 온 사명을 전하도록 해 주십시오." 변경 영주가 말했다. "군터 왕과 브륀힐트 왕비로부터 당신들께 안부 인사를 전하라는 말씀을 하셨습니다. 그리고 크림힐트 왕비시여, 당신의 어머니이신 우테 대비와 당신의 오라버니들 그리고 모든 친척들께서 우리를 여기로 보내셨습니다. 그분들은 부르군트국으로부터 보내는 존경심을 당신들께 전하라고 하십니다."

"우리는 그대들의 충성심을 신뢰하고 있소." 지그프리트가 답변을 했다. "그들은 보름스에서 어떻게 지내고들 있는가? 크림힐트의 오라버니들이 혹 무슨 봉변을 당한 건 아니겠지? 나는 언제나 도와줄 준비가 되어 있다네."

"보름스의 궁성에서는 의기충천하게 살고 계십니다." 게레가 말했다. "다만 한 가지 유감스럽게 생각하는 것은 당신들이 그토록 오랫동안 너무 멀리 떨어져 있었다는 사실입니다. 그래서 저희 군주께서는 당신들을 거대한 축제에 초대를 하셨습니다. 겨울이 끝나고 하지가 되기 전에 당신들이 오셨으면 하십니다."

"그건 좀 어렵겠는데." 지그프리트가 거절했다. 그들의 초대가 지그프리트의 불신을 새삼 일깨웠는지에 대해서 전해지는 바는 없다.

그러자 변경 영주인 게레는 크림힐트에게로 몸을 돌려 말했다. "당신의 어머니이신 우테 대비, 또한 게르노트와 기젤헤어님까지도 당신을 학수고대하고 계십니다. 그분들은 날마다 당신들이 그토록 너무 멀리 가 계신다고 한탄하십니다. 저의 여군주이신 브륀힐트께서도 당신들을 다시 만나보고 싶어 하십니다."

이 초대가 크림힐트의 마음을 기쁨으로 가득 채웠다.

재차 자리에 앉도록 권유를 하자 손님들이 마침내 앉았다. 그리고 그들에게 포도주를 풍족하게 따라주었다. 이제 지크문트가 홀로 들어와 사자들을 환영했다.

지그프리트는 손님들을 잘 대접하라고 명했다. 아흐레 동안 그들은 쾌적한 방에서 지냈다. 그러고 나서 게레는 귀국길을 서둘렀다.

그러는 사이 지그프리트는 심복들과 상의를 했다. 크림힐트에게 이 여행은 너무 긴 여정이 될 것이라고 지그프리트는 말했다. 부르군트 사람들을 위한 출정이라면 마다하지 않고 서른 개의 나라라도 뚫고 달려갔을 것이라고 그는 단언했다. 그의 심복들은 신중히 생각하도록 조언했지만, 천 명의 부하들과 함께라면 이 여행도 감행할 만하다고 말했다.

지그문트 왕은 백 명의 용사들을 대동하고 지그프리트와 동행하기를 원했다.

"사랑하는 아버님, 아버님이 저와 함께 가시다니, 저는 얼마나 기쁜지 모르겠습니다. 열 이틀 이내에 떠날 준비를 마치겠습니다." 아들이 감사하며 말했다.

수고에 대한 보답으로 사자들은 자신들의 말로는 다 감당할 수가 없어서 짐바리 말에 실어야 할 정도로 많은 선물을 받았다. 왕이 초대에 응하겠다고 약속을 했기 때문에, 부르군트의 사자들은 고향길에 올랐다.

지그프리트는 여행을 위해 시종들에게 새 옷을 만들어 입히도록 했고, 값 비싼 안장과 새 방패 그리고 훌륭한 장비들을 고르게 했다.

변경 영주인 게레가 군터의 홀에 도착했을 때, 왕은 자리에서 벌떡 일어났다. 브륀힐트 역시 손님들이 곧 도착하게 되리라는 소식을 듣고 게레에게 고마움을 표했다. 초대에 대한 지그프리트의 답변에 대해 묻자, 게레는 그 일에 대해 왕과 크림힐트 왕비는 기쁨으로 상기되었다고 보고했다.

"나에게 말해주시오. 크림힐트도 오는가요?" 브륀힐트가 확답을 듣고 싶어했다.

"그것은 확실합니다." 게레가 대답했다.

변경 영주과 그의 동행자들은 크산텐에서 받아온 풍부한 선물들을 숨길 수 없어서 금과 장신구 그리고 귀중한 옷감들을 왕과 궁성 앞에 펼쳐놓아야 했다. 모두들 지그프리트의 관대함을 칭송했다. 하겐만이 격분해서 말했다.

"그가 선물을 하기란 어렵지 않은 일이죠. 그가 소유하고 있는 보물로 말하자면 어마어마하니까요. 설령 그가 영원히 살아서 매일 낭비한다고 하더라도, 그의 보물을 다 써버리진 못할 겁니다. 그 보물이 부르군트의 땅으로 오기만 한다면 얼마나 좋을까!" 이것은 보물에 대해 하겐이 생각하는 바를 전해주는 첫 번째 말이다. 누군가가 그의 말에 주목했었는지는 알 수 없는 일이다.

그들은 손님들이 묵을 방들을 마련했고, 왕의 홀에 의자와 식탁들을 마련했으며, 심지어 요리를 위한 국그릇과 냄비 그리고 솥들도 조달했다. 후놀트와 진돌트 그리고 루몰트는 잠잘 시간도 없이 분주했다.

15. 축제를 향한 여행

대규모의 수행원들과 함께 왕의 부부가 출발했다. 수 많은 짐바리 말들이 행렬 속에서 여행용 궤들을 싣고 갔다. 그 어느 때고 이보다 더 값진 의상들을 운반한 적은 없었다. 크림힐트와 지그프리트는 그들의 어린 아들을 크산텐에 두고 왔다. 어린 아들이 아버지와 어머니를 다시는 못 볼 운명이 되리라고는 아무도 예측하지 못했다. 기쁜 마음으로 지그문트 왕 역시 무장한 전사들 백 명을 대동하고 보름스로 이동했다. 그곳에서 아들의 신상에 무슨 일이 닥칠지 그가 미리 알았더라면, 그는 단연코 여행을 중단했을 것이다.

지그프리트는 사자들을 미리 보냈다.

군터는 일군의 손님들을 마중하도록 명하고 열의를 다해 그들을 맞이할 준비를 했다. 그리고 나서 그는 브륀힐트에게 물었다.

"그대가 내 나라에 처음 왔을 때, 나의 누이동생이 당신을 어떻게 영접하였소? 당신도 지그프리트의 부인을 꼭 그렇게 환영해야만 하오."

"기꺼이 그렇게 하지요." 브륀힐트가 대답했다.

"내일 아침에 그들이 도착하오." 군터가 말했다. "우리가 그들을 성 밖에서 맞이할 수 있도록 당신이 준비해 주시오. 내 그토록 사랑스런 손님들을 기다려 본 적은 결코 없었소."

브륀힐트는 하녀들로 하여금 가장 좋은 옷들을 골라오도록 명했다. 이렇게 그녀는 지체높은 훌륭한 옷을 입고 성문 밖으로 나가 그녀가 처음 이곳으로 들어왔을 당시 보름스에서 경험했을 때보다 더 고귀한 명예심을 품고 크림힐트를 맞이했다.

지그프리트는 니벨룽엔의 용사들과 함께 도착했다. 용사들의 무리가 들판에 한꺼번에 쏟아지자, 먼지가 회오리를 일으키면서 라인강 위로 펄럭이는 깃발처럼 구름의 모습으로 휘몰아쳤다.

"우리에게 온 것을 환영하오. 그대들이 우리에게 온 것에 대해 얼마나 기쁘게 생각하는지 모르오!" 군터가 지그프리트와 지그문트에게 인사를 건넸다.

그때 두 왕의 부인들이 서로 다가가서 우아하고 성대하게 인사를 나누었다. 용사들은 수 많은 아름다운 여인들을 보고 기뻐했다. 그녀들의 환심을 사기 위해서 그리고 손님들에게 기쁨을 주기 위해 용사들은 문 밖에서 마상시합을 거행했다. 창들이 부딪치는 소리와 내리치는 소리들이 벽을 뚫고 울려퍼졌다. 그렇게 즐거운 여흥으로 시간이 흘러갔다.

그리고 나서 손님들은 성 안으로 안내를 받았다. 말을 덮고 있는 최고의 품질로 짠 비단천이 바람에 펄럭이고 있었다. 숙소로 들어가는 도중에 브륀힐트의 시선이 크림힐트에게 머물렀다. 크림힐트는 정말 너무나 아름다웠다. 황금빛깔 속에 그녀의 얼굴이 어찌나 붉게 장미빛을 띠고 광채를 발하고 있었던가!

왁자지껄 마시고 떠드는 소리로 인해 소음과 환호성이 홀과 궁성을 가로질러 울려퍼졌다. 손님들이 원하는 것들은 죄다 제공되었다. 하겐과 당크바르트 역시 열심히 시중을 들었다.

예전처럼 지그프리트는 왕의 큰 식탁에서 영예로운 자리를 차지했다. 천 이백 명의 용사들이 그의 주변에 빙 둘러 앉아서 먹고 마셨다. 그들은 부르군트의 왕이 곁에 두고 있는 종사들의 수보다도 더 많은 수였다. 그때 브륀힐트는 생각했다. '어떻게 한 봉신의 신분으로서 감히 저토록 부유하고 막강한 태도를 보일 수 있단 말인가?'

연일 풍족한 포도주와 꿀술이 소비되었고, 동시에 많은 술꾼들의 옷에도 술이 엎질러졌다. 여행용 상자에서 여인들은 매일 새로운 옷을 꺼내었다. 그녀들이 입은 옷들은 매번 더 화려했고 값진 보석들로 장식되어 있었다. 촛불 속에서 그 옷들은 찬란하게 빛을 발했다.

아침마다 큰 나팔 소리가 요란하게 울렸다. 피리와 나팔 소리가 성과 도시를 뚫고 울려 퍼졌다. 곧 마상시합이 시작되었다. 창가에서 미녀들은 용사들을 지켜보았다. 브륀힐트와 크림힐트는 서로 더 자주 만남을 가졌으며 서로 호의를 갖고 있는 듯이 보였다. 다만 열하루째 되던 날 파멸과 살인을 불러 일으킬 만한 싸움이 성당 밖에서 발생했던 것이다.

16. 브륀힐트와 크림힐트가 서로 반목하다

저녁 미사시간이 되기 전에 용사들은 궁성에서 다시 마상시합을 하면서 여흥을 즐기고 있었다. 많은 부인들과 소녀들이 그들을 향해 환성을 올렸다. 이날에도 예전처럼 두 왕의 부인들은 각자 자신의 영웅을 생각하면서 나란히 앉아있었다. 축제가 진행되는 동안 군터는 막강하고 관대한 왕임이 증명되었다. 하지만 지그프리트가 모습을 드러낼 때마다, 그의 광채가 보름스의 통치자의 그것을 무색케했다.

크림힐트가 주장했다. "내 남편은 뛰어난 용사이므로, 이 모든 제국이 그의 수중에 있어야만 할 겁니다."

"당신과 당신 남편 외에는 달리 사람이 살고 있지 않다면야, 그가 통치할 수도 있겠죠. 하지만 군터 왕이 존재하는 한, 그것은 어쩔 수 없는 일이겠죠." 브륀힐트가 대꾸했다.

크림힐트가 반론했다. "보세요, 그의 모습이 용사들 가운데서 얼마나 탁월하게 보이는지 말예요. 밝은 달빛이 별들 위에서 반짝이는 모습과도 같잖아요."

"당신 남편의 모습이 아무리 훌륭하다고 하더라도, 당신의 오라버니인 군터 왕만 하겠어요. 그는 모든 왕들 중에서 단연 뛰어난 왕이지요." 브륀힐트가 대답했다.

이 말이 크림힐트를 격분시켰다. "내가 지그프리트의 업적을 일일이 열거해야만 하나요?" 그녀의 목소리가 커졌다. "그는 단지 네덜란드의 왕에 불과한 존재가 아니랍니다. 그러니 적어도 군터 왕과 대등한 신분이지요. 해 아래 있는 어떤 위대한 왕이라도 그렇게 지배하지는 못할 겁니다."

이윽고 두 왕의 부인들이 거느린 시종들은 그녀들이 다투고 있음을 눈치채게 되었다.

"내가 지그프리트의 입으로 직접 들은 얘기가 있어요." 브륀힐트는 확신을 갖고 말했다. "나의 홀에서 처음으로 그는 자신이 군터의 부하라고 말했답니다. 그래서 나는 그를 한 군주를 섬기는 신하로 생각하고 있을 수밖에 없지요."

크림힐트가 이의를 제기하고 나섰다. "그렇다면 내 왕족인 오라버니들이 내가 한낱 신하의 부인이 되도록 절대로 허락하지 않았을 거예요. 내가 간청하겠으니, 브륀힐트, 계속 그렇게 내 마음을 아프게 하지 말아주세요."

"지그프리트가 봉신으로서 우리에게 해야 할 의무가 있는 모든 봉사를 어째서 내가 포기해야만 하죠?" 브륀힐트가 응수했다.

크림힐트는 화가 나서 얼굴이 더 달아올랐다. "지그프리트가 어째서 당신을 섬겨야 한단 말인가요!" 그녀가 소리쳤다. "그는 당신 남편보다도 더 고귀하고 막강한 용사예요. 그리고 설령 그가 지그프리트의 군주라고 한다면, 그는 어째서 십 년이 넘도록 공납을 거부하도록 허락했죠? 이제 그만 당신의 오만함을 거두시지요!"

"당신의 오만불손함도 그만둬요!" 브륀힐트가 말했다. "사람들이 궁성에서 당신을 나만큼 존경하는지 안 하는지 보게 될 겁니다."

그들은 화가 나서 부르르 몸을 떨었다.

"진정 보게 될 겁니다!" 크림힐트가 상대에게 도전했다. "그렇다면 내가 왕의 부인보다 먼저 성당에 발을 들여놓는 일이 허락되는지 두 왕의 종사들은 결정을 내려야만 할 것이오. 당신은 오늘 내 남편이 당신보다 더 고귀한 신분의 사람이며, 또 일찍이 왕관을 썼던 모든 사람들보다 내가 더 위대한 왕비라는 사실을 알게 될 겁니다."

두 왕의 부인들의 증오심은 화해할 수 없는 지경에 이르고 말았다. 그녀들의 시종들은 당황해서 말을 잃었다. 두 왕의 종사들도 농담을 중단하고 싸우는 소리에 귀를 기울였다.

"당신이 정녕 신하이기를 원치 않는다면, 당신의 시종과 함께 나의 시종으로부터 떨어져 있으시오!" 브륀힐트가 요구했다.

"그렇게 될 것입니다!" 크림힐트가 말하고서 귀부인들에게 가장 화려한 옷들로 단장하도록 명했다. 그녀 자신도 왕족에 걸맞는 품위있는 옷을 입었다.

성당 밖에서는 지그프리트의 용사들이 기다리고 있었다. 군터의 종사들 역시 성당 입구를 둘러싸고 있었다. 몇몇 사람들은 두 왕의 부인들이 예전처럼 함께 있지 않은 것을 의아하게 생각했다. 하지만 대개는 그들이 다투었다는 사실을 알고 있었으며 그저 사태를 관망할 따름이었다.

크림힐트는 북방에서 보름스로 함께 데리고 온 마흔 세 명의

보름스의 대성당 앞에서 우열을 다투는 크림힐트와 브륀힐트. 1845년 J. 슈노르 폰 카롤스펠트의 벽화. 뮌헨의 님펜부르크 성에 있는 니벨룽엔 홀.

부인들의 싸움. 칼 오토 체쉬카의 그림.

아름다운 처녀들로 하여금 아라비아산 비단으로 만든 빛나는 옷을 걸치도록 명했다. 이렇게 해서 그녀는 시종들을 거느리고 성당에 이르렀으며 브륀힐트가 쏟아낸 비난을 철회하는 것이 타당하다고 생각하고 있었다. 군터의 부인은 화려하게 장식을 한 그녀의 시녀들과 함께 이미 문 밖에서 그녀를 기다리고 있었다. 하지만 크림힐트가 거느리고 있는 시녀들의 화려한 옷에 비하면 브륀힐트의 시녀들의 옷은 보잘 것이 없었다. 그녀는 지그프리트로 인해서 다른 어떤 서른 명에 달하는 왕비라도 그러한 보석들을 내보일 수 없을 만큼 막대한 부자가 되어 있었다.

이렇게 그들은 사원 앞에서 적대감을 품고 서로 만났다. 그때 브륀힐트가 크림힐트에게 멈추어 서라고 명령하면서 큰 소리로 말했다.

"신하의 부인은 왕의 부인으로 하여금 먼저 지나가도록 비키시오!"

"당신이 잠자코만 있었더라면, 그게 당신을 위해서 더 좋았을 텐데!" 크림힐트가 냉혹하게 응수했다. "이제 당신은 스스로 치욕을 초래하고 말았소. 일찍이 종의 첩이 어떻게 왕의 부인이 될 수 있었겠소?"

"누구를 당신이 여기서 첩이라고 부르는 거지?" 브륀힐트가 격분해서 물었다.

크림힐트는 이 비밀을 누설하기 전에 망설였다. 하지만 이제 그녀는 더 이상 물러설 수 없었다.

"바로 당신을 두고 그렇게 불렀소! 당신을 처음으로 사랑해준 사람은 군터 왕이 아니라, 지그프리트, 바로 내 남편이었단 말입니다. 그가 첫날 밤에 당신을 정복했던 것이죠. 당신은 종을 당신의 침상에서 허락한 사실을 모르고 계셨단 말씀인가요?"

"나는 그 말을 군터 왕에게 고할 것입니다." 이것이 브륀힐트가 대답할 수 있는 전부였다.

"얘기할 테면 하세요." 크림힐트가 말했다. "당신의 오만이 당신을 기만했을 뿐이니까요. 당신은 어째서 나를 신하로 경멸했던가요?"

브륀힐트는 마음 속 깊은 곳에서 모욕을 느끼고 울기 시작했다.

하지만 이제 크림힐트는 자신의 시종들을 대동하고 부르군트 왕비 앞에서 성당에 발을 들여놓았다. 브륀힐트의 내면에서는 지그프리트의 새로운 배신때문에 증오와 적대감이 자라났다. 성당에서 노래를 부르는 동안에도 그녀의 빛나는 눈은 빛을 잃고 눈물로 축축해졌던 것이다. 지그프리트가 그날 밤에 일어났던 일을 자랑삼아 떠벌렸다면, 그는 그것에 대한 대가를 지불해야만 한다고 브륀힐트는 생각했다. 그녀는 크림힐트의 눈 앞에서 성당을 떠나 문 앞에 서있었다.

"잠깐만 기다리시오! 당신은 나를 첩이라고 모욕했는데, 그것을 증명해 보여야 할 것이오."

"그냥 내버려 두시지요", 크림힐트는 싸움을 더 크게 만들고 싶지 않았다. "그 증명이라는 것이 끔찍한 일일 테니까요."

하지만 브륀힐트는 자신의 생각을 굽히기에 너무나 격분해 있었다. 그녀의 자존심이 치명적인 상처를 입었던 것이다. 게다가 그들을 둘러싸고 수 많은 종사들과 부인들이 숨어서 기다리고 있었다.

그때 크림힐트는 손가락에 끼고 있던 금반지를 가리켰다. "이 반지는 내 사랑하는 남편이 준 것이랍니다." 의기양양해서 그녀가 말했다. "그가 첫 번째 남자로서 당신과 잠자리를 같이 보내고 난 후에 말이죠."

브륀힐트가 반지를 보자, 그녀의 얼굴은 마치 죽은 사람처럼 새파래졌다. 두 왕비의 시종들과 손님들이 보는 앞에서 그녀는 웃음거리가 되었던 것이다. 이 비밀은 절대로 누설이 되어서는 안 되었던 것이다.

"그 반지는 내게서 훔쳐간 것이예요!" 브륀힐트가 격분해서 소리쳤다. "누가 그것을 훔쳐갔는지 이제야 밝혀지는군요."

"나는 도둑이 아니예요!" 크림힐트가 말했다. "당신의 명예를 위해서라도 당신은 침묵을 지켰어야 했을 거예요. 여기 내가 차고 있는 허리띠가 그것을 입증해 주는군요. 이건 거짓이 아니니까요. 나의 지그프리트가 당신의 첫 번째 남자였다는 사실 말예요."

크림힐트는 허리띠를 풀어서 모든 사람들이 그것을 볼 수 있도록 높이 쳐들었다. 그것은 니니베산 비단으로 만들어진, 값진 보석들이 박힌 허리띠였다.

브륀힐트가 그것을 알아보았을 때, 그녀는 다시 울음을 터뜨렸다.

"왕을 이리로 불러주시오!" 그녀가 요구했다. "그의 누이동생이 어떻게 나에게 오명을 씌우고 있는지 그가 들어야만 해요." 이제 브륀힐트는 크림힐트와 싸움을 감행했다는 돌이킬 수 없는 사실에 화가 나는 것이었다.

오래 걸리지 않아서 왕이 종사들과 함께 왔다. 그는 아내가 분노로 울고 있는 것을 보고 물었다.

"누가 당신을 울게 만든 것이오?"

"당신의 누이동생이 지금껏 아무도 가한 적이 없는 모욕을 내게 했답니다." 그녀는 흐느껴 울면서 말했다. "그녀는 지그프리트가 나를 첩으로 삼았다고 주장하고 있어요." 그 말을 하면서 그녀의 얼굴이 새빨개졌다.

"그건 매우 악의가 있는 말이 분병하오." 왕은 대답하면서 송장처럼 창백해졌다.

"저기 그녀는 내가 잃어버린 허리띠를 보이고 있어요. 게다가 내 금반지도 끼고 있답니다. 어떻게 나에게 그런 짓을 할 수가 있단 말입니까! 아, 내가 태어나지 않았더라면 좋았을 것을! 나의 왕이시여, 당신이 이 엄청난 치욕에서 날 구해 주세요!"

"지그프리트를 우리 앞으로 오시게 하라!" 왕이 요구했다. "그가 그러한 사실들을 과연 과시했는지, 아니면 그러한 질책에서 벗어날 수 있을지 들어봐야 하겠소."

황급히 불려 온 지그프리트는 놀라서 물었다. "부인들이 무엇 때문에 울고있는 것입니까? 왜 왕께서 저를 부르셨는지요?"

"나는 심한 모욕을 받았소." 군터가 그에게 항의했다. "내 아내인 브륀힐트가 주장하기를, 당신이 내 앞에서 그녀와 잠자리를 했노라고 자랑삼아 뽐냈다는 것이오."

"만일 크림힐트가 그런 거짓말을 했다면, 제가 그녀를 징계할 것이고 내가 그런 말을 결코 한 적이 없다는 사실을 당신의 모든 종사들 앞에서 고귀한 선서로 맹세할 것입니다."

"당신이 신성한 선서를 여기 모든 사람들 앞에서 맹세한다면, 내가 모든 비방으로부터 당신을 방면해 줄 것이오." 왕이 설명했다.

부르군트 사람들이 지그프리트를 둘러싸고 원을 그렸다. 지그프리트가 벌써 맹세할 손을 들어올렸을 때, 군터 왕이 제지했다.

"나는 당신이 결백하다는 사실을 잘 알고 있소. 이것으로 나는 당신이 받고 있는 이 비난으로부터 당신을 방면하는 바이오. 나의 누이동생이 당신에게 지운 그 과오를 당신은 절대로 범한 적이 없는 것이오."

용사들과 시종들의 마음이 한결 가벼워졌다.

그러자 지그프리트가 말했다. "브륀힐트 왕비가 크림힐로부터 그처럼 상처를 받게 된 데에 대해 저는 유감스럽게 생각합니다. 그 점에 대해 그녀는 속죄할 것이오. 우리는 여자들이 분별 없는 수다를 중단하도록 교육해야 할 것입니다. 내가 나의 부인에게 그런 일을 금할 테니 당신도 당신 부인에게 그렇게 해주시

복수를 꾸미는 브륀힐트와 하겐. 1913년 K. S. 폰 아이젠베르트의 벽화.

오. 나는 크림힐트로 인해 부끄럽게 생각하는 바입니다."

왕들이 싸움을 조정한 것으로 보였음에도 불구하고, 종사들과 시종들의 얼굴에선 웃음이 사라져버렸다. 축제 분위기는 더 이상 좋아지지 않았다.

브륀힐트는 가장 깊숙한 곳에 상처를 입고 그녀의 방에 칩거해 있었다. 군터의 종사들이 그녀의 마음을 위로하려고 애썼다. 트론예의 하겐이 그의 여군주에게로 왔을 때, 그는 그녀가 울고 있는 것을 보았다. 그러자 지그프리트는 반드시 속죄를 해야만 할 것이고, 그렇지 않으면 그에게는 즐거워할 만한 일이 다시는 없게 될 것이라고 하겐이 그녀에게 약속했다.

이렇게 해서 지그프리트의 암살에 관한 이야기가 거론되었을 때, 오르트빈과 게르노트 그리고 마침내 기젤헤어도 그 자리에 가담하게 되었다.

"그대들은 어째서 그런 일을 도모하는 것이오?" 제일 막내동생이 경고했다. "지그프리트는 그가 죽어야할 만한 그런 증오심을 얻은 적이 없습니다. 여인들이 무엇을 두고 싸웠는가에 대해서는 중요하지 않습니다."

"우리의 왕가를 그렇게 모욕하는 데도 못 본 체 하라는 말씀입니까?" 하겐이 가차 없이 물었다. "그는 내 여군주의 왕 앞에서 나의 여군주와 잠자리를 같이 했다는 것을 뽐내었습니다. 그리고 그때문에 우리가 품고 있는 최고의 가치인 왕의 명예가 실추당했습니다. 그가 그 대가로 자신의 목숨을 내놓지 않는다면, 나는 차라리 스스로 목숨을 끊어버리겠소." 지금 하겐은 큰 일을 이룰 시기가 도래했다고 믿고 있었다.

"지그프리트는 우리를 위해 덴마크와 작센과 싸워 승리를 가져다 주었소. 우리에게 명성과 명예를 가져다 주었던 것이오." 군터가 하겐의 분노를 억누르고자 시도했다. "그러니 그는 마땅이 목숨을 보존해야 하오."

"그가 제 아무리 위대한 힘을 가졌다고 해도 자신을 구하지는 못 할 것입니다", 메츠의 오르트빈이 고집했다. "나의 군주께서 허락하신다면, 제가 그를 쳐죽이겠습니다."

이렇게 지그프리트의 적들은 궁성에서 서로 뜻을 모았다. 하지만 군터와 기젤헤어의 항의가 두 왕의 부인들이 싸운 사실에 대해서는 어느 누구도 더 이상 추궁을 하지 않도록 하자는 의견에 동의하게 했다. 오직 하겐만이 지그프리트는 너무나 막강하고 탁월하며 보름스에서도 군터 왕보다 더 많은 존경심을 얻게 될 것이라고 끊임없이 왕에게 속삭였다. 그러니 지그프리트가 죽게 되면, 수 많은 왕국들이 그의 수중에 들어올 것이라는 것이었다. 내 생각에는 하겐이 보물에 대해서도 언급하는 것을 빠뜨리지 않았을 것이라 추측된다.

그러한 권력을 획득하게 되리라는 전망이 군터로 하여금 심각한 고민에 빠뜨렸다.

그는 오랫동안 그 일에 대해 깊이 생각했다.

용사들이 계속해서 시합을 벌였다. 다시 창들이 방패에 부딪치는 소리들이 궁성을 뚫고 울려퍼졌다. 군터의 종사들에게도 그들의 왕비가 당한 명예훼손에 대한 불쾌감이 쌓여가고 있었다.

"그대들은 살의를 억제하도록 하시오." 하겐이 다시 자극했을 때, 군터가 그에게 말했다. "지그프리트는 우리에게 좋은 일만을 가져왔소. 더구나 그는 용감할 뿐만 아니라 무서울 정도로 강하오. 그가 무슨 낌새라도 알아채는 날에는, 우리 모두에게 좋지 않은 결과가 생길 것이오."

"그 일은 비밀로 남아있을 것입니다." 하겐이 장담했다. "저는 아주 감쪽같이 진행시킬 자신이 있습니다. 그는 브륀힐트가 흘린 눈물에 대해 통렬하게 뉘우쳐야 할 것입니다. 제게 있어서 지그프리트는 영원히 불구대천의 원수입니다."

"그대는 그것을 어떻게 실행하려 하는가?" 왕은 호기심이 발동했다.

트론예 사람이 자신의 계략을 말했다. "이곳의 사정을 아무것도 모르는 몇몇 사자들을 우리 영토로 오게 해서 우리에게 선전포고를 하게 하는 것입니다. 그러면 왕께서는 군대를 편성해서 적을 향해 출정한다고 공포하는 것이지요. 크산텐의 영웅은 돕겠다고 왕께 제안할 것이고 그와 동시에 그는 생명을 잃게 되는 것입니다. 그 전에 저는 그의 몸에서 상처를 입힐 수 있는 곳을 알아낼 것입니다."

이러한 제의를 듣고도 군터는 물리치지 않았다.

17. 지그프리트가 배신을 당하다

그후 나흘이 지나서 서른 두 명의 전사들이 급히 궁성으로 달려와 뤼데가스트의 사절임을 사칭했다. 군터 왕이 그들을 맞이했고 사자의 임무를 받아들였다. 그들은 뤼데가스트와 뤼데거가 새로이 국경에 군사들을 배치하고 곧 쳐들어오려고 위협하고 있다는 것을 알렸다. 왕은 매우 분노하는 모습을 보였다.

지그프리트는 부르군트 성에 있는 친척들을 신뢰하고 있었다.

다시 군터 왕은 비밀리에 회의를 주도했다. 그의 친척들 중 많은 용사들은 지그프리트때문에 벌어지는 싸움을 조정하고 그에 대한 복수를 포기하려고 했지만, 하겐은 복수의 끈을 늦추지 않고 자신의 계획에서 한 치도 물러서지 않았다. 지그프리트는 이 은밀히 회의를 진행하고 있던 그들과 우연히 마주쳤다.

"당신들은 무엇 때문에 그토록 근심스런 표정으로 앉아계십니까?" 그가 물었다. "누군가가 당신들에게 무슨 해라도 끼쳤다면, 저는 그것에 대해 복수할 것입니다."

하겐의 암살계획이 왕과 회의의 분위기를 침울하게 만들 수도 있었다. 군터 왕은 재빨리 덴마크와 작센의 군사들이 공격을 준비하고 있다는 이야기로 화제를 돌렸다.

"그들이 다시 공격을 감행한다면, 제가 그들의 영토를 이전보다 더욱 황폐화시킬 것입니다. 당신은 당신의 용사들과 고향에 남아계시면 됩니다. 제가 데리고 온 니벨룽엔의 전사들을 데리고 적진으로 달려가겠습니다." 지그프리트가 화가 나서 말했다.

"당신의 도움에 대해서 감사하는 바이오." 왕은 마치 진심으로 기뻐하는 듯이 대답했다. 그 배신자는 깊이 허리를 숙여 절을 했던 것인데, 아마도 지그프리트는 그를 눈여겨 보지 않았을 것이다.

"걱정하지 마십시오." 지그프리트가 단언했다.

군터는 그의 부하들과 시종들로 하여금 출정을 준비하도록 명령했다. 지그프리트와 그의 부하들로서도 무시하지 못할 무기와 장비들 그리고 기구류를 운반하는 소리들이 요란스럽게 들려왔다. 네덜란드의 영웅 역시 니벨룽엔의 용사들로하여금 출정을 준비하라고 명하고 방패와 갑옷 그리고 무기를 골라냈다. 그런 다음 짐바리 말에 단단히 묶었다.

지그프리트는 부친에게 군터의 집에서 자신의 귀향을 기다려 달라고 부탁했다.

군터의 신하들 중에서도 이 출정이 연극이라는 사실을 모르고 있는 사람들도 많았다.

군대가 출동하기 전에 하겐은 작별을 구실로 삼아 크림힐트에 게로 갔다.

"나는 얼마나 기쁜지 몰라요." 왕의 누이동생이 말했다. "그 처럼 용감하게 우리의 왕가를 지켜주는 지그프리트를 남편으로 얻었으니 말이예요. 나의 친애하는 친구 하겐이여, 내가 당신을 미워한 적이 한 번도 없으며 당신을 신뢰하고 있다는 사실을 기억하기 바래요. 내 사랑하는 남편과 즐거운 시간들을 지속할 수 있도록 해주세요. 내가 브륀힐트를 마음 아프게 했던 일로 그에게 보복을 가하지 말아주세요. 나는 그 일을 매우 후회해 왔답니다. 내가 발설한 분별없는 말때문에 지그프리트는 나를 시퍼렇게 멍들게 했답니다. 그 멍자국을 보여주어야 할까요?"

"당신들은 곧 화해하게 되실 겁니다." 하겐이 약속했다. "사랑하는 왕비 크림힐트여, 내가 당신의 지그프리트를 어떻게 도와드릴 수 있는지 말해 주십시오. 제가 그 일을 기꺼이 하고 싶습니다."

"전투 중에 그는 너무나 용맹스럽고 원기 충천하답니다. 그가 좀더 신중하게 행동한다면, 그의 신상에 아무런 일도 일어나지 않을 겁니다."

"하지만 상처라도 얻게 된다면요?" 하겐이 끈질기게 요구하며 짐짓 걱정하는 태도를 보였다. "왕비님, 제가 어떤 방법으로 그를 보호할 수 있는지 알게 해 주십시오. 저는 말을 몰 때도 항상 그의 곁에 있을 것입니다."

"우린 친척간이지요." 크림힐트가 확인을 하며 말했다. "저는 당신의 충성심을 믿습니다. 내 남편을 보호해 주세요." 하겐이 물어볼 필요도 없이, 그녀는 그에게 비밀을 털어놓았다.

"내 남편은 매우 강하고 용감하답니다." 크림힐트가 계속해서 말했다. "그가 괴물을 쳐 죽였을 때, 그는 그 피에 목욕을 했던 겁니다. 헌데 내가 두려워하는 것은 전투 중에 수 많은 창들이 날아올 때, 그 중 하나가 지그프리트를 다치게 할 수도 있다는 것이랍니다. 그걸 생각하면 내가 얼마나 자주 불안에 사로 잡히는지 모릅답니다! 친애하는 친구여, 당신의 충성심을 믿고서 나는 당신에게 그 약점을 털어놓겠습니다. 그가 용의 피로 목욕을 했을 때, 그의 양 어깨 사이로 넓은 보리수 이파리가 떨어졌던 것이죠. 불사신의 지그프리트도 그곳만은 어쩔 수가 없답니다."

"그의 옷에 바느질로 조그만 표시를 해두십시오. 그것을 보고 저는 격투 중에 그를 보호할 수 있는 곳이 어딘지를 알게 될 것입니다." 하겐이 조언을 했다.

이렇게 해서 크림힐트는 지그프리트를 구할 수 있기를 바랬다. "아주 섬세한 명주실로 눈에 띄지 않는 십자표시를 꿰매어 놓겠습니다." 그녀가 약속했다. "전투가 격렬한 상황에 빠지게 되면, 당신은 그 자리를 눈여겨 보셔야 합니다."

"내 사랑하는 왕비님. 전 기꺼이 그렇게 할 것입니다." 하겐이 단언했다.

크림힐트는 그렇게 하는 것이 지그프리트를 보호하는 길이라고 믿었다. 하겐은 기뻐하며 작별을 고했다.

어떤 여왕이라도 그런 사악한 배반을 당해본 적이 없었고, 어느 시대에도 일찍이 한 영웅이 그렇게 음흉하게 배신을 당한 적은 없었다.

다음날 아침에 지그프리트는 유쾌한 기분으로 천 명의 니벨룽엔 부하들을 데리고 출발하면서 적들을 향해 말을 몰고 있다고 믿고 있었다. 하겐이 그의 뒤를 바싹 좇고 있었다. 그 트론예의 사람이 십자 표시를 확인했을 때, 그는 뤼데거가 군터의 땅에 평화를 제공할 것이라는 소식을 전하도록 두 명의 사자를 보냈다.

지그프리트는 전투할 의욕에 사로잡혀 있었기 때문에 마지 못해 군터 왕에게로 말머리를 돌렸다. 그는 지그프리트에게 위선을 떨며 고마움을 전하면서 오덴발트에서 있을 사냥에 초대했다. 이 계략 역시 하겐이 조언했던 것이다. 지그프리트는 사냥솜씨가 뛰어난 동행인 한 명과 몇 마리의 개를 청했다. 군터는 숲 속 지리와 사냥감을 훤히 꿰고 있는 네 명의 유능한 사냥꾼을 그에게 약속했다. 그러자 하겐은 자신이 지그프리트를 어떻게 암살할 것인지를 왕에게 속삭였다.

크산텐의 영웅은 사냥터로 출발하기 전에 다시 한 번 크림힐트에게로 갔다. 그의 사냥복은 이미 짐바리 말에 실려 있었다.

"우리의 운명이 내가 당신을 건강하게 다시 만나고 당신도 나를 다시 만나게 되길 비오." 그가 말하며 사랑하는 연인에게 입맞춤을 했다. "보름스에 있는 당신의 친척들과 잠시 시간을 보내고 있으시오."

크림힐트는 그녀가 하겐에게 털어놓았던 비밀때문에 괴로왔다. 하지만 그녀는 감히 그것을 고백할 용기가 없었다. 그녀는 끝없이 눈물을 흘리며 하소연했다.

"아, 내가 태어나지 말았더라면! 아 내가 태어나지 말았더라면 좋았을 걸!"

그녀는 울음을 억제할 수 없었다. 그녀는 지그프리트에게 간청했다.

"제발 사냥하러 가지 마세요! 저는 간밤에 두 마리의 멧돼지가 들을 넘어 당신을 추적하는 꿈을 꾸었어요. 그때 꽃들이 붉게 변했답니다. 저는 당신이 공격을 받을까봐 두려워요. 우리를 증오할 만한 사람들이 있답니다. 우리가 브륀힐트의 감정을 상하게 했던 일을 생각해 보세요. 제발 사랑하는 이여, 여기에 머물러 주세요! 내 충실한 충고를 들어주세요!"

"당신의 친척들은 나에게 호의를 가지고 있소. 난 그것을 확신하고 있다오." 그는 크림힐트를 진정시키려고 애썼다. "나는 다시 그들을 도와줄 수 있을 것이오. 당신도 알겠지만, 나는 기꺼이 내 생명을 그들을 위해 걸었소. 며칠 후면 다시 돌아와 그대 곁에 있을 것이오."

"안 돼요, 사랑하는 지그프리트." 그녀는 눈물을 터뜨렸다. "저는 당신이 생명을 잃을까봐 두려워요. 간밤에 꿈 속에서는 당신이 계곡 안으로 말을 몰았는데, 그때 두 산이 당신 위로 내려 앉고 말았어요. 그래서 저는 결코 당신을 다시는 볼 수가 없었어요. 당신이 지금 떠나가신다면, 내 심장은 터져버릴 겁니다. 난 무서워요. 다시는 당신을 볼 수 없게 될 거예요."

지그프리트는 아름다운 아내를 두 팔로 포옹했고, 애무를 하며 키스를 했다. 그리고 나서 그는 이별을 고했고 서둘러 사냥터로 향했다.

18. 하겐이 지그프리트를 창으로 찌르다

군터와 하겐은 창으로 멧돼지와 곰 그리고 들소들을 사냥하겠다는 사실을 통고하도록 명했었다. 지그프리트는 그들 옆에서 말을 몰았다. 차가운 우물가에서 그 일이 수행되어져야 했다. 브륀힐트가 그렇게 하도록 조언했다고 전해진다. 그녀가 그에 대한 결과를 애타게 갈망하며 기다리고 있었는지 아니면 곧 자신의 복수를 후회했었는지는 미지수다. 게르노트와 기젤헤어는 보름스로 되돌아와 그곳에 머물렀다.

무거운 짐을 실은 말들이 먼저 라인강을 건넜다. 말들은 왕이 사용할 빵과 고기, 생선 그리고 다른 비축물들을 운반했다.

강변 위로 캠프가 설치되었다. 사냥을 준비하는 동안 지그프리트가 물었다. "숲 속에서 누가 짐승의 발자취를 제일 잘 찾습니까?"

"사냥을 위해 우리가 서로 떨어지는 것이 어떻겠습니까. 각자 원하는 곳으로 가는 겁니다. 우리가 다시 만나면, 그때 누가 최고의 사냥꾼인지를 알 수 있을 겁니다. 사냥개의 무리도 분배합시다." 하겐이 제안했다.

"숲 속에서 짐승의 발자취를 좇을 수 있을 만큼 예리한 사냥개 한 마리면 내게 족합니다." 지그프리트가 말했다.

한 늙은 사냥군이 좋은 사냥개 한 마리를 골라냈고 잠시 후 많은 짐승들이 있을 만한 곳으로 지그프리트를 안내했다. 그의 말인 그라니는 어떤 짐승도 그에게서 달아날 수 없을 정도로 빨리달렸다. 처음에 그는 자기 손으로 힘세고 어린 멧돼지를 때려 잡았다. 그 다음으로는 막강한 사자 한 마리를 추적했다. 지그프리트는 예리한 화살을 활의 현에 걸고 사자를 향해 쏘았다. 사자는 세번 펄쩍 뛰더니 풀썩 주저 앉았다. 지그프리트를 따르던 동행자들이 그의 활 솜씨를 칭찬했다.

그 후 그는 들소 한 마리와 고라니 한 마리, 네 마리의 들소 그리고 사나운 사슴 한 마리를 때려 잡았다. 그라니는 가장 빠른 짐승조차도 달아날 수 없을 만큼 민첩하게 주인을 태우고 달렸던 것이다. 그 때 후각이 예민한 사냥개가 거대한 산돼지를 찾아냈다. 산돼지가 도망치고 있었을 때, 사냥꾼이 그를 공격했다. 성난 산돼지가 이제 지그프리트를 향해 돌진해 왔다. 그는 엄청나게 힘센 짐승을 검으로 관통시켰다. 다른 어떤 사냥꾼도 그렇게 쉽게 처치할 수는 없었을 것이다. 이제 사냥개를 붙들어 끈으로 묶었다. 그리고 풍부한 사냥물들을 캠프로 운반했다.

"지그프리트 군주님, 몇 마리만이라도 살려두십시오. 그렇지 않으면 당신께서는 우리의 숲과 산을 모조리 텅 비게 만드실 것입니다." 사냥군들이 농을 쳤다.

그 말을 들은 지그프리트가 미소를 지었다. 그밖에 그에 대한 유쾌한 소식은 거의 전해지지 않고 있다.

사냥개들이 큰 소리로 울부짖는 소리, 사냥꾼들의 고함소리 그리고 무기들이 부딪치는 소리가 산과 숲 속에서 메아리쳤다. 이날 수 많은 짐승들을 목숨을 잃었다. 숱한 사냥감들이 진영으로 운반되었다. 모든 사냥꾼들은 최고의 사냥꾼이 되어 승리자로 상을 받게 되기를 희망하고 있었다. 하지만 그 희망은 지그프리트가 잡아온 짐승들을 질질 끌듯이 운반하고 나자, 더 이상 거론될 수가 없었다.

왕이 일군의 사냥꾼들과 함께 진영에 도착했으며 모두들 연회로 불러들이는 뿔나팔을 불게 했다.

지그프리트의 동행자들이 뿔나팔 소리를 들었을 때, 크산텐의 영웅은 숲을 떠나려고 했다. 이때 맹수 한 마리가 잡초더미 아래에서 튀어나왔다.

"개를 밧줄에서 풀어놓게!" 지그프리트가 뒤를 향해 소리쳤다. "저기 사나운 곰 한 마리가 있네. 내가 그 놈을 진영으로 데리고 감세."

개가 곰을 좇기 시작했다. 지그프리트는 협곡에 이를 때까지 곰을 추적했고 그곳에서 곰은 안전하다고 생각했다. 하지만 네덜란드의 영웅은 말에서 뛰어내려 맨 손으로 야수를 사로잡았다. 곰이 물고 할퀴었음에도 불구하고, 지그프리트는 피부의 각질 때문에 안전하게 보호를 받았다. 그는 맹수를 결박해서 말안장에 묶어두는데 성공했다. 이렇게 해서 그는 진영으로 말을 달렸고 그곳의 사냥꾼들에게 대단한 즐거움을 안겨 주었다.

그는 얼마나 위풍당당한 모습으로 달려왔는가! 그의 창은 강력했고 그 폭도 넓었다. 그의 검 발뭉은 말의 박차에까지 매달려 있었고 제 아무리 강력한 투구라 하더라도 그 칼에는 배겨날 재간이 없을 만큼 예리했다. 지그프리트의 활시위는 어찌나 팽팽한지 그만이 활을 잡아 당길 수 있었다. 다른 사람이라면 윈치를 사용해야 했을 것이다. 그의 화살통은 한 뼘 정도의 칼날이 달려있고 화살끝에는 금으로 되어있는 예리한 화살들로 가득 꽂혀 있었다. 그 화살에 맞기만 하면, 누구든지 목숨을 내놓지 않을 수 없었다. 그가 옆에 차고 있던 뿔나팔은 순금으로 반짝거렸다.

지그프리트가 입은 상의는 섬세한 검은색 명주로 짠 것이었고, 모자는 귀중한 검은 담비의 모피로 만든 것을 쓰고 있었으며, 화살통은 가장자리에 레이스로 장식되어 있었다. 표범 가죽으로 둘러쳐진 겉 테두리는 이국풍의 향기를 내뿜었다. 수달 가죽으로 만든 사냥복은 다양한 모피로 좁게 줄무늬 장식을 했고 양쪽으로 황금 조임쇠가 달려 있었다. 이보다 더 훌륭한 수렵 복장에 대한 기록은 더 이상 없을 정도였다. 이렇게 당당하고 고결한 모습의 지그프리트는 군주다운 풍채를 자랑하며 진영으로 말을 몰았다.

군터의 부하들이 그를 마중나와 말고삐를 잡아 주었다. 말안장에 잡아 맨 곰이 소란을 피웠다. 그때 지그프리트는 곰의 주둥이와 앞발에 죄어 묶어 논 재갈을 풀어 놓아주었다. 개들이 격렬하게 짖어댔고, 당황한 곰은 가장 짧은 거리에 있는 숲으로 달아나려고 부엌으로 내달렸다. 요리를 책임지던 사람들이 눈 깜짝할 사이 화덕에서 흩어졌다. 솥들은 뒤엎어지고 훌륭한 음식들이 잿더미 속으로 쏟아져버렸다.

곰은 부엌 도구들 사이에서 미쳐 날뛰기 시작했다. 그때 사람들이 자리에서 펄쩍 뛰었다. 왕은 재빨리 개들을 풀어놓도록 명했다. 곰은 숲으로 달아나 버렸고, 사냥군들이 창과 화살을 들고 쫓아갔다. 하지만 개들이 소동을 일으키는 바람에 그 누구도 감히 활을 당기지 못했다. 사냥개들이 뒤쫓는 시끌벅적한 소리

곰을 사로잡는 지그프리트. 1913년 K. S. 폰 아이젠베르트의 벽화.

와 포효가 산에서 메아리쳤다. 숲 속에서 맹수는 추적자들을 따돌려 버렸다. 지그프리트만이 곰을 뒤쫓아가 발뭉으로 때려 잡았다. 그는 이제 사냥으로 지칠대로 지쳐버렸다. 그러자 그는 피를 흘리고 있는 곰을 진영으로 끌고가도록 명했다.

사냥꾼들은 크산텐의 영웅이 보여준 강력한 힘을 칭송했다. 그가 거둔 성과는 언제나 모든 사람들을 능가하는 것이었다. 하지만 하겐만이 질투심때문에 지그프리트의 명성과 영광을 인정하지 않고 그의 행동을 곰 사냥을 빌미로 한 과시로 보았다.

사냥꾼 일행은 자리를 잡고 정선된 음식들을 대접받았다. 오직 마실 것들만 빠져 있었다. 술시중을 하는 누구도 포도주를 발견할 수가 없었던 것이다. 이것이 하겐이 꾸민 첫 번째 계략이었다.

"이상한 일이오." 지그프리트가 화가 나서 말했다. "음식들은 훌륭한 것들을 제공하면서, 왜 술 시중들은 포도주는 따라주지 않는 것이오? 대접을 제대로 받지 못 하는 곳에서, 난 사냥꾼이 되고 싶지 않소! 나는 더 나은 대접을 받을 만한 충분한 일을 했을 텐데 말이오!" 사냥에서 돌아온 그는 몹시 더웠기 때문에,

갈증을 참을 수가 없었다.

"당신에게 필요한 것을 곧 얻게 될 것이오." 군터가 교활한 의도를 가지고 말을 던졌다. "하겐의 책임이오. 그는 우리가 목말라 죽는 꼴을 보고 재미 있어하고 있소."

"나의 군주님. 저는 오늘 사냥이 슈페사르트에서 있을 것이라고 생각했었습니다. 그래서 그곳으로 포도주를 실어다 놓게 했던 것입니다. 앞으로는 갈증을 느끼시는 일이 더 이상 없도록 하겠습니다." 하겐이 장담하며 말했다.

지그프리트는 갈증때문에 더 이상 참을 수 없을 만큼 화가 치밀었다.

"고귀하신 기사님." 하겐이 제안을 냈다. "저는 이 근처에 시원한 우물이 있는 것을 알고 있습니다. 그곳으로 가도록 하십시다."

갈증이 절박했기 때문에 지그프리트는 식사를 일찍 끝내고 산에서 흘러나오는 샘가로 달려가려고 했다. 사람들은 그가 잡은 사냥감들을 마차에 싣고 라인강변으로 가져가게 했다. 그 많은 짐승들을 본 사람들은 그의 탁월한 사냥의 기량을 칭찬해 마지 않았다.

"어느 누구도 당신의 달리기 솜씨를 따라잡을 수 없다고 하더군요." 하겐이 부추겼다. "제가 그것을 제 눈으로 볼 수 있다면 믿을 수 있겠습니다만."

"우리 한 번 달려봅시다." 지그프리트가 그의 제안에 동의했다. 그리고 한 가지 유리한 조건을 허락했다. "당신들이 달리는 동안 나는 풀밭에 누워있겠소. 그리고 나는 사냥복을 그대로 착용하고, 방패와 무기도 들고 뛰겠소."

군터와 하겐은 장비와 옷을 벗어놓고 흰 속옷만을 입고 달리기 시작했다. 마치 두 마리의 야생 표범처럼 그들은 풀밭 위로 돌진했다. 지그프리트는 그제서야 느긋하게 바닥에서 일어나 무거운 무기들을 몸에 걸쳤음에도 불구하고, 무장한 차림으로 쇠가 부딪치는 소리를 내며 곧 왕과 하겐을 따라잡았고 그들에 앞서서 우물에 당도했다.

다시금 크산텐의 영웅은 다른 누구보다도 뛰어나다는 사실을 입증했다. 그렇기 때문에 또 다시 그는 스스로를 정복하기 어려운 천하무적의 존재로 간주할 수밖에 없었고, 자기 앞에 놓인 위험에 대한 시선을 놓치고 말았다. 그는 칼을 차고 있던 허리띠를 풀고 화살통을 내려 놓았으며 그 강력한 창을 보리수에 매달린 가지에 기대어 놓았다. 보리수는 바위 위에 폭 넓게 버티고 있었다. 사냥복과 황금 조임쇠를 걸치고 있는 지그프리트의 모습은 바위를 뚫고 솟구쳐 나오는 샘 앞에서 그렇게 훌륭하게 보일 수가 없었다.

지그프리트는 갈증이 몹시 심했지만, 방패를 우물 옆에 내려 놓고 왕이 마실 때까지 기다렸다. 자신도 왕이었지만 우선권을 그에게 양보했던 것이다. 하지만 군터는 그 일에 대한 답례를 그에게 좋지 않게 표할 것이다.

샘은 시원했고 깨끗하고 청명했다. 군터는 몸을 구부리고 마음껏 물을 마셨다. 그런 다음 옆으로 비켜섰다. 심한 갈증으로 괴로워하던 지그프리트는 시원한 물 위로 몸을 숙이고 오랫동안 마셨다. 그 사이 하겐이 재빨리 지그프리트의 검과 활을 옆으로 치우고 창을 들고 서둘러 샘가로 돌아왔다. 그리고는 지그프리트의 어깨 위에 나 있는 표시를 찾아냈다.

화려한 사냥복을 입은 영웅이 보리수나무 가지에 손을 대고, 솟구쳐 나오는 물을 입 안에 가득 채우면서 박새의 날카로운 경고의 외침을 외면하고 있었을 때, 하겐이 가까이에서 이 불사신의 영웅의 등에 창을 찔러넣었다. 지그프리트의 심장에서 피가 뿜어져 나와 하겐의 옷에 뿌려졌다.

창은 화려한 사냥복 위에 섬세하게 수를 놓은 열십자를 관통하면서 힘차게 지그프리트의 가슴 앞으로 튀어나왔다. 무시무시한 분노로 영웅이 벌떡 일어나 칼과 활을 찾았다. 그는 그것들을 발견하지 못했기 때문에, 넓은 가지가 달린 보리수 아래에서 자신의 방패를 잡아 당겨 - 창자루는 자신의 어깨에서 돌출해 있었다 - 하겐을 향해 돌진했다. 그는 살아 생전에 그토록 빨리 달아난 적이 없었지만 그로부터 벗어날 수는 없었다. 지그프리트는 치명상을 입었음에도 불구하고, 방패로 하겐을 쳐서 넘어뜨렸다. 그 때문에 방패에서 보석들이 튕겨져 나갔고, 그 단단한 방패가 산산조각이 났다. 하겐을 바닥에 쓰러뜨린 그 타격은 마치 천둥처럼 산과 숲에서 메아리쳤다. 하겐이 발몽을 옆으로 치우지만 않았더라면, 그는 필시 그것으로 목숨을 잃었을 것이다.

이제 지그프리트의 얼굴에서 핏기가 가셨다. 그는 무릎을 꿇고 풀밭에 쓰러졌다. 꽃들이 그의 피로 붉게 물들여졌다.

"그대 비겁한 겁쟁이들이여!" 그가 소리쳤다. "나는 그대들에게 봉사를 했는데, 당신들은 나를 찔러 죽이다니. 내 충성을 살인으로 갚는구료. 나는 당신들의 종족을 저주하오, 그리고 앞으로 당신들에게서 태어날 자손들까지도 저주하는 바이오. 꼭 그렇게 되고야 말 것이오."

사냥꾼들과 종사들은 지그프리트가 죽어있는 곳으로 달려갔다. 이렇게 성공적인 수렵대회가 가장 처참한 날이 되고야 말았다. 부르군트의 왕도 지그프리트의 죽음을 비통해했다.

그때 죽어가는 자가 말했다. "불의를 저지른 자는 그 치욕스런 행위에 대해 눈물을 보이지 않는 법이오. 군터 왕이 그를 막았더라면 좋았을 것을!"

"저는 당신이 무엇을 한탄하고 계시는지 모르겠습니다." 하겐이 말했다. "이제 근심과 고통은 끝입니다. 누구도 더 이상 우리에게 도전할 수는 없습니다. 제가 그의 주도권에서 우리를 해방시킨 것입니다."

하겐 일행이 지그프리트의 시신을 숲에서 나르고 있다. J. 슈노르 폰 카롤스펠트의 그림.

"뭐라고, 당신들은 아직도 자랑을 하고 있는 거요?" 지그프리트가 말했다. "내가 당신들의 살인욕을 꿰뚫어볼 수만 있었더라면! 지금은 크림힐트와 내 아들에 대한 걱정밖에 없소. 앞으로 영원히 내 아들은 친척들이 음흉하게 자기 아버지를 살해했다는 사실을 알게 될 것이오." 지그프리트의 목소리는 점점 희미해졌다. "왕이시여, 단 한 가지만 당신에게 부탁하겠습니다. 당신이 아직도 조금의 신의라도 갖고 계시다면, 나의 크림힐트를 돌봐주십시오. 왕으로서 당신의 명예를 걸고, 그녀가 당신의 누이동생이라는 사실이 그녀에게 도움이 되도록 해주십시오. 이제 나의 아버지와 심복들은 헛되이 나를 기다리고 있겠구나."

꽃들이 영웅이 흘린 피로 반짝이며 붉게 물들었다. 그는 죽음과 필사적으로 싸웠지만 오래 걸리지 않았다. 창은 날카로왔으며 가차없이 그를 죽음으로 몰고갔다.

용사들은 지그프리트가 죽은 것을 알았을 때, 피로 물들어 있었지만 황금의 방패 위에 그를 눕혀놓았다. 그리고 나서 그들은 하겐이 그 짓을 저지른 장본인이라는 사실을 어떻게 감추어야 할지 상의를 했다. 지그프리트는 혼자서 사냥을 나가있었던 것인데, 그때 도둑들이 숲 속에서 슬그머니 나타나 그를 쳐 죽인 것으로 음모를 꾸미고 그렇게 퍼뜨리기로 결의를 했다.

"제가 그를 보름스로 데리고 가겠습니다." 하겐이 말했다. "그들이 내가 죽였다는 사실을 알더라도 걱정하지 않겠습니다. 그는 브륀힐트의 명예를 더럽혔기 때문에, 그의 부인은 마땅이 울어야 할 것입니다."

19. 애도와 지그프리트의 장례식

밤이 되어서야 사냥군 일행들은 라인강을 건넜다. 일찍이 이보다 더 참혹한 사냥은 없었다.

하겐은 죽은 지그프리트를 몰래 크림힐트의 규방 앞에 가져다 놓게 했다.

평상시대로 아침 일찍 성당에서 종이 울렸다. 크림힐트는 그녀의 여종들을 깨워 등불과 의복을 가져오도록 불렀다. 시종장이 시신을 발견했지만 그를 알아보지 못하고, 규방 앞에 피투성이가 된 어떤 기사가 쓰러져 있다고 왕비에게 아뢰었다.

그 말을 들은 크림힐트는 즉시 그녀의 남편을 어떻게 보호할 수 있는가 하고 질문했던 하겐의 말을 상기하고 그 자리에 쓰러져버렸다. 아무 말 없이 그리고 촛점을 잃은 눈으로. 그녀는 한동안 그렇게 누워있었다. 이윽고 그녀의 고통이 폭발했다. 그녀는 인사불성으로 울부짖었다. 그 소리가 규방안을 울리고 벽들을 뒤흔들었다.

"어쩌면 낯선 용사인지도 모르옵니다." 시종이 크림힐트를 진

지그프리트의 시신을 보고 울부짖는 크림힐트. K. 슈몰 폰 아이젠베르트.

정시키려고 해 보았다.

너무도 엄청난 비통함으로 그녀는 입에서 피를 토해냈다. "그는 지그프리트야, 내 사랑하는 남편이라구!" 자신가 울부짖었다. "브뤼힐트가 그걸 사주했고, 하겐이 저지른 짓이야!"

그리고 나서 그녀는 그 영웅에게로 인도되어, 훌륭한 사냥복을 입고 피투성이가 된 채로 누워있는 남편을 보았다. 자신의 흰 손으로 그의 머리를 들어올려본 즉시 그를 알아보았다. "당신의 방패는 칼로 부러진 것이 아니예요. 창에 찔린 상처가 등에 나 있는 것으로 봐도 당신은 누군가의 살인으로 쓰러진 거예요!" 크림힐트가 소리쳤다. "그 짓을 누가 저질렀는지, 그를 반드시 죽이고 말겠어요!"

크림힐트의 하인들도 슬퍼하며 눈물을 흘리면서 여왕의 고통을 나누었다. 그녀는 시종을 보내 니벨룽엔의 부하들을 깨우고 지그문트 왕에게 알리도록 명했다. 지그프리트의 부하들은 이 비탄의 소리가 자신들을 납득시킬 때까지 그 사실을 믿으려고 하지 않았다. 지그문트는 자기 아들을 살아서는 다시 볼 수 없게 되리라는 이상한 예감에 시달리면서 잠을 이루지 못하고 있었다. 그는 지그프리트가 생명을 잃었다는 소식을 듣고 완강히 부인했다.

"그대들의 농담을 집어치우게나. 그가 살해당했다는 그 따위 주장은 다시는 하지 말게."

"믿을 수 없으시다면, 그렇다면 크림힐트 왕비님의 저 애통해하는 소리를 들어 보십시오." 사자가 말했다.

지그문트는 백 명의 부하들과 함께 서둘러 크림힐트에게로 향했다.

"우리가 이 나라에 결코 오지 않았더라면 좋았을 것을!" 그가 말했다. "그들이 친구들을 위해 한 일이 무엇이더냐! 하지만 무엇 때문에 그들이 나에게 아들을, 그리고 네게서 남편을 빼앗아갔단 말이냐?"

"제가 그 짓을 한 자를 찾아낸다면, 그는 동정을 받을 수 없을 것입니다. 그리고 저는 그의 친척들이 정녕코 고통으로 울부짖을 때까지 보복을 하고야 말 것입니다." 크림힐트가 말했다.

그 사이에 니벨룽엔족의 용사들이 그곳에 당도했다. 그들이 지켜보는 가운데 지그문트는 가장 사랑하는 아들을 그의 팔로 껴안았다. 슬픔과 통곡 소리가 왕의 홀 안과 궁성에까지 울려 퍼질 만큼 요란했다. 보름스시 역시 살해당한 영웅을 위해 애도했다.

아무도 지그프리트의 부인을 위로할 수는 없었다.

이제 영웅의 사냥복이 벗겨졌다. 수달 모피도 피로 얼룩져 있었다. 그의 상처가 씻겨졌다. 그들이 시신을 관대 위에 올려놓았을 때, 사람들은 보리수 이파리가 놓여있던 등에 찔린 상처를 볼 수 있었다.

니벨룽엔 용사들은 서둘러 무기를 가지러 달려갔다. 그들은 무장을 하고 살해당한 그들의 왕을 위해 방패와 칼을 들고 모여들었다. 지그프리트가 죽은 후 그들은 이제 지그문트 왕의 지배하에 있었다. 그의 정선된 종사들도 마찬가지로 전투욕에 불타 복수를 꾀하고 있었다. 그들은 공동으로 지그프리트와 함께 사냥에 나섰던 군터와 그의 종사들과 맞서 싸우려고 했다.

크림힐트는 무장한 전사들을 보았을 때, 매우 놀랐다. 그녀의 고통과 증오심이 아무리 크다고 하더라도, 그녀는 니벨룽엔 용사들의 안전이 걱정되어 지그문트 왕에게 경고했다.

"군터 왕은 성과 도시를 가득 메울 만큼 수 많은 전사들을 소유하고 있습니다. 아버님께서는 이러한 우세에 밀려 죽음을 당하게 되실 것입니다."

하지만 지그프리트와 지그문트의 영웅들은 투구를 더 단단히 동여매고 창을 흔들어 올렸다.

"제가 증거를 확보하게 되면, 당신들은 지그프리트를 위해 복수할 수 있을 겁니다. 제일 좋은 기회를 잡도록 기다려 주세요. 지금은 내가 고통을 견뎌내고 내 사랑하는 남편을 입관하도록 도와 주세요." 크림힐트가 그들을 진정시키기 위해 말했다.

고귀한 시민들과 그들의 부인들도 보름스의 거리에서 애통해하며 슬피 울었다. 왜냐하면 지그프리트가 누군가에게 미움을 받을 만한 일을 했다고는 그 누구도 상상할 수 없었기 때문이었다. 사람들은 그러한 위대한 영웅은 결코 다시는 탄생하지 않을 것이라는 데에 의견을 같이 했던 것이다.

대장장이들에게 금과 은으로 된 관을 신속히 완성하라는 명령이 떨어졌다. 관은 매우 크고 강하며 강철로 만들어진 조임쇠로 둘레를 감쌌다. 다음날 아침에 관이 대성당으로 운반되었다. 지그프리트의 모든 친구들이 울었고, 니벨룽엔의 영웅들 역시 눈물을 흘렸다. 그 고통이 얼마나 심하고 그 통곡하는 소리가 얼마나 컸던지 누구도 정확히 설명할 수 없었다.

그때 군터 왕과 잔인한 하겐이 종사들과 함께 모습을 드러냈다.

"사랑하는 누이동생이여, 나는 그대와 같은 슬픔을 느끼고 있소. 우리에게 이런 불행이 닥치지 않았더라면 얼마나 좋았겠소!
우리는 언제나 지그프리트의 죽음을 애도할 것이오."

"이 일이 정말 당신께 고통이 된다면, 지그프리트는 지금도
살아있겠죠." 크림힐트가 대답했다. "당신께서 내 사랑하는 남
편의 목숨을 잃게 했을 때, 당신은 나를 잊고 계셨군요. 차라리
당신은 저를 죽였더라면 좋았을 것을!"

군터와 그의 종사들은 계속 부인했다.

"죄가 없는 자는, 관 옆으로 걸어가는 것입니다. 그러면 진실
이 모든 사람들에게 알려질 것입니다." 크림힐트가 말했다.

하겐이 죽어있는 지그프리트의 옆을 지나가고 있을 때, 창에
찔린 상처에서 또 다시 피가 흐르기 시작했다. 전해져 내려오는
오래된 이야기에 따르면 그것은 살인자에 대한 징표로 간주되고
있었다.

그럼에도 불구하고 군터는 도둑들이 지그프리트의 목숨을 잃
게 했을 것이라고 말했다. 하겐이 한 짓이 아니라는 것이었다.

크림힐트가 맞섰다. "그 도둑들이라면, 저도 잘 알고 있습니
다. 바로 군터 왕과 하겐이지요. 지그프리트의 적들이 그에게
앙갚음을 한 것입니다."

니벨룽엔의 사람들은 그들의 투구를 다시 단단히 매고 방패를
들어올렸다.

사냥에서 멀리 떨어져 있었던 게르노트와 기젤헤어가 지그프
리트의 관대로 다가가 말했다.

"사랑하는 누이동생이여, 우리가 살아있는 한, 우리는 그대를
도와 위로가 되도록 하겠소."

하지만 세상의 어느 누구도 크림힐트를 위로해 줄 수는 없었
다. 그녀는 단지 지그프리트의 친구들에 대한 복수심만을 억누
르는데 있어서 최대한의 인내심을 발휘했다. 나중에 복수를 한
다면 승리는 확실하겠지만 지금 싸운다면 니벨룽엔의 용사들 한

사람당 군터의 종사들 서른 명과 맞서야 했을 것이다.

정오쯤에 관이 완성되었다. 사람들이 관대로부터 지그프리트를 들어올려 값진 견사로 감싼 다음 관에다 뉘였다. 우테 대비와 그녀의 시종들도 그의 죽음을 슬퍼하며 눈물을 흘렸다. 그곳에서 울지 않은 사람은 아무도 없었다. 미사곡이 시작되었다. 수 많은 사람들이 몰려들어 혼잡을 일으켰다. 보름스시의 수 많은 시민들이 부인들과 함께 와서 살해된 영웅을 애도했다.

"그의 영혼을 위해서 그가 소유했던 금을 나누어 줄까 합니다." 크림힐트가 말했다. 첫 째날에는 백 번도 넘는 미사곡이 불리워졌다. 마지막 미사곡이 점차 희미해지지고 성당 안의 사람들도 떠나가자 크림힐트는 그녀 혼자서 밤샘하도록 내버려두지 말아달라고 부탁했다.

"사흘 낮과 사흘 밤 동안 관을 열어놓은 채로 있어야 합니다. 그 동안 나는 내 남편 곁에 머물러 있을 것입니다. 혹시 죽음이 나마저도 데려간다면, 가련한 크림힐트의 고뇌와 아픔도 마지막이 될 겁니다." 크림힐트가 말했다.

많은 심복들이 그녀와 함께 사흘 동안 참고 견디어냈다. 많은 사람들이 슬픔때문에 먹고 마시는 걸 거부했다. 단식을 원하지 않았던 사람은 지그문트가 넉넉히 준비하라고 일렀던 장례 음식을 먹었다.

사흘 동안 미사곡이 불리워졌다. 크림힐트는 애도객들과 가난한 사람들에게 금과 은, 장식품과 옷가지들을 나누어 주었다. 그것은 삼 만 마르크 이상이 소요되었다고 전해진다. 가난했던 많은 사람들이 풍족히 선물을 받고 성당을 떠났다.

그리고 나서 관이 닫혀지고 무덤으로 운반되었다. 눈물과 애도 그리고 슬픔으로 울부짖는 가운데 행렬이 천천히 앞으로 나아갔다. 크림힐트는 고통으로 비틀거리며 여러 번 까무러쳤기 때문에 물을 뿌려주어야 했다. 그녀가 연거푸 두 다리로 일어나

지그프리트의 무덤가에서 슬퍼하고 있는 크림힐트와 브륀힐트. 1909년 C. 부틀러의 아마화포.

죽지 않고 살아 있게 된 것만도 큰 기적으로 간주되었다.

　무덤가에서 그녀는 탄원을 했다. "그대들 지그프리트의 용사들이여, 내 부탁을 한 가지만 들어주시오. 다시 한 번 지그프리트의 아름다운 얼굴을 보아야만 하겠소." 그녀가 사랑하는 망자를 한 번 만이라도 다시 만질 수 없게 된다면, 그녀는 죽어 쓰러질 것 같았다.

　그녀는 오랫동안 서럽게 울부짖었다. 그녀의 애도는 그 장엄한 관을 다시 한 번 열게 만들 정도로 극심한 것이었다. 관 가장자리에서 그녀는 지그프리트에게로 몸을 구부려 그녀의 흰 손으로 아름다운 지그프리트의 머리를 들어 올리고는 죽은 영웅에게 키스를 했다. 빛나는 그녀의 눈에서 피눈물이 흘렀다.

　관이 다시 닫혀져 매장되었을 때, 크림힐트는 의식을 잃을 정도로 한도 없이 슬퍼했다. 물을 뿌려보는 일조차 아무런 효과가 없게 되자, 사람들이 그녀를 들고 가야만 했다. 많은 사람들이 그녀가 고통으로 심장이 멈춰버리지나 않을까 생각했다. 실로 증오와 복수심만으로 그녀는 삶을 연명하게 될 것이다.

영웅이 매장되고 나자, 니벨룽엔의 사람들만은 오랫동안 한 없는 고통 속에 머물러 있지 않았다. 지그문트 왕은 더 이상 기쁨을 누릴 수가 없었다. 비탄과 상심으로 많은 사람들이 사흘 동안 먹지도 마시지도 않았다. 하지만 이제 그들은 또 다시 육신의 요구에 따라야 했다.

20. 브륀힐트가 죽음을 택하다

우리가 따르고 있는 니벨룽엔에 대한 최종적인 대규모의 노래 속에는 브륀힐트가 거의 언급되지 않고 있다. 그녀는 더 이상 언급될 필요가 없게 된 것이라고 많은 사람들은 추측하고 있지만, 오래된 보고에 따르면 그녀는 곧 스스로 자신의 목숨을 끊어버렸다는 것이다. 그녀가 다른 모든 사람들보다도 더 사랑해 마지 않았던 영웅인 지그프리트는 간계와 속임수로 통치권과 제국을 그녀에게서 빼앗고 그녀를 나약한 왕과 결혼시켰던 것이다. 또 다시 그의 잘못으로 두 사람의 비밀이 폭로되었고, 따라서 그녀는 보름스의 궁성 앞에서 웃음거리가 되어 여왕의 명예를 실추당했다. 그녀가 하겐의 암살 의도를 묵인한 것도 그러한 이유에서였다.

크림힐트와 결혼해서 십 년이 지난 후 지그프리트는 또 다시 예전의 연인을 만난 적이 있었다. 이 북방의 여왕에게는 이제 궁중 여인의 풍채가 보이지 않았다. 지그프리트는 새로이 그녀의 근원적인 힘으로부터 마음을 빼앗기게 되었을까? 여전히 그녀를 연모하고 있었을까? 실제로 무슨 일이 일어났었는지는 어둠 속에 남아있다. 하지만 더 오래된 출전에서 전해지고 있는 하나의 대화가 있다.

"당신은 모든 영웅들을 능가하는 탁월한 영웅이십니다. 하지만 당신에게 나보다 더 당신을 미워하는 여인은 없을 거예요." 브륀힐트가 말했다.

"진실은 완전히 다를지도 모르지." 지그프리트가 단언했다. "지금은 내가 나 자신보다 당신을 더 사랑하고 있다는 것을 알겠소. 나는 현혹되었던 것 뿐이오. 정신을 차리고 보니, 당신이 나의 아내가 아니라는 사실이 괴로울 뿐이오."

"나에게 이런 고통을 고백하는데 당신은 그토록 오랫동안 주저하셨군요. 누가 이 불행을 피할 수 있단 말인가요?" 브륀힐트가 대답했다.

"나는 기꺼이 당신과 함께 또 다시 침상에 오르겠소. 과거에도 나는 당신이 내 아내이길 바랬소." 지그프리트가 말했다.

"나는 내 방에서 두 왕을 소유하긴 싫습니다. 차라리 죽음을 택하겠어요. 우리 세 사람 중 하나가 목숨을 내놓아야만 할 겁니다." 그리고 계속해서 말을 하기 전에, 그녀는 산에서 지그프리트와 주고 받았던 맹세를 다시 기억해냈다.

"지금은 모든 것이 깨어져 버렸어요. 난 더 이상 살고 싶지 않아요."

지그프리트가 죽은 후 크림힐트의 슬퍼하는 절규 소리가 들려오자, 그녀는 날카롭게 웃음을 터뜨렸다고 전해진다. 하지만 사실 그녀는 더 큰 슬픔에 빠져 있었다. 그녀는 불타는 담장인 바버로에를 뚫고 달려온 영웅을 남편으로 삼겠다는 맹세를 신성한 서약으로써 지키거나 또는 죽음으로써 이행했던 것이다.

그 누구도 그녀의 이러한 결심을 막을 수는 없었다. 군터 앞에서도 그녀는 그것을 숨겼다. 그녀의 죽음은 왕에게도 허위와 나약함에 대한 징벌이 될 것이다. 단지 군터와의 사이에 낳은 그녀의 작은 아들 지그프리트에 대한 근심만이 그녀를 주저하게 만들었다. 하지만 곧 그녀의 고통은 더 이상 참아낼 수 없을 만큼 심해졌다. 그리고 마침내 그러한 고통에서 벗어나기 위해, 그녀는 자신의 칼로 가슴을 찔렀다.

"내가 지그프리트와 함께 삶을 누릴 수 없을 바엔, 적어도 그와 함께 죽으리라." 그녀는 이렇게 말하고 피를 흘렸다. "죽음이 우리를 영원히 결합하리라!" 이것이 그녀의 마지막 말이었다.

오랜 관습에 따라 그녀를 화장하기 위해 이젠슈타인에서 온 그녀의 심복들이 거대한 장작더미를 설치했다. 그녀가 그렇게 하도록 결정했던 것이다.

그러는 사이 지그문트는 빠른 시간 내에 크산텐으로 귀향하도록 크림힐트를 재촉했다.

그가 말했다. "여기 보름스에서 우리는 업신여김을 당했소. 내 아들로 말미암아 나는 항상 그대에게 충실한 사람으로 남아 있을 것이오. 그대는 지그프리트가 선언한 바대로 여왕으로서 통치해야만 하오. 영토와 왕관이 그대의 수중에 놓여 있소. 그리고 지그프리트의 종사들은 그대에게 기꺼이 봉사할 것이오."

지그문트는 시종들에게 떠날 준비를 하도록 명했다. 소녀들이 짐바리 말에게 싣고 갈 옷들을 상자 속에 챙겼다. 니벨룽엔의 용사들도 더 이상은 자신들의 왕을 죽인 살인자의 집에 머물고 싶지 않았다.

크림힐트가 출발을 위해 여행 채비를 하고 있을 때, 그녀의 친척들은 그녀가 정녕코 어머니 우테 곁에 머물러 있었으면 좋겠다고 그녀를 설득하기 시작했다.

"그런 일은 절대로 일어나지 않을 겁니다!" 그녀는 당당히 거절했다. "제가 어떻게 가장 큰 고통을 안겨 준 사람을 항시 눈앞에서 볼 수가 있단 말입니까."

"사랑하는 누이동생이여, 그대의 늙은 어머니의 하나뿐인 딸로서 머물러 주시오!" 젊은 기젤헤어가 사정했다. 그는 자기 자신을 위해서라도 그녀에게 머물러 달라고 요구했다.

"어쩌다 하겐이라도 보게 되면, 저는 고통으로 죽을 것 같아요." 크림힐트가 거절했다.

"그런 일로부터 나는 그대를 보호해 줄 것이오." 기젤헤어가 단언했다. "그대는 그대의 오라버니인 내 집에 머물러 있어야 해요. 나는 그대가 남편의 죽음에도 불구하고 살아가도록 도와주고 싶소."

"저는 그렇게 할 수 없습니다." 크림힐트가 말했다.

젊은 기젤헤어가 다녀간 후에 우테와 게르노트 그리고 다른 충실한 친척들이 와서 부르군트의 사람들 곁에 머물러 달라고 그녀에게 간청했다.

"거기서는 당신에게 모두가 낯선 사람들 뿐이오. 피를 나눈 형제는 단 하나도 없소. 사랑하는 누이여, 여기 그대의 가족 곁에 머물러 주시오." 이렇게 그들은 재촉했다.

그런데 브륀힐트가 죽음을 택한 것이다. 크림힐트는 그녀의 마지막 말을 들어서 알고 있었다. 그 말이 그녀의 의식에서 더 이상 떠나지 않았다.

이제 크림힐트에게는 지그프리트가 잠들어 있는 이곳을 떠나기란 불가능했다. 그녀의 아들때문에라도 어쩔 수 없었다. 그녀는 지그프리트와 함께 있게 될 것이다. 다른 여자로는 될 수 없는 일이었다.

마침내 크림힐트는 보름스에 남겠다고 기젤헤어에게 약속했다.

그러는 동안에 지그문트의 용사들은 마구간에서 이미 말들을 데려와 안장을 매고 짐바리 말에 장비들을 실었다. 지그문트는 크림힐트의 궤들이 꾸려진 채로 있다고 그녀에게 말했다.

"지그프리트의 니벨룽엔 용사들이 말 곁에 서서 출발 신호를 기다리고 있소!"

"가장 충실한 사람들이 제게, 크산텐에는 저와 피를 나눈 친척들이 한 사람도 없으니 보름스에 남아 달라고 충고하고 있습니다.”

　“그 말에 설득당하지 마시오.” 지그문트가 화가 나서 말했다.
“그대는 나의 모든 친척들 앞에서 왕관을 써야 할 몸이오. 지그
프리트를 위해서 말이오. 그리고 그대의 아들을 생각해 보시오.
그 아이를 고아로 만들 셈이오? 아들이 자라 성인이 되면, 그대
에게 위안이 될 것이오.”

　“설령 그렇다고 해도, 저는 나의 친척들 곁, 지그프리트가 잠
들어 있는 바로 이곳에 남겠습니다. 그는 제 고통 속에서 함께
있게 될 것입니다.”

　지크문트는 이것을 불쾌하게 생각했다. 그들의 말을 전해 들
은 용사들도 마찬가지였다.

　“저희들은 그것을 어떻게 받아들여야 합니까? 당신께서 우리
의 적들 곁에 머무시겠다면, 우리의 귀향길은 더욱 위험해질 것
입니다.”

　“그건 걱정하지 마세요.” 크림힐트가 단언했다. “사람들이 당
신들을 안전하게 호송할 것입니다. 그리고 지그문트 왕이시여,
저는 그 동안에 아들을 당신의 보호하에 맡기겠습니다.”

　니벨룽엔의 용사들은 보름스에 남겠다는 크림힐트의 결심이
단호하다는 것을 알았을 때, 수 많은 영웅들이 눈물을 흘렸다.
지그문트가 작별인사로 말했다.

　“일찍이 축제에서 손님들이 이처럼 끔찍한 일을 당한 적은 없
었소. 부르군트 왕국에서는 우리를 두 번 다시 보지 못 할 것이
오.”

　사람들은 지그프리트의 용사들로부터 다음과 같은 말을 들을
수 있었다. “누가 우리의 왕을 살해했는지 알아내면 우리는 다
시 한 번 이 나라에 올 것입니다.”

　작별의 인사로 지그문트가 크림힐트에게 입을 맞추었고 눈물
을 흘리며 말했다. “이제 우리는 기쁨도 없이 고향으로 돌아가

오. 이제 이후로는 절대로 안식과 행복을 모르고 살아가게 될 것이오."

지그프리트의 부친은 군터의 사람들 중의 누구하고도 작별 인사를 나누지 않았다. 하지만 게르노트와 기젤헤어가 그와 그의 용사들에게로 다가가 그의 아들의 죽음을 깊이 애도했다. 게르노트가 말했다. "나는 그의 죽음에 어떤 책임도 없으며 누가 그의 적인지도 모르고 있다는 사실에 대해 하늘을 두고 맹세합니다."

젊은 기젤헤어가 손님들을 국경까지 수행했다.

그 여행이 어떻게 진행되었는지에 대해서 나는 아무 것도 보고 해 드릴 수가 없다. 다만 크림힐트는 슬픔을 결코 그칠 수가 없었다. 젊은 기젤헤어만이 그녀에게 성실했고 그녀를 위로할 뿐이었다.

21. 니벨룽엔의 보물이 보름스로 옮겨지다

과부가 된 크림힐트를 위해서 보름스의 성당 근처에 그녀의 거처가 지어졌다. 궁전 모양의 주택으로 공간이 넓찍하고 화려하게 장식되어 있었다. 그곳에서 그녀는 시녀들과 아무런 기쁨도 없이 살고 있었다. 에케바르트 백작이 자기 종신들과 함께 성실을 다해 그녀의 집에 머물렀다. 매일 그녀는 사랑하는 남편의 무덤가에 서서 눈물을 흘리며 그의 영혼을 하느님께 맡겼다. 어머니 우테와 하인들도 끊임없이 그녀를 위로하려고 했다. 하지만 그녀의 고통을 덜어줄 수 있는 것은 아무 것도 없었다. 일찍이 한 부인이 남편에 대한 그런 크나 큰 그리움때문에 고통을 겪은 적은 결코 없었다. 그녀의 삶이 다할 때까지 그녀는 지그프리트를 애도했던 것이다.

지그프리트가 숨을 거둔 후 크림힐트는 삼 년 반 동안을 군터와 말 한 마디 나누지 않고 지냈다. 이것은 확실하게 보증할 만한 이야기이다. 그녀는 이 시기에 자신의 적인 하겐을 절대로 보지 않았다. 그러나 그는 음험한 계획을 계속해서 도모하기 시작했고 어느날 군터 왕에게 속삭였다.

"왕께서 누이동생과 화해를 하신다면, 니벨룽엔의 보물은 저희 나라로 오게 될 것입니다."

"우리는 그렇게 해야만 하오. 나의 형제들이 그녀의 우애를 얻으려고 자주 그녀의 집에 손님으로 가는 모양이오. 어쩌면 그녀는 그 막대한 보물을 기꺼이 곁에 두고 싶어할지도 모르오." 군터가 말했다.

"저는 그렇게 생각하지 않습니다." 하겐이 비꼬아 말했다.

군터 왕은 오르트빈과 변경 영주인 게레를 크림힐트에게 보냈다. 그리고 나서 또 다시 게르노트와 기젤헤어가 다시금 화해적인 분위기를 만들어 보려고 애썼다. 그리고 그들은 그녀가 보물을 소유하고 있으면 권력을 손에 쥘 수 있을 것이라고 그녀에게 충고했다.

"그대는 너무나 오랫동안 지그프리트의 죽음을 슬퍼하고 있소." 게르노트가 유감스러워하며 말했다. "왕께서는 지그프리트를 살해하지 않았다는 사실을 증명하고 싶어하오."

"아무도 그를 나무라진 않습니다." 크림힐트가 대답했다. "그건 하겐의 소행이었습니다. 내가 그에게 지그프리트의 치명적인 약점을 누설했을 때, 그의 마음에서 증오심이 요동치고 있었음을 내가 어떻게 알 수 있었겠습니까! 내가 어떻게 지그프리트를 배신할 수 있었겠습니까! 그 살인자를 나는 절대로 용서하지 않을 것입니다."

그리고 나서 기젤헤어가 누이동생에게 화해를 간청했다. 그러자 그녀는 왕을 접견하는데 동의하고 말았다. 가장 가까운 친척들과 함께 그가 미망인 앞에 나타났다. 하겐만이 자신의 죄를 의식하고 있었기 때문에 그녀를 멀리했던 것이다.

친밀한 친척들끼리 그토록 많은 눈물로써 화해를 이룬 적이 이전엔 결코 없었다. 하지만 군터의 결정으로부터 그녀의 고통이 야기된 것이었기 때문에 그는 감히 화해의 키스를 하진 못했다. 살인에 대한 기억이 여전히 그녀의 마음을 깊이 괴롭히고 있었지만, 그녀는 하겐을 제외하고 모든 사람들을 용서했다.

그후 얼마가 지나서 그녀의 오라버니들은 보물을 요구할 것을 그녀에게 제안했다. 그리고 그녀의 위탁으로 기젤헤어와 게르노트가 니벨룽엔의 영토로 가게 되었다. 크림힐트는 팔천 명의 군대를 종사들과 더불어 보물을 지키고 있던 알베리히에게로 함께 보냈다.

알베리히가 항구로부터 부르군트의 막강한 행렬이 그의 성을 향해 접근하고 있는 것을 보고, 그의 용사들에게 말했다.

"이 보물은 우리가 인수를 거절할 수 없는 우리 왕의 결혼 선물인 것이다. 하지만 우리가 지그프리트와 더불어 마법의 망또를 잃지 않았더라면, 나는 보물을 지켰을 것이다. 우리의 왕이 그것을 취해 사용한 것이 바로 그 스스로에게 불운을 자초하게 된 원인인 것이다."

알베리히가 시종장에게 열쇠를 가져오게 했다.

기젤헤어와 게르노트가 팔천 명이나 되는 그들의 무사들과 함께 위협적으로 알베리히의 성 앞에 서 있었다. 그는 무거운 마음으로 성 안의 복도에서 날라온 보물을 강가로 운반해서 배에다 싣게 했다. 보물이 항구 전체를 뒤덮었다.

이제 보물에 관한 불가사의한 이야기를 듣게 될 것이다. 열두 대의 무거운 마차들이 아침부터 밤까지 세 번씩 왕복해야만 했다. 그 값진 보물들을 모두 운반하는 데는 그렇게 꼬박 나흘이 걸렸다. 그것은 어마어마한 가치가 있는 금과 보석들로 이루어져 있었다. 그 보물로 세계의 모든 영토와 성을 샀다 한들 보물은 단 일 마르크도 줄어들지 않았을 것이다. 황금으로 된 마법의 지팡이도 거기에 끼어있었다. 그 지팡이를 다루어 본 사람이라면 모든 사람들 위해 군림할 수 있는 통치자가 될 수 있었을 것이다. 하겐이 아무런 근거도 없이 부르군트 사람들을 위해 보물을 갈망할 리는 없었던 것이다.

알베리히의 많은 종사들이 부르군트의 함대에 합세했다. 육중하게 짐을 실은 배는 간신히 라인강 하류를 향해 보름스에 당도할 수 있었다.

호기심이 강한 사람들이 짐수레의 수를 세어보고 마차의 무게를 어림잡아 보았다. 라인강에서부터 짐을 끌고 온 말들은 얼마나 기진맥진했던가! 크림힐트가 거주하고 있는 지하실과 방이 이미 들어갈 틈도 없이 꽉 차게 되었을 때까지 행렬은 끝이 없었다. 그런 보물에 관한 놀라운 이야기는 두 번 다시 들을 수 없었다.

그러나 그 보물이 천 배나 더 많았다 한들, 크림힐트는 차라리 단 한 사람 살아있는 지그프리트 곁에 빈 손으로 머물기를 원했을 것이다. 일찍이 어떤 영웅도 그보다 더 충실한 부인을 얻지 못 했던 것이다.

보물의 도움으로 그녀는 미지의 용사들을 불러들여, 정선된 영웅들 중에서 한 부하가 그 일을 하였던 것인데, 수 많은 보물을 선물로 베풀었기에 어떤 왕비도 이보다 더 배포가 클 수는 없다고 전해질 정도였다. 어디서나 그녀는 여군주로서 칭송을 받았다. 결국 하겐은 잘못 추측했던 것이다.

"곧 그녀는 우리로선 위험 요소가 될 만큼 수 많은 용감한 무사들을 그녀 주위로 불러들일 것입니다."

"그것은 그녀 자신의 재산이오." 군터가 그녀의 행위를 인정하며 말했다. "어떻게 내가 그녀가 하는 일을 방해할 수 있겠소? 이제 막 그녀의 신뢰를 회복한 마당에 말이오. 그녀는 자신의 금을 나누어 줄 수 있는 권리가 있소."

"그렇게 막대한 금을 한 여자의 손에 두게 해서는 안 됩니다. 살해당한 자의 유가족인 그녀에게 말입니다. 그녀는 곧 세 왕께서 쓰디쓰게 후회할 만큼의 막대한 힘을 소유하고 말 것입니다." 하겐이 답변했다.

"나는 그녀에게 맹세를 했소. 다시는 그녀에게 고통을 가하지 않겠다고 말이오. 난 그 맹세를 지킬 것이오. 그녀는 나의 누이동생이니 말이오." 군터가 주장했다.

"제가 또 다시 혼자서 책임을 지겠습니다." 하겐이 단언하고는 보물창고의 열쇠를 손에 넣었다.

게르노트가 그 얘기를 들었을 때 매우 화가 났다. 기젤헤어 역시 위협하는 목소리로 말했다. "하겐은 이미 내 누이동생에게 수 많은 고통을 안겨 주었습니다. 그가 내 친척만 아니라면, 지금 그는 목숨을 잃었을 것입니다."

"금때문에 우리에게 재앙이 자라나기 전에 차라리 아무도 갖지 못하게 라인강 속에 수장시키는 것이 좋을 듯 합니다." 이렇게 게르노트가 충고했다.

크림힐트가 기젤헤어에게 하소연했다. "사랑하는 오라버니, 당신은 저를 생각해 주셔야 합니다. 내 생명과 재산을 지키게끔 보호해 주세요!"

"내가 다시 돌아오면, 그렇게 해주겠소." 기젤헤어가 단언했다. "하지만 지금 우리는 급히 떠나야만 하오."

군터 왕은 자신의 형제들과 많은 부하들과 함께 나라를 떠났다. 하겐은 뒤에 남아 크림힐트에 대한 증오심을 키우고 있었다.

크림힐트는 군터가 나라 밖에 머물러 있을 즈음 항시 자신의 집에서만 머물러 있을 수만은 없었다. 그녀는 기젤헤어와 게르노트를 신뢰하고 있었으며 군터가 또 다시 선서를 깨뜨릴 것이라고는 생각지 않았다. 크림힐트가 어느 날 시종들과 함께 외출

하고 없을 때, 하겐은 그녀의 지하실과 방에 있는 보물을 훔쳐 오도록 명했다. 궁에 남아 있던 친구들은 감히 그것을 저지할 수 없었다. 밤에 하겐은 그 막대한 보물을 로흐하임으로 싣고가서 라인강 속에 가라앉혔다. 여행을 떠나기 전 하겐과 세 왕들은 자신들 중에 한 사람이라도 살아있는 한, 누구에게도 그 자리를 누설하지 않겠다는 단호한 서약을 했었다. 아마도 그들은 나중에 그 보물을 사용할 것이라 믿고 있었을 것이다.

내 추측으로는, 그의 누이동생과 진심으로 마음을 합했던 기젤헤어는 하겐을 불신하고 있었던 것 같다. 아마도 그는 출발할 때 그의 말을 넘어 뜨리게 해서 짐짓 자신의 발이 부상을 입은 것처럼 속였을 것이다. 따라서 그는 왕들의 행렬에서 제외되었고 주문으로 상처를 치료 받겠다고 주장했다. 이렇게 해서 그는 크림힐트의 집 근처에 숨어있다가 보물의 행열을 좇아 무거운 상자 속에 담긴 보물이 침몰된 라인강 속의 지하동굴을 탐색했다. 그들이 맹세로 서약한 장소를 하겐이 그대로 고수했다는 사실은 기젤헤어를 놀라게 했다.

하겐의 신의에 대한 이러한 시험이 보고되고 있는 것은 아니지만, 그런 일이 있었음직도 한 것이리라.

군터가 종사들과 함께 성으로 되돌아왔을 때, 크림힐트는 불만과 통렬한 질책으로 그를 맞이했다. 기젤헤어는 자신의 무죄를 주장했다. 군터와 그의 형제들은 또 다시 모든 책임을 하겐에게 전가했다. 표면상의 죄인은 주권자들의 노여움을 사서 잠시 피해 있었지만, 나중에 왕의 은혜를 입고 죄를 면하게 되었다.

그의 누이동생에 대한 충성심에서 기젤헤어는 보물이 어딘가에 침몰된 사실에 대해서는 그녀에게 고했지만, 동시에 라인강의 은닉 장소에 대해서는 서약을 했다는 구실로 끝내 입밖에 내지 않았다. 어느 누구도 보물을 소유함으로써 막강한 권력을 얻지 못하게 하기 위해, 보물은 현재 모든 사람에게 벗어나 있다는 것이었다.

　지그프리트가 죽고 보물을 강탈당한 후 크림힐트의 고통은 끝이 없었다. 열 세해 동안 그녀는 아픔과 슬픔 속에서 살았으며 항상 그녀의 사랑하는 남편을 위해 정절을 지켰다.

22. 에첼 왕이 크림힐트에게 구혼하다

　부르군트 제국의 전성기 동안에 도나우 강변에는 훈족들이 다스리고 있었다. 왕인 에첼에게 아름답고 훌륭한 왕비었던 헬헤 Helche가 숨을 거두었다. 그가 여전히 슬퍼하고 있었음에도 불구하고, 그의 심복들은 크림힐트라 불리는 새 신부를 얻도록 충고했다. 지그프리트의 이 미망인은 일찍이 한 영웅이 부인으로 삼았던 가장 강력하고 아름다운 여인이라는 것이었다.

　"나는 이교도이고, 그녀는 세례를 받은 기독교인이 아니오." 에첼이 말했다.

　"하지만 전하의 고귀한 이름, 곧 전하의 부귀가 있지 않습니까! 당신께서는 그녀의 아름다운 몸을 기쁨으로 감싸안게 될 것입니다." 베히라렌Bechlaren의 뤼데거Rüdeger가 왕의 마음을 꾀며 말했다.

　"그녀가 내 나라에서 왕관을 쓸 수 있을까?" 에첼이 깊이 생각하며 캐어 물었다. "그녀가 그렇게 칭송을 받을 만큼 아름답단 말이오?"

　"저는 그 여왕님을 어렸을 때부터 알고 있습니다. 그녀의 아름다움은 헬헤 왕비님과 견줄 만한 것입니다. 어떤 여군주도 그녀보다는 더 매혹적이지 못 할 것입니다. 그녀는 우리에게 행운을 가져다 줄 것입니다." 뤼데거가 단언했다.

　"그녀는 가장 아름다울 뿐 아니라, 또한 가장 부유한 왕비이옵니다." 에첼의 심복들은 니벨룽엔의 보물을 기억해냈다. "그 보물은 결혼과 더불어 저희 왕국으로 오게 될 것입니다."

"그렇다면, 뤼데거여, 그대가 나를 위해 크림힐트에게 청혼을 해 주시오. 그 미녀가 내 곁에 눕게 된다면, 그 일에 대해 내 항상 그대에게 보답하리다."

구혼여행을 위해 에첼은 변경 영주에게 말과 옷 그리고 여행에 필요한 물건들을 제공하려고 했다.

"왕의 재산을 소비한다면 비난받아 마땅한 일일 것입니다. 저는 이미 당신으로부터 얻은 재산으로 제 사절여행을 감당하겠사옵니다." 뤼데거가 거절했다.

뤼데거는 무기와 장비 그리고 옷들을 준비하도록 명하고 오백명의 훌륭한 용사들을 선발했다. 그로부터 스무 나흘이 지난 후 그는 에첼의 성을 떠나 베히라렌에 있는 그의 부인 고테린트 Gotelind에게 미리 전령들을 보냈다. 도중에 빈에서 그는 옷을 만들도록 명했다. 그리고 나서 그는 베히라렌에 있는 자신의 성에서 그의 딸로부터도 극진한 영접을 받았다.

변경 영주의 부인이 밤에 뤼데거의 곁에 누웠을 때, 그녀는 전령의 임무를 띠고 보름스로 떠나는 그녀의 남편을 위해 행운을 빌어 주었으며, 이 여행이 훈족의 나라에 번영을 가져올 것이고 크림힐트는 에첼과 나란히 왕관을 쓰게 될 것이라고 말했다.

"우리는 한 왕이 한 여인에게 청혼하는데 있어 전례없이 훌륭한 모습으로 그렇게 보름스에 당도해야만 하오." 뤼데거가 말했다. 그리고 그는 아내에게 목에서 박차까지 모피로 뒤덮힌 섬세한 견사로 만든 옷들을 나누어 달라고 했다. "내 용사들의 옷이 더욱 호화롭게 보이면 보일수록, 부르군트의 왕 앞에 더 기쁜 마음으로 나아가게 될 것이오."

이레째 되던 날 아침에 변경 영주는 베히라렌의 자신의 종사들과 함께 출발했다. 그들은 무기와 옷들을 짐바리 말에 싣고 동행했다. 바이에른 지방을 질러가는 도중에 오백 명의 용사들은 도적들의 습격을 물러서게 했다. 이렇게 해서 그들은 아무런 피해도 입지 않고 라인강변의 보름스에 도달했다.

전령들의 짐바리 말들은 버텨내기 힘들 정도로 육중한 짐들을 싣고 있었기 때문에, 사람들은 그들을 부유하고 막강한 자들로 여겼다. 그들이 왕의 성을 향해 방향을 돌렸을 때, 뤼데거는 가장 화려한 옷으로 갈아 입었다. 그의 동행자들도 값진 보석들로 장식을 했다.

창가로 다가가 그들이 다가오는 것을 본 군터 왕이 하겐을 불러들이도록 했으며, 그에게 낯선 손님들이 누구인지 물었다.

"제가 그를 오랫동안 보지 못 했지만, 그는 베히라렌의 뤼데거일 것입니다." 트론예 사람이 돌이켜 생각하며 말했다.

"뤼데거가 어찌하여 내 나라에 들어왔단 말인가?" 왕이 의아해 했다.

군터가 이 말을 막 입밖에 내었을 때, 하겐이 변경 영주을 알아보았고 서둘러 다른 사람들과 함께 밖으로 나가 훈족의 나라에서 온 손님들을 품위있게 맞이할 수 있었다. 사자들이 그처럼 훌륭한 옷을 입었던 적은 일찍이 없었다고 한다.

"진심으로 환영합니다. 베히라렌의 변벽 방백과 용사들이여!" 하겐이 울려퍼지는 목소리로 말하자 그 소리가 궁성 안에 메아리쳤다.

낯선 용사들은 환영의 인사에 감사를 표했으며 하겐에 의해 군터의 홀로 안내되었다. 부하들에게 둘러싸여 있던 군주는 옥좌에서 몸을 일으켜 사자들에게 다가가 그들을 환영한다고 말했다. 왕은 뤼데거의 손을 잡고 그의 자리로 이끌어 주었다. 손님들에게 제일 맛좋은 꿀술과 라인지방의 특산물인 최상급 포도주가 제공되었다. 게르노트와 기젤헤어 그리고 다른 용사들도 인사를 전하고자 왔다.

그때 군터가 물었다. "에첼 왕과 아름다운 헬헤는 어떻게 지내시오?"

"그 점에 대해서 저는 기꺼이 전해드리겠습니다." 뤼데거가 대답을 하고서 다른 동행인들과 자리에서 일어나 말했다.

"저의 왕께서 전하와 전하의 친구들에게 인사를 전하십니다. 그리고 필요할 경우에는 원조를 보내기로 약속하셨습니다. 하지만 왕께서는 자신의 곤경 또한 호소하고 계십니다. 왜냐하면 아름다운 헬헤 왕비께서 돌아가셨기 때문입니다. 백성들은 기쁨을 잃게 되었습니다. 왕비께서 길러내신 많은 제후들의 딸들은 고아 신세가 되었습니다. 훈국 전체가 비탄에 잠기게 되었고, 저희 왕께서는 상심과 근심에 빠져 계십니다."

군터가 대답했다. "왕께서 나와 나의 친구들에게 원조를 제공하시겠다는 사실에 대해 그의 신께서 당신의 왕께 보답을 해 주시기를 바라오. 나의 친구들과 함께 나는 그에 대한 보답을 준비할 것이오."

"온 세상이 아름다운 헬헤 왕비님의 죽음을 애도할 것입니다. 그녀가 보여준 미덕으로 인해 그녀는 영원히 잊혀지지 않을 것입니다." 게르노트가 말했다.

"제가 가지고 온 사절의 임무를 계속 말씀드리도록 허락해 주십시오. 저의 왕께서 저에게 중요한 임무를 위임하셨습니다. 당신의 누이동생인 크림힐트 여왕에게 남편이 없다는 사실, 곧 그 막강한 지그프리트가 숨을 거두었다는 사실이 왕에게 전해졌습니다. 사정이 그러하고 또 당신께서 허락해 주신다면, 크림힐트 왕비님은 에첼 왕 곁에서 왕관을 쓰실 수 있으실 것입니다. 이것이 저의 군주께서 그녀에게 전하라고 하신 내용입니다." 뤼데거가 말했다.

부르군트 사람들은 몹시 놀라서 뤼데거를 바라보았다. 기쁨이 그들을 압도했는지 아니면 당혹함이 그들을 압도했는지는 우리로선 알 길이 없다.

"그녀가 그것에 동의를 한다면, 그녀는 내가 원하는 바 또한 듣게 될 것이오. 사흘이 경과한 후에 그 대답을 주겠소." 군터가 말했다.

손님들이 묵을 훌륭한 숙소가 마련되었다. 하겐은 친절한 호의를 보여주려고 애를 썼으며 뤼데거가 예전에 자신을 위해 베풀었던 친절에 대해 보답을 하고자 했다. 그들이 에첼의 궁성에서 인질로 성장했었던 그 옛날부터 두 사람은 서로 알고 지냈던 것이다.

그러는 사이 군터는 회의를 소집했다. 모든 친척들이 크림힐트가 에첼의 부인이 될 수 있다는 의견에 찬성을 했다. 하겐만이 경고하고 나섰다.

"설령 크림힐트가 에첼의 신부가 되겠다고 하더라도, 당신은 동의하셔서는 안 될 것입니다."

"어째서 그렇소?" 그 말이 군터 왕에게 거슬렸다. "나는 왕비의 행복과 사랑을 기꺼이 허락할 것이오. 그녀는 내 누이동생이니 말이오."

"그런 말씀은 마십시오." 트론예 사람이 말했다. "당신께서 저만큼 에첼에 대해 정확히 알고 계신다면, 위험을 잘 파악하고 계실 것입니다."

"그런 위험은 인정할 수 없소." 군터가 주장했다. "그녀가 그의 부인이 된다면, 나는 이 보름스에 머물러 있으면서 그의 적대감에서 멀리질 것인데도 말이오. 요컨데 우리가 그의 청혼을 감히 거절할 수나 있겠소? 그는 매우 막강한 왕이란 말이오."

"저는 그 일에 절대로 동의할 수 없습니다!" 하겐이 전에 없이 왕에게 완강히 저항했다.

그때 게르노트와 기젤헤어를 불러오게 했다.

기젤헤어가 말했다. "친구 하겐이여, 당신은 내 누이동생에게 엄청난 고통을 안겨주었소. 그러니 그녀가 당신을 미워하는 것이 아니겠소. 지금 당신은 그것을 갚고 신뢰를 보여줄 수가 있는 것이오. 그러면 그녀는 아픔을 극복하게 될 것이오."

"나는 내가 예견하고 있는 것이 있기 때문에 경고할 따름입니다." 하겐이 대답했다.

"그렇다면 우리가 살아있는 한, 에첼의 나라에 들어가지 않기로 합시다. 그리고 그럼에도 불구하고 그녀에게 신의를 지키도록 합시다." 게르노트가 말했다.

"에첼은 강력한 군주입니다. 그는 새로운 영주들을 정복하려는 뜻을 가지고 있을 뿐 아니라, 반드시 그들을 자신의 지배하에 두어야만 하는 자입니다." 하겐이 왕들에게 말했다. "허다한 전쟁을 치루는 사이에 그의 보물창고들은 텅 비게 되었을 것입니다. 노획물들은 추측했던 것보다 훨씬 적은 양이었습니다. 에첼은 금을 탐하고 있습니다. 그는 크림힐트의 보물때문에 그녀에게 구혼을 하는 것입니다."

"크림힐트는 품위있고 매력적인 여인이오." 게르노트가 이의를 제기했다.

"에첼은 그녀가 간직하고 있는 아름다움에다가 황금보화를 덤으로 얻는 것입니다." 하겐이 집요하게 저항했다.

"보물은 라인강변에 있지 않소." 게르노트가 말했다. "그 자리를 알고 있는 사람은 우리밖에 없습니다."

"에첼은 스스로도 부유할 뿐만 아니라 충분히 막강한 통치자입니다. 그렇기 때문에 그는 보물을 요구할 필요가 없습니다." 기젤헤어가 확신있게 말했다.

"당신들이 훈국의 왕을 어떻게 알 수가 있었겠습니까!" 하겐이 가차없이 말했다. "그가 온화하게 미소를 띠우는 그 뒷면에는 권력에 대한 간계와 탐욕이 숨어 있습니다. 그의 군대가 얼마나 많은 나라들을 습격했는지 모릅니다. 크림힐트가 헬헤의

지그프리트의 죽음을 슬퍼하고 있는 크림힐트. 1913년 K. S. 폰 아이젠베르트의 연필스케치.

왕관을 쓰게 된다면, 그 재앙이 우리를 덮칠 겁니다. 그걸 막아야 합니다!"

"우리는 또 다시 그녀를 괴롭혀서는 안 됩니다!" 기젤헤어가 화가나서 말했다. "훈국의 막강한 왕이 그녀에게 청혼한 사실에 기뻐합시다. 그것은 우리의 힘을 키워주는 뜻도 되거니와 그들의 공격을 예방하는 일도 됩니다. 그런데도 당신은 크림힐트가 가는 길을 막을 작정이오? 당신이 원하는 대로 마음대로 하시오. 나는 충실하게 내 누이동생 편에 서겠소."

이 말이 트론예 사람 하겐의 심기를 언짢게 만들었다. 왕의 형제들은 그의 간절한 충고를 외면했고 크림힐트가 청혼을 수락한다면, 그녀가 동의한 사실에 대해 반대하지 않겠다는 의견에 합의했다.

그 일로 게레가 크림힐트를 찾아가 에첼의 구혼을 받아들이라고 권했다. 크림힐트는 그것을 그녀에 대한 조롱으로 생각하고

거절했다. 게르노트와 기젤헤어 역시 뜻을 이루지 못했다. 크림
힐트는 뤼데거를 접견하는 일은 받아들였지만, 그것은 오직 그
가 겸비한 훌륭한 미덕때문이었다. 다른 사자라면 그녀는 거절
했었을 것이다.

다음 날 아침에 크림힐트는 당당하면서도 한편 수심에 찬 얼굴
로 변경 영주을 맞이했다. 소박한 옷을 입은 그녀는 기품있게 차
려입은 용사의 현란함과는 뚜렷한 대조를 보였다. 크림힐트는 뤼
데거와 그의 종사들을 자리에 앉도록 권하고 다시 그녀의 자리
에 앉았다. 변경 영주인 게레와 에케바르트가 경호원처럼 그녀
앞에 서 있었다. 그리고 아름다운 여인들이 여왕 주위에 앉아 있
었다. 하지만 곧 그녀는 또 다시 슬픔과 수심 속에 빠졌다.

"고귀하신 왕비시여", 변경 영주인 뤼데거가 먼저 말을 꺼냈
다. "여왕께서는 저희가 보름스로 말을 타고 달려 온 이유를 보
고하도록 허락해 주시겠습니까?"

"그렇게 하시지요." 크림힐트는 불쾌감을 드러내는 목소리로
대답했다.

"에첼 왕께서는 당신께 인사를 보내셨습니다." 뤼데거가 말했
다. "그는 당신에게 그의 사랑과 또 그에게 소중했던 부인 헬헤
와 마찬가지로 결혼의 인연을 왕비님께 제의하셨습니다."

"변경 영주이신 뤼데거님, 내 마음의 통렬한 고통을 알고 있
는 사람이라면, 다시 한 번 그 어떤 남편을 선택하라는 그러한
청을 감히 하지 못했을 겁니다. 나는 일찍이 한 여인이 얻을 수
있었던 가장 훌륭한 남편을 잃은 것입니다."

"그러한 고통을 치유해 줄 수 있는 것이라면 사랑보다 더 좋
은 게 어디 있겠습니까?" 뤼데거가 말했다. "당신께서 저희 왕
께 사랑을 선사하신다면, 당신은 열두 개의 막강한 옥좌을 지배
할 수 있는 권력을 얻게 되시는 것입니다. 왕께서 몸소 정복한
서른 명의 제후들이 그들의 영토와 함께 당신을 위해 준비되어

있습니다. 당신은 헬헤 왕비의 수하에 있던 수 많은 용감한 용사들 위에 군림하게 되시는 것입니다. 게다가 품위있는 가문의 수 많은 귀부인들도 거느리게 되십니다. 당신께서 왕비의 관을 쓰시게 되면, 나의 군주께서 당신께 전하라고 하시길, 헬헤 왕비가 행사하셨던 같은 권력을 갖게 되실 것이며, 에첼 왕의 모든 용사들을 다스릴 수 있는 권력을 지니게 될 것입니다."

"내 어찌 또 다시 한 영웅의 아내가 되는 걸 욕심낼 수 있단 말이오?" 크림힐트가 계속 거부했다. "이미 한 영웅의 죽음이 나를 불행으로 몰아 넣었소." 그녀는 이렇게 말했으며 다음 날 만나기로 약속하고 사신들과 헤어졌다. 그리고 나서 그녀는 기젤헤어와 어머니 우테를 모셔 오도록 했다.

"사랑하는 누이동생이여, 에첼 왕은 그대에게서 그대의 고통을 몰아내 줄 수 있을 것이오. 어떤 지배자도 그처럼 막강하지는 못 하오. 그의 제국은 엘베강에서 북해에 이르기까지 무한하다오. 그가 그대에게 구혼한 사실이, 그대에게는 행운이 될 것이오." 기젤헤어가 말했다.

"내게 어울리는 유일한 일은 지그프리트를 위해 눈물을 흘리는 것입니다. 제가 어찌 울어서 눈이 퉁퉁 부은 모습으로 용사들의 선두에 서서 궁성으로 걸어들어 갈 수 있단 말입니까? 제가 한 때는 아름다웠을 테지만, 상심의 병이 저를 갉아먹어 버렸답니다."

"너는 또 다시 권력을 쥐어야 한다." 어머니 우테가 재촉했다. "네 오라버니들의 충고를 따르거라. 그러면 너는 다시 잘 살게 될 게다. 나는 너무나 오랫동안 고통에 찌들인 네 모습을 보아 왔단다"

한편 크림힐트는 지그프리트가 살아있을 때처럼 또 다시 금과 은 그리고 값진 옷들을 선사할 수 있을 만큼 풍족하게 누리고 살 수 있도록 그녀의 신께 진심으로 기도를 드렸던 터였다. 그녀는 생각했다. '기독교도의 여자인 내가 이 몸을 이교도에게 맡길 수 있을까?' 크림힐트는 날이 밝아올 때까지 골똘히 생각했다. 그녀의 반짝이는 두 눈에서는 눈물이 마르지 않았다. 미사가 시작되기 전에도 세 왕들은 누이동생의 마음을 바꾸는데 성공하지 못했다.

뤼데거는 왕비에게 답변을 요청했다.

결코 다시는 한 남자를 사랑하지 않겠노라고 그녀는 잘라말했다.

"어째서 당신은 당신의 아름다움이 시들도록 내버려 두십니까, 어째서 당신의 얼굴이 사그러들도록 방치하고 계십니까? 왕비님께서는 아직도 막강한 군주의 아내가 되실 수 있으십니다." 뤼데거가 그녀에게 말했다.

궁중에서 뤼데거는 크림힐트의 운명에 대해 익히 들어 알고 있었던 것이다. 그런데 어떤 권유에도 소용이 없게 되자, 그는 그녀에게 은밀한 협약을 약속했다. 무슨 일이 일어났건 또 앞으로 어떤 일이 닥칠지라도 그 어떤 경우에도 그는 그녀의 곁을 떠나지 않을 것이라고 단언했던 것이다. 크림힐트가 점차로 저항을 누그러뜨리는 기미를 보였을 때, 뤼데거는 계속해서 말했다.

"당신께서는 울음을 그치십시오! 만일 훈족의 나라에서는 당신께 오직 저와 제 심복들밖에는 없다고 하더라도, 당신께 조금이라도 해를 끼친 자가 있다면, 그 자는 마땅이 호되게 벌을 받아야만 할 것입니다."

"그렇게 하겠다고 내게 맹세해 주시오." 크림힐트가 그의 말에 동의했다. "누군가가 내게 해를 끼쳤을 때, 당신이 그 모든 모욕을 갚아 줄 첫 번째 사람이 되겠다고 말이오."

"그것에 대해 저는 준비가 되어있습니다." 뤼데거가 단언했으며 자신은 그의 모든 부하들과 함께 그녀에게 언제나 충성을 다해 봉사할 것이며 그녀가 원하는 일이라면 무엇이든 거절하지 않겠다고 맹세했다. 그 일이 어떤 결과를 낳을지는 아무도 몰랐다.

그녀의 오라버니들은 크림힐트가 에첼의 청혼을 수락할 것을 그 영웅 앞에서 약속할 때까지 끈질기게 간청했다.

뤼데거는 오백 명의 그의 부하들과 함께 그녀를 수행하겠다고 했다.

크림힐트는 떠날 준비를 하라고 명하고 지그프리트가 살아있을 당시에 사용했던 값 비싼 마구류를 준비하라고 일렀다. 그녀는 보물상자를 열어 그녀가 니벨룽엔의 땅에서 가져왔던 금을 사자들과 훈국의 사람들에게 나누어 주려고 했다. 그것은 백 필의 말들조차도 싣고 가기 힘들 만큼 엄청난 양이었다. 하겐이 그 소식을 전해듣고, 보물을 잡아두어 그의 적들에게 흘러가지 못하게 하려 했다.

"막강하신 왕비님이시여, 무엇을 슬퍼하고 계십니까? 당신께서 일단 에첼 왕의 곁에 있게 되시면, 당신은 결코 끝을 모르실 만큼 수 많은 양의 보물을 그의 보물창고에서 꺼내 선물로 나누어 주실 수 있게 되실 것입니다."

"고귀한 뤼데거여, 어떤 왕비도 하겐이 내게서 약탈한 것보다 더 큰 재산을 소유했던 적은 결코 없었답니다." 그녀가 대답했다.

그때 게르노트가 자신의 권한으로 보물 창고의 문을 열어 삼만 마르크를 꺼내게 한 다음 손님들에게 나누어 주게 했다. 군터가 그 소식을 듣고 기뻐했다.

그 사이에 크림힐트의 시녀들은 열두 개의 상자를 순금으로 채워넣었다. 여인들이 사용하는 값진 장신구들도 그 안에 챙겨두었다.

크림힐트는 잔인한 하겐의 음모가 두려웠다. 그녀에게는 봉헌 예물로 천 마르크가 남아있었다. 그녀는 그것을 지그프리트의 영혼을 구원하기 위해 나누어 주게 했던 것이다. 그녀와 함께 훈국으로 떠나려는 사람들에게는 보물을 꺼내 말과 옷 그리고 장비들을 사도록 해 주었다.

"저는 최초의 사람으로서 당신의 종신이 된 이후로 당신에게 충성을 다해왔습니다." 변경 영주인 에케바르트가 그의 여군주에게 단언했다. "저는 오백 명의 종사들과 함께 당신을 동행하겠습니다. 나의 왕비시여, 우리는 영원히 결합되어 있어서 죽음만이 우리를 갈라놓을 수 있을 뿐이옵니다."

감사의 표시로 크림힐트는 변경 영주 에케바르트에게 머리를 숙였다.

크림힐트의 시종들 중에서 호화롭게 차려입은 백여 명의 처녀들 역시 말안장에 올라탔다. 그녀들의 밝게 빛나는 눈에서는 눈물이 흘러내렸다. 작별을 나눌 때 보름스의 친지들과 친구들이 울음을 터뜨렸다. 우테 부인은 비탄에 잠겨 뒤에 남았다. 기젤헤어와 게르노트는 수행원들과 천 명의 종사들을 거느리고 와서 관습이 요구하는 바대로 그들의 누이동생을 도나우 강변까지 전송했다. 메츠의 오르트빈과 변경 영주인 게레 역시 함께 동행했다. 주방대신인 루몰트도 빠질 수 없었다. 군터 왕은 도시의 성문 앞까지만 말을 타고 왔다.

그녀가 보름스를 떠날 때, 뤼데거는 에첼 왕에게 크림힐트의 왕림을 전하기 위해 사자들을 앞서서 훈족의 나라로 보냈다.

23. 크림힐트가 에첼 왕에게로 가다

훈국으로 떠나는 크림힐트의 여정에 대해서는 거의 전해지지 않고 있다. 도나우 강변의 푀르팅Pförting에서 그녀의 오라버니들은 눈물로 작별을 고했다.

파싸우시의 필그린 주교가 질녀인 크림힐트를 맞이하고 있다. 1891년
페르디난트 바그너의 그림.

"사랑하는 누이동생이여!" 기젤헤어가 말했다. "그대가 곤경
에 처하게 되어 나를 필요로 하게 되면, 곧 사자를 보내시오.
내가 그대를 도우러 달려갈 것이오."

작별의 인사로 크림힐트는 그녀의 친척들에게 입을 맞추었다.

바이에른 지방에서 강도들이 크림힐트와 수행원들의 금품들을
약탈하려고 했었다면, 그들은 뤼데거의 종사들에 의해 엄한 처
벌을 받았을 것이다.

파사우Passau의 주교가 조카딸을 마중했고 그녀를 자신의 성
으로 안내했다. 도나우강 속에서 인Inn강이 합류하여 흐르고 있
는 그곳 시내에 크림힐트가 도착한다는 소식이 알려지자, 제후
의 궁성과 집들이 텅 비게 되었다. 수 많은 사람들이 서둘러 크
림힐트를 맞이하러 달려나왔다.

파사우시에 들어왔을 때 크림힐트는 상인들로부터 특별히 성
대한 영접을 받았다. 주교는 손님들에게 오랫동안 머물러 줄 것
을 간청했음에도 불구하고, 에케바르트는 출발을 재촉했다. 필

그림 주교는 고테린트가 그들을 맞이하기 위해 도착한 베히라렌으로 여왕을 안내했다.

고테린트가 기뻐하며 말했다. "저는 제 눈으로 직접 당신의 아름다움을 보게 되어서 얼마나 행복한지 모르겠습니다. 저에게 이보다 더 기쁜 일은 있을 수 없을 것입니다." 뤼데거의 부인은 여왕을 영접할 준비를 해왔던 것이다.

베히라렌의 성문은 활짝 열려 있었다. 손님들이 말을 타고 안으로 들어갔다. 뤼데거의 딸인 젊은 변경 영주의 딸이 수행원들을 거느리고 크림힐트를 영접했다. 손에 손을 맞잡고 그들은 넓은 홀 안으로 걸어 들어갔다. 그리고 나서 열려진 창가에 앉아 유쾌하게 대화를 나누었다. 그들이 그 밖에 무슨 일을 했는지는 우리에게 전해지지 않는다.

크림힐트의 종사들이 여행을 계속하도록 재촉했다. 변경 영주의 딸에게 크림힐트는 무게가 제법 나가는 아름다운 붉은 금팔찌와 에첼의 나라로 가지고 온 옷들 중에서 가장 아름다운 옷을 선물했다. 사람들이 그녀에게서 니벨룽엔의 보물을 약탈했지만, 그녀는 자신에게 남아있는 적은 보물로 그녀를 만났던 모든 사람들에게 호의를 갖도록 했다. 뤼데거의 종사들에게도 그녀는 많은 선물을 주었다.

이별의 만찬이 끝나고 변경 영주 부인은 미래의 에첼 부인에게 헌신적인 봉사를 제안했다. 크림힐트는 기꺼이 그녀를 동행해 성으로 가고자 하는 뤼데거의 딸을 사랑스럽게 어루만져 주었다. 왕비는 그러한 신뢰심에 대해 고마움을 표했다. 그리고 나서 사람들은 말에 올라탔다. 행렬은 멜크Melk를 경과했다. 성주인 아스톨트Astold는 그들에게 환영의 음료인 포도주를 건네주게 하고서 계속해서 오스트리아로 가는 길을 그들에게 안내해 주었다.

도나우강 골짜기에 있는 무타렌Mutaren 근처에서 주교는 질녀와 이별을 고했다. 뤼데거의 용사들이 트라이젠Traisen 강변에 있는 영토까지 그들을 바래다 주었다. 그곳에서 훈족의 군대가 그녀를 마중하기 위해 말을 타고 달려와 여왕의 호위를 넘겨받았다.

24. 크림힐트의 영접과 결혼식

트라이스마우어Traismauer로부터 툴른Tulln에 이르는 거리에는 수 많은 기사들이 먼지를 일으켰다. 길거리에서도 군중들은 끝 없이 혼잡을 이루었기 때문에, 뽀얀 먼지구름이 가라앉을 줄을 몰랐다. 마치 도처에 불이라도 난 것 같았다.

에첼 역시 툴른으로 가는 도중에 있었으며 아름다운 크림힐트를 생각하자 그의 모든 상심은 점차 사라져 버렸다. 툴른으로 향하는 거리에서는 온갖 종류의 언어들을 들을 수 있었다. 러시아와 그리스에서 온 종사들, 그리고 키에프와 발라크의 영토에서 온 수 많은 용감한 폴란드인 종사들이 속속 오고 있었다. 사나운 페체나인들은 거의 현이 찢어질 때까지 활을 잡아당겨서 쏜살같이 날아가는 새들을 쏘아 떨어뜨렸다.

목적지를 눈 앞에 둔 넓은 평야에서 뤼데거는 에첼과 크림힐트의 환영인사를 준비했던 것이다. 스물 네 명의 막강한 영주들이 당당하고 위엄있는 모습으로 왕 앞으로 말을 타고 나가 새로운 여군주를 알현하는 것을 자신들의 명예로 생각했다. 발라크의 공작인 루뭉Rumung이 칠백 명의 용사들을 거느리고 그녀 곁을 빠르게 지나갔다. 그의 종사들은 마치 새처럼 그녀 곁을 휘획 소리가 나도록 지나쳤던 것이다. 기비히Gibich 왕은 훌륭한 군대를 대동하고 왔다. 호른보게Hornboge는 천 명의 용사들을 거느리고 새 여군주에게로 향했다. 덴마크의 용맹스런 하바르트Hawart, 거짓을 모르는 용사 이링Iring 그리고 튀링엔의 이른프리트Irnfried도 천 이백 명이나 되는 종사들과 함께 크림힐트를 영접했다. 에첼의 형제인 블뢰델Blödel은 삼천 명이나 되는 종사들을 거느리고 훌륭한 행렬로 여왕에게로 다가갔다.

그리고 나서 에첼 왕 자신이 모습을 드러냈으며, 그 옆에는 베른의 디트리히가 수행원들과 함께 나타났다. 두 영웅은 수 많은 유능한 종사들에 둘러싸여 있었다. 크림힐트는 미래의 남편이 될 왕의 모습과 권세를 보고 기뻐했다.

"왕비님, 지금 왕께서 당신을 영접하고자 하십니다." 뤼데거가 그녀에게 말했다. "제가 당신에게 지적해 주는 사람들에게만 입맞춤을 하십시오. 당신께서는 그런 방식으로 그들을 영예롭게 하실 수 있는 것입니다."

그러자 그 훌륭한 왕비가 말에서 내렸다. 막강한 에첼과 그의 동행인들이 안장에서 내려왔다. 왕이 크림힐트에게로 걸어갔다. 두 명의 제후가 그녀의 끌리는 옷자락을 들어주었다고 전해진다. 크림힐트가 머리 장식을 조금 들어올리자, 그녀의 얼굴이 빛나는 황금 사이에서 눈부신 빛을 발했다. 그녀는 에첼에게 기쁘게 입맞춤으로 인사를 했다. 헬헤 왕비도 그녀보다는 더 아름답지 않았다고 많은 용사들은 생각했다.

뤼데거는 크림힐트를 재촉하여 에첼 옆에 서 있던 블뢰델과 베른의 디트리히 그리고 기비히 왕에게 입맞춤을 하게 했다. 그녀는 열두 명의 종사들에게 이런 방식으로 영예로운 입맞춤을 했다. 다른 기사들에게는 허리를 약간 구부리는 인사로 대신했다.

기분전환으로 용사들은 마상시합을 벌였다. 방패가 깨어지고 창들이 산산조각이 났다. 움막과 천막이 대규모로 설치되었다. 몇몇 영웅들이 아름다운 여인을 안으로 모셔갔다.

뤼데거가 마련한 옥좌에 에첼이 크림힐트와 나란히 다정하게 앉아있었다. 그는 오른손으로 그녀의 하얀 손을 쥐고 있었다.

에첼이 무슨 얘기를 했는지는 우리에게 전해지지 않는다. 하지만 뤼데거는 아직 에첼이 크림힐트와 동거하도록 허용하지는 않았다. 밝은 아침 해가 두루 비쳐주고 있을 때, 수 많은 종사들은 벌써 말들에 안장을 채우고 왕의 영예를 위해 시합을 시작했다.

곧 왕이 출발을 알리는 신호를 불도록 명했다. 대규모의 용사들과 천여 명의 무장한 무사들이 빈시로 이동했다. 이곳에서도 에첼의 새부인은 성대하게 영접을 받았다. 여기서 뤼데거는 결혼식을 준비했다. 빈시에 있는 숙소에서 충당할 수 있는 인원들보다도 훨씬 더 많은 손님들이 숙소를 구하러 몰려들었다. 축제에 초대받지 못한 사람들은 시 바깥에서라도 밤을 지새게 해달라고 간청했다. 전해지고 있는 바로는 디트리히가 항상 크림힐트의 곁에 있었다고 한다.

성령 강림절날 빈에서 결혼식이 거행되었다. 그때 에첼은 처음으로 크림힐트와 밤을 보냈다. 성령 강림절은 그녀가 예전에도 지그프리트와 결혼식을 올렸던 날이었다. 왕비는 그녀가 보름스에서 지그프리트 옆에 나란히 앉아 있었던 시절을 회상했다. 그러자 그녀의 눈이 축축해졌다. 라인강변에서 크나 큰 고통의 시간이 흐르고 난 후 그녀는 이곳에서 고귀한 영예를 대접받게 된 것이었다. 어쩌면 그녀는 니벨룽엔의 사람들 곁에서 보냈던 그 행복했던 시간을 기억하지 않기 위해 지금 풍족하게 선물을 나누어주고 있는지도 몰랐다. 그리고 그녀는 하사품으로 실로 진정한 기적을 이루어내었던 것이다. 축제는 열 이레 간 계속되었다. 일찍이 어떤 왕도 그처럼 성대하고 화려한 결혼식을 치룬적은 없었다. 손님으로 초대되었던 모든 사람들은 그에 따른 새로운 옷들을 입었노라고 사람들은 얘기하고 있다.

보물때문에 지그프리트가 에첼보다 훨씬 부유했다 할지라도, 그는 훈족의 왕처럼 자신의 궁성에 그처럼 수 많은 종사들을 불러들이지는 못 했던 것이다. 왜냐하면 지그프리트는 다른 의미의 영웅이었기 때문이다. 지그프리트가 적들을 공격할 때마다, 그는 자신의 힘과 소수의 용사들의 힘만으로 적의 군대를 완전히 섬멸할 수 있었다. 하지만 크림힐트가 에첼의 궁에서 살았던 십삼 년 동안에는 단 한 차례의 출병도 하지 않았다. 나는 크림힐트가 에첼의 본질을 곧 간파했는지에 대해서는 얘기할 수 없다.

결혼식을 위해 수 많은 막강한 사람들이 금과 옷들을 선사했다. 디트리히가 선물한 것들에 비하면 뤼데거조차도 하찮은 것에 불과했다. 게다가 블뢰델은 금과 은으로 채웠던 보물함을 텅 비워버렸다.

왕의 악사들인 베르벨Wärbel과 슈베멜Schwämmel 역시 푸짐하게 선물을 받았다. 그들 모두가 천 마르크씩 또는 그 이상을 받았다. 왜냐하면 그들은 왕의 부부가 앉아있는 옥좌 앞에서 두 팔이 축 늘어져 떨어질 때까지 매일 연주를 했던 것이다.

열 여드레째 되던 날 에첼과 크림힐트는 거대한 무리의 수행원들과 용사들을 거느리고 빈에서 말을 타고 훈족의 나라로 출발했다. 여행 도중에 휴식을 이용해서 마상시합이 거행되었다. 에첼의 용사들이 입추의 여지없이 거리를 꽉 메웠다. 그 많은 전사들의 수를 헤아릴 수 있는 사람은 아무도 없었다. 그리고 에첼의 고향 땅에는 얼마나 아름다운 여인들이 있었던가!

강성한 도시인 마이젠부르크에서 왕의 부부와 수행원들이 도나우강의 배에 올랐다. 파도에 배들이 잇달아 표류하지 않도록 배들을 밧줄로 묶어두었다. 이렇게 해서 강물은 마치 말과 사람들로 완전히 뒤덮힌 것처럼 보였다. 여인들을 위해 천막이 설치되었다. 이는 마치 여행자들이 발 아래 단단한 땅과 들판을 딛고 서 있는 것처럼 보였다.

헬헤의 죽음으로 고통을 겪은 후 에첼의 성에서 크림힐트는 성대하게 영접을 받았다. 많은 부인과 처녀들이 강가에서 그들을 기다리고 있었다.

왕이 신부와 함께 강가로 가까이 접근했을 때, 고귀한 출신의 부인들이 그녀에게 소개되었다. 그 중에는 일곱 명의 공주도 있었다. 헬헤의 여동생이자 넨트빈Näntwin왕의 딸인 헤라트Herrat는 베른의 디트리히 영웅과 약혼한 사이였다. 그곳의 부인들과 처녀들에게도 크림힐트는 후하게 장신구와 고귀한 옷들을 나누어주었다. 이제 에첼 왕의 모든 친척들과 종사들이 크림힐트의 수하에 있게 되었으며, 그녀가 죽을 때까지 그녀에게 봉사했다. 곧 크림힐트는 온화한 헬헤 여왕이 결코 할 수 없었던 권력을 누릴 수 있었다. 또한 그로 인해서 궁성과 나라 역시 더 큰 명성을 얻었던 것이다.

25. 부르군트 사람들이 초대되다

에첼과 크림힐트는 칠 년을 함께 살았다. 그 동안에 그녀는 아들 하나를 낳아 오르트리프Ortlieb라는 이름을 지어주었다. 훈국의 왕에게 이보다 더 기쁘고 행복한 일은 있을 수 없었다고 한다. 크림힐트는 아들에게 기독교식으로 세례를 주도록 촉구했다.

새 여주인은 헬헤 왕비처럼 후덕한 삶을 살고자 부단히 애를 썼다. 헤라트는 그녀에게 훈족의 관습을 가르쳤지만, 헬헤의 죽음으로 아직도 언제나 남몰래 고통을 느꼈다. 이방인이고 본국의 사람이고간에 모든 사람들이 새로운 여군주보다 더 훌륭하고 관대한 왕비는 없다는 사실을 알게 되었다. 이렇게 크림힐트는 어디서나 호의를 얻었다. 지금은 열두 명의 제후들이 그녀를 섬기고 있었음에도 불구하고, 그녀는 끊임없이 고향에서 그녀에게 가해졌던 고통과 니벨룽엔의 땅에서 그녀가 누렸던 특별한 명예를 생각했다. 하겐이 그녀의 모든 것을 앗아갔던 것이다. 그리고 이제 그녀는 그에 대한 복수를 하고 싶었다. '그를 이 나라로 유인하면, 그 일이 성사될 수 있으리라' 하고 그녀는 생각했다. 꿈 속에서 그녀는 자주 오라버니 기젤헤어와 손을 맞잡고 걸었으며, 그에게 친밀하게 입을 맞추었다. 그런 생각을 하자 그녀의 눈은 뜨거운 눈물로 흐려졌다. 크림힐트는 어떻게 그녀가 이교도인 남편을 맞이해서 이곳까지 오게 되었는지 자문하게 되었다. '하겐이 나에게 이 모든 짓을 은밀히 저지르지 않았던가? 나는 부유하고 막강하다. 그러니 하겐을 벌줄 수 있어' 하고 그녀는 생각했다. 그녀 자신의 종사들 뿐 아니라 왕의 용사들도 그녀를 몹시 사랑했다. 시종장으로서 그녀에게 봉사하는 에케바르트는 그 동안에 많은 친구들을 얻었다. 궁성에서는 크림힐트의 뜻에 거역할 만한 사람은 아무도 없었다.

어느날 밤 왕이 크림힐트를 두 팔로 꺼앉았을 때, 그녀는 애교가 담긴 목소리로 말했다.

"사랑하는 나의 주인이시여, 당신이 내 친척들에게 진심으로 호의를 갖고 있는지 나로하여금 확인하게 해 주세요."

"당신이 그런 오라버니들을 두었다는 사실을 나는 기쁘게 생각하고 있소." 왕이 대답했다.

"당신은 그들이 한 번도 우리 나라를 방문하지 않았다는 것에 대해 제가 마음 아파한다는 사실을 알고 계시잖아요. 훈족의 사람들은 여전히 저를 이방인으로 부른답니다." 크림힐트가 말했다.

에첼은 크림힐트의 복수욕을 간파하고 있었다. 또한 그녀는 그의 은밀한 의도를 눈치채고 있었다는 사실을 우리는 추측할 수 있다. 그녀에게 청혼할 당시 왕은 보물에 관해서는 전혀 언급하지 않았다. 에첼은 여전히 부자로 살고 있었고 막강했다. 하지만 낭비벽이 심한 그의 왕실이 그의 보물들을 녹여 버리듯 바닥이 나게 했다. 그의 시종장 역시 이제 보물을 가지고 올 때가 되었다고 그에게 독촉하기까지 했다. 오래 전부터 왕은 보물이 라인강 속에 묻혀 있으며 크림힐트의 오라버니들과 하겐만이 그 장소를 알고 있다는 사실을 모르는 바 아니었다. 그는 그들로부터 보물을 양도받을 권리를 요청하려고 했다. 하지만 그 사이에 크림힐트 자신 역시 "보물이 궁성에서 나에게 더 많은 권력을 부여해 줄 것입니다" 하는 말로 보물의 반환을 요구했었다.

"사랑하는 부인," 에첼이 말했다. "당신의 친척들이 너무 멀리 떨어져 있지만 않다면, 나는 당신이 보고 싶어하는 모든 사람들을 라인강을 건너 우리가 있는 곳으로 초청할 것이오."

크림힐트는 왕이 그녀의 소원에 동의하고 있다는 사실을 알고 기뻐했다.

"당신의 충실함을 제게 보여주시길 원한다면, 사자들을 보름스로 보내주세요."

"내 사랑하는 부인, 그것이 당신 마음에 든다면, 나는 내 음유시인을 라인강으로 보내겠소." 왕이 말했다.

다음 날 그는 음유시인들을 대령하게 했다.

"나는 내 친척들에게 건강과 행복을 전하노라. 우리가 그들을 내 궁성에서 기다리고 있겠노라고, 그들에게 가서 전하도록 하라. 나의 친척들이 초대를 수락한다면, 그들은 이번 여름에 있을 성대한 축제에 와야 하느니라." 왕이 그들에게 위임했다.

"언제 축제가 거행되는 것이옵니까?" 슈베멜이 여쭈었다.

"다음 하지니라." 에첼이 말했다.

"저희는 전하께서 명하신 대로 모든 것을 수행하겠나이다." 베르벨이 말했다.

두 사신들을 위해 훌륭한 의상이 완성되었다. 그들을 동행할 스물 네 명의 용사들도 새의복을 받았다.

여왕이 베르벨과 슈베멜을 비밀리에 그녀의 규방으로 맞아들여 그들이 그녀의 뜻대로 행동하면 풍족한 선물과 값진 옷을 하사하겠노라고 약속했다.

그녀가 부탁했다. "그대들은 내가 이곳에서 우울해하는 모습을 본 적이 있다고 보름스의 내 친척들에게 알려서는 안 되오. 왕의 초대를 따르도록 그들에게 간절히 청하시오. 훈족의 사람들이 내게는 친척들이 없는 것 같다는 생각을 하고 있다고 말하시오. 내가 기사라면 오래 전에 보름스를 방문했으련만! 그리고 내 고귀하신 오라버니 게르노트에게 이 세상의 누구보다도 더 그를 사랑하고 있다고 전하시오. 그리고 가장 가까운 친척들을 모시고 오라고 부탁하시오. 기젤헤어에게도 말해주시오. 내가 그를 이곳에서 보기를 원한다고 말이오. 내 어머니 우테 대비께도 내가 왕비로서 이곳에서 명예롭게 살고 있다는 말을 전하시오. 트론예의 하겐이 함께 가기를 거부하면, 그에게 다음과 같이 여쭈어주시오. '누가 이 나라에 오는 길을 인도해 줄 수 있겠습니까?' 하고 말이오. 그는 어렸을 때부터 훈족의 나라로 오는 길을 잘 알고 있다오."

어째서 하겐이 반드시 함께 와야만하는 것인지 사신들은 알지 못했다. 후에 하겐으로 인해 수 많은 용사들이 죽음을 당하게 되었던 것이다.

크림힐트는 황금실로 곱게 수를 놓은 작은 꾸러미를 기젤헤어에게 전달하도록 슈베멜에게 건네 주었다. 그녀는 에첼이 보물 때문에 그녀의 오라버니들을 은밀하게 공격하려는 생각을 품고 있을까봐 두려웠다. 그녀의 시종장인 에케바르트가 그녀에게 경고해 주었던 것이다.

호화롭게 차려입은 사신들이 동행자들과 함께 출발했다. 그들은 에첼로부터 그리고 은밀히 크림힐트로부터도 하사를 받았으니 선물을 이중으로 받은 셈이었다. 금과 여행도구들로 채비를 갖춘 그들은 행복할 수밖에 없었고 서두를 이유 또한 없었다.

26. 슈베멜과 베르벨이 전갈을 전하다

파견된 사신들이 베히라렌에서 휴식을 취하는 동안 뤼데거와 고테린트가 그들을 친절하게 대접했으며 선물을 주었다. 변경 영주 부부는 보름스로 보내는 인사를 전했으며 어떤 변경 영주도 자기들만큼 그들에게 호의를 가질 수는 없을 것이라는 말을 우테 대비와 그녀의 세 아들에게 전하게 했다.

파사우시에서 사신들은 주교 필그림으로부터 그의 친척들에게 다음과 같은 말을 전하라는 지시를 받았다.

"나는 라인강변으로는 갈 수가 없을 것 같소. 하지만 내 누이의 아들들이 파사우를 말을 타고 가로 질러갈 수만 있다면, 나는 매우 기쁠 것이오." 그가 더 무슨 말을 전해달라고 했는지는 알려지지 않는다. 또한 나는 사신들이 바이에른을 거쳐 어떤 경로로 갔는지에 대해서도 아무 것도 전해드릴 수가 없다. 아마도 훈족 나라의 왕이 떨치고 있는 위력이 두려워 아무도 그들의 은과 의복들을 빼앗으려고 시도하지 않았을 것이다.

음유시인들이 보름스의 궁성 앞에 말을 타고 도착했을 때, 군터에게 그들이 어디서 온 자들인지 말해줄 수 있는 자가 아무도 없었다. 하겐이 다시 창문에서 밖을 내다보아야 했다.

"저들은 에첼의 음유시인들인 베르벨과 슈베멜입니다. 당신의 누이동생이 그들을 라인강변으로 보낸 것입니다. 그들의 군주를 생각하셔서 그들을 환영해야만 할 것입니다."

음유시인들이 여지껏 그처럼 훌륭한 모습으로 당도한 적은 결코 없었으리라. 왕의 신하들이 사신들을 맞이했으며 그들에게 훌륭한 숙소를 제공했다. 그들의 여행복은 그것을 입고 왕을 알현할 수 있을 만큼 충분히 호화롭고 고귀한 것이었다. 하지만 그들은 그 옷을 다른 사람에게 선물로 주었으며 궁성에서 왕을 접견하기 위해 더 화려한 옷으로 갈아입었다.

사신들이 군터의 홀로 발을 들여놓았을 때, 하겐은 자리에서 벌떡 일어나 황급히 그들에게 다가가 친절하게 맞아주었다.

"에첼 왕과 그의 백성들은 잘 지내시오?" 그가 묻기 시작했다.

"나라가 이처럼 번성을 누린 적은 결코 없었습니다." 슈베멜이 보고했다. "일찍이 백성들이 지금보다 행복을 누린 적은 없었습니다." 그는 크림힐트에 대해서는 아무 말도 하지 않았다.

그런 다음 그들은 왕에게로 다가갔다. 왕이 그들을 환영했다.

"어서들 오시오, 에첼 왕의 음유시인들이여."

사신들이 왕에게 머리를 조아렸다.

베르벨이 말했다. "제 군주와 전하의 누이동생이신 크림힐트 왕비께서 전하께 안부를 전하셨으며 전하께 충성을 약속하셨습니다."

"그대들의 말을 들으니 기쁘오." 왕이 말했다. "에첼 왕과 내 누이동생은 훈족의 나라에서 어떻게 살고들 계시오?"

"두 분께서는 더 이상 좋으실 수 없을 만큼 행복하게 지내고 계십니다. 그리고 두 분의 친척들과 종사들도 잘 지내고 계십니다." 슈베멜이 말했다.

왕이 그 인사에 대해 고마움을 표했다.

그 사이 두 젊은 왕들도 모습을 드러냈다.

슈베멜은 연거푸 크림힐트의 애정 깊은 결혼생활과 그녀가 오라버니들에게 얼마나 호의를 품고 있는지를 설명했다. 그가 강조해서 말했다. "무엇보다도 먼저 왕께서는 초대에 관한 건 때문에 저희들을 보내셨습니다. 왕께서는 전하께 저희 나라로 와주실 것을 간청하셨습니다. 전하께서 누이동생을 기피하신다면, 전하께서 저희 왕의 나라를 멀리하실 만큼 그가 당신들께 무슨 피해를 입혔는지 알고싶다고 하십니다. 왕비가 전하들께 전혀 모르는 분이라 할지라도, 훈국의 막강한 왕께서는 방문을 받으

셨을 만한 분이실 것이옵니다. 어쨌든 당신들의 방문이 그에게
는 커다란 기쁨이 되실 겁니다."

왕의 형제들은 잠잠해졌다. 그들의 종사들도 말이 없었다. 감
히 누가 세계의 일부분을 차지하고 있는 가장 위대한 통치자의
초대를 거절할 수 있단 말인가!

군터가 말했다. "일 주일 후에 나의 고문들과 깊이 생각한 결
과를 그대들에게 알려주겠소. 그동안 그대들은 숙소에 가서 편
히 쉬시오."

사신들이 그들의 방으로 휴식을 취하러 가기 전에, 베르벨은
우테 대비를 배알해도 되는지 여쭈었다. 그들은 승낙을 받았다.

군터의 조언을 부탁받은 세상 일에 가장 경험이 풍부한 사람
들은 개의치 말고 에첼의 나라로 가도 좋을 것이라고 단언했다.
하겐만이 그것에 격렬하게 반기를 들었고 왕에게 속삭이듯 말
했다.

"저희는 우리가 한 일을 알고 있습니다. 제 손으로 지그프리
트를 쳐죽였습니다. 그러니 감히 에첼의 나라로 가서는 안 되는
것입니다."

"나의 누이동생은 이미 화를 거두었소." 군터가 말했다. "작
별의 인사로 그녀는 애정어린 입맞춤을 하면서 우리를 용서한
것이오. 그녀가 그대에게만 화를 풀지 않고 있는 것이 아니라면
말이오."

트론예 사람이 주장했다. "그들에게 속지 마십시오. 당신께서
는 명예와 생명을 동시에 잃으실 수도 있는 일이옵니다. 크림힐
트의 복수만이 화해를 가로막는 건 아닙니다. 보물을 숨겨놓은
장소를 알아내기 위해 에첼이 우리를 자기의 나라로 유인하는
것인지도 모릅니다. 저는 훈국의 군주를 잘 알고 있습니다. 그
는 결코 충분히 부유하거나 막강하지도 않습니다."

"십삼 년 동안 그는 보물을 요구한 적이 한 번도 없었소." 게

르노트가 이의를 제기했다. "그런데 어째서 지금에 와서야 요구를 한단 말이오? 에첼은 스스로 부유할 뿐 아니라 막강한 왕이오. 아니면 당신은 훈족의 나라에서 목숨을 잃게 되리라 두려워하고 있는 것이오? 어째서 우리가 우리의 누이동생을 만나러 가서는 안 된단 말인가요? 가지 않는다면 우리는 못 된 사람들이 될 것이오."

하겐이 대답할 여유를 갖기 전에, 기젤헤어가 나서서 말했다. "우리는 크림힐트를 넘어서 에첼과는 친척지간이오. 말하자면 우리는 처남 매부간이란 말이오. 그런데도 어째서 그가 우리 누이동생의 면전에서 우리에 대해 폭력을 휘두를 수 있단 말이오? 그리고 친구 하겐이여, 당신 스스로 죄가 있다는 것을 알고 있기 때문이라면, 보름스에 남아서 즐겁게 보내고 있으시오. 하지만 우리와 함께 우리의 누이동생에게로 가겠다는 용기있는 사람들을 막지는 말아주시오."

"나를 그렇게 비겁한 사람으로 말하지 마시오!" 트론예 사람이 화가 나서 말했다. 이 질책이 그의 마음에 깊은 상처를 주었다. "누가 당신들을 훈족의 나라로 인도할 수 있겠습니까. 나보다 더 용감한 자가 그 일을 하겠습니까? 당신들이 여행을 포기하지 않으시겠다면, 제가 그 용감성을 입증해 보이겠습니다."

이때 비로소 루몰트가 논쟁에 끼어들어 신중하게 말했다. "저는 하겐의 충고가 당신들께 해가 된 적은 한 번도 없었다고 생각합니다. 당신들께서 그의 말을 들으려고 하지 않으시니, 그렇다면 이제 이 루몰트가 드리는 충고에 귀를 기울여 주십시오. 군터 왕께서는 부유한 나라를 소유하고 계십니다. 당신은 막강하십니다. 여기서는 전하와 전하의 가족들이 아무런 일도 당하실 수가 없으십니다. 이곳에는 훌륭한 음식, 아름다운 여인들과 처녀들 그리고 최고급 포도주가 있습니다. 하지만 에첼 왕의 궁성에서 당신들을 기다리고 있는 것이 과연 무엇인지, 당신들은 모르고 계십니다. 주방대신으로서 저는 에첼의 심복들에 관해서 알고 있는 것이 있습니다. 보물을 차지해서 에첼은 이 세상에서 가장 막강한 왕이 되려하고 있다는 사실입니다."

"나의 누이동생과 그 왕은 우리를 정중히 초대했오. 나는 훈국의 통치자를 신뢰하오. 우리와 함께 갈 뜻이 없는 사람은 이곳에 머물러 있으시오." 게르노트가 말했다.

"보물이 끝 없는 강물 속에 잠들어 있다는 것을 알고 있는 사람은 보름스에 있는 우리들밖에 없습니다." 기젤헤어가 말을 끊었다. "우리가 그 보물을 끌어올린다면, 에첼은 결코 우리를 정복할 수 없을 것입니다."

군터 왕은 아직도 결정을 내리지 못하고 있었다. "위험의 기운이 닥치면, 영웅은 당당히 맞서는 법이니!" 그가 결단을 내렸다. "위험이 많으면 많을수록, 그 승리는 더욱 더 영광스러울 것이니라." 그리고 그는 브륀힐트와 벌였던 격전을 생각하고 있었던 것이다.

"저로 인해 당신들의 계획을 포기하지는 마십시오." 하겐이 한껏 양보하며 말했다. "결과가 어떻게 될지 두고 보겠습니다. 하지만 저는 충심에 가득 차서 당신들께 충고를 드리겠습니다. 당신들이 건강한 몸으로 돌아오시려거든 충분히 무장을 하고 가십시오. 당신들께서 여행을 포기하지 않으시려거든 가장 훌륭한 용사들을 불러 모으십시오. 제가 천 명의 가장 용감한 무사들을 선발해 드리겠습니다. 그렇게 되면 제 아무리 크림힐트의 음모라 할지라도 반드시 실패하고 말 것입니다."

군터가 이 충고를 따랐다.

에첼의 사신들은 전갈을 들고 신속하게 고향으로 돌아갈 수 없게 되자 자신들의 군주에 대한 두려움 때문에 기분이 언짢아졌다. 하지만 하겐이 술수를 써서 그들을 붙잡아두었다. "우리스스로 일 주일 안에 떠날 채비를 갖추었을 때, 그때 비로소 그들이 움직이도록 해야 합니다." 그가 왕에게 충고했다. "그렇게 되면 크림힐트 왕비는 우리에게 대항할 준비를 갖출 충분한 시간을 잃게 되는 것입니다. 하지만 그녀가 우리에게 무슨 음모를 꾀할 경우에 대비해서, 우리에게는 천 명이 넘는 역전의 용사들이 있는 겁니다."

군터가 전사들을 완벽하게 준비시켰을 때, 그는 사신들을 불러오게 했다. 하겐은 그의 형제인 당크바르트를 시켜 여든 명의 용사들을 라인강가로 안내하도록 했다. 음유시인인 알차이의 폴커Volker가 자신의 전사들 중 서른 명을 이끌고 도착했다. 게르노트는 부르군트 사람들이 초대에 응할 것이며 다음 하지를 즈음해서 그곳에 도착하게 될 것이라고 사신들에게 알렸다.

그리고 나서 군터는 사신들이 보는 앞에서 넓은 방패에다 금을 담아 오라고 명했다. 게르노트, 기젤헤어, 게레, 오르트빈 그리고 다른 왕의 친척들도 선물을 내어놓았다.

"위대하신 왕이시여, 당신들의 선물을 이 나라에 그대로 두십시오." 슈베멜이 놀라서 거절했다. "저의 군주께서 선물을 받아오는 것을 금하셨습니다."

선물을 거부하려는 것에 대해서 군터는 매우 화를 냈다. 따라서 그의 노여움을 그치게 하기 위해서라도 사신들은 선물을 받아야했다.

그런 다음 게르노트는 사신들을 슈바벤까지 수행했다. 여행 도중에 그들은 부르군트 사람들이 곧 훈족의 나라로 올 계획이라는 사실을 널리 퍼뜨렸다. 따라서 그 소식은 필그림 주교와 변경 영주인 뤼데거에게도 전해졌다.

사신들은 그란에서 에첼을 알현하고 인사를 연이어 전달했다. 전해지는 바로는, 그때 그의 얼굴이 기쁨으로 홍조가 되었다고 한다. 왕비가 그녀의 오라버니들이 올 것이라는 소식을 듣자 그녀는 음유시인들에게 값 비싼 선물로 보답을 했다. 그런 다음 왕비는 그녀의 적에 대해서 물었다.

"하겐은 아침 일찍 회의에 왔습니다." 베르벨이 보고했다. "그리고 그는 반대 의견을 내세웠습니다. 그러나 다른 사람들이 훈족의 나라에 가자는 합의에 이르자, 그때 그 격분한 사람은 이미 죽음을 맞이하러 가는 듯한 얼굴을 지었습니다." 그리고 폴커도 함께 올 것이며, 그리고 더 이상은 그도 모르겠다고 베르벨은 결론을 지었다.

"그는 오지 않아도 괜찮소." 크림힐트가 대답했다. "하지만 하겐에게 나는 호의를 갖고 있다오." 왕비가 거짓으로 말했다. "그는 위대한 영웅이오."

에첼은 그의 성에서 축제를 열 준비를 하라고 명했다.

27. 부르군트 사람들이 훈족의 나라로 오다

보름스에서는 사람들이 안장과 재갈들을 열심히 날랐다. 무기들을 예리하게 다듬고 장비를 완비시켰다. 군터는 천 육십 명의 기사들로 하여금 호화롭게 차려 입도록 명했다. 용사들이 다른 왕국으로 가면서 이보다 더 훌륭하게 갖추어 입은 적은 결코 없었다. 구천 명의 부하들도 떠날 채비를 갖추었다. 그들이 고향에 남겨둔 가족들은 후에 슬퍼하며 눈물을 흘려야만 했던 것이다. 또한 사제에게 앞으로 무슨 일이 닥칠지, 그때까지는 아무도 예감하지 못했다.

"충실한 영웅들이여, 그대들은 여기에 그대로 머물러 있는 것이 좋겠소." 우테가 아들들에게 경고했다. "간밤에 내가 꿈을 꾸었는데, 모든 새들이 하늘에서 떨어져 죽는 꿈이었다오."

왕의 형제들 곁에 서 있던 하겐이 우테의 말을 모독했다.

"꿈을 따르는 사람은 용사의 명예가 무엇이지 전혀 모르는 사람일 것입니다. 제 소망은 군주께서 곧 출발을 서두르시는 것입니다. 제 칼은 오랫동안 피맛을 보지 못했습니다."

그러므로 이제는 하겐 역시 여행을 하라고 조언했던 것이다. 훗날 그는 그 사실을 후회하고야 말았다고 전해진다. 게르노트가 집요하게 그의 참혹한 범행을 상기시켰기 때문에, 급기야 그는 여행을 밀어부치게 되었다고 한다.

"당신은 이 트론예의 하겐이 두려워 떨고 있다고 생각하는 거요?" 그가 말했다. "우리는 마침내 언제 출발하게 됩니까?"

종사들이 말과 장비들을 싣고 라인강을 건너 갈 배들이 준비되었다. 초원에 천막과 오두막이 세워졌다. 아침에 출발신호로 나팔과 트럼펫이 울렸다. 팔에 연인을 안고 있었던 사람은 다시 한 번 연인을 껴안았다. 많은 종사들에게 있어서 그것은 마지막 사랑을 나눈 밤이 되었던 것이다.

우테의 아들들에게 용감하고 충성을 다해 봉사해 왔던 루몰트가 비밀스럽게 왕에게 말했다. "저는 당신께서 에첼의 궁성으로 떠나시는 것이 무척 걱정이 됩니다. 전하의 나라와 백성들을 누구의 손에 맡기시려는 것입니까?"

"이 나라와 나의 아이를 나는 그대에게 맡기노라!" 왕이 결정했다. "그리고 부인들도 지켜주게나! 이것이 내 소망이네. 그들이 울면, 위로해 주게. 크림힐트는 우리에게 어떤 해악도 끼칠 수 없을 걸세."

왕들과 그들의 종사들은 여인들과 입맞춤으로 작별을 고하고 말을 타기 위해 걸음을 옮겼다. 라인강의 양쪽에서 이별을 고하는 부르군트의 남녀들이 눈물을 흘렸다. 많은 사람들에게 영웅들은 다시는 돌아오지 못할 길을 가고 있다는 불길한 예감이 들었다. 하지만 세 왕들은 기쁜 마음으로 병사들을 이끌고 그곳을 떠났다.

군터가 하겐에게 행렬을 인도하라고 일렀다. 그리고 당크바르트가 원수였다. 열 이틀째 되던 날 아침에 그들은 도나우강에 당도했다. 대오의 선두에 있던 하겐이 강가에 서 있었다. 강물이 불어나서 강둑을 넘고 있었다. 사방에 배들이라곤 한 척도 보이지 않았다. 그들은 어떻게 건널 수 있을 것인가?

"보름스의 왕이시여, 당신께서 보시다시피 물살이 거셉니다. 급류가 우리들 중 많은 영웅들을 죽음으로 몰아갈 것입니다." 하겐이 군터에게 말했다.

"그대는 나를 비난하는거요?" 왕이 맞섰다. "우리의 말과 장비를 건너 편으로 운반할 수 있도록 차라리 얕은 여울을 찾아보시오."

"이 강물의 물결 속에 빠져 죽음을 당하기에는 제 목숨이 너무 아깝습니다." 하겐이 대답했다. "저기 머리를 쪼개야 하는 수 많은 훈족의 사람들이 에첼의 나라에 살고 있습니다. 여기 강변에서 기다리십시오. 제가 사공들을 찾아보겠습니다."

하겐은 자신의 방패를 집어들고 투구와 무기로 무장을 한 채 강물을 따라갔다. 얼마 후에 그는 샘물이 찰랑거리는 소리를 들을 수 있었다. 거기서는 지혜로운 인어들이 목욕을 하고 있었다. 하겐이 살금살금 다가가자 인어들이 도망쳤다. 인어들은 그에게서 달아나게 된 것을 다행스럽게 생각했다. 하지만 하겐이 이미 그들의 옷을 가져가버린 뒤였다.

그때 하데부르크Hadeburg라는 이름의 인어가 말했다.

"고귀한 기사인 하겐이여, 우리의 옷을 돌려주시오. 그럼 훈족의 나라로 향하는 당신의 여행이 어떤 결과를 맞이하게 될지 알려드리겠습니다."

인어들은 물 속에서 가볍게 헤엄을 치면서 또 새처럼 두둥실 떠 있었다. 때문에 하겐은 인어들이 선하고 지혜로울 것이라고 여기게 되었다. 그들이 꿰뚫어보는 것을 그는 기꺼이 믿으려 했다. 그는 그것을 말해달라고 부탁했다.

인어가 말했다. "에첼의 나라로 달려가세요. 제가 장담하건데, 영웅들이 지금보다 더 호화롭고 명예로운 모습으로 에첼의 왕국에 당도했던 적은 결코 없었습니다."

이 예언은 하겐의 생각 그대로였다. 그는 인어들에게 옷을 돌려주었다 하지만 인어들이 그 기이한 옷들을 걸쳐입자, 그들은 그에게 진실을 알려주었다. 지게린트Sigelint라고 하는 다른 인어가 말했다.

"나는 당신에게 경고하오, 알드리안의 아들 하겐이여. 단지 옷 때문에 나의 숙모가 거짓을 말했던 것이오. 당신이 훈족의 나라로 가면, 당신에게는 나쁜 결과가 초래될 것이오. 돌아가시오, 하겐. 아직 시간이 있소. 당신들을 에첼의 나라로 초대한 것은 살해하기 위해서요. 그곳으로 말을 몰고 가는 자는 이미 죽음의 손에 놓인 거나 진배없습니다."

"나를 속이지 마시오!" 하겐이 소리쳤다. "단 한 사람의 증오로 인해서 우리 모든 사람이 죽는다는 일 따위가 어떻게 있을 법한 일이오?"

"아무도 되돌아오지 못 하게 될 것이오." 그녀는 더 상세히 예언해 주었다. "왕의 사제만은 안전할 것이오. 이것이 우리가 알고있는 바요. 오직 그만이 성한 몸으로 군터의 나라에 되돌아 갈 것이오. 그리고 하겐, 당신은 훈족의 왕을 잘 알고 있소. 그 앞에서 당신의 목숨을 경계하시오."

하겐이 격분해서 대답했다. "우리 모두가 목숨을 잃을 것이라는 사실을 나의 왕에게 고한다는 것은 혹독한 일일 것이오. 그러니 지혜로운 인어여, 이제 어떻게 하면 우리가 강을 건널 수 있겠소?"

"당신이 우리의 충고를 따르려 하지 않으니 어쩔 수 없군요. 저기 강변에 한 숙소가 있습니다. 그곳에 이 주변에서는 유일한 단 한 사람의 사공이 살고 있습니다."

도나우강의 인어들은 하겐이 훈국에서 파멸하리라고 예언하고 있다.
1891년 페르디난트 바그너의 그림.

그러자 두 번째 인어가 화가 나서 떠나려는 기사를 향해 소리
쳤다.

"하겐이시여, 아직 기다리십시오. 그리고 내 말을 들으시오.
당신이 건너편 강가로 가면, 거기에는 변경 영주인 엘제Else가
다스리고 있습니다. 그의 형은 겔프라트Gelpfrat라고 하는데, 바
이에른의 영주입니다. 당신이 그의 영토를 지나가려면 조심하셔
야 할 겝니다! 사공을 대할 때 거만하게 굴지 마십시오. 그는
무서운 사람입니다. 당신이 착한 마음씨만 지닌다면, 그가 당신
을 성가시게 굴지 않을 것입니다. 요구하는 보수를 그에게 주십
시오. 그가 지체하고 더디게 굴면, 강물 건너편으로 소리치십시
오. 그대의 이름이 아멜리히Amelrich라고 말이죠. 그 영웅은 나
라 밖으로 추방당한 사람입니다."

하겐은 인어들에게 허리를 굽혀 절을 했다. 인어들은 미끌어
지듯 그곳을 떠났다. 그는 물가의 경사를 타고 올라가 다른 편
강변 위에 집 한 채가 있는 것을 보았다.

"나를 건네주시오, 사공 양반!" 하겐이 소리쳤다. "여기 뱃삯이 있소. 황금 팔찌라오!"

사공은 아무도 강을 건네줄 필요가 없을 만큼 부자였다. 그의 시종들도 거만하기 그지 없었다.

하겐은 강가에 서서 건너 편 강물에다 대고 크게 소리쳤다. 그러자 그의 목소리가 골짜기에 메아리쳤고 그 때문에 파도가 더 높이 출렁거렸다.

"나는 엘제의 봉신인 아멜리히요. 강한 적들 때문에 도망을 쳐야했던 사람이오!" 그는 자신의 칼끝에 팔찌를 걸어서 높이 쳐들었다. 황금으로 된 팔찌가 강물 위에서 밝게 빛을 발했다. 그러자 사공이 배에 올라타더니 노를 저었다. 바로 얼마 전에야 비로소 사공은 아름다운 신부를 맞아들였던 처지였고 그녀를 위해 보수를 받으려고 했던 것이다. 그래서 그는 강 건너 편으로 힘껏 노를 저었다. 하지만 그가 트론예 사람을 쳐다보았을 때 말했다.

"댁의 이름이 아멜리히일 수도 있겠지만, 내가 기대했던 사람은 당신과는 다른 사람이오. 그는 내 부친과 모친으로부터 태어난 친 형제란 말이오. 당신이 나를 속였으니, 강 이쪽 편에 머물러 있으시오!"

"난 이역의 용사요. 나와 동행한 사람들 때문에 걱정을 하고 있소." 하겐이 말했다. "보수를 받으시오. 나는 당신에게 호의를 갖고 있는 사람이오." 사공이 노를 저어 되돌아가기 전에, 하겐이 배 안으로 뛰어들었다.

"배 밖으로 나가시오!" 사공이 접근하지 못 하게 막았다. "나의 군주들은 적이 많소. 그런 이유때문에 난 낯선 사람들을 건네주지 않소이다. 내 배에서 떠나시오!"

"나를 위해서 이 금을 받으시오. 그리고 말과 함께 천 명의 용사들을 건네주시오." 하겐이 간청했다.

하지만 사공은 자신의 무겁고 널따란 노를 집어들어 하겐을 내리쳤다. 그 결과 하겐은 비틀거리다가 무릎을 꿇고 말았다. 트론예 사람은 그처럼 무시무시한 사공을 아직 한 번도 만난 적이 없었다. 불청객을 쫓아내기 위해, 그 힘센 사공은 자신의 삿대를 하겐의 머리 위에 내리쳤다. 삿대는 투구 위에서 박살이 나버렸다. 그럼에도 불구하고 하겐은 즉시 자신의 칼을 빼들고 - 그것이 사공을 몹시 놀라게 했다 - 화가 치밀어 오르는 그가 사공의 머리를 베어 물 속에 던져버렸다.

그 사이 강물은 배를 휩쓸려 떠내려가게 했다. 하겐은 자신의 강한 압력에 눌려 노를 부러뜨릴 것처럼 격렬하게 거꾸로 저어 올라갔다. 재빨리 그는 방패띠로 노를 묶어 군대가 진을 치고 있는 강가 숲으로 배를 몰았다. 몇몇 용사들이 그에게로 급히 달려와서 그를 기쁘게 맞아주었다. 그들은 사공의 몸체에서 솟아나온 피가 배 안에서 김을 내고 있는 것을 보았다.

군터가 배에 뜨거운 피가 흐르고 있는 것을 보고 물었다.

"말해보시오, 사공은 어떻게 된 노릇이오? 당신이 그의 목을 친 것으로 보이는군."

"제가 단단히 묶여있는 배를 발견하고 나서, 그 배를 풀었을 뿐입니다. 사방에 사공이라고는 없었습니다. 저로 인해 어느 누구도 피해를 입지는 않았습니다." 하겐이 거짓으로 아뢰었다. 그리고 다른 용사들이 가까이 접근하기 전에, 하겐은 신속하게 사공의 몸을 떨어뜨렸다.

"그대가 재앙을 초래할 때마다, 그대의 기분은 좋아지는 걸로 아는데." 군터가 말했다.

"우리에게 뱃사공이 없기 때문에 우리들 중의 많은 용사들이 홍수 속에 빠져 죽을지도 모르는 일입니다." 게르노트가 경고했다.

"저는 라인강이 낳은 최고의 사공이라고 자처하고 있습니다만." 하겐이 단언했다. "그러니 당신들을 안전하게 겔프라트의 나라로 건네줄 것입니다."

말들이 좀 더 빨리 헤엄쳐 건너도록 하기 위해서, 기사의 시종들이 채찍질하여 말들을 강물 속으로 몰아넣었다. 옷들과 보물 그리고 무기들은 배 안에 실렸다. 하겐은 천 명의 용사들과 구천 명의 신하들을 급류 위로 건네주었다. 인어들의 예언이 잊혀지지 않고 그의 마음에 남아 있었다. 사제가 성스러운 미사도구들에 몸을 기대고 서 있었을 때, 하겐이 그를 배에서 밀어 떨어뜨렸다. 몇몇 사람들이 그를 구해내라고 요구했다. 기젤헤어는 몹시 화가 났다. 하지만 크론예 사람은 노를 휘둘러 사제를 배에서 멀리 떨어뜨리는 일을 중단하지 않았다.

"성직자의 죽음이 당신에게 무슨 이득이 되겠소?" 게르노트가 격분했다. "그가 당신에게 무슨 짓을 했다는 것이오?"

사제는 살기 위해 물보라를 일으켰지만, 아무도 감히 그를 도울 수는 없었다. 심지어 하겐이 그를 다시 물 속에다 처넣고 있었던 것이다. 아무도 그 불쌍한 사람을 물에서 끄집어내지 못하고 있었을 때, 그는 몸을 돌려 강물을 거슬러 가려고 애를 썼다. 비록 헤엄을 잘 치지 못 했음에도 불구하고 그는 위대한 찬송가 속에 나와 있는 가사처럼, 하느님의 손이 버림 받은 강변에 다시 도달하도록 그를 도왔던 것이다. 하겐은 사제가 강변에 서서 마치 개처럼 젖은 옷의 물기를 흔들어 털어내고 있는 것을 보고, 인어들의 예언이 적중하게 될지도 모른다는 사실을 알게 되었다.

배의 짐을 마지막으로 나른 후에 하겐은 배를 박살내어 그것들을 물 속에 던져버렸다. 왕들과 그들의 종사들은 깜짝놀라 그를 응시했다.

"당신은 무슨 일을 하신 겁니까, 형님?" 당크바르트가 놀라서 물었다. "우리가 고향으로 돌아갈 때는 어떻게 건너란 말씀입니까?"

"우리의 부대를 비겁하게 이탈하는 자는, 이 물 속에 빠져 죽게 될 것이다."

영웅이요 음유시인인 폴커는, 하겐이 감행하는 모든 일마다 칭찬을 마다하지 않았다. 따라서 이번 일에서도 예외는 아니었다.

다시 짐바리 말들에게 짐이 실렸다. 용사들은 말에 올라타고 계속 전진하려고 했다. 도나우강에서 왕의 행렬은 아직까지 피해를 입지 않았다. 왕실의 사제만이 걸어서 다시 라인강으로 되돌아가야만 했던 것이다.

28. 바이에른에서의 전투

부르군트 사람들이 메링에서 도나우를 가로 질러 계속 나아가고 있었을 때, 군터가 물었다.

"누가 우리에게 올바른 길을 안내할 수 있겠는가?"

"제가 당신들을 인도하겠습니다." 힘센 폴커가 장담했다.

용사들과 시종들은 벌써 그들의 말 위로 뛰어올랐다. 그 때 하겐이 잠시 동작을 멈추어 달라고 부탁했다.

"제가 여러분에게 다가올 재앙을 미리 말씀드려야 하겠습니다. 우리는 결코 다시는 부르군트 나라로 돌아가지 못 할 것입니다." 하겐은 인어들의 예언에 대해 이야기해 주었다. "그녀들의 거짓말을 벌하기 위해", 그는 계속해서 말했다. "저는 사제를 익사시키려고 했던 것입니다. 왜냐하면 인어들은 오직 그 혼자만이 살아서 돌아갈 것이라고 주장했기 때문입니다. 따라서 그대 영웅들이여, 무장들을 하시오. 우리는 이곳에 강한 적들을 두었소."

새들의 떼처럼 이 경고는 즉시 용사들과 종자들에게로 날아갔다. 가장 용감한 영웅들까지도 사색이 되었다.

하겐은 그가 변경 영주 겔프라트의 부하인 사공을 어떻게 쳐 죽일 수밖에 없었는지, 그리고 겔프라트는 복수를 할 것이고 부르군트 사람들을 습격할 것이라는 사실에 대해 말했다. "그러니 말들을 천천히 모시오." 그가 충고했다. "우리가 도망갈 것이라고 아무도 믿지 못 하겠끔 말이오."

이곳의 지리를 잘 알고 있던 음유시인 폴커가 투구를 단단이 조여매고 훌륭하게 무장을 갖추고 선두에서 말을 몰았다. 그의 창대에는 빨간색 깃발이 펄럭이고 있었다.

변경 영주 겔프라트와 엘제는 사공이 죽은 후 자신들의 종사들에게 사자를 보내 단 시간에 칠백 명의 용사들을 소집했다. 그들은 악명 높은 전사들이었다. 그들 군주들의 지휘로 그들은 이방인들을 뒤쫓아 싸움에 대한 갈증을 달래고자 했다.

하겐은 당크바르트와 그의 부하들에게 후군을 조직하라는 임무를 맡겼다. 날이 저물었고, 마지막 저녁놀이 저물고 있었다. 하겐은 동료들을 염려했다. 그들은 방패로 몸을 엄호하면서 말을 몰고 있었다. 그때 길 양쪽과 그들 뒤에서 요란한 말발굽 소리가 들려왔다.

"투구를 써라!" 당크바르트가 소리쳤다.

후군의 경우에 당연히 그래야 하는 것처럼, 그들은 걸음을 멈추고 어둠 속에서 창들이 번쩍 빛나는 것을 보고 있었다. 하겐이 지체하지 않고 소리쳤다.

"길에서 우리를 추격하는 자가 누구냐?"

"우리는 우리의 적들을 추적하고 있는 중이다. 나는 내 사공을 죽인 자가 누구인지는 모른다." 이 목소리의 주인공은 단지 겔프라트의 목소리로 추측될 수 있을 뿐이었다.

"그 사공이 당신의 사람이었소?" 하겐이 확인했다. "그는 우리들을 건네주는 일을 거절했소. 따라서 책임은 내게 있소." 뱃사공이 자신을 노로 쳐서 넘어뜨렸기 때문에, 자신은 그를 죽일 수 밖에 없었다고 하겐은 단호히 설명했다. 그에 대해 그는 보상을 하겠다고 말했다.

겔프라트는 이러한 모욕적인 요구를 냉혹하게 거절했다.

"군터가 그의 부하들을 이끌고 이곳에 말을 타고 왔을 때, 나는 트론예의 하겐이 우리에게 해를 입힐지도 모른다고 생각했소. 그는 사공의 죽음을 자신의 목숨으로 지불할 것이오."

그러자 겔프라트와 하겐은 그들의 방패 위로 창을 기울이고 상대방을 향해 쫓아갔다. 엘제와 당크바르트도 격렬하게 함께 싸우기 시작했다.

하겐의 말에서 앞장식 띠가 떨어졌다. 이때 겔프라트가 강한 일침을 가함으로써 트론예의 사람을 말에서 떨어뜨렸다. 두 무리의 종사들로부터도 창이 서로 부딪치는 소리를 들을 수 있었다. 하겐이 재빨리 원기를 회복했고 바이에른 사람에 대한 불구대천의 증오심으로 또 다시 자리에서 일어섰다. 두 사람은 이제 마주보고 서서 서로 칼을 들고 공격했다. 그들의 부하들도 백병전을 하고 있었다. 상당한 위력으로 하겐이 겔프라트를 향해 돌격했지만, 변경 영주는 하겐의 방패에서 엄청난 조각이 떨어져 나갈 만큼 일격을 가했다. 방패 조각이 불처럼 타올랐으며 군터 왕의 용사는 거의 목숨을 잃을 뻔했다.

"사랑하는 동생이여, 도와다오!" 하겐이 당크바르트를 불렀다. "악마가 나를 공격하고 있다. 나를 곧 죽이고 말 거야."

그러자 즉시 그의 동생이 그곳으로 달려가 칼로 바이에른 용사에게 일격을 가하자, 그는 산산조각이 난 투구와 함께 고꾸라졌다.

이제 엘제는 형의 복수를 하려고 했지만 그 역시 부상을 입고 말았다. 여든 명의 부하들 중에 상당수가 결전장에 쓰러져 있었다. 그들은 오직 하겐의 부하들로부터 도망갈 수밖에 없었다.

하겐의 전사들이 그들의 뒤를 쫓았다. 격렬하게 칼을 내리치는 소리가 숲에서 메아리쳐 들려왔다. 그리고 더 많은 바이에른 병사들이 그들의 목숨을 잃어야 했다.

"이제 되돌아가자!" 당크바르트가 즉시 말했다. "저들이 도망칠 수 있도록 내버려 두어라. 그들은 충분히 피를 보았다." 그들이 싸움터로 돌아오자, 하겐은 죽은 병사들이 얼마나 되는지 헤아려보도록 일렀다. 그의 후군에서는 네 명의 용사들을 잃었다. 바이에른 병사들은 백여 명이 목숨을 잃었던 것이다. 트론예 병사들의 방패는 죽은 자들의 피로 얼룩져 있었다. 이따금씩 밝은 달이 구름을 뚫고 모습을 드러냈다. 그때 희미한 빛이 번쩍거렸다. 그러자 붉고 불투명한 피로 엉겨붙은 방패에서는 아직도 핏방울이 방울져 떨어지고 있는 듯이 보였다.

하겐은 아침이 밝아올 때까지는 전쟁을 치룬 일에 대해서 왕에게 아무 말도 하지 말라고 종사들에게 명령했다. 교전으로 후군들은 피로가 몰려왔지만, 주군들과 함께 밤에도 계속 달려야 했다. 태양이 솟아올라 산을 밝게 비추고 있을 때 비로소, 군터는 전사들의 갑옷과 방패에 묻은 피의 흔적들을 볼 수 있었다. 그는 화가 나서 물었다.

"친구 하겐이여, 이게 무엇이란 말인가? 저들이 칼을 빼들어야 했을 때, 어째서 그대는 내게 보고를 하지 않았단 말이오, 그런 짓을 한 자가 누구요?"

하겐은 공격을 받은 사실을 왕에게 고했다.

그 사이 우테의 아들들이 훈족의 축제에 참가하기 위해 행차하고 있다는 소식이 도처에 알려졌다. 파사우시에서도 전달되었다. 필그림 주교는 그의 조카들을 융숭하게 맞이했다. 도시는 그들이 묵기에 너무 작았기 때문에 강 건너 들판 위에 천막들이 펼쳐졌다. 왕의 신하들은 그날 밤과 다음 날 낮동안 머물러 있어야 했고 또 푸짐하게 대접을 받았다.

그런 다음 그들이 계속 말을 달려 국경에 이르렀을 때 한 용사가 잠들어 있는 것을 발견했고 하겐이 그에게서 예리한 칼을 빼앗아 버렸다. 에케바르트가 잠에서 깨어나, 낯선 이방인들 앞에서 무기도 없이 속수무책인 자신을 깨닫고 한탄했다.

"슬프도다. 이런 수치를 당하다니! 당신들은 어째서 이 나라로 왔단 말이오? 지그프리트가 죽은 이후로 내게는 기쁨도 행복도 사라져 버렸지. 아, 변경 영주이신 뤼데거여, 저는 이 국경지역을 감시해야 했습니다. 나는 당신한테 잘못을 저질렀습니다!"

하겐은 그 영웅이 사흘 낮과 밤을 자지도 못하고, 파수 보는 일에만 전념했다는 사실을 듣고 그에게 그의 무기를 돌려주었고 게다가 순금으로 만든 여섯 개의 팔찌를 선사했다. "내가 당신의 친구라는 표시로 받아주시오." 트론예 사람이 그를 위로했다. "혼자서 국경을 지키고 있다니, 당신은 용감한 용사요!"

"신께서 당신에게 보답해 주시기를 빕니다. 하지만 당신이 훈국으로 간다는 사실이 저를 매우 슬프게 하는군요. 당신은 지그프리트를 죽였소. 그러니 당신은 이곳에서 미움을 받고 있을 수밖에요. 에첼 역시 음흉한 사람입니다. 조심하십시오." 에케바르트가 말했다.

"신께서 우리를 보호해 주시기를!" 하겐이 대답했다. "당신의 충고에 감사하오. 하지만 지금 우리의 근심거리는 왕과 부하들이 이 밤에 어디서 숙소를 찾을 수 있는가 하는 것이오. 우리의 말들은 지칠대로 지쳐 있고, 양식은 바닥이 났소. 우리들은 아무 것도 살 수가 없소이다. 우리에게는 어떤 집주인이라도 필요한데 말이오."

에케바르트가 대답했다. "제가 당신에게 한 분을 소개시켜 드리겠습니다. 당신들은 나의 변경 영주이신 그분보다 더 좋으신 분을 찾지 못 하실 것입니다. 찬란한 5월이 초원 위에 꽃들을 번성하게 하듯이 그분은 자신의 후덕함을 드러내 보일 것입니다.”

“당신이 우리를 안내해 주겠소?” 군터 왕이 물었다. “뤼데거가 나와 나의 종사들을 받아줄 수 있는지 한 번 알아봅시다.”

“제가 기꺼이 사자가 되어드리겠습니다.” 에케바르트가 대답을 하고 서둘러 출발했다.

뤼데거는 자신의 성 안의 탑 위에 서 있다가 마치 추적을 당하고 있는 사람처럼 쏜살같이 달려오고 있는 한 용사를 보았다. “저기 크림힐트의 종사인 에케바르트가 오고 있다!” 변경 영주가 소리치며 문 쪽으로 내려갔다.

에케바르트가 칼의 끈을 풀어 그것을 손에서 내려놓는 동안, 그는 군터 왕의 전갈을 전달했다.

“이런 행운이 있나. 내가 세 분의 왕의 형제들을 영접할 수 있게 되다니. 그들이 내 집에 오게 되어 얼마나 기쁜지 모르겠소.” 뤼데거가 웃으며 대답했다. 그리고 그는 천 명이 넘는 기사들과 구천 명의 부하들을 받아달라는 당크바르트 원수의 요청도 기꺼이 들어주었다.

29. 베히라렌에서의 영접

변경 영주는 그들의 방문소식을 규방에 알렸다. 그들은 옷상자에서 가장 훌륭한 옷들을 꺼내었다. 여자들은 금으로 반짝이는 띠를 둘러 화려한 머리장식으로 치장을 했다. 그래야 그들의 아름다운 머리카락이 바람에 엉크러지지 않았던 것이다. 성문에서 뤼데거가 부르군트 사람들을 맞이했다.

“환영합니다, 군주님과 그 용사들이여. 이곳에서 당신들을 뵙게 되어 크나 큰 기쁨입니다.”

손님들은 감사하며 머리를 숙였다. 특히 변경 영주는 어린 시절을 에첼의 궁성에서 함께 보냈던 하겐에게 인사를 했다. 천 명이 넘는 종사들을 위해서도 배려를 아끼지 않았다. 뤼데거가 그들에게 말했다. "당신의 부하들은 천막을 치고, 말들의 재갈을 벗기시오. 그리고 자유롭게 노다니게 하시오." 그것은 어떤 주인으로부터도 받아보지 못 한 대우였다.

변경 영주 부인과 그 딸도 성 앞으로 나갔다. 그들은 훌륭한 옷과 황금 팔찌로 치장한 서른 여섯 명의 아름다운 처녀들과 부인들로 둘러싸여 있었다. 보석의 광채가 화려한 옷에서 빛을 내뿜고 있었다. 아버지의 지시로 어머니 다음으로 그 젊은 변경 영주의 딸 역시 세 왕에게 키스를 했다. 뤼데거는 하겐에게도 키스하라고 딸에게 말했다. 그녀가 그를 쳐다보았다. 그런데 그의 얼굴은 그녀가 키스를 포기하고 싶을 만큼 무서워 보였다. 하지만 그녀의 아버지는 죽마고우에게 궁성의 관습대로 인사하라고 요구했다. 그녀의 안색이 창백해졌다가는 붉어지면서 표변했다. 그녀는 재빨리 당크바르트와 음유시인에게 키스를 했다.

변경 영주의 부인은 군터 왕의 손을 잡고 그를 성의 넓은 연회장으로 인도했으며, 아름다운 딸은 기젤헤어를 안내했다. 변경 영주는 게르노트 옆자리에 앉았다. 다른 용사들과 부인들도 홀에서 자리를 잡았다. 손님들에게 가장 맛좋은 포도주가 제공되었다. 영웅들이 이보다 더 융숭한 대접을 받을 수는 없었다.

많은 용사들이 뤼데거의 딸을 사랑스럽게 바라보았다. 그녀의 아름다움과 우아함이 그들의 욕망을 일깨웠던 것이다. 관례에 따라 부인들과 기사들은 곧 서로 떨어져 자리를 잡았다. 그리고 홀안은 훌륭한 음식들이 차려졌다. 손님들의 명예를 위해 변경 영주 부인이 그들 자리에 합세했다. 그녀의 딸은 처녀들의 자리에 머물러 있어야만 했기 때문에 용사들은 애석하게도 그녀를 바라보는 즐거움을 누릴 수 없었다. 손님들이 식사를 마쳤을 때, 아름다운 그녀가 또 다시 홀안으로 불려왔다. 용사들은 포도주로 쾌활한 기분이 되어 그녀를 맞이했다. 제금을 연주한 후 폴커가 재미있는 얘기로 여흥을 돋우웠다.

"막강한 변경 영주이시여!" 그가 말했다. "신께서는 당신께 많은 은총을 주신 것 같습니다. 당신에게 아름다운 부인과 행복한 삶을 선사하셨으니 말입니다. 만약 제가 한 왕이고 왕관을 쓰도록 허락된다면, 저는 당신의 아름다운 따님을 아내로 맞이하고 싶습니다. 그녀는 참으로 고귀하고 우아해 보이니 말입니다. 더 이상은 바라지도 않겠습니다."

변경 영주가 답변했다. "왕이라면 저같이 보잘 것 없는 자의 딸을 어떻게 받아들일 수 있겠습니까? 나의 아내와 저는 고향을 잃었습니다. 에첼 왕이 우리를 받아주신 거랍니다. 이런 지경에 아름다운 딸이 무슨 소용이 있겠습니까?"

"내가 아내를 고를 수 있는 처지라면, 저만한 따님이라면 황송해할 것이오." 게르노트가 말했다.

"저의 군주이신 기젤헤어께서는 곧 아내를 맞아들이셔야 합니다. 젊은 변경 영주의 따님께서는 대단한 미모를 지니셨을 뿐 아니라 지체 높은 가문의 출신이십니다. 만약 그녀가 보름스에서 왕관을 쓰시게 될 경우, 저와 제 부하들은 그녀에게 기꺼이 봉사할 것입니다." 하겐이 열렬히 동의했다.

변경 영주 뤼데거와 고테린트는 이 말을 기쁘게 듣고 영광으로 생각했다. 군터 왕과 게르노트가 이 제안을 칭찬했다. 기젤헤어는 부끄러움과 기쁨으로 붉게 상기된 얼굴로 그가 종종 적대감을 갖는 하겐에게 고마움을 표했다. 군터와 게르노트 역시 트론예 사람이 그 두 사람의 결합을 도모함으로써 음모를 꾸미고 있었다는 사실을 눈치채지 못했다.

뤼데거는 그 처녀를 왕들 앞으로 오게 했다. 그리고는 기젤헤어에게 그 아름다운 처녀를 내주겠다고 맹세했다. 기젤헤어 역시 그녀와 결혼하겠노라고 서약했다. 신랑이 주는 결혼선물로 성과 토지가 그녀에게 주어졌다. 군터 왕과 게르노트가 그것을 선서로써 뒷받침했다.

"저는 성들을 소유하고 있지 못 하기 때문에 당신에게 나의 신의를 드리겠다고 맹세하는 바입니다. 그리고 저는 제 딸에게 백 필의 짐바리 말이 싣고 갈 수 있을 만큼의 금과 은을 내주겠습니다." 변경 영주가 말했다.

오랜 관습에 따라 두 사람은 고귀한 신분의 사람들이 둘러싸 만든 원 안으로 들어가야 했다. 많은 젊은 용사들이 부러움에 가득찬 시선으로 기젤헤어를 바라보았다.

사랑스런 소녀에게 왕과 결혼하기를 원하느냐고 물었다. 그녀는 기젤헤어를 몹시 좋아하고 있었음에도 불구하고, 질문에 대답하기를 부끄러워했다. 아버지 뤼데거가 그녀에게 "예" 하고 대답하고 기꺼이 그를 받아들이겠노라고 대답하라고 충고해 주었다. 그로 인해 기젤헤어는 자신의 하얀 양손으로 그녀를 안았다.

"그대 고귀한 왕들이시여! 당신들이 다시 보름스로 돌아가실 때, 당신들은 제 딸을 함께 데려가실 수가 있으실 것입니다." 변경 영주가 말했다.

점차로 축제의 흥겨운 소음이 가라앉았다. 다음날 아침에 부르군트 사람들은 여행을 계속할 참이었다.

"저는 그것을 인정할 수가 없습니다." 변경 영주 뤼데거가 그들을 한사코 만류했다. "이처럼 귀한 손님들을 모실 수 있는 기회는 제 평생에 처음 있는 일입니다."

"그건 있을 수 없는 일입니다. 당신은 대체 어디서 이렇게 수 많은 용사들과 하인들을 대접할 만한 음식과 빵 그리고 포도주를 조달할 수 있단 말입니까?" 당크바르트가 사양했다.

"그건 걱정할 필요가 없습니다." 뤼데거가 말했다. "사랑하는 군주들이여, 제 청을 물리치지 마십시오. 당신들을 위한 열 나 홀 분량의 음식과 포도주가 준비되어 있습니다. 지금까지 에첼 왕은 저에게서 아무 것도 요구하신 적이 없었습니다." 이렇게 부르군트 사람들은 몇 번이나 반대를 했지만, 결국 나흘째 되는 아침까지 머물러 있어야 했다. 당크바르트와 군터 왕의 마음을 바꾸게 한 장본인이 기젤헤어였는지에 대해서는 알 수가 없다. 그런 다음 그들은 뤼데거로부터 풍성하게 선물을 받고 출발 준비를 갖추었다. 손님을 후대하는 변경 영주의 배포는 이미 그 명성이 자자한 것이었다. 그는 자신의 아름다운 딸을 기젤헤어에게 아내로 주었던 것이다. 왕으로서 선물을 받은 경험이 거의 없었던 군터는 갑옷 한 벌을 받았고 고마운 마음에 허리를 굽혀 인사까지 했다. 게르노트는 날카로운 칼을 받았는데, 변경 영주 부인이 준 이 선물로 인해 뤼데거는 곧 죽음을 맞이할 수밖에 없는 운명이 되었던 것이다. 왕이 선물을 받아들인 후, 고테린 트는 하겐에게도 선물을 주었다. 처음에는 그가 거절을 했으나, 나중에는 변경 영주의 뜻을 받아들였다.

"이제껏 내가 본 것들 중에서 나는 저기 벽에 걸려있는 방패 만큼 간절히 가지고 싶었던 물건은 없었습니다. 나는 기꺼이 그 것을 에첼의 나라로 가져가고 싶소."

그러자 고테린트는 눈물을 흘리기 시작했다. 그녀는 비테게 Witege에 의해 살해된 나우둥Naudung을 떠올렸던 것이다. 그의 죽음 때문에 다시금 고통과 슬픔이 그녀를 엄습했다. 그럼에도 불구하고 변경 영주 부인은 벽으로 걸어갔다. 그리고 그녀의 하 얀 손으로 나우둥의 방패를 들고 그것을 하겐에게 가져다 주었 다. 태양 빛은 일찍이 그보다 더 훌륭한 방패를 비춰 본 적이 없었으리라. 이 방패를 누가 돈을 주고 사려고 했다면, 그것은 족히 천 마르크는 지불했어야 되었을 것이다.

뤼데거의 딸은 당크바르트에게 훌륭한 옷들을 선사했다.

작별의 인사로 폴커는 고테린트 앞으로 다가가 연애가를 연주해 주었다. 감사하는 마음으로 변경 영주의 부인은 궤를 날라오게 했다. 그리고 열두 개의 팔찌를 꺼내어 음유 시인의 손목에 걸어주면서 말했다. "에첼 왕의 궁전에서 제 명예를 위해 이 팔찌를 차고 계십시오."

부르군트 사람들을 수행하기 위해 뤼데거는 그의 종사들 중 오백 명에게 출발할 채비를 갖추도록했다. 후에 그들 중 한 사람도 살아서 돌아오지 못했다.

뤼데거가 자신의 말에 올라타기 전에, 고테린트에게 키스를 하고 그녀를 두 팔로 껴안았다. 변경 영주의 딸은 기젤헤어의 손을 놓으려고 하지 않았다. 사방에서 창문들이 열렸다. 용사들이 성에서 나오자, 처녀들과 부인들이 눈물을 흘렸다. 많은 사람들이 불행을 예감했던 것이다. 이제 뤼데거와 부르군트 사람들은 무리들과 함께 기쁜 마음으로 훈족의 나라로 말을 몰았다. 뤼데거는 사자들을 앞서서 에첼의 궁으로 보낸 뒤였다.

30. 훈족의 나라에 도착하다

에첼의 성에서 크림힐트는 창가에 앉아 군비를 늠름하게 갖추고 말을 몰고 가까이 다가오는 무리들을 지켜보고 있었다. 그때 그녀가 말했다.

"내 친척들이 저토록 수 많은 새 방패와 은제 갑옷의 경갑들을 지니고 있다니!"

에첼은 부르군트 사람들이 오는 것을 보고 웃기 시작했다. 그 웃음이 기쁨에서 나온 것인지 아니면 음험함에서 나온 것인지는 알 길이 없다.

힐데브란트Hildebrant는 부르군트 사람들의 도착을 자신의 군주에게 알렸다. 베른의 디트리히는 손님들을 성대하게 영접하도록 분부를 내리고 자신은 종사들과 함께 그들을 마중 나갔다. 부르군트 용사들이 짐바리 말 위의 말끈으로 천막들을 동여매고 있던 들판에서 트론예의 하겐은 디트리히가 종사들과 함께 다가오고 있는 것을 보았다. 그때 그는 자신의 군주들에게 말했다.

"당신들께서는 자리에서 일어나셔야 하겠습니다. 아멜룽엔의 용사들이 오고 있습니다."

동료들과 함께 말에서 내린 디트리히는 손님들에게 다가가 그들에게 인사했다. 이제 여러분들은 디트리히가 그들 세 왕에게 무슨 말을 했는지 듣게 될 것이다. 그도 그럴 것이 그에게는 그들의 방문이 마음에 들지 않았기 때문이었다. 그리고 그는 뤼데거가 이미 그들에게 위험을 경계하라고 말해 주었을 것이라 생각하고 있었다.

"환영합니다. 군터와 기젤헤어, 게르노트와 하겐이시여, 그리고 역시 폴커와 당크바르트도 환영합니다! 당신들은 모르고 있단 말입니까? 크림힐트가 여전히 지그프리트때문에 얼마나 많은 눈물을 흘리고 있는지 말입니다."

"그녀에게 눈물로 세월을 허비하라고 하십시오! 어짜피 이제 그녀는 훈족의 왕을 사랑해야 할 처지가 아닙니까. 지그프리트는 이미 오래 전에 땅 속에 묻혔습니다. 그는 돌아오지 않습니다." 하겐이 대답했다.

"어쩌자고 지그프리트의 상처에 손을 댄단 말입니까? 크림힐트가 살아있는 한, 그녀는 재앙을 일으킬 것입니다. 그러니 부르군트 왕이시여, 그 점을 경계하십시오." 디트리히가 말했다.

"내가 어떻게 하면 되겠소? 에첼이 우리에게 사신을 보냈소. 그와 우리의 누이동생이 우리를 이 나라로 초대를 한 것이오." 군터가 말했다.

"저는 당신들께 충고를 드립니다." 하겐이 재촉하며 말했다. "디트리히님께 좀더 상세한 설명을 털어놔 달라고 부탁해 보십시오." 이렇게 해서 강력한 세 왕인 군터와 게르노트 그리고 디트리히가 비밀회담을 위해 자리를 옮겼다.

"나는 매일 아침마다 듣고 있습니다. 에첼의 부인이 지그프리트의 죽음을 슬퍼하며 우는 소리를 말이오." 디트리히가 말했다.

"당신은 또 무얼 알고 계십니까?" 게르노트가 계속 캐어 물었다.

"그녀는 보물의 손실에 대해서도 한탄하고 있습니다. 에첼이 그것을 요구할 겁니다."

근심 속에서 부르군트의 두 왕은 그들의 용사들에게로 돌아갔다. 게젤헤어는 가죽 지갑에서 늑대의 털로 휘감은 금반지를 꺼내들고 고백했다.

"보름스에서 가져온 이 반지를 당신들에게 보여주어야 했을 것을! 사신들이 나에게 크림힐트의 이 선물을 몰래 슬쩍 찔러주었지요. 지금에야 비로소 그 의미를 알게 되었소."

"저기 저쪽에 에첼의 성이 보입니다. 이제 우리는 더 이상 되돌아 갈 수가 없게 되었습니다. 말을 타고 성으로 가서 무슨 일이 닥칠지 보도록 합시다." 폴커가 말했다.

그들이 성에 당도했고 그들 나라의 관습대로 당당하게 성안으로 들어갔다. 호기심이 발동한 훈족의 사람들은 모든 영웅들 중에서도 가장 힘센 용사인 지그프리트를 살해했다는 하겐이라는 사람이 과연 누구인지 서로에게 물어보았다. 그들은 서로 트론예 사람을 가리켰다. 그는 훌륭한 체구를 갖추고 있었고, 떡 벌어진 가슴에 머리는 이미 세어서 희여진 머리카락을 땋아내리고 있었다. 다리는 길고 눈초리는 매서웠으며 그의 걸음걸이는 당당했다.

부르군트 사람들은 숙소를 배당받았다. 군터의 부하들은 따로 묵게 되었다. 에첼의 궁성에서 그렇게 하도록 미리 정했던 것이다. 군터는 원수인 당크바르트에게 부하들을 맡겼다.

그리고 나자 왕비가 시종들과 함께 나타나 속을 내보이지 않고 손님들을 영접했다. 그녀는 기젤헤어에게만 키스를 했고 그의 손을 잡았던 것이다.

하겐이 그것을 보고 자신의 투구를 더욱 단단히 매고는 중얼거렸다.

"이런 인사를 나눈 뒤에 당신들은 몸을 주의해야 합니다. 왕들을 차별을 두고 영접하고 있습니다. 우리가 이 축제에 온 것은 좋은 결정이 아니었습니다."

"자 환영합니다. 당신들을 보고 싶어하는 제게 와 주셨으니 말이예요. 하지만 우정때문에 당신들을 맞이하는 것은 아니랍니다. 당신들은 라인강을 건너 보름스로부터 제게 무얼 가져오셨는지 말씀해 주세요." 크림힐트가 말했다.

"당신께서 용사들로부터 선물을 받기 원하셨다는 사실을 제가 알았더라면, 내 수중에 있는 것을 하나라도 들고왔을 텐데요. 저는 충분히 부자니까요." 하겐이 대답했다.

"그렇다면 제게 말씀해 보세요. 당신은 니벨룽엔의 보물을 어디에 두셨습니까? 당신도 알다시피, 그 보물은 내 재산입니다. 당신은 에첼의 나라로 올 때 그것을 내게로 가져왔어야 했습니다."

그들의 누이동생이 이렇게 서둘러 보물을 요구하게 될지, 왕들은 전혀 예상치 못 했던 일이었다.

하겐이 비로소 입을 열었다. "제가 그 보물에 대한 이야기를 듣지 못 한지도 참으로 오랜 세월이 흘렀습니다. 제 군주들께서 라인강 속으로 가라앉게 명한 니벨룽엔의 보물은 그곳에서 마지막 날까지 잠들어 있을 것입니다."

"내가 생각했던 그대로군요!" 왕비가 격분해서 소리 질렀다. "그 보물이 분명 내 소유임에도 불구하고, 당신은 그걸 두고 오셨다는 말씀이지요. 당신은 그에 대한 책임을 내게 갚게 될 겁니다."

부르군트 사람들이 무장을 한 채 성의 내부로 들어가려고 했을 때, 크림힐트가 그들에게 말했다. "에첼의 왕실에 무기를 들고 가서는 안 됩니다. 그것들을 저한테 맡기세요."

"왕비이신 당신께서 친히 제 방패와 무기를 숙소로 가져다 주시겠다는 말씀입니까?" 하겐이 수상쩍게 여기며 말했다.

"비통한 일이군요! 어째서 내 오라버니들과 하겐이 그들의 누이동생에게 맡기려 하지 않는 것이죠? 그들에게 경고한 사람이 누구인지, 내가 알고 있다면, 그 자는 죽음을 면치 못 할 텐데." 크림힐트가 말했다.

"내가 왕들과 용감한 하겐에게 경고해서, 그들이 알게 된 것입니다" 베른의 디트리히가 대담하게 대답했다. "당신이 벌을 내리고 싶다면, 자 해보십시오"

크림힐트는 디트리히 왕을 두려워하고 있었기 때문에 난처한 입장에 놓였다. 그녀는 더 이상 아무 말도 하지 않고 걸어가면서 그녀의 적들에게 악의에 찬 눈길을 던졌다. 그리고 나중에 그녀는 베른의 디트리히와 하겐이 서로 손을 맞잡았다는 사실을 알게 되었다. 이것은 대단한 주목을 끌었다. 그도 그럴 것이 싸움터에서는 두 영웅이 냉혹하기로 소문이 나있어서 그러한 친밀함을 나눈다는 사실이 거의 불가능할 것으로 여겨졌기 때문이었다.

"왕비가 그처럼 쌀쌀맞게 대하다니. 나는 당신들이 훈족에 왔다는 현실이 고통스러울 뿐이오." 디트리히가 유감스러워 하며 말했다.

"모든 일들이 밝혀질 것입니다." 하겐이 말했다.

에첼도 두 사람이 대화를 나누고 있는 것을 보았으며 깊이 눌러쓴 투구 때문에 그들을 즉시 알아보지 못 하고 물었다. "디트리히 군주와 저토록 다정하게 말을 하고 있는 용사가 누구인지 알고 싶도다."

"그는 트론예 출신의 사람으로서, 그의 부친의 이름은 알드리안Aldrian이라고 합니다. 지금은 그가 명랑한 태도를 보이고 있지만, 그는 잔인하기로 정평이 나 있는 용사입니다." 크림힐트의 종사가 설명했다.

"난 알드리안을 잘 알고 있지." 에첼이 기억해냈다. "그는 내 종사였고, 내 곁에서 명예와 신용을 얻었던 사람이었지. 나는 그에게 많은 금을 선물로 주었었다네. 헬헤 왕비도 그를 몹시 좋아했었지. 그의 아들과 스페인 출신의 발터가 나에게 볼모로 보내졌던 적이 있었지. 하겐은 나를 도와 전투를 했고, 후에 나는 그를 집으로 돌려보냈지. 발터는 힐데군트와 도망을 쳤어."

31. 크림힐트가 하겐을 죽이려 하다

베른의 디트리히와 다정한 대화를 나누고 난 후 하겐은 동료를 찾아 어깨 너머로 둘러보다가 마침 기젤헤어 옆에 폴커가 있는 것을 보았다. 그는 그 음유시인에게 함께 가자고 청했다. 두 영웅은 다른 종사들을 떠나 넓은 장소를 탐색하다가 성의 본관에 이르렀다. 그들은 긴 의자에 마주 보고 앉았다. 이때 크림힐트가 궁성에서 두 사람을 노려보고 있었다. 훈족의 사람들은 그 두 사람이 마치 사나운 짐승이라도 되는 양 입을 벌리고 쳐다보았다. 그들의 웅장한 갑옷들이 번쩍거리며 빛나고 있었다. 크림힐트는 눈물을 흘리기 시작했다. 에첼의 종사들은 그녀가 왜 그렇게 느닷없이 눈물을 터뜨리게 되었는지 물었다.

"하겐 때문이요. 그대 용감한 용사들이여." 크림힐트가 흐느꼈다.

"어찌하여 그렇게 되었습니까?" 용사들이 물었다. "조금 전까지만 해도 저희는 기뻐하고 계시는 왕비님의 모습을 보고 있었습니다. 가장 용감한 자가 당신의 마음을 아프게 했다면 그리고 당신께서 복수를 해달라고 명하시면, 그의 목숨은 이미 없는 거나 같습니다."

"나의 원한을 갚아주는 사람에게는 영원히 보답할 것이오. 내가 그대들 앞에 무릎을 꿇고 하는 말이오." 왕비가 간청했다. "하겐에게 내 원수를 갚아주오. 그를 죽이시오!"

크림힐트의 뜻에 따라 재빨리 예순 명의 종사들이 무장을 갖추었다. 왕비는 그 적은 무리를 보고 노해서 그들을 물리쳤다.

"그대들은 그렇게 적은 수로 어떻게 하겐과 맞서 이길 수 있겠소! 또 하겐이 제 아무리 용맹스럽다 하더라도 그의 옆에 앉아있는 음유시인 폴커는 더 용감하고, 훨씬 더 위험하다고 할 수 있소."

이렇게 해서 사백 명의 용사들이 서둘러 무장을 했다. 무장한 전사들이 왕비에게 흡족하게 여겨졌을 때, 그녀는 이렇게 말했다.

"아직 잠시만 기다리시오. 나는 왕관을 쓰고서 적들에게로 걸어가겠소. 그 살인자는 자신의 저지른 범행을 부인할 만큼 너무도 방자하게 굴 테니 말이오."

그런 다음 크림힐트는 그녀의 종사들과 함께 궁성의 계단을 내려왔다. 그때 폴커가 하겐에게 말했다.

"보시오, 의롭지 못하게 자신의 나라로 우리를 꾀어낸 그녀가 이리로 걸어오고 있는 모습을 말이오. 나는 여지껏 한 왕의 부인이 저토록 호전적이며, 번쩍이는 칼을 든 수 많은 무장한 무사들을 거느리고 있는 모습을 한 번도 본 적이 없소. 친구 하겐이여, 많은 무사들이 너무나 넓은 가슴을 보여주고 있소. 그들은 누구를 겨냥하고 있단 말이오?"

"그들의 검은 나를 겨누고 있는 것이오." 하겐이 성이 나서 대답했다. "자 친구 폴커여, 내게 말해보시오, 크림힐트의 종사들이 나를 공격한다면, 당신은 나를 도와주겠소? 그렇다면 나는 당신의 은공을 절대로 잊지 않을 것이오."

"그건 확실하오. 하물며 왕 자신이 자신의 모든 종사들을 거느리고 우리를 향해 공격한다고 하더라도, 내가 살아있는 한, 아무 두려움 없이 당신으로부터 한 발짝도 물러서지 않을 것이오." 폴커가 단언했다.

"고귀한 폴커여, 하늘의 신께서 그대에게 보답해 주시기를 비오! 당신이 나와 같이 싸우기를 마다 않는 마당에 내게 더 이상 무엇이 필요하겠소."

왕비가 종사들과 함께 가까이 다가오고 있었다.

"이제 일어나도록 합시다. 그녀는 왕비이니 그녀에게 예의를 갖추어 인사해야 하지 않겠소." 폴커가 말했다.

"나를 위해서라도 그렇게 하면 안되오!" 하겐이 부탁했다. "그렇게 하면 그녀의 용사들이 우리가 겁을 집어먹고 있다고 생각할 것이오. 어째서 내가 그녀에게 경의를 표해야 한단 말이오? 그녀가 나를 증오하고 있는 마당에 말이오. 내 목숨이 붙어 있는 한, 난 절대로 그렇게 하지는 않을 것이오."

뻔뻔스럽게도 하겐은 번쩍거리는 칼을 무릎 위에 올려놓았다. 그 손잡이의 머리에는 잔디보다도 더 푸른 아름다운 벽옥이 빛나고 있었다. 크림힐트가 지그프리트의 검인 발뭉을 알아보고, 그녀는 금으로 된 손잡이와 금몰로 수놓은 칼집을 살폈다. 그러자 어찌할 수 없는 격한 울음이 그녀를 덮쳤다. 아마도 이것은 하겐의 의도적인 계산에서 나온 것이었을 것이다.

그리고 폴커는 제금의 현을 자기 무릎 쪽으로 끌어당겨 두었다. 그 현은 단단하고 길어서 마치 날카롭고 넓은 칼처럼 보였다. 이제 두 용사는 두려움 없이 나란히 앉아 있었고 이 세상의

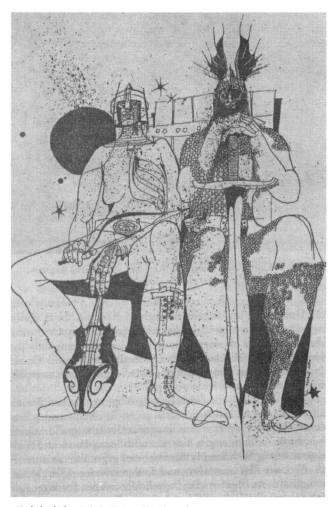

폴커와 하겐. 라이너 하르트메츠의 그림.

누구 앞에서도, 즉 황제 앞이라도 일어서지 않을 것만 같은 그런 초연한 존재들로 보여졌다.

여왕은 평정을 되찾았다. 그리고 화가 난 태도로 두 사람 앞으로 걸어가 적개심에 차서 인사말을 건넸다.

"어떻게 당신은 감히 이 나라에 올 생각을 할 수 있었습니까? 당신이 저지른 일을 뻔히 알고 있는 이곳에 말이오! 당신이 좀더 현명했더라면 보름스에 남아 있었을 것이오."

"나를 오라고 부른 사람은 아무도 없었소. 에첼은 세 명의 왕을 초대했소. 그들은 나의 군주시고, 따라서 나는 그들을 섬기는 신하란 말이오. 어떤 궁성 여행에도 나는 그들 곁을 떠난 적이 없었소." 하겐이 대답했다.

"어째서 당신은 그런 짓을 해서 내가 당신을 증오하도록 하는가 말입니다!" 크림힐트가 소리를 질렀다. "어째서 당신은 내 사랑하는 남편 지그프리트를 음험하게 찔러 죽였단 말이오? 그렇기 때문에 내 생명이 끝날 때까지 나는 그를 위해 울지 않을 수 없는 것이오."

"무얼 더 말해야 합니까?" 하겐이 대답했다. "지금까지 얘기한 것으로도 충분합니다. 나는 어김없이 영웅 지그프리트를 살해한 하겐이라는 사실엔 변함이 없습니다. 여군주인 크림힐트가 아름다운 브륀힐트를 모욕한 것에 대해 그 영웅은 그처럼 모질게 참회를 했어야 했던 것이오. 나는 인정합니다. 당신의 불행에 대해서 전적으로 나한테 책임이 있다는 것을 말이오. 이제 누구든지 원하는 대로 복수를 해보시오. 난 논쟁하지 않겠소, 정말이오. 당신에게 힘겨운 고통을 남겨준 사람이 바로 나란 말이오!"

이제 크림힐트는 그녀의 종사들이 자신들의 귀로 직접 충분히 들었을 것이라고 믿고 말했다.

"자, 그대 영웅들이여, 그는 자신의 죄를 부인하지 않았소.

자아, 에첼의 용사들이여, 그로 하여금 자신의 참혹한 짓을 참회하도록 하시오!"

하겐과 폴커는 에첼의 종사들이 감히 공격을 못하도록 단호히 앉아 싸울 준비를 하고 있었다. 에첼의 기사들은 겁을 집어먹고 의심쩍은 눈빛으로 서로를 쳐다보았다.

"왜 당신께서는 그런 요구하는 눈빛으로 쳐다보십니까? 저는 조금 전에 했던 맹세로부터 물러서겠습니다. 어떤 선물을 받는다 하더라도 저는 제 목숨을 내놓지는 않겠습니다." 한 용사가 말했다.

"누가 저에게 순금으로 쌓은 탑을 준다고 해도, 저도 덤벼들지 않을 것입니다." 두 번째 용사가 끼어들었다. "그의 섬짓한 눈빛때문에 저 음유시인에게는 어떤 칼도 휘두룰 수가 없습니다."

"나는 하겐을 그가 젊었을 때부터 알고 있습니다." 다른 기사가 계속했다. "우리는 함께 스물 두 차례의 전투를 치뤘습니다. 그의 손에 쓰러진 수 많은 군사들은 셀 수조차 없을 정도입니다. 스페인 출신의 발터와도 그는 많은 전투에서 에첼을 위해 승리를 거두었죠. 하겐이 아직 어린 소년에 불과했을 당시에 이미 그는 혁혁한 공을 세우고 유명세를 받았습니다. 지금 그는 늙고 영악한 데다가 잔인한 사람이 되었군요. 그리고 보십시오, 그는 지그프리트로부터 약탈한 발뭉을 차고 있습니다."

그 유명한 검이 거론되어 에첼의 용사들이 하겐의 무릎 위에 놓인 강철 같이 번쩍이는 칼을 보자, 크림힐트의 용사들 가운데서 다혈질의 사람들조차 주춤거리며 그들의 무기를 감추고 말았다.

고통과 분노로 크림힐트의 심장이 경련을 일으켰다. 사백 명의 훈족의 용사들은 죽음이 두려워 뒤돌아 서서 슬금슬금 궁성을 떠나버렸던 것이다.

"이제 우리의 적들을 보았으니 서둘러 우리의 왕들에게로 갑시다. 그러면 아무도 감히 그들을 공격하려고 하지 않을 것이오." 폴커가 말했다. 하겐은 그를 따라 부르군트의 영웅들에게로 갔다. 그들은 아직도 성대한 영접을 받으며 궁성 마당에 서 있었다.

"그대들은 얼마나 오랫동안 이 북새통 속에서 참고만 있을 작정입니까?" 폴커가 크게 소리쳤다. "그대들은 궁성으로 가서 왕이 우리들에게 어떤 생각을 갖고 있는지 들어봐야 할 것입니다."

그러자 그들은 행렬을 정비했다. 에첼 궁성의 사람들이 한 사람씩 짝을 지어 손님들 중의 한 사람과 손을 잡았다. 베른의 디트리히는 군터 왕과 함께 걸어갔다. 튀링엔 출신의 이른프리트는 게르노트를 안내했다. 뤼데거는 기젤헤어와 함께 갔다. 서로 누구와 있게 되었든 하겐과 폴커는 마지막 싸움과 죽음이 닥칠 때까지 결코 헤어지지 않았다.

왕들 이외에도 천 명의 용감한 용사들과 하겐의 종사들 중에서 선발한 예순 명의 전사들이 함께 궁성으로 갔다. 하바르트와 이링, 두 명의 훌륭한 종사들이 왕 옆에 있는 것이 보였다.

군터가 동행자들과 함께 에첼의 홀로 들어오자 훈국의 군주가 자리에서 일어나 손님들을 맞았다.

"어서 오십시오, 군터 왕이시여, 그리고 게르노트 왕과 그대의 아우 기젤헤어 왕 역시 환영하오! 나는 보름스의 당신들 궁성으로 신의와 우정을 전달했소. 마찬가지로 당신들의 두 영웅인 하겐과 폴커에게도 특별한 인사를 보냈었소."

"그 전갈에 대해 감사드립니다. 제가 나의 군주들과 같이 당신의 나라에 오지 않았다면, 오직 전하의 명예를 위해서라도 당신께 왔을 것입니다." 하겐이 말했다.

에첼은 손님들의 손을 잡고 그들을 왕좌로 안내했다. 그리고 나서 넓찍한 황금잔으로 그들에게 꿀술과 오디 음료 그리고 포도주가 제공되었다.

"나는 고백합니다." 에첼 왕이 말했다. "그대 부르군트 영웅들이 내 궁성에 머물러 있다는 이 사실보다 이 세상에 더 근사한 일은 있을 수 없다고 말이오. 왕비도 슬픔에서 헤어났답니다."

하겐 뿐만 아니라 왕들의 귀에도 이러한 말에서 일종의 조소가 느껴졌다. 그도 그럴 것이 트론예 사람이 궁전에서 크림힐트와 대면했던 사실에 대해 이미 설명을 했었기 때문이었다.

하짓날 저녁에 부르군트 사람들은 종사들과 함께 에첼의 궁성에 당도했던 것이다. 영웅들이 그처럼 융숭한 대접을 받은 적은 결코 그 어디에서도 전해지지 않는다. 음식과 술이 넘쳐났다. 손님들이 바라는 것은 무엇이든지 그들을 위해 제공되었다.

32. 하겐과 폴커가 보초를 서다

긴 여행 끝에 호화로운 식사를 마친 후 용사들은 몹시 피곤했고 잠자리를 필요로 했다. 숙소로 가는 도중에 부르군트 사람들이 훈족의 사람들로부터 제지를 당했다. 폴커가 훈족들에게 호통을 쳤다. "그대들은 어찌하여 우리들의 길을 방해하는가! 물러서지 않으면 내 너희들에게 악기의 활로 호된 타격을 가할 것이다. 그렇게 되면 그대들의 여인들은 눈물을 흘려야만 하겠지. 길을 비켜라!"

하겐 역시 뒤돌아 보며 소리쳤다. "용감하신 음유시인께서 그대들에게 충고를 하셨다. 크림힐트의 영웅들이여, 그대들의 잠자리로 들어가거라! 그대들이 은밀히 품고 있는 일은 이루어질 수 없을 것이다. 그대들이 무언가 원하는 일이 있다면, 내일 아침 일찍 오거라! 대신 우리 이방인들에게 밤의 휴식을 베풀어다오!"

이렇게 해서 손님들은 넓은 홀로 들어가게 되었다. 거기에는 사방에 길고 넓찍한 침대들이 마련되어 있었다. 그리고 밝은 빛깔의 빌로드로 안을 댄 값 비싼 아라라스산의 누빈 이불과 반짝이는 금몰로 채운 섬세한 아라비아산 비단으로 만든 침대보, 족제비와 검은 담비의 모피로 만든 침대 덮개들이 있었다. 어떤 왕도 자신의 종사들과 더불어 그렇게 호화롭게 휴식을 취한 적은 결코 없었던 것이다.

"슬프도다, 이런 침실이 주어지다니!" 기젤헤어가 말했다. "우리와 함께 온 나의 친구들을 생각하니 참으로 슬프도다! 에첼과 나의 누이동생이 이처럼 훌륭하게 준비를 해놓다니. 하지만 나는 우리가 이 안에서 죽어야 한다는 사실이 두렵기만 하구나."

"두려워하지 마시오." 하겐이 용사들을 안정시키려고 했다. "내가 오늘밤에 보초를 서겠소."

부르군트 사람들은 감사의 표시로 머리를 숙이며 잠을 청했다. 하겐은 무장을 하기 시작했다.

"하겐이시여, 당신이 허락하신다면, 저는 당신과 함께 내일 아침까지 보초를 서겠습니다." 하겐이 그의 친구에게 고마움을 표했다.

"하늘에 계신 하느님께서 당신에게 보답해 주시기를! 사랑하는 폴커여, 어떠한 곤경 속에서라도 나는 동반자로서 당신만을 원하오. 죽음이 나를 막지 않을 동안, 나는 당신을 도울 것이오."

두 사람은 번쩍이는 전투복을 착용하고, 각자 방패를 들었다. 그런 모습으로 그들은 홀 밖으로 걸어가 보초를 섰다. 그리고 나서 폴커는 자신의 방패를 벽에 기대어놓고 제금을 집어들었다. 그리고 문 아래쪽에 있는 돌방석에 앉아 연주를 시작했다. 기분 좋은 음악이 근심에 가득찬 용사들이 잠에 빠져들 때까지 홀 전체에 울려 퍼졌다. 아무도 깨어있는 사람이 없는 것을 알았을 때, 폴커는 다시 방패를 손에 집어들고 문 앞에 섰다.

한밤중이었을까 아니면 조금 못 미쳐서 폴커는 어둠 속에서 투구가 번쩍이는 것을 보고 속삭였다. "집 앞에 무장한 군사들이 서 있습니다."

"조용히 하시오. 그들이 가까이 다가오도록 내버려 둡시다." 하겐이 속삭였다.

척후병들 중에 하나가 문을 지키고 있는 것을 알아채고서 말했다.

"제금쟁이가 보초를 서고 있다. 그의 투구가 위태롭게 빛을 발하고 있고, 그의 쇠사슬 비늘 갑옷도 타오르는 불처럼 번쩍거린다. 하겐 역시 그의 옆에 있다. 우리가 계획했던 일을 중단해야 할 것 같다."

훈국의 사람들이 다시 숙소에서 멀어졌다. 폴커는 그들을 추적해서 답변을 구해보려고 했으나, 하겐이 그를 제지했다. 그렇게 되면 그들 두 사람이 전투에 휘말려들게 될 것이고, 문은 방치되어 있어서 훈족의 용사들이 잠자고 있는 병사들을 덮칠 수도 있기 때문이었다.

"하지만 적어도 내가 그들을 보았다는 사실을 그들에게 알려주도록 해야 하오. 그렇지 않으면 크림힐트의 종사들이 그녀의 음흉한 계략을 부인할 것이오." 폴커가 주장했다.

그에 대해 하겐은 동조의 표시를 보냈다.

"무기를 들고 살금살금 걸어가고 있는게 누구요?" 폴커가 조롱하며 소리 질렀다. "그대 용감한 용사들이여 도둑질하러 가는게요? 그렇다면 우리가 도와줄 수도 있을 텐데!"

아무도 대답하는 사람이 없자, 폴커가 말했다. "퉤, 겁쟁이

보초를 서는 하겐과 폴커. 칼 오토 체쉬카의 그림.

들, 너희들은 우리가 잠들어 있는 틈을 타서 죽이려고 한 것이지? 아직 누구도 그런 식으로 용사들을 대한 적은 없었어"

비교적 최근에 전해지는 이야기에 따르면, 왕비는 그녀의 용사들이 이번에도 아무런 성과도 올리지 못 했다는 사실을 전해 듣고, 몹시 화가 났다. 하지만 더 오래된 이야기에 의하면 에첼 역시 그녀의 음모 뒤에 숨어 있으면서 새로운 계획을 준비하고 있었다. 그러한 범행에 대한 책임이 두 사람 중 누구에게로 돌아갈지는 미지수인 것이다.

33. 마상시합

"날씨가 추워지고 있습니다." 쇠사슬 비늘 갑옷을 입은 폴커가 말했다. "이제 밤이 지나고 동이 트는 것 같습니다. 바람을 보면 알 수가 있죠."

아침 햇빛이 홀의 창문을 뚫고 들어와 잠들어 있는 병사들의 눈을 부시게 만들었다. 하겐이 기사들을 깨우며 그들이 미사를 드리러 갈 것인지 물었다. 그때 몇몇 용사들이 훌륭한 의복을 걸쳐입기 시작했다. 그것은 일찍이 어떤 용사들도 한 왕국으로 가지고 온 적이 없는 훌륭한 옷들이었다. 하겐이 그것을 보고 화가 나서 소리쳤다.

"장미꽃과 보석 박힌 머리띠를 옆으로 던져버리고, 대신 무기와 투구를 잡으라! 그대들에게 말하노니, 오늘 우리는 싸워야만 한다. 비단내의 대신에 갑옷의 옷가리개를 입도록 하라! 값 비싼 외투 대신에 넓은 방패를 지녀라! 성당에 들어가서, 전능하신 하느님께 그대들의 두려움을 호소하도록 하라!"

이렇게 해서 왕들과 그의 종사들은 대성당으로 걸어갔다. 하겐은 그들이 떨어지지 말고 다 함께 모여 있도록 했다. 훈족의 사람들이 무슨 음모를 꾸미고 있는지는 아무도 모르는 일이기 때문이었다. 하겐과 폴커가 선두에서 걸어갔다. 왜냐하면 병사들은 잔인한 왕비가 궁지에 빠진 그들을 공격하지나 않을까 두려워했기 때문이었다.

에첼 역시 왕비와 많은 수행원들과 함께 왔다. 모두들 화려한 옷을 입고 있었다. 훈족의 왕이 부르군트 영웅들과 그의 종사들이 중무장을 하고 있는 것을 보고 말했다.

"어째서 나의 친구들이 투구까지 쓰고 있는 것이오? 누구든 당신들에게 무슨 해라도 끼치고자 했다면, 그것은 나를 모독한 것이오. 만일 무슨 일이라도 발생한다면, 내가 그에 대한 보복을 해 줄 것이오. 또한 당신들이 무엇을 요구하든 나는 들어 줄 각오가 되어 있습니다."

"누가 우리에게 해를 입힐 수 있었겠습니까?" 하겐이 대답했다. "나의 군주들에게는 축제에 사흘 동안 무장을 하고 참석하는 것이 관례로 되어있습니다. 우리에게 무슨 해가 닥쳤다면, 왕께서는 이미 알고 계셨을 것입니다."

크림힐트는 그 트론예 사람에게 적대감을 품고 바라보았지만, 실제로 부르군트족의 관습이 어떠한지는 털어놓지 않았다. 왕비가 수행원들과 대성당으로 들어갔을 때, 하겐과 폴커는 문가에 서서 한 뼘도 물러서지 않았다. 크림힐트는 수행원들과 함께 기둥 사이를 헤치며 나아가야만 했다. 그녀의 시종들은 화가 났지만 에첼의 면전에서 감히 어쩔 도리가 없었다. 큰 소란이 있기는 했지만, 그밖에 별다른 일은 일어나지 않았다.

미사가 끝나고, 궁성 마당에서 시합이 벌어졌다. 크림힐트는 부인들과 함께 에첼 옆 창턱에 앉았다. 원수인 당크바프트 역시 무예 시합을 하기 위해 부하들을 이끌고 도착했다. 하겐은 부르군트에서처럼 무예 시합을 할 것이라고 생각했다. 보름스의 왕들 또한 그곳에 있었고 그들의 종사들도 상당수가 있었다. 격전의 소음이 넓은 궁성 마당에 널리 울려 퍼졌다. 디트리히의 용사들 중 육백 명의 종사들이 부르군트 용사들과 겨루기 위해 달려왔다. 하지만 디트리히는 그 사이로 끼어들어와 자기의 종사들에게 부르군트족과 겨루는 것을 금지시켰다. 용사들이 물러나고 난 후, 베히라렌의 뤼데거 용사들 오백여 명이 방패와 무기를 갖추고 달려 왔다. 뤼데거 역시 아주 현명하게도 병사들의 무리를 뚫고 나가 화가 난 군터의 종사들과 시합하는 것을 그만두게 했다.

우리가 들은 바에 의하면, 튀링엔 사람들과 또 천 명의 덴마크 용사들도 왔다. 마침내 병사들이 서로 뒤섞여서 말을 몰았다. 창들이 부러졌고, 부러진 창의 파편들이 공중으로 날아갔다. 이른프리트와 하바르트가 시합에 황급히 뛰어들었다. 부르군트족들은 그들과 창으로 일대일의 대결을 벌였다. 그것이 시합을 구경하던 에첼과 크림힐트를 기쁘게 해 주었다. 한편 블뢰델은 삼천 명의 훈족의 용사들과 함께 뒤쫓아와서 마상 시합을 위해 부르군트 용사들과 맞섰다. 부러진 창자루들이 왕궁의 벽 위로 높이 날아갔다. 파편 조각 하나가 크림힐트에게 거의 부상을 입힐 뻔 했다.

아무리 서로 창으로 찌르고 타격을 가할지라도, 또 치고 받는 소리가 궁성 마당에 크게 울려 퍼질지라도 그 싸움은 시합과 소란으로 머물렀다. 말들에게서 떨어진 반짝이는 땀이 빌로드 담요로 스며들었다. 구경을 하던 모든 사람들이 부르군트 용사들에게 칭찬과 박수를 보냈다. 그들은 승리의 상을 받을 만했다.

그때 부르군트 용사들은 오만불손하며 자만에 빠진 듯한 한 훈족의 용사가 말을 타고 오는 것을 보았다. 그의 모습은 마치 방금 사랑에 빠진 사람처럼 여자같이 요란하게 차려입고 한 영웅에게 결혼 허락을 구하려는 사람처럼 보였다.

"저 귀부인들의 애인 녀석에게 한 방 날려주는 일을 내가 어찌 사양할 수 있겠소?" 폴커가 말했다.

"단념하시오!" 군터 왕이 경고했다. "우리가 먼저 시작하면, 우리의 책임이 되는 것이오. 훈족이 먼저 시작하도록 내버려둡시다. 그렇게 하는 것이 더 우리한테 유리할 것이오."

에첼 왕과 크림힐트는 창문에서 그것을 지켜보고 있었다.

"내가 무예 시합에 나가보겠소." 하겐이 말했다. "고귀한 부인들과 용사들은 우리가 어떻게 싸우는지 보게 될 것이오. 군터 왕의 부하들은 어차피 상을 받지 못할 테니 말이오."

그러자 폴커가 그 예쁘장하게 생긴 용사에 대항해 무예 시합에 뛰어들어 창으로 그의 몸을 찌르고 말았다. 하겐이 즉시 예순 명의 용사들과 함께 음유시인의 옆으로 달려갔다. 세 왕들역시 그들의 종사들과 함께 그를 옹호했다. 이미 천여 명의 부르군트 용사들이 시합장에 나와 있었던 것이다.

창에 찔린 기사의 친척들이 통곡을 하면서 그들의 변경 영주를 위해 복수를 해 줄 것을 요청했다. 이제 그의 종사들이 폴커를 죽이려고 했다. 에첼이 이 모든 일을 지켜보았고 서둘러 궁성 아래로 달려나갔다. 그는 쓰러져 있는 친척의 손에서 칼을빼앗고 복수를 열망하고 있는 사람들을 옆으로 밀쳐냈다.

"만일 그대가 음유시인을 죽인다면, 내 왕으로서 베풀어야 할의무를 소홀히 하는 것이 될 것이오!" 에첼이 말했다. "내가 보기로는, 그의 말이 발을 헛디뎠을 때, 이 사람이 무의식적으로찌른 것이오."

에첼은 그리고 나서 손님들을 수행했으며 음식과 술을 대접할궁성의 연회장으로 그들을 초대했다.

그녀의 용사들이 또 다시 실패하고 난 후, 크림힐트는 제후들에게 믿고 의뢰했으며 식사 중에 우선 디트리히와 따로 이야기했다.

"베른의 왕이시여, 나는 당신의 충고와 도움이 필요합니다."

"부르군트족을 공격하려는 생각이시라면, 저를 끌어들일 생각은 마십시오!" 항상 디트리히 옆을 떠나지 않는 힐데브란트가 화가 나서 그에 앞서서 말했다. "당신의 보물들일랑은 접어 두시지요. 이 영웅들은 아직 정복당한 적이 없는 사람들입니다."

오래된 이야기에 따르면, 왕비는 디트리히에게 훨씬 더 많은 것들을 내어 놓겠다는 제안을 했다.

"나는 당신이 스스로 정하는 만큼 수 많은 금과 은을 드리겠어요. 또 당신이 당신의 적들에게 복수하기 위해 라인강을 건너 돌격할 때도, 나는 당신을 돕겠습니다."

"위대하신 왕비시여, 그런 부탁은 거두어 주십시오!" 베른의 디트리히가 대답했다. "당신의 친척들은 저에게 아무런 해를 끼친 적이 없습니다. 그들은 저의 훌륭한 친구들일 뿐입니다. 제 손으로 지그프리트의 원수를 갚는 일은 없을 것입니다."

오래된 이야기에 의하면 그리고 나서 크림힐트가 에첼에게 말했다. "나의 오라버니들이 우리에게 가져온 금으로 가득찬 수레는 어디에 있습니까?"

"난 그런 것을 본 적이 없소."

"나의 왕이시여, 누가 지그프리트의 죽음에 대한 원한을 갚아 주겠습니까? 나를 사랑하는 마음으로 당신이 그 일을 해 주신다면, 니벨룽엔의 모든 보물은 당신의 차지가 될 것입니다." 크림힐트가 남편에게 재촉했다.

"당신의 복수가 당신을 영예롭게 해줄 것이오. 하지만 당신의 오라버니들은 내가 손님들에게 보이는 호의를 누리고 있소." 더욱 최근에 전해지는 이야기에는 에첼이 크림힐트의 제안을 거절했다고 한다. 저들은 하등의 의심과 저의 없이 에첼을 왕으로서 칭송했으며, 또한 막대한 보물을 요구하는 법도 없는 그를 온화하고 평화를 애호하는 사람으로 여겼다. 이것은 우리에게 하나의 미화된 이야기로만 여겨진다.

어떤 세상 물정 모르는 군주가 자신에게 돌아올 어마어마한 보물을 외면하려 한단 말인가? 하지만 크림힐트가 그녀의 친척들을 위해 족제비과의 어민 모피와 검은 담비의 모피로 홀을 치장한 것과 같이, 이 막강한 왕은 특별한 존경심을 가지고 처남들을 대했다. 그녀의 오라버니들을 공공연하게 해치워달라는 그녀의 부탁을 그는 따르지 않을 것처럼 말했지만, 그는 은밀히 자신의 동생인 블레델에게는 본심을 털어놓았다. 그래서 크림힐트가 블뢰델에게 간청했을 때, 그는 왕의 의도를 알고 있었던 것이다.

"블뢰델이여, 당신은 나를 도와주셔야 합니다. 이 왕궁에 나의 원수들이 있습니다. 그들은 내 남편을 살해한 자들입니다. 내 원수를 갚도록 도와주는 자에게 나는 영원히 봉사할 것입니다."

"왕비시여, 당신은 내가 에첼의 뜻에 반하는 어떤 일도 할 수 없다는 걸 알고 계실 겁니다. 내가 당신을 돕는다면, 에첼 왕은 나를 절대로 용서하지 않을 것입니다." 블뢰델이 처음에는 반대하고 나섰다.

어쩌면 크림힐트는 블뢰델의 거부 의사 뒤에 숨겨진 계략을 예측하고 있었는지도 모른다. 그녀는 약속했다.

"블뢰델이여, 그렇다면 걱정하지 마세요. 나는 언제나 당신에게 충실할 거예요. 그 보답으로 당신은 금과 아름다운 처녀를 얻게 될 겁니다. 나우둥의 약혼녀를 당신은 행복하게 껴안을 수 있을 거예요. 게다가 영토와 성들도 주겠어요. 나우둥이 다스렸던 국경지역을 얻게 되면, 당신은 행복하게 살 수 있을 거예요. 그 모든 것을 드리겠다고 당신에게 약속합니다."

블뢰델은 그 대가에 대한 이야기를 듣고, 특히 그 훌륭한 처녀를 얻을 수 있다는 욕심때문에 싸우려는 열망에 빠졌다. 아마도 두 배의 포상이 그를 유혹했을 것이다. 에첼 역시 아우에게 보물의 일부를 주겠다고 약속했기 때문이었다.

"다시 홀 안으로 들어가십시오." 블뢰델이 왕비에게 요청했다. "당신은 곧 싸우는 소리를 듣게 되실 겁니다. 자신이 저지른 행위에 대해 하겐은 속죄를 해야 할 것입니다. 저는 그 살인자를 묶어 당신의 발 앞에 무릎을 꿇게 만들겠습니다."

블뢰델이 자신의 용사들에게 무기를 들라고 명령했다.

크림힐트는 다시 왕의 식탁으로 가서 그들의 아들을 데려오게 했다.

네 명의 신하들이 젊은 왕인 오르트리프를 에첼의 식탁으로 모셔갔다. 그 자리엔 하겐도 앉아있었다.

왕이 아들을 보자, 자신의 친척들에게 말했다.

"자 보십시오, 나의 친구들이여! 이 아이는 나의 유일한 아들이자 당신들 누이동생의 아들입니다. 이 아이가 당신들의 혈통을 본받게 되면, 용감한 영웅으로서 고귀하고 막강하며 훌륭하고 강한 용사가 될 것입니다. 내가 살아있는 동안에 이 아이는 열 나라를 받게 될 것입니다. 그렇게 되면 이 어린 오르트리프는 당신들에게 유익한 사람이 될 것이오. 당신들이 다시 라인강으로 돌아갈 때, 이 아이도 함께 보름스로 데려가서 용감하고 명망있는 용사로 길러주시오. 이 아이가 자라 성인이 되면, 당신들의 적들을 물리치는데 도움이 될 수 있을 것입니다."

크림힐트가 이 말을 듣고 어떻게 받아들였는지, 우리로선 알 길이 없다. 아마도 하겐은 이 말을 음험한 속임수로 받아들였을 것이다. 따라서 그는 다음과 같이 대답했다.

"그곳에서 오르트리프 왕자께서는 용사로 자라나실 수 있을 겁니다. 하지만 제가 보기에 이 어린 왕자님에게는 이미 죽음의 그늘이 덮혀있는 것 같습니다."

에첼이 하겐을 무섭게 노려보면서 차가운 침묵으로 그를 벌주려고 했다. 군터의 신하가 이 무슨 주제넘은 짓이란 말인가! 라인강변으로부터 온 세 왕들도 몹시 마음이 상했으나, 하겐에 대한 항변은 전해지지 않고 있다. 이것은 에첼에게 부르군트족에게 저항하는 마음을 더 한층 가열시켰다. 아직은 하겐이 후에 무슨 짓을 저지를지 아무도 모르고 있었다.

34. 부르군트 용사들이 기습당하다

부하들의 숙소에는 원수인 당크바르트가 자신의 용사들과 부하들을 데리고 식사를 하고 있었다. 이때 블뢰델이 몇몇 용사들을 거느리고 안으로 들어가 당크바르트에게 말했다. 원수가 그를 다정하게 맞아주었다.

"이 집에 오신 걸 환영하오, 블뢰델공이시여! 어째서 이렇게 몰려오게 되신 것인지 저로선 놀라울 따름이오만."

"당신은 내게 인사할 필요가 없소이다. 내가 당신에게 행차한 것으로, 당신은 이미 죽은 거나 진배없소. 당신의 형 하겐이 지그프리트를 살해한 대가요." 블뢰델이 대답했다.

"아니오, 블뢰델공!" 당크바르트가 맞섰다. "그렇게 되면 이 에첼의 궁성 여행이 우리에게 얼마나 후회스러운 일이 되겠소. 지그프리트가 생명을 잃었을 당시, 나는 사냥을 나가지 않았었소. 어째서 크림힐트 왕비가 내게 복수를 해야 한단 말입니까?"

"더 이상은 모르오." 블뢰델이 말했다. "당신의 친척들이 그 일을 저질렀소, 군터와 하겐이 말이오. 그러니 맞서 싸우시오, 이국의 용사들이여!"

"당신은 그 일을 그만둘 수 없다는 거요?" 당크바르트는 분개했다. "그렇다면 내가 당신을 다정하게 대했던 사실이 후회스럽군." 번개처럼 그 영웅은 식탁에서 뛰쳐 나와 블뢰델이 미처 저항하기도 전에, 자신의 칼을 빼어들고 그의 목을 베어버렸다.

그러자 블뢰델의 머리가 그의 발 앞에 굴러 떨어졌다.

"이것이 나우둥의 신부에게 바칠 결혼 선물이군." 당크바르트가 조롱했다. "내일이면 그녀는 다른 남자를 취할 수 있겠지." 신뢰할 만한 한 훈족의 병사가 여왕이 무슨 음모를 꾸미고 있었는지를 그에게 일러바쳤던 것이다.

블뢰델의 부하들은 그들의 주인이 목이 떨어져 피 속에 쓰러져 있는 것을 보고 칼을 빼어들어 격렬한 증오심으로 적군들을 향해 달려들었다.

"그대 종사들이여, 무슨 일이 일어났는지 보아라. 이제 그대들이 할 수 있는 대로 자신들을 방어하도록 하라!" 원수가 소리쳤다.

검을 잡을 수 없었던 자들은 식탁 아래에서 무거운 의자를 끌어 내어 투구를 쓴 훈족의 용사들의 머리통을 마구 때렸다. 놀란 용사들이 사납게 싸우면서 저항을 했고 결국 무장한 훈족들을 숙소에서 몰아냈다. 하지만 오백 명이 넘는 용사들이 그 안에 죽어 있었다. 그들의 피가 수 많은 부르군트 용사들의 갑옷을 피로 물들게 했다. 하지만 그들의 적들은 쉴 틈을 주지 않았다. 훈족들은 블뢰델과 그의 종사들이 죽었다는 소식을 듣고 곧 이천 명 내지 그 이상의 부하들이 증오심에 차서 무장을 갖추고 종자들의 숙소로 밀어닥쳤다. 이러한 큰 무리들에 비해서 부르군트의 종자들은 상대가 될 수 없었다. 무장이 허술한 그들이 용감히 저항을 했고 수 많은 훈족들을 쳐 죽였음에도 불구하고, 그들 모두는 훈족의 우세에 밀려 쓰러져 버렸다. 이제 무시무시한 결과를 들어보시라. 구천 명의 종자들이 죽어 널브러져 있었고, 그 중에는 당크바르트의 고귀한 용사들도 아홉 명이나 목숨을 잃었다.

최후의 용사가 쓰러졌을 때, 전투의 소란도 누그러졌다. 잠시 정적이 감돌았다. 영웅 당크바르트가 어깨 너머로 자신의 전사들을 바라보며 말했다.

"아, 슬프도다, 내 친구들을 다 잃고 말다니! 이제 나 혼자 적들 속에 서 있게 되었구나!"

그가 몇 마디 말을 하자마자 다시 검들의 일격들을 막아내야 했다. 그는 방패를 높이 쳐들고 수 많은 흉갑과 맞서 자신의 칼을 휘둘렀다. 그러자 그 흉갑을 걸친 자가 바닥에 쓰러졌다.

"이제 뒤로 물러서거라, 훈족들이여!" 당크바르트가 소리쳤다. "싸움으로 몹시 덥구나, 나로 하여금 시원한 바람을 쐬도록 내버려두어라!"

그때 적의 무리가 두 줄로 서서 영웅이 밖으로 걸어나가도록 길을 내주었다. 바깥에서는 아직 그의 머리가 쪼개져 있지 않은 것을 본 훈족들이 일제히 그를 공격했다. 칼들이 부딪치며 내는 소음이 그의 투구 위에서 진동을 했다.

당크바르트가 말했다. "내가 여기서 어떤 곤경에 처해있는지 나의 형이 알도록 전령을 보낼 수만 있다면, 하겐이 나를 끌어 내든지 나와 함께 죽든지 할 텐데!"

"너는 스스로 전령이 될 것이다. 우리가 너의 시체를 네 형의 발 앞에 던져주면 말이다." 훈족의 병사들이 소리쳤다.

"그 큰 주둥이들을 다물고 길을 비켜라, 그렇지 않으면 흉갑이 아직 너희들을 지탱해주는 동안, 즉시 피로 물들게 될 테니." 당크바르트는 몇몇 용사들의 목을 더 베어버렸다. 그러자 그들은 거리를 유지하고서 안전하게 떨어진 곳에서 그의 방패를 향해 수 많은 창들을 쏘았다. 그는 무게를 견디지 못하고 방패를 손에서 늘어뜨렸다.

이제 훈족들은 이 원수를 제압할 수 있으리라 생각했지만, 그는 무방비 상태에서 닥치는 대로 점점 더 세차게 쳐부수었다. 그의 적들이 또 다시 양편에서 그를 향해 달려들었을 때, 그는 산돼지가 숲에서 개떼를 피하듯 그들에게서 물러섰다. 그가 왕궁으로 혼신의 힘을 다해 올라갔을 때, 그가 지나치는 길은 점점 새로 뜨거운 피로 적셔졌다. 칼들이 내는 소음에 놀란 시종장들과 술시종들은 음식과 마실 것들을 던져 버리고 그곳에서 달려나갔다. 문지기들이 홀로 향하는 계단을 봉쇄했다.

"음식을 나르시오." 당크바르트가 말했다. "하지만 나로 하여금 나의 왕들에게 보고하게 해주시오!" 그러면서 그는 자신의 길을 방해하는 자를 쫓아내거나 베어 넘어뜨렸다. 그리고 마침내 그는 싸움에 지쳐서 핏방울이 떨어지는 갑옷과 투구를 쓴 채 홀 안으로 들어갔다.

35. 홀에서의 싸움

"배반입니다! 하겐 형이시여!" 당크바르트가 소리쳤다. "당신이 여기서 포도주를 마시며 식사를 하고 있는 동안, 밖에서는 우리들의 부하 전부가 목숨을 잃었습니다!"

축제의 소음이 수그러들고 있었다.

"누가 그렇게 했는가?" 하겐의 음성이 울려퍼졌다.

"블뢰델과 그의 부하들입니다!" 당크바르트가 되받아 소리질렀다. "하지만 그는 자신의 머리로 그 일을 속죄했습니다."

홀 안은 이제 죽음과 같은 정적이 흘렀다.

"영웅의 손에 의해 쓰러진 것이 그 용사에게는 차라리 영광스러운 일이네." 하겐이 말했다. "하지만 동생이여, 내게 말해다오, 그대는 어디서 그렇게 붉게 피로 물들었는가?"

"내 갑옷에서 흐르고 있는 피는 다른 용사들의 피가 묻은 것입니다. 그리고 맹세컨데, 그 살해당한 자들의 수는 헤아릴 수가 없을 정도입니다."

"동생 당크바르트여, 문을 잠그시오, 훈족의 누구도 홀에서 나가지 못하오! 부하들이 저지른 일에 대해서 에첼의 사람들에게 답변을 구해볼 테니."

당크바르트는 피에 젖은 투구와 갑옷을 걸친 그대로 문 앞에 섰다. 그리고 자신의 칼을 쑥 빼어 들었다. 그의 검에서는 피가 뚝뚝 떨어지고 있었기 때문에 검은 더 이상 번쩍거리지 않았다. 홀 안의 있던 훈족의 사람들은 속삭이며 적대감을 품고 이러한 위협에 대항했다.

"크림힐트는 지그프리트의 죽음을 잊지 못하고 있었지." 트론예 사람이 말했다. "나는 그런 사실을 오래 전부터 알고 있었어. 지그프리트의 명예를 위해서 에첼의 잔을 듭시다. 그의 아들이 첫 번째 대상이 될 것이오."

그리고 누군가가 식탁에서 대응을 하기도 전에, 하겐은 칼 발뭉을 빼어들고 오르트리프의 머리를 베어버렸다. 그 어린 아들의 머리가 크림힐트의 품 속으로 떨어졌다. 이윽고 그의 피가 칼을 따라 흘러내려 하겐의 손을 적셨다.

그리고 나서 하겐은 어린 왕자의 양육자를 또 그렇게 내리치자, 그의 머리가 식탁 위로 굴러 떨어졌다. 그것에 이어서 그는 분노에 사로잡혀 음유시인인 베르벨의 오른손을 잘라버렸다.

"네가 보름스로 가지고 온 소식에 대한 보답이다!" 트론예 사람이 말했다.

"슬프도다, 내 손이여! 내가 당신에게 무슨 일을 했단 말입니까? 나는 신뢰를 갖고 보름스로 갔던 것입니다. 이제 손도 없이 어떻게 현을 켤 수 있단 말이오" 음유시인이 한탄했다.

에첼이 자리에서 벌떡 일어나 소리쳤다. "내 용사들이여, 부르군트족들을 쳐죽여라!"

잔인한 살육이 시작되었다. 싸움의 소란과 비명 소리가 홀을 가득 메웠다. 훈족과 부르군트족들이 서로 엉켜서 싸웠다. 보름스 출신의 음유시인이 식탁에서 벌떡 일어나 자신의 제금활을 켜기 시작했다. 거친 선율이 훈족들의 투구와 갑옷을 두들겼다. 세 왕들 역시 자리에서 벌떡 일어나 더 많은 피를 흘리기 전에 싸움을 종결시키려고 했다. 하지만 하겐과 폴커는 훈족들 속에서 이미 광포하게 날뛰고 있었다. 그때 군터 왕 자신도 칼을 빼어들고 적들에게 깊은 상처를 입혔다. 게르노트도 뤼데거가 자신에게 선물로 준 무기로 수 많은 훈족들을 쳐죽였던 것이다. 한편 두 왕과 그들의 용사들이 제아무리 용감하게 싸웠다고 하지만, 기젤헤어는 그들 모두를 능가했다. 그가 쓰러뜨린 수 많은 적들이 바닥에 쓰러진 채 목숨을 잃었다. 에첼의 용사들도 용감하게 저항했으며 수 많은 부르군트의 전사들을 베어 넘어뜨렸다.

　문을 폐쇄한 당크바르트의 근방에서는 칼과 투구가 부딪치는 소리가 요란했다. 하겐은 동생이 걱정이 되어 폴커를 불렀다.

　"친구 폴커여, 내 동생을 구해주시오!"

　"기꺼이 그렇게 하지요!" 그는 대답을 하고, 훈족의 투구와 갑옷 위에서 요란한 소리가 날 정도로 악기의 활을 뒤흔들었다. 싸움에 지친 당크바르트가 바깥문을 막고서 어떤 적들도 구원하러 들어오지 못 하게 하고 있는 동안, 이렇게 그는 음악을 연주하면서 문이 있는 곳까지 뚫고 나아가 자신의 칼로 홀을 봉쇄했다.

　"문은 완전히 차단되었소!" 폴커가 전사들의 머리 위로 소리쳤다. "친구 하겐이여, 두 영웅이 천 개의 빗장을 채운 것 만큼이나 확실하답니다!"

　하겐은 문이 틀림없이 닫혀있는 것을 보고 방패를 뒤로 내던졌다. 그리고 그제서야 비로소 적들에게 죽은 종자들에 대한 복수를 본격적으로 하기 시작했다.

　베른의 디트리히는 하겐이 광란하면서 발뭉으로 연달아 투구를 박살내는 모습을 보고서 의자 위로 뛰어올라가 말했다.

"하겐이 우리 모두에게 지독한 술을 대접하고 있군!"

에첼의 눈 앞에서 수 많은 자신의 친구들이 쓰러져가자, 이때 그는 자신의 생명이 염려되었다. 자신이 왕이라는 사실이 무슨 소용이 있었겠는가!

위협을 느낀 크림힐트가 디트리히를 불렀다.

"그대 온갖 미덕의 재보이신 고귀한 왕이시여, 나를 도와주세요! 내가 하겐의 손아귀에 떨어지는 날에는, 나는 분명 죽음을 당하고 말것이오."

"고귀하신 왕비시여, 제가 어떻게 당신을 보호할 수 있겠습니까? 저 자신도 위협을 받고 있습니다. 군터의 종사들이 저토록 격분해 있어서, 저 역시 더 이상 화해를 조성할 수가 없는 형편입니다." 디트리히가 대답했다.

"고귀한 디트리히시여, 당신의 위대함을 증명해 주시오, 나를 여기에서 나가도록 도와주세요, 그러지 못하면 나는 죽습니다!" 이렇게 크림힐트는 죽음이 임박해 있음을 알고 있었다.

"제가 당신을 돕도록 해보겠습니다." 디트리히가 말했다. "오래 전부터 어떤 영웅들도 저토록 무자비하게 칼을 휘두른 적은 없었습니다. 보는 곳마다 산산조각난 투구로부터 피가 솟구치고 있습니다."

디트리히는 의자에 서서 사지를 쭉 펴고는 들소의 뿔피리처럼 성 전체가 진동을 할 정도로 전력을 다해 소리를 질렀다. 디트리히는 목소리에 있어서 모든 사람들을 능가했던 것이다.

싸우는 소리와 비명 소리에도 불구하고 군터 왕이 이 소리를 듣고 말했다.

"이건 디트리히의 목소리군. 그가 우리 때문에 용사들을 잃은 것일까? 식탁 위에 올라서서 그가 손을 흔들고 있군. 부르군트 사람들이여, 싸움을 멈추시오! 저 사람에게 우리가 무슨 일을 했는지 알아봅시다."

용사들은 그들의 왕이 하는 말을 듣고 살육이 벌어지는 와중에 칼을 내려놓았다.

"우리때문에 당신의 부하들 중의 누군가가 목숨을 잃었소? 나는 그 점에 있어서 기꺼이 보상을 할 것이오." 군터가 말했다.

"저에게는 아무런 피해도 없었습니다." 디트리히가 대답했다. "저의 안전을 허락해 주셔서, 저로 하여금 내 부하들을 데리고 이 홀에서 나갈 수 있도록 해 주십시오. 그렇게만 해주신다면, 그에 대한 보상으로 언제나 당신을 섬길 것을 약속드립니다." 디트리히의 용사인 볼프하르트가 저항하며 폴커에 대항해 출입문을 열려고 했다. 하지만 아멜룽엔의 왕은 그에게 침묵하도록 명했다.

전투의 끊임없는 굉음과 칼들이 부딪치는 소리가 수그러들었다. 용사들은 싸우다 말고 잠시 왕들이 하는 말에 귀를 기울였다.

"내 당신들에게 그렇게 하도록 허락하겠소! 내 적들만 여기에 남고 모두 홀에서 나가시오. 훈족들은 나의 구천 명의 부하들과 아홉 명의 기사들을 살해했소." 군터가 말했다.

디트리히는 이 말을 듣고 한 팔에는 왕비를 붙들고, 다른 팔에는 에첼 왕을 붙들고서 자신의 아멜룽엔 용사들 육백 명과 함께 홀을 떠났다.

"당신들에게 충실한 또 다른 사람들도 이 집에서 나가도 됩니까?" 변경 영주인 뤼데거가 물었다. "좋은 친구들과는 평화를 유지해야 마땅한 일인 것입니다."

"당신과 당신의 종사들은 우리를 성실히 대접했습니다. 그러니 우리도 당신에게 화평과 화해 그리고 자유로운 철수를 보장합니다." 기젤헤어가 대답했다.

뤼데거와 함께 오백 명 이상의 그의 용사들이 홀을 떠났다. 하지만 곧 그들로인해 군터의 용사들은 크나 큰 해를 입어야 할 처지에 놓여야 했다.

한 훈족의 용사가 디트리히 곁에 있던 자신의 왕이 문으로 나가는 것을 보고 함께 슬쩍 빠져나가려고 했다. 그때 음유시인이 그에게 일격을 가해 그의 머리가 에첼 왕의 발 앞에 굴러 떨어지게 했다.

훈족의 왕이 홀 앞으로 나서게 되었을 때, 그는 몸을 돌려 폴커를 쳐다보았다.

"이 손님들을 초대한 것이 이렇게 비통할 수가!" 그가 한탄했다. "나의 모든 용사들이 그의 손에 죽어야만 하는가? 이 축제가 재앙을 가져왔도다! 저기 홀안의 한 용사는 사나운 산돼지처럼 싸우는구나. 그는 분명 음유시인이겠지. 그가 활을 움직일 때마다 피에 물들고, 그가 울리는 소리는 사람을 죽이는구나. 여지껏 나는 그토록 끔찍한 손님을 맞이한 적은 없었어!"

그들이 허락한 마지막 사람이 홀을 떠나고 났을 때, 안에서는 다시금 강력한 전투의 아수라장이 벌어지고 있었다. 부르군트 용사들은 계속해서 보복을 가했다. 폴커의 활은 또 다시 투구와 갑옷 위에서 춤을 추었다. 그리고 하겐은 갑옷과 방패들을 산산조각 내버렸다. 싸움은 홀 안에 있던 훈족의 최후의 병사가 칼에 찔려 더 이상 움직이지 못 하게 될 때까지 그토록 오랫동안 지속되었다. 그리고 나서야 비로소 부르군트족은 손에서 그들의 칼을 내려놓았다. 이윽고 커다란 정적이 몰려왔다.

36. 죽은 자들을 홀 밖으로 내던져 버리다

싸움으로 피로해진 부르군트족들은 주저앉아 쉬고 싶었다. 하지만 사방에 시체들이 널려있어서 앉을 자리도 없었다. 하겐과 폴커가 홀 밖으로 나가 오만한 태도로 그들의 방패에 몸을 기대고 진지한 이야기를 나누고 있을 때, 기젤헤어가 말했다.

부르군트족 용사들이 에첼 궁성의 홀에서 시신들을 밖으로 내던지는 모습. 1440년경 필사본 b의 그림.

"쉬기 전에 우리는 시신들을 홀 밖으로 치워버려야 하오. 훈족들이 우리를 제압하기 전에, 아직은 우리가 그들에게 많은 상처를 입히게 될 것이오. 하지만 이 시신들이 우리에게 방해가 되어서는 안 되오."

"저런 군주를 모시고 있는 사람은 복이오!" 하겐이 말했다.

부르군트 사람들은 그의 충고를 따라 칠천여 명이나 되는 죽은 자들을 문 앞으로 들고와서 홀의 계단 아래로 던져버렸다. 상당수의 병사들은 단지 가벼운 상처만 입고 있어서 간호를 받아 다시 건강해질 수도 있었지만 높은 곳으로부터 내던져져 완전히 생명을 잃고 말았다.

그것을 보고 훈족들은 큰 소리로 울부짖었다. 그것이 음유시인을 자극했다. "아녀자들처럼 찔찔우는 대신 차라리 부상자들을 돌봐줘야 할 텐데 말이야." 그가 말했다. 그때 한 변경 영주가 음유시인의 권유를 듣고 부상당한 친척을 운반해가기 위해 팔로 그를 감싸 안았다. 그러자 음유시인이 그 광경을 보고 창으로 그를 관통시켰다.

모두가 폴커를 저주하며 도망을 쳤다. 그는 훈족들이 홀 안에 겨냥하여 내던진 창 하나를 집어들고 무시무시한 힘으로 그곳에서 계속 달아나고 있는 훈족의 무리들 위로 던졌다. 수천 명이나 되는 사람들이 이제 홀에서 조금 떨어진 곳에 서 있었다. 그들의 한 가운데 에첼 왕과 크림힐트 왕비가 있었다.

하겐이 훈족의 왕을 부추겼다.

"내가 섬기는 왕들처럼 무리의 선두에 나서서 싸우는 것이 한 나라의 군주로서 지녀야 할 마땅한 태도가 아니겠소."

화가 난 에첼이 자신의 무기를 잡았다.

"하겐이 당신에게 가까이 접근하면, 당신은 죽습니다." 크림힐트가 그를 제지하려고 했다.

하지만 에첼은 왕으로서 자신의 명예가 실추당했다고 생각하고 싸우려 했다. 종사들이 방패끈을 잡고 그를 도로 끌어들여야만 했다. 그는 왕으로서 그렇게 하지 못하도록 거절할 수도 있었음에도 불구하고 그대로 내버려 두었다. 그의 싸움에 대한 열망이 단지 그럴싸한 속임수에 불과한 것이었는지는 전해지지 않고 있다.

하겐은 계속해서 에첼을 조롱했다.

"지그프리트는 당신 이전에 크림힐트의 연인이었던 사람이오! 음흉한 왕이시여, 그런데 어찌하여 당신은 나를 냉대하는 것이오?"

자신의 부하들 앞에서 심한 비방을 들은 에첼은 자신의 방패를 떨어뜨리고 다시 몇 발짝 앞으로 나아가 말했다.

"그대는 내 왕비의 결혼선물을 빼앗은 사람이오. 그녀 소유의 모든 보물도 그대가 라인강에 은닉시켰소. 나는 그 보물들을 요구하는 바이오."

크림힐트 역시 하겐의 비방을 듣고 몹시 성이 나서 말했다.

"하겐의 목을 베어서 내 발 앞에 가져오는 자에게는 황금이 박힌 에첼의 방패를 줄 것이며 또한 강성한 성들과 나라들을 주어 보답할 것이오."

"저토록 한심한 영웅들은 내 일찍이 본 적이 없어." 하겐이 조롱했다. "그렇게 높은 보상을 듣고도 가만히 있다니! 그들은 왕이 주는 빵을 먹고도, 그가 위급한 곤경 속에서 처해있는데도 저토록 비굴하게 굴다니. 당신들은 이런 치욕을 절대로 떨쳐내지 못 할 것이오."

그때 에첼의 무리 속에서 소요가 일었다. 이윽고 덴마크의 변경 영주 이링Iring이 소리쳤다.

"나는 수 많은 전투에서 승리를 거두었고 내 명예를 위해 살아왔다. 나에게 내 무기를 가져와라, 내가 하겐을 제압하리라!"

"나는 그러지 말라고 당신에게 충고하오. 하지만 당신이 원한다면, 훈족의 용사들을 내게서 멀리 떨어져 있게 하시오." 하겐이 말했다.

"나는 혼자서 칼만을 가지고 당신과 싸울 것이오." 이링은 단언하며 무장을 했다. 하지만 그를 도우려고 나선 튀링엔의 용감하고 젊은 청년 이른프리트Irnfried, 힘센 하바르트Hawart 그리고 천 명의 부하들이 그와 함께 무장을 했다.

음유시인은 투구를 단단히 매고 무장을 하고서 거대한 무리들과 함께 다가오는 이링을 보면서 화가 나서 소리쳤다.

"거짓말은 영웅에게 어울리는 짓이 아니지 않소? 천 명 내지 그 이상의 용사들이 그대와 함께 오고 있소!"

"내가 맹세한 대로 실행하겠소." 이링이 말했다. "나는 두렵지 않소. 하겐이 제 아무리 두려운 존재라 하더라도, 나 혼자서 그와 맞설 것이오." 이링은 그의 용사들이 양보하고 물러설 때까지 그토록 오랫동안 그들에게 간청했던 것이다.

그리고 나서 이링은 자신의 창을 치켜들고, 또 방패로 자신을 방어하고는 홀 앞으로 뛰어올라갔다. 전투의 요란한 소리가 일기 시작했다. 두 사람은 강한 손으로 창을 던졌다. 창은 그들의 단단한 방패를 뚫고 갑옷에 부딪쳤다. 그러자 창의 자루들이 공중으로 치솟았다. 이제 두 영웅은 격렬하게 자신들의 칼을 잡았다. 하겐이 용감하게 대결했음에도 불구하고, 이링은 홀 전체가 진동을 하고 칼로 내리치는 소리가 궁성의 본관과 탑으로 울려 퍼질 정도로 그를 내리쳤다. 하지만 그는 트론예 사람을 대항해 아무런 성과도 낼 수 없었기 때문에 상처 하나 입히지 못한 채로 그를 내버려 두고, 음유시인을 공격하기 시작했다. 하지만 그는 이링의 격렬한 타격을 방어하고 그의 방패 조임쇠들이 퉁겨져 나와 사방으로 흩어져 날릴 정도로 무서운 일격을 가했다. 그러자 이링은 그를 지독한 악마로 간주하고 그에게서 몸을 돌려 또 다시 군터를 향해 달려들었다. 이링과 군터는 서로 격렬한 타격을 주고 받았음에도 불구하고, 그들은 서로에게 아무런 상처도 입히지 못했다. 두 사람의 강력한 갑옷과 투구가 그들을 지켜주었기 때문이었다. 그러자 이링은 군터 왕으로부터도 손을 떼고 자신의 갑옷에서 불꽃이 튀길 정도로 세차게 게르노트를 공격했다. 하지만 게르노트가 이링을 죽일 뻔 한 순간에, 그는 노련하게 그로부터 떨어져 나와 네 명의 부르군트 용사들을 때려 눕혔다.

사람들은 이제껏 그보다 더 성이 난 기젤헤어를 본 적이 없었다. 그도 그럴 것이 이링이 때려 눕힌 용사들은 바로 기젤헤어의 부하들이었기 때문이다.

"용사 이링이여, 당신은 이 일에 대한 보상을 치뤄야만 할 것이오". 그가 말했다. 그리고 기젤헤어는 방금 쓰러져 죽은 용사들의 핏 속으로 이링을 쓰러뜨릴 기세로 타격을 가했다. 사람들은 그 영웅이 이제 죽었다고 생각했다. 하지만 이링은 기젤헤어가 가한 타격의 충격때문에 잠시 의식을 잃었을 뿐이었다. 그의 의식이 천천히 되돌아오게 되었을 때, 그는 생각했다. '나는 살아있고 아무런 상처도 입지 않았다. 나는 이제야 비로소 기젤헤어가 얼마나 위대한 영웅인지 알겠다.' 이링은 자기 위에서 적들이 서 있는 소리를 듣고 그들로부터 달아날 일을 곰곰 생각했다. 그는 마치 광포한 사람처럼 피투성이 속에서 벌떡 일어났다. 그리고 자신의 날렵함 덕택에 적들로부터 벗어나 홀 밖으로 달려나와 문가에 있던 하겐과 맞부딪쳤다. '악마가 널 지켜주지 않았다면, 너는 죽은 목숨이야.' 하겐이 생각했다. 그럼에도 불구하고 이링은 자신의 칼 바스케로 하겐의 투구를 뚫고 상처를 입혔다. 자신이 부상당한 사실을 알아차린 하겐은 격분해서 이링에게 덤벼들었다. 자신의 방패로 머리를 방어했던 이링은 그전에 계단을 내려와 도망을 쳤다. 그리고 만일 층계가 세 계단만 더 길었더라면, 그를 추적하던 하겐이 그에게 일격을 가하지는 못했을 것이다. 이링의 투구에서 붉은 불꽃이 흩날렸다! 그는 보전된 몸으로 무사히 자기 종사들에게로 돌아왔다.

크림힐트는 직접 방패를 그의 손에서 받아들고 그에게 감사의 뜻을 표했다.

"하겐의 갑옷이 피로 붉게 물들고 있소, 그것이 내게 위안이 되는구료."

"당신의 고마움을 잠시 접어두시오." 하겐이 홀의 문 앞에서 그녀에게 소리쳤다. "그가 또 다시 시도해서 이번에도 성한 몸으로 돌아간다면, 그때야말로 과연 그는 용감한 용사일 것이오. 이 작은 상처가 이제서야 그를 쳐 죽이도록 나를 자극하고 있소."

이링은 투구를 벗고 쇠사슬로 엮은 갑옷을 입은 채로 시원한 바람을 쐬고 있었다. 그의 부하들은 그가 발뭉을 휘두르며 싸우는 트론에 사람에게 부상을 입혔다는 사실을 칭송해 마지 않았다. 그것이 그로 하여금 다시 싸우고자 하는 마음을 부추겼다.

그의 방패는 산산조각이 났기 때문에 그는 더 육중한 방패를 제공받았다. 전보다 더 철통같은 무장으로 그는 트론예 사람에 대한 증오심에 차서 강력한 창자루를 움켜쥐고는 다시 한 번 하겐을 향해 돌진했다. 하겐은 살인욕에 불타 계단을 내려왔다. 그리고 공격을 마냥 기다리지 않고 덴마크 용사를 향해 먼저 창을 던졌다. 그가 강력한 힘을 보였고 그리고 두 영웅이 불같이 붉은 피가 솟구치도록 방패를 내리쳤음에도 불구하고, 트론예 사람이 이링의 갑옷을 관통시켰다. 부상을 당한 후 이링은 방패를 높이 들어 올렸다. 하지만 하겐은 부상을 입히는 것만으로 만족하지 않았다. 그는 자신의 창을 집어 들고 이링을 향해 던졌다. 그 창대가 이링의 머리를 뚫고 돌출했다. 이렇게 해서 이링은 덴마크인들에게로 도망을 쳤던 것이다. 사람들은 그의 투구를 벗기기도 전에, 머리에서 창을 뽑아내야 했다. 이링의 친척들은 그의 임박한 죽음을 앞에 두고 울음을 터뜨렸다.

왕비가 그의 위로 몸을 구부렸고 그의 상처 때문에 비통해했다. "당신의 눈물이 무슨 도움이 되겠습니까. 저는 죽을 것입니다." 이링이 고통으로 신음했다. 그리고 나서 그는 덴마크 사람들과 튀링엔 사람들에게 말했다. "하겐과 맞서는 자에게는 죽음만이 있을 뿐 입니다." 이링의 안색이 창백하게 변했다. 죽음의 징후였던 것이다.

이제 덴마크 용사들은 전투에 돌입할 수밖에 없는 상황에 처했다. 이른프리트와 하바르트는 천 명의 용사들과 함께 궁성의 본관을 향해 돌진했다. 그 튀링엔 사람이 음유시인을 공격했지만 폴커는 튀링엔 용사의 강력한 투구가 관통하도록 세차게 무기를 내리쳤다. 치명적인 상처를 입은 이른프리트는 이에 굴하지 않고 음유시인의 갑옷에서 불꽃이 흩날릴 정도로 폴커를 향해 가공할 만한 일격을 가했다. 하지만 튀링엔 사람은 폴커의 발 앞에 죽어 쓰러졌다.

이제 하겐과 하바르트가 서로 대결했다. 덴마크인이 뛰어난 용맹성을 발휘했음에도 불구하고 트론예 사람에 미칠 수는 없었다. 그는 하겐에 의해 목숨을 잃었다. 덴마크인들과 튀링엔 용사들이 자신들의 주인이 죽어 쓰러져 있는 것을 보았을 때, 궁성 앞에서는 무시무시한 학살이 시작되었다.

"물러서서 그들이 들어오도록 해라!" 폴커가 소리쳤다. "안에서 우리가 그들을 단시간에 쓰러뜨릴 것이다!"

공격자들이 무모하게 홀 안으로 밀려들었을 때, 수 많은 손과 발 심지어 머리가 잘려져 나갔으며, 수 많은 용사들이 두 토막으로 베어졌다. 천 명하고도 네 명의 용사들이 홀 안으로 밀고 들어갔던 것이다. 모두 부르군트 용사들에 의해 죽음을 면치 못했다. 그리고 나서 전투의 온갖 아우성이 잠잠해졌다. 새들이 노래하는 소리를 듣고 있을 때뿐만 아니라, 피가 흘러나와 배수구를 타고 흘러내리는 소리를 듣고 있을 때도 그러한 정적이 감도는 것이었다.

부르군트족은 칼과 방패를 내려놓고 쉬기 위해 주저앉았다. 음유시인만이 문 앞을 지키고 있었다.

"이제 투구의 끈을 푸시오. 나와 내 부하들이 지킬 것이오." 하겐이 말했다.

부르군트 사람들은 투구를 벗고 피투성이가 되어 누워있는 시체들 위에 앉았다.

37. 살인 방화

에첼 왕과 크림힐트 왕비는 수 많은 부하들의 죽음을 한탄했다. 부인들과 처녀들은 고통과 절망으로 머리카락을 쥐어뜯었다. 이제 훈족의 왕과 왕비는 공격을 감행하기 위해 대략 이만

여 명의 용사들을 궁성의 본관으로 소집했다. 그들이 밀려들어왔을 때, 자신의 왕들 곁에 서 있던 당크바르트가 문으로 달려나가 적들이 들어오는 것을 막았다. 수 많은 부르군트 용사들이 목숨을 잃었지만, 훨씬 더 많은 훈족의 용사들이 쓰러졌다. 이 끔찍한 유혈의 참사는 하지에 벌어졌다. 그리고 싸움은 낮이 저물 때까지 계속되었다. 어두운 밤이 갑자기 몰려오기 시작했을 때, 부르군트 용사들은 고통을 오래 참고 견디느니 차라리 일찍 죽는 편이 나을 것이라 생각하기에 이르렀다. 따라서 손님들은 평화를 청했고 에첼 왕과 대화를 나누기를 원했다.

훈족의 통치자와 크림힐트 왕비가 용사들 앞으로 다가 섰다. 그들의 수는 각 나라에서 온 사람들로 인해 계속 불어났다. 에첼이 부르군트 사람들에게 말했다.

"내가 생명을 보존하고 있는 한, 그대들은 용서받지 못할 것이오. 그대들은 내 아들과 수 많은 내 친척들의 목숨을 앗아갔소. 때문에 나는 당신들에게 영원히 평화와 화해를 거절하오."

"크나 큰 곤경이 부득이 우리로 하여금 그렇게 하도록 했던 것이오." 군터 왕이 말했다. "당신들이 구천 명이나 되는 내 부하들을 살해했소. 무엇 때문에 내가 그런 일을 당해야 한단 말이오. 우리는 신의로써 당신에게 왔던 것입니다. 하지만 당신은 싸움을 일으켰소."

"에첼의 용사들이여, 내가 그대들에게 무슨 짓을 했단 말입니까? 나는 친구로서 당신들의 나라로 달려 온 것인데 말이오." 기젤헤어가 동의했다.

"우리로 하여금 이 싸움을 화해로써 끝을 내게 한다면, 양쪽 모두에게 좋을 것이오. 에첼 왕이 이곳에서 우리에게 가한 엄청난 일에 대해서 우리는 아무런 원인을 제공한 일이 없소이다." 군터 왕이 격노해서 말했다.

"우리가 당한 것과 당신들이 당한 것은 비교될 수가 없는 것이오." 에첼이 말했다. "당신들은 내게 훨씬 더 많은 피해를 입혔소."

"그렇다면 우리를 하여금 밖으로 나가게 한 다음 넓은 들판에서 우리를 죽이시오. 그렇게 하는 것이 당신에게 명예로운 일이 될 것입니다." 게르노트가 말했다.

훈족의 몇몇 용사들은 홀을 포위 공격하는 일을 중지하려고 했다. 하지만 다른 지휘자들이 그렇게 못 하도록 충고하고 나섰다. 크림힐트도 마찬가지였다.

"그대들이 이 살인자들을 홀에서 나오게 하면, 당신들의 모든 친척들은 곧 죽음을 맞게 됩니다. 내 오라버니들이 바람부는 곳에서 그들의 장비를 서늘하게 식히고 원기를 회복하고 나면, 그대들은 모두 패하게 될 것이오."

"아름다운 누이동생이여, 아, 내가 그대의 초대를 결코 받아들이지 않았더라면 좋았을 것을! 나는 항상 그대편에서 도와왔거늘, 내가 여기서 무엇 때문에 죽음을 당해야 하는 것이오? 우리에게 은혜를 베푸시오. 달리 무슨 일을 해서는 안 되오." 기젤헤어가 말했다.

"하겐은 내게 처절한 고통을 안겨 주었어요. 내게 목숨이 붙어있는 한, 어떤 화해도 있을 수 없습니다. 하겐을 내게 인질로 내준다면, 훈족의 용사들과 화해에 관해 얘기해 보겠습니다."

부르군트 사람들 속에서 조롱하는 소리가 들려왔다.

"홀 안에 우리의 혈족이 천 명이 섞여있다 해도, 우리가 단 한 사람을 볼모로 내 주느니, 차라리 모두 함께 죽음을 택할 것이오." 게르노트가 답변했다.

"우리가 정말 죽더라도, 나는 친구의 신의를 결코 저버리지 않겠소." 기젤헤어가 말했다.

"나의 형 하겐은 결코 혼자 있는 것이 아닙니다. 우리에게 평화를 거절한 자에게는 해가 미칠 것이오." 당크바르트가 말했다.

"그런데 내가 당신들의 뜻을 거역하고 이 홀을 나서겠다면?" 하겐이 자신의 왕들과 에첼을 자극했다. "내가 발뭉을 휘두를 수 있는 한, 적들의 무리에 대항해서 홀로 싸운다면? 그렇게 되면 부르군트 용사들은 화해를 보장받게 될 것이오." 하겐은 세 발자국 앞으로 나섰다.

부르군트족들은 중얼거리며 하겐의 새로운 계략을 의심스럽게 지켜보았다.

"크림힐트 왕비는 이것으로 충분히 만족했을 것이오. 하지만 난 아니오." 에첼 왕이 제지했다. "당신은 내 아들과 내 수 많은 친척들만 죽인 게 아니오. 당신은 여전히 우리에게 보물을 내놓기를 거부하고 있소. 보물을 날라올 때까지 나는 세 왕을 볼모로 요구하는 바이오."

"그 보물은 깊은 강물 속에 잠겨있소. 그렇기 때문에 누구도 다시는 건져올릴 수가 없소이다." 군터가 대답했다.

"그 보물은 과연 헤아리기 어려울 정도로 어마어마한 것입니다. 그 보물을 소유하는 자는, 세상을 정복할 힘을 얻게 되는 것입니다. 과연 누가 한 왕에게 그러한 힘을 맡길 수 있겠습니까? 아무도 그 막강한 힘을 악용하지 못하도록, 우리가 그것을 모조리 제거한 것입니다. 물론 우리들 자신에게서도 말입니다." 기젤헤어가 말했다.

"하겐이 그런 계략을 궁리한 것이오?" 에첼이 소리쳤다. "당신들이 그 보물을 영원히 수장시켰다면, 당신들은 지배자가 아닐 것이오. 보물은 마땅이 우리의 성으로 가지고 와야만 하오."

"부르군트족의 왕은 당신의 수중에 잡혀있지 않소!" 기젤헤어가 비웃었다. "나는 차라리 자결을 택하겠소."

에첼과 벌어진 이러한 논쟁이 보고되고 있는 것은 아니지만, 그러나 충분히 있었음직한 일인 것이다.

이제 에첼의 용사들은 공격을 시작하기 위해 궁성의 본관에서 무장을 하고 건물을 봉쇄했다. 아직 건물 밖에 서 있던 부르군 트 용사들은 검과 창을 든 채 홀 안으로 쫓겨났다. 그런 다음 건물 네 모퉁이에 불이 지펴졌다. 바람이 화염을 불러 일으켰으 며 머지 않아 지붕이 활활 타올랐다. 이렇게 부르군트 용사들은 불로 뒤덮히게 되었다.

"아. 재앙이로다. 이 뜨거운 열기여!" 많은 부르군트 용사들 이 안에서 소리쳤다. "차라리 싸우다 죽는 편이 낫겠구나!"

"곧 우리는 죽는구나! 목말라 괴롭다. 이 고통을 견뎌내지 못 할 것 같구나." 다른 한 사람이 한탄했다.

"우리가 목말라 고통을 당하면, 더 이상 싸울 수가 없소. 이 곤경 속에서는 어쩔 수 없이 피라도 마실 수밖에 없소. 이러한 열기 속에서는 이것이 포도주보다 더 좋은 것이오." 사람들은 즉시 하겐의 충고를 따랐다.

한 용사가 죽은 자에게 몸을 수그리고는 그의 투구를 벗겨냈 다. 그리고 그의 상처에서 흘러나오는 피를 들이마셨다. 그리고 나서 그가 말했다.

"당신의 충고에 따라 이렇게 잘 마셨으니, 신께서 당신에게 보답해 주시기를 바랍니다. 나는 이보다 더 나은 포도주를 마셔 본 적이 없었소." 다른 용사들은 피가 그 용사에게 좋았다는 말 을 듣자 더욱 많은 사람들이 피를 마시고 원기를 회복했다.

그 사이 타오르는 들보들이 홀 안으로 무너져 내렸다. 적열이 빗발치듯 했고, 타오르는 불꽃들이 격전에서 불어오는 것보다 더 뜨겁게 흩날렸다. 용사들은 방패로 불꽃들로부터 자신들의 몸을 방어했다. 그러나 연기와 뜨거운 열기가 커다란 고통을 안 겨주었다. 지붕이 함몰되자, 하겐이 소리쳤다.

"벽에다 몸을 바짝 붙어 서시오. 불타는 어떤 것들도 그대들 의 투구끈 위로 떨어지지 않게 하시오. 그리고 발을 핏속에 담 그시오!"

이렇게 밤이 지나갔다. 하겐과 음유시인은 다시 보초를 섰다.

"홀 안으로 들어갑시다." 폴커가 말했다. "훈족들은 우리가 열기 속에서 모두 사멸했다고 믿고 있을 겁니다."

"날이 천천히 밝아오고 있구나. 시원한 바람이 일기 시작하는구나." 한 사람이 말했다.

"내 누이동생 크림힐트가 우리에게 지독한 축제를 마련했구나." 왕들 중에 또 한 사람이 말했다.

"지금 나는 날이 새는 것을 느낍니다", 다른 사람이 말했다. "영웅들이여, 무장을 하시오."

에첼은 부르군트 사람들이 불타 죽었을지 아니면 연기로 질식해 죽었을지 확실히 알지 못했다. 하지만 홀 안에는 육백 명의 용사들이 버젓이 살아남아 있었다. 일찍이 한 왕이 그보다 더 용감무쌍한 용사들을 소유했던 적은 결코 없었다. 훈족의 감시병들은 재투성이가 된 수 많은 부르군트 용사들이 폐허 속에서 살아나 몸을 움직이고 있다고 보고했다. 크림힐트는 믿으려고 하지 않았다. 그런 엄청난 불 속에서 한 사람이라도 살아 남아 있다는 것은 불가능한 일이라고 말했다.

훈족들은 격렬한 공격으로 그들의 손님들에게 아침 인사를 대신했다. 연달아 날카로운 창들이 홀을 향해 던져졌다. 부르군트 용사들은 곤궁 속에 빠졌다. 훈족의 용사들에게 전투욕을 불어넣어주기 위해 황금으로 가득찬 방패가 홀 앞으로 운반되었다. 원하는 사람들은 즉시 그것을 받을 수 있었다. 많은 용사들이 그 대가로 목숨을 잃어야 했다. 어떤 왕도 그보다 많은 급료로 전사들을 얻고자 애쓴 적은 한 번도 없었다. 끊임없이 훈족들은 부르군트족들을 향해 달려들었다. 군터 왕은 훌륭한 용사들을 잃었다. 하지만 더 많은 부르군트의 적들이 쓰러졌고, 계속해서 새로운 무리들이 성의 주변 지역에서 몰려왔다. "도대체 이건 전혀 싸움을 하지 않은 것 같군. 매번 처음으로 하는 꼴이야."

하겐이 말했다. 그리고 세 왕의 주변에서 싸우던 용사들의 수는 점점 더 줄어들고 있었다.

38. 뤼데거가 전사하다

변경 영주가 궁성으로 왔다. 그는 불타 소실된 홀과 이르는 곳마다 수 많은 시신들과 부상병들 그리고 훈족과 부르군트 사람들의 헤아릴 수 없는 무한한 고통을 보고 충격을 받았다. 뤼데거는 흐르는 눈물을 주체할 수가 없었다. 그때 크림힐트는 다음과 같은 그의 말을 듣게 되었다.

"내가 일찍이 이 세상에 태어났다는 사실이 슬프도다. 아무도 이러한 살육을 끝낼 수가 없구나! 내가 평화를 중재하려고 아무리 애를 써도, 왕이 거부를 하는구나." 그때문에 뤼데거는 베른의 디트리히에게 전갈을 보내 오직 그만이 세 왕들의 운명을 바꿀 수 있는 힘을 갖고 있을 것이라고 말했다. 하지만 베른의 영웅은 에첼 왕이 모든 화해의 실마리를 거부하고 있다고 그에게 알려왔다.

뤼데거와 크림힐트 곁에 한 훈족의 용사가 서 있었다. 그는 변경 영주가 우는 것을 보고 여왕 앞에서 자신을 과시하려고 했다. "그가 어떻게 하고 서 있는지 저 꼴 좀 보십시오." 그가 변경 영주를 공격했다. "그는 그토록 수 많은 용사들을 거느리고 있으며, 왕으로부터 수 많은 성곽들을 받았습니다. 그런데도 그는 자기의 은인을 위해 칼 한 번 휘두르지 않았습니다. 그는 과감히 싸울 용기가 없는 것일까요?"

분노에 가득찬 채 뤼데거가 그 훈족의 병사를 쳐다보며 생각했다. '네가 나를 보고 겁쟁이라고 부른 것은 너무 주제넘은 짓이다.' 변경 영주는 주먹을 불끈 쥐고 그의 발 앞에 고꾸라져 곧 숨이 넘어갈 정도로 허풍쟁이에게 일격을 가했다. "잘 가거라. 내가 충분히 고통을 겪지 않았다고? 내가 싸우지 않는다고 해서 어째서 네가 나를 비난하는 것이냐. 에첼을 위해 나는 기꺼이 그렇게 할 것이다. 하지만 나는 왕의 손님들을 인도해서 그들을 수행해 온 몸이다. 그때문에 나는 칼을 들어 그들을 대적하지 않겠다." 뤼데거가 격분해서 말했다.

그 사이에 에첼이 왔다. "고귀한 뤼데거여, 그렇게 하는 것이 우리를 돕는다는 뜻이오? 우리는 이미 충분히 많은 사망자를 내지 않았소?"

"그는 저를 모욕했습니다. 허풍쟁이가 화를 당한 셈입니다." 변경의 영주가 말했다.

"고귀한 뤼데거여, 당신은 항상 우리에게 우리 자신의 명예와 생명을 위해 위험을 무릅쓰겠다고 약속해왔습니다." 크림힐트가 말했다. "얼마나 많은 용사들이 당신을 칭찬해마지 않았던가요. 당신이 에첼을 위해 나에게 구혼을 간청하면서 보름스에서 했던 맹세를 상기시키는 바이오. 그대는 우리들 중에 하나가 죽을 때까지 나에게 봉사한다고 약속했소. 이 불쌍한 여인인 내게 지금처럼 그러한 봉사가 절실한 적은 없었습니다."

"저는 명예와 목숨을 걸고 당신을 섬기겠다고 맹세했습니다." 뤼데거가 인정했다. "저는 그것을 부인하지 않습니다. 하지만 제 영혼을 버리겠다고는 맹세하지 않았습니다. 제가 바로 세 분의 왕을 이 축제에 모셔 온 것입니다."

"뤼데거님, 나는 당신이 맹세한 선서를 상기시키고자 합니다." 여왕이 간절히 바라며 말했다. "누가 내게 해를 끼치기라도 하면, 당신은 그 점에 관해서 언제나 복수를 해주겠다는 선서 말입니다."

"저는 당신에게 결코 그것을 거절한 적이 없습니다." 뤼데거가 단언했다.

부르군트족을 정복하는 일에 막강한 에첼은 아직 성공을 거두지 못하고 있었다. 그들의 용사들 중의 수백 명이 불타버린 홀에서는 세 왕을 중심으로 무리를 지어 새로운 전투를 준비하고 있었던 것이다. 공격을 시도했을 때 수천 명의 훈족 병사들이 목숨을 잃었다. 성을 수호하던 에첼의 군대는 녹초가 되어 있었다. 새로운 부대가 출동하기 위해서는 시간이 걸릴 것이다. 따라서 에첼은 뤼데거에게 기대를 걸고 있었다.

그때 모두를 깜짝 놀라게 만든 민망한 일이 발생했다. 크림힐트 옆에 있던 훈족의 위대한 군주가 변경 영주의 발 아래 몸을 던져 자신의 봉신에게 도와달라고 간청을 했던 것이다.

"아, 슬프도다! 내가 이런 일을 겪어야만 하다니. 내 명예와 신의, 모든 것들이 사라졌도다. 내가 하나를 단념하고 다른 하나를 선택한다 하더라도 이제 나는 어쩔 수 없이 불명예스러운 행동을 하는 결과가 되고 마는구나. 두 가지를 한꺼번에 포기하면, 모두들 나를 책망하겠지. 이제 나에게 생명을 부여해 주신 신께서 제게 충고해 주시옵기를!" 변경의 수령이 비탄에 잠겨 외쳤다.

하지만 왕과 왕비는 그가 선서한 맹세에서 그를 놓아주지 않고, 그가 그 일에 관여할 것을 끝까지 고집했다. 이제 여러분들은 그가 얼마나 끔찍스럽게 행동하도록 강요당했는지를 듣게 될 것이다.

"당신에게 받은 것을 모두 돌려 드리겠습니다. 영토와 성들을 되돌려 드리겠습니다. 제게는 아무 것도 남아있어서는 안 됩니다. 저는 걸어서 낯선 이국으로 떠나겠습니다." 변경의 수령이 왕과 왕비에게 맹세했다.

"그렇다면 날 도와줄 수 있는 사람이 누가 있겠소?" 에첼이 필사적으로 그에게 촉구했다. "내 그대에게 영토와 성을 하사하노니, 그대는 내 아들 오르트리프의 복수를 해주시게. 그대는 내 옆에서 강력한 왕으로 존재해야만 하오."

"저는 제 딸을 기젤헤어에게 아내로 주었습니다. 저는 그렇게 충실하고 막강한 젊은 왕을 본 적이 없습니다. 제 사위와 친척들을 공격할 수는 없는 것이옵니다!"

"그대는 어디서나 그대의 친척들이 신음하고 있는 저 소리가 들리지 않는 것이오?" 에첼은 양보하지 않고 그가 한 맹세를 물고 늘어졌다. "어떤 왕도 저토록 끔찍한 손님들을 맞이한 적은 결코 없었소. 그리고 우리는 크림힐트의 소유인 니벨룽엔의 보물을 요구해야 하오!"

"저 뤼데거는 당신으로부터 받은 모든 소유를 오늘날 제 생명을 바쳐서 갚아드리겠나이다." 변경 영주가 한탄했다. "따라서 저는 부르군트 용사의 손에 마땅히 죽어야 할 것입니다. 나의 아내와 자식 그리고 베히라렌의 내 이방의 부하들을 저는 당신의 자비에 맡기겠습니다."

"그대의 하느님이 보답해 주시기를 비오! 그대의 사람들은 내 보호하에 있게 될 것이오. 나는 그대가 싸움을 훌륭하게 잘 견디어 낼 것을 믿소." 에첼이 말했다.

크림힐트가 울기 시작했다.

"제가 맹세한 것을 지킬 것입니다." 뤼데거가 약속했다. "다만 제 의지와는 반대로 칼을 뽑아들고 제 친척들을 상대로 싸워야만 하는 이 현실이 비통할 따름입니다." 고통에 차서 뤼데거는 왕으로부터 몸을 돌려 자신의 부하들에게로 갔다. 그리고 무장을 하도록 명했다.

사람들은 곧 투구를 쓴 뤼데거를 볼 수 있었다. 그와 함께 오백 명의 부하들이 무장을 갖추었다. 명성을 얻고 싶어하는 열두 명의 용사들이 그들과 합세했다. 그들은 죽음이 자신들 앞에 임박해 있다는 것을 예상하지 못했다. 넓은 방패와 강력한 칼을 들고 뤼데거는 그들의 용사들과 함께 폐허가 되어버린 홀을 향해 걸어갔다.

투구를 쓴 용사들과 함께 자기의 장인이 다가오는 모습을 본 기젤헤어는 즐거운 기분이 되었다. "이번 여행에서 이런 친구들을 얻게 되다니! 우리는 이 도움의 손길을 내 아내에게 감사해야 할 것이오. 이 결혼에 대해서 난 얼마나 기쁘게 생각하고 있는지 모르오."

"당신께서는 무얼 믿고 그러십니까? 당신께서는 화해를 성사시키기 위해서 오는 자가 일찍이 저토록 투구를 단단히 동여매고 번쩍이는 칼을 든 수 많은 용사들을 거느리고 오는 것을 본 적이 있습니까?" 폴커가 이의를 제기했다.

음유시인이 말을 끝내기도 전에, 뤼데거는 홀 앞에 방패를 내려놓았다. 그리고 그의 친척들에게 인사를 하는 대신, 그는 홀을 향해 소리쳤다.

"나는 그대들을 돕고 싶었지만, 이제는 그대들을 상대로 싸워야만 하는 처지에 있소. 우리는 친척간이지만 이제 그러한 신의를 저버려야만 하오. 용감한 부르군트 용사들이여, 자신들을 방어하시오!"

홀 안에 감금되어 있던 사람들은 이 말을 받아들일 수 없었다.

군터 왕이 말했다. "그대는 그대가 간직하고 있는 신의의 맹세를 깨뜨리지 말기를! 나는 그대를 신뢰하고 있기에 그대가 그런 일을 하리라고는 결코 믿지 않소."

"이젠 더 어쩔도리가 없습니다." 변경 영주가 절망적으로 대답했다. "왕비에게 맹세했던 오래된 서약이 저를 구속하고 있습니다. 저는 에첼 왕의 변경 영주이니 어쩔 도리가 없습니다. 당신들의 생명을 소중히 여긴다면, 자 방어를 하시오!"

"고귀한 변경 영주이시여, 그만 두시오!" 게르노트가 저항했다. "어떤 주인도 자기 손님들을 그토록 따뜻하게 맞아주진 못했소. 우리의 목숨이 붙어있는 한, 그대는 보답을 받을 것이오."

"제발 당신들은 라인강에 머물러 있어야 했고, 나 또한 명예롭게 죽었어야 할 걸 그랬소. 왜냐하면 나는 어쩔 수 없이 당신들에 맞서 싸워야 할 신세가 되었기 때문이오. 어떤 용사들도 자신의 친척들에 의해 이보다 더 악의에 찬 일들을 당해본 적은 없었을 것이오."

"여기 나는 그대가 내게 준 칼을 쥐고 있소." 게르노트가 말했다. "이 칼은 강력하오. 이 칼날 아래에서 수 많은 용사들이 죽음으로 쓰러졌소. 다시는 어떤 영웅도 이처럼 강한 칼을 선물로 주지는 못할 것이오. 하지만 그대가 우리를 공격해서 우리 용사들 중 단 몇 명이라도 죽이는 날에는 이 칼이 당신의 목숨을 앗아갈 것이오."

"게르노트 군주시여, 당신의 모든 친구들은 살아 남아야 합니다. 그렇게 되면 내 아내와 내 딸이 그대에게 속마음을 털어놓을 수 있을 겁니다." 뤼데거가 말했다.

"당신은 당신의 딸을 그토록 빨리 과부로 만들고 싶으십니까? 당신이 우리를 공격하면, 당신은 신의를 깨뜨리는 것입니다. 저는 당신을 신뢰했기 때문에, 당신의 딸을 아내로 택했던 겁니다." 기젤헤어는 싸움을 피하기 위해 말했다.

"만일 그대가 이곳에서 온전한 몸으로 나가게 되면, 그 아이로 하여금 대가를 치루게 하지 말아주시오." 뤼데거가 당부했다.

"기꺼이 그렇게 할 것입니다." 기젤헤어가 대답했다. "하지만 당신의 손에 의해 고귀한 내 친척들이 목숨을 잃게 되면, 저는 당신, 그리고 당신의 딸과 맺은 우의를 저버릴 수밖에 없습니다."

"신께서 우리에게 자비를 베풀어 주시기를!" 뤼데거가 말하며 그의 종사들에게 홀을 공격하라는 신호로 방패를 번쩍 들어올렸다. 그때 하겐의 목소리가 계단에서 울려퍼졌다.

"잠깐 멈추게, 고귀한 뤼데거여! 우리 좀 더 얘기를 나누어 보세나. 싸울 시간은 충분히 있네. 우리의 죽음이 에첼에게 무슨 이익이 되겠나. 나는 지금 거의 무방비 상태로 있네. 고테린트 부인이 내게 선물로 준 방패를 훈족들이 산산조각을 내버렸지. 자네가 쥐고 있는 그런 방패를 내가 지금 가지고 있다면, 목가리개 같은 건 싸움에서 필요로 하지도 않을 텐데 말이네."

적으로부터 더 좋은 무기를 얻으려는 진기한 요청이 있고 나자 큰 정적이 감돌았다. 무기가 부딪치는 소리도 들리지 않았다. 그리고 하겐이 변경 영주에게 존칭을 쓰지 않고 얘기했던 적은 여지껏 한 번도 없던 일이었다.

"내가 크림힐트 앞에서 감히 이 일을 한다고 하더라도, 기꺼이 자네에게 이 방패를 줄 것이네. 어서 받게." 변경의 수령이 주저하며 말했다. 갑자기 그는 결심한 듯 말했다. "자네는 부르군트 땅으로 이것을 가져갈 수 있을 것이네."

뤼데거가 자신의 적에게 그 훌륭한 방패를 건네 주었을 때, 많은 용사들의 눈에는 뜨거운 눈물이 흘러내렸다. 그것은 영웅에게 준 뤼데거의 마지막 선물이었던 것이다. 아무리 잔인하고 완고한 하겐이라도 뤼데거의 위대한 용기는 트론예 사람을 감동시켰다. 그의 두 눈 또한 눈물로 얼룩지게 되었는지, 우리로선 알 길이 없다.

"고귀한 뤼데거여, 하느님께서 자네에게 은총을 내려주시기를 비네." 하겐이 그에게 감사를 보냈다. "어떤 영웅도 결코 다시는 전투에 앞서서 자신의 적으로부터 이보다 더 훌륭한 방패를 선물로 받지는 못할 것이네. 이러한 미덕이 영원히 사람들의 기억 속에 남게 되기를! 우리는 충분히 어려운 일들을 겪었네. 그런데 이제는 가장 친한 친구들을 상대로 싸움을 해야 한단 말인가?"

"그것이 내 마음을 몹시 고통스럽게 하고 있다네." 뤼데거가 대답했다.

"나는 자네에게 방패에 대한 보답을 할 것이네." 하겐이 말했다. "그대들이 모든 부르군트 용사들을 때려 죽인다고 해도, 나는 자네에 대해서는 손가락 하나 대지 않겠네."

뤼데거가 그에게 감사를 표했다.

더 이상은 화해가 불가능하다는 사실에 대해서 그리고 서로가 대적해서 상대를 때려눕히고 그 피 속에서 죽어가게 될 것이라는 사실에 대해서 용사들은 눈물을 흘렸다.

홀로부터 폴커가 외쳤다. "나 역시 내 친구 하겐과 마찬가지로 당신에게 평화를 보장하겠소. 당신은 그런 대우를 받을 만한 사람이오. 변경 영주 부인인 고테린트께서 축제에 차도록 이 붉은 팔찌를 내게 선물로 주었소. 자, 보시오! 내가 그것을 끼고 있소. 그대가 증인이 되는 것이오." 음유시인이 팔을 들어 올리자 황금이 빛바랜 무기들 사이에서 불같이 붉은 빛으로 번쩍거렸다.

"내 아내가 당신에게 더 많은 선물을 줄 수 있게 되기를 바라오. 내가 건강한 몸으로 고향에 돌아가게 되면, 그녀에게 이 이야기를 들려주리다." 뤼데거가 약속을 하고는 방패를 높이 들었다. 그는 더 이상 주저하지 않고 부하들의 선두에서 홀을 향해 돌진했다. 뤼데거와 부딪치지 않기 위해 하겐과 폴커는 뒤로 물러섰다. 다른 용사들은 칼을 휘두르며 뤼데거의 종사들이 홀 안으로 밀고 들어올 때까지 얼마동안 침입자들에게 저항했다. 그들은 부르군트족의 투구와 방패들을 무수히 쪼개버렸다. 수일간 싸움에 지친 부르군트 용사들이 용감하게 저항했다. 아직도 기젤헤어는 뒤로 물러나 있었으며 살아남기를 희망하고 있었다. 그는 그의 신부를 생각하고 기억하고 있었던 것이다.

그는 결코 그의 장인과 칼을 겨누고 싶지 않았다. 하지만 군터와 게르노트는 그들의 부하들을 도와 전사자들의 복수를 하려는 데에 혈안이 되어 있었다. 그들은 침입자들을 막아서며 칼로 일격을 가해 적들의 갑옷을 관통시킴으로써 수 많은 훈족들을 넘어뜨렸다. 그 사이 뤼데거의 모든 수행원들이 홀 안으로 밀어 닥쳤다. 하겐과 폴커는 그들을 향해 돌격했다. 그들은 변경 영주의 안전만을 지켜주었다. 그들이 칼을 휘두름으로써 적들의 투구 아래로 피가 흘러내렸다. 칼들이 격렬한 소리들을 내었고, 방패 조임쇠들이 퉁겨져 나갔다. 칼들을 휘두르자 방패에 박혀 있던 보석들이 부서지면서 전사자들이 흘린 피 속으로 떨어졌다. 결코 다시는 그러한 일이 일어나지 않았을 정도로 영웅들은 격렬하게 싸웠다.

베히라렌의 뤼데거는 종횡무진 무리 속을 헤치고 다니면서 수많은 부르군트의 용감한 영웅들을 베어 넘어뜨렸다. 그것을 게르노트가 알아차리고 그에게 간청했다.

"당신은 내 부하들을 아무도 살려두지 않을 작정이오? 더 이상은 나도 참을 수가 없소! 당신이 내게 준 이 칼로 이제 당신은 내 친구들을 앗아간 대가를 치루게 될 것이오. 자 내게로 방향을 돌리시오!"

명예심에 가득 차서 그리고 죽음을 불사하는 용기로 두 영웅은 서로를 향해 달려들면서 방패로 자신들의 몸을 방어했다. 하지만 그들의 검은 어떤 갑옷도 당해낼 수 없을 정도로 강력했다. 그러자 게르노트는 뤼데거가 자신에게 선사한 그 칼로 돌처럼 견고한 그의 투구를 꿰뚫었다. 그의 몸에서 피가 쏟아졌다. 죽음에 봉착했을 때 뤼데거는 게르노트의 방패와 턱끈을 꿰뚫었다. 이로 인해 게르노트 왕 역시 죽음을 당해야 했다. 이렇게 해서 각자 친구이자 적으로부터 치명상을 입고 한 영웅이 다른 영웅과 나란히 쓰러졌다. 바닥에 떨어진 그들의 피가 흘러서 서로 합쳐졌다.

"이러한 손실을 나라와 백성들은 결코 잊지 못할 것이다! 지금 우리는 뤼데거의 용사들을 인질로 삼는다." 하겐이 외쳤다.

"아 슬프도다, 나의 동생이 죽다니! 뤼데거의 죽음 역시 나에게는 영원히 고통스러운 일이 될 것이다." 군터가 소리쳤다. 그 때 학살을 견디고 살아남은 모든 부르군트 용사들은 부서진 투구와 산산조각이 난 갑옷을 걸친 마지막 생존자가 쓰러질 때까지 뤼데거의 부하들을 공격했다.

그리고 나자 군터와 기젤헤어, 하겐과 폴커는 피 속에 죽어있는 게르노트와 뤼데거에게로 다가갔다. 다른 모든 영웅들도 한탄하며 눈물을 흘렸다.

"죽음이 우리의 가장 친한 친구들을 빼앗아 가는구나." 군터가 탄식했다.

"우리로 하여금 어쩔 수 없이 가장 고귀한 친구들을 죽이도록 만드는 이 세상은 어떤 세상이란 말인가!" 기젤헤어가 절망에 차서 말했다.

"울음을 그치시오." 하겐이 요구했다. "시원한 바람으로 갑옷들을 식히게 합시다. 우리는 더 이상 삶을 연장할 수 있을 것 같지가 않구료."

싸움에 지친 용사들이 시체들로 넘쳐나는 홀 안에 앉아있거나 벽에 기대어 있었다. 칼들이 부딪치는 소리도 잠잠해졌다. 그러한 침묵이 오랫동안 지속되었으므로 에첼은 화가 났다.

"아, 슬프도다! 뤼데거가 우리에게 봉사한 모습이란." 크림힐트가 한탄했다. "그는 싸움을 중단시켜버렸고, 부르군트 사람들을 고향으로 돌려 보내려는 겁니다. 그가 원했던 모든 것을 그와 나누었던 일들이 우리에게 무슨 득이 되나요? 이 배신자 같으니! 우리의 원수에게 보복을 하는 대신 그는 화해를 조정하고 말았어요."

크림힐트의 호소가 그을음 투성이가 되어버린 벽 사이로 울려 퍼졌다. 하겐이 울리는 목소리로 대답했다.

"당신의 잘못된 판단이 뤼데거를 희생시키고야 말았소. 그의 왕이 뤼데거에게 명한 것을 그는 충실히 수행하여, 그와 그의 부하들이 모두 죽어 쓰러져 있소. 그는 죽음에 이르기까지 영웅으로서 당신들에게 봉사한 것이오. 당신들은 그걸 믿지 않습니까?"

훈족의 사람들에게 최대의 아픔을 가하기 위해 그들은 에첼 왕이 볼 수 있는 장소로 죽어 있는 그 영웅을 옮겨왔다. 그의 용사들이 이보다 더 큰 손실을 입은 적은 결코 없었다. 피를 다 쏟아 버린 변경 영주의 시체를 그들이 보았을 때, 어떤 기록자도 글로 다 형용할 수 없을 정도로 용사들과 부인들은 극도로 애도하기 시작했다. 그리고 에첼은 너무나 고통스러운 나머지 사자처럼 큰 소리로 울부짖었다.

39. 디트리히 용사들과 격투

궁성과 성들의 탑에 이르기까지 통곡 소리가 새어나왔다. 디트리히의 한 종사가 그것을 듣고 그의 군주에게 말했다.

"일찍이 그런 비탄의 소리는 한 번도 들어본 적이 없었습니다. 완고한 영웅들이 그토록 슬피 우는 것은 처음 있는 일이옵니다. 그러한 슬픔은 오직 왕이나 왕비가 타격을 입었을 때 만큼이나 극심한 것입니다."

"손님들이 또한 행할 수밖에 없었던 그러한 일은 극도로 궁지에 몰렸던 상황에서 일어난 것이었네. 그대들은 경거망동을 삼가라. 내가 그들에게 평화를 조정해 보겠네."

용감한 볼프하르트Wolfhart가 문의해 보고자 그의 군주에게 알려왔다. 하지만 디트리히는 그의 무분별한 성미가 부르군트 사람들을 불필요하게 자극시킬까봐 염려스러웠다. 그래서 그는 좀 더 신중한 헬페리히Helferich를 보내 알아보도록 시켰다. 그는 곧 눈물을 흘리면서 돌아왔다.

"그대가 그렇게 울다니, 그대는 무엇을 알아왔는가?" 디트리히가 물었다.

"부르군트족이 뤼데거를 살해했습니다."

"그런 일을 신께서 허락할 리가 없어!" 디트리히가 외쳤다. "뤼데거가 어떻게 그들로부터 그런 대가를 받는단 말인가?"

"그들이 그런 일을 했다면, 그것은 그들 모두에게 생명에 관한 문제가 될 것입니다. 변경 영주는 우리와는 신의로서 맺어진 관계였습니다." 볼프하르트가 격앙된 목소리로 말했다.

디트리히는 이제 더 자세한 상황을 알아오도록 스승인 힐데브란트를 보냈다. 그리고 나서 아멜룽엔의 왕은 비통에 차서 그리고 생각에 잠겨 창가에 앉아있었다. 힐데브란트는 무기도 갖추지 않고 부르군트족에게 가려고 하자, 그의 누이의 아들인 볼프하르트가 그를 만류했다.

"무장도 하지 않으신 채로 가신다면, 그들이 당신을 비난할지도 모릅니다. 전투준비를 갖춘 사람에 대해서는 누구도 감히 비방할 수가 없는 것입니다."

그러자 현명한 연장자는 혈기왕성한 젊은이의 말을 귀담아 듣고서 무장을 했다. 그가 알아차리기도 전에, 디트리히의 모든 용사들은 칼을 들고 무장을 하고 있었다. "그대들은 어디로 가려는가?" 힐데브란트가 묻고서 그들을 제지시키려고 했다.

"저희가 당신을 동행하면, 하겐도 감히 당신을 우습게 볼 수는 없을 것입니다." 그들이 이렇게 대답하자 힐데브란트도 용사들의 의견에 굴복하고 말았다.

폴커는 베른 사람의 용사들이 처음으로 칼을 차고 무장을 한 채 가까이 다가오고 있는 것을 보고 말했다.

"디트리히의 부하들이 비평화적으로 투구를 쓰고 다가오고 있습니다. 내 생각에는 우리의 사활이 걸린 문제인 것 같습니다."

힐데브란트가 홀에 당도하자, 그는 방패를 발 앞에 내려놓고 물었다.

"아, 슬프도다. 그대 영웅들이여, 베히라렌의 뤼데거가 당신들에게 무슨 일을 했단 말이오?"

"그 보고는 사실이오." 하겐이 말했다. "그를 사랑하는 마음에서 변경 영주가 아직도 우리 곁에 있다면, 얼마나 기쁜 일이겠소."

디트리히의 용사들은 이제 뤼데거의 죽음이 확실하다는 사실을 알게 되자 애통해 했다. 눈물이 수염과 턱으로 흘러내렸다. 아멜룽엔의 볼프빈Wolfwin이 말했다.

"오늘 내가 내 부친의 죽음을 목격한다 한들, 이보다 더 큰 고통을 느낄 수는 없을 것이오."

흐느낌때문에 힐데브란트는 더 이상 물을 수가 없었다. 그는 다만 이렇게 청했다.

"그대 용사들이여, 나의 군주께서 내게 명령하신 대로, 뤼데거의 시신을 우리에게 양도해 주시오. 우리로 하여금 뤼데거의 시신을 홀에서 데려오도록 해주시오. 우리는 그가 죽은 이후에라도 그 영웅에게 경의를 표하려 하오."

"죽은 후에라도 한 친구에게 경의를 표하는 것은 훌륭한 일이오. 당연히 당신들은 그에게 감사를 표하고 싶을 것이오." 군터가 말했다.

"우리가 아직도 얼마나 더 오래 구걸을 해야만 합니까?" 볼프하르트가 참지 못하고 재촉했다. "우리로 하여금 변경 영주의 시신을 옮겨다가 장사 지내게 해주시오."

"어느 누구도 그를 당신들에게 데려다 주지 않을 것이오." 폴커가 자극시켰다. "그가 죽음과 싸운 저 궁성 홀에서 직접 그를 데려가시오. 그렇게 할 때 비로소 당신들이 그에게 온전하게 봉사하는 것이 될 것이오."

"음유시인이여, 우리를 자극하지 마시오. 당신들은 우리를 모욕했소. 하지만 우리의 군주께서 우리에게 싸움을 금하셨소."
볼프하르트가 대답했다.

"사람들이 금하는 것을 모두 하지 않는 자는 두려움때문이오.
그것이 영웅이 지녀야 할 기백이란 말이오?"

"너무 지나치게 자극하진 마시오! 그렇잖으면 당신의 제금 현
을 못 쓰게 망가뜨려 놓을 테니 말이오. 내 명예가 당신의 오만
함을 더 이상 허락하지 않소." 볼프하르트가 말했다.

"당신이 내 제금 현을 망쳐놓겠다면, 나는 번쩍이는 당신의
투구를 피로 물들게 해 주지." 폴커가 그 말에 응답했다.

볼프하르트는 음유 시인에게 덤벼들려고 했지만, 그의 숙부가
그를 뒤로 잡아 끌면서 경고했다. "무의미한 분노로 이성을 잃
는 행동을 하지 말아라!"

"그 성난 사자를 놔두시지요." 폴커가 계속 자극시켰다. "내
가 그를 쳐죽이게 말입니다."

그러자 볼프하르트는 더 이상 자제할 수 없었다. 그는 방패를
번쩍 들어올리고 사나운 사자처럼 그의 용사들을 앞질러 달렸
다. 그는 아주 멀리 내달렸지만, 제일 선두에서 싸우려는 힐데
브란트가 그를 계단 앞에서 따라잡고야 말았다. 그리고 그는 하
겐을 공격했다. 그들이 서로 싸움의 혼잡 속에 빠져들 때까지
그들의 칼은 격렬하게 부딪쳤고 불같이 붉은 바람처럼 불꽃이
흩날렸다. 강력한 볼프하르트가 음유시인을 향해 돌진했으며 칼
날이 방패의 조임쇠를 뚫고 들어갈 정도의 위력으로 그에게 일
격을 가했다. 폴커가 그의 갑옷을 칼로 내리침으로써 그에게 보
복을 가했다. 그러자 불꽃이 흩날렸다. 군터 왕은 아멜룽엔의
유명한 영웅들을 쌍수를 들어 맞이했다. 그리고 기젤헤어는 빛
나는 투구들을 수없이 내리쳐 피에 젖게 만들었다. 하겐의 동생
인 당크바르트는 디트리히의 용사들과 더 잔인한 전투를 보여주
었다. 디트리히의 조카인 지그슈타트 역시 미친듯이 칼을 휘두

르며 뤼데거의 죽음을 분풀이했다. 폴커는 지그슈타트가 수 많은 부르군트의 용사들의 갑옷에서 피를 시냇물처럼 흐르도록 칼을 휘두르는 것을 알아차리고 그에게 맞서서 치명적인 타격을 가했다. 힐데브란트가 그것을 목격하고 그 일로 그는 죽음으로 대가를 치러야 할 것이라고 폴커에게 소리쳤다. 그는 아직 어떠한 적에게도 할 수 없었던 잔인한 공격을 폴커에게 가했다. 그가 음유시인을 향해 격렬하게 칼을 휘두르자, 폴커의 투구끈과 방패 조임쇠들의 조각들이 허공을 가로질러 홀의 벽에까지 날아가 부딪쳤다. 폴커가 죽어 바닥에 쓰러졌다.

가장 맹위를 떨치는 두 종족, 즉 부르군트족과 아멜룽엔족이 서로 대항했던 것이다. 디트리히의 용사들은 부르군트 용사들을 향해 계속해서 돌진하면서 격렬하게 싸웠다. 그 바람에 가루가 되어버린 갑옷의 고리들이 허공을 맴돌았고 잘려져 나간 칼끝이 지붕에까지 높이 비상을 했다. 부서진 투구들로 인해 뜨거운 피가 솟구쳤다. 그 혼잡이란 목숨을 잃은 자들이 더 이상 바닥에 쓰러질 자리가 없을 정도로 극심한 것이었다.

그때 트론예의 하겐이 친구인 폴커가 죽어 쓰러져 있는 것을 보았다. 그것은 이 죽음의 축제에서 그가 입은 가장 쓰라린 손실이었다. 힐데브란트에게 무자비하게 복수를 가하기 위해 하겐은 싸우면서 탁 트인 통로를 확보했다. 그 사이에 용감한 헬페리히가 부르군트의 영웅인 당크바르트를 쳐 죽였다. 그가 전투의 소용돌이 속에서 쓰러졌을 때, 군터와 기젤헤어는 고통에 사로잡혔다. 볼프하르트는 그 사이에 여러 번 홀을 가로질러 종횡무진 칼을 휘두르며 그의 길을 방해하는 모든 부르군트 용사들을 쓰러뜨렸다. 그가 세 번째로 방향을 바꾸어 홀을 가로질러 공격하면서 죽은 자들로 늘어선 길을 뒤로하고 있을 때, 기젤헤어 왕이 그를 불렀다.

"내가 일찍이 이런 잔인한 적을 만난 것이 화로다. 이제 그대는 나에게로 방향을 돌려라. 내가 그대의 광기에 종지부를 찍어 줄 테니."

볼프하르트는 기젤헤어를 상대로 최후까지 싸웠다. 그리고 결국 그의 발밑에 흐르던 피가 그의 머리 위까지 튀었다. 기젤헤어가 가혹한 일격으로 그를 맞이했던 것이다. 볼프하르트는 젊은 왕의 힘을 당해낼 수 없었다. 기젤헤어가 칼을 휘둘러 그의 견고한 갑옷을 뚫어버렸기 때문에, 그의 상처에서 피가 뿜어져 나왔다. 볼프하르트는 자신이 부상당했음을 느끼자, 그는 방패를 떨어뜨리고 그의 칼이 왕의 투구와 갑옷을 베어버릴 만한 일격을 가하기 위해 팔을 높이 쳐들었다. 이렇게 해서 볼프하르트와 기젤헤어는 서로를 죽이고 말았다. 이것으로 디트리히의 마지막 영웅이 사라지게 되었다. 군터의 영웅들 중에서도 한 사람도 살아남지 못 했다.

힐데브란트가 피투성이 속에 쓰러져 있는 볼프하르트에게 다가갔다. 내 생각에 그는 자신이 죽기 전에는 결코 그와 같은 고통을 느껴본 적이 없었을 것이다. 힐데브란트는 자신의 조카를 운반해 가려고 했지만, 그에게는 역부족이었다. 그때 죽음의 상처를 입은 자가 그에게 경고했다.

"사랑하는 숙부님, 숙부님은 더 이상 저를 도우실 수가 없습니다. 오히려 하겐을 조심하십시오. 그리고 내 친척들이 저의 죽음을 한탄하려 한다면, 그들에게 울지 말라고 말씀해주세요. 저는 한 왕의 손에 의해 죽습니다. 그건 당당한 죽음입니다. 저 역시 혹독하게 복수를 했습니다. 누군가가 묻는다면, 자랑스럽게 말씀해 주십시오, 제 손에 의해 백 명이나 되는 용사들이 목숨을 잃고 쓰러졌다고 말입니다."

헤아릴 수 없이 많은 시신들의 한가운데 오직 세 명의 영웅들, 군터와 하겐 그리고 힐데브란트만이 서 있었다. 하겐은 힐데브란트에게 죽음을 당한 용맹스러운 전우 폴커를 생각하고 그에게 말했다.

"나는 지금 보복을 해야 겠소. 당신때문에 그토록 훌륭한 많은 친구들을 잃었기 때문이오."

하겐은 발뭉으로 그를 내리쳤다. 그는 격렬하게 반격을 가했지만 트론예 사람에게 상처를 입힐 수는 없었다. 하지만 군터왕의 영웅은 힐데브란트의 흉갑을 두 조각으로 쪼개어버렸다. 노장 힐데브란트는 자신이 상처를 입었다는 사실을 깨닫자, 하겐에 의해 더 큰 해를 당하게 될 일이 두려워 방패를 등 뒤로 던져버리고 그곳을 피해 달아났다.

이제 군터와 하겐만이 남아 홀에 앉아있게 되었다.

피투성이가 되어버린 장비를 들고 힐데브란트는 고통과 슬픔에 사로잡혀 노심초사 소식을 기다리고있는 디트리히의 성으로 황급히 달려갔다. 베른 사람은 노장의 갑옷이 피에 물들어 있는 것을 보고 물었다.

"지금 내게 말해보시오, 힐데브란트 장군! 어떻게 되었길래 당신의 갑옷에서 선혈이 흐르고 있는 것이오? 당신이 그 손님들과 싸웠을까봐 두렵소. 그런 일은 내가 엄격히 금하지 않았소."

힐데브란트는 하겐과 싸움을 벌인 사실과 구사일생으로 자신만이 그 악마로부터 빠져나올 수 있었다는 사실을 보고했다.

"당신이 기어코 그런 일을 벌이다니." 디트리히가 책망을 했다. "어떻게 내가 손님들에게 확약을 했던 평화를 당신이 깨뜨릴 수 있었단 말이오. 그것이 내게 치욕이 되지 않으려면, 당신은 지금 그에 대한 징벌로써 당신의 목으로 속죄해야 하오."

"나의 군주 디트리히시여, 너무 노여워하지 마십시오. 저희는 이미 충분히 고통을 겪었습니다. 군터의 종사들이 뤼데거를 운반해 가려는 저희들을 못 하게 막았던 것입니다."

"아, 비통하도다, 뤼데거가 정녕 죽다니!" 디트리히가 소리쳤다. "고테린트는 내 아주머니의 따님이시다. 변경 영주의 죽음을 나는 참고 견뎌낼 수가 없구나." 디트리히는 격하게 울기 시작했으며 뤼데거를 죽인 용사가 누구인지 물었다.

힐데브란트의 대답을 들은 후 베른의 영웅이 말했다.

"이제 내 병사들에게 무장을 갖추라고 말해주시오."

힐데브란트가 주저하자 베른의 영웅이 그에게 말했다.

"내가 또 누구를 불러야 하겠소?" 그가 의아해하며 말했다.

"당신의 눈 앞에 서 있는 사람이 전부이옵니다. 저를 제외하곤 모두 죽었습니다."

디트리히의 안색이 송장처럼 창백해졌다. 자신의 생애에 이보다 더 큰 고통이 그를 휘감았던 적은 한 번도 없었던 것이다.

"내 종사들 모두가 전사했다면, 신이 나를 버린 거나 다름 없구나, 이 가련한 디트리히를!" 그가 말했다. "나는 막강하고 강력한 왕이었도다! 그런데 싸움에 지친 부르군트 용사들이 어떻게 내 모든 영웅들을 제압할 수 있었단 말이가? 왕으로서 내 행운이 내게서 떠나고 말았단 말인가? 이제는 불운이 나를 쫓는단 말인가?"

장군이 더 상세한 보고를 마치자 디트리히가 한탄했다. "슬픈 일이로다, 사랑하는 볼프하르트여! 내가 그대를 정녕 잃었다면, 내가 세상에 태어난 사실이 후회스럽구나! 헬페리히를 비롯한 다른 영웅들도! 오늘이 내가 행복을 누릴 수 있는 마지막 날이 될 것이다. 통탄할 일이로다. 아무도 마음의 고통만으로는 죽을 수 없다는 이 사실이!"

40. 디트리히가 공격에 나서다

이제 디트리히가 몸소 장비를 갖추어 입었다. 그의 애도하는 소리가 온 집안을 진동시켰었던 것이다. 하지만 그가 무기를 집어들고 방패를 들어올렸을 때, 그는 또 다시 영웅의 기백을 되찾았다. 그리고는 힐데브란트와 함께 군터와 하겐이 벽에 몸을 의지하고 있는 홀을 향해 나아갔다. 그곳은 죽은 자들로 인산인해를 이루고 있어서 앉아있을 자리도 없었다.

하겐이 그의 왕에게 말했다. "우리가 디트리히에게 가한 손실에 대해서 그는 우리의 목숨을 요구할 것입니다. 저 혼자서 그를 상대하겠습니다."

베른 사람과 힐데브란트가 이 말을 듣고 방패를 내려놓았다. 디트리히는 뤼데거뿐만 아니라 그의 모든 부하들의 목숨을 앗아간 군터를 책망했다. 그는 자기 부하들의 죽음 또한 생각하지 않으면 안 되는 것이다.

"이 세상에서 한 사람에게 이보다 더 큰 고통이 가해졌던 적은 결단코 없었을 것이오!" 디트리히가 한탄했다. "내가 기쁨과 행복을 누렸던 그 모든 것이 이곳에서 당신의 칼부림으로 끝장나고 말았소. 내 목숨이 붙어있는 한, 나는 내 친척들의 죽음을 슬퍼하게 될 것이오."

"우리에게 그렇게 많은 죄가 있는 건 아니오." 하겐이 항의했다. "당신의 종사들이 무장을 한 채로 왔었소. 당신에게 올바른 보고가 전해지지 않은 것 같습니다."

"내가 이제 무엇을 믿어야 하겠소?" 베른 사람이 말했다. "당신들은 전사한 뤼데거의 시신을 내 달라는 내 소원을 조롱했던 것이오."

"내가 변경 영주의 시신을 당신들에게 내주는 걸 거부했소. 하지만 그것은 에첼을 겨냥하고 말한 것이지, 당신들을 향해 그랬던 건 아니었소." 군터가 말했다.

"고귀한 왕 군터여, 당신이 내게 가한 일에 대해서 내게 보상을 하시오." 디트리히가 청했다. "당신과 당신의 용사 스스로가 인질로서 투항하시오, 그렇게 하면 당신들에게 아무런 일도 일어나지 않도록 내가 돌보아 주겠소.”

“신이시여, 제발 그런 일은 없기를!” 하겐이 격분해서 말했다. “무장을 하고 여전히 적들 앞에 서 있는 두 영웅이 당신들에게 몸을 맡길 수는 없소.”

“그렇게 경솔히 저항하지 마시오, 군터와 하겐이여!” 디트리히가 말했다. “당신들은 일찍이 내가 겪어본 적이 없는 최대의 손실을 내게 끼쳤던 것이오. 그 일에 대해 당신들은 마땅히 보상을 해야만 하오. 나는 당신들에게 악수로 약속을 하는 바이오. 나는 당신들을 고향으로 돌아가게 할 것이며, 그렇지 못할 경우에는 내 스스로 목숨을 끊을 것이오. 당신들이 내게 끼친 일들을 깨끗이 잊겠소.”

디트리히는 이렇게 관대한 화해의 손길을 그가 가장 사랑했던 영웅들을 때려 죽인 적들에게 제안을 했던 것이다. 이 베른 사람이 에첼의 보물에 대한 갈망을 익히 알고 있었는지 혹은 심지어 그에게 비결 따위를 알려 주기조차 했는지는 우리로선 알 길이 없다. 하지만 부르군트 사람들에겐 명예가 그 모든 것보다 우선이었다. 하겐이 대답했다.

“더 이상 강요하지 마시오. 두 영웅이 항복했다는 소문이 나서는 안 됩니다. 더우기 당신 옆에는 힐데브란트밖에 없는 상황에 말이오.”

“당신들에게는 속죄만이 마땅하다고 여길 시간이 곧 닥칠 것이오.” 힐데브란트가 말했다.

“무기력하게 홀에서 뛰어나가느니, 차라리 나는 그 속죄를 받아들이고 싶소이다. 힐데브란트 장군.” 하겐이 비난했다.

“그렇다면 어떻게 당신은 바스켄슈타인Waskenstein 강가에서 무기력하게 방패를 깔고 앉아있었단 말이오”, 힐데브란트가 하겐을 질책했다. “스페인 출신의 발터Walter가 그토록 많은 당신의 친구들을 쳐죽이고 있었을 때 말이오.”

"늙은 여자들처럼 말씨름 따위를 하는 건 용사들에겐 어울리지 않는 일이오!" 디트리히가 싸움을 종결시켰다. "힐데브란트여, 나는 그대에게 더 이상 말하는 것을 금하겠소." 그런 다음 그는 확인하려고 했다.

"내가 제대로 들었다면 말이오, 하겐 혼자서 나를 대적하고 싶다고 하셨나요?"

"나는 당신이 우리 두 사람을 인질로 요구한 사실에 대해서 매우 화가 나 있소. 나는 결투를 신청하오." 하겐이 말했다.

디트리히는 하겐이 자신을 향해 잔인하게 칼을 빼어드는 모습을 보는 순간, 그는 자신의 방패를 높이 쳐들었다. 하겐이 계단에서 그를 향해 뛰어내려 왔다. 니벨룽엔의 칼이 디트리히의 장비에 부딪쳐 맑은 울림소리를 냈다. 베른 사람은 발뭉의 위력을 알고 있었기 때문에, 노련하게 자신을 방어했다. 그리고 자신의 검 미뭉으로 반격을 가했다. 불에 그을린 홀에서 마침내 가장 위대한 영웅들이 서로 칼을 겨누게 되었다. 디트리히는 하겐이 무방비 상태로 있던 바로 그 순간에 강하고 약삭빠르게 그에게 길고 깊은 상처를 입혔다.

'너는 오랜 싸움에 지쳐버렸구나. 네가 죽는다고 해서 내게 명예를 가져다줄 것 같지는 않구나. 그러니 내 너를 제압하도록 해야겠다.' 베른 사람이 생각했다. 디트리히는 하겐이라면 분명히 가했을 최후의 일격을 그에게 포기했다. 그는 방패를 던져버리고 그를 꽉 붙잡았다. 그리고 격투로 그를 쓰러뜨리려는 위험한 모험을 단념했다. 하지만 그는 막강한 힘으로 성공을 거두었다. 군터는 결투의 규칙을 지켰으며, 공격을 포기하고 디트리히가 그 유명한 영웅을 결박하는 것을 방관할 수밖에 없었다.

가장 최근의 이야기에 따르면 디트리히는 결박한 자를 크림힐트에게 데려갔다고 한다. 하지만 나는 결박한 하겐을 자신의 왕인 에첼에게 넘겨주었다는 더 옛날의 보고를 더욱 신뢰하는 편

베른의 디트리히가 하겐을 포박하고 있다. 1913년 K. S. 폰 아이젠베르트의 벽화.

이다. 베른 사람은 크림힐트의 집념에 불타는 복수심을 너무나 잘 알고 있었기 때문이었다.

일찍이 칼을 들었던 모든 영웅들 중의 가장 용감무쌍했던 자가 이제는 결박당한 채 에첼과 크림힐트 옆에 서 있게 되었다. 그녀는 디트리히에게 몸을 굽혀 절을 하고는 말했다.

"이제부터는 행복과 건강이 내내 당신과 함께 하기를 빌겠어요. 당신은 내가 당했던 그 모든 것들에 대해 내게 보상을 해주었어요. 내게 죽음이 닥칠 때까지 저는 당신께 봉사할 것입니다."

"저 영웅의 목숨은 살려주셔야 합니다." 디트리히가 간청했다. "이제 그는 그 모든 일에 대해 보상을 할 수 있을 겁니다."

에첼과 크림힐트는 아무도 그에게 접근할 수 없는 감방 안에 하겐을 가두도록 했다.

그러는 동안에 군터 왕의 목소리가 다 타버린 홀에서 울려나왔다.

"베른의 영웅은 어디에 있느냐?"

디트리히가 쇳소리가 나는 갑옷을 입고 그에게로 갔다. 군터 왕이 홀 앞으로 달려나와 용감하게 베른 사람을 향해 달려들었다. 칼들이 부딪치는 소리가 울려퍼졌다. 디트리히의 명성에도 불구하고 군터는 몹시 격분한 상황에서 미친듯이 칼을 휘두르고 있었다. 가장 큰 손실을 겪고 난 후 그는 이제야 자신의 최악의 적과 맞부닥치게 된 것이었다. 사람들은 지금도 여전히 베른의 영웅이 그때 쓰러지지 않은 것을 하나의 기적으로 간주하고 있다. 두 영웅은 강하고 용맹스럽기가 이루 말할 수 없을 정도였다. 디트리히가 가한 일격이 기진맥진한 왕을 적중시켜 그의 갑옷에서 피가 흘러내릴 때까지 궁성과 탑들이 그들이 휘두르는 칼 소리로 우르릉거렸고 벽들이 지진을 당한 것처럼 부르르 떨었던 것이다.

결코 왕들을 결박해서는 안 되었음에도 불구하고 디트리히는 부르군트 사람을 묶었다. 그렇지 않았다면 그는 싸움을 계속하려고 했을 것이다.

41. 군터와 하겐의 운명

디트리히는 군터 또한 에첼과 왕비에게로 인도했다.

"어서오십시오, 부르군트의 왕이시여!" 누이동생이 조롱하며 말했다.

"사랑하는 누이동생이여, 그대의 인사가 다정한 뜻이었다면, 난 기꺼이 절이라도 했을 것이오. 하지만 그대는 하겐과 내게 원한을 품고 있구료."

"위대한 왕비시여 그리고 막강하신 왕이시여!" 디트리히가 간청했다. "일찍이 이토록 명성을 떨친 영웅들이 인질이 되었던 적은 한 번도 없었습니다. 저를 보아서라도 고향을 떠나온 자들을 살펴주십시오."

더 최근의 이야기에 따르면 에첼은 무관심하게 하겐을 크림힐트와 그녀의 복수에 맡겨버렸다. 하지만 그 오래된 이야기에는 훈족의 지배자가 보물이 숨겨진 곳을 자백받기 위해 이 사로잡힌 자들의 운명을 주도하고 있었다. 그 이야기를 추적하기 전에 우리는 우선 이보다 최근의 노래를 따르려고 한다. 그것에 따르면 크림힐트는 무자비하게 복수를 했으며 군터와 하겐을 따로따로 감옥에 던져 넣도록 했다. 디트리히는 통곡을 하면서 에첼의 궁성을 떠나버렸다.

크림힐트는 우선 하겐에게로 가서 요구했다.

"당신이 나에게서 약탈한 보물들을 도로 내놓는다면, 당신은 살아서 고향 땅 부르군트 사람들에게로 돌아갈 수 있을 것이오."

"당신은 말을 삼가시오." 그는 완강하게 저항했다. "나는 서약을 한 몸이오. 내 군주들 중 한 분이라도 살아있는 한, 나는 어느 누구에게도 보물을 보여주지 않을 것이오."

"내가 그렇게 해 드리지." 크림힐트가 말했다. 그녀는 감옥을 떠나 그 길로 군터를 죽이라는 지시를 내렸다. 그런 다음 그녀 자신이 피 흘리는 군터의 머리를 들고 하겐에게로 갔다. 그가 자랑스런 왕의 머리를 보았을 때, 격한 고통이 그를 사로잡았다. 그가 소리쳤다.

"너는 네가 원하는 바대로 목표를 달성했구나! 내가 생각했던 그대로 되고 말았어. 이제 내 고귀한 왕도, 게르노트와 기젤헤어도 모두 죽고 말았구나. 보물이 놓여있는 장소를 아는 이는, 하느님과 나를 제외하고는 아무도 없느니. 너 같은 마녀에게는 보물은 영원히 비밀로 남고 말리라."

"그렇다면 당신은 나에게 진 빚을 좋지 않게 갚는 셈이군." 크림힐트가 되받아 소리쳤다. "하지만 지그프리트의 칼을 간직하게 되는구나. 내가 지그프리트를 마지막으로 보았을 때, 그는

크림힐트의 죽음. 1913년 K. S. 폰 아이젠베르트의 벽화.

이 발뭉을 지니고 있었지. 당신이 그 칼을 교활하게 가로채기 전까지는 말이야." 그녀는 칼집에서 발뭉을 뽑았다. "이곳에서 발뭉이 직접 그 대가를 치르게 할 것이야" 그녀는 자신의 손으로 발뭉을 들어 하겐의 머리를 베어버렸다. 에첼이 그 광경을 목격하고서 몹시 괴로워했다.

"비통한 일이로다. 가장 용감했던 영웅이 한 여인의 손에 죽어 쓰러져 있구나. 그가 아무리 내 적이었다고는 하나, 그의 죽음이 나에게는 쓰라린 아픔이로다." 왕이 말했다.

"내게 무슨 일이 일어난다 한들, 그녀가 감히 그 영웅의 목을 쳐죽인 일을 내가 그냥 묵인할 수는 없는 일이다. 이 트론예 사람이 나를 거의 죽음으로 몰아가려고 했었지만, 내가 그의 원수를 갚아주어야겠다." 힐데브란트가 소리쳤다.

분노한 장군은 크림힐트를 향해 달려들었다. 그녀는 날카로운 비명을 지르며 무서워 온 몸을 떨고 있었다. 하지만 에첼은 관여하지 않았다. 이렇게 해서 힐데브란트는 자신의 검으로 그녀의 몸 한가운데를 내리쳤다. 이제 거기에는 모든 이들이 죽어 쓰러져 있었다. 에첼과 디트리히는 그녀를 위해 슬피 울었다. 이로써 훈국의 통치자가 개최한 거대한 축제는 그 막을 내렸다.

42. 크림힐트의 종말

전해져 오는 그 오랜 이야기를 따라가다보면, 피의 축제에서 또 다른 면을 발견해 낼 수 있으리라.

크림힐트가 에첼의 구혼을 승락한 것은 결코 사랑 때문은 아니었다. 그녀는 그가 지닌 부유함을 즐기며 그의 권력에 관여해서 지그프리트의 원수를 갚고자 했던 것이다. 또한 에첼은 단지 크림힐트의 미모에 반해서 그녀를 선택했던 것만은 아니었다. 그가 그녀와 결혼식을 올렸을 때는, 그녀가 지그프리트와 결혼한 지 이십 육 년이 경과한 후였다. 그러니까 영웅이 죽은지 십 삼 년이 흘렀으며, 그녀의 아들 군터의 나이는 이제 열 아홉 살이 되었던 시기였다. 그리고 그 대규모의 축제가 열리게 된 시기까지는 또 다시 십 삼년 년의 세월이 지나갔던 것이다.

지그프리트가 크림힐트와 십여 년을 왕으로서 군림했던 동안에, 그는 니벨룽엔의 보물을 건드리지 않았다. 하지만 에첼은 보물을 끌어올려 황금과 권력을 획득하고자 했다.

크림힐트는 에첼이 그녀 자신보다 보물을 더 소중히 생각하고 있다는 사실을 예감했다. 하지만 축제가 열리기로 결정이 되었을 때까지는 그는 보물에 대한 자신의 갈망을 철저히 감출 수 있었다. 크림힐트는 하겐과 복수를 원했다. 두 사람의 노장들만이 살아남게 되었을 때, 에첼과 크림힐트 간의 싸움도 임박해 있었다.

크림힐트가 하겐을 살해하려고 하자, 에첼이 조치를 취했다. 그의 간수장이 왕비로 하여금 더 이상 감옥에 간힌 하겐에게 접근하지 못하도록 했던 것이다. 에첼에게는 왕과 하겐 둘 다 필요한 사람들이었다. 에첼은 그들을 각기 따로따로 자기에게 초대를 하고는 그들에게 막강한 권력을 주겠다고 제안했다.

"그대는 나와 더불어 왕이 되어야 하오. 나는 이미 늙었고, 내 아들은 살해되었소. 그대는 이곳에서 통치자가 되어 내 제국을 상속할 수가 있소." 그가 군터를 유혹했다.

"그렇다면 나를 풀어주시고 내 무기들을 나에게 돌려주시오." 군터가 요구했다. 하지만 그는 하겐에게도 똑같이 말을 해서는 안 되었던 것이다. 그때문에 부르군트 왕은 훈족의 왕을 믿지 않게 되었다.

오랫동안 에첼은 영웅이며 영특한 조언자인 하겐을 경탄해 왔었다. 그는 너무나도 막강한 영웅인 지그프리트를 죽게 만든 그의 계략을 칭송했던 것이다. 다가올 재앙에 대해 이미 주지하다시피 이 트론예 사람은 죽음의 초대를 받아들여 훈족의 왕에게로 갔다. '하겐과 보물, 이것은 천지만물을 능가하는 힘이로다.' 하고 에첼은 생각했던 것이다.

그가 왕비에게 감옥에 있는 두 사람들과의 접촉을 거부했을 때, 싸움이 벌어졌다. 그녀는 하겐의 목숨을 빼앗으려 했던 것이다.

'에첼은 삼십 구년 전에 지그프리트와 결혼했던 이 백발의 왕비를 여전히 사랑하는가? 내가 아니라 그 보물을 사랑해왔겠지. 그걸 지금에 와서야 깨닫게 되다니. 하겐에게 당했던 것처럼 또다시 속임수와 기만이 있을 뿐이야.' 하고 그녀는 생각했다. 이제 그녀는 에첼에게 보물을 빼앗기고 싶지 않았다. 그녀의 복수는 또한 그에게로도 향했다.

크림힐트는 심복을 통해서 하겐의 감옥으로 들어가 지그프리트를 살해한 자의 목을 그의 칼로 베어버렸다. 군터는 그녀가 한 일을 듣게 되었다.

이제 군터는 도대체 훈족의 군주를 더 이상 믿을 수 없게 되었고 자신을 자유롭게 해달라고 요구했다. 에첼이 또 다시 그를 결박하려고 했을 바로 그때, 군터는 문지기의 칼을 빼앗아 칼을 휘두르며 간신히 옥외로 나갔다. 부르군트의 왕은 영웅들의 법도에 따라 훈족의 왕에게 결투를 신청했다. 에첼은 그것에 응하지 않고 창으로 군터를 공격하게 했다. 그의 방패와 갑옷은 이미 빼앗기고 없었기 때문에, 그는 창으로 치명적인 부상을 입고 말았다. 이것은 기록되어 있진 않지만, 충분히 일어났었음직한 일인 것이다.

게르노트와 기젤헤어가 죽은 후 이제 군터 역시 목숨을 잃었다. 보물은 라인강 속에서 아무도 찾아낼 수 없는 곳에 묻혀있었다. 그곳에서 보물은 영원히 잠들어 있을 것이다. 그리고 크림힐트는 지그프리트에게로 돌아가려고 했다.

저녁에 에첼은 전사한 자들에 대한 고통과 이제는 보물을 끌어 올릴 수 없게 되었다는 사실에 대한 분노때문에 심복들과 함께 술에 취해 있었다. 베른의 디트리히, 힐데브란트 그리고 다른 사람들이 모두 왕을 떠났을 때, 크림힐트는 방문의 빗장을 지르고 온 사방에 불을 질렀다. 그리고 나서 그녀는 바깥에 서서 불타는 화염을 바라보았다.

지그프리트가 없는 세상에서, 또 그녀의 오라버니들과 사랑과 보물도 없는 이곳에서 그녀는 무엇을 할 수 있었을까? 그 모든 것들을 상실한 아픔때문에 그녀는 칼 발몽으로 자결을 했다. 마지막으로 그녀는 그 사이 서른 살이 넘어서 그녀 없이 자라 어른이 되었을 아들 군터를 생각했다. 그리고 오라버니 군터의 아들인 같은 나이의 조카 지그프리트를 생각했다. 그들은 새로운 그리고 끊임없는 복수를 시작할지도 모른다. 크림힐트는 피를 토하기 전, 마지막 힘을 모아 서서히 화염 속으로 걸음을 옮겼다.

대장장이 빌란트

이제 세계의 북쪽 절반에서 가장 그 명성을 떨쳤던 대장장이 빌란트에 관해 이야기를 해야만 한다. 몇몇 사람들은 그가 알비쉬Albisch(옛날 상인이나 수공업자들 중에는 이 태생이 많았다고 한다 - 옮긴이)의 혈통을 타고났다고 말한다. 전해져 내려오는 다른 이야기에 따르면 그의 조부는 왕이었고, 그의 조모는 인어였으며 그의 아버지는 바데Wade 라는 거인이었다고 한다.

이 거인은 셸렌이라는 섬에 수 많은 저택들을 소유하고 있었으며 영리하고 막강한 거인으로 알려져 있었다. 그는 출정으로 재산을 불리는 대신 아들인 에길Egil과 슐락피더Schlagfieder에게 땅을 갈고 숲에서 사냥을 하게 했다. 그의 또 다른 아들인 빌란트는 손으로 하는 일이면 무엇이든 터득할 수 있는 재주를 지녔었다고 한다. 그래서 바데는 아들이 아홉 살이 되었을 때, 그를 데리고 대장장이로 이름을 날렸던 미메Mime라는 대장장이가 살고 있는 훈족의 땅으로 갔다.

그곳에서 빌란트는 대장장이가 할 수 있는 온갖 일들을 배웠다. 그런데 지그프리트라는 이름의 심술쟁이 젊은 대장장이가 그를 헐뜯었고, 그에게 불량스런 장난을 일삼았으며 심지어 때리기까지 했다. 그래서 할 수 없이 거인 바데는 아들을 데리고 셸란의 자신의 저택으로 돌아왔다.

빌란트는 열두 살이 되던 그해 일년을 고향에 머물면서 대부분의 시간을 자신의 모루 근처에서 보냈으며 대장간의 불이 꺼지지 않게 했다.

그러는 사이 거인 바데는 새로운 장인들로서 두 명의 난쟁이에 관한 이야기를 듣게 되었다. 그들은 산 속에 거주하면서 쇠로 된 연장들을 다른 난쟁이들이나 또는 사람들이 할 수 있는 것 보다 더욱 훌륭하게 만들 뿐만 아니라, 칼과 투구, 보석들이 박힌 갑옷 그리고 금과 은으로 된 값비싼 반지와 팔찌들도 완성해 낼 수 있다는 것이었다.

아버지는 빌란트와 함께 난쟁이가 살고 있는 곳을 향해 출발했고 이윽고 한 해협에 당도했다. 그런데 그곳에는 바다를 건네줄 만한 사공도 배도 보이지 않았기 때문에, 거인은 아들을 어깨에 올려놓고 걸어서 해협을 건넜다. 이 해협은 깊이가 구 엘레(1엘레는 55-85㎝ - 옮긴이)나 되었다. 아버지와 아들은 곧 난쟁이들이 망치질을 하고 있는 산에 도착했다. 입구의 바위는 열려있었다. 거인은 열두 달 동안 숙련된 모든 기술들을 자기 아들에게 가르쳐달라고 두 난쟁이에게 부탁했다. 난쟁이들이 거절하자 거인 바데는 그들이 요구하는대로 수 많은 금과 은을 내어놓았다. 대장장이들은 요구한 일 마르크를 손아귀에 넣었다. 그리고 그들은 거인 바데가 빌란트를 도로 데리러 온다는 날짜를 약속했다.

난쟁이들이 그에게 가르치는 모든 일에서 빌란트는 지나칠 정도로 재치있게 해냈다. 약속한 날에 아버지가 왔을 때, 난쟁이들은 빌란트를 떠나게 내버려두지 않고 제자를 가르칠 시간을 열두 달 연장하도록 거인 바데에게 부탁했다. 그 대신에 그들은 일 마르크를 되돌려주려고 했다. 이렇게 해서 빌란트는 또 한번 훌륭한 대장장이 기술을 터득할 수가 있게 되었다. 거인 바

데는 무엇이든 잘 깨우치는 아들의 총명함을 기뻐하면서 그 제
안을 받아들였다. 하지만 몇 번 망치질을 하고 난 후 난쟁이들
은 곧 그를 받아들인 사실을 후회했으며, 만일 거인 바데가 약
속한 날짜에 도착하지 않으면 자신들이 빌란트의 머리를 베어버
릴 수 있는 권한을 요구했다. 거인은 그렇게 하도록 승락했다.

거인 바데는 아들이 자신을 산 앞으로 동행하게 하고 잠시 함
께 애기를 나누었다. 거기서 거인은 자신의 칼을 덤불 밑 땅 속
에다 찔러넣고는 말했다. "만일 내가 약속한 제 시간에 돌아오
지 않으면 난쟁이들이 네 목을 자르려고 들 것이다. 그러면 네
스스로 방어해야 한다. 하지만 내가 정해진 날을 등한시할 이유
는 절대로 없을 것이다." 이렇게 말하고 아버지와 아들은 기분
좋게 헤어졌다. 빌란트는 다시 산 속으로 들어갔다. 그리고 거
인 바데는 셸렌의 자기 저택으로 돌아갔다.

빌란트는 천진스럽게 일을 배워나갔다. 난쟁이들이 잠을 자고
있을 때도 종종 망치질을 했으며, 그들과 기술을 겨루기도 하면
서 특별히 견고한 무기들을 만드는 비밀을 그들에게서 몰래 빼
어내어 자기 것으로 삼았다. 간혹 난쟁이들은 그들 자신들의 것
보다 빌란트의 칼과 투구들이 더 날카롭고 단단하게 만들어진
것을 보고 그에게 의심을 품기도 했다. 시기하는 마음 때문에
난쟁이들은 그를 제거할 음모를 궁리하기에 이르렀다.

약속한 날을 어기지 않으려고 거인 바데는 열두 달이 경과하
기 전 알맞은 때에 길을 떠났다. 그 길은 멀고도 험난했다. 거
인 바데는 밤낮을 종일 달려서 사흘이나 일찍 산에 당도했다.
입구의 바위가 아직 닫혀있었기 때문에 바데는 암벽에 누워서
문이 열리기를 기다렸다. 오랜 도보여행에 지친 거인은 하품을
하다가 잠이 들었고 큰 소리로 코를 골았다. 그때 청명한 하늘
에서 느닷없이 폭우가 쏟아졌다. 같은 순간에 땅이 진동을 했고
바위의 갈라진 틈들이 쪼개졌다. 돌들은 가루가 되었고, 급류로

나무 줄기 그리고 온갖 파편들이 쏟아져 내려 산사태가 일어났다. 그 바람에 거인은 목숨을 잃고 매장되고 말았다.

약속한 날에 난쟁이들은 산을 열고 고지에 올라가 마치 거인 바데가 오는 것을 기다리고 있는 양 행동했다. 빌란트도 바위 밖으로 나와 산비탈에서 사태가 일어난 곳을 발로 찔러보며 아버지를 찾아보았다. 그는 폐허 속에서 말라 죽지 않은 풀과 함께 부러진 가지들을 보았다. 빌란트는 '암석들이 방금 막 떨어진 것이 분명하니 아버지를 파묻어 버렸을 거야' 하고 생각했다. 칼이 숨겨져 있던 모든 덤불도 사라져 버리고 없었다. 이 악인들로부터 어떻게 그의 몸을 지킬 수 있을 것인가? 그 때 산비탈을 샅샅이 헤집고 있던 빌란트는 갑자기 칼자루의 손잡이가 번쩍거리는 것을 보고 땅 속에서 무기를 끄집어내어 외투자락에 숨겼다. 그런 다음 대장장이는 언덕 위에 서 있는 난쟁이들을 발견하고 음험한 그들에게 다가가 난쟁이 하나를 때려눕히고 다른 난쟁이를 칼로 찔렀다. 다시 한 번 그는 산비탈로 갔는데 그곳 아래에 아버지가 매장된 채 누워있었던 것이다. 그는 또 다시 산 속으로 들어가 말 위에 짐을 실어 직접 운반해 올 수 있을 만큼의 온갖 작업 도구들과 수 많은 금과 은 그리고 값 비싼 물건들을 취했다.

아버지가 숨을 거둔 후 빌란트와 그의 형제인 에길과 슐라피더가 상속받은 농장을 경영했다. 대장장이 일을 하는 대신 빌란트는 형제들과 함께 스키를 타고 산 속을 누비고 다니면서 맹수들을 사냥했다. 그들은 멀리 떨어진 외딴 계곡에 머무는 것을 좋아했으며 늑대의 산 속에 있는 늑대 호숫가에 집 한 채를 지었다. 그리고 빌란트를 위해 대장간을 설치하고 그곳에 약탈한 도구들과 금을 옮겨다 놓았다. 수 개월 동안 형제들은 늑대 호숫가에서 호젓하게 지냈다.

어느 날 아침 호숫가에 진기하게 아름다운 세 명의 처녀들이

빌란트와 형제들은 호수에서 목욕을 하고 있는 세 명의 발퀴레들을 발견하고 날개옷을 숨긴다. 1900년 H. 테아커의 그림.

앉아있었다. 형제들이 아마실을 짜고 있는 그녀들의 모습을 지켜보다가 일순간에 그녀들의 미모에 빠져들었다. 처녀들은 어두운 숲 위를 날아서 온 발퀴레들이었다. 그녀들은 비행할 때 입는 속옷을 강가에 벗어놓고 힘센 전사들의 운명에 대해 곰곰히 생각하고 있었다. 이때 형제들이 몰래 날개옷들을 훔쳤다. 이제 전쟁의 여신들은 더 이상 백조의 모습으로 돌아갈 수 없게 되었으므로 형제들의 뜻에 따를 수밖에 없었다. 형제들은 각자 처녀들 중의 하나씩을 아내로 삼았다. 빌란트는 헤르베르Herwör를 얻었다. 처녀들 역시 형제들을 좋아해서 그들과 함께 살았다.

칠년 간을 발퀴레들은 형제들의 집에서 평화롭게 지냈다. 하지만 그녀들은 운명의 실을 자아 발할로 데려갈 싸움터에서 죽은 전사자들을 선택하는 일에 익숙해 있었던 것이다. 팔 년째 되던 해 그녀들은 칼들이 부딪치는 소리와 화살이 날릴 때 윙윙거리는 전투의 소음들에 대한 동경때문에 거의 견딜 수가 없었다. 구 년째 되던 해에 그녀들은 비행할 때 입는 속옷을 숨겨논 장소를 찾아냈다. 그리고 형제들이 사냥을 떠난 어느 날 그 옷들을 입고 영원히 싸움터로 돌아갔다.

형제들이 집으로 돌아와 보니 그들에게는 걸음을 옮길 때마다 추워서 덜덜 떨리는 소리가 났다. 삼형제는 텅 빈 집을 온통 헤집고 다녔다. 그리고 나서 부인들을 찾기 위해 에길은 스키를 타고 동쪽으로 떠났으며, 슐라피더는 서쪽으로 달려갔다. 빌란트는 화덕 옆에 혼자 웅크리고 앉아 밤낮으로 대장장이 일을 하며 아내가 돌아오기만을 기다렸다. 마법의 힘을 지닌 금반지를 헤르베르는 모루 위에 올려놓았던 것인데 빌란트는 그 반지를 본따서 또 다른 반지를 만들어 보리수 인피靭皮로 꼬아서 만든 줄에 모두 나란히 꿰어놓았다.

이웃 나라에 니둥Nidung이라는 왕이 살고 있었다. 그는 감시병을 통해 빌란트가 늑대의 계곡에 혼자 남아 대장장이 일을 하고 있다는 소식을 듣고 밤에 무장한 병사들을 늑대의 호수로 보냈다. 병사들은 철판을 못으로 박아 이은 갑옷을 입고 있었으며, 그들이 들고 있는 방패가 반달에 비쳐서 번쩍거렸다. 말에서 내린 병사들이 집 뒤로 뛰어내려 홀 안으로 침입했다 그리고는 보리수 인피로 만든 줄에서 칠백 개의 반지를 빼앗았다. 무장한 군인들의 수령인 사옹원정은 헤르베르의 반지를 찾아내어 그것을 착복했다. 다른 반지들은 모두 다시 줄에 꿰어두게 했다. 그리고 나서 무장한 병사들은 그 집을 떠나 숲에서 멀리 떨어진 곳에 숨어 있으면서 빌란트를 기다렸다.

사냥을 마치고 대장장이는 집으로 돌아왔다. 날씨 변화에 통달한 그는 사냥에서 불곰 암놈을 한 마리 잡았고 그 내장을 끄집어 내었다. 그는 바람에 바짝 말린 소나무 덤불을 불 속에 밀어넣으며 고기를 구웠다. 나무가 타들어가는 소리를 내며, 불꽃이 활활 타올랐다. 빌란트는 곰가죽 위에 쪼그리고 앉아 반지를 세었다. 그때 그는 헤르베르의 반지가 없어진 것을 알아채고 그의 부인이 집으로 돌아왔다고 생각했다. 오랫동안 불가에 앉아 참고 기다리며 그는 아내를 생각했다. 그렇게 그녀를 기다리다가 잠이 들었다.

팔과 다리에 심하게 결박당한 압력때문에 빌란트는 잠에서 깨어나 무장한 병사들이 자신을 둘러싸고 있는 것을 보고 물었다. "어떤 막강한 자가 나를 이렇게 묶게 한 것이오?"

그를 니둥 왕에게로 데려가자 왕이 그에게 물었다. "그대는 이 금을 어디서 늑대의 계곡으로 가지고 왔느냐?" 사옹원정이 훔친 금을 꺼내보였다.

"강과 계곡에서는 당신께서 쓰실 만한 금이 하나도 나오지 않습니다." 빌란트가 대답했다. "이 값 비싼 장신구는 제가 만들어서 늑대의 호수로 가지고 온 것입니다."

왕비가 그를 살펴보더니 결박당한 사람 앞으로 다가가 숨죽인 목소리로 말했다.

"숲에서 온 이 자가 과연 온화한 사람일까요? 그의 두 눈에서는 마치 뱀의 눈에서 처럼 불꽃이 튀고 있습니다. 그는 왕의 허리에 찬 칼을 보면 이를 드러냅니다. 차라리 그의 힘을 꺾어버리고 그의 근육을 절단내 버리도록 합시다! 그리고 그를 바위섬에서 우리를 위해 대장장이 일을 하도록 시키세요."

왕은 부인의 충고를 따르기가 망설여졌다. 그때 니둥의 장남인 오트빈Otwin이 대장장이를 돌보아주고 결박을 풀어줄 것을 간청했다. 왕은 그 청을 수락했음에도 불구하고, 빌란트로 하여금 대장장이 일을 하도록 하는 것은 받아들이지 않았다. 하지만 빌란트는 늑대 계곡에서 자신의 연장들과 보물들을 가져와 궁전 근처에 있는 나무 줄기 속에 숨겨둘 수 있었다. 한편 한 남자가 그것을 지켜보고 있었다.

빌란트는 이제 궁성에서 음료담당관의 일을 돕게 되었으며 왕의 식탁에 놓일 칼을 준비해 두는 일을 맡았다. 그는 예의범절이 훌륭했기 때문에 인정을 받게 되었다. 어느날 호숫가에서 식기를 닦고 있었을 때 왕이 특별히 아끼는 가장 훌륭한 식탁용 나이프가 그의 손에서 미끄러져 나갔다. 그 값 비싼 물건을 건져 올리기에는 강이 너무나 가파랐다. 그러자 뷜란트는 이렇게 사소한 일도 제대로 해 낼 수 없는 자신을 책망했다. 이제 하인들조차도 자신을 바보라고 놀려댈 것이 뻔하다고 생각했다.

그는 왕의 대장장이인 아밀리아스Amilias의 작업실로 몰래 숨어 들어갔다. 장인이 도제들과 함께 식사를 하고 있는 동안 대장간의 용광로는 활활 불타오르고 있었다. 일 년이 넘도록 뷜란트는 대장간의 쇠망치는 손도 대지 않았었다. 그런데 이제 그는 재빨리 쇠덩어리 하나를 불 속에서 꺼내어 아밀리에가 식사를 끝내고 돌아오기 전에 칼 하나를 완성했다.

그후 뷜란트가 왕의 식탁에 칼들을 내놓았다. 니둥이 그 칼들 중의 하나로 빵을 자르다가 동시에 식탁의 끝트머리를 베어버렸다. 왕은 칼이 그토록 날카로운 것을 보고 깜짝 놀라 물었다.

"이 칼을 만든 자가 누구냐?"

"그 모든 칼은 당신의 것이오며 다른 것들도 당신을 위해 만들어진 것이옵니다." 뷜란트가 대답했다.

아밀리아스가 근처에 서 있다가 말했다. "제가 그것을 만들었사옵니다."

"일찍이 이렇게 예리한 칼은 한 번도 네게서 만들어진 적이 없었다." 왕이 그의 말을 무시하고 성난 눈으로 뷜란트를 노려보았다. 그는 칼을 잃어버렸던 일과 그것과 똑같은 칼을 만들어 낸 사실을 왕에게 이실직고해야 했다.

"내가 일찍이 이와 같이 훌륭한 물건으로 칼질을 해 본 적은 한 번도 없었도다!" 왕이 소리쳤다.

"설령 뷜란트가 그 칼을 만들었다고 해도 저보다 더 훌륭한 대장장이라고는 할 수 없사옵니다." 대장장이로서 자신의 명예가 실추당했다고 생각한 아밀리아스가 흥분해서 말했다. "저희의 손재주를 한 번 겨루도록 해주십시오!"

"제가 갖고 있는 재주는 보잘 것이 없는 것입니다." 빌란트가 대꾸했다. "하지만 제 기술을 증명해 보이겠습니다. 당신이 한 물건을 만들면, 저는 다른 물건을 만들어 보이겠습니다. 그렇게 되면 더 훌륭한 물건이 어떤 것인지 모든 사람들이 알 수 있을 것입니다."

"맹세코 그렇게 하도록 하지!" 아밀리아스가 외쳤다.

"저는 내기에 걸만한 재산이 아무 것도 없습니다." 빌란트가 말했다.

"그렇다면 네 목숨을 내놓아라." 아밀리아스가 요구했다. "나도 내 목을 거기에 걸겠다. 더 솜씨 좋은 대장장이가 상대편의 목을 베어버려야 한다."

"당신은 무엇을 만들어 내시겠습니까?" 빌란트가 물었다.

"만일 네가 칼자루를 만들면, 나는 투구와 흉갑 그리고 갑옷 바지를 만들어 보이겠다." 아밀리아스가 제안했다. "만일 네가 만든 칼이 내 피부에 생채기라도 낸다면, 너는 내 목숨을 앗아 가도 좋다. 하지만 네 무기가 나에게 상처를 입히지 못하는 날에는 네 목숨을 잃을 것이다." 빌란트는 아밀리아스가 자기가 한 말을 지키지 않을까봐 염려했기 때문에 그는 왕의 수행원들 중에서 가장 용감한 두 명의 무사들을 보증인으로 세워두기를 원했다. "내가 어떤 물건을 만들어 낼지는 아무도 모를 것입니다." 빌란트가 말했다. 하지만 그는 한 사람도 보증인으로 세울 수가 없었다. 이때 왕이 빌란트가 만들어낸 칼의 위력을 상기하고 손수 그를 보증해 주었다.

같은 날 아밀리아스는 조수들을 데리고 대장간으로 가서 물건들을 만들기 시작했다. 그 일은 열두 달 동안 지속되었다. 하지만 빌란트는 계속해서 왕의 식탁에서 시중을 들었다.

반년이 지난 후 니둥은 조바심이 생겨서 칼을 대장간에서 만드는 일은 도대체 언제 시작할 생각이냐고 빌란트에게 물었다.

"제가 작업장을 갖게 되면 그때 만들어 보겠습니다." 빌란트가 말했다.

그러자 왕은 대장간을 짓도록 그에게 허락했다. 한편 빌란트는 자신이 숨겨놓은 장소에서 대장간 도구들을 가져오려고 했을 때, 나뭇가지들이 부러져 있는 것을 발견했다. 기구들과 보물을 약탈당한 것이었다. 그때 빌란트는 물건들을 파묻고 있었을 때 한 남자가 그 광경을 지켜보고 있었던 사실을 기억하고 왕에게 가서 불시에 당한 사고를 보고했다. 니둥은 그를 도와주겠다고 약속했고 그 남자를 또 다시 알아볼 수 있겠느냐고 물었다.

"그렇습니다." 빌란트가 확신있게 대답했다. "하지만 그의 이름이 무엇인지는 모르옵니다."

그러자 왕은 나라의 모든 남자들을 민회에 나오도록 소환했다. 사람들은 이 시점에 결코 한데 모이곤 했던 적이 없었음을 알고 이상하게 여겼다. "한 사람도 빠짐없이 다 모였나요?" 대장장이가 확인했다. "모두들 민회에 참석했네." 왕이 말했다. 빌란트는 한 사람씩 앞으로 걸어나가 그들의 얼굴을 살폈다. 그런데 대장장이는 자신이 찾고 있던 사람을 발견해 내지 못 하고 사람들에게 조롱거리가 되었다는 사실을 깨닫게 된 니둥은 빌란트를 바보라고 불렀다. 이렇게 해서 대장장이는 금과 연장, 그리고 왕의 총애까지 잃고 말았다.

빌란트는 계속해서 왕의 식탁에서 나이프를 가지런히 정돈하는 일을 하면서 어떻게 하면 도둑을 찾을 수 있을 것인가를 곰곰히 생각했다. 밤이 되자 그는 촛불을 들고 왕을 그의 침실로 모셔다 드리고서 촛불을 홀 밖의 한 구석에 세워 놓을 때까지 몰래 쇠로 무엇인가를 만들었다. 그때 그는 왕 앞에 서 있던 한 남자에게 촛불을 바짝 들이댔다. 왕이 그에게 말을 걸었다.

"자네의 건강을 기원하네, 내 친구 레긴Regin이여! 스웨덴에서 내가 맡긴 임무는 얼마나 진척되었나? 그런데 자네는 왜 들어오지 않는 것인가?"

"그는 외람되게도 왕께 대답을 드릴 수가 없습니다. 왜냐하면 이 사람은 쇠로 만들어졌기 때문입니다." 빌란트가 말했다. "저는 제 기억에 의존해서 그 사람의 모습과 얼굴을 똑같이 만들었습니다. 그러니까 레긴이라는 사람이 제 도구와 금을 훔쳐간 사람입니다."

"그래, 그는 민회에 나오지 않았어." 왕이 기억을 했다. "내가 그를 사절로 스웨덴으로 보냈다네." 쇠로 만든 레긴의 상에는 심지어 그의 머리카락까지 교묘하게 그대로 쏙 빼어 닮아있었다. 니둥은 빌란트의 빼어난 기교를 칭찬하고 그의 대장간의 도구와 보물을 그에게 조달해주기로 약속했다.

레긴이 귀향하자 왕은 그를 불러들여 그에게 답변을 구했다. 연장과 금을 파내어 자신이 착복한 것은 오로지 장난삼아 한 짓이었다고 용의자가 말했다. 그리고 그것을 빌란트에게 되돌려주었다. 이렇게 대장장이는 자신의 믿을 만한 도구를 사용하지 않고도 쇠로 만든 레긴으로 왕을 감쪽같이 속일 수 있었다. 이러한 명성에도 불구하고 그가 왕의 식탁을 섬기는 일은 멈추지 않았다.

그로부터 넉 달이 흐른 후 니둥은 대장장이에게 경고를 해주었다. "자네는 결국 언제 일을 시작 할 셈인가? 아밀리아스는 음흉할 뿐만 아니라 매우 숙련된 사람이라네."

빌란트는 작업실로 들어가 칠일 안에 진기할 정도로 훌륭한 칼을 만들어내었다. 어느 추운 날 왕은 모루 옆에 서서 자신은 여지껏 그처럼 훌륭한 칼은 본 적이 없노라고 장담했다. 빌란트는 왕에게 가까운 강으로 자신을 동행해 줄 것을 청했다. 거기서 그는 발의 치수와 무게 정도만한 양털 뭉치를 물 속에 던지고는 강물이 흐르는 방향으로 칼 날을 대고 칼을 훌러 넘치는 물 속으로 지긋이 갖다 대었다. 그러자 실다발이 매끈하게 둘로 갈라졌다.

"이렇게 훌륭한 칼은 결코 본 적이 없다네." 왕이 단언을 하며 그 칼을 즉시 자신의 허리에 차려고 했다.

"이 무기는 그리 나쁘지는 않지만, 아직도 더 단단하게 벼리어야 합니다." 빌란트가 말하고 그것을 가지고 작업실로 갔다. 그리고 왕은 기분이 좋아서 그 길로 궁전으로 들어갔다.

빌란트는 칼을 작은 나무조각 크기로 가늘게 잘라서 밀가루에 섞은 다음 그가 나흘 동안 굶겨 길들인 새에게 그 혼합한 것을 모이로 주었다. 그리고 그는 대장간의 화덕에다 오물을 녹여 금속에다 쇠똥을 떨어뜨렸다. 거기서 두 번째 칼이 만들어졌다. 이것은 첫 번째 것보다 좀 더 작았다. 왕이 또 다시 와서 그 칼을 칭찬해 마지 않았고 칼을 자기 것으로 삼으려고 했다.

이번에도 빌란트는 전보다 두 배로 두툼한 양털 뭉치를 강물 속에 던졌다. 칼이 첫 번째와 똑같이 두 토막을 내버렸다.

"내가 아무리 좋은 걸 찾는다 한들, 이 칼보다 더 훌륭한 칼은 얻을 수 없을 걸세." 왕이 빌란트의 솜씨를 칭송했다.

"이 무기는 쓸만한 것이기는 하오나 더 강하게 단련되어야 합니다." 빌란트는 이번에도 거절했다.

니둥은 만족해서 궁전으로 들어갔다. 빌란트는 대장간으로 되돌아가 두 번째 칼 역시 대패밥처럼 섬세한 조각을 내어서 첫번째와 똑같이 처리했다. 석 주 후에 그는 번쩍번쩍 광택이 나는 칼을 만들었다. 두 번째 칼보다는 좀 더 작은 것이었으나 손으로 다루기가 매우 편리하고 금으로 도금을 한 것이었다.

이제 빌란트는 세 발걸음 길이와 그 두께 만큼의 양털 뭉치를 물 속에 던지고 잔잔히 흘러가는 물에 칼을 갖다 대었다. 칼날이 양털을 수면처럼 매끈하게 잘라냈다.

"자네는 전세계를 망라해서 이와 같은 훌륭한 칼을 찾아볼 수

대장장이 **뷜란트**가 자신의 대장간에서 놀라운 무기를 만들어내고 있다. 1904년 막스 코흐의 수채화.

없을 것일세." 니둥이 말했다. "나는 이 칼을 전투 때마다 지니고 다닐 것이네."

"저는 이 칼의 이름을 미뭉Mimung이라 지었습니다. 이것은 왕 외에 다른 누구의 소유가 되어서는 안 될 것이옵니다." 뷜란트가 답변했다. "하지만 여기에다 칼집과 가죽 손잡이를 만들어야만 완벽한 작품이 되옵니다."

왕은 기분이 썩 좋아져서 궁전으로 돌아갔다.

뷜란트는 서둘러 자신의 모루로 달려가 미뭉과 구별할 수 없을 만큼 똑같은 칼을 하나 만들어 내었다. 원래의 진짜 칼은 풀무 아래 감춰두고 말했다. "미뭉이여, 네가 거기 숨어 있으면 내가 곧 너를 필요로 할 때가 올 것이다."

내기가 판결이 나게 되는 날까지 또 다시 대장장이는 왕의 식탁에서 자신의 임무를 수행했다. 판결이 내려지는 그날 아침에 아밀리아스는 자기가 만든 갑옷 바지를 입고 광장에 서서 자신이 만든 것을 찬탄하며 바라보게 했다. 뿐만 아니라 아침 식사 전에도 그는 갑옷 상의를 입고 있었는데, 그것은 두 배나 더 화려하게 만든 것이었다. 왕이 식사하는 식탁 앞에서도 그는 여전히 투구를 쓰고 있었는데, 그것은 특별히 두툼하게 만들어진 것이어서 어떠한 칼의 타격에도 해를 입지 않을 것처럼 보였다. 그래서 모든 사람들은 일찍이 그처럼 훌륭하고 안전한 장비는 결코 본 적이 없노라고 말했다.

식사를 마치고 모두들 바깥 광장으로 갔다. 아밀리아스는 그 한가운데로 걸어나갔다. 무장한 그는 빌란트의 목을 베어버릴 생각으로 자신의 칼을 보여주었다. 그리고 의자에 앉아서 내기할 준비를 했다. 왕의 수행원들과 다른 병사들이 그를 가운데에 세워놓고 빙 둘러섰다. 빌란트는 칼집에서 칼을 빼어들고 빙돌아서 왕의 앞으로 걸어갔다. 그런 다음 아밀리아스의 뒤로 가섰다. 그리고 칼끝을 투구 위에다 갖다 대고 왕의 대장장이에게 칼끝이 느껴지느냐고 물었다. 그는 웃으며 과시하는 듯한 큰 소리로 말했다. "전력을 다해 내려쳐라. 아니면 넌 너무 힘이 약한 것이냐?"

빌란트가 다만 칼끝을 투구에다 대고 지긋이 누르기만 했는데, 미뭉은 투구와 아밀리아스의 머리를 잘라버리고 허리띠까지 갑옷과 몸을 두 동강이 내버렸다.

사람들은 일찍이 그처럼 강한 칼에 대해서 들어본 적이 없었다. 왕은 미뭉을 즉시 허리에 차려고 했다. 하지만 대장장이는 아직 대장간에서 칼집을 가져와야만 한다고 속이고서 미뭉을 풀무 아래 숨겨놓고 대신 그것과 똑같게 만든 모조품을 왕에게 넘겨주었다.

대장장이로서 명성을 떨친 빌란트를 찾는 사람들은 강한 무기를 원하는 전사들뿐 아니라 순금으로 만든 훌륭한 장신구를 원하는 귀부인들도 있었다. 8세기 고래뼈로 만든 조각품.

이제 빌란트는 니둥 왕과 그의 수행원들을 위해 화려하고 값비싼 장신구들을 만들어주었다. 호화로운 이 장신구들은 왕의 명성을 더욱 찬란하게 빛내주었다. 사람들은 다른 대장장이들이 만든 물건들보다 훨씬 더 정교한 물건이 만들어졌는데, 그것은 빌란트로부터 나온다고 말할 정도로 빌란트는 이 세계 북방의 절반에서 주목 할만한 인물로 간주되었다.

어느날 전령들이 왕의 식탁으로 달려와 대규모의 적의 군대가 그의 나라로 쳐들어오고 있으며, 도시들이 불타고 땅이 황폐화 되고 있다고 알렸다. 니둥은 즉시 강력한 군대를 소집했고 – 빌란트 역시 그의 수행원이 되었다 – 적을 향해 진군했다. 닷새 후 그의 군대는 적들과 충돌했다. 전투에 임하기 전 날에 왕은 자신에게 승리를 가져다 주는 행운의 돌을 손에 쥐고 생각을 가다듬으려고 했다. 그때 그는 돌을 자신의 성에 두고 왔다는 사실을 깨달았다. 니둥은 그 돌의 힘을 받지 못 하면 전투에서 승리를 거두지 못 할 것이라고 믿고 있었다. 그는 심복들을 천막으로 불러들여 다음과 같이 공포했다.

"내일 해가 뜨기 전에, 그 돌을 이곳으로 가져오는 자에게 내 딸 뵈드빌트Bödwild를 아내로 주고 내 나라의 절반을 주겠노라!"

하지만 성에 이르는 길은 상당히 멀었기 때문에 감히 누구도 여행에 나서겠다는 사람이 없었다. 곤경에 처한 왕은 밤에 대장장이에게 도움을 청했다. "내 친애하는 친구 빌란트여, 자네가 말을 타고 다녀오지 않겠나?" 왕은 빨리 달리기로 소문이 자자한 대장장이의 명마 스케밍에 대해서 알고 있었던 것이다.

"그러니까 말하자면 왕께서 저에게 부탁을 하시는 거군요." 빌란트가 말했다. "왕께서 약속을 지키신다면, 제가 말을 타고 다녀오겠습니다." 왕은 그 약속을 실행하겠다고 맹세했다.

빌란트는 마치 새가 날듯이 빨리 달린다는 종마 스케밍에 올라타고 서둘러 내달아 한밤중에 니둥의 성에 당도했다. 베드빌트가 빌란트에게 돌을 넘겨주었다. 그때 여왕이 음흉한 눈으로 그를 흘겨보았다. 니둥에게는 닷새가 소요될 길을 대장장이는 열두 시간만에 일을 끝내고 일출 전에 막사에 도착했다. 왕의 진영으로부터 과히 멀지 않은 곳에서 빌란트는 종마인 스케밍에게 도약을 하게 했다. 그때 사용원정을 선두로 한 일곱 명의 병사들이 말을 타고 그를 향해 달려와 빌란트를 환영했다.

"나의 성실한 친구여, 자네는 승리를 가져다 주는 행운의 돌을 가지고 왔겠지?" 왕의 수행원들 중에서 수령인 그가 물었다. "이렇게 짧은 시간 안에 그런 일을 할 수 있는 자는 우리들 중에는 아무도 없었을 것이네."

"나는 내가 할 수 있는 한, 왕으로부터 받은 임무를 실행했을 뿐이오." 빌란트가 대답했다.

"그 돌을 나에게 내놓으시지!" 사용원정이 요구했다. "내가 그 돌을 왕에게 바치겠다. 대신 네가 원하는 만큼의 금과 은을 얼마든지 주겠다."

"어떻게 이런 일이 당신의 명예에 걸맞는 일이 되겠소? 당신에게는 이 길이 나보다 멀지 않았겠소!" 빌란트가 대꾸하며 돌을 내놓기를 거절했다.

사옹원정이 소리쳤다. "왜소하고 하찮은 대장장이 주제에 왕의 딸을 넘보겠다니, 정말로 그렇게 생각하는 것이냐? 지금까지 이 나라 최고의 가문에서도 아무도 감히 얻지 못했던 공주를 말이냐? 게다가 왕국의 절반까지 차지하겠다고? 넌 다른 걸 얻게 될 것이다. 자, 저 놈에게서 왕에게 승리를 안겨다 주는 돌과 목숨을 가두어라!"

사옹원정의 병사들이 빌란트에게 달려들었다. 그는 자신의 칼인 미뭉을 빼어들고 사옹원정의 투구와 머리를 쪼개어버렸다. 그때문에 나머지 여섯 명의 병사들은 꽁무니를 빼고 도망을 쳤다.

빌란트가 왕에게로 가서 그에게 승리의 돌을 넘겨주자 그는 친절한 대우를 받게 되었다. 하지만 니둥왕이 사옹원정의 죽음에 관해 알게 되었을 때, 그는 대장장이를 저주했다.

"너는 나의 가장 훌륭한 용사를 쳐죽였다. 그러니 즉시 이 진영을 떠나 다시는 내 나라로 돌아오지 말아라. 그렇지 않으면 내 너를 교수형에 처하게 할 것이다!"

"당신은 약속을 이행할 생각이 없는 것입니다. 그것이 저를 추방하는 진짜 이유인 것입니다!" 빌란트가 격분해서 말했다.

왕의 한 심복이 빌란트에게서 근육을 잘라내고 그로 하여금 왕실을 위해 대장장이 일을 하게 하라는 왕비의 충고를 상기했다. 하지만 니둥은 빌란트가 말을 타고 사라지는 것을 허락했다.

같은 날 왕은 군사들과 함께 바이킹을 정복하고, 빌란트에 대해서 지나치게 호감을 보인다고 왕비가 그를 질책했던 성으로 풍족한 노획물을 가지고 영광스럽게 귀환했다.

대장장이는 자신이 속았다는 것을 알고 왕에게 복수를 하기로 마음 먹었다. 그는 변장을 하고 왕의 궁전으로 들어가 자신을 요리사라고 소개했다. 빌란트가 준비한 고기 요리들 중의 하나가 왕과 공주가 식사하는 식탁 위에 올려졌다. 베드빌트가 칼로 고기를 자르자 칼이 울리기 시작했다. 그 칼은 음식이 부패되었거나 독이 들어있다는 것을 경고해 주는 능력을 갖고 있기 때문이었다. 니둥은 음식을 만든 요리사를 붙잡아서 끌어오게 했다. 이렇게 해서 빌란트의 신분이 밝혀졌다.

이제 니둥은 어쩔 수 없이 왕비의 충고를 따라야만 하는 입장에 놓였다. 그는 빌란트의 발과 오금 그리고 허벅다리의 힘줄을 끊어버리라고 명한 다음 말했다. "너는 신기에 가까운 대장장이이고 하니, 네 목숨만은 보존해야만 한다."

불구자가 되어버린 대장장이는 왕의 자비에 감사를 표했다. "이제 저는 당신과는 결코 헤어질 수 없는 몸이 되었습니다. 만일 제가 그렇게 할 수만 있다면, 떠나지 않아도 좋겠습니다만."

"그 대가로 너는 금과 은을 풍족하게 받을 것이다." 왕이 대답하고 강과 가까운 곳에 위치한 제바르슈타트Säwarstadt 섬에 새로운 대장간을 짓도록 해주었다.

그래서 이제 빌란트는 대장간의 화덕 옆에 앉아 망치를 두들기며 잠도 거의 자지 않고 하나씩 하나씩 물건을 완성해갔다. 이따금씩 그는 발을 질질 끌며 문가로 다가가 날아가는 새들을 바라보며 늑대의 계곡에서 자유롭게 사냥을 하던 시절을 회상하곤 했다. 그는 형제인 에길에게 사자를 보냈다.

어느날 왕의 두 어린 아들이 활을 들고 빌란트에게로 와서 자신들이 쓸 화살을 만들어 주어야만 한다는 구실로 그에게 부탁을 했다. 사실 그들은 소문을 듣고 그의 보물을 보고싶어 찾아왔던 것이다. 빌란트는 처음에 그들의 부탁을 거절했지만 결국에는 소원을 들어주기로 했다. 그는 상자의 무거운 뚜껑을 들어올려 아이들이 그 안을 들여다볼 수 있도록 해주었다. 아이들은 황금과 번쩍거리는 장신구들을 보고 그들의 눈을 뗄 수가 없었다. 그것이 아이들에게 재앙을 가져다 주었다. 그때 빌란트에게 어떤 방법으로든 복수를 할 수 있을 것이라는 생각이 떠올랐던 것이다. 아이들은 곧 다시 찾아와서 또 다시 상자 속을 볼 수 있게 해달라고 졸랐다. 빌란트는 아이들에게 가장 값진 보석들을 선물로 주겠다고 약속하면서, 단 그들이 이곳에 온다는 사실을 하인들에게는 비밀로 하고, 이제 막 내리기 시작한 눈이 멎기를 기다렸다가 힘차게 뒷걸음질 쳐서 대장간으로 오도록 조건을 내걸었다.

그리고 아이들은 정확히 그렇게 했다. 신선한 눈들이 쌓여 눈부시게 희고 깨끗하게 반짝반짝 빛나고 있었다. 아이들이 호기심에 차서 궤 위로 머리를 숙였을 때, 빌란트는 무거운 뚜껑을 떨어뜨려 아이들의 목을 잘라버렸다. 그는 그들의 피를 작은 주머니 속에 담아 변하지 않게 했다. 시체들은 풀무 아래 구멍을 파고 그 속에 숨겨두었다.

왕은 사방으로 두 아들을 찾아보도록 명령했다. 조회를 받고 빌란트는 아이들이 대장간에 있었으며, 하지만 발자국이 가리키고 있듯이 아이들은 왕궁으로 돌아갔다고 설명했다. 눈 속에 박혀있는 발자국이 틀림없는 증거로 간주되었다. 아무도 빌란트를 의심하지 않았다. 왕과 왕비는 아들들이 숲 속에서 새들을 사냥하다가 늑대들에 의해 갈갈이 찢기었거나, 물고기를 잡다가 깊은 바닷 속으로 끌려들어 갔다고 인정해야만 했다.

복수를 함에 있어서 빌란트는 가혹하고 잔인했다. 그는 왕자들의 시신은 먹고, 뼈의 살은 벗겨내고, 두개골은 금과 은으로 부수어서 두 개의 술잔을 만들었다. 금으로 도금을 한 견갑골로는 맥주를 퍼담을 수 있는 그릇을 만들었다. 눈은 마치 고귀한 보석인 것처럼 금을 박아넣었다. 아이들의 이빨로는 베드빌트의 가슴에 달 장식품을 만들었다. 그는 왕의 부부에게 그 화려한 접시들을 선사했다. 연회 때에는 두개골로 만든 잔과 뼈로 만든 맥주잔들에 꿀술이 가득 담겨져서 막강한 용사들에게만 건네지게 되었다.

빌란트가 복수할 기회는 계속 생겨났다. 베드빌트가 하녀들과 정원에서 소란을 피우며 뛰어다니다가 그녀의 귀중한 금반지를 깨뜨리게 되었다. 그 반지는 빌란트의 아내 헤르베르의 것으로써 왕이 딸에게 선물로 주었던 것이었다. 베드빌트는 아버지가 자신에게 벌을 내릴까봐 두려워했다. 그래서 하녀와 상의를 하게 되었다. 하녀는 빌란트만이 그 훼손된 반지를 멀쩡하게 새것으로 고쳐낼 수 있을 것이라고 장담했다. 그래서 베드빌트는 하녀를 빌란트에게로 보냈다. 그는 공주가 직접 반지를 가지고 대장간으로 올 수 있으면 좋겠다고 요구했다. 그녀가 하녀와 함께 모습을 나타내자, 그는 베드빌트만을 작업실로 들어가게 허락하고 자신은 이제 막 끝내야 할 물건이 화덕 속에 있다고 속이고서 문에 빗장을 걸었다. 그리고 나서 빌란트는 공주에게 맥주를 따라주었고 술에 취한 그녀 곁에 누웠다. 그 후 빌란트는 반지를 수선해서 이전 것보다 더 아름답게 만들었다. 그리고 그 반지를 그녀에게 되돌려 주었다. 베드빌트는 대장간에서 일어났던 일을 가장 친한 친구에게도 털어놓지 않았다.

빌란트의 요청에 따라 왕은 에길을 궁전으로 불러들여 자신의 수행원 중의 하나로 받아들이게 했다. 이 대장장이의 형은 다른 사람들보다 인물이 출중했다. 그리고 그처럼 활을 잘 쏠수 있는 사람은 아무도 없었다고 한다. 왕은 에길의 명인다운 사격 솜씨를 칭찬하고 나서 그가 과연 가장 뛰어난 명사수인지 시험해보고자 했다. 니둥은 에길의 세 살짜리 아들을 궁전 마당에 세워놓게 하고는 아들의 머리에 사과 하나를 올려놓게 했다. 그리고 아들의 아버지에게 사과를 정확히 맞춰보라고 요구했다. 그는 한 개의 화살만을 취하도록 허락받았다. 하지만 에

길은 세 개의 화살을 과녁에 꽂았다. 그 곳에 모인 수행원들은 할 말을 잃고 서 있었다. 사격의 명인은 화살 하나를 골라잡았다. 그리고 깃털을 쓰다듬어 붙인 다음 그 화살을 활의 현에 올려놓고 사과 한가운데를 쏘아맞췄다. 니둥이 그의 명인다운 솜씨를 칭송한 다음 에겔에게 물어보았다.

"어째서 자네는 세 개의 화살을 취했는가?"

"만일 내 아들이 부상을 당했다면, 나머지 두 개의 화살은 당신을 향해 쏘았을 것입니다." 왕은 이 대답을 받아들였다. 하지만 수행원들은 불평을 늘어놓으며 뻔뻔스럽고 주제넘은 대답이라고 생각했다.

만일 뷜란트가 한 일이 백일 하에 드러나게 된다면, 왕은 그를 죽이게 할 것이다. 대장장이는 그 사실을 알고 있었고 그래서 도망갈 궁리를 하게 되었다. 그는 형에게 새의 깃털을 마련해 줄 것과 베드빌트의 방문을 주선해 달라고 부탁했다.

뷜란트는 베드빌트를 사랑하고 있으며 그녀 외에는 다른 여자를 아내로 삼지 않겠다고 그녀에게 서약했다. 그리고 공주는 그 외에 다른 남자를 선택하지 않겠노라고 맹세했다.

"당신은 아기를 낳게 될 것이고, 그 아이는 틀림없이 사내아이일 것이오." 뷜란트가 예언했다. "나는 태어날 아기를 위해 무기를 만들어서 대장간 안에 물이 흘러 들어오고 바람이 빠져 나가는 곳에다 그것을 숨겨둘 것이오. 만일 내가 그 곳으로 돌아오지 못하면, 당신이 아이에게 그 사실을 말해주시오." 그리고 나서 베드빌트와 뷜란트는 흡족한 마음으로 헤어졌다.

에겔은 계속해서 크고 작은 새들을 사냥해 그 깃털들을 뷜란트에게 가져다 주었다. 그것으로 뷜란트는 날개와 비행옷을 완성했다. 그것은 그라이프Greif(독수리의 머리와 날개를 갖고 사자 몸을 한 괴수 - 옮긴이)의 깃털과 비슷하게 생겼다. 옷이 완성되자 뷜란트가 형에게 말했다.

"날개 달린 이 비행옷을 입고 나를 위해 한 번 시범 비행을 해 주십시오."

"이것을 입고 어떻게 조종을 해야하지, 어떻게 뜨고 착륙은 또 어떻게 하느냐?" 에길이 물었다.

"바람을 거슬러서 이륙한 다음 높이 그리고 길게 날아야 합니다. 그리고 착륙할 때는 바람을 타고 내리면 됩니다." 뷜란트가 말했다.

에길은 깃털 옷을 걸치고 대기 속으로 날아오른 다음 민첩한 새처럼 가볍게 비행을 했다. 하지만 땅에 발을 내디딜려고 했을 때, 머리가 아래로 쏠려 땅에 거꾸로 떨어져버리고 말았다. 그 결과 귓속에서 소리가 나고 관자놀이가 고동을 쳐서 그는 자신의 감각을 즉시 되찾지 못했다.

"어때요, 날개가 쓸만합니까?" 뷜란트가 물었다.

"날듯이 착륙만 잘 할 수 있었다면, 대기 속을 잘 비행할 수 있었을 거야. 이걸 입고 다른 나라로 날아간다면, 날개를 달고 돌아오긴 힘들 게다."

"제가 결점을 보완하겠습니다." 뷜란트가 말하고는 에길의 도움으로 깃털옷을 입고 날았다. 그리고 훨훨 날아오르다가 홀의 지붕에 내려와 앉았다. 그곳에서 그는 에길을 내려다보며 말했다.

"나는 형을 믿지 못해 바람을 타고 내려오도록 조언을 했습니다. 모든 새들은 바람을 등지고 날아올랐다가 또 바람을 거슬려서 땅으로 돌아옵니다 이제 형은 내가 계획하고 있는 일들을 알게 될 거예요. 나는 집으로 날아갈 겁니다. 하지만 그 전에 왕과 담판을 지을 일이 있습니다. 그리고 왕이 화살을 나를 향해 쏘라고 형에게 강요하면, 형은 내 왼팔 아래를 겨냥하십시오. 거기에 니둥의 아들들이 흘린 피를 담은 주머니가 매달려 있을 겁니다."

이제 뷜란트는 왕의 성에서 가장 높은 탑으로 날아갔다. 그때 베드빌트가 궁전 위로 올라가서 날개를 달고 퍼덕이고 있는 뷜란트를 보고 울면서 달려가 버렸다. 연인에 대한 근심과 아버지의 분노에 대한 두려움때문이었다. 왕비 역시 그 소식을 듣고 옥좌에 앉아 혼자서 말 없이 무언가를 궁리하고 있는 왕에게로 서둘러 달려갔다.

"일어나 계셨습니까?" 왕비가 물었다.

"내 아들들이 죽은 이후로 나는 잠도 못 이루고 항상 이렇게 앉아있다오. 내 이 머리가 섬뜩해진다오. 당신의 충고는 재앙을 가져왔소." 니둥이 대답하고 밖으로 나가 대장장이에게 말을 걸었다.

"뷜란트, 자네는 한 마리 새가 되었단 말인가?"

"그렇습니다. 저는 새가 되었고 절대로 돌아가지 않을 것입니다. 당신은 제게 딸을 주겠다고 선서로 맹세했던 적이 있으셨습니다. 그래서 저는 그 말을 믿고 서둘러 말을 타고 달려가 돌을 가져왔던 것입니다. 하지만 당신은 저를 찔러 죽이라고 사용원정을 보내신 것입니다. 그리고 맹세를 깨뜨리셨습니다. 당신은 전투에서 승리를 거두셨는데도 저의 힘줄을 잘라내도록 명하셨습니다. 이제 이 불구자가 원수를 갚아야 할 차례입니다."

왕은 침묵을 지키고 있다가 물었다.

"내 아들들이 어디에 있는지 말해다오!"

"당신은 우선 당신의 식탁에 앉아있는 뷜란트의 신부를 죽이지 않겠다는 선서를 지켜야 합니다!" 뷜란트가 아래를 내려다보며 소리쳤다. "당신이 아직 태어나지 않은 우리의 아이에게 아무런 해를 입히지 않겠다고 배의 뱃전을 걸고, 방패의 모서리를 걸고 그리고 칼의 칼날을 걸고 맹세하십시오."

무거운 입으로 왕이 약속했다.

"내가 맹세를 어긴다면, 배의 뱃전을 걸고, 나와 함께 침몰할

지어다. 방패의 모서리를 걸고, 방패는 나를 더 이상 보호하지 말지어다. 칼의 칼날을 걸고, 칼은 나에게 부상을 입힐지어다."

왕의 선서를 듣고 난 후 빌란트가 그에게 털어놓았다.

"당신이 짓도록 허락한 대장간으로 가시오. 그 곳에서 당신은 두개골에서 벗겨낸 당신 아들들의 두피를 발견할 것이오. 나는 그들의 발을 풀무 아래의 구덩이 속에 던졌고, 당신 아들들의 머리를 당신 식탁에 올려놓을 술잔을 만들기 위해 금과 은으로 도금을 했소. 나는 당신 두 아들의 눈을 금 속에 박아 넣었고, 당신 두 아들의 이빨로는 망치를 두들겨 베드빌트의 가슴에 달 장식품을 만들었소. 나는 또 당신의 딸을 술에 취하게 만들어서 그녀를 정복했소. 지금 그녀는 내 아이를 품고 있소."

그 말에 따라서 니둥은 자신의 심복인 당크라트를 홀 안으로 보내 베드빌트를 데려오게 했다. 아버지가 묻는 말에 그녀는 다음과 같이 고백했다.

"저는 대장장이에게 저항할 수 없었습니다."

"일찍이 나에게 이보다 더한 고통을 주는 말들을 나는 들어본 적이 없구나!" 왕이 한탄했다. "빌란트, 너는 죽어 마땅하다. 하지만 말에 있어서조차도 아무도 너를 따라잡을 수가 없고, 어떤 투창도 너에게는 미치지 못 한다. 그러나 화살이 있다. 에 길, 네가 그를 아래로 쏘아뜨려라!"

"그는 제 형제입니다!"

"그렇다면 너도 때려 죽일 것이다!" 왕이 위협하며 수행원들에게 지시했다.

그러자 에길은 활시위에 화살을 올려놓고 빌란트가 날아 오르자 그의 왼쪽 팔 아래를 쏘았다. 피가 땅으로 떨어졌다. 그때 왕과 그를 둘러싸고 서 있던 모든 사람들은 대장장이가 치명적인 곳에 화살을 맞았다고 생각했다. 하지만 빌란트는 고향인 셀렌으로 날아갔던 것이다.

에길은 뷜란트의 말인 스케밍 위에 안장을 얹고 대장간의 연장과 보물을 싣고서 아들과 함께 아버지의 농장으로 뒤따라 갔다.

니둥은 어떻게 자신의 아들들이 목숨을 잃게 되었으며 또 뷜란트 형제들이 어떻게 자신을 속였는지 알게 되자, 병석에 눕게 되었다. 게다가 자신의 딸이 비테게Witege라는 불구대천의 원수의 아들을 낳게 된 후에는 더 비참한 기분이 되어 곧 죽고 말았다.

뷜란트는 맹세를 저버리고 자신의 몸을 불구로 만들어 버린 니둥에 대한 복수를 이렇게 마감했다. 그는 왕과 그의 딸을 화해할 수 없는 증오 속에 남겨두었다. 또한 베드빌트를 모독하기 위해 그녀에 대한 사랑이 있는 것처럼 거짓으로 행동했었던 것이다.

더 후기에 전해지는 이야기에는 니둥이 죽은 후에 그의 맏아들인 오트빈이 왕이 되었다. 그는 그 땅의 모든 백성들에게 사랑을 받았으며 그의 누이동생에게 다정하게 대했다.

뷜란트가 그 소식을 접했을 때, 그는 아들 비테게가 태어난지 얼마 후 한 심복을 젊은 왕에게 보내 화해와 평화를 요청했다. 오트빈은 대장장이를 그의 성으로 초대해서 그를 친절하게 맞아주었다. 왕은 그에게 누이동생인 베드빌트를 아내로 삼도록 해주었으며 그곳에 머물러 줄 것을 그에게 부탁했다. 후에 뷜란트는 오트빈에게서 많은 선물을 받고 베드빌트와 세 살이 된 아들 비테게를 데리고 함께 고향인 셸렌으로 돌아갔다.

대개의 시간을 뷜란트는 대장간에서 보냈으며 북방에 있는 여러 나라에서 더 많은 명성을 얻게 되었다. 곧 대장장이는 아들에게 특수하게 견고한 투구를 불에 벼리어 만들어 주었으며 순백의 방패도 만들어 주었다. 그 무기에는 금속세공술의 표시로써 대장간의 도구인 망치와 쇠집게가 새겨져 있어서 그 붉은 빛을 내뿜고 있었다.

비테게는 유명한 영웅이 되었으며 베른의 디트리히와 친구 사이가 되었다. 하지만 그것에 관해선 다음 기회에 이야기 되어져야 한다.

베른의 디트리히

아말러 왕족들 중에서 가장 명성이 자자했던 통치자는 베른의 디트리히였다. 그는 에첼의 궁정에 초대받았던 부르군트의 왕들처럼 위대한 왕들이 갖출 만한 기량에 꼭 적합한 인물이었다. 그의 사려깊은 태도와 정의에 대한 의지는 유명했다.

아말Amal은 이 종족의 선조이며, 따라서 그의 이름이다. 아말의 조부는 가우트Gaut였다고 하는데, 그가 가우트 또는 고트족의 조상이다. 오늘날에도 여전히 스웨덴 앞의 동해 안에는 고트란트Goteland라는 이름의 섬이 있다고 한다. 가우트는 오딘 또는 보단Wodan에 대한 또 다른 이름에 불과하지만, 여기에는 베른의 디트리히에게 더 없이 훌륭한 혈통을 말해주는 많은 이야기들이 있다.

디트리히의 아버지인 디트마르Dietmar 왕은 베른의 막강한 통치자로서 이미 그에 대한 훌륭한 업적들이 전해지고 있다. 그는 호전적인 성격이었지만, 반면에 이성적이기도 했다. 그는 사람들을 엄벌에 처하기도 했지만 관대함을 베풀기도 했다. 그의 부하들에게 있어서 그는 후덕하고 호평 받는 군주로 간주되었다. 그의 아들은 부인인 오딜리아Odilia의 지혜와 재주를 물려받은 것으로 여겨진다.

디트리히가 성장했을 때는 이미 같은 나이의 모든 소년들을 능가했다. 그의 양어깨는 넓이가 1미터가 넘었으며 그의 팔은 거대한 나무줄기처럼 굵었고 돌처럼 단단했다. 그의 허리는 가늘었으며, 그의 엉덩이와 허벅다리는 강하고 그의 장딴지와 경골은 두꺼워서 사람들이 거인의 몸이라고 말할 정도였다. 디트리히의 힘은 또 어찌나 센지, 보통 사람들은 엄두도 못할 힘을 지녔으며 그 스스로도 측정해 볼 수조차 없었다고 한다. 단지 후에 에첼의 궁정에서 하겐과 군터를 쓰러뜨림으로써 그 힘을 가늠해 볼 수 있었을 뿐이다.

힘센 장사임에도 불구하고 디트리히의 용모는 허술하지 않았다. 아름다운 손이 그의 용모를 빛내주었으며, 그의 얼굴은 갸름하고 균형이 잘 잡혀 있었고 피부색은 하얬다. 그리고 그는 예사롭지 않게 날카로우며 짙은 갈색의 눈으로 사물을 바라보고 있어서 그 눈이야말로 그가 통치자이며 고귀한 혈통의 사람임을 말해주고 있었다. 그의 머리카락은 기다란 곱슬머리로 양 어깨 위에 내리뜨려져 있었고 순금처럼 눈부신 빛을 발했다. 그의 수염은 한 번도 길게 자란 적이 없었다고 한다.

디트리히가 열두 살이 되었을 때, 디트마르 왕은 아들을 자기 수행원의 통솔자로 임명했다. 이 버릇 없는 소년이 현명하고 막강한 왕으로 탄생한 사실은 한 용사에게도 감사할 일이었으니, 그는 어린 통치자의 교육을 떠맡게 된 사람이었다.

1. 힐데브란트와 디트리히

그 용사는 베니스 태생으로, 그의 부친은 그곳에서 대공의 신분이었으며 그 이름은 레긴발트Reginbald였다. 그의 아들 힐데브란트는 전술에 대해 비범할 정도의 천부적 재능을 겸비하고 있

베른의 디트리히.

었다. 그 역시 열두 살 소년의 나이로 갑옷과 투구를 쓰고 무장을 갖춘 채 아버지의 영주 의자 앞에서 수행원의 통솔자로 임명되었다.

사람들은 힐데브란트에게서 그의 혈통과 고귀한 감수성을 알아보았다. 어른으로 성장했을 때, 그의 풍채와 용모는 탁월했다. 그는 밝은 피부에 넓적한 얼굴, 곧은 코와 비범하게 예리한 눈을 지니고 있었다. 그의 머리카락과 수염은 노란색 비단처럼 반짝거렸으며 톱밥처럼 곱슬거렸다. 용사의 미덕과 지혜로움에서 그를 능가할 만한 자는 거의 없었다. 그렇기 때문에 그는 후에 디트리히의 명석한 조언자가 되었다. 그는 디트리히를 결코 위험 속에 내버려두지 않을 만큼 충실함을 보여주었으며 신의를 지켰다. 사람들을 후히 대접하는 그의 배포 역시 널리 알려져 있었다. 용기와 용맹성에 관해서는 그의 나라에서 그와 견줄 만한 사람이 없을 정도였다.

서른 살이 되었을 때 힐데브란트는 또 다시 아버지인 통치자의 권좌 앞으로 걸어나가 말했다. "제가 계속해서 베니스로만 나다니거나 슈바벤 지역에만 쳐박혀 있으면 저는 결코 명성을 얻을 수 없을 것입니다. 다른 통치자들의 삶과 풍습에 대해서도 배우고 싶습니다!"

"어디로 떠나고 싶은 것이냐?" 공작이 물었다.

"저는 한 막강한 왕에 대한 소문을 들은 적이 있습니다." 아들이 대답했다. "그 사람은 베른의 디트마르 왕 입니다. 저는 그리로 말을 타고 가려고 합니다."

레긴발트 공작은 열 다섯 명의 용사들을 동행인으로 붙여주고 장비를 갖추도록 명했다.

힐데브란트는 동행자들과 함께 베른으로 가서, 그곳에서 왕으로부터 친절하게 대접을 받았으며 계속 머물러 달라는 요청을 받았다. 그는 왕에게 감사를 드리고 왕의 옆자리에 앉게 되었다. 이윽고 열 다섯 살의 디트리히는 힐데브란트의 총애를 얻게 되었다. 그는 어린 왕에게 궁정의 예절과 웅변술을 가르쳤다. 그는 디트리히를 지혜로운 영웅들의 서재로 안내했다. 그는 전술과 사냥할 때의 관습 따위를 철저하게 가르쳤다. 힐데브란트는 이렇게 디트리히가 스무 살이 되어 통솔자가 될 때까지 교육을 맡았다. 하지만 그 이후에도 그들은 친한 벗으로 남았다. 영웅들 중에서도 결코 그들만큼 진심어린 애정에 관한 이야기가 전해진 적이 없을 만큼 한 사람이 다른 한 사람을 아껴주었다.

어느 날 그들은 사냥개와 사냥매를 데리고 말을 타고 숲 속으로 들어갔다. 사냥할 짐승들이 많은 장소에 도달하자, 그들은 개들을 풀어놓고 매들을 날아오르게 했다. 그때 사슴 한 마리가 덤불에서 모습을 드러냈다. 디트리히가 사슴을 뒤쫓으면서 마침 그 곁에 있던 난쟁이를 몰아댔다. 젊은 왕은 말머리를 돌려 급히 그를 추격해서는 그의 목덜미를 움켜쥐고 안장에 앉아있는 자신에게로 홱 끌어올렸다. 아마도 힐데브란트는 이 숲 속에 가장 유명한 난쟁이가 살고 있다는 사실을 익히 알고 있었을 것이며, 따라서 그는 의도적으로 자신의 제자를 이곳으로 안내했었을런지도 모른다. 이제 남의 눈을 피했던 난쟁이는 디트리히의 힘센 손 안에서 버둥거렸다.

"주인님!" 난쟁이가 신음하며 말했다. "제가 당신의 손에서 제 목숨을 되찾을 수만 있다면, 저는 당신을 당신의 아버님이 소유하신 것처럼 수 많은 금과 은이 쌓여있고 온갖 종류의 보석들이 있는 곳으로 안내해 드리겠습니다. 그 보물들은 힐트Hild와 그림Grim의 것이옵니다. 그는 열두 명의 힘센 용사의 힘을 한 몸에 지니고 있으나, 그의 부인의 힘이 여전히 더 강하답니다. 그림은 모든 칼들 중에서 가장 훌륭한 칼을 간직하고 있는데, 그 칼은 그 자신이 직접 벼리어 만든 것입니다. 그 나겔링이라는 칼만 지니고 있으면 당신은 언제나 대승리를 거두실 수 있습니다.

저를 움켜쥐고 계시는 대신 그 칼을 얻으십시오." 디트리히는 난쟁이를 더 단단히 쥐고서 요구했다.

"네가 오늘 중으로 그 칼을 내게 갖다 바치겠다고 맹세하면, 그때 비로소 너를 놓아주겠다. 또한 너는 보물이 있는 곳으로 가는 길을 내게 알려주어야 한다."

난쟁이가 맹세하자, 디트리히는 그를 놓아주고 계속 새들을 따라 사냥을 했다. 아홉 시쯤에 디트리히와 힐데브란트는 그들이 약속한 장소인 골짜기로 들어가는 입구에 말을 타고 당도했다. 난쟁이 알베리히는 툭 튀어나온 바위 위로 칼을 끌고와서 그것을 젊은 왕에게 넘겨주고는 말했다.

"저기 가파른 암석 주변의 산비탈에 힐트와 그림의 동굴이 있습니다. 가셔서 직접 보물을 가져오십시오. 그리고 제가 두 성년의 나이를 살면, 아무도 나를 당신 수하에 넣지는 못할 것입니다!"

이 말을 하고 난쟁이는 돌 사이로 사라졌다. 디트리히와 힐데브란트는 말에서 내려와 말들을 단단히 묶었다. 호기심에 차서 디트리히는 칼집에서 나겔링을 뽑아들었다. 실전 경험이 많은 힐데브란트로서도 그처럼 훌륭하고 강력한 칼은 한 번도 본 적이 없었다.

두 사람은 이제 새 무기를 들고 산비탈을 넘어 두 사람이 보물을 지키고 있는 지하도에 도착했다. 디트리히와 힐데브란트는 자신들의 투구를 더 단단히 조여매고, 갑옷의 상의와 하의를 팽팽하게 잡아당겼다. 그리고 방패를 들어올렸다. 이렇게 그들은 동굴 속으로 침입했으며, 힐데브란트가 디트리히 뒤에 바짝 붙었다. 힘센 그림은 저항하려고 무기가 들어있는 상자 안에 손을 뻗쳤으나 자신의 칼이 없어졌음을 알고 도둑이 다녀간 것을 눈치챘다. 격분한 그는 공격자들을 몰아내려고 아궁이 불에서 그루터기를 꺼내들었지만 나겔링을 들고 있는 디트리히에게는 맞서지 못했다. 상황이 힐데브란트에게 더 불리해졌다. 그가 자신의 칼을 들고 치려고 달려들기도 전에, 힐트가 그의 목에 달려들어 그를 꽉 껴안았다. 그 결과 격렬한 씨름이 있고나서 그가 바닥에 푹 주저앉고 말았다. 그 틈을 타서 힐트가 그의 몸에 올라타고 그의 양팔을 움켜쥐었다. 그러자 그의 손톱과 발톱에서 피가 터져나왔다.

"디트리히, 나를 도와주시오. 이 여자가 나를 짓이겨 묵사발을 만들고 있소!" 힐데브란트가 소리쳤다.

번개처럼 디트리히는 과거 그 칼의 주인이었던 그림의 목을 나겔링으로 재빨리 베어버렸다. 그리고 나서 그는 가장 절친한 친구인 그의 옆으로 달려와 그 여자를 두동강이 내버렸다. 하지만 요물인 힐트는 두동강이 난 자신의 몸을 또 다시 하나로 짜맞출 만큼 마술에 능통했다. 디트리히는 두 번째로 그들의 몸 한가운데를 잘라버렸다. 그 두 개의 반토막들은 첫 번째처럼 또 다시 멀쩡하게 접합되었다.

"머리와 발 사이를 가르시오!" 힐데브란트가 말했다. 이렇게 해서 디트리히는 세 번째로 요물인 난쟁이 여인을 두쪽으로 베어버리고 즉시 그 사이에 섰다. 그러자 하체의 절반은 죽고 머리부분은 여전히 살아서 말을 했다. "내가 힐데브란트에게 한 것처럼 그림이 디트리히를 굴복시켰더라면, 승리는 우리 차지가 되었을 텐데."

그러자 두 몸통의 절반들이 양편으로 떨어지더니 움직이지 않았다. 힐데브란트는 일어서서 자신을 도와 준 디트리히에게 감사를 표했다. 젊은 왕과 그의 스승은 자신들의 말이 끌고갈 수 있을 만큼 수 많은 금은 보석들을 챙겼다. 나머지 보석들은 동굴 속에 숨겨두었다. 보물들 중에는 그들이 여지껏 본 적이 없는 살찐 여자의 투구가 섞여있었다. 힐트가 그것을 힐데그림이라는 이름으로 불렀던 것이었다. 그 이후로 디트리히는 수 많은 전투에서 그 투구를 착용했다.

이제 디트리히가 다른 친구들을 어떻게 만나게 되었는지 설명할 차례가 되었다. 그를 제일 처음으로 만난 사람은 하이메 Heime였다.

2. 하이메가 디트리히에게로 와서 결투를 신청하다

슈바벤 땅에 들어서 있는 빽빽한 숲 속에 슈투다스Studas라는 이름의 한 가족이 농가를 경영하고 있었다. 아버지가 그러했던 것처럼 아들 역시 그 지역에서는 최고의 말 사육자가 되었다. 종마들을 타서 길들이고 무예시합을 연습하는 일은 그가 제일 좋아하는 업무 중의 하나였다. 말들은 회색과 갈색말 그리고 흑마들이 있었다. 말들은 마치 날으는 새들처럼 빠르고 격렬하게 그리고 용맹스럽게 고속으로 질주했다. 많은 사람들이 전하는 얘기에 따르면 이 말들은 오딘이 타고 다니던 동물인 슬라이프니르의 혈통이었다고 한다. 소문으로는 이 말은 다리가 여덟 개이고 바람보다도 더욱 빨리 달린다는 것이었다.

소수의 용사들이 그러했듯이 아들은 칼을 다루는 일과 창 던지기 그리고 쇠뇌(여러발이 연달아 날아갈 수 있는 화살의 한 종류 - 옮긴이)를 쏘는 일에 빼어난 솜씨를 자랑했다. 그는 호전적이었고, 불끈 화를 잘 내는 성미였으며, 고집이 세어서 어디서나 일등이 되려고 했다. 이러한 심성 때문에 그는 미움받이였고 친구들이 적었다. 하지만 친구들을 위해서라면 그는 목숨을 불사할 만큼 용감했다. 불같은 성격의 아들은 귀뚜라미라는 이름과 비슷했기 때문에, 그 역시 그렇게 불리게 되었다.

어느날 하이메는 자신의 준마인 리스페Rispe와 검 블루트강 Blutgang을 들고서 아버지 앞에 나아가 말했다.

"고향의 숲에서 늙어 죽을 바에야 낯선 이국의 풍습을 익히고 그곳에서 명성과 명예를 얻고 싶습니다."

"네가 농장을 경영하지 않겠다면, 어디로 발 길을 돌릴 생각이냐?" 아버지가 물었다.

"저는 남쪽으로 산을 넘어 베른이라는 도시까지 갈 생각입니다. 그곳에 디트리히라는 왕의 아들이 살고 있는데, 저는 그와 겨루어서 누가 더 힘센 장사인지 알고 싶습니다."

"그 믿을만한 용사들에 관해서는 나도 들은 바가 있다." 아버지가 말했다. "그 영웅은 정복하기 어려운 상대라고 하더구나. 네 자신을 다른 곳에서 시험해보는 것이 좋겠다. 자만심과 오만함은 이미 많은 사람의 파멸을 초래하고 말았단다."

싸우기를 좋아하는 성미가 즉시 아들의 의식을 일깨우고 말았다. 그는 격분해서 아버지에게 대들었다.

"아버님께서는 어떻게 그런 불명예스런 말씀을 하십니까? 저는 일찍 목숨을 잃거나 아니면 아버님보다 더 강력한 용사가 될 것입니다. 제 나이는 열일곱 살이고, 그 젊은 왕의 나이는 이제 겨우 열두 살입니다. 그런 그가 제게 무슨 해를 입힐 수 있겠습니까?"

하이메는 자신의 말인 리스페에 훌쩍 뛰어 올라타고 그곳을 떠났다. 베른까지 그는 거의 쉬지 않고 달렸다. 베른에 도착하자 그는 서둘러 성으로 달려가 말을 맡기고 곧 젊은 왕의 홀 안에 있는 그의 옥좌 앞에 섰다.

"당신의 명성에 관해서는 저 멀리 떨어진 숲 속에 이르기까지 자자합니다." 그가 말했다. "이제 제가 이리로 말을 달려왔으니 당신에게 결투를 신청하는 바입니다. 승리자는 상대편의 무기를 손에 넣는 것입니다."

디트리히는 이 외람된 이방인의 제안을 거절했다. 여지껏 감히 그에게 결투를 신청한 사람은 아무도 없었다. 하지만 장래의 허풍쟁이를 혼내주기 위해 그는 이 도전을 받아들였으며 이 이 방인의 목숨은 이미 내놓은 것이나 다름 없다고 생각했다.

심복들과 함께 홀을 떠난 디트리히는 결투를 하기 위해 무장을 갖추었다. 한 용사가 그에게 갑옷의 하의를 가져다 주었으며 다른 용사는 갑옷의 상의를 그리고 세 번째 용사는 방패를 가져왔다. 이 방패는 폭이 넓고 피처럼 붉은 색을 띠었으며 황금 사자가 새겨져 있었다. 네 번째 용사가 그에게 투구 힐데그림을 건네주었으며, 다섯 번째 용사는 그의 말을 그리고 여섯 번째 용사는 말에 안장을 채웠다. 그리고 일곱 번째 용사가 그에게 창을 내놓았다. 말할 것도 없이 그는 자신의 검인 나겔링을 몸에 지녔다. 여덟 번째로 자신의 양아버지인 힐데브란트가 그의 등자를 붙들었다. 이렇게 디트리히는 무장을 하고 동행자들과 함께 성에서 나와 약속한 장소로 달려갔다.

그곳에는 이미 하이메가 무장을 완벽하게 갖추고 기다리고 있었다. 싸울 채비를 위한 시간은 길지 않았다. 곧 그들은 서로를 향해 달려나갔다. 많은 용사들은 힘이 세기는 하지만 팔과 다리가 짧은 하이메를 안장에서 내동댕이치는 일쯤은 쉬운 일이라고 생각했다. 하지만 두 사람 중 누구도 창으로 상대편의 방패를 향해 일격을 가하지 못했다. 두 번째 돌격에서도 말들은 서로 스쳐서 지나갔다. 창들이 서로의 방패에 튀어서 되돌아왔다. 맹렬하게 치명적인 타격을 가하기로 결심한 두 사람은 세 번째 돌격에서 전력을 다해 창을 던졌다. 하이메의 창이 디트리히의 방패를 뚫고 부러졌으며 한 쪽 겨드랑이의 갑옷에 맞고 튀어나갔다. 하지만 디트리히의 창은 이중의 갑옷과 함께 하이메의 창을 관통하고 그의 옆구리에 가벼운 상처를 입혔다. 두 용사의 강력한 창들이 방패 한 가운데를 뚫고 쪼개어버린 것이다.

이제 두 용사는 말에서 내려 자신들의 칼을 빼어들었다. 두 사람은 오랫동안 격투를 했지만 누구도 상대편 앞에서 일보도

물러서지 않았다. 결국 하이메는 자신의 칼 블루트강으로 디트리히의 투구인 힐데그림에 강력한 일격을 가하는데 성공했다. 그 결과 그의 칼자루가 두 쪽으로 갈라졌다. 이제 무기가 없는 하이메는 디트리히의 수중에 들어오게 되었다. 하지만 어린 왕은 그를 쳐죽이고 싶지 않았다. 그 당시에는 흔히 있었던 일이었듯이 오히려 그를 자신의 종사로 삼았다. 그들은 친한 친구가 되었다. 디트리히가 부하들을 이끌고 베른으로 되돌아왔을 때는, 그는 여전히 더욱 큰 명성을 획득하고 있었다.

3. 베른으로 향하는 비테게

앞에서 이야기 되었듯이, 대장장이 뷜란트는 니둥 왕의 딸인 자신의 부인 사이에서 비테게라는 아들을 두었다. 그는 열두 살의 나이에 이미 대단한 신장과 힘을 지녔지만 사람들의 호감을 받았고 싸우기를 즐겨하지 않았다. 명성을 떨친 대장장이는 그 자신과 똑같이 아들이 유명한 대장장이가 되기를 바랬기 때문에, 자신의 기술을 아들에게 전수하려고 했다.

"저는 결코 망치를 두들기거나 손에 대장간의 집게 따위를 잡지 않을 것입니다." 아들은 부친의 뜻을 거역했다.

"그렇지 않겠다면 집은 어떻게 지을 것이며, 음식과 마실 것은 무엇으로 벌어서 먹겠느냐?" 뷜란트가 물었다.

"저는 무엇보다 훌륭한 종마를 갖고 싶습니다." 비테게가 대답했다. "강한 칼을 지니고 단단한 투구와 순백의 갑옷을 걸치고 싶습니다. 그래서 제가 사는 날 동안 군주들에게 봉사할 것입니다."

"너는 그것들을 얻을 수 있단다." 뷜란트가 말했다. "그런데 어디로 떠나려고 하느냐?"

비테게가 말했다. "저는 이 세상에서 가장 명성이 자자한 디트리히 왕에 관한 소문을 들었습니다. 그에게 저는 결투를 신청하겠습니다. 제가 그의 칼에 배겨나지 못하면, 그는 저에게 목숨을 선사할 것이며 그 유명한 하이메에게 그러했듯이 저를 동료로 받아들일 것입니다. 하지만 아버님, 저는 그 베른의 왕을 제압하기에 충분할 만큼 강하다고 생각하고 있습니다."

빌란트는 감히 그런 일을 도모하려는 아들의 무모함에 대해 깜짝놀랐다. 아들이 그 여행을 그만두게 하려고 그가 말했다.

"너는 그 유명한 나겔링에 굴복하고 말 것이다. 여기서 과히 멀지 않은 곳에 한 거인이 나타나 촌락들을 황폐화 시켰다는구나. 네가 그를 쳐서 넘어뜨리면, 너는 크나 큰 명성을 얻게 될 것이다. 게다가 스웨덴의 왕은 그 대가로 자신의 딸과 나라의 절반을 네게 줄 것이다."

"여자 하나때문에 그런 일을 해야합니까?" 비테게가 격분했다. "만일 제가 괴물에게 쳐죽임을 당한다면, 사람들은 저를 보고 어리석은 일에 목숨을 날렸다고 비웃을 겁니다. 안 될 말입니다. 저는 남쪽으로 가겠습니다."

"내가 너를 그 일에서 손을 떼게 할 수 없다면, 지금까지 그 어떤 용사도 지녀보지 못한 훌륭한 무기들로 너를 무장시킬 것이다." 빌란트가 말했다.

"어째서 아버님께서는 일찍이 어떤 난쟁이 명인이 만든 것보다 더 훌륭한 칼을 만드실 수는 없으셨습니까? 그들이 아버님보다 솜씨가 더욱 뛰어나다는 말씀입니까?" 비테게가 이 유명한 대장장이를 몰아세웠다.

빌란트는 웃으면서 두꺼운 갑옷 바지와 은처럼 반짝이는 순백의 갑옷을 입으라고 명령했다. 그 갑옷은 강철처럼 견고했으며 이중으로 벼리어 만든 것이었다.

"여기 칼 미뭉이 있다. 이것을 받아라." 빌란트가 말했다. "이것은 내가 직접 만든 것인데 너에게 주려고 간직해 온 것이다. 다른 어떤 칼도 이 것만큼 날카롭진 못 하단다."

빌란트는 가장 견고한 강철로 만든 투구도 아들에게 건네주었다. 그것은 튼튼하게 용접해서 대못으로 두들겨 박은 것이었다. 겉에는 한 마리의 황금뱀 그림이 새겨져 있었다. 그것은 투지를 상징하는 것으로서 뱀이 독을 내뿜고 있었다. 방패는 강력하고 무거워서 보통 평범한 용사의 힘으로는 들어올릴 수조차 없는 것이었다. 흰색의 방패에는 붉은색으로 그려진 망치와 대장간에서 쓰이는 집게가 화려하게 장식되어 있었다. 부친의 대장간을 상징하는 표시였다. 그 위의 방패 가장자리에는 세 개의 석류석이 빛을 발하고 있어서 어머니의 왕족을 가리키고 있었다. 마지막으로 아버지는 비테게에게 그 명성을 떨친 준마 스케밍을 주었고 게다가 독사의 그림을 새기고 열한 개의 뼈로 만든 안장까지 안겨주었다.

작별의 인사로 비테게는 어머니에게 입을 맞추었으며, 그녀는 아들에게 삼 마르크의 돈과 그녀의 반지를 주었다. 아들은 아버지에게도 입을 맞추었다. 완고한 그에게도 작별은 힘겨운 것이었다.

비테게는 창을 들었으며 등자를 건드리지도 않고 무거운 장비를 실은 말안장에 훌쩍 뛰어올랐다. 그때 빌란트가 웃으면서 아들에게 남쪽으로 향하는 길을 가르쳐 주었다. 그리고 숲을 가로질러 거리로 나오기까지 그를 동행했다.

비테게는 사람들이 거의 살고 있지 않는 큰 숲을 말을 타고 통과했다. 그리고 아이더Eider라고 하는 큰 강에 닿았다. 하지만 그는 부친이 일러주었던 얕은 너울을 그만 놓치고 말았다. 어쩔 수 없이 그는 말을 숲 속에 단단히 묶어놓고, 무기와 옷은 잎파리와 덤불 속에 숨겨두고서 조류 속에서 기다리며 걸어서 건널 만한 얕은 여울을 찾고 있었다. 그 때 세 명의 용사들이 말을 타고 강을 따라 오고 있었다. 그들에게는 물 위로 우뚝 솟은 머리 하나만 보일 뿐이었다. 그들은 군주인 디트리히가 위탁한 일을 수행 중인 힐데브란트와 하이메 그리고 호른보게Hornboge였다.

"강 바깥쪽에 난쟁이가 허우적거리고 있다네. 아마 알베리히Alberich일 게야. 디트리히가 그 녀석을 한 번 붙잡은 적이 있었지. 그를 다시 잡아보도록 해봄세. 그래서 더욱 많은 인질의 몸값을 얻어보세나." 힐데브란트가 말했다.

비테게가 그 말을 듣고 강물 위로 소리쳤다. "나를 육지에 오르게 해주면, 당신들은 내가 난쟁이인지 인간인지 확인해볼 수 있을 것이오." 세 사람은 그에게 평화를 보장했다. 구 피트의 거리를 한 번에 뛰어 비테게는 강물에서 나와 육지에 올랐다.

"그대는 누구이며, 어디서 왔소?" 힐데브란트가 물었다.

"당신은 어떻게 벌거벗고 있는 사람에게 물어볼 수가 있습니까. 제가 곧 옷들과 무기를 착용할 수 있게 해주시오."

그들은 그렇게 하도록 해 주었다. 비테게는 서둘러 숨겨놓은 곳으로 달려가 곧 자신의 붉은 방패와 미뭉을 들고서 스케밍에 올라타고는 강쪽으로 되돌아와서 말했다.

"그대 세 분의 용맹스런 용사들이여, 제가 당신들의 이름을 알고 있다면, 그 이름으로 당신들에게 말을 걸 것입니다. 당신들이 알고자 하시는 대로 저에게 물어봐 주십시오."

"당신의 이름이 무엇이요? 당신은 어디에서 오는 중입니까? 그리고 왜 혼자서 이국 땅에 온 것이오?"

"저의 아버님은 대장장이 빌란트이시며, 저의 어머니는 니둥 왕의 따님이십니다. 저는 비테게라고 하며 베른의 디트리히에게 가려고 합니다. 그와 겨루어보기 위해서입니다. 혹시 당신들은 그리로 가는 길을 제게 가르쳐 주실 수 있으십니까?"

힐데브란트는 그렇게 거대한 용사는 아직 한 번도 본 적이 없다고 생각했다. 그의 무기와 장비들은 얼핏 보기에도 제 아무리 디트리히라도 그를 제압하기는 만만치 않을 것 같았다. 그러자 힐데브란트는 술수를 써서 말했다.

"마침내 디트리히에게 도전하는 용기있는 용사가 나타나셨군. 그는 정말로 자신을 무적의 존재로 여기고 있다오. 당신이 정말 그렇게 용감하다면, 그의 오만함에 찬물을 끼얹게 될 것이오. 서약의 표시로 악수를 하고 우리가 서로 형제가 되도록 합시다. 한 사람이 다른 한 사람을 옹호해 주기로 말이오!"

비테게는 힐데브란트의 무기와 장비를 갖춘 모습을 보고 경탄하며 말했다. "당신은 훌륭한 영웅으로 보이는군요. 그런데 어째서 내가 당신의 신의를 거부할 수 있겠습니까? 당신의 이름은 무엇입니까?'

"나는 베니스의 공작인 레긴발트Reginbald의 아들 볼트람Boltram이오. 내 옆에 있는 용사는 지스트람Sistram이고 또 한 사람은 호른보게 공작이오."

용사들이 말에서 내렸다. 힐데브란트와 비테게는 서로 악수를 하고 의형제를 맺었으며 꿀술을 단숨에 들이키면서 그것을 축하했다. 그리고 나서 용사들은 힐데브란트가 얕은 여울을 가리켜 준 강을 향해 말을 몰았다. 그들은 이제 함께 그곳을 가로질러 아이더강을 횡단했다.

힐데브란트가 갈림길에서 그들을 멈추게 할 때까지, 그들은 한동안 숲들과 광활한 푸른 초원을 뚫고 나아갔다.

"길고 고르지 못한 한쪽 길이 베른으로 가는 길이오." 그가 말했다. "하지만 훨씬 더 짧은 길도 있소. 그 길은 위험하고 세찬 강물을 건너서 가야 하오. 강도들이 돌로 만든 다리를 봉쇄하고서 우리에게 통행세로 무기와 말들을 요구할 것이오. 우리가 무사히 건너가기만 해도 다행스런 일일 것이오. 디트리히 역시 그 요새를 점령하지 못했기 때문에, 나는 더 긴 길을 택하도록 충고하는 바이오."

"짧은 길을 달려가기로 합시다!" 비테게가 요구했다. "누가 이 방인에게 통행세를 요구한단 말입니까?"

힐데브란트와 그의 동료들은 비테게의 그 대담함에 놀라워하며 더 짧은 길을 택해 그를 따랐다. 곧 리라 숲 앞에서 요새가 우뚝 솟아 올랐다. 그 때 비테게는 그의 동료들에게 잠시 멈추어 줄 것을 요구했다.

"여기서 잠시 기다리시오. 제가 먼저 다리 위로 가서 우리가 통행세를 물지 않고 강을 건널 수 있도록 해보겠습니다. 실패하면, 되돌아 오겠습니다."

동료들이 그에게 선도를 맡겼다.

강도들은 다리의 성벽 위에 앉아 낯선 용사가 말을 타고 가까이 다가오는 것을 보고 있었다. 그들은 비테게의 장비들을 칭송하며 벌써 자기들의 것이 된 양 그것들을 배분하기 시작했다.

"저 커다란 방패는 나한테 어울리겠군." 우두머리인 그라마라이프Gramaleif가 자기 것으로 결정했다.

"그가 차고 있는 칼이 훌륭한데, 저건 내거야!" 두 번째 강도가 말했다.

"갑옷은 내가 얻겠어." 세 번째 강도가 요구했다.

"투구는 나한테 어울리겠는걸." 네 번째 강도가 목쉰 소리로 말했다.

"그가 타고 있는 말을 좀 봐, 저건 내 차지야." 다섯 번째 강도가 신청했다.

"난 그의 옷을 갖겠어!" 여섯 번째가 소리쳤다.

"내 것으로는 갑옷 바지만 남아있는 셈이군." 일곱 번째가 애석해하며 말했다.

"그의 황금 허리띠는 아무도 차지하지 않았군, 저건 내거야." 여덟 번째가 환성을 질렀다.

"너희들이 이미 모든걸 나눠가졌다면, 그의 오른손은 내 차지야." 아홉 번째 강도가 요구했다. 그리고 열 번째가 말했다.

"나는 그의 오른쪽 다리를 갖겠어!"

"그렇다면 나는 그의 머리를 택하겠어!" 열한 번째가 환성을 질렀다.

"너희들이 그의 것을 모조리 취해버리면, 그에게 남아있는 건 뭐가 있지?" 슈투트푸스Studfuss라는 이름의 열두 번째 강도가 끝으로 말했다.

우두머리인 그라마라이트는 비테게의 무기와 옷들을 빼앗아오도록 그의 부하 셋을 먼저 보냈다. 하지만 비테게는 그것들을 넘겨주기는커녕 그들을 대화에 끌어들여 우두머리와 대화를 할 수 있게 해달라고 요구했다. 그라마라이프는 격분해서 무장을 하고 그의 부하들 전부와 함께 다리를 건너 달려왔다.

"환영하오!" 비테게가 그들을 향해 소리쳤다.

"네가 가지고 있는 것들이야말로 우리에겐 환영할 만한 것이지, 지금껏 우리끼리 그것을 배분하고 있었거든." 그라마라이프가 되받아 치며 말했다. "네가 저쪽 강가로 가려면, 네 손과 발은 우리 차지가 될 것이다. 이제 그만 지껄이고 너의 그 훌륭한 방패를 나에게 내놓아라!"

"내가 고향으로 돌아가면, 내 아버지는 디트리히가 이 방패를 빼앗아갔다고 생각하실 것이오."

"네 칼을 우리에게 넘겨라!" 슈투트푸스가 요구했다.

"칼도 없이 어떻게 내가 디트리히를 상대로 싸울 수 있단 말이오?"

다른 강도들도 저희들끼리 협의한 노획물을 이방인에게 요구했다. 아직 세상 경험이 없는 비테게는 왜 이들이 자기에게 노획물을 요구할 수 있는 것인지 이해하지 못했다. 그래서 그는 단 일 페니히의 통과세도 지불하지 않고 다리를 건너려고 했다.

"우리가 꼬부랑 할멈들인가?" 슈투트푸스가 소리질렀다. "우리 열두 명이 수다쟁이 하나때문에 방해를 받다니 말이야. 칼들을 뽑아라!"

슈투트푸스가 비테게에게 달려들어 그의 투구를 후려쳤다. 하지만 그에게 상처를 입히느니 차라리 돌을 산산조각 내는 편이 쉬웠을 것이다. 재빨리 비테게는 미뭉을 뽑아들고 슈투트푸스의 왼쪽 어깨를 향해 첫 번째 일격을 가했다. 그러자 가슴과 견갑골 그리고 갑옷이 오른쪽 허리까지 칼로 갈라져 그는 두 동강이로 갈라진 채 땅에 쓰러졌다. 강도들 중 몇몇이 도망을 치려 했다. 하지만 다른 강도들이 또 다시 공격을 감행하는 바람에 비테게는 그라마라이프의 머리와 몸통을 안장 머리까지 쪼개버려야 했다.

동료들과 함께 멀리서 이 싸움을 지켜보고 있던 힐데브란트가 말했다.

"그에게로 가서 살펴보기로 하세. 우리가 그를 돕지도 않았는데 그 혼자서 강도들을 제압해버리고 나면, 그를 궁지 속에 내버려 두었다고 우리를 질책할 거야. 우리가 서약한 의형제의 맹세를 깨버린다면, 그가 그 사실을 두고 우리에게 보복할지도 모르겠네."

"그가 승리한다면, 우리는 그의 편에 서서 그를 도와야 합니다. 하지만 그가 쓰러진다면, 우리는 이곳을 떠나기가 더 용이할 것입니다. 어째서 낯선 용사 하나때문에 우리가 목숨을 걸어야 한단 말입니까?" 하이메가 말했다.

"그렇게 되면 우리의 맹세를 깨뜨리는 것이 되오." 힐데브란트가 경고했다.

"우리는 신의와 협력을 약속했읍니다. 따라서 그를 돕는 것이 고결한 일입니다." 호른보게가 동의하고 나섰다.

"자, 그렇다면 싸움에 끼어들도록 하세!" 힐데브란트가 소리치며 돌다리를 향해 말을 몰았다.

그 사이 비테게는 용감무쌍하게 격투를 벌이고 있었다. 열두 명의 도적들 중에 지그슈타프를 비롯해서 네 명의 그 친구들만이 남아있었다. 힐데브란트가 동료들과 함께 가까이 말을 몰고 달려오는 것을 보고, 그들이 줄행랑을 쳤다. 그러자 네 명의 용사들은 요새를 향해 말을 몰고 가서 그곳에서 준비해 온 음식물의 일부를 먹고 마셨다. 독한 꿀술을 마셨는데도 힐데브란트는 밤새 잠을 이룰 수가 없었다. 대장장이 아들이 우두머리와 그 패거리들 중의 여섯을 단숨에 해치워버렸다는 사실이 힐데브란트로 하여금 비테게의 검에 대해 깊이 생각하게 만들었던 것이다. 한 밤중에 자리에서 일어난 그는 미뭉의 칼자루와 손잡이 머리를 자신의 칼과 뒤바꾸어 놓은 다음 자기 것을 비테게의 칼집 속에 밀어넣고 미뭉을 취했다.

다음 날 길을 떠나기 전에 비테게는 요새를 어떻게 처리할 것인지 물었다. 그 때 힐데브란트는 그들의 실제의 이름을 밝히면서 자신들은 서약으로 맺은 의형제 관계에 충실히 따를 것이라고 단언했다. 그는 요새를 지키기 위해 두 사람을 뒤에 남아있도록 충고했다. 그 사이에 자신은 비테게와 함께 디트리히왕을 만나러 베른으로 가겠다는 것이었다.

"다리를 건너면 모든 사람들이 왕래하는 큰 거리가 나옵니다." 비테게가 말했다. "요새에 당도하면서부터 강도들이 불화를 일으키며 통행세를 요구했습니다. 만일 내게 결정할 권한이 있다면, 모든 사람들이 자유롭게 다리를 건널 수 있어야만 한다고 생각합니다. 본토인과 이방인들, 젊은이와 늙은이 그리고 가난한 사람이나 부자들 할 것 없이 모두 말입니다."

"요새를 칼로 제압한 자가, 그것을 현재 상태로 고수할 것인지 아니면 없애버릴 것인지에 대해 결정해야만 하오." 호른보게가 말했다.

그러자 그들은 요새에서 필요한 모든 것을 취했다. 비테게는 건물들 중의 한 곳에 햇불을 던져넣었다. 모든 것이 허물어지고 불타 없어졌을 때에야 비로소 그들은 말을 타고 그곳을 떠났다.

베저Weser강에 당도했을 때 그들은 두 개의 바위 사이로 나 있던 다리가 지그슈타프와 그 부하들에 의해 끊어져 있는 것을 발견했다. 패배한 강도들이 또 다시 닥칠 싸움이 두려워 저지른 결과였다. 하지만 비테게는 자신의 준마인 스케밍에게 박차를 가해서 쏜살같이 날아가는 화살처럼 강물 위를 건너뛰었다. 오늘날에도 여전히 이 물가의 바위에는 말발굽에 찍힌 흔적들을 볼 수 있다고 한다. 힐데브란트와 호른보게도 말을 타고 뒤따라 달렸지만 강물 속에 빠져버리고 말았다. 그들은 곧 헤엄을 쳐서 맞은편 강가에 당도했다. 하이메는 스케밍의 형제인 리스페를 타고 비테게와 마찬가지로 강가의 암석 한 편에서 맞은 편 강으로 건너뛰었다. 그 사이 비테게는 나머지 다섯명의 강도들을 공격했다. 그런데 하이메는 즉시로 그를 돕지 않고 호른보게가 도착할 때까지 기다리고 있다가 비로소 그와 함께 말을 타고 비테게에게 달려갔다. 다섯 명의 강도들은 싸움터에서 죽어 쓰러져 있었다.

4. 결투를 벌이는 디트리히와 비테게

이제 네 명의 용사들이 베른을 향해 말을 몰았다. 디트리히는 친구들이 도착했다는 소식을 듣자, 자리에서 벌떡 일어나 서둘러 그들을 맞이하러 달려가서 다정하게 인사를 나눴다. 그는 낯선 비테게를 보고도 그에게는 한 마디도 말을 걸지 않았다. 그러자 비테게는 은으로 수를 놓은 장갑 한 쪽을 벗어들었다.

"그건 무슨 뜻인가?" 베른의 왕이 물었다.

"이것으로 저는 당신에게 도전을 하는 바입니다. 저는 당신에 대한 수 많은 영웅담들을 들어왔으며 따라서 당신이 각처에서 칭송을 받고 있는 것처럼 과연 그렇게 막강한 용사인지 시험해 보고 싶습니다. 저는 이미 완벽하게 무장을 했습니다."

"온갖 떠돌이들과 겁장이 시종들 모두가 내게 결투를 신청할 수는 없는 것이오." 왕이 받아들이지 않았다.

"군주시여, 그렇게만 말씀하실 게 아닙니다." 힐데브란트가 경고를 했다. "당신께서는 비테게에 대해 잘 모르고 계십니다. 제가 보기에 왕께서 그를 제압하실지는 누구도 장담할 수가 없을 것 같습니다."

디트리히의 부하인 라인날트Reinald는 자신의 군주인 왕의 말에 동의를 표했다. "모든 시종들이 감히 왕께 결투를 신청한다는 것은 수치스러운 일이 아닐 수 없습니다."

"다시는 맹세로 맺은 내 의형제을 모욕하지 마시오!" 힐데브란트가 답변하고는 라이날트에게 주먹을 한 방 날렸다. 그러자 그는 무력하게 주저앉고 말았다.

"이 이방인에게는 당신의 도움을 필요로 하게 될 것이오. 오늘 중으로 그는 베른시 앞에서 목을 매달게 될 테니 말이오" 디트리히가 말했다.

디트리히는 갑옷의 상의와 바지를 걸쳐입고, 자신의 투구인 힐데그림을 쓰고, 칼 나겔링을 차고서 황금빛 사자 그림이 그려져 있는 순백의 방패를 들어올렸다. 그리고 스케밍과 리스페의 형제인 팔케Falke 위에 올라타고 결투장소인 베른시 앞으로 말을 몰았다. 그곳에는 이미 비테게와 힐데브란트가 기다리고 있었으며 또한 많은 구경꾼들이 모여있었다.

하이메가 다음과 같은 말을 곁들이면서 한 잔의 포도주를 건넸다. "군주시여, 당신의 승리를 위해 건배하십시오!" 베른의 왕은 술을 들이키고 잔을 되돌려 주었다.

힐데브란트 역시 비테게에게 잔을 건네주었다. 하지만 그는 디트리히가 다 마실 때까지 기다려야 한다고 부탁했다. 그러자 비테게는 성을 내며 잔을 거절했다. 힐데브란트는 다음과 같은 말로 그의 행동을 꾸짖었다.

"당신이 상대하는 사람은 일개 부하가 아니라 영웅임을 명심하시오. 조급하게 굴어서는 안 되는 것이오." 그리고 나서 그는 비테게에게 다음과 같은 말로 잔을 주었다. "용기백배하고 맞서 싸우시오. 신이 당신과 함께 하기를!"

그제서야 비테게는 잔을 비우고 힐데브란트에게 되돌려 주었다. 그리고 그에게 금반지를 선물로 주면서 자신을 도와준 일에 대해 감사를 표했다.

그러자 디트리히와 비테게는 창을 겨누고 마치 굶주린 매들이 자신들의 먹이를 향해 달려들듯 서로를 향해 돌진했다. 디트리히의 창이 비테게의 방패에 맞고 도로 튀어나왔다. 하지만 비테게의 창은 디트리히의 방패를 뚫고 세 조각으로 박살을 내버렸다.

두 번째 결투에서 디트리히는 오로지 자신의 창만을 들고서 비테게의 가슴을 관통시키려고 했다. 하지만 비테게는 디트리히의 창자루와 동시에 방패의 가장자리를 절단내버렸던 것이다.

따라서 그들은 각자 말에서 뛰어내려와 칼싸움을 시작했다. 비테게가 왕의 투구에 가공할 만한 일격을 가할 때까지는 오랫동안 우열을 가릴 수가 없었다. 힐데그림이 그의 타격에 맞서 저항했으며 비테게의 칼을 두 동강 내버렸다.

"아버지 뷜란트시여, 지옥에나 가버리시지!" 비테게가 아버지에 대해 격분해서 소리쳤다. "내게 더 견고한 칼을 만들어 주셨더라면 좋았을 것을! 이렇게 된 마당에 아버님께서는 저와 당신에게 수치만을 안겨준 셈이 되었습니다그려!"

이제 디트리히는 나겔링으로 비테게의 머리를 베어버리려고 했다. 이때 힐데브란트가 두 사람 사이에 들어와 왕에게 간청했다.

"이 용사에게 자비를 베푸시어 그를 당신의 부하로 삼으십시오. 그보다 더 용맹스런 용사는 구하실 수가 없을 것입니다. 그가 당신을 섬기면, 그것이 당신에게 명예가 될 것입니다." 그리고 그 병기담당 상사는 비테게 혼자서 요새를 정복한 사실을 왕에게 보고했다. 하지만 디트리히는 완고하게 고집했다.

"오늘 중으로 그는 베른시 앞에서 목을 매야 하오." 그는 한번 선언한 사실에 대해선 절대로 번복하지 않았던 것이다.

"비테게는 왕의 후손입니다. 그리고 그는 당신의 부하가 되기를 원하고 있습니다. 그러니 그를 영예롭게 받아들이십시오." 힐데브란트가 말했다.

"더 이상은 모든 신하들이 나에게 결투를 신청하지 않도록 하기 위해서라도 그는 마땅히 죽음을 감수해야 하오. 내 앞에서 물러가시오!" 디트리히가 화가 나서 소리쳤다. "그렇지 않으면 내 먼저 그대를 두 동강 내버리겠소."

힐데브란트는 디트리히가 분별없이 굴면서 그 자신까지도 위협하는 것을 깨닫고 스승으로서 왕에게 냉혹하게 대응했다.

"디트리히시여, 그렇다면 난 당신을 도와드릴 수가 없습니다. 우는 아이에게 젖을 주는 법니까요." 그는 칼집에서 칼을 빼어 들었다.

"내 계략이 원망스러울 따름이네." 그가 비테게에게 칼을 맞바꾼 사실을 고백했다. "그렇지만 내 맹세를 지킬 것이네. 자, 여기 미뭉을 도로 받게. 그리고 자신을 방어하게나. 신께서 그대를 도와주실 것이네. 난 더 이상은 아무 것도 도와줄 수가 없네."

그러자 비테게는 새가 날듯이 기뻐하면서 황금으로 장식을 한 자신의 칼에 입을 맞추었다. "아버님, 제가 무례하게 내뱉은 말들을 용서하십시오. 위대한 영웅이신 디트리히시여, 저는 지금 굶주린 자가 빵 한 쪽을 갈구하듯 당신과 대결하기를 간절히 바라고 있습니다." 싸우고자 하는 열망에 차서 그는 디트리히를 격렬하게 공격했다. 디트리히는 소스라치게 놀라서 미몽에 저항하는 일 외엔 달리 어쩔 도리가 없었다. 마치 기적의 칼을 쥠으로써 모든 힘을 되찾은 듯이 비테게는 칼을 휘두를 때마다 매번 디트리히의 방패에서 또는 그의 갑옷에서 한 조각씩 떨어뜨릴 정도로 베른의 왕을 칼로 내리쳤다. 디트리히는 반격을 가할 수가 없었다. 그는 머지 않아 다섯 군데의 상처를 입고 피를 흘리고야 말았다. 그제서야 그는 이 싸움의 결과가 어떻게 될지 예감하고서 스승인 힐데브란트에게 도움을 요청했다.

"싸움을 끝내주십시오, 이 싸움을 어떻게 그쳐야 할지 도통 모르겠습니다!"

"방금 전에 그대는 내 충고를 나무라지 않았소." 힐데브란트가 답변했다. "하지만 보십시오! 제가 비테게를 용감무쌍한 용사라고 말한 사실이 거짓이 아니라는 것을 말입니다. 당신은 자만을 하고 자신의 힘을 과시한 나머지 이제 굴복하게 된 것입니다."

이때 디트마르 왕이 자신의 붉은 방패를 들고 결투를 벌이고 있는 두 사람 사이로 걸어들어 왔다. "용감한 영웅이여", 그가 중재자로 나서서 비테게에게 청원을 했다. "내 아들이 쓰러질 지경이 되었네. 내 그대에게 부탁하노니 싸움을 중단하게나. 그대가 이 싸움을 그치면, 자네에게 도시 하나를 선사하겠네. 그곳에서 그대가 원한다면 고귀한 태생의 아름다운 여인을 부인으로 맞아 백작의 신분으로서 다스릴 수 있을 것일세."

"전하의 아드님께서는 저에 대해 판단하셨던 심판을 받으셔야 합니다." 비테게가 고집을 부렸다. "그것이 아니라면 전하께서는 부득이 저를 수행원의 하나로 삼겠다는 말씀이십니까?"

왕은 결투의 규정을 존중해서 물러설 수밖에 없었다. 디트리히가 의연하게 저항했음에도 불구하고 비테게는 자신의 우월함을 유지하면서 마침내 디트리히의 투구인 힐데그림을 왼쪽에서부터 오른쪽으로 베어버렸다.

이제 힐데브란트가 어린 왕과 비테게 사이로 뛰어들었다. "친애하는 친구 비테게여!" 그가 요청했다. "우리의 우의를 위해서 디트리히에게 후의를 베푼다면, 그대는 그의 친구가 될 것일세. 그대들이 함께 세상을 두루 편력한다면, 그대들은 무적의 존재가 될 것일세."

비테게는 방패를 내려놓고 힐데브란트가 한 말을 곰곰이 생각해 보았다.

"그는 관대한 처분을 받을 자격이 없지만, 우리의 우의를 생각해서 놔주도록 하겠소." 그는 태도를 바꾸고 손에서 미뭉을 내려 놓았다.

힐데브란트는 디트리히와 비테게가 악수를 나누고 검으로 의형제를 맹세하도록 이끌어 주었다. 그리고 나서 모두 말을 몰아 베른의 집으로 향했다. 그리고 이 낯선 용사로부터 앞으로 무슨 재앙이 닥칠지 아직은 아무도 예감하지 못했다.

5. 에케와 파졸트

디트리히의 상처는 오랫동안 아물지 않았다. 뿐만 아니라 비테게에게 패배한 마음의 고통 역시 타는 듯이 아려왔다. 이제 영웅 힐데브란트, 비테게, 호른보게 그리고 하이메가 디트리히의 종사가 되었다. 병이 완쾌된 어느 날 왕이 홀로 베른에서부터 북쪽으로 떠나려고 했을 때, 그는 이 사실을 비테게에게만 알렸다.

"그대가 비록 날 제압하긴 했지만, 난 내 명예를 지키게 될 것이오. 나는 예전보다 더 위대한 업적을 이루었을 때에야 비로소 고향으로 돌아올 작정이오."

디트리히는 할 수 있는 한 최대한으로 빨리 칠일 낮과 밤 동안 말을 몰아. 어느 거대한 숲 가장자리에 당도할 때까지 낯선 길과 낯선 장소를 지나서 사람이 살지 않는 땅을 통과했다. 그는 그곳 한 여인숙에서 거인 에케Ecke에 대한 소문을 듣게 되었는데, 거의 햇빛도 들지 않는 어두운 산림 속에서 그는 머물고 있었다. 그의 형제인 파졸트Fasolt는 적들과 싸울 때는 누구라도 단 일격에 때려 눕힐 만큼 더욱 힘세고 잔인하며 칭송이 자자하다는 것이었다. 지금까지 그에게는 항상 승리 뿐이었다.

디트리히는 에케와 마주치지 않고 숲을 가로질러 목적지에 당도할 수 있기를 바랬다. 하지만 베른의 영웅은 길을 잃고 돌연 거인과 맞부딪치고 말았다. 에케가 그에게 이름을 물었다.

"나는 슈투다스가의 자손인 하이메라고 하는데 내 개인적인 용무로 여행 중이오." 디트리히가 거짓말을 했다.

"하지만 그대의 목소리는 마치 당신이 디트리히 자신인 것처럼 들리는 걸. 그처럼 위대한 영웅이 어째서 스스로를 부인하는 것이오?"

"내가 디트리히가 맞소. 나는 조용히 내 길을 가고 싶을 뿐이오."

"내가 들은 바로는 최근에 당신은 결투에서 패했다고 들었소. 지금 당신은 나와 겨루어 실추된 명예를 회복할 수 있을 것이오."

"설령 그대가 나에게 도전을 한다고 해도, 그때문에 여행을 멈출 수는 없소. 그대는 아직 너무 어린 데다가 실전 경험이 거의 없소. 게다가 지금은 어두운 밤이라서 상대를 분간할 수조차 없는 상황이오."

디트리히의 거절이 에케로 하여금 새로운 도전을 하도록 부추겼다.

"아홉 명의 공주들과 그들의 어머니인 나의 아내가 나에게 싸울 채비를 갖추어 주었소. 그들은 명성이 자자한 영웅인 그대가 우리의 성에서 결박되거나 죽는 모습을 직접 보기를 원하고 있소. 내 투구는 황금으로 만든 것이오. 그리고 어떤 창도 내 것과 같이 황금과 진귀한 보석으로 장식되어 있진 않소. 하지만 더 귀중한 건 당신의 나겔링처럼 난쟁이 알베리히가 만든 나의 검 에케작스요. 이 칼을 단련할 물을 발견할 때까지 그는 아홉 개의 왕국을 두루 탐색을 했었소. 금으로 세공한 이 칼날을 칼 끝으로 땅위에 살짝 갖다 대기만 해도, 당신에게는 한 마리의 뱀이 칼자루로 기어올라가는 것처럼 여겨질 것이오. 또한 칼을 뒤집으면, 뱀이 손잡이로 기어가는 것으로 느껴질 것이오. 이 칼은 마치 벌레가 살아있는 것처럼 움직이고 약동하지요. 싸움에서 나를 이겨 이 칼을 쟁취하시오." 거인이 디트리히를 자극했다.

"진정하시오. 그대는 내게 아무런 피해도 입히지 않았소." 베른의 영웅이 달아오른 거인을 진정시키려고 했다.

"당신은 과감히 나와 싸울 용기가 없다는 것이오?" 에케는 계속해서 영웅에게 모욕을 가했다.

"그대의 목숨을 소중히 여긴다면, 나로 하여금 결투하도록 부추기지 말고 물러서시오." 디트리히는 자신의 감정을 억누르며 말했다.

"내가 당신에게서 물러선다면, 난 결코 기뻐하지 못할 것이고, 또한 명예도 얻지 못할 것이오. 그렇게 되면 공주들이 나를 조롱할 것이오. 혹 당신이 내게서 도망치는 건 어떻소?"

디트리히는 비겁함을 결코 자신에게 허락할 수 없었다. 날은 이미 어두웠기 때문에, 그가 나겔링을 빼어들고 바위를 향해 칼을 내리치자, 사방이 불꽃으로 환해졌고 거인의 모습이 어둠 속에서 뚜렷하게 보였다. 디트리히가 자신과 대결하려 한 사실이 기뻐서 에케 역시 자신의 칼로 돌을 향해 내리쳤다. 그 때문에 그들 주위를 둘러싼 칠흑같은 어둠이 환해졌다.

두 영웅은 결코 격렬하게 싸움을 벌이지는 않았다고 전해진다. 나겔링과 에케작스는 대가다운 솜씨로 만들어진 투구와 갑옷에 맞고 불꽃을 흩날리게 했다. 칼을 휘두르는 소리가 숲 속과 산에서 메아리치면서 새들이 노래하는 소리를 삼켜버렸다. 번개처럼 갑옷과 투구에서 빛이 번쩍거렸으며, 천둥과 흡사한 소리가 메아리쳤다. 북구 사람들이 전하는 이야기에 따르면 두 전사는 결국 서로 갑옷과 투구를 쪼개어 버렸으며, 에케가 디트리히에게 일격을 가함으로써 바닥에 쓰러뜨리고 꽉 붙들고 있을 때까지는 부상을 입지 않았다. 혼신의 힘을 다해 베른의 영웅은 몸을 뿌리치고 그의 편에서 거인을 덮쳤다. 디트리히의 준마인 팔케가 안절부절 못 하더니 마침내 고삐를 끊고 풀려나와 싸우는 두 전사들을 향해 달려와서 앞발굽으로 에케를 걷어찰 때까지, 이렇게 그들은 여러 번 서로 엎치락뒤치락 했다. 결국 거인이 굴복하고 말았다. 이로 인해 디트리히는 자리에서 일어섰지만 에케는 치명적인 타격을 입었다.

달리 전해지는 이야기에 따르면 거대한 분노에 사로잡힌 에케는 디트리히의 방패를 쳐 손에서 떨어뜨리고야 말았다. 베른의 영웅은 잠시 주춤거렸지만 곧 사자와 같은 맹렬한 용기를 회복했다. 그들은 또 다시 비처럼 피가 땅에 쏟아질 정도로 격렬하게 치고 받았다. 이윽고 디트리히가 거인에게 일격을 가하자 그가 바닥에 쓰러져 한 순간 의식을 잃었다. 하지만 에케는 또 다시 벌떡 일어나 또 다시 디트리히에게 달려들었다. 거인은 다섯 차례나 쓰러졌었다고 전해지고 있으며 그가 흘린 피가 풀밭을 붉게 물들였다고 한다. 마지막으로 베른의 영웅은 항복하고 그의 부하가 되도록 거인에게 권유했다. 디트리히는 그의 목숨을 살려주고 싶었던 것이다.

"난 절대로 여왕들의 웃음거리가 되고 싶진 않소. 나에게 죽음을 선사하면, 사람들이 당신을 칭송할 것이오." 거인이 부탁했다.

"그대의 죽음이 내가 저지른 행동을 후회하게 만들고 있소." 디트리히가 한탄했다. "내가 어쩌다가 그대의 오만에 이끌려 싸우게 되었는지 모르겠소." 베른의 영웅은 자기가 한 일에 대해 부끄러워했다.

그럼에도 불구하고 그는 에케의 칼인 에케작스와 장비들을 취하고 자신의 것들과 바꾸기 시작했다.

"나를 이렇게 쓰러진 채로 내버려두지 마시오!" 죽어가는 거인이 자신을 제압한 영웅에게 간청했다. "디트리히, 당신에게 청하오니 제발 내 머리를 베어 버리시오!"

베른의 영웅은 그가 요청한대로 그의 머리를 베어버리고 그 죽은 자의 머리를 안장에 단단히 묶었다.

그리고 나서 디트리히는 성으로 말을 몰았다. 그곳에선 여왕이 에케가 돌아오기를 기다리고 있었다. 여왕은 탑에서 그가 오는 것을 알아보고는 딸들을 불러 에케가 돌아오고 있다고 알렸다. 그녀는 승리자를 영접하기 위해 치장을 했다. 그들이 그에게 인사를 하고 났을 때 비로소 낯선 이방인이 에케의 무기와 장비들을 걸치고 있음을 알아챘다. 이렇게 변장을 함으로써 디트리히는 아무 어려움 없이 여왕에게 당도할 수 있었던 것이다. 그는 에케의 머리를 그녀의 발 앞에 던지고는 그녀가 자신을 대적하도록 젊은 용사를 부추겨서 그를 결국 죽음으로 몰아낸 사실에 대해 그녀를 책망했다. 여왕은 피가 떨어지고 있는 머리 앞에서 뒤로 물러서더니 비명을 질렀다.

디트리히는 성을 떠나 여왕의 부하들이 그를 추격하기 전에 가까운 숲 속으로 말을 몰았다. 그런데 그가 자신의 갑옷과 투구를 착용하기도 전에 파졸트와 맞부딪치고 말았다. 그는 에케를 만나리라 짐작하고 있었던 것이다. 가까이 다가갔을 때 그는 다른 사람이 자기 형제의 무기를 지니고 있는 것을 알아보고 소리쳤다.

"이 비열한 살인자 같으니, 자고 있는 내 형제를 덮쳐서 그를 쳐죽이고 도둑질 한 놈! 에케는 결코 누구에게도 굴복당하지 않을 만큼 용감무쌍한 용사란 말이야."

디트리히는 실제로 어떤 일이 발생했었는지 소리쳐 대답했다. 하지만 파졸트는 그의 말을 믿지 않고 칼을 빼어들더니 어떨결에 기습을 당한 디트리히가 자신의 투구를 향해 내리치는 거인의 일격에 저항할 수 없을 정도로 격분과 싸우려는 갈망에 차서 그를 공격했다. 베른의 영웅은 말에서 떨어져 정신을 잃었다.

단 일격에 쓰러뜨리지 못 한다면 파졸트는 아무도 죽이지 않고 무기를 빼앗겠다는 자신의 맹세를 지켰다. 이렇게 해서 거인은 도시로 발길을 돌렸다. 디트리히는 곧 의식을 회복하고 말에 뛰어 올라 복수를 하기 위해 파졸트의 뒤를 쫓았다. 그리고 곧 그를 따라 잡고 소리쳤다.

"더 이상 움직이지 말아라! 네가 전사라면 네 형제의 원수를 갚아라! 그렇지 않으면 넌 겁쟁이에 불과하다!"

이러한 비방은 파졸트를 더 이상 머뭇거릴 수 없게 만들었다. 그들은 말에서 뛰어내려 칼을 뽑았다. 싸움은 디트리히가 세 군데 가벼운 부상을 입게 되었을 정도로 격렬했다. 하지만 파졸트는 다섯 군데의 중상을 입었다. 거인은 피를 많이 흘렸고 자신의 패배를 예견했다. 그의 용감무쌍함에도 불구하고 거인은 무기를 내던지고 디트리히의 부하가 되고자 했다. 하지만 베른의 영웅은 그의 뜻을 거역하고 말했다.

"나는 그대를 자유롭게 해 주겠소. 하지만 나에게 봉사하겠다는 생각은 거두시오. 내가 그대의 형제를 죽였기 때문에, 나는 그대를 신뢰할 수가 없게 되었소. 하지만 참회하는 뜻으로 그대에게 내가 예우를 해주겠소. 한 사람이 곤경과 위험 속에 처한 다른 사람을 돕고, 한 사람이 다른 사람과 동등한 형제처럼 충성의 맹세를 서약하도록 합시다.”

거인은 기꺼이 자신의 형제에 대한 속죄를 받아들이고 자신을 정복한 영웅에게 고마움을 표했다. 이렇게 해서 그들은 이러한 선서를 맹세하고는 각자 자신의 말에 올라타고 그곳을 떠났다.

6. 디트라이프

어느 날 디트리히는 친구들과 함께 술자리에 앉아 있었다. 하이메가 그의 황금 술잔에 가장 맛 좋은 꿀술을 따라 건네주었다. 이때 베른의 영웅이 자신의 검인 나겔링을 뽑아 들고 말했다.

“훌륭한 나겔링이여, 그대보다 더 근사한 칼은 없도다. 내 훌륭한 친구 하이메여, 그대는 이 칼을 받아 마땅하오. 이 칼을 받아 지니고 다니시오.”

하이메는 그 유명한 무기를 받은 것에 대해 감사했다.

“나겔링이여, 너는 언짢은 상대를 만났구나.” 비테게가 반론을 제기했다. “차라리 용감한 용사의 손에 들어갔더라면 좋았을 것을!” 디트리히가 그 이유를 묻자, 비테게는 하이메가 요새에서 다섯 명의 강도들을 상대하고 있는 자신을 그대로 내버려두고 호른보게가 당도할 때까지 무장을 단단히 하고서 말 위에서 마냥 기다리고만 있었노라고 보고했다.

“곤경에 처해있는 자신의 동료를 도우려고 나서지 않다니 수치스러운 일이오!” 디트리히가 노해서 말했다. “비열한 속물 같으니, 꺼져 버리시오. 그대는 베른시 밖에서 목을 매야 마땅하오!"

격분한 하이메는 홀을 떠났다. 그는 무기를 들고 자신의 준마인 리스페에 뛰어올라 그곳에서 사라졌다.

이제 하이메는 자신이 무슨 일을 시작해야 할지 아득하기만 했다. 그는 또 다시 명성을 얻기 위한 일을 찾아 이리저리 유랑했다. 그러던 중 그는 작센의 땅과 덴마크 사이에 있는 팔스터 Falster 숲에서 위대한 바이킹이자 우두머리인 인그람Ingram이 활약하고 있다는 소식을 접하게 되었다. 그는 작센의 공작과 싸우고 있는 중이었으며, 누구도 함부로 숲 속으로 들어오지 못 하게 하고 혼자서 열두 명의 용사들과 겨룬다는 것이었다.

하이메는 노상 강도들에게로 가서 인그람과 전우관계를 맺고 그 무리들 중에 열두 번째가 되었다.

그들은 큰 행렬을 이룬 무장한 상인들도 기습했으며, 다른 누구보다도 강한 무리들로 자부하고 있어서 누구도 자신들을 정복할 수 없으리라 믿었다. 하이메는 용전분투했으며 자신을 예전보다 더 용맹무쌍한 존재로 여기게 되었다. 하지만 곧 그와 무리에게 비범한 적수가 나타나게 되었다.

인접한 덴마크에서는 비터롤프Biterolf라는 용사가 있었는데 그는 가장 뛰어난 전사로 알려져 있었다. 작센 공작의 딸인 그의 부인과 함께 그는 디트라이프Dietleib라는 이름의 아들 하나를 두고 있었다. 그런데 그는 가문의 혈통을 타고난 것 같아 보이지 않았다. 그는 키가 훤출하고 강건해 보였음에도 불구하고 말타는 걸 삼가고 무기를 다루지 못했다. 달음박질하는 대신 그는 돌을 던지거나 다른 방식으로 심신을 단련하는 걸 택했다. 그는 오히려 주방의 화덕 옆에 드러누워 있거나 주방의 하인들과 몸을 뒹굴며 노는 걸 즐겼다. 그래서 아버지와 어머니는 거의 아들에게 신경을 쓰지 않았으며, 그를 우둔하고 세상물정을 모르는 바보라고 불렀다. 게다가 그는 머리에 빗질을 하거나 목욕하는 일에도 신경을 쓰지 않고 오로지 부엌에서 뒹굴기만 했다.

비터롤프는 부인과 모든 수행원들과 함께 한 막강한 용사의 연회에 초대를 받게 되었다. 그때 디트라이트가 느닷없이 그 자리에 끼고 싶어했다. 어머니는 그가 부엌에서 손수 재를 털어버리고, 손과 얼굴을 씻었다는 얘기를 듣고 놀라워했다. 아들이 어머니에게 연회에 가게 해달라고 간청을 하자, 그녀가 대답했다.

"아무데도 쓸모없는 네가 연회에 가서 무엇을 하려고 하느냐! 지난 열두 달 동안 너는 화덕 옆에만 누워서 홀에 있는 용사들 곁에는 앉지도 않고 그들에게 꿀술을 건네지도 않았다. 그러니 너는 용사들과 대화하는 법을 익혔을 리가 없지 않느냐!"

"제가 어머니 곁으로 다가가면, 어머니는 저를 경멸해 오셨습니다." 아들이 대답했다. "어머니께서는 저를 사랑하지 않고, 미워하셨습니다. 저를 연회에 참석하도록 허락하시면, 그 모든 일을 잊겠습니다. 하지만 못 가게 막으시면, 그럴수록 저는 더욱 더 가려고 할 것입니다."

그리고 나서 그는 침실에 있는 아버지를 찾아가 말과 무기를 구해달라고 청했다.

"대관절 네가 무엇을 할 수 있단 말이냐?" 비터롤프가 대꾸했다. "닭과 거위를 요리하고, 장작을 패고, 마른가지나 꺾는 우둔한 바보가 궁중 교육을 받은 사람들과 대화하는 법을 어떻게 알겠느냐. 나는 너와는 다른 사내였었느니라. 네가 과연 내 아들이 맞느냐?"

"저도 다른 아버지를 찾고 싶습니다. 하지만 제가 거지의 아들이라 해도, 그는 저에 대해 더 마음을 써 주었을 것입니다."

"부엌으로 가서 잿더미 속에서나 뒹굴거라, 이 놈아!" 아버지가 그를 물리쳤다.

"아버지께서 제가 연회에 가는 것을 금하셔도 저는 꼭 가고야 말겠습니다." 아들이 반항하며 대답했다. 그리고 그는 가장 훌륭한 말에 안장을 얹고 아버지의 자작농에게로 갔다. 농부가 그에게 무기를 빌려주었다. 아버지는 아들의 완고함을 보고 부하들의 권유에 따라 그를 연회에 데리고 갈 채비를 갖추어 주도록 하자는데 동의하고 말았다. 그는 아들의 진가를 시험해 볼 수 있으리라 믿었다. 디트라이프는 방으로 들어가서 옷을 입고 훌륭한 무기를 갖추었다. 여인들은 말을 타고 앉아있는 그를 보고 이제껏 그보다 더 훌륭한 젊은이는 한 번도 만나본 적이 없었노라고 말했다.

잔치에서 디트라이프는 마치 그 모든 일에 익숙한 사람처럼 노련하게 행동했으며 이야기하기를 즐겼다. 어머니 오다Oda는 수행원들과 함께 집으로 돌아왔다. 하지만 비터롤프와 아들은 즉시로 두 번째 연회에 초대를 받았다. 집으로 돌아오는 길에 디트라이프와 아버지는 팔스터 숲을 가로질러 와야했는데 그곳에서 열두 명의 노상 강도를 만났다. 그때 아버지가 아들에게 말했다.

"너는 아직 어리고 싸움에도 익숙치 않으니, 차라리 네 어머니 곁에 있었더라면 좋을 뻔했구나. 그랬으면 너에 대한 걱정은 하지 않을 텐데 말이다."

"저는 무섭지 않아요!" 디트라이프가 소리쳤다. "말에서 내려 등을 맞대고 싸우면 되지요."

인그람은 다섯 명의 부하들을 싸우러 내보냈다. 아버지와 아들은 격렬하게 저항하면서 부상을 입지 않고 모두 쳐죽였다.

그러자 인그람이 나머지 패거리들을 거느리고 공격했다. 오랜 격투 끝에 비터롤프는 인그람의 투구와 머리를 쪼개버리는데 성공했다. 강도들의 우두머리가 두 쪽으로 갈라진 채 바닥에 쓰러졌다. 디트라이프가 그 사이에 다른 두 명의 강도들을 때려 눕

헸다.

곧 하이메만이 남아서 강한 힘으로 공격해 들어오는 비터롤프의 투구에 일격을 가했다. 그 결과 연로한 아버지가 말에서 떨어져 의식을 잃었다. 그러자 아들은 몹시 격분했다. 그는 광포하게 하이메에게 달려들어 그의 투구를 칼로 명중시켰다. 용사가 털썩하고 맥 없이 쓰러졌다. 디트라이프는 적이 이미 목숨을 잃었다고 생각했다. 하지만 하이메는 벌떡 일어나 득달같이 말에게로 달려가 훌쩍 올라타더니, 할 수 있는 한 빨리 도망을 쳤다. 그는 디트라이프가 온 종일 자신을 추적하고 있다고 생각했다. 하이메는 또 다시 위기에서 벗어난 사실을 기뻐하면서 베른에 당도할 때까지 낮과 밤을 쉬지 않고 달렸다. 그곳에서 그는 다시 디트리히와 화해했다.

비터롤프와 아들은 강도들의 노획물을 가지고 승리자가 되어 집으로 향했다.

강도들과 싸움을 치루고 난 후 비터롤프는 아들에 대해 큰 기대를 걸고 그에게 훌륭한 무기와 근사한 옷 그리고 온갖 필요한 것들로 의장을 갖추어 주었다. 그리고 작센의 공작인 조부를 방문하려는 아들의 소원을 들어주었다. 아버지는 아들에게 남쪽으로만 계속해서 이동해서는 안 된다고 충고하면서 다음과 같이 경고했다.

"네가 작센의 땅을 벗어나 더군다나 베른까지 갈 생각이라면, 디트리히나 그의 동료들과 충돌하는 것을 경계하여라. 어떤 칼로도 디트리히의 투구인 힐데그림을 쪼개어 버리진 못한다. 그의 칼인 에케작스를 상대로 할 때는 제 아무리 튼튼한 방패라도 소용이 없단다. 또한 그의 준마인 팔케는 다른 모든 말들을 능가하고도 남는단다."

작센으로 가는 도중에 디트라이프는 디트리히가 베른에 있지 않고, 그의 숙부인 에름리히Ermrich의 궁중 연회에 참석하기 위해 로마에 있다는 소식을 듣게 되었다. 어디로 가야할 지 결정해야만 하는 갈림길에서 그는 고령의 조부댁에 방문하는 것을 디트리히의 귀로길로 연기하고 말았다.

디트리히가 체류하고 있다는 숙소에서 한 용사가, 그가 어디서 왔으며 또 어디로 가려고 하는지를 물었다.

"나는 베른의 디트리히 왕을 만나 기꺼이 그의 수하에 들고 싶어하는 사람이오. 가령 그의 말을 돌보고 무기를 지키는 일들 말이오. 한데 당신들은 누구십니까?"

"베른의 디트리히를 찾고 있다면, 자네 옆에 서 있는 사람이 바로 그 분이시라네." 비테게가 대답했다. "또 이 사람들은 하이메와 다른 동료들일세."

"왕께 축복이 깃들기를 기원합니다!" 디트라이프가 베른의 영웅에게 축원했다. "당신들을 만나게 되어서 얼마나 기쁜지 모릅니다. 더불어 저는 당신께 봉사의 임무를 제안하는 바입니다."

디트리히는 그의 요청을 수락하고 궁중 연회에 참석하기 위해 로마로 가는 여정 동안 그에게 말들과 무기를 감시하게 했다.

그들이 그곳에 도착하자 축제가 시작되었다. 궁중의 홀들은 화려하게 장식되어 있었다. 막강하고 훌륭하게 차려입은 용사들이 떼지어 몰려들고 있었다.

디트라이프는 다른 하인들처럼 마구간에 머물고 싶어 하지 않았으며 종자들의 보잘 것 없는 음식물을 경멸했다. 그래서 그는 자신이 소유하고 있는 것으로 풍부히 먹고 동료들을 초대했다. 시장에서 그는 훌륭한 포도주와 꿀술 그리고 맛있는 음식물들을 구입했으며 동료들과 함께 왕의 식탁에 못지 않는 호사를 누렸다. 사흘이 지나자 삼십 마르크가 사라졌다. 자신의 연회를 계속 즐기기 위해 그는 하이메의 칼인 나겔링과 그의 준마인 리스페를 취해서 십 마르크를 받고 저당을 잡혔다. 그 돈을 다 써버리자 이번에는 비테게의 말인 스케밍과 그의 칼인 미뭉 그리고 그의 다른 무기들을 이십 마르크에 저당잡혔다. 그러자 그는 여전히 배포가 큰 패거리들과 방종한 친구들을 대접할 수 있었다. 칠 일이 지나자 그 돈도 바닥이 나버렸다. 이제 그가 방종한 생활을 계속하기 위해 이틀 동안의 대가로 디트리히의 말인 팔케, 칼 에케작스 투구인 힐데그림 그리고 다른 무기들을 삼십 마르크를 받고 저당을 잡힐 때까지 수 많은 그의 손님들이 그를 기다리고 있었다. 디트라이프가 방탕한 생활을 누리고 있는 홀에서는 종종 삼천 명이나 되는 사람들이 먹고 마셨다는 것이었다. 잔치의 아흐레 째이자 마지막이 되던 날에 디트라이프는 유랑악사들에게 넉넉히 선물을 주었으며, 그 유명한 마술사인 이중 Isung에게 어머니의 금반지와 디트리히 왕의 자포를 선사하고야 말았다.

궁중의 연회가 끝난 후 디트리히는 하인들을 재촉해서 보관해두고 있던 물건들을 가져오게 하고 말들에 안장을 얹도록 명했다.

이제 비로소 저당잡힌 물건들을 되찾아야 할 때가 되었다고 생각한 디트라이프는 자신이 담보로 했던 물건들을 세어 보았다.

디트리히 옆에 서 있던 하이메가 디트라이프가 한 일을 눈치챘다. 디트라이프가 도착했을 때 그는 이미 자신으로 하여금 팔스터 숲의 강도들을 상기시켰었던 것이다.

"우리는 우리의 고귀한 무기들을 하수구에 던져버린 놈팽이를 하인으로 삼아버렸던 것입니다." 하이메가 말했다.

디트라이프의 낭비에 격분한 디트리히는 에름리히 왕에게 문의해서 자신의 고용인들이 소비한 음식값을 자신이 부담해야 하는지 물었다. 그러자 손님들을 초대한 주인이 디트라이프에게 직접 답변을 구했다.

"군주시여, 그것은 얼마되지 않습니다." 디트라이프가 대답했다. "왕께서는 제 돈 삼십 마르크를 배상할 필요가 없으십니다.

단지 내 주인이신 디트리히와 그의 두 명의 동료들이 소유했던 무기와 말을 도로 찾을 수 있는 육십 마르크면 되옵니다."

"무엇때문에 이런 주제 넘은 짓을 했단 말이냐?" 왕이 노해서 말했다. "내가 궁중의 연회를 베풀기 위해서 소비한 만큼의 막대한 금액을 한낱 말을 돌보는 하인 따위가 구일 동안에 탕진해 버리다니. 자네는 영웅인가 아니면 바보인가?"

"저는 아무 것도 먹지 못해 허기지고 목마른 상태에선 위대하신 군주님 앞이라도 드릴 말씀이 없습니다." 디트라이프가 냉담하게 대답했다.

그 말에 따라서 에름리히는 먹을 것과 한 잔의 포도주를 가져오라 명하자 술 시중 드는 관원은 그것들을 힘들여 날라와야 할 만큼 많은 양의 술을 가져왔다. 디트라이프가 그것을 단숨에 들이켰다.

"방탕하게 생활하며 술타령하는 일 외에 자네는 또 무슨 일을 할 수 있느냐?" 발터 폰 바스겐슈타인Walter von Wasgenstein이 말했다. "필시 투석 경기나 창던지기 따위는 어림도 없겠지?"

"저는 당신들 중에 누구하고라도 겨룰 자신이 있습니다." 디트라이프가 답변했다.

"그렇다면 나와 붙어 보세나." 발터가 요구했다. "자네가 이기면 내 머리는 자네의 것이네. 하지만 자네의 힘이 허풍에 불과한 것이라면, 자네의 목숨은 조롱과 멸시를 받게 될 걸세. 듣자니 자네의 향연이 왕의 그것보다 더 호사로왔다고 하더군."

"목숨보다 더 귀한 걸 잃을 수야 없겠죠." 디트라이프가 대답하고는 시합에 동의했다.

왕들은 수행원과 손님과 함께 옥외로 나갔다. 시합을 지켜보기 위해 많은 구경꾼들이 모여들었다. 발터는 육중한 두 사람 무게에 해당하는 돌을 들어올려 그것을 열 걸음 정도 멀리 던졌다. 디트라이프는 그 돌을 한 걸음 더 멀리 던졌다. 두 번째 던지기에서 발터는 열세 걸음을 달성했지만, 그의 상대는 열여덟 걸음에 육박했다. 그래서 도전자는 세 번째 던지기를 포기할 수밖에 없었다. 그들은 왕의 궁전으로 돌아왔다.

그때 축제에 초대를 받아 에름리히 왕 옆에 서 있던 에첼 왕이 자신의 군기를 건네주게 했다. 그것은 모든 창들보다 더 굵직하고 무거웠다. 발터가 가공할 만한 힘으로 홀을 가로질러 그 창을 던지자, 막대기는 맞은편 벽에 가서 부딪쳤다. 하지만 디트라이프는 막대기를 도로 던졌을 뿐만 아니라, 뒤따라 달려가서 그것을 공중에서 손으로 붙잡았다. 그런 놀라운 던지기는 일찍이 아무도 본 적이 없는 것이었다. 그 광경을 지켜 본 모든 사람들은 승리자는 단연 디트라이프라는 사실에 대해 의견을 같이했다. 그러자 에름리히 왕이 그에게 말했다.

"나는 발터의 머리를 금과 은 그리고 보석과 교환하고자 하노라."

"저는 그의 머리를 선물로 드리겠나이다." 디트라이프가 답변했다. "단지 내 주인과 그 동료들의 무기와 소유물들을 도로 찾아주시면 되옵니다. 당신이 원하시는 만큼만 주십시오."

"그대의 제안을 기꺼이 받아들여 그에 대한 값을 지불하겠노라." 에름리히 왕이 답변했다. 그에 따라서 그는 무기 전부와 나머지 저당잡힌 물건들을 되찾을 수 있을 만큼의 돈을 전액 지불하게 했다. 그리고 탕진해버린 디트라이프 자신의 금화 삼십 마르크와 그 외에도 값 비싼 장비를 선물로 주었다.

그 이후 디트리히는 선서로 맺은 의형제의 무리에 디트라이프를 받아들이고 함께 베른으로 길을 떠났다. 그곳에서 그는 부친 디트마르의 죽음이 임박했다는 소식을 듣게 되었다. 그는 곧 세상을 떠났으며 명예롭게 매장되었다. 디트리히는 이제 베른의 실질적인 왕이 되어 전 세계에서 가장 명망있는 군주로 간주되었다. 그의 이름은 세계가 존재하는 한 영원히 살아 잊혀지지 않을 것이다.

7. 난쟁이 왕 라우린

디트리히는 한동안 특별한 일 없이 통치에 전념했다. 여러 나라의 지배자들과 귀족들이 그의 수하에 들어왔다. 모든 사람들이 그의 강력한 힘뿐 아니라, 그의 정의로움과 후덕함을 칭송해 마지 않았다.

어느 날 비테게가 힐데브란트에게 다음과 같이 말했다. "저는 디트리히보다 더 막강한 왕이 있다는 말은 들어보지 못했습니다."

힐데브란트가 대답했다. "하지만 티롤의 산 깊은 곳에 난쟁이들이 살고 있는데, 그들은 마법의 힘으로 막강할 뿐더러 지금껏 누구에게도 져본 적이 없는 자들이라네. 디트리히가 그들을 제압하고 났을 때에야 비로소 그대는 모든 용사들보다 그를 높이 평가할 수 있을 것일세."

디트리히가 우연히 다가가 두 사람이 말하는 것을 듣고 이의를 제기했다. "힐데브란트 스승이시여, 난쟁이들이 과연 그렇게 강력하다면, 당신은 이미 오래 전에 그 사실을 저에게 말씀하셨을 테지요."

그 말에 힐데브란트는 화가 나서 경솔한 질책에 대해 반박하고 나섰다.

"티롤의 깊은 산 속에 라우린Laurin이라고 하는 왕이 다스리고 있는데, 수 많은 난쟁이들이 그의 수하에 있습니다. 그는 키가 세 뼘밖에 되지 않고 마법을 자유자재로 부릴 줄 알지요. 그가 거주하는 동굴은 보석이 찬란한 빛을 내뿜고 있답니다. 그가 가장 소중히 여기는 것은 장미정원입니다. 그 장미정원을 비단끈

지하세계에 있는 마법의 제국을 소유한 라우린의 장미정원. 이곳으로 디트리히
와 비테게가 라우린을 제압하고 보물을 빼앗기 위해 습격한다. 1984년 앨런 리
의 그림.

이 보호하고 있지요. 누가 그 비단끈을 넘어 가서 장미에게 해라도 끼치는 날에는 그가 그의 발이나 오른 팔을 도끼로 잘라내고 말지요."

비테게 역시 그 얘기를 듣고 기겁을 했다. 디트리히는 도전을 받았다고 생각했다.

"나는 위험에 빠지는 한이 있더라도 장미정원을 찾아 라우린과 겨루어 보겠소."

"디트리히 왕이시여, 저도 당신과 함께 정원으로 밀고 들어가 장미들을 짓밟아버리겠습니다." 비테게가 끼어들었다.

왕과 그의 친구는 곧 길을 떠났다. 그들은 티롤까지 말을 타고 갔으며 거기서 빽빽한 전나무 숲을 뚫고 들어가자 곧 이어 푸른 초원에 당도했다. 그곳에서 그들은 불꽃을 튀기며 밝은 빛을 내는 무언가를 보고 깜짝 놀랐다. 가까이 다가서자 그들은 비단같이 부드러운 실에 찔리고 말았다. 그 뒤로는 무수히 많은 장미꽃들이 황금 레이스와 보석들 그리고 또 다른 장식품에 매달려 활짝 꽃피어 있었다. 그래서 꽃들 사이에서 보석이 광채를 발하며 번쩍번쩍 빛나고 있었던 것이다. 이윽고 장미꽃에서 달콤한 향기가 피어 올랐다.

디트리히는 잠시 그 앞에 서서 일찍이 본 적이 없는 가장 아름다운 장미정원을 향유하며 감히 정원을 망가뜨릴 엄두를 내지 못 했다. 그가 혼자였더라면 이 놀라운 광경에 넋이 빠져버렸을 것이다. 하지만 비테게가 디트리히에게 난쟁이 왕의 힘이 막강하다는 점을 상기시켰다. 그러자 그는 비테게가 황금실을 짓밟고 장미와 황금 리본들을 끊어버렸을 때, 그를 만류하지 않았다. 꽃 주위에 매달려 있던 보석들과 금은 장신구들이 부수어져서 사방으로 흩날렸다. 고귀한 향기들도 사라져버렸다. 장미정원은 황폐한 모습으로 변해버렸다. 장미 무늬를 새긴 대리석으로 화려한 건축물을 세우게 했던 디트리히 자신으로서도 유감을 금치 못 하며 파괴된 정원을 외면했다.

그 사이 라우린이 득달같이 달려왔는데 그가 타고온 말은 노루보다도 크지 않았다. 그에게서 밝은 황금빛 광채가 쏟아져 나오고 있었기 때문에 그는 천국에서 온 천사임에 분명하다고 비테게는 생각했다. 라우린이 갖추어 입은 투구와 갑옷들은 황금으로 된 것이었으며, 말의 재갈은 보석으로 장식되어 있었다. 용의 피로 단련된 그의 갑옷은 모든 칼의 공격을 막아낼 수 있었다. 순금으로 만들어진 투구에서도 루비와 석류석의 광채가 타오르고 있어서 난쟁이 왕을 그 밝은 빛으로 감싸고 있었다. 겉옷에 매여있는 벨트는 라우린에게 열두 명의 힘센 용사들의 힘을 부여해 주었다. 침입자들은 그 마법의 효력에 대해선 아직 아무 것도 모르고 있었다.

화가 난 라우린이 칼을 뒤흔들면서 소리쳤다.

"어떻게 너희같은 바보들이 내 소중한 장미들을 망가뜨릴 수 있었단 말이냐! 그 대가로 나는 너희들의 왼발과 오른손을 보상으로 요구하는 바이다."

아마도 디트리히는 자신이 저지른 일을 후회하고 있었을 것이다. 그래서 그는 속죄하는 의미에서 다음과 같이 제안했다.

"당신은 분노를 거두시오." 그는 라우린의 화를 누그러뜨리게 하려고 시도했다. "군주에게는 손을 요구할 수 없는 법이오. 하지만 참회하는 뜻으로 당신이 정하는 만큼 얼마든지 금과 은을 내어놓겠소. 그리고 여름이 오면 당신의 장미들은 새로 피어날 것이오."

"금이라면 세 명의 왕이 소유하고 있는 것보다 더 많이 가지고 있소." 라우린이 대답했다. "그런데 당신들은 스스로를 군주라고 했소?" 그가 업신여기며 말했다. "내가 당신들에게 무슨 해를 가한 적이 없거늘, 당신들은 내 정원을 못 쓰게 만들었소. 당신들은 그 일에 대한 속죄를 해야 할 것이오."

"어리석은 난쟁이 주제에 감히 내 왕에 대해 그런 짓을 하려고 들다니!" 비테게는 화가 나서 거리낌 없이 말을 쏟아부었다. "제가 그의 두 발을 움켜잡고 묵사발을 만들어 버리겠습니다."

디트리히는 난쟁이들 역시 존중해 주어야 하며, 그들은 키가 큰 정상인들보다도 더 많은 힘을 한데로 모을 수 있다는 말로 친구의 격분을 진정시키려고 애를 썼다. 그리고 그는 정말로 지금껏 그처럼 아름다운 정원은 본 적이 없었던 것이다.

하지만 비테게의 분노는 계속 타올랐다. "이미 난쟁이에게 굴복한 자 앞에서는 새앙쥐도 비웃고 말 것입니다. 저는 삼천 명이 넘는 난쟁이들과도 기꺼이 싸워 보았습니다."

그 말에 따라서 라우린은 비테게에게 결투를 하자고 도전했다. 비테게는 훌쩍 말에 올라타더니 창을 잡아쥐었다. 난쟁이 왕도 똑같이 싸울 준비를 했다. 두 사람은 투구를 단단히 조여 매고 하늘을 날으는 매처럼 연달아 서로를 향해 잽싸게 달려갔다. 그런데 비테게는 난쟁이를 놓쳐버리고 말았다. 그와 반대로 난쟁이는 온 힘을 다해 덮쳐 그를 토끼풀 속으로 메쳐버렸다.

난쟁이는 민첩하게 칼을 빼어들고는 쓰러져 있는 적에게로 몸을 굽혀 그의 손과 발을 막 잘라버리려는 참이었다. 이때 디트리히가 무기를 들고 개입하지 않았더라면, 라우린은 그 손과 발을 노획물로 빼앗아버렸을 것이다.

"그만두시오, 그 사람은 내 용사요!" 왕이 명령했다. "베른의 디트리히가 자기 영웅의 손과 발이 훼손당하는 모습을 그대로 방관하는 일은 절대로 없을 것이오."

"그 베른 사람에 대해선 소문을 많이 듣고 있었소. 하지만 당신이 그 사람이라고 해도, 당신은 손과 발을 내놓아야 할 것이오. 내 장미들이 그것을 요구하고 있소."

또 다시 디트리히는 보상할 것을 제안했고 난쟁이에게 달리 배상을 하려고 해보았다. 난쟁이가 제안을 거부하자, 이제 아멜룽엔의 왕에게는 말에 올라타고 라우린을 향해 돌진하는 방법 외에 다른 선택이 없었다. 디트리히가 창을 겨누었다. 그때 세 명의 기사가 서둘러 달려오고 있었으니, 곧 스승인 힐데브란트와 엄청난 기세로 돌진해오고 있는 볼프하르트였다. 그는 단 한 차례의 싸움에도 빠진 적이 없었던 것이다. 그리고 디트라이프도 달려오고 있었다.

"디트리히이시여, 당신은 난쟁이들의 생리에 대해 전혀 모르고 있습니다!" 힐데브란트가 군주를 향해 소리쳤다. "라우린의 발을 움켜쥐시오! 그리고 칼자루의 머리로 그를 정신없게 만드시오!"

디트리히는 그의 병기담당 상사가 충고해 준대로 행동했고 칼의 방향을 바꾸어 쥐고 라우린의 투구에 일격을 가하자 난쟁이는 잠시 의식을 잃었다. 하지만 그는 재빨리 주머니에 손을 넣어 몸을 감추는 마법의 외투를 꺼내어 걸쳐 입었다.

갑자기 디트리히는 상대를 더 이상 눈으로 볼 수가 없게 되어 칼로 닥치는 대로 사납게 휘둘렀지만 거의 적중시키지 못했다. 반면에 라우린은 노련하게 타격을 가해 디트리히에게 중상을 입혔다. 곧 그의 피가 갑옷을 뚫고 흘러나왔다.

힐데브란트는 난쟁이가 디트리히를 쳐죽일까봐 두려워 칼을 버리고 적과 씨름을 하라고 소리쳤다. 라우린은 자신의 열두 명에 해당하는 용사들의 힘을 자신하고 있었기 때문에 자기에게 유리한 점을 기대하고 그 제안에 동의했다. 전력을 다해 그가 디트리히에게 달려들자 디트리히는 쓰러졌고 곧 이어 두 사람은 토끼풀 속으로 넘어졌다. 디트리히가 민첩하게 다시 벌떡 일어나 난쟁이의 혁띠를 붙잡고 그를 번쩍 들어올려 땅으로 내동댕이 쳤다. 그러자 혁띠가 끊어져 바닥에 떨어졌다. 힐데브란트가 난쟁이의 마법의 벨트를 착복했다.

라우린의 비명 소리가 산과 계곡을 넘어 날카롭게 울려 퍼졌다. "내 목숨을 살려 주오, 내 목숨을 살려 주오! 당신에게 굴복하리다!" 난쟁이의 왕은 이제 자신의 힘을 빼앗긴 채 디트리히에게 간청하는 도리밖에 없었다. "내가 소유한 모든 재산은 다 당신의 것입니다."

디트리히가 아랑곳 하지 않고 난쟁이를 쳐죽이려 하는 순간, 그는 도움을 구하며 디트라이프에게 간청했다.

"디트라이프여, 내 집에 살고 있는 당신의 누이인 퀸힐트 Künhild를 위해서라도 날 좀 구해주시오! 그렇지 않으면 난 결코 그녀가 있는 곳으로 당신을 안내할 수 없게 될 것이오."

그 말을 듣고 도움을 요청받은 디트라이프가 왕에게 부탁했다.

"저에게 난쟁이 라우린을 넘겨 주십시오!"

"그는 내게 크나 큰 해를 끼쳤으니 마땅히 대가를 치뤄야 하오." 디트리히가 친구의 청을 거절했다. 디트리히가 계속해서 난쟁이의 목숨을 거두어 들이겠다고 고집하자, 디트라이프는 훌쩍 말에 뛰어오르더니 라우린을 잡아 채고 그와 함께 황야 저편으로 달아나 버렸다.

디트리히는 재빨리 말을 가져오게 하고 디트라이프를 좇아갔다. 하지만 그는 이미 난쟁이를 깊은 전나무 숲 속에 숨겨두었던 것이다. 그에 대해 디트리히는 몹시 화가 나서 디트라이프를 향해 그의 창을 겨누었다. 두 사람은 서로 격심한 분노에 차서 그들의 방패에 창이 부서지고 창자루가 공중에서 휙휙 소리가 날 정도의 강한 힘으로 서로를 향해 공격했다. 그리고 나서 그들은 말에서 내려 격투를 계속했다. 그들의 칼이 부딪치는 소리가 만 마일나 떨어진 먼 곳까지 들릴 정도로 두 사람의 분노는 대단했다. 급기야 디트라이프가 디트리히의 방패를 손에서 떨어뜨리는데 성공했다.

"싸움을 그치시오!" 힐데브란트가 요구했고 디트라이프에게 조차를 취해서 싸움이 계속되는 걸 막기 위해 힘센 비테게와 볼프하르트를 소리쳐 불렀다. .

마침내 힐데브란트가 화해 분위기를 조성하기에 이르렀다. 은신처에서 돌아온 라우린 역시 함께 자리했다.

이제 디트라이프는 난쟁이 왕에게 누이에 대해 물었다. 라우린은 아름다운 퀸힐트를 푸른 보리수 근처에서 유괴하여 그녀를 부인으로 삼기 위해 자신의 성으로 데려온 사실을 말해 주었다. 하지만 그녀는 여전히 순결한 처녀라고 난쟁이 왕은 장담했다.

"내 누이를 보게 해주면, 그리고 당신의 말이 진실이고 또 퀸힐트가 당신을 원한다면, 그녀가 당신의 부인이 되도록 힘써 보겠소." 디트라이프가 말했다.

"우리 모두가 친구가 되도록 합시다." 라우린이 제안했다. 디트라이프는 난쟁이 왕을 이미 누이의 남편으로 인정하고 있었기 때문에 그러한 제안에 맨 먼저 동의를 표했다. 그리고 나서 힐데브란트와 디트리히 역시 다른 사람들과 함께 도움을 주고 신의를 지킬 것을 서약했다. 비테게는 난쟁이로부터 화가 미칠까 우려해서 마지 못해 합세했다.

이제 라우린은 친구들을 자신의 나라로 초대했다. 그는 노래와 오락 그리고 놀이를 베풀며 금과 보석으로 장식한 거실로 그들을 유인했다.

동료들이 토의를 했다. 현명한 힐데브란트는 난쟁이들에 대해서 훤히 꿰뚫고 있었다.

"우리가 두려움때문에 포기한다면, 그것은 우리에게 어울리지 않는 일이오. 그런 일은 대단한 불명예가 될 것이오." 무기담당 상사인 그가 말했다.

"설사 우리가 위험에 처하게 되더라도, 나는 라우린의 제국이 어떠한 곳인지 살필 것이고, 그리고 모험을 해 볼 생각이오." 디트리히가 말했다. 그는 아직 모르고 있는 미지의 것들에 대해서 알고 싶어했던 것이다.

"나는 라우린이 약속한 아름다움이 과연 무엇이지 눈으로 확인해 보겠습니다." 볼프하르트가 말했다.

비테게는 난쟁이 왕의 계략을 조심하라고 새로이 주의를 환기시켰지만, 벗들을 제지하기에는 역부족이었다. 그들은 라우린을 따라 초원으로 갔다. 보리수 근처에는 수 많은 꽃들이 피어있었고, 진기한 새들이 노래하고 있었다.

"나를 사로잡고 있던 압박감이 일시에 사라져버린 듯한 기분이 드오." 디트리히가 말했다. "내 근심 걱정도 이젠 끝이오. 우린 지금 낙원 가까이 와 있는 것일 게요."

그들이 산 속으로 올라가기 전에, 마지막으로 비테게가 친구들의 기분을 환기시켜 보려고 시도했다. "라우린을 믿으면 안되오! 그는 우리를 교활하게 땅 속으로 유인하고 있소. 우리는 바깥 이 태양 아래 머물러 있어야 합니다. 어쩌면 우리는 결코 다시는 되돌아 올 수 없는 길을 가고 있는지도 모릅니다."

"걱정하지 마시오." 라우린이 진정시켰다. "다시 바깥으로 나오고 싶은 사람은, 이 초원 위로 올라 오기만 하면 됩니다. 나는 선서한 것을 지키고 내 신의를 결코 저버리지 않을 것이오." 난쟁이 왕이 디트리히와 그의 동료들에게 단언했다.

이렇게 해서 그들은 라우린과 함께 암석으로 된 문을 통해 산 속으로 내려갔다. 그곳에서 그들은 정중하게 영접을 받았으며, 홀 안에 있는 황금의자에 자리를 잡고 앉았다. 식탁의 다리는 열한 개씩 달려 있었다. 벽으로부터는 보석이 발산하는 빛이 번쩍거리고 있어서 방이 밝다는 인상을 주게 했다. 금과 은으로부터 반사되는 빛이 사방을 휘황찬란하게 만들었다. 디트리히와 친구들은 가장 맛 좋은 포도주를 대접받았다. 음식들이 담긴 그릇들은 모두 은으로 만들어져 있었다.

막간을 이용해서 난쟁이들이 노래를 불렀다. 다른 난쟁이들은 정신수양을 위해 마상 창 시합을 제공했으며, 이젠슈타인의 브뤼힐트에 의해 또한 설명되고 있는 바와 같이, 그들은 다투어서 창을 쏘고 돌을 던졌으며 그 위로 뛰어올랐다.

"오락이 마음에 듭니다. 이 산은 기쁨으로 가득 차 있는 것 같소." 디트리히가 칭찬했다.

그러자 퀸힐트가 우아한 비단 옷을 입고, 금과 은으로 된 값비싼 장신구들로 치장을 한 모습으로 난쟁이 여자들의 안내를 받으며 모습을 드러냈다. 황금관을 쓴 디트라이프의 누이동생은 디트리히와 그의 동료들에게 환영의 인사를 했다. 그녀는 디트리히의 덕성있고, 악습과 오점이 없는 그의 위대한 업적을 칭송해 마지 않았다.

퀸힐트는 오라버니 디트라이프를 포옹하고 입을 맞추며 그를 포옹하면서 난쟁이 집에서의 기쁨은 사라졌으며, 다시 바깥 세상의 인간들에게로 돌아가고 싶다고 속삭였다.

"나는 내 목숨을 걸고 널 구해낼 것이다." 그녀의 오라버니가 단언했다.

그러자 라우린은 퀸힐트에게 의뢰하며 장미정원을 파손시킨 사실에 대해 디트리히와 그의 친구들에게 어떤 대가를 치루게 해야 할지 조언을 구했다. 그는 자기 벨트가 끊어지지만 않았더라면, 그들은 오래 전에 죽은 목숨이었을 것이라고 말했다. 그리고 그녀의 오라버니가 자기를 구하려 달려오지 않았더라면, 그것이 곧 자기의 파멸을 초래하고 말았을 것이라고도 했다.

"당신이 그들에게 벌을 주려고 한다면, 그들 중 누구의 목숨도 빼앗지 않겠다고 저에게 약속해 주세요." 퀸힐트가 난쟁이 왕에게 요구했다. 그녀는 그의 냉혹함을 잘 알고 있었다. 이역의 용사들을 죽이지 않겠다는 확약을 그녀에게 하고 나서 그는 열두 명의 장사의 힘을 되찾을 수 있는 마법의 황금반지를 손가락에 끼었다. 그리고 나서 그는 디트라이프를 규방으로 와달라고 청하고는 그에게 다음과 같은 사실을 요구했다.

"당신의 친구들로부터 떠나시오. 그렇게 하고 나면 내가 소유하고 있는 재산을 그대와 나누어 갖겠소."

"내 동료들을 배반하느니, 차라리 내 목숨을 잃는 편이 나을 것이오." 디트라이프가 저항했다.

"그렇다면 더 좋은 생각이 떠오를 때까지, 여기에 남아있으시오." 라우린이 그렇게 결정을 하고는 규방을 자물쇠로 채웠다.

그 후 라우린은 디트리히와 그의 친구들에게 새로운 포도주를 따라주게 했다. 그들은 이미 거나하게 꿀술을 마셨으며, 흥겨운 기분이 되어서 아무 것도 모른 채 수면제를 섞은 포도주를 마셔 버렸다.

라우린은 네 명의 용사들을 결박해서 깊은 지하 감옥 속에 던져버리라고 명했다. 그곳에서 그들은 무방비 상태로 누워있었다. 자신들이 산 속에 붙잡혀 있으며 디트리히가 믿었던 신의의 서약을 난쟁이가 깨뜨렸다는 사실에, 베른의 왕은 호흡의 열기가 그의 손에 묶여있는 사슬을 태워버릴 정도로 격분했다. 풀려난 손으로 그는 발에 족쇄를 채워놓은 팔 크기의 고리로 된 쇠사슬을 끊어버렸다. 동료들을 묶어놓은 사슬과 재갈도 풀어 주었다. 이제 네 명의 영웅들은 땅 속에서 참고 견디며 빠져나갈 방법을 궁리했다.

그러는 사이에 퀸힐트는 그녀의 오라버니가 감금되어 있는 규방을 찾아내어 열쇠를 구해서 그에게 건네주었다. 디트라이프가 즉시 열린 문을 통해 밖으로 뛰어나가려고 했다.

"제 충고를 따르지 않는 한 오라버니께서는 목숨을 잃게 되십니다." 누이동생이 경고하며 그의 동료들이 처한 운명에 대해 그에게 말해주었다.

"내가 갑옷과 투구 그리고 칼을 소지하고 있다면 그들을 지하에서 끄집어 낼 수 있을 텐데."

"오라버니께서 용사 네 명에 해당하는 힘을 지니고 있다면 좋을 텐데. 난쟁이들이 오라버니를 틀림없이 쓰러뜨리고 말 거예요. 그도 그럴 것이 그들은 사람들의 눈에 띄지 않고 싸우기 때문이랍니다. 자, 여기 이 반지를 끼세요. 그러면 그들이 몸을 감추는 마법의 외투를 걸치더라도 오라버니께서는 그들을 볼 수가 있을 겁니다."

그리고 나서 퀸힐트는 그녀의 흰 손으로 오라버니를 붙들고 황급히 난쟁이들의 무기가 보관되어 있는 방으로 그를 안내했다. 그곳에서 그녀는 오라버니를 무장시켜 주었다. 디트라이프는 친구들의 무기도 받아들고 디트리히와 그의 동료들이 붙잡혀 있는 지하 감옥까지 몰래 운반했다. 그리고 그것을 아래로 던져 주었다. 그 소음이 온 성 안에 울려 퍼졌다. 그러자 디트라이프트는 지하 감옥 앞에서 칼을 들고 서 있었다.

라우린은 디트라이프가 풀려난 사실을 듣고 온 산이 메아리치도록 전쟁을 알리는 뿔나팔을 불었다. 사방에서 난쟁이들이 떼지어 몰려들었다. 천 명 이상의 난쟁이들이 소집되어 디트라이프를 향해 돌진했다.

"한 사람도 살아서 도망가게 해서는 안 된다!" 라우린이 무장한 난쟁이들의 전투욕에 불을 질렀다. 디트라이프가 아무리 많은 난쟁이들을 쳐쓰러뜨려도, 끊임없이 새로운 전사들이 복도와 방에서 쏟아져 나왔다. 하지만 디트리히의 용사는 그들을 모두 소탕해 버렸다. 자신의 패전을 알게 된 난쟁이 왕은 몹시 화가 나서 싸움에 지친 디트라이프에게 달려들어 그에게 깊은 상처를 입혔다. 라우린이 디트라이프를 넘어뜨렸다고 환성을 올리는 순간, 힐데브란트가 그를 도우러 왔다. 그 사이 사로잡혔던 네 명의 용사들은 무장을 갖추고 지하 감옥에서 올라왔다. 하지만 그들은 누구를 상대로 싸워야 할지 몰랐다. 그들의 눈에는 적들이 보이지 않았던 것이다. 그때 힐데브란트가 라우린의 혁띠를 상기하고는 그것을 주머니에서 꺼내어 디트리히에게 주었다. 그가 혁띠를 둘러메자 난쟁이들이 보였고, 그들을 차례로 베어 넘어 뜨리면서 힐데브란트가 자신의 왕을 부를 때까지 그의 동료들을 보호했다.

"오른손에 라우린이 반지를 끼고 있는데, 그의 손가락을 잘라 나에게 주십시오!"

디트리히는 반지의 도움으로 열두 명의 용사의 힘을 소유했고 격렬하게 디트리히에게 칼을 휘두르고 있는 라우린을 향해 길을 뚫고 다가갔다. 두 용사는 맹렬하게 칼로 서로를 내리쳤다. 또 다시 디트리히는 라우린의 배신때문에 그의 호흡이 투혼에 대한 열정으로 불처럼 뜨겁게 타오르게 되었고 그 열기로 생긴 난쟁이 왕의 땀방울이 반지로 흘러들어갈 정도로 격심한 증오에 사로잡혔다. 마침내 그는 반지를 낀 그의 손가락을 잘라내기에 이르렀다. 그때 난쟁이의 왕은 자신의 어마어마한 힘이 서서히 사라지고 있는데 대해서 경악을 금치 못했다. 디트리히는 힐데브란트에게 손가락을 던져 주었다. 무기담당 상사가 반지를 끼자 마찬가지로 그도 적들을 볼 수 있게 되었다.

그러는 사이 난쟁이 하나가 산 밖으로 달려가서 그곳에서 날카롭게 뿔나팔을 불었다. 그 소리에 따라서 기다란 철봉을 든 다섯 명의 거인들이 난쟁이들을 돕기 위해 숲에서 뛰쳐나와 산속으로 돌진했다.

마법의 반지를 잃고 난 후 라우린은 싸움에서 패했다고 생각했다. 하지만 거인들이 철봉을 들고 디트리히를 맹렬하게 공격하는 것을 보자, 난쟁이의 왕은 새로운 용기를 냈다. 귀퉁이와 갈라진 틈 사이로 도망친 난쟁이들도 또 다시 적들을 향해 돌진했다.

새로이 격렬한 전투의 소음이 울리기 시작했다. 이때 비테게와 볼프하르트가 무장을 한 채 지하 감옥에서 걸어나와 그들의 동료들이 닥치는 대로 사납게 쳐부수는 광경을 보게 되었지만,

그들은 적들을 찾아낼 수가 없었다.

"우리는 어떤 싸움에서도 결코 겁을 먹은 적이 없었소, 그런데 지금 우리의 친구들을 위험 속에 그대로 방치해야만 한단 말이오?" 비테게가 소리쳤다.

"칼들이 부딪쳐 소리가 나는 곳에 적들이 있을 것이오." 볼프하르트가 격분해서 말했다.

그들은 투구를 단단히 매고 방패를 움켜잡았다. 그때 퀸힐트가 그들에게로 다가왔다.

"여기 두 개의 반지가 있으니 손가락에 끼도록 하세요!" 그녀가 말했다. "반지의 도움으로 당신들은 적들을 볼 수 있게 될 겁니다. 어서 동료들을 도와 주세요!"

팔팔한 힘과 용사다운 분노에 차서 두 사람은 이제 싸움에 합세했다. 비테게는 미뭉으로 첫 번째 거인의 다리를 잘라버렸다. 그리고 나서 그의 머리도 베어버렸다. 그러자 디트리히는 에케작스로 두 번째 거인을 쓰러뜨렸다. 흉악한 거인들은 자신들의 철봉으로는 칼 나겔링을 당해낼 재간이 없었다. 힘도 들이지 않고 나겔링이 그들을 두 쪽으로 동강내어 버렸던 것이다.

거인과 난쟁이들로서는 빠져나갈 구멍이 없었다. 거인들이 모두 맞아 죽고 나자, 라우린은 달아나려고 했지만, 곧 붙잡히고 말았다.

또 다시 난쟁이 왕이 디트리히에게 간청하기 시작했다.

"당신의 손에 내 목숨이 달려있습니다. 하지만 내 난쟁이 백성들을 쳐죽이진 말아주시오. 그들을 용서하면, 모두가 당신을 충실하게 섬길 것입니다."

"그대는 내게서 신의를 저버렸소!" 디트리히가 격분해서 소리질렀다. "그런 짓은 벌을 받아야 하오. 그러니 그대와 그대에게 속한 모든 하속들은 목숨을 잃을 것이오!"

그때 퀸힐트와 라우린 그리고 그의 백성들이 용서를 구하며 살려달라고 간청했다. 하지만 디트리히는 용납하지 않았다. 이 때 힐데브란트가 나서서 라우린을 포로로 베른으로 함께 데려가게 할 것과 그의 산 속에 있는 난쟁이들로하여금 왕을 위해 대장간의 일을 하도록 허락해 달라는 아름다운 처녀의 말에 귀 기울이도록 왕을 설득했다. 다른 친구들도 난쟁이들을 옹호하자, 디트리히는 결국 굴복하고 말았다.

그들은 산 속에서 발견한 금과 은 그리고 보석들을 짐바리 말에 싣고 함께 베른으로 가져왔다. 그리고 디트리히는 라우린의 부하들 중 지위가 가장 높은 난쟁이 진트람을 그들의 제국을 관리할 태수로 임명했다. 진트람은 디트리히에게 신의로 섬길 것을 서약으로 맹세했다. 한편 디트라이프는 풀려난 누이동생을 데려왔다.

베른으로 돌아온 디트리히는 난쟁이 제국의 마력을 제압한 승리를 경축했다. 라우린은 베른의 궁전에서 요술장이로서 남들의 웃음거리가 되어야 했다.

후에 라우린은 아멜룽엔의 왕에게 새로이 신의를 맹세했다. 또 다시 디트리히는 그 맹세를 받아들여 그를 그의 나라로 되돌아가게 했다. 이번에는 라우린도 자신의 서약을 지켰다. 디트리히는 다른 여러 모험들을 난쟁이들과 함께했다. 하지만 그에 대한 모험담은 계속 전해드릴 수가 없다. 그도 그럴 것이 디트리히는 곧 새로운 싸움에 부름을 받게 되었기 때문이다.

8. 림슈타인 공작과의 대결

로마의 왕인 디트리히의 숙부 에름리히는 전령들을 통해 림슈타인Rimstein 공작과 싸워 줄 것을 요청해왔다. 림슈타인은 지불기한이 다 된 소작료를 보류하고 모든 공세를 거부했던 것이다.

베른의 영웅은 오백 명의 종사들을 거느리고 길을 떠나 에름리히의 군대와 합세했으며 그들과 함께 림슈타인이 퇴각한 게림스하임 성으로 이동했다. 두 달 동안 그 견고한 성벽들이 포위공격에 저항했지만, 식량이 곧 바닥나 버렸다. 탈출을 준비하기 위해 공작은 여섯 명의 종사들과 함께 적의 진영을 정찰했다. 이미 성문 근처까지 왔다가 돌아가는 길에 그들은 디트리히의 보초와 부딪치게 되어 그를 붙잡았다. 갑옷과 투구 속의 인물이 영웅 비테게였다는 사실을 그들이 알았더라면, 그들은 아마 그냥 지나쳐 버렸을 것이다. 비테게는 저항을 했고 공작에게 일격을 가해 그의 투구와 머리 그리고 갑옷을 몸과 더불어 벨트까지 일시에 쪼개어 버렸다. 그것을 보고 림슈타인의 부하들은 줄행랑을 쳤다.

디트리히와 그의 종사들이 천막으로 비테게를 맞아들였다.

"그가 얼마나 으시대는지 좀 보십시오!" 하이메가 말했다. "또다시 그는 자신의 업적을 자랑할 것입니다."

"공작은 죽었소." 비테게가 알렸다.

"누가 그런 일을 한 것이오?" 한 종사가 물었다.

"내가 그를 목격했던 것이오." 비테게가 말했다.

"그 장본인이 우리 앞에 서 있다는 말씀이군." 하이메가 비꼬면서 말했다. "꼬부라진 노친네 하나 쳐죽인 일이 그처럼 영광스러운 일일까? 그런 일은 여자라도 할 수 있는 일이지."

새로이 하이메와 비테게 사이에 싸움이 불타올랐다. 비테게가 칼집에서 미뭉을 빼어들고 하이메에게 대항했다. 하이메 역시 나겔링을 뽑아들었다. 디트리히와 선서로 맹세한 그의 형제들이 그 사이로 달려들어 두 사람을 갈라놓았다.

하이메는 종종 비테게를 모욕해서 괴롭혔다. 대장장이 아들은 미뭉이 하이메의 머리와 몸통을 뚫고 지나갈 때에야 비로소 미뭉을 칼집에 꽂게 될 것이라고 호통을 쳤다. "내가 발슈타트 Walstatt 전장에서 빌첸Wilzen 왕과 겨루고 있을 때, 하이메는 마치 내가 적이라도 되는 것처럼 내게서 미뭉을 빼앗았소." 그는 그 때의 치욕을 상기했다.

디트리히는 이제는 비테게에 대한 심술을 그만 부리도록 하라고 하이메에게 요구했다. 그러자 하이메는 친구에게 빈정거린 일은 단지 농담에 불과했었노라고 맹세까지 했다. 비테게는 마지 못해 그것으로 만족해야만 했다.

베른의 영웅은 림슈타인과의 대결을 칭찬했으며 그의 죽음을 에름리히에게 알리도록 했다. 그는 밀려드는 종사들을 성으로 향하도록 명령하고 투척기를 가까이 갖다 대도록 지시했다. 투석기의 도움으로 또한 성이 함락되었다. 에름리히는 쇼눙시를 양도하고 그의 조카인 발터 폰 바겐슈타인을 공작으로 임명했다.

디트리히는 부하들과 함께 베른으로 돌아왔다. 한동안 큰 일들은 생겨나지 않았다. 어쩌면 그것이 디트리히를 애태웠을런지도 모른다. 왜냐하면 그는 녹이 슨 칼은 곧 더 이상 쓸모가 없게 될지도 모른다고 생각했기 때문이다.

9. 조언자 지프카가 에름리히의 아들들을 죽음으로 몰아 넣다

에름리히는 로마에서부터 거의 모든 소국의 왕들과 이웃 나라들의 영주들을 지배했다. 그의 제국은 오늘날 알프스 산맥이라고 부르는 북방의 거대한 산맥에서부터 아드리아 해까지 확장되었다. 세계의 일부분인 이 지역에서 그는 가장 막강한 대왕으로 군림하고 있었다. 하지만 여전히 주변에 있는 몇몇 소수의 영주들은 그의 통치권에 저항했다. 하지만 에름리히는 그들 역시 복종시켜 자신의 제국을 넓히려고 했다. 그럼에도 불구하고 고문인 지프카Sifka가 그를 돕고 있었다. 하지만 그의 부인인 오딜리아Odilia가 두 사람을 불행하게 만들었다고 전해진다. 그토록 아름다운 여인은 일찍이 만나본 적이 없었노라고 에름리히는 말했다. 그녀와 적어도 단 한 번만이라도 동침하기 위해서 왕은 자기 고문을 긴급한 사자의 임무를 주어 멀리 떨어져 있는 도시로 파견했다. 에름리히는 오딜리아가 홀로 집에 있도록 일을 꾸몄을 때, 그는 수행원을 데려가지 않고 혼자서 몰래 그녀에게로 갔다. 오딜리아가 왕의 방문을 영광스럽게 생각했는지는 알 수 없다. 그녀는 그의 요구를 거절하기는 했지만, 감히 왕을 물리칠 용기가 없었다. 어쩌면 그녀는 은밀히 통치자와 한 몸이 되기를 동경해 왔을지도 모르며 따라서 그녀의 저항이란 단지 인위적인 것에 불과했었는지도 모른다.

아니면 왕은 실제로 그녀를 힘으로 정복했던 것일까? 확실히 무슨 일이 일어났는지에 대해선 베일 속에 가려져 있다.

지프카가 왕의 지시로 고향에 돌아왔을 때, 오딜리아는 울면서 그를 맞이했고 다음과 같이 한탄했다.

"당신은 어찌하여 나를 보고도 기뻐하지 않는 것이오?" 지프카가 이상히 여기며 물었다.

아마도 왕은 오딜리아를 유혹할 때 자신의 처와 이혼하고 그녀를 왕비로 삼겠다고 약속했었을 것이다. 어떻게 그녀는 그러한 유혹에 쉽게 넘어갈 수 있었으며, 어떤 이유로든 항상 지키지 않는 그런 약속을 믿을 수 있었던 것일까. 이제 그녀는 환멸과 증오심때문에 울부짖으며 보복을 도모했다.

"당신이 어떤 악한 행위로 보복을 가한다 하더라도 결코 그의 비행을 충분히 갚지는 못할 거예요." 그녀는 남편을 자극했다.

"기운을 내시오." 지프카가 말했다. "나는 어떤 방식으로든 왕이 견디어낼 수 없을 만큼 그에게 보복을 하고 말 것이오." 그리고 나서 고문은 에름리히에게로 가서 그 앞에 절을 하고 예전처럼 쾌활하게 말을 하며 그에게 조언을 했다.

"당신은 이 세상에서 가장 막강한 왕이시옵니다." 지프카가 자신의 군주를 찬양했다. "위대한 영주들이 당신을 섬기며 조공을 바치고 있습니다. 그들이 왕께 그러한 사소한 예우를 거부한다면, 빌첸란트의 공작처럼 그들은 그것으로써 당신께 적대감을 입증해 보이는 것이 되옵니다."

지프카는 에름리히의 아들인 프리드리히Friedrich를 사자로 보내어 소작료를 징수하도록 조언했다. 공작이 계속해서 지불금을 거부한다면, 군대를 보내 공격하라는 것이었다.

에름리히는 그가 충고한 대로 따랐다. 프리드리히는 여섯 명의 종사들과 함께 빌첸란트로 말을 몰아 국경 뒤편에 있는 성으로 갔다. 그곳에 정주하고 있는 사람은 지프카와 선서로 맹세한 의형제로, 그로부터 모든 소식을 소상히 들어 알고 있었다. 그래서 그는 프리드리히와 그의 종사들을 쳐죽였다.

다른 두 아들에 대한 지프카의 음모 역시 왕은 꿰뚫어보지 못했다. 그는 멀리 있는 영주의 공물을 징수하도록 레긴발트 Reginbald를 배편으로 파견하도록 추천했다. 에름리히의 아들은 항구에서 세 척의 배 중에서 가장 훌륭한 배를 골랐다. 하지만 지프카는 왕 자신이 그 배를 필요로 한다고 말하고선 다음과 같은 말로 가장 쓸모없는 배를 그에게 지정해 주었다. "이 배야말로 가장 큰 용기를 요하고 있습니다." 왕자는 곧 출항했다. 이윽고 배는 폭풍으로 부서져버려 레긴발트는 그의 동료들과 더불어 물에 빠져 죽고 말았다.

지프카는 가장 어리고 기대가 큰 아들과 대적하도록 왕 자신을 부추겼다. 그들 셋이서 사냥을 나갔을 때, 고문은 왕 옆에서 몹시 화가 난 모습으로 말을 몰고 있었다.

"그대의 기분이 그토록 언짢은 이유가 무엇이오?" 에름리히가 물었다.

"제 분노는 거의 자제할 수 없을 지경이옵니다. 잠존Samson 왕자께서 제 딸을 욕보이셨습니다. 제 딸이 그처럼 아리따운 처녀라는 사실에 대해 제가 무슨 책임이 있겠습니까? 당신만이 이 치욕에 대한 대가로 그에게 벌을 내리실 수 있사옵니다."

아들에게 답변을 들어보지도 않고서 왕이 잠존의 머리채를 잡아당겼다. 그와 같은 체벌을 납득할 길이 없었던 죄 없는 아들이 말에서 떨어졌다. 그러자 에름리히의 말이 어린 아들을 짓밟아버리고 말았다.

10. 하르룽겐으로 공격하다

지프카는 세 왕자들의 죽음에 대해 가장 큰 소리로 애도했다. 그때문에 그가 곧 왕의 조카들을 어떻게 비방했는지 밝혀지지 않고 어둠 속에 묻히고 말았다.

오딜리아는 부인들과 함께 왕비 곁에 앉아 에름리히의 죽은 형제인 디터Dieter 공작의 아들들, 즉 에가르트Egard와 아키Aki 에 대해 불만을 늘어 놓았다. 죽은 공작의 두 아들은 결코 왕비가 두려워 뒤로 물러서지 않을 만큼 방탕하게 여자에 대해 광적이라는 것이었다. 그 같은 사실을 그녀, 즉 오딜리아가 여왕에게 보증할 수 있다는 것이었다. 그녀가 이 일을 왕비에게 은밀히 말해 주는 이유는 오로지 그녀 자신을 보호하기 위해서라는 것이었다.

에름리히와 고아가 되어버린 조카들의 양아버지인 프리틸라 Fritila 또한 그 자리에 있었고 그들이 거나하게 술을 마시고 있었을 때, 왕비는 자신의 분노를 숨기지 않았다. 게다가 오딜리

아는 계속해서 그녀를 부추겼다.

"지금은 남풍과 서풍이 불고, 태양은 뜨겁게 타오르고 있는데, 그 사이 따뜻한 비가 소나기를 한 차례 뿌리는군요. 곧 에가르트와 아키가 올텐데, 그렇게 되면 새와 짐승들은 피난처를 찾지 못 하게 되겠군요.

에름리히는 술을 마시면서 침묵을 지켰다. 그러자 왕비가 말했다.

"그들이 우리 궁에 들어올 때마다 매번 하녀들이 숨어들어오곤 한답니다."

왕은 여전히 침묵하며 술을 마시면서 부인의 말에 귀를 기울였다. 프리틸라 역시 왕비가 계속 다음과 같은 말을 하자, 더욱 민감하게 엿듣고 있었다.

"또한 그들이 나를 욕보이려 한다는 믿을 만한 소문을 확인했습니다. 그들은 그 일을 어떻게 처신할까에 대해 궁리하고 있답니다."

"그들이 당신을 괴롭힌다면, 그 결과는 그들 자신에게로 돌아갈 것이오. 그들 이전에 아직 아무도 당해본 적이 없을 만큼, 그들은 높이 매달려 교수형에 처해질 것이오." 왕이 화가 나서 말했다.

프리틸라가 그 말을 듣자 그는 구실을 대고 그 방을 떠나 말을 데려오게 한 다음, 할 수 있는 한 최대한 빨리 말을 몰고 그의 수양 아들들에게로 돌아갔다.

그들은 에름리히의 궁전으로 쳐들어 갈 생각은 해 본 적도 없었고, 다만 성에서 강을 감시하며 그들의 양아버지가 헤엄쳐 건너오고 있는 모습을 지켜보고 있었다. 그는 나룻배가 올 때까지 기다리지 않았기 때문에, 급히 서둘러 위험을 모면해야 했다.

젊은이들은 자신들을 죽이려 한다는 숙부의 말을 믿을 수가 없어서 에름리히의 군대로부터 달아나라는 프리틸라의 충고를 거역했다. 그리고 화해를 시도하기로 했다. 에가르트와 아키는 부하들을 소집하고 도개교를 들어올리게 해서 자신들을 방어하고자 했다.

에름리히는 성을 에워싸도록 명하고 군기를 성벽 위로 내던졌다. 그때 에가르트가 소리쳤다.

"어째서 당신들이 우리를 비난하는 것입니까? 무슨 까닭으로 우리의 성을 함락시키려는 것입니까?"

"이유야 뭐라든, 오늘 안으로 너희들은 가장 높은 나무에 매달리게 될 것이다." 에름리히가 대답했다.

"오히려 수 많은 당신의 부하들이 목숨을 잃게 될 것이오!" 아키가 되받아쳐서 말했다.

활과 창으로 서로 공격을 한 후 에름리히는 투척기를 가져오도록 명하고 불쏘시개를 성 안으로 던지도록 했다.

"불에 타죽느니, 차라리 포위망을 뚫고 나가 명예롭게 죽도록 하자!" 프리틸라가 말했다. 예순 명의 부하들이 성 밖으로 뛰쳐나가 왕의 종사들과 함께 격렬한 싸움으로 종결을 지었다 그들은 전사하기 전에 사백 명의 왕의 부하들을 쓰러뜨렸다. 그리고 나서 두 형제는 제압당했다. 에름리히는 성 근처에 있는 가장 높은 나무에 어린 조카들을 매달게 했다. 이렇게 그는 자기 고문의 계략에 넘어갔던 것이다.

11. 에름리히가 베른의 디트리히를 추방하다

이제 지프카는 에름리히로 하여금 디트리히를 대적하도록 사주했다. "왕이 된 이후로, 그는 당신못지 않게 막강하다고 주장하고 있습니다. 저는 당신이 음모에 대항하도록 군비를 갖추셔야만 할 일이 두렵기만 합니다."

"아멜룽엔의 영토는 내 부친의 것이야. 그러니 그 땅 역시 내 수중에 들어올 것일세."

지프카가 조언을 했다. "저희가 예순 명의 종사와 함께 라이 날트를 아멜룽엔으로 보내서 영토의 세금을 요구하는 겁니다. 만일 그들이 거부한다면, 디트리히는 그로써 적개심을 표방하는 것이 되옵니다."

왕이 이 제안에 동의했다. 라이날트는 종사들과 함께 아멜룽 엔의 땅으로 들어갔으며, 곧 이어서 마을 사람들이 그곳에서 민회를 소집했다. 지금까지 민회의 참석자들은 디트리히에게 세금을 지불해 왔는데, 이제와서 에름리히에게도 납부하라는 요구를 받고 싶지 않았다. 따라서 그들은 답변을 베른의 왕에 게 청했다.

디트리히는 열두 명의 동료들과 함께 서둘러 집회로 가서 자 신이 아멜룽엔의 왕으로 있는 한 에름리히는 이곳으로부터 조세 를 받을 수 없을 것이라고 공포했다.

전에 디트리히의 동의를 얻어 에름리히의 궁전에 갔었던 하이 메와 비테게도 라이날트가 그의 왕에게 다음과 같은 보고를 하 고 있을 때, 그 자리에 있었다.

"디트리히 왕은 당신처럼 그렇게 막강하다고 주장하고 있습니 다. 왕께서도 그 사실을 인정하시겠습니까?"

"디트리히 왕이 내 요구를 거절했기 때문에, 그는 싸움을 건 것이나 다름없소. 어떻게 감히 그가 나와 동등하다고 할 수 있 단 말인가. 그는 교수형에 처해야 마땅하오. 그리고 나면 그는 과연 누가 더 큰 힘을 갖고 있는지 알게 될 것이오." 에름리히 가 선언했다.

"신께서 디트리히 왕을 굽어 살펴주시옵소서! 왕께서 그처럼 수 많은 친척들과 친구들을 죽이고 있다는 사실은, 속죄해야만 될 일이십니다. 왕께서는 어째서 사악한 지프카의 말을 따르고 계십니까?" 하이메가 저항하며 말했다.

비테게 역시 에름리히를 비난하고 나섰다. "이것은 세계가 존재하고 있는 한, 이제껏 한 왕이 저지를 수 있는 가장 수치스러운 행위일 것입니다." 그런 다음 비테게는 총총히 통치자의 홀을 떠나, 말에 올라타고 그가 할 수 있는 한 최대한 빨리 베른으로 달려갔다.

에름리히는 즉시 전쟁을 선포하는 뿔나팔을 불도록 명하고 그의 용사들로 하여금 출정 준비를 갖추도록 했다. 자신의 수하에 있는 모든 용사들을 거느리고 그는 디트리히를 기습하기 위해 낮과 밤을 쉬지 않고 달렸다.

비테게는 한밤중에 베른의 성문 앞에 당도했다. 그의 도착을 기별받은 디트리히는 그를 마중하고 다정하게 입을 맞추었다.

"지프카는 에름리히가 당신을 교수형에 처하려고 할 만큼 당신을 중상했습니다. 아침이면 그는 당신이 물리칠 수 없을 정도로 강력한 군대를 거느리고 성문 앞에 서 있을 것입니다." 비테게가 보고했다.

디트리히는 신속하게 모든 고문과 고관들을 불러들여 다음과 같이 설명했다.

"에름리히의 군사적 우위는 가히 감당하기 어려울 정도요. 하지만 우리는 그가 접근하기를 기다리고 있다가 의연하게 저항하면서 그의 용사들 중 상당수를 함께 죽음으로 데려갈 수 있을 것이오. 그렇게 되면 우리는 위대한 영웅으로서 죽는 것이며 명예로운 최후를 맞이하게 되는 것이오. 어느 누구도 우리 만큼 그렇게 칭찬을 받진 못할 것이오. 하지만 우리가 없어지고 나면 더 이상 아무 일도 할 수가 없소. 그러니 더 좋은 방법은 우리들이 현명하게 함께 모여 군비를 갖추고 성을 떠나, 퇴각을 하는 일이오. 그렇게 우리는 목숨을 부지하고 있다가 후일 불시에 기습을 하는 것이오. 이것이 내 제안이오."

"지금 우리는 이 나라를 떠나도록 강요받고 있소." 힐데브란트가 소리쳤다. 하지만 나는 우리가 되돌아 오리라는 사실을 확신하오. 왕의 편에 선 자는 무장을 하시오."

거의 모든 군사들이 이 충고를 따랐기 때문에, 부인들과 처녀들은 생이별을 위해 울지 않을 수 없었다.

용사들이 말을 타고 출발하기 전 무장을 한 채로 포도주를 마시면서 왕의 홀에 모여있을 때였다. 하이메가 급히 뛰어 들어와 에름리히가 오천 명의 기병들과 수 많은 다른 병사들과 함께 도시를 목전에 두고 집결해 있다고 알렸다.

디트리히가 팔백여 명의 부하들과 함께 출발하기 전에, 하이메는 다음과 같이 단언했다. "우리가 명예를 포기하고 에름리히 군대에게 굴복한다면, 그것으로부터 그에게 훨씬 더 큰 화가 생길 것입니다."

힐데브란트는 선두에서 군기를 들고 디트리히 부하들과 함께 랑고바르드족의 땅으로 들어가서 오늘날 알프스 산맥인 고지를 따라 말을 몰았다. 그리고 나서 에름리히의 영토로 진군했다. 그곳에서 그들은 그의 도시와 마을들을 황폐화시켰다.

하이메와 비테게는 디트리히를 떠나 또 다시 에름리히에게로 말을 몰았다. 몹시 화가 난 하이메가 로마에 있는 대왕에게 청원했다.

"왕께서는 당신의 아들인 프리드리히와 레긴발트를 죽게 만드셨으며, 잠존 왕자도 몸소 죽이셨습니다. 또한 당신의 형제인 조카들을 교수형에 처하셨습니다. 이제 왕께서는 조카인 디트리히를 그의 나라에서 추방하고 계십니다. 왕께서는 적이자 중상자인 지프카의 말만을 듣고 계시기 때문에 생긴 일이옵니다."

"오랫동안 저는 왕께 하이메를 경계하라고 말씀드려 왔습니다." 지프카가 왕에게 불평했다. "이제 그는 심지어 감히 당신을 중상할 만큼 오만불손해 있습니다. 그의 부친이 말들을 돌보고 있는 숲 속으로 그를 돌려 보내십시오."

격분한 하이메가 그를 위협했다. "내 수중에 칼을 쥐고 있었다면, 네놈을 개처럼 쳐죽였을 것이다." 대신 그는 주먹으로 지프카의 뺨을 후려쳤다. 그 결과 입에서 다섯 개의 이빨이 빠져 버린 고문은 무력하게 왕의 발 앞에 쓰러졌다.

에름리히는 하이메를 붙잡아 교수형에 처하라고 부하들을 불렀다. 그들은 그를 즉시로 사로잡았어야 했다. 하이메는 그들을 빠져나가 무기를 잡고서 말에 훌쩍 뛰어올랐다. 그리고는 성문으로 내달렸다. 육십여 명의 에름리히 종사들이 그의 뒤를 쫓아가서 거의 그를 붙잡을 뻔 했으나 이때 비테게는 성문 안으로 들어와 미뭉을 뽑아 들었다. 그러자 기사들은 말들을 황급히 정지시켰다. 누구도 감히 그 가공할 만한 무기 옆을 지나갈 엄두를 내지 못했다. 이렇게 해서 하이메는 숲 속으로 도망치는데 성공했다. 그는 그곳에 체류하면서 지프카와 왕의 농가들을 기습하고 불살랐다. 지프카는 육십 명이나 되는 부하들의 호위를 받아야만 집 밖으로 나올 용기를 냈다. 에름리히 역시 바깥 숲속에 있는 하이메 때문에 두려움 속에서 지냈다.

디트리히가 산맥을 넘어 도나우 강변에 있는 베히라렌에 접근하게 된 경위를 계속 전해드리겠다. 변경 영주인 뤼데거가 그 사실을 알게 되었을 때, 그는 디트리히를 영접할 준비를 시키고 고테린트와 부하들과 함께 말을 타고 왕을 마중하러 나갔다. 변경 영주 부인은 환영의 인사로 절반은 녹색이고 다른 절반은 붉은 색이며 황금 사자가 그려진 기를 왕에게 선사했다. 게다가 누구도 이제껏 본 적이 없는 훌륭한 자포를 선물했다. 뤼데거 역시 손님을 맞이하는데 있어서 자신의 후덕함을 증명해 보였으며 무기, 말, 황금 그리고 다른 귀중품들을 왕과 그의 동료들에게 선사했다. 그리고 나서 뤼데거는 추방당한 왕을 자신의 성인 베히라렌으로 초대했으며 그와 그의 용사들을 성대히 대접했다.

그곳에서 잠시 체류한 후 변경 영주인 뤼데거는 디트리히 왕과 함께 에첼 왕에게로 가는 길에 나섰다. 에첼 왕이 그 사실을 알게 되자, 그 역시 수 많은 용사들과 함께 군기를 들고 추방된 왕을 맞이하러 나왔다. 악사와 마술쟁이들이 다정하게 인사를 하면서 자신들의 재주를 선보였다. 훈족의 왕은 디트리히를 자신의 성으로 안내하면서 그에게 경의를 표하기 위해서 축제를 거행했다. 에첼은 그가 원하는 대로 얼마든지 자기의 성에 머물도록 권했다. 디트리히는 이 제안을 고맙게 받아들여 수 년을 그의 성에서 지내게 되었다.

12. 디트리히가 에름리히에 맞서 출정을 준비하다

숙부로 인해 추방을 당한 후 디트리히는 부하들과 함께 에첼을 위해 수 많은 전쟁에서 싸웠다. 그의 동생인 디트헤어Diether는 그 사이 어리긴 했지만 의연함과 용맹스러움 그리고 강한 힘과 궁중의 관습에 있어서 누구보다도 출중함을 보였다. 에첼의 아들인 에르프Erp와 오르트빈Ortwin은 그와 비슷한 나이였다. 그들 셋은 사냥을 하면서 함께 무기를 다루는 연습을 하곤 했다. 셋은 각자가 결코 떨어질 수 없을 만큼 서로를 사랑했다. 에첼과 왕비도 디트헤어를 자신들의 두 아들 못지 않게 사랑했다.

디트리히는 자주 왕비의 홀을 방문했다. 그 중 한 방문에 대해서 이야기 해야만 한다. 헬헤는 자리에서 일어나 그를 다정하게 맞이하면서, 황금 술잔에 포도주를 따르게 한 다음 손수 왕에게 술잔을 건네주었다. 그녀가 말했다.

"디트리히 왕이시여, 당신께서는 당황한 모습이십니다. 당신에게 무슨 일이 생겼나요?"

아멜룽엔의 왕은 고통과 비탄에 잠겨 의기소침하게 서 있었

에첼 왕

다. 그의 눈에서 눈물이 솟구쳤다. 왕비는 이제껏 디트리히의 그런 모습을 한 번도 상상해 본 적이 없었다.

"스무 해 전 겨울 바로 오늘 나는 베른에서 추방당했던 것입니다. 나의 라벤과 다른 부유한 도시에서도 말입니다. 그 패배감이란 결코 다른 무엇으로도 비교할 수 없을 만큼 저를 고통스럽게 만들었습니다. 저는 지금 에첼과 당신에게서 후대를 받고 있습니다. 하지만 어째서 저는 훈국의 사람들에게 저의 근심을 입 밖에 내서는 안 된단 말입니까?"

"당신은 종종 조언을 해주셨고 당신의 부하들과 함께 우리의 적들에 대항해서 우리를 도와왔습니다. 그러니 당신의 나라를 잃었다는 사실이 당신을 서글프게 한다면, 이제는 우리가 그일에 대해 당신을 돕는 것이 당연하고 공정한 일일 겁니다. 나는 두 아들을 천 명의 종사들과 함께 당신께 위임하겠습니다. 그리고 왕께 군사들을 요청하겠습니다."

헬헤 왕비는 그녀의 아들들이 출정을 하기에 너무 어리다는 디트리히의 항변에 대해 아들들을 전쟁으로부터 보호해 줄 수는 없을 것이라는 말로 답변했다.

여왕은 즉시 자리에서 일어나 디트리히를 동행하고 에첼이 옥좌에 앉아있는 홀로 갔다. 그는 두 사람이 자기에게로 온 것을 기뻐하며 왕비의 황금 술잔에 포도주를 가득 따르도록 명하고 그것을 그녀에게 건네주었다. 그리고 나서 최근의 소식들에 관해 물어 보았다.

헬헤는 디트리히가 나라를 잃고 상심하고 있으며, 그가 나라를 되찾고 싶어한다는 사실에 대해 말했다. 또한 그녀는 그가 얼마나 자주 에첼의 적들과 대결하면서도 칼 에케작스를 휘둘러 승리를 이끌어 내었는가 상기시켰다. 그러니 이제는 그의 나라를 되찾는 일에 군사를 지원해서 그를 돕는 것이 지당하다고 조언했다.

에첼은 이러한 무리한 요구에 대해 준비가 되어 있지 않았으며 완고하게 대답했다. "어째서 그가 직접 부탁을 하지 않는 것이오? 그가 너무나 교만하기 때문이오? 아니면, 만일 그에게 어떠한 도움도 제공하지 않겠다고 한다면, 차라리 포기라도 하겠다는 뜻이오?"

"디트리히가 기꺼이 직접 부탁할 수도 있을 것입니다." 헬헤가 답변했다. "하지만 제가 그의 일을 건의하는 것이 더 좋다고 생각했습니다." 이렇게 그녀는 디트리히를 옹호하며 그녀가 그에게 약속한 사실에 관해서도 말했다.

그러자 에첼이 생각을 굽히고 말했다. "당신이 나로하여금 우리를 위해 디트리히의 일을 상기시켰소. 그리고 그에게 군대를 제공하겠다는 제안도 잘 말했소. 내 그에게 무장이 잘 된 이천 명의 용사들과 함께 변경 영주인 뤼데거를 위임하겠소."

"왕비께서 과감히 저를 도와주시니 얼마나 다행인지 모르겠습니다." 디트리히가 말하며 왕에게도 고마움을 표했다.

겨울 내내 출정할 준비를 갖추었다. 도처에서 대장간의 망치 소리가 들려왔다. 봄에는 무기들 외에도 출정을 위한 마구류와 안장 그리고 말들이 마련되었다.

출정을 위한 채비가 모두 끝났을 때, 왕비 헬헤는 어느 날 에첼의 아들들과 젊은 디트헤어 그리고 다른 젊은이들이 늘상 만나곤 하는 사과나무가 있는 정원으로 갔다.

"내 사랑하는 아들들아, 그대들은 이제 디트리히 왕의 편에 서서 싸움을 치루기 위해 무장을 갖추거라." 그들은 왕비가 그들에게 건네주게 한 갑옷의 하의를 걸치고, 그 다음에는 견고한 강철로 만들어지고 황금이 달린, 그리고 은처럼 밝은 빛을 내는 갑옷의 상의를 착용했다. 그리고 나서 칼처럼 번쩍번쩍 광을 내고 황금못으로 장식한 투구를 썼다. 정원에 있던 청년들은 왕자들의 무장한 모습을 보고 경탄해 마지 않았다. 두 왕자들이 투구를 단단히 고정시켰을 때, 수 많은 보석들로 수를 놓고 황금으로 장식을 한 단단한 두 개의 방패가 그들에게 제공되었다. 그들은 또한 군기도 받았다.

벗들은 무장한 두 왕자들 주변으로 원을 그리고 왕비가 눈물을 흘리며 그들에게 다음과 같은 말을 했을 때 왕자들을 더욱 부러워했다. "내가 보기에 두 왕자들이 이보다 더 훌륭하게 무장을 갖춘 적은 한 번도 없었다오. 난 그대들이 건강하게 귀향하기를 바라오. 하지만 그보다 더 중요한 건 필요할 때는 용감하게 싸워 명예롭게 싸움터에서 돌아오는 것이라오."

젊은 훈족의 청년들이 무장한 두 왕자들 주위에 몰려 들었다.

그러자 여왕은 디트리히의 아우를 불러서 양 팔을 그의 목에 두루고 그에게 입을 맞추며 말했다.

"내 사랑하는 양아들 디트헤어여, 내 아들들은 그대들의 나라를 되찾기 위해서 그대의 형님과 그대를 따라가는 것이오. 그대들은 싸움터에서 서로 떨어지지 말고 꼭 붙어있어야 하오."

디트헤어는 왕비에게 고마움을 표하면서 두 왕자들을 건강한 몸으로 데려올 것을 그녀에게 확신시켰다. "두 왕자들이 전장에서 쓰러지는 날에는 저 역시 되돌아 오지 않을 것입니다. 제가 그들 옆에 나란히 눕게 될 때까지 복수를 할 테니까요."

"그대가 한 말을 지키길 바라오." 왕비가 답변하며 그로 하여금 이중으로 벼리어 만든 갑옷의 상의와 하의를 갖추어 입게 했다. 그리고 값진 보석들로 장식을 하고 표면이 거울처럼 반짝거리는 투구를 씌워주고, 황금을 박아넣고 사자 그림이 그려진 튼튼한 방패로 무장시켰다. 일찍이 세 왕자들이 궁중의 관습에 따라 금과 보석들로 치장을 한 갑옷과 투구, 그리고 무기로 무장을 하여 그토록 화려한 모습으로 싸움터로 진군한 적은 결코 없었노라고 전해진다.

디트리히의 출정을 위해 용사들이 에첼이 있는 도시로 모여들었다. 거리는 무기들의 소음과 굉음 그리고 말들의 울음소리로 넘쳐났다. 도시는 이처럼 한 걸음도 진군할 수 없을 정도로 수많은 군인들과 말들로 산과 바다를 이루었다. 옆에서 누가 무슨 말을 해도 소음과 소란에 묻혀 한 마디도 알아들을 수가 없었다.

에첼 왕이 성탑 위로 올라가 군대가 어떻게 출동해야 하는지 공포했다.

"디트리히 왕은 혼자서 군대를 이끌로 말을 몰고 나가시오. 그 다음은 변경 영주인 뤼데거가 내 용사들과 함께 행군하시오. 그리고 이곳에 모여든 모든 용사들이 세 번째 군대를 조직하시오. 그들은 내 아들들과 디트헤어를 따를 것이오."

여왕은 아들들을 위대한 투사인 히알프레크Hialprek의 보호하에 두었다. 그가 약속했다. "저는 왕자님들이 없이는 결코 전쟁에서 귀향하지 않겠노라고 맹세하는 바입니다." 여왕이 그에게 고마움을 표했다.

"저 역시 책임지고 왕자님들의 목숨을 돌보아 드리겠습니다." 디트리히가 말했다.

만 명의 용사들과 수 없이 많은 종자들이 출정한다는 소식에 관해서 디트리히는 최대한 빨리 에름리히에게 당도하도록 부하들 중 두 사람을 사자로 보내어 알리도록 했다. 아멜룽엔의 왕은 은밀히 그의 나라로 침입하는 걸 원치 않았다. 그는 당당하게 선전포고를 하고 싶었다. 에름리히가 영토를 방어한다면, 그는 군대를 이끌고 라벤까지 진군하겠다는 것이었다. 사자들은 비로소 로마에서 적이 된 왕을 만나볼 수 있었다. 그곳에서 그들은 그들의 사명을 전하고 그를 비방했으며 디트리히에게 이제 상환하게 될 그의 나라를 불명예스럽게도 그에게서 빼앗은 에름리히를 신의가 없는 자이며 배반자라고 명명했다. 그럼에도 불구하고 왕은 사자들에게 새옷과 훌륭한 말을 선물로 주었고 우의적인 태도를 보이며 그들을 떠나게 했다. 여하튼 그는 싸울 준비를 갖출 수 있는 여유가 주어졌기 때문에, 스스로 디트리히의 군대를 능가한다고 믿었다.

에름리히는 삼 일 낮과 밤 동안에 심복들을 그의 나라로 보내 칠만 명의 용사들을 소집하도록 명했다. 비테게를 그는 최초의 공작으로 삼았다.

로마의 거리들에도 무장한 군인들이 몰려들기 시작했다. 그 소음때문에 누구도 거의 다른 사람의 말을 이해할 수 없을 지경이 되었다. 그렇기 때문에 사람들은 성탑에서 들려오는 소리로만 에름리히 왕의 말을 경청할 수 있었다.

"내 사랑하는 친구 지프카여, 그대는 내 군기를 들으시오. 그리고 내 수행원들과 육천 명의 부하들을 이끌고 디트리히를 공격하시오. 싸움이 끝나고 그대가 내게 디트리히의 칼을 가져다준다면, 그대는 가장 뛰어난 용사임이 분명할 것이오."

그리고 나서 그는 라인할트를 오천 명이 넘는 용사들의 지휘자로 정하고 디트리히와 그의 아우를 사살하도록 그를 부추겼다. 비테게에게 그는 육천 명의 용사들을 맡겼다. 그리고 그는 그에게도 디트리히와 디트헤어의 목숨이 붙어있게 해서는 안 된다고 요구했다. 하지만 무엇보다도 에첼의 아들들을 죽여야 한다고 말했다.

비테게는 훈족의 군사들과 에첼의 아들들에 맞서서 싸울 수는 있지만, 디트리히와 그의 아우는 견제할 수밖에 없다고 단언했다.

이윽고 에름리히의 군대가 출동했으며 북쪽을 향해 라벤시까지 이동했다. 그들은 그곳 강가에서 남쪽으로 천막을 쳤으며, 그곳 북쪽으로는 이미 디트리히의 군대들이 진을 치고 있었다.

스승인 힐데브란트는 베르너의 진영에서 보초를 서고 있었다. 모두가 잠들어 있는 밤중에 그는 강가를 따라 말을 타고 여울을 건너 적의 강가로 갔다. 그곳에서 그는 어둠 속에서 한 기사와 우연히 마주쳤다. 그들은 몇 마디 말을 나눈 후 서로를 알아보자, 힐데브란트는 지금으로선 에름리히의 군대 편에 가담하고 있는 오랜 친구인 라이날트에게 인삿말를 건넸다. 라이날트 역시 은밀히 디트리히에게로 가고자 했으며, 이제는 그런 수고를 피할 수가 있게 되었고 힐데브란트에게 군대의 동태를 전해줄 수 있었다. 친족들을 도와야 했음에도 불구하고 라이날트는 디트리히에게 행운을 빌어주었다.

두 사람이 강가를 따라 말을 몰고 있을 때, 달이 구름을 뚫고 모습을 드러냈다. 그들은 흐릿한 빛 속에서 군대의 진영들을 바라보았다. 라이날트는 병기담당 상사에게 디트리히의 가장 무서운 적인 지프카가 잠들어 있는 노란색 막사를 가리켰다. 푸른색 막사에서는 힐데브란트가 늘상 '우리의 사랑하는 친구 비테게'라고 불렀던 그가 부하들과 함께 밤을 보내고 있었다. 검은색 막사에서는 그 자신이 쉬는 곳이라고 했다.

이제 디트리히의 진영을 알아 보러가는 도중에 다섯 명의 용사들이 그들과 맞서게 되었다. 그들은 두 사람을 훈족의 정찰병으로 간주하고 그들에게 대들었다. 라이날트는 그들이 자신의 부하들일 것이라 생각하고 그들을 진정시키려고 했다. 하지만 그들은 지프카의 부하들이었다. 그들은 힐데브란트를 발견했다고 믿고서 그의 투구를 쪼개어 버렸다. 병기담당 상사는 뒤로 나자빠졌으며 공격자에게서 머리를 베일 판국이었다. 라인할트가 더 이상의 싸움을 금지시켰다. 이때 지프카의 보초들이 다른 쪽으로 몸을 돌렸다. 그러자 라이날트가 강변의 전망으로 그를 바래다 주었다. 병기담당 상사는 그에게 다섯 개의 지팡이가 그려진 디트리히의 천막을 가리켰다. 그 오른쪽으로는 붉은 명주천에 아홉 개의 지팡이가 그려진 에첼 왕의 막사가 있었다. 그 안에서 그의 아들들과 디트헤어가 잠들어 있었다. 디트리히의 천막 왼쪽으로는 변경 영주 뤼데거의 푸른색 막사가 희미하게 빛나고 있었다. 친구들이 서로 싸움을 하는 일이 없도록 하기 위해, 어떤 동원된 군대가 누구와 겨루어야 하는지 그들은 서로 협정을 했다. 지프카는 말할 것도 없이 디트리히와 싸우려 한다는 것이고, 라이날트는 훈족의 뤼데거의 병사들과 대항하려 한다는 것이었다. 비테게는 에첼의 아들들과 겨루게 될 것이다. 때문에 그가 디트리히의 아우 역시 적으로 삼아야 한다는 사실을 감수해야만 한다는 것이었다. 그리고 나서 그들은 서로 입을 맞추고 각자의 진영으로 돌아갔다.

힐데브란트는 강을 넘어 가로질러 온 여울 쪽으로 되돌아 갔다. 라이날트는 자신의 진영으로 방향을 돌렸다. 이때 지프카가 일군의 부하들을 거느리고 나타나 그가 가는 길을 막아섰다. 그리고 힐데브란트를 추적해서 그를 죽이려고 했다.

"그대가 내 친구를 죽이고자 한다면, 먼저 그대는 나와 그리고 즉시로 나에게 합류하는 나의 부하들과 싸워야만 할 것이오." 라이날트가 경고했다.

"당신이 적들의 편에 선다면, 당신은 에름리히를 배반하겠다는 뜻이오?" 지프카가 왕의 군사령관으로서 위협을 했다.

"우리가 나의 친척들을 상대로 싸워야 함에도 불구하고, 나는 에름리히 편에 설 것이오." 라이날트가 말했다. "하지만 혼자 돌아가고 있어서 우리 편이 공격하기가 우세한 힐데브란트를 나는 등안시 할 수가 없소. 내일이면 싸움터에서 그대들은 서로 맞서 싸울 수가 있는 것이오."

그러자 지프카는 힐데브란트를 추적하는 일을 포기했다. 힐데브란트는 동틀녘에 디트리히의 진영에 당도해서 그에게 라이날트와 회합한 사실을 전달했다. 베른의 영웅이 그것을 받아들였다.

13. 전투

아직 동이 트기도 전에 디트리히는 나팔을 불게 해서 용사들로 하여금 전투할 준비를 갖추도록 명했다. 베히라렌의 뤼데거와 나우둥 공작 역시 전투할 준비를 위해 그들의 군사들을 무장시켰다. 그리고 나서 그들은 힐데브란트가 밤새 정찰했던 여울을 통해 진군했다.

그 사이 에름리히의 세 군대들도 준비를 끝냈다. 비테게는 가공할 만한 무기인 자신의 칼을 들고 준마 스케밍에 올라탔다. 그의 부대는 다른 힘센 용사들보다도 더 강한 기수인 룽아 Runga가 이끌었다. 그의 깃발은 검은색이었는데 그 위에 망치와 집게 그리고 모루가 흰색으로 그려져 있었다. 그를 향해 나우둥 공작이 부대를 이끌고 말을 몰았다. 그 뒤로는 디트리히의 아우인 디트헤어가 따르고 있었다. 이 무리 속에 히알프레크의 보호를 받으며 에첼의 아들들이 섞여 있었다. 이 용사들의 갑옷과 투구 그리고 무기들은 순금으로 만들어진 것이어서 떠오르는 태양빛 속에서 불꽃처럼 타올랐다.

라이날트는 자신의 부대를 무장시키도록 명했고 그들을 변경 영주인 뤼데거의 군대와 맞서도록 이끌었다.

발터 폰 바스겐슈타인은 에름리히의 군기를 지프카의 군대 속에서 쳐들고 있었다. 즉 그것은 예순 개의 황금벨이 달려 있어서 행진할 때는 종이 울리는 소리때문에 무기가 부딪쳐 내는 소리들을 삼켜버렸다. 그들을 향해 디트리히의 군대가 진군하고 있었고, 그의 옆에는 힐데브란트가 흰색의 명주천 위에 황금관을 쓴 사자 그림이 그려진 군기를 들고 있었다. 깃발은 헬헤 왕비의 선물이었으며 마찬가지로 예순 개의 황금종이 매달려 있었다.

이제 여섯의 군대들이 서로 마주보고 말을 달렸다. 디트리히 왕이 맨처음으로 준마인 팔케 위에 올라타고 돌진했다. 그는 그 유명한 에케작스를 들고 양쪽으로 휘둘러대면서 기사들과 말들을 베어 넘어뜨렸다. 힐데브란트는 디트리히 옆에서 싸우면서 자기 이름에 걸맞는 용감한 용사인 빌트 에버Wild-Ewer와 마찬가지로 많은 용사들을 쓰러뜨렸다. 지프카 주위에는 자신의 부하들 중 수 많은 용사들이 쓰러져 있었다. 디트리히 왕은 부하들을 다음과 같은 함성으로 격려했다. "나의 용사들이여, 앞으로 전진하라! 우리는 루센과 빌리첸과 겨루어 승리를 하였다! 이제 우리가 물려 받을 땅과 나라를 되찾게 되었도다!"

이렇게 해서 고무된 그의 용사들은 더 격분해서 싸우게 되었다. 왕 자신은 적의 군대를 헤치고 나가 싸우면서 또 다시 되돌아와 싸웠다. 지프카의 병사들은 빌트 에버가 두려워 몸을 떨었다. 그도 그럴 것이 그가 싸우러 달려들었던 곳에서는 용사들이 모두 죽어 쓰러져 있었기 때문이다. 지프카의 기수인 발터 폰 바스겐슈타인은 자신의 부하들이 빌트 에버 앞에서 물러나는 모습을 보고, 그를 넘어뜨려야 했다. 그는 말을 타고 상대를 향해 접근해서 자신의 군기를 그의 가슴에 박아버렸다. 그러자 그의 양어깨 견갑골 사이로 또 다시 군기가 솟아 나왔다. 빌트 에버는 자신의 치명적인 부상을 감지하고 가슴을 뚫고 나온 창자루를 꺾어 버렸다. 그리고는 자신을 불시에 덮친 바스겐슈타인의 다리 한 쪽을 베어버렸고 그리고 나서 그의 갑옷을 뚫고 몸통을 찔러 맞혔다. 그러자 두 사람은 말에서 굴러 떨어져 서로로부터 멀지 않은 곳에서 피투성이 속에 나뒹굴게 되었다.

지프카는 그의 가장 막강하고도 힘이 센 최고 지휘관이 맥 없이 쓰러져 있는 것을 보고 도망칠 궁리를 했다. 그의 부하들 역시 더 이상 싸우지 못하고 그를 따랐다. 이에 디트리히와 그의 용사들이 그들을 추적해서 대부분의 적들을 넘어뜨렸다. 하지만 지프카는 달아나버렸다. 한참 후에야 비로소 디트리히는 추적을 중단했다.

비테게는 지프카와 그의 부하들이 달아나는 것을 보고 한결 더 격렬하게 싸우기 시작했다. 그렇지 않으면 모든 전투에서 패배할까봐 두려웠기 때문이다. 따라서 그는 상대의 최고 지휘관을 향해 말을 몰았다. 물론 나우둥 공작은 그의 부하들 중의 상당수를 베어 넘어뜨렸다. 이제 비테게와 나우둥 사이의 대결이 시작되었다. 두 사람은 격분해서 서로에게 달려들었으며, 빌란트의 아들이 미뭉으로 나우둥의 군기를 쪼개버리고 그 후에는 공작 자신의 목을 찌르는데 성공할 때까지 서로 능란하게 방어했다. 디트헤어와 에첼의 아들들이 나우둥의 머리가 땅에 떨어지는 것을 보고 있었을 때, 오르트빈이 히알프레크를 향해 큰 소리로 말했다.

"보십시오, 저 개같은 비테게가 우리의 공작을 어떻게 쳐 죽였는지를! 자아, 우리가 그를 베어 버립시다!"

히알프레크는 헬헤 여왕에게 어린 두 용사들을 책임지겠다고 약속했기 때문에, 그는 흥분한 왕자들을 만류하려고 했다. 하지만 그 자신이 분노와 복수욕에 몸을 떨고 있었기 때문에, 그는 단지 디트리히의 아우와 에르프만을 싸움에서 떼어놓는데 성공했을 뿐이었다. 이렇게 해서 그와 오르트빈이 힘센 비테게를 공격했다. 룽아가 서둘러 그의 옆으로 달려갔다. 그리고 투구가 찌그러지고 갑옷이 쪼개질 정도의 격전이 끝난 후, 히알프레크와 오르트빈은 치명상을 입고 말에서 떨어져 버렸다. 이제 오르트빈의 아우와 디트헤어는 더 이상 물러설 수가 없었고 둘이 공격을 시도했다. 디트리히의 아우가 룽아의 투구에 강력한 일격을 가하자, 그의 머리와 더불어 목까지 두 쪽으로 쪼개졌다. 그 사이에 비테게는 에첼의 둘째 아들을 쳐죽였다. 디트헤어는 에르프가 목숨을 잃는 것을 보고 억제할 수 없는 분노에 휩싸여 비테게에게 달려들었다. 그는 어떤 경우에라도 디트리히의 아우를 상대로 맞붙고 싶지 않았다. 하지만 디트헤어는 맹세로써 맺은 형제와 히알프레크의 복수를 원했으며 엄청난 분노로 그를 공격했다. 비테게는 공격하지 않고 방패로만 방어하면서 칼로 내리치는 젊은 용사의 공격을 칼로 막아냈다. 그리고 말했다.

"디트리히의 아우여, 나를 그만 내버려 두시오. 내가 그대를 조심해서 다루는 것을 다른 사람들이 알면, 그들이 그대를 공격할 것이오!"

"무뢰한인 네놈이 내 의형제인 에르프와 오르트빈을 죽이고 말았으니, 그대는 그 대가로 죽어야 마땅하다. 그렇지 않으면 난 더 이상 목숨을 부지하고 싶지 않다!" 젊은 용사는 되받아서 소리쳤다. 그리고 전보다 두 배의 강한 힘으로 그를 공격했다. 비테게는 계속해서 디트헤어에게 일격을 가하지 않고 단지 그의 공격으로부터 몸을 지킬 뿐, 자신을 내버려 달라고 간청하며 부탁했다. "내가 그대에게 반격을 가하지 않으면, 그대는 곧 나를 베어 넘어뜨릴 것이오. 하지만 난 그대를 죽이고 싶지 않다는 걸 신은 알고 계시오. 이건 어쩔 수 없는 방어일 뿐이오."

디트리히의 아우는 비테게의 투구에 강력한 일격을 가했다. 그는 멀쩡했지만, 칼이 옆으로 미끄러지는 바람에 말의 머리가 베어져 버렸다. 이렇게 해서 그 유명한 준마 스케밍이 목숨을 잃게 되었다. 하지만 싸움은 중단되지 않았고, 디트헤어는 계속해서 공격을 했다. 친구의 아우에게서 달아나 버리는 것 또한 비겁한 일일 것이었다. 그래서 비테게는 부득이 싸움을 할 수밖에 없는 상황에 몰려 탄식했다. "내가 결코 원하지 않는 바를 만부득이 해야만 하는 상황에 처하고야 말았구나. 내가 그를 죽이지 않으면, 내 목숨을 잃고야 말리라!" 그러자 그는 디트헤어를 향해 미뭉을 치켜들고 그의 뒤를 내리쳤다. 그러자 디트리히의 아우는 두 쪽으로 갈라져 땅에 쓰러졌다.

그 사이 변경 영주 뤼데거의 부대는 총사령관 라이날트의 휘하의 에름리히의 부하들을 상대로 싸우고 있었다. 뤼데거의 기수인 울프하르트는 온종일 싸움에 대한 희열을 느끼며 격전를 벌였다. 그로 인해 수 많은 용사들과 말들이 쓰러졌다. 그와 변경 영주가 돌진하는 곳에서는, 에름리히의 부하들이 줄지어서 굴복했다. 그러자 총사령관인 라이날트가 훈족의 병사들 속에서 격노하고 말았다. 하지만 그와 그의 용사들도 적의 군사들을 쳐죽였음에도 불구하고, 그의 부하들은 금방이라도 을프하르트로부터 도망을 칠 기세였다. 이때 라이날트가 그를 습격해서 그의 갑옷과 가슴을 창으로 찔렀다. 그의 양 어깨 사이로 창이 솟아나왔다. 뤼데거는 자신의 용사가 쓰러지는 광경을 보고 군기를 집어들었다. 그리고는 군기를 뒤흔들면서 적의 기수를 향해 맹렬하게 달려들었다. 적의 기수를 몰락시키기 위해 그는 검으로 그의 목을 쳤다. 그러자 기수의 머리와 군기의 지팡이가 땅으로 곤두박질 쳤다. 그런 다음 부하들과 함께 그는 군기가 쓰러지고 지프카가 도망을 친 후 더 이상 지탱할 수 없어서 말머리를 돌려 마찬가지로 도망을 치고 있는 에름리히의 용사들을 향해 계속해서 앞으로 밀고 나아갔다. 라이날트는 부하들을 더 이상은 붙잡아 둘 수가 없었기 때문에 그들을 따라가야 했다.

　　이제 뤼데거의 사자가 여전히 지프카의 부하들을 추적하고 있는 디트리히에게 달려가서 그에게 세 어린 용사들과 나우둥 공작의 죽음에 관해 보고했다.

　　그러자 디트리히는 그 비열한 개 같은 비테게를 저주했다. "신이 나에게 이처럼 끔찍한 날을 심판하실 만큼, 내가 무슨 잘못을 저질렀단 말이오" 그가 절규했다. "무엇에 책임이 있단 말인가? 어떤 무기도 나에게 상처 하나 입히지 않았던 반면에, 내 아우와 에첼의 아들들이 쓰러지고 말았구나. 내 이 아들들의 원수를 갚거나 아니면 죽음을 택하리라."

디트리히는 팔케에 박차를 가해 군대의 선두로 서둘러 되돌아 갔다. 폭풍처럼 빠르고 격렬하게 그는 들판을 가로질러 달려갔다. 그의 부하들 중 아무도 그를 따를 자가 없었다. 그의 입에서는 불꽃이 흩날릴 정도로 그는 증오와 분노에 사로잡혀 있었다. 그가 에름리히의 세 군대 중에서 유일하게 버티고 있던 비테게의 부대와 마주쳤을 때, 그의 용사들은 그와의 싸움을 회피했다. 그러자 그때문에 그는 무섭게 노호했다.

"비테게, 이 저주받은 악한아! 내 앞에 나타나, 내 아우를 죽인 대가를 받아라. 아니면 싸움이 두려운 게냐?" 디트리히가 소리쳤다.

비테게는 아무 것도 알아듣지 못 했다고 발뺌을 하고는 더 빨리 그곳으로부터 달아났다. 하지만 디트리히는 그 뒤에 바짝 붙어서 소리쳤다.

"그 자리에 멈추거라! 너는 모든 명예를 저버렸단 말이냐? 아우의 원수를 갚으려는 용사 앞에서 도망을 치다니!"

"나는 그가 내리치는 칼을 방어했을 뿐입니다. 하지만 그가 내 목숨을 노렸기 때문에, 어쩔 수 없이 되받아쳐야 했소. 아우에 대해서는 금과 은으로 속죄를 하겠소." 추격당하던 비테게가 대답했다.

"배상을 하겠다니!" 디트리히가 되받아 소리치면서 계속해서 그를 추격했다. 비겁한 겁쟁이로 간주되리라는 두려움이 비테게로 하여금 결코 도망을 멈추게 하지 않았다. 그러자 디트리히는 무서우리 만큼 광포해졌다. 이에 비테게는 격분한 왕이 단지 자신을 추적하는 데 그치지 않을 것이라는 사실을 감지했다.

혼신의 힘을 다해 비테게는 바닷가에 당도했다. 강가에서 디트리히는 마침내 그를 따라잡았다고 생각했다. 그런데 쫓기던 그가 바닷 속으로 뛰어들었다. 왕의 창이 바다의 모래밭에 꽂혔다. 비테게는 더 이상 보이지 않았다. 전하는 바에 따르면 그의 조모인 인어가 그를 구해 받아들였다고 한다. 아니면 그는 상당수의 사람들처럼 고통과 죄때문에 바닷 속에서 죽음을 맞았을까?

디트리히는 말을 몰고 싸움터로 되돌아 왔다. 맨 먼저 그는 전사한 아우의 시신 위로 몸을 숙이고 쪼개진 그의 방패를 옆으로 제껴놓은 다음 디트헤어의 방패를 손에 쥐었다. 그리고 나서 죽은 에첼의 아들들 앞으로 걸음을 옮겼다. "그대들을 잃느니 차라리 내가 중상을 입었으면 좋았을 것을! 이제 나는 더 이상 에첼 왕에게로 돌아 갈 수가 없게 되었구나."

그러한 사실을 그는 그의 용사들에게 말해 주었다.

전투에서는 고귀한 혈통의 영웅들이 전사하는 경우가 빈번하게 일어난다는 것, 그러니 디트리히는 이 승리를 기뻐해야만 한다고 뤼데거와 다른 지휘자들이 그를 위로해 주려고 시도했다. 그리고 그들은 에첼에게 디트리히를 변호해 줄 것을 약속했다.

"나 역시 왕자들을 책임지고 보호하겠다고 약속했었소." 디트리히가 한탄했다.

뤼데거를 중심으로 한 수령들은 디트리히와 함께 이곳에 남아 계속해서 그의 나라를 되찾기 위한 싸움을 함께 하겠다고 말했다. 하지만 에첼의 아들들을 잃고 난 후 디트리히는 계속해서 에름리히를 향해 진군할 생각을 하지 않았다. 너무나도 많은 훈족의 사람들이 이미 그의 나라를 위해 목숨을 잃었던 것이다. 오히려 그는 그들과 함께 귀환하겠다고 했다.

이윽고 군대는 천천히 에첼의 나라로 이동했다. 디트리히는 뤼데거와 더불어 왕의 부부를 배알하자는 제안을 거절하고 따로 떨어져 어떤 집에 머물렀다.

이렇게 해서 변경 영주는 단지 몇몇의 동행자들과 함께 궁정의 홀로 들어가서 왕을 알현했다.

"어서 오시오, 나의 총사령관인 변경 영주 뤼데거여!" 훈족의 통치자가 그를 맞이했다. "훈족의 군사들이 에름리히와 싸워 승리를 거두웠소? 디트리히 왕은 살아있소?" 그가 물었다.

뤼데거는 전투의 경과에 대해서 그리고 디트리히가 지프카를 어떻게 패주시켰는지를 보고했다. 그리고 왕의 아들들과 나우둥 공작의 손실을 전하고 그때문에 한탄을 했다.

그러자 왕비는 큰 소리로 울기 시작했다. "디트리히는 그들의 안전을 지키겠다고 맹세하지 않았던가요!" 그녀는 소리치며 그를 저주했다.

"누가 내 아들들을 쓰러뜨렸소?" 에첼이 계속해서 물었다.

뤼데거는 히알프레크와 빌트 에버 그리고 다른 용감무쌍한 용사들의 죽음에 관해 전하면서 디트리히가 어떻게 아우인 디트헤어를 잃고 말았는지에 대해서도 보고했다. 에첼은 훈족의 용사들이 에름리히의 부하들 중에서 그토록 많은 군사들을 여러 배나 더 많이 쳐죽인 사실과 그 나머지 병사들을 패주시켜 버렸다는 사실을 기쁜 마음으로 듣게 되었다.

헬헤 여왕은 디트헤어의 죽음에 관한 소식을 접하고 또 디트리히가 그녀의 아들들에 대한 죽음을 복수하기 위해 비테게를 바닷 속으로 몰아버렸다는 사실을 알게 되자, 그녀는 자신이 쏟아낸 저주의 말을 철회했다.

"세 젊은 용사들은 가장 훌륭한 무기를 갖추고 있었지만, 그럼에도 불구하고 전사하고 말았소. 죽음이 예정된 자에게는 어쩔 도리가 없는 법이오." 에첼은 부인을 위해서도 위로의 말을 했다. "그런데 나의 훌륭한 친구인 디트리히는 어디에 있단 말이오?"

왕은 어째서 디트리히와 힐데브란트가 에첼의 면전에 나오려고 하지 않는지를 알게 되었다. 그래서 그는 두 명의 종사들을 그들에게로 보냈다. 그들은 너무나도 의기소침해 있으며, 그들의 상심이 너무 커서 왕을 방문할 수 없노라고 전하게 했다.

그러자 왕비가 손수 디트리히가 은거하고 있는 곳으로 찾아갔다. "친애하는 친구 디트리히시여! 내 아들들은 어떻게 싸웠나요? 용감히 싸우다 전사했나요?" 그녀가 말했다.

"그들은 서로를 위해 옹호하다가 영웅답게 전사했습니다." 디트리히가 고통에 찬 목소리로 보고했다. "용감하게도 공작과 히알프레크의 죽음을 보복하려고 했습니다. 그리고 나의 아우는 당신의 두 아들을 죽인 비테게와 대적하다가 목숨을 잃었습니다."

그러자 헬혜는 그녀의 두 손으로 디트리히의 목을 감싸고 그에게 입을 맞추며 말했다.

"훌륭한 친구 디트리히시여, 나를 따라 왕의 홀로 갑시다. 우리로 하여금 환영의 인사를 하게 해주세요. 신들께서는 전투에서 종종 가장 훌륭한 영웅들을 데려가신답니다. 그러니 이는 정해진 운명이랍니다. 죽은 자들때문에 한탄할 수밖에 없지만, 지금은 함께 산자들에게로 가십시다!"

이 말을 마치자 디트리히는 헬혜를 따라 왕의 홀로 갔다. 에첼은 자리에서 일어나 그를 환영했으며 그에게 입을 맞추었다. 아멜룽엔의 왕은 옛날과 변함없이 상석에 안내를 받았다. 그들의 우정은 이전과 마찬가지로 확고했다.

라벤Raben의 전투에서 압도적인 대승리를 거둔지 두 해 만에 중병이 헬혜 왕비를 덮쳤다. 병으로 쓰러질까 두려웠던 그녀는 디트리히를 불러들였다. 만일 우려했던 일이 일어난다면, 그는 자신의 가장 친한 친구를 잃게 되는 것이라고 그가 그녀에게 말했다. 그녀는 십오 마르크와 일찍이 누구도 그처럼 값진 옷을 본 적이 없는 자포를 그에게 선물로 주었다. 그리고 헬혜는 디트리히를 그녀의 질녀인 헤라트와 맺어주었다.

"그토록 훌륭한 부인을 잃게 된다면, 에첼 왕으로서는 자신의 나라에서 가장 중요한 부분을 잃게 되는 것보다 더 중대한 손실이 될 것입니다." 디트리히는 단언하며 눈물을 억제하지 못했다.

그리고 나서 헬혜는 힐데브란트를 오도록 사람을 보내어 그에게 그녀의 가장 소중한 금반지를 선물했다. 힐데브란트와 그의 곁에 섰던 모든 사람들이 눈물을 흘렸다.

왕비는 그녀의 마지막 기력이 쇠하여지는 것을 감지하고 황급히 에첼을 부르도록 사자를 보냈으며 쇠약해진 목소리로 말했다.

"막강하신 에첼 왕이시여, 저는 곧 당신을 떠나갑니다. 그러니 오랫동안 지체하지 마십시오. 당신은 사악한 여자를 구하지 마시고 훌륭한 부인을 얻으셔야 합니다. 고귀한 에첼 왕이시여, 바라옵건데, 부르군트족의 여인은 택하지 마십시오. 알드리안 Aldrian 혈통의 여자는 안 됩니다. 당신이 내 충고를 어기는 날에는 큰 화가 닥칠 것입니다."

이 말을 마치고 왕비는 숨을 거두었다.

애도의 소리가 온 나라에 울려 퍼졌다. 어느 누구도 그녀보다 더 위대한 품성과 고귀한 심성을 지닌 왕비를 알지 못했다. 그리고 한 여왕의 죽음에 대해 그렇게 슬피 울었던 적은 누구의 기억에도 없는 일이었다. 훈족의 통치자는 또 다시 그와 같은 고귀한 왕비를 결코 얻지 못할 것이라고 사람들은 말했다.

14. 디트리히가 귀향하다

헬혜가 죽은 후, 그녀의 충고를 거역하고 에첼은 부르군트 왕족의 과부가 된 크림힐트를 부인으로 맞이했다. 그리고 훈족의 통치자의 궁전에서는 이미 이야기 되어진 바와 같은 일이 벌어졌다. 즉 에첼의 홀에 감금된 부르군트 사람들과의 싸움에서 디트리히는 자신의 부하 전부를 잃고 말았던 것이다. 친척이 되는 부르군트의 세 왕인 군터와 게르노트, 기젤헤어 그리고 트론예의 하겐 뿐만 아니라, 사랑하는 변경 영주 뤼데거가 전사했다. 오직 스승인 힐데브란트만이 그의 곁에 남아 디트리히의 근심을 함께하고 있었다.

"어째서 나는 그토록 오랫동안 내 나라를 떠나있었던 것일까요. 우리가 이곳에서 늙어 바싹 시들어야 한단 말입니까? 상심 끝에 훈국에서 병을 얻느니, 차라리 내 나라와 내 도시인 베른을 위해 싸우다 죽겠습니다. 그리고 우리는 훈족에 충분히 봉사해 왔습니다."

"지프카의 술책에도 불구하고 적어도 우리는 모든 것을 잃지는 않았습니다." 힐데브란트가 디트리히의 의견에 동의하며 말했다. "에름리히가 제 아무리 막강한 힘을 지녔다고 한들, 이곳에서 불명예스럽게 백발이 되느니 저 역시 그와 맞서 싸우다 죽겠습니다."

그 자신이 들은 바에 따라 힐데브란트가 말하길, 그에게 베른의 공작이 된 하두브란트Hadubrant라는 이름의 아들이 하나 있다는 것이었다. 그의 부인인 오다Oda는 그가 도주를 하기전 임신 중이었을 가능성이 크다는 것이었다. 만일 그의 아들이 그곳에서 공작의 신분으로 있다면, 그건 엄청난 행운이라고 디트리히는 말했다.

"어떻게 가려고 하십니까" 힐데브란트가 물었다.

"우리에게는 군사가 없소." 디트리히가 유감스러워했다. "나는 아무도 모르게 오직 당신과 나, 단 둘이서 고향으로 가는 게 좋을 듯 하오. 아멜룽엔의 땅에서 두 번씩이나 도망을 치는 일은 없을 것이오." 그가 단언했다. "나는 맹세합니다. 그곳에서 전사를 하든지, 아니면 내 나라를 되찾겠소."

"우리는 단 두 사람에 불과하지만, 고향으로 돌아갈 것입니다. 그런데 에첼 왕에게는 이 사실을 알려야 합니까?"

"어떤 왕도 이 일을 방해할 수 없을 만큼 내 결심은 단호합니다. 우리가 말을 탈 준비를 갖추게 되면, 그 때서야 비로소 그는 그 사실을 알게 될 것이오."

우리는 에첼 왕이 부르군트 사람들과 전쟁에서 살아남은 후, 그 구전된 이야기를 따르고 있다. 헬헤의 질녀인 헤라트 부인은 디트리히와 함께 그의 나라로 가고자 했다.

힐데브란트는 그들의 계획을 실행에 옮길 그날 저녁을 위해 세 필의 말을 준비했다. 그리고 네 번째 말에는 금과 보석 그리고 여행용 식량을 실었다. 그리고 나서 그는 디트리히로 하여금 에첼에게 작별을 고하도록 환기시켰다. 아멜룽엔의 왕이 에첼의 침실로 들어갔다. 보초들은 왕의 각별한 친구로서 그를 무장한 채로 들여보냈으며 에첼을 깨우게 했다. 왕은 디트리히가 군비를 갖추고 혼자서 그에게로 걸어오는 것을 보고 깜짝 놀랐다. 그래서 단 둘이서 그와 대화하도록 허락했다. 에첼은 디트리히의 의도를 알게 되자 더 놀라워하며 물었다.

"그대의 용사들은 어디에 있으며, 또 군대는 어디에 있단 말이오?"

"저는 아무 것도 없습니다. 단지 힐데브란트와 은밀히 돌아가고자 하는 것입니다."

"나의 사랑하는 친구, 디트리히 왕이여! 이곳에 얼마간 더 머물러 주시오. 당신이 그러길 원치 않는다면, 내 그대에게 훈족의 군사들을 제공하리다." 에첼이 아멜룽엔의 왕에게 간절히 바랐다.

"당신의 넓으신 아량과 우정에 감사드립니다. 하지만 저때문에 훈족의 군사들은 이미 충분히 희생을 당했습니다."

에첼은 디트리히를 성문 앞까지 배웅했다. 두 사람은 헤어지면서 입을 맞추었다. 에첼은 디트리히가 영예롭게 군사들을 거느리고 떠나지 못 하게 된 사실을 애석해했다.

"우리의 신께서 당신의 나라를 보호해 주시기를 비오! 우리 친구로서 다시 만납시다!" 에첼이 이 말을 마치자 디트리히는 팔케에 올라타고 힐데브란트와 헤라트에게로 서둘러 달려갔다.

그들은 도나우 강변을 따라 베히라렌을 가로질러 갔다. 황량한 성 근처에서 디트리히는 말을 멈추고 말했다.

"변경 영주여, 그대가 부르군트족들때문에 전사하지 않았더라면, 지금쯤 나는 그대의 궁전 홀에 있었을 것을. 내가 내 나라를 잃고 왔을 때, 그대는 나를 마치 왕처럼 영접해 주었었소. 당신은 모든 영웅들 중에서도 가장 훌륭하고 후덕한 사람이었소."

힐데브란트와 헤라트 역시 비통해하며 위대한 변경 영주를 생각하면서 싸움이 일어나기 전에 그가 에첼의 홀에서 자신의 적이었던 하겐에게 더 좋은 방패를 넘겨주었던 일을 기억하고 그를 칭송했다.

그리고 나서 그들은 계속해서 앞으로 나아갔다. 그들은 낮에는 숲 속에 머물고 밤에 말을 몰았다. 그럼에도 불구하고 그들의 체류에 대한 기별이 엘중 공작의 귀에 알려졌다. 그는 언젠가 디트리히의 조부가 때려눕힌 적이 있는 저 엘중의 후예였다. 그에 대해 이제 젊은 엘중 공작은 조부에 대한 피의 복수를 하고자 했으며 서른 두 명의 용사들과 함께 디트리히를 공격했다.

헤라트는 수적으로 우세한 그들과 싸우지 말 것을 디트리히와 힐데브란트에게 충고했다. 하지만 숲 속으로 몸을 피하는 대신 디트리히와 그의 무기담당 상사는 그들의 말을 단단히 죄고는 칼을 빼어들었다.

"사랑하는 헤라트여, 울지 마시오. 우리가 전사할 때까지는 마음을 놓으시오. 하지만 어째서 우리가 승리하지 못 하리라 장담할 수 있겠소?" 디트리히가 부인을 진정시켰다.

병사의 무리가 가까이 내달려 와서는 아름다운 헤라트를 보자, 엘중 공작의 조카인 아멜룽이 요구했다.

"우리에게 부인을 넘겨주면, 당신들의 목숨을 지켜주겠다."

힐데브란트가 그 말을 경멸하며 거절했다.

"노인이 그처럼 잘난 체하며 큰 소리치는 건 여태 본 적이 없는 걸." 엘중의 부하들 중 하나가 말했다.

"나이에 비해 네놈의 어리석음이 지나친 것 같구나." 디트리히가 대꾸했다.

"너희들의 무기를 넘겨라!" 아멜룽이 요구했다. 그리고 힐데브란트에게 말했다. "그렇지 않으면 네놈의 수염을 뽑아버릴 테다."

"그러기는커녕 네 손목이 잘려져 나갈 텐데." 힐데브란트가 대꾸했다. "대관절 너희들의 수령은 누구란 말이냐?"

이 불손한 질문에 화가 난 엘중의 부하들 중의 하나가 힐데브란트의 투구에 타격을 가했다. 이에 무기담당 상사는 발뭉을 휘두르며 반격을 가해 경솔한 병사의 투구와 머리 그리고 가슴을 쪼개어버렸다. 그의 갑옷에서 불꽃이 뿜어져 나왔다. 전해지기로는 에첼의 궁전에서 전쟁이 있고 나서 하겐이 죽은 후 힐데브란트가 지그프리트의 칼을 소유했다고 한다. 공작의 무리와 돌발된 교전을 벌이는 동안 디트리히는 여러 명의 적의 용사들을 상대한 후 젊은 공작마저 베어 쓰러뜨렸다. 그러자 그의 부하들은 자신들이 결코 평범치 않은 용사들과 상대하고 있다는 사실을 깨달았다. 디트리히는 일곱 명의 적을 쳐죽였고, 힐데브란트는 아홉 명의 공격자들 목을 베어버렸다. 아멜룽은 격분해서 병기담당 상사를 향해 덤벼들었다. 엘중의 나머지 부하들은 디트리히가 두려워 도망을 쳤다. 힐데브란트가 아멜룽을 쳐 바닥에 넘어뜨린 후 그의 무기를 요구했다. 젊은 용사는 수염이 허연 노인이 자신을 제압했다는 사실에 당황해서 어찌할 바를 몰라하며 그의 요구대로 순순히 따랐다.

"아멜룽, 착한 청년이로군!" 디트리히가 말하며 그에게서 남쪽에서 들려오는 소식들을 듣고자 했다. 그 대가로 그는 늙은 엘중 공작의 죽음에 대한 참회로써 자신의 목숨을 지켜줄 것과 무기를 그대로 소지할 수 있게 해달라고 요구했다.

아멜룽은 에름리히의 몸이 부어올라 상처들이 벌개졌다고 전했다. 그러자 지프카는 그에게 몸을 절개해서 지방을 도려내라는 조언을 했다는 것이었다. 하지만 그의 약속대로 몸은 나아지지 않았고, 오히려 이전보다 훨씬 더 악화되었다는 것이었다. 에름리히가 아직도 생명을 부지하고 있는지는 그로서도 알 길이 없다고 말했다.

그와 같은 얘기를 듣고 디트리히 왕과 그의 무기담당 상사는 큰 소리로 웃고 말았다.

15. 힐데브란트와 하두브란트

아멜룽엔의 왕과 힐데브란트는 오늘날 알프스 산맥이라고 부르는 큰 산을 넘어 계속해서 남쪽으로 나아갔다. 그곳에서 무기담당 상사는 한 나무꾼에게 베른 시를 통치하고 있는 사람이 누구인지 물어보았다.

"힐데브란트의 아들인 하두브란트올시다." 그 사람이 대답했다.

"그는 어떤 사람이오?" 힐데브란트가 물었다.

"그는 대단한 행동력을 갖춘 용사이긴 하지만 잔인하고 완고한 사람입니다. 특히 그의 친구들에게 그러하답니다. 그는 모든 사람들 위에 군림하려 든답니다."

"그대가 알고 있는 것이 또 있소?" 무기담당 상사가 말해주기를 요구했다.

"에름리히 왕이 로마에서 죽었다고 합디다."

그러자 힐데브란트는 인접한 도시에서 그곳에 거주하고 있는 공작의 아들인 콘라트Konrad를 만나 에름리히가 과연 죽었으며 지금은 음험한 지프카가 통치하고 있다는 사실을 알게 되었다. 그리고 하두브란트는 에첼의 궁성에 있는 디트리히에게 사자를 보내 그가 귀향하도록 했다는 것이었다. 하두브란트는 베른시를 지프카의 손에 넘겨주기를 원치 않았다. 힐데브란트는 콘라트의 부친인 루트비히 공작에게로 가서 함께 베른시로 가야한다는 것이었다. 하지만 병기담당 상사는 디트리히가 헤라트와 기다리고 있는 숲 근처의 성 바깥에서 체류하기를 원했다. 따라서 루트비히 공작은 부하들과 함께 길을 떠나 힐데브란트를 따라 디트리히에게로 갔다. 공작과 그의 아들은 디트리히 앞에 무릎을 꿇고 그를 자신들의 왕이자 군주로서 환영했다.

디트리히는 루트비히와 함께 그의 도시로 이동하려고 하지 않았다. 그도 그럴 것이 그는 베른시로 들어갈 때까지는 다른 어떤 도시로도 발을 들여놓지 않겠다는 서약을 했기 때문이었다. 따라서 공작은 풍부한 음료와 음식을 차려놓고 숲 속 그의 왕 곁에 머물렀다. 그리고 그들은 무슨 일을 해야할지 의논했다. 그 사이 힐데브란트는 아들을 만나기 위해 방문길에 나섰다.

"그를 만나면. 신중하게 그리고 궁중의 예의를 갖추어 그와 만나시오. 그리고 당신이 그의 부친이라는 사실을 알리시오. 그렇지 않으면 그가 당신을 죽일지도 모릅니다. 그는 그처럼 광포한 자랍니다." 콘라트가 무기담당 상사에게 충고했다.

"제가 무엇으로 하두브란트를 알아볼 수 있겠습니까?"

"그는 백마를 타고 있으며 그의 구두에 박혀있는 못은 순금입니다. 그의 방패는 이제 막 떨어지는 눈처럼 순백으로 번쩍거리고 그 위에는 도시의 그림이 그려져 있습니다. 다른 용사들의 것은 그와는 전혀 다르답니다. 그와 맞서기에는 당신은 너무 늙어버린 것 같습니다." 콘라트가 경고했다.

힐데브란트는 이제 베른시에 가는 길로 접어들었다. 그때 한 용사가 그를 향해 다가오고 있었다. 말과 방패의 빛깔로 보아 그는 하두브란트임에 틀림없었다. 그는 무장을 한 낯선 이방인을 보고도 겁내지 않고 겸손의 표시라든가 인사하는 척도 않고 그에게 접근했다. 따라서 하두브란트는 그가 자신에게 싸움을 걸도록 부추긴다고 생각했다. 그는 투구를 단단히 매고 방패를 치켜들었으며 창을 겨누어 힐데브란트를 향해 질주하기 시작했다. 그는 재빨리 공격할 준비를 갖추었다. 창들이 상대의 방패에 부딪쳐 우지끈 소리가 났다. 창들은 멀쩡했지만 창자루가 쪼개졌다. 노인은 젊은 용사보다 더 빨리 말에서 뛰어내려 칼을 휘둘렀다. 그들은 말 없이 서로를 공격하고 있었지만, 그렇다고 상대를 죽이려고 싸우는 것 같지는 않았다. 한 시간 쯤 지나 싸움에 지쳤을 무렵, 그들은 서로로부터 물러나 방패를 땅에 내려놓고 그것에 몸을 기대었다.

그제서야 그들은 서로를 상세히 살펴볼 수 있었다.

연장자이며 실전 경험이 풍부한 전사인 힐데브란트가 묻기 시작했다.

"자네의 부친은 누구이며, 자네는 어느 가문에서 태어났는가? 자네가 나에게 어떤 이름을 대더라도, 난 그것들을 다 알 수가 있다네. 나는 나라 안의 모든 혈통에 대해 해박한 지식을 갖고 있지."

하두브란트가 대답했다.

"현명하신 분들이 저에게 저의 부친의 이름은 힐데브란트라고 말해주었습니다. 그는 디트리히 왕과 수 많은 그의 부하들과 함께 몸을 피하고 계십니다. 힐데브란트는 베른에 있는 젊은 부인을 남겨두었는데, 그의 아이는 유산도 없고 아무런 약속의 말도 없이 남겨졌습니다. 디트리히의 가장 사랑하는 용사였던 그는 디트리히와 더불어 에름리히의 적대감으로부터 달아났던 겁니다. 그는 언제나 전투의 선두에서 교전했으며, 모든 영웅들이 그의 이름을 알고 있을 정도입니다. 하지만 저는 그가 아직도 살아있다고는 생각지 않습니다."

"자네는 아직 한 번도 가까운 친척과는 대화를 해본 적이 없는가 보구려. 그러나 당신, 하늘의 위대한 지배자이신 군신 이르민Irmin께서는 그 사실을 알고 계시겠지." 힐데브란트에게는 에첼의 선물인 엮어 만든 팔찌들이 팔에 감겨 있었는데, 그것을 하두브란트에게 주려고 했다. 하지만 그는 그것을 뿌리쳤다.

"훈족의 노인장인 당신은 교활한 사람이오. 당신은 나를 말로써 미혹하면서 팔찌로 유혹하고 있소. 당신처럼 나이 많은 노인들은 수 많은 음모를 품고 있는 경우가 허다한 법이오. 은밀히 나를 칼로 기습하려고 하겠지. 선원들이 헤르브란트의 아들인 힐데브란트는 자신의 왕을 위해 전사했다고 말했소."

하두브란트로 하여금 싸움을 부추기는 요인이 그가 지니고 있는 젊음의 격정때문만은 아니었다. 교활한 훈족들이 이미 전에도 그를 속이려고 시도한 적이 있었던 것이다.

"자네가 착용하고 있는 갑옷과 투구로 보아선 자네는 부유한 군주를 섬기고 있는가 보군. 힐데브란트에게 그러했던 것처럼, 누구도 자네를 이 나라에서 추방하지는 못 했어. 만물의 주재이신 신이시여, 이제 불행이, 끔찍한 운명이 일어나고 있습니다. 타국에서의 지난 서른 해 동안 언제나 나는 용사들의 무리 가운데 있었고 또 무수한 전투에서 격전을 벌여왔습니다. 하지만 어떤 성에서도 목숨을 잃진 않았습니다. 그런데 이제 자신의 아이가 나를 죽이려 하고 있다니요. 아니면 내가 그의 살인자가 되어야 할 운명이 되었습니다."

하두브란트는 적개심에 찬 눈으로 낯선 용사와 시선이 마주쳤다. 이 늙은 노인이 자신의 부친이란 말인가? 하고 그는 곰곰이 생각했다. 그를 속이려 들었던 어떤 훈족의 병사도 이처럼 교묘하지는 않았다. 그는 아무 말도 하지 않았지만 실로 두려움때문에 아무렇게나 말을 내뱉고 있다는 사실을 이방인에게 암시했다.

"자네가 그처럼 싸움에 굶주려 있다면, 들어 보시게, 동부의 용사들은 비겁하지 않다네. 하두브란트여, 이제 나에게서 갑옷과 투구 그리고 무기들을 빼앗아 보게."

이제 그들은 또 다시 칼을 빼어들고 서로 마주보고 걸어갔다. 그리고 방패가 점점 더 작아질 때까지 순백의 방패를 향해 칼로 내리쳤다. 마침내 그들은 조각이 되어버린 방패를 던져버리고 자신들의 무기를 무방비 상태에 내맡겼다. 힐데브란트는 치명적인 일격을 피하고 방어만 했다. 하지만 그들의 갑옷이 찢어지고 나서 아버지와 아들은 피투성이가 되자, 심각한 타격을 거부하던 힐데브란트는 자신의 아들을 때려 눕혔다.

비교적 최근의 이야기에 따르면 힐데브란트는 아들을 쓰러뜨리고는 그의 칼을 가슴 위에 놓았다. 아직도 젊은 용사는 그의 이름을 입밖에 내지 않았다. "늙은 야생 거위 같은 당신이 날 제압하다니, 난 더 이상 살고 싶은 생각이 없습니다"

"그대가 목숨을 보존하고 싶다면, 자네가 내 아들 하두브란트라고 내게 고백하게. 나는 자네의 아버지인 힐데브란트일세."

하두브란트가 대답했다. "당신이 내 아버지 힐데브란트이시라면, 저는 당신의 아들인 하두브란트입니다."

이렇게 해서 힐데브란트는 바닥에 쓰러진 아들을 자유롭게 해주었다. 하두브란트는 황급히 일어섰다. 그들은 서로를 알아보고 입을 맞추었다.

그리고 나서 그들은 말에 올라타고 베른으로 향했다.

그곳에서 하두브란트의 어머니가 그들을 맞이했다. 그녀는 아들이 피투성이에다가 상처를 입은 것을 보고 울기 시작하더니 그에게 이런 해를 입힌 자가 누구냐고 물었다.

"저는 이 상처를 기꺼이 감수할 겁니다." 하두브란트가 즐거운 기분으로 말했다. "제 부친께서 제게 이 상처를 입혔습니다. 내 옆에 말을 타고 계신 분이 바로 힐데브란트이십니다."

어머니는 힐데브란트를 기쁘게 맞이했다. 그리고 그를 껴안고 입을 맞추었다.

16. 디트리히가 자신의 나라를 되찾다

이제 하두브란트는 전령들을 통해 베른 시의 명사들을 왕의 홀로 불러들인 다음 디트리히 왕이 아멜룽엔의 영토에 와 있으며 그의 나라를 반환해 줄 것을 요구하고 있다고 알렸다.

"그대들은 디트리히 왕을 원하십니까? 아니면 악인인 지프카의 수하에 예속되길 바라십니까?" 힐데브란트가 좌중에 모인 사람들에게 물었다.

"우리들은 지프카에 저항해왔으며 디트리히를 기다리고 있었습니다! 지프카의 수중에 들어가느니, 차라리 디트리히와 함께 죽겠습니다!" 많은 사람들이 소리쳤다.

모든 사람들이 그 말에 동의했다. 많은 사람들은 디트리히 왕을 곧 볼 수 있다는 사실에 대해 신께 감사했다. 나머지 다른 사람들은 디트리히가 정말로 아멜룽엔의 영토 안에 있는지 의심스러워했다.

"우리의 왕께서 과연 오셨습니다. 그를 동행해 오신 힐데브란트께서 여기 제 옆자리에 앉아 계십니다. 이 분이 제 부친이십니다."

"환영합니다, 힐데브란트시여!" 모두들 인사했다.

"그대들이 디트리히를 왕으로 모시길 원한다면, 그대들의 말과 무기를 갖추어 그를 맞이하러 가십시다." 하두브란트가 말했다.

이렇게 해서 다음날 힐데브란트는 오백 명의 용사들과 함께 도시를 떠나 디트리히와 루드비히 공작이 체류하고 있는 숲으로 들어갔다. 힐데브란트와 하두브란트 그리고 다른 용사들이 왕 앞에 허리를 굽혔다. 디트리히는 자리에서 일어나 그들을 맞이하고 하두브란트에게 입을 맞추었다.

그리고 나서 그들은 모두 베른으로 갔다. 힐데브란트가 기를 운반했다. 그리고 하두브란트는 디트리히의 오른편에 서서 다음과 같은 말을 하면서 손을 내밀어 작은 황금 반지를 그에게 주었다.

"막강하신 왕이시여, 저로 하여금 이 도시를 다스리게 한 에름리히 왕이 죽은 이후로 저는 지프카가 이곳을 통치하는 걸 거절해 왔습니다. 이 작은 반지와 함께 저와 저의 용사들, 베른시 그리고 아멜룽엔의 전 영토는 당신께로 돌아올 것입니다."

디트리히는 고마움을 표하고 그것에 대해 모두에게 보답하고자 했다.

도시에서 온 곡예사들과 음유시인들이 디트리히와 동행자들을 마중했으며, 그들은 노래와 여흥으로 기뻐해 마지 않았다. 그리고 나서 기사들과 시민들은 말과 무기 그리고 금은 보화와 농가들을 왕께 선사했다. 따라서 디트리히는 성대하게 호송을 받으며 왕궁으로 되돌아와 그의 옆에 힐데브란트와 하두브란트를 두고 또 다시 왕좌에 앉았다. 디트리히는 사자들을 지방으로 보냈다. 소도시와 성채에서 속속 도착한 사절들은 이제 늙어서 다시 돌아온 새 왕에게 충성을 맹세했다. 며칠 후 디트리히는 강력한 군대를 거느리고 가까운 도시로 달려가 그곳에서 민회를 소집했다. 그곳에서 그는 지프카가 거의 무적의 군대를 모아 아멜룽엔의 영토를 정복하기 위해 진격하려 하고 있다고 설명했다.

"그대들은 나를 원하시오, 아니면 지프카가 왕이 되기를 바라시오?" 그가 민회에 모인 참석자들에게 묻고는 말했다. "나와 부하들은 지프카의 군대로부터 도망치지 않을 것이오."

민회에 온 모든 사람들이 디트리히 왕을 지지했다. "우리가 지프카에게 단 일 페니히라도 지불하느니, 차라리 아멜룽엔의 왕과 함께 죽음을 택하겠소." 그들이 소리쳤다.

그에 따라서 디트리히는 사자들을 각 영토로 보내 군대를 편성하도록 명했다. 모두들 전쟁에 대비해 무장을 하고 났을 때, 그는 팔천 명의 용사들과 함께 지프카의 군대를 향해 진군했다. 곧 대규모의 전투가 시작되었다. 힐데브란트는 디트리히의 군기를 들고 그의 선두에서 말을 몰았다. 아멜룽엔의 군사들이 길게 늘어선 지프카의 용사들 속으로 길을 트는 동안, 로마에서 도착한 칠천 명의 용사들로 구성된 두 번째 군대가 디트리히의 군대를 배후에서 공격했다. 이에 대항해서 디트리히가 용사들과 함께 돌진했다. 하두브란트는 지프카의 중심부대를 대항해 계속해서 싸웠다. 힐데브란트의 아들은 말과 기사들이 땅바닥에 쓰러질 정도의 강한 힘으로 좌우로 칼을 휘둘렀다. 이렇게 해서 그는 적진을 뚫고 지프카가 있는 곳까지 닿았다. 우선 그는 그의 기수와 군기를 베어버렸다. 그런 다음 하두브란트는 제어하기 어려운 분노에 사로잡혀 적의 군사령관에게 달려들었으며 그에게 무시무시한 일격을 가했다. 지프카 역시 가차 없이 반격을 했다. 이 대결은 젊고 광포한 공작이 에름리히의 늙은 고문에 맞서서 그의 투구와 머리를 쪼개어버릴 때까지 오랫동안 계속되었다.

그때 아멜룽엔의 군사들이 승리의 함성을 지르기 시작했다. 지프카의 군대를 통솔하던 지휘자들은 스스로 왕의 자리에 오른 지프카의 죽음에 관한 소식을 듣자 싸움을 중단하고 디트리히에게 항복했다.

디트리히는 군사들과 함께 곧바로 로마로 진군했다. 도중에 그들은 어떠한 저항에도 부딪치지 않았다. 도시와 성의 막강한 영주들은 지프카의 죽음을 거의 애석해하지도 않고 디트리히 왕에게 굴복했다. 대규모의 군대를 거느리고 그는 로마로 입성해서 왕의 홀로 들어갔다. 그곳에서 힐데브란트는 에름리히의 왕관을 디트리히 왕에게 씌어 주었다. 에름리히의 수 많은 부하들은 이제 우의적 관계때문에, 또는 나머지 다른 종사들은 새로운 통치자에 대한 두려움때문에 디트리히의 신하가 되었다.

이후로 디트리히는 로마에서 통치하면서 자신과 그의 준마인 팔케에에 대한 입상 등 거대한 건축물들을 세우게 했다. 그는 공정하게 다스렸으며 누구도 그의 나라를 침략하려 들거나 그밖에 감히 그와 견주어볼 생각을 하지 않을 만큼 막강한 힘을 구축했다. 하두브란트 공작은 거대한 제국의 북방에서 통치자가 되었다. 힐데브란트 스승은 대공국을 거절하고 그대로 남아 오랫동안 그의 왕 곁에서 살았다.

수년이 지난 후 힐데브란트는 병이 들었다. 디트리히 왕은 밤낮을 그의 충실한 병기담당 상사 곁에서 지새웠다.

"저는 곧 죽을 것 같습니다." 어느 날 힐데브란트가 말했다. "청하노니, 내 아들에게 당신의 우정을 베풀어 주십시오. 그는 제 무기를 상속받아 영원히 당신을 위해 싸울 것입니다."

그 말을 하고 힐데브란트는 곧 숨을 거두웠다. 디트리히 왕은 그를 애도하여 눈물을 흘렸으며 거대한 장례식을 거행하도록 명했다. 모든 사람들이 자신의 왕에 대한 힐데브란트의 신의, 그리고 그의 용맹스러움과 후덕한 배포를 칭송했다. 몇몇 사람들은 무기담당 상사의 나이가 백 오십 살이 되어서 죽었다고 주장했고, 다른 어떤 사람들은 심지어 그가 이백 살이 되어서야 숨을 거두었다고도 했다.

힐데브란트가 죽은 지 오래지 않아 디트리히의 부인인 헤라트 역시 명을 달리했다. 그녀는 남편으로 하여금 계속해서 의로운 일을 하도록 격려했으며 그녀의 온화한 성품때문에 높이 존경을 받았다.

하이메는 지프카의 죽음에 관한 소식을 듣고 난 후, 숲을 떠나 침략과 강탈을 그만두었다. 그는 거주지를 약탈해서 큰 해악을 끼치고 있는 어떤 거인에 관한 소문을 들었다. 다시금 명예를 얻기 위해 하이메는 거인에게 결투를 청했다. 그때 하이메는 거인이 내리치는 타격을 교묘하게 피해 칼을 쥔 그의 손을 잘라내는데 성공했다. 하이메를 압살하기 위해 거인이 쓰러져 누웠을 때, 그는 거인에게 접근해서 그의 양 다리 사이에 도달했다. 거기서 하이메는 거인에게 치명적인 타격을 입혔다.

그에 대한 기별이 디트리히의 궁정에 흘러 들어갔다. 왕은 그러한 일을 도모한 영웅에 대해 알아보게 하고 남의 눈에 띄지 않게 숨어있는 하이메를 찾아오게 했다. 그리고 나서 베른의 왕은 그를 궁정으로 초대해서, 융숭하게 대접하고 그를 수행원들의 지휘자로 삼았다. 한 번은 하이메가 디트리히 왕에게 저항하며 조세의 지불을 거부하고 있는 한 거인에게로 갔다. 그는 동굴에 누워서 투덜거렸다. "난 일어나서 너를 쳐 죽이고 싶은 기분이 아니야." 바닥에 누워있는 그를 찔러 죽이는 대신 하이메는 용사의 명예가 요구하는 대로 거인이 자리에서 일어나 철봉을 움켜 쥘 때까지 기다렸다. 하이메가 자리를 피할 사이도 없이 거인은 가공할 만한 힘과 능란한 솜씨로 철봉을 휘두르며 달려들었다. 그는 공중으로 내 던져졌고 이미 숨을 거둔 뒤였다.

디트리히는 자신의 동료가 전사했다는 소식을 듣고, 복수를 하기 위해 무기를 들고 투구와 갑옷을 갖추어 입은 다음 거인에게로 향했다. 거인은 또 다시 철봉을 뒤흔들었지만, 디트리히는 그를 향해 재빨리 달려들어 번개처럼 빠르게 그의 양손을 베어 버

베른의 영웅 디트리히. H. 보겔의 그림.

렸다. 그런 다음 손을 잃은 거인에게 치명적인 상처를 입혔다.

전해지는 바에 의하면, 이것이 베른의 영웅이 에케작스를 휘두르며 거인과 싸운 마지막 위대한 대결이었다.

고령의 나이에 디트리히의 힘은 쇠하여지고 있었다. 하지만 그가 무기를 지닐 때면, 그의 손은 언제나 강력한 힘을 발휘했다. 그는 다른 용사들이 감히 접근도 하지 못 하는 짐승들을 사냥하기를 좋아했다. 어느 날 그는 지금껏 아무도 대면한 적이 없는 훌륭한 사슴을 만났다. 왕은 이유를 막론하고 사슴을 추적하려고 했다. 그의 말이 준비가 되기도 전에, 그는 황급히 그의 옆에 서 있던 흑마에 훌쩍 뛰어올랐다. 그리고는 그곳으로 내달렸다. 흑마는 팔케보다 훨씬 더 빨랐고 가장 빨리 나는 새들까지도 능가했다.

"디트리히 왕이시여, 당신께선 언제 돌아오실 겁니까?" 그의 동료들이 물었다.

"신들이 원하실 때!" 그것이 왕의 입에서 돌아온 말이었다.

그 후 베른의 디트리히가 어떻게 되었는지 말할 수 있는 사람은 아무도 없다.

현명한 용사들의 말에 따르면 그는 폭풍이 되어 질주했다고도 한다. 디트리히는 위험과 재해를 경고한다. 그리고 어떤 사람들은 그의 도움을 받기도 했다.

□ 용어 설명

(*알파벳 순서를 그대로 지킴)

에기르(Ägir) 바다의 거인. 바다의 신이라고도 불리운다.

아그나르(Agnarr) 가이로트 왕의 아들.

아키(Aki) 하르룽엔족의 왕 에름리히의 조카.

알베리히(Alberich) 마술을 자유자재로 부릴 줄 아는 난쟁이, 후에 니벨룽엔의 보물을 감시하는 임무를 맡는다.

알드리안(Aldrian) 하겐의 부친.

알펜(Alfen) 빛의 알펜들은 대개가 신들과 친밀한 존재이지만, 어둠의 알펜들은 난쟁이들에 가깝다.

알비스(Alvis) 박식한 난쟁이로 토르의 계략에 넘어간다.

아말(Amal) 아말러(아멜룽엔)족의 선조.

아멜리히(Amelrich) 바이에른 지방의 영웅. 하겐이 도나우강의 사공에 직면해서 아멜리히로 사칭한다.

아멜룽(Amelung) 대공 엘중의 조카.

아멜룽엔(Amelungen) 역사상 동고트의 아말러족에 대한 왕족을 일컫는다. 가장 주목할 만한 통치자는 베른의 디트리히이다.

아밀리아스(Amilias) 니둥 왕 직속의 대장장이로 뷜란트 역시 그를 위해 일한다.

안드바리(Andvari) 값진 보물을 소유한 난쟁이.

안그르보다(Angrboda) 거인족의 여인, 로키는 그녀에게서 펜

리스라는 늑대와 미드가르트라는 독사 그리고 헬이라
는 자녀를 낳는다.

아제(Ase) 인도게르만의 어원으로 보면 '숨을 쉬다(호흡하다)'
로 해석할 수 있다. 바네 신족과 더불어 게르만 신화에
등장하는 두 신족들 중의 하나로 종종 전쟁과 통치권을
지향한다. 신들의 아버지인 오딘과 그의 부인인 프리크
이외에도 토르, 발더, 티르, 하임달 그리고 브라기는
주목할 만한 아제 신들이다.

아스가르트(Asgard) 아제 신들이 거주하는 곳. 이곳에 발할이라
는 궁전과 오딘의 높은 자리인 홀리츠크얄프가 있다.

아스크(Ask) 물푸레나무라는 뜻. 세 명의 신들이 이 나무 줄기
로 만든 최초의 인간쌍 중의 남자 이름.

아스톨트(Astold) 도나우 강변 멜크의 성주.

아우둠라(Audumla) 암소의 시조로 얼음을 핥아 신들의 선조인
부리를 나오게 한다.

발더(Balder) 오딘과 프리크의 아들인 아제 신. 로키의 사주로
회트에 의해 죽임을 당한다.

발뭉(Balmung) 지그프리트의 검, 고대 북부어로는 그란이라 불
린다.

베르겔미르(Bergelmir) 신들이 이미르를 죽이고 그의 피로 모든
거인들을 익사시켰을 때, 유일하게 살아남은 거인의 선
조.

베른(Bern) 전설적인 장소로 사적史的인 베로나Verona에 대한
고대 독일의 지역 이름(스위스의 베른이 아님).

베르제르커(Berserker) '광포함' 때문에 특별히 용감무쌍한 전사
들을 말하며, 이들은 왕과 오딘의 수행원으로 축성되었
다.

비프뢰스트(Bifröst) 아스가르트와 미드가르트 사이에 난 다리로

무지개라는 이름으로 불리운다.

비터롤프(Biterolf) 덴마크의 통치자로 디트라이프의 부친.

블뢰델(Blödel) 에첼의 형제.

블루트강(Blutgang) 하이메의 칼.

뵈드빌트(Bödwild) 니둥 왕의 딸이며 뷜란트의 부인.

볼트람(Boltram) 힐데브란트가 비테게를 처음으로 만났을 때 사칭한 이름.

뵐베르크(Bölverk) 오딘이 이 이름으로 시인들의 꿀술을 도로 찾아온다.

브라기(Bragi) 문학의 신.

브리징아멘(Brisingamen) 프라이야 여신의 비길 데 없이 아름다운 진귀한 목걸이.

브로크(Brokk) 난쟁이이자 솜씨가 뛰어난 대장장이 진드리의 형제.

브뤼네(Brünne) 흉갑(본문에서는 '흉갑'으로 번역).

브루노(Bruno) 하랄트 캄프찬 왕의 심복. 후에 오딘이 브루노의 모습으로 그의 행세를 한다.

브린힐트, 브륀힐트(Brynhild, Brünhild) 지구르트(지그프리트)에 의해 풀려난 발퀴레. 이젠슈타인의 여왕으로 군림하다 군터의 부인이 된다.

부후르트(Buhurt) 기사들이 함께 싸우는 마상시합.(본문에서는 '마상시합'으로 번역)

부르군트족(Burgunden) 보름스에 왕궁이 있는 게르만의 종족.

당크라트(Dankrat)부르군트족의 죽은 왕으로 우테 대비가 그의 부인. 니둥 왕의 심복.

당크바르트(Dankwart) 하겐의 아우.

디터(Dieter) 에름리히의 형제이며 하르룽엔족의 아키와 에가르트의 부친.

디트헤어(Diether) 베른의 디트리히의 형제.

디트라이프(Dietleib) 덴마크의 통치자 비터롤프의 아들이며 베른의 영웅 디트리히의 수행원.

디트마르(Dietmar) 베른의 왕이자 디트리히의 부친.

베른의 디트리히(Dietrich von Bern) 베른(즉 라벤나)의 왕. 이 전설적 인물의 역사상의 전형은 테오데리히 대제(453-526)이다.

드라우프니르(Draupnir) 아흐레 째 밤마다 똑같은 무게의 반지가 여덟 개씩 떨어진다는 오딘의 반지 이름.

에케(Ecke) 베른의 디트리히에게 싸움을 건 거인.

에케작스(Eckesachs) 난쟁이 알베리히가 벼리어 만든 검. 처음에는 에케의 것이었다가 베른의 디트리히 소유가 된다.

에케바르트(Eckewart) 부르군트족의 궁성에 있는 변경의 수령.

에가르트(Egard) 하르룽엔족의 왕 에름리히의 조카.

에길(Egil) 뷜란트의 형제.

아인헤리에, 아인헤어예르(Einherier, Einherjer) 전쟁에서 쓰러진 전사자들로 발퀴레들이 발할로 데려온다.(본문에서 '전사자'로 번역)

엘리(Elli) 거인 우트가르트 로키의 유모. 토르는 그녀와 씨름으로 힘겨루기를 한다.

엘제(Else) 바이에른 지방의 변경 수령이며 겔프라트의 형제.

엘중(Elsung) 아멜룽엔 영토의 대공.

엠블라(Embla) '느릅나무'라는 뜻. 세 명의 신들이 이 나무 줄기로 만든 최초의 인간쌍 중의 여자 이름.

에름리히(Ermrich) 로마의 왕이며 베른의 영웅 디트리히의 숙부. 동고트 왕 에르마네리히(에름리히)Ermanerich (Ermrich)의 이름이 전설에서 역사상의 인물 테오데리히 대제의 적수인 오도아케르Odoaker(433-493)의 자리를 대신한다.

에르프(Erp) 헬헤 왕비 사이에서 난 에첼의 아들.

에첼(Etzel) 훈국의 왕. 고대 북부어로는 아틀리Atli. 역사적 전
　　　형은 아틸라Attila이다(453년에 사망).

파프니르(Fafnir) 농부 흐라이드마르의 아들이며 대장장이 레긴
　　　의 형제로 용으로 변신해서 지구르트(지그프리트)에 의
　　　해 목숨을 잃는다.

팔케(Falke) 베른의 영웅 디트리히의 말.

파졸트(Fasolt) 거인 에케의 형제로 베른의 디트리히에게 결투를
　　　신청한다.

펜리스 늑대(Fenriswolf) 로키가 거인족의 여인인 안그르보다
　　　사이에서 낳은 늑대로 신들의 적. 처음에는 신들에 의
　　　해 결박당하나 세계의 종말이 오기 전에 쇠사슬에서 풀
　　　려나 오딘과 교전하다가 그를 삼켜버린다.

프얄라르(Fjalar) 그의 형제인 갈라르와 공동으로 현명한 크봐지
　　　르를 죽인 난쟁이.

필니르(Fjölnir) 오딘이 지그프리트와 해후할 때 스스로 이 이름
　　　을 사용한다.

포르제티(Forseti) 발더와 난나의 아들. 티르와 더불어 법의 신
　　　으로 간주된다.

프라이(Frey) 바네 신족의 풍요를 관장하는 신. 뇌르트의 아들이
　　　며 프라이야의 오라버니로 수퇘지 굴린보르스티를 소
　　　유하고 있다.

프라이야(Freyja) 바네 여신으로 뇌르트의 딸이며 프라이의 누이
　　　동생. 연애사건에 연류되며 고양이가 끄는 수레를 타고
　　　다닌다. 값진 금장신구인 브리징아멘과 매의 옷을 소유
　　　하고 있다.

프리드리히(Friedrich) 에름리히 왕의 아들.

프리크(Frigg) 아제 신들 중에서 가장 중요한 여신으로 오딘의 부인이자 발더의 모친. 부인들과 가정의 여신이기도 하다. 매의 옷을 소유하고 있다.

프리틸라(Fritila) 에름리히 왕의 조카인 아키와 에가르트의 수양 아버지.

풀라(Fulla) 프리크 여신의 하녀로 그녀의 신발과 보물상자를 지키고 있다.

갈라르(Galar) 그의 형제인 프얄라르와 함께 현명한 크봐지르 신의 목숨을 잃게 한 난쟁이.

강라트(Gangrad) 이 이름으로 오딘이 파프트루드니르와 지식 경쟁을 한다.

가름(Garm) 저승 입구에서 사납게 울부짖는 개.

게프욘(Gefjon) 행복과 풍요를 주는 여신.

가이로트(Geirrod) 오딘의 양자로 후에 왕이 된다. 오딘은 그림니르라는 이름으로 가이로트를 시험한다.

가이뢰트(Geirröd) 토르를 무방비 상태로 자신의 농가로 유인해서 그를 죽이고자 시도한 거인.

겔프라트(Gelpfrat) 바이에른 지방의 군주이며 엘제의 형제.

게르트(Gerd) 뛰어난 미모를 소유한 거인 처녀. 프라이가 그녀를 신부로 얻는다.

게레(Gere) 부르군트국 궁정의 변경 영주.

게르노트(Gernot) 부르군트족의 왕으로 군터 왕의 아우.

기비히(Gibich) 에첼의 수하에 있는 왕.

기눙아가프(Ginnungagap) 세상이 생성되기 이전의 원시의 심연. '불가사의한 힘으로 충만한 원시 공간'

기젤헤어(Giselher) 부르군트족의 왕으로 군터와 게르노트의 막내 아우.

걀라르 뿔나팔(Gjallarhorn) 하임달 신의 뿔나팔, 그는 라그나뢰크가 발발했을 때 신들에게 알리기 위해 이 경적의 나팔을 분다.

푈(Gjöll) 지하에 흐르는 강으로 저승의 세계로 가는 경계에 있다.

글라이프니르(Gleipnir) 신들이 늑대 펜리스를 결박하는데 성공한 끈.

고데(Gode) 아이슬란드의 최소단위의 민회 공동체에서 제식과 정치를 대표하는 인물.

고테린트(Gotelind) 베히라렌의 변경 영주인 뤼데거의 부인.

그라마라이프(Gramaleif) 비테게가 상대로 싸웠던 도둑들 중의 우두머리.

그란(Gran) 지그프리트가 소유한 칼의 고대 북부어 이름.

그라니(Grani) 지그프리트가 타고 다니는 말의 고대 북부어 이름.

그리트(Grid) 토르에게 자신의 마법의 지팡이와 쇠장갑 그리고 힘의 띠를 준 거인족의 여인.

그림(Grim) 힐트와 공동으로 베른의 디트리히를 대적해서 싸운 거인.

그림니르(Grimnir) 이 이름을 사용해서 오딘은 수양 아들인 가이로트를 시험한다.

굴린보르스티(Gullinborsti) 프라이 신이 타고 다니는 황금털 달린 수돼지.

굴바이크(Gullveig) 마술에 뛰어난 바네 여신으로 인간들에게 금을 나누어주고 두 신족들 사이의 전쟁을 유발한다.

궁니르(Gungnir) 어떤 무기로도 저지할 수 없는 오딘의 창.

군뢰트(Gunnlöd) 거인 주퉁의 딸로 오딘이 그녀를 유혹해서 시인들의 꿀술을 훔쳐내기에 이른다.

군터(Gunter) 부르군트국의 왕으로 세 형제 왕들 중에서 최고 연장자. 고대 북부어로는 군나르(Gunnarr). 라인강변의 크산텐에 거주하는 지그프리트와 크림힐트의 아들.

기미르(Gymir) 거인으로 프라이가 결혼한 게르트의 부친.

하데부르크(Hadeburg) 하겐에게 예언한 도나우 강변의 두 인어들 중 하나.

하두브란트(Hadubrant) 힐데브란트의 아들.

트론예의 하겐(Hagen von Tronje) 보름스 궁전의 세 부르군트국 왕들의 이복 형제로 메츠의 오르트빈의 숙부. 고대 북부어로는 회그니Högni.

할스베르게(Halsberge) 흉갑 위에 덧 씌워 목을 보호한다. (본문에서는 '목보호대'로 번역)

하랄트 캄프찬(Harald Kampfzahn) 덴마크의 왕으로 오딘에게 바쳐진다.

하르바르트(Harbard) 이 이름으로 오딘은 뱃사람으로 가장하여 아들인 토르에게 건너편으로 건네 주기를 거절한다.

하르룽엔(Harlungen) 에름리히 제국의 왕가.

하티(Hati) 달을 쫓는 늑대.

하바르트(Hawart) 에첼 수하의 덴마크 제후.

하이드룬(Heidrun) 발할의 지붕 위에 있는 염소. 이 염소의 젖통에서 흘러 나오는 꿀술이 전사자들의 음료로 제공된다.

하임달(Heimdall) 아제 신으로 아스가르트에서 아제 신들의 다리인 비프뢰스트를 지키는 경호원. 뿔나팔을 불어 라그나뢰크가 다가왔음을 신들에게 경고한다.

하이메(Heime) 슈튜다스가의 후예로 베른의 영웅 디트리히의 친구.

헬(Hel) 전쟁에서 숨을 거두지 못한 죽은 자들의 지하세계. 로키와 거인족의 여인 안그르보다의 딸 헬이 이 저승의 지배자이다.

헬헤(Helche) 훈국의 왕비이며 에첼의 부인.

헬페리히(Helferich) 베른의 영웅 디트리히의 종사.

헤르브란트(Herbrant) 힐데브란트의 부친.

헤르모트(Hermod) 동생 발더를 데려오기 위해 지옥으로 말을 타고 간 신.

헤라트(Herrat) 헬헤 왕비의 질녀로 베른의 디트리히와 결혼한다.

헤르제(Herse) 노르웨이의 한 가우(게르만 민족의 지역구)의 대표자로 군사와 재판권에 대한 권한이 있다.

헤르뵈르(Herwör) 발퀴레이며 대장장이 빌란트의 부인.

히알프레크(Hialprek) 에첼 수하의 용사로 에첼의 아들들을 싸움터에서 보호한다.

힐트(Hild) 마력을 소유한 거인족의 여인으로 요물. 베른의 디트리히와 맞서 그림과 함께 격전한다.

힐데브란트(Hildebrant) 베른의 디트리히의 병기담당 상사. 《힐데브란트의 노래》에서는 자신의 아들인 하두브란트와 벌이는 결투가 묘사되고 있다.

힐데그림(Hildegrim) 힐트의 투구로 베른의 영웅 디트리히의 소유가 된다.

힐데군트(Hildegund) 스페인의 발터가 에첼의 궁정에서 도주할 때 그와 동행한 여인.

홀리츠크얄프(Hlidskjalf) 오딘의 높은 자리 또는 감시대. 이 용상에 앉아 오딘은 온 세상을 내려다본다.

흐니카르(Hnikar) 오딘은 지그프리트와 만날 때 스스로 이 이름을 사용한다.

회트(Höd) 장님인 아제 신. 로키의 교사로 발더를 죽인다.

홀름강(Holmgang) 원래 작은 섬인 소도에서 벌이는 결투로 후에는 말뚝으로 경계를 표시한 육지에서 승부를 가렸다.

회니르(Hönir) 아제 신들 중의 하나로 바네 신들과 전쟁을 치룬 후 아제 신들이 그를 볼모로 넘긴다.

회르디스(Hördis) 지그프리트 모친의 고대 북유럽의 이름.

호른보게(Hornboge) 베른의 영웅 디트리히의 친구인 변경의 영주.

호르트(Hort) 니벨룽엔의 신화적, 즉 무한정의 보물.

흐라이드마르(Hreidmar) 마술에 능통한 농부로 파프니르와 레긴의 아버지.

흐룽니르(Hrungnir) 토르에게 결투를 신청했다가 목숨을 잃은 거인.

후기(Hugi) 트얄피가 거인인 우트가르트 로키의 궁정에서 함께 경주한 주자.

후긴(Huginn) 오딘이 정찰을 목적으로 세상으로 날려보내는 두 마리의 까마귀 중 하나.

훈딩(Hunding) 북유럽의 전승에 따르면 훈딩의 아들들이 지그프리트의 부친을 살해한다.

후놀트(Hunold) 부르군트 궁정의 시종.

흐버겔미르(Hvergelmir) 니플하임의 샘. 여기에서 흐르는 강물이 남쪽으로 향한다. 또한 거대한 물푸레나무인 이그드라질 아래에서 솟아나는 샘을 일컫는다.

히미르(Hymir) 거인으로 티르 신의 수양 아버지.

히로킨(Hyrrokkin) 거인족의 여인으로 발더의 장례식을 치루기 위해 그의 시체를 실은 배를 물 속으로 밀어넣는다.

이둔(Idun) 아제 신 브라기의 부인. 신들에게 영원한 젊음을 간직하는 청춘의 사과를 제공한다.

인그람(Ingram) 하이메가 합세한 노상 강도들의 우두머리.

이링(Iring) 에첼 수하에 있는 덴마크의 변경 영주.

이르민고트(Irmingot) 고대 북유럽의 전쟁신 티르의 고대 작센의 이름.

이른프리트(Irnfried) 에첼 수하에 있는 튀링엔의 영주.

이발디의 아들들(Ivaldis Söhne) 난쟁이들이며 숙련된 대장장이들. 지프의 황금 머리카락, 오딘의 창 그리고 배 스키드블라드니르를 만든다.

야를(Jarl) 노르웨이에서 왕 다음으로 가장 높은 칭호.

요르트(Jörd) 대지의 여신으로 오딘 사이에서 토르를 낳는다.

콘라트(Konrad) 아멜룽엔 영토에 있는 대공 루드비히의 아들.

크림힐트(Kriemhild) 부르군트국 궁정의 공주로 군터, 게르노트 그리고 기젤헤어의 누이 동생이자 지그프리트의 부인.

퀸힐트(Künhild) 라우린에 의해 유괴된 디트라이프의 누이.

크바지르(Kvasir) 최고의 지혜를 겸비한 신으로 아제 신족과 바네 신족 사이의 전쟁이 벌어진 이후 두 신족들이 평화의 징표로 항아리에 침을 뱉고 그 침을 섞어서 생겨난다.

라우린(Laurin) 난쟁이의 왕으로 베른의 디트리히가 그의 장미 정원으로 침입한다.

리프(Lif) 라그나뢰크를 견디고 살아남은 두 명의 인간 중 하나.

리프트라지르(Lifthrasir) 라그나뢰크를 견디고 살아남은 두 사람 중 하나.

로기(Logi) 거인 우트가르트 로키가 거하는 궁정의 의인화된 불. 로키가 그와 먹기 겨루기를 한다.

로키(Loki) 거인의 혈통을 타고 났으나 아제 신들에게 받아들여져 종종 아제 신으로 일컬어진다. 그는 신들 중에서 특히 토르의 동료로 유용되기도 하지만 세 가지 세계의 적들을 낳고 발더의 죽음을 사주한다.

뤼데가스트(Lüdegast) 덴마크의 왕, 부르군트국에 대항한 전쟁에서 지그프리트에 의해 인질로 사로잡혀 보름스로 온다.

루드비히(Ludwig) 아멜룽엔 영토의 대공.

마그니(Magni) 토르의 아들.

메트(Met) 맥주와 맛이 비슷한 발효한 벌꿀술.(본문에서는 '꿀술' 로 번역)

미드가르트(Midgard) '중간 세계의 거주지'라는 뜻으로 세상 한 가운데에 있는 인간의 세계, 벽을 통해 아제 신들에 의해 우트가르트로부터 보호를 받고 있으며 아제 신들의 다리인 비프뢰스트 위로 아스가르트와 연결되어 있다.

미드가르트의 뱀(Midgardschlange) 로키와 거인족의 여인 안그르보다가 낳은 세 가지 괴물 중의 하나이며 신과 인간들의 주요적, 처음에는 '지구의 띠'로써 인간 세계를 휘감고 있다가 바다의 괴물이며 토르의 적이 됨.

미메(Mime) 빌란트에게서 도제수업을 받은 대장장이이며 지그프리트의 스승이기도 하다.

미미르(Mimir) 그의 이름을 딴 우물을 지키고 있는 위대한 현자. 바네 신족과 아제 신족 사이의 전쟁이 있은 후 아제 신들이 그를 바제 신들에게 인질로 보낸다.

미뭉(Mimung) 대장장이 빌란트가 아들 비테게를 위해 만든 유명한 칼. 후에 베른의 디트리히 소유가 된다.

묄니르(Mjöllnir) 던질 때마다 매번 저절로 손 안으로 되돌아오는 신기에 가까운 망치. 즉 천둥번개의 신인 토르의 무기이자 생산을 축성하고 계약을 증명하기 위해 보증의 역할도 하는 도구이다.

모디(Modi) 토르의 아들.

문딜파리(Mundilfari) 아들인 마니(달)와 딸인 졸(태양)의 아버지.

무닌(Muninn) 후긴과 더불어 오딘이 정탐을 위해 보내지는 두 마리의 까마귀 중 하나.

무스펠(Muspell) 무스펠스하임을 통치하는 거인.

무스펠스하임(Muspellsheim) 세계의 남쪽에 있는 빛의 지역. 이 지역에서 올라온 열기와 불꽃으로 이미르가 생겨난다.

나겔링(Nagelring) 알베리히가 만든 칼. 그가 베른의 디트리히를 위해 거인 그림에게서 빼앗아 온다. 후에 하이메가 이 칼을 소유한다.

나글파르(Naglfar) 죽은 자들의 손톱과 발톱으로 만든 배로 라그나뢰크에는 세계의 적들을 공격하는데 사용된다.

난나(Nanna) 발더의 부인. 발더가 죽어 장례식을 거행할 때 그녀의 심장이 파열함으로써 그와 함께 화장된다.

낸트빈(Näntwin) 에첼 수하의 왕.

나우둥(Naudung) 에첼 수하의 대공.

니벨룽(Nibelung) 니벨룽엔 왕의 아들이며 쉴붕의 형제.

니벨룽엔(Nibelungen) 전설상의 보물이 유래하는 북쪽의 '안개 나라'. 이 이름이 후에는 부르군트족의 이름으로 위임된다.

니드회크(Nidhögg) 시체를 파먹는 용으로 거대한 물푸레나무인 이그드라질의 뿌리 아래에서 서식한다.

니둥(Nidung) 왕의 이름으로 대장장이 뷜란트가 그의 궁정에서 일한다.

니플하임(Niflheim) 북쪽에 있는 얼음으로 뒤덮힌 세계. 남쪽의 무스펠스하임과 대립된다.

뇌르트(Njörd) 풍요와 항해의 바네 신. 프라이와 프라이야 남매의 부친으로 거인족의 처녀인 스카디와 결혼한다.

노르네(Norne) 운명의 여인 또는 운명의 여신이라 불리워진다. 거대한 물푸레나무 곁에 있는 우르트라는 샘에서 세 노르네들이 활동한다. 우르트는 과거를, 베르난디는 현재를, 스쿨트는 미래를 결정한다. 이 밖에도 수 많은 다른 운명의 여신들이 있다.

오다(Oda) 힐데브란트의 부인이며 하두브란트의 모친 비터롤프의 부인이자 디트라이프의 모친.

오딜리아(Odilia) 지프카의 부인.

오딘(Odin) 아제 신들의 아버지.(독일에서는 보단Wodan으로 불리운다) 그의 조부는 신들의 조상인 부리이며 부친은 부르 또는 보르이다. 오딘의 형제는 빌리와 베가 있으며, 그의 아들들은 토르, 발더 그리고 티르가 있다. 프리크는 그의 부인이다. 오딘은 전쟁의 신이자 시문학과 루네 문자 그리고 죽은 자들의 신이기도 하다.

오르트라이프(Ortleib) 크림힐트와 에첼 사이에서 태어난 아들.

오르트빈(Ortwin) 헬헤와 에첼 사이에서 태어난 아들.

메츠의 오르트빈(Ortwin von Metz) 부르군트국 궁정에 있는 하겐의 조카.

오트빈(Otwin) 니둥 왕의 아들.

필그림(Pilgrim) 파사우의 주교이며 우테 대비와 남매간으로 크림힐트와 그 오라버니들의 숙부이다.

라벤(Raben) 전설상의 장소이며 역사상으로는 라벤나Ravenna. 이곳에서 전설의 라벤 전투가 일어난다.

라그나뢰크(Ragnarök, ragna와 rçk에서 유래한 '신들의 운명' 또한 '신들의 멸망'의 뜻. 후에는 ragnarøkkr인 '신들의 황혼'이란 뜻으로 잘못 해석되어짐) 세계의 몰락, 즉 세계의 적들에 대항한 최후의 신들의 전쟁.

란(Ran) 바다의 신 에기르의 부인으로 물에 빠져 죽은 사람들을 그물로 끌어올린다.

라타토스크(Ratatosk) 거대한 물푸레나무 줄기에서 상하로 뛰어다니는 다람쥐로 나뭇가지 속의 독수리와 물푸레나무 아래의 용 니드회크 사이의 싸움을 부추긴다.

레긴(Regin) 고대 북유럽 전승에 따르면 지그프리트가 이 대장장이 집에서 성장한다. 파프니르의 형제 니둥 왕의 사자.

레긴발트(Reginbald) 베니스의 대공이며 힐데브란트의 부친. 에름리히 왕의 아들 이름.

거인(Riese) 세계의 원주민, 그들에게서 신들이 유래한다. 트루스들과 트롤들처럼 악한 거인들도 있지만 파프트루드니르와 같은 지혜로운 거인들도 있다.

리크(Rig) 이 이름으로 하임달은 인간 세계로 가서 계급을 형성한다.

림슈타인(Rimstein) 게림스하임 성의 대공.

린트(Rind) 왕의 딸로 오딘은 그녀 사이에서 발더의 복수자이며 회트를 살해할 발리Vali를 낳는다.

링(Ring) 하랄트 캄프찬 왕의 조카이며 그의 적.

리스페(Rispe) 하이메의 말.

뢰스크바(Röskva) 토르의 신하인 트얄퍼의 누이 동생.

베히라렌의 뤼데거(Rüdeger von Bechlaren) 오늘날의 페히라른 Pöchlarn에 있는 도나우 강변의 에첼의 변경 영주.

루몰트(Rumold) 부르군트국 궁정의 주방장.

루뭉(Rumung) 에첼 수하에 있는 왈라키아의 대공.

루네 문자(Rune) 고대 북유럽어로 '비밀, 마법의 기호'라는 뜻. 게르만의 문자이며 상징 기호, 특히 바이킹 시대에 사용되었다. 오딘이 창시자이며 루네 문자의 신으로 간주된다.

룽아(Runga) 비테게의 기수

제림니르(Sährimnir) 발할의 수퇘지, 이 수퇘지 고기가 매일 전사자들의 식탁에 공급된다.

잠존(Samson) 에름리히 왕의 아들.

짐바리말(Saumtiere) 짐을 운반하는 말.

쉴붕(Schilbung) 니벨룽엔족의 왕 니벨룽의 형제.

슐락피더(Schlagfider) 빌란트의 형제.

슈베멜(Schwämmel) 크림힐트의 부탁을 받고 부르군트국으로 떠난 에첼의 두 음유시인 중의 한 사람.

기사서임식(Schwertleite) 선서와 함께 의식을 거행하는 장엄한 검 수여식, 젊은 용사들은 이 의식을 거행함으로써 방어 능력을 갖추고 성년이 되었음을 선고한다.

지그프리트(Siegfried) 라인강변에 있는 크산텐의 왕이자 니벨룽엔의 군주, 오딘의 혈통을 타고 난다. 보름스에 있는 군터와 브륀힐트의 아들 이름.

지그린트(Sieglind) 크산텐의 왕비이자 지그프리트의 모친.

지그문트(Siegmund) 라인강변에 위치한 크산텐의 왕이자 지그프리트의 부친.

지프(Sif) 토르의 부인인 아제 여신으로 길다란 황금 머리카락을 지녔다.

지프카(Sifka) 에름리히 왕의 고문. 중고지 독일어로는 지비히 Sibich

지게린트(Sigelint) 하겐에게 예언을 한 도나우강변의 두 인어 중 하나.

지기(Sigi) 지그프리트의 증조부. 일설에는 오딘의 아들이라고 한다.

지그슈타트(Sigstadt) 베른의 영웅 디트리히의 조카.

지그슈타프(Sigstaf) 비테게가 상대로 싸운 도둑.

지구르트(Sigurd) 북구의 신화에 등장하는 영웅. 용 파프니르를 쳐죽인다.

지긴(Sigyn) 로키의 부인인 아제 여신.

진돌트(Sindold) 부르군트 궁정의 음료담당관.

진드리(Sindri) 난쟁이이자 기술이 뛰어난 대장장이. 수퇘지 굴
린보르스티, 반지 드라우프니르 그리고 묠니르 망치를
만든다.

진트람(Sintram) 난쟁이 왕인 라우린 다음으로 서열이 높은 난
쟁이. 디트리히가 태수로 임명한다.

스카디(Skadi) 거인 트야찌의 딸이자 뇨르트 신의 부인. 사냥과
스키의 여신이다.

스케밍(Skemming) 빌란트의 말. 후에는 아들 비테게의 소유가
된다. 리스페는 스케밍의 형제말이다.

스키드블라드니르(Skidbladnir) 프라이 신의 배로, 모든 배들 중
의 으뜸인 배.

스키르니르(Skirnir) 바네 신 프라이의 친구이자 신하로 프라이
에게 게르트를 신부로 얻도록 도와준다.

스퀼(Sköll) 해를 뒤쫓고 있는 사나운 늑대.

스크리미르(Skrymir) 거인 우트가르트 로키의 다른 모습.

슬라이프니르(Sleipnir) 고대 북유럽어로 '미끄러지듯 질풍같이
달리는 말'의 뜻. 다리가 여덟인 오딘의 말. 거인이 석
공의 모습을 가장하고 데려온 종마 스바딜파리와 암말
로 변장한 로키가 낳은 말이다.

슈타르카트(Starkad) 오딘에 의해 특권을 부여받은 영웅으로 오
딘을 위해 비카르Vikar를 봉헌하는 일을 실행한다.

슈투다스(Studas) 하이메의 가계.

슈투트푸스(Studfuss) 비테게가 상대로 싸운 강도.

주르트(Surt) 땅 속에 거주하는 불의 거인으로 라그나뢰크에는
신들의 주요 적이 된다.

주퉁(Sutung) 거인으로 오딘이 그에게서 시인들의 꿀술을 빼앗

아 온다.

스바딜파리(Svadilfari) 신들에게 성벽을 쌓아준 거인의 말.

마법의 망또(Tarnkappe) 두건이 달린 외투와 비슷한 숄. 이것을 걸치는 자는 보이지 않게 되며 그에게는 열두 명의 용사의 힘이 부여된다.

팅(Thing) 고대 북유럽어로 '집회'의 뜻. 자유로운 신분의 사람들이 여는 법집회 또는 민회를 말한다.

트얄피(Thjalfi) 토르의 친구이자 하인. 가장 빠른 주자로 간주된다.

트야찌(Thjazi) 스카디의 부친인 거인. 독수리의 모습으로 영원한 청춘의 사과와 함께 이둔 여신을 빼앗는다.

퇴크(Thökk) 거인족의 여인으로 죽은 발더를 지옥에서 다시 데리고 오는데 필요한 눈물을 한사코 거부하고 흘리지 않는다.

토르(Thor) 천둥의 신이자 오딘의 맏아들인 가장 힘센 아제 신. 인간들과 가장 가까운 친구이다. 그는 망치 묠니르로 인간들의 거주지인 미드가르트와 신들의 거주지인 아스가르트를 거인들로부터 보호한다.

트림(Thrym) 토르의 망치를 훔쳤다가 후에 그 대가로 토르에게서 목숨을 잃은 거인들의 왕.

투르스(Thurs) 특별히 악한 거인들로서 트롤과 비슷하다. 흐림투르스들과 서리 거인들은 가장 위험한 존재로 간주된다.

트롤(Throll) 악한 거인으로 상당수의 트롤들은 마법의 힘을 소유하고 있다.

티르(Tyr) 천상의 신이자 전쟁의 신이며 법의 신이기도 하다. 그는 늑대 펜리스를 결박하기 위해 늑대의 요구대로 그 입에 손을 넣었다가 오른손을 물어뜯기고 만다.

울프하르트(Ulfhard) 베히라렌의 뤼데거의 기수.

우르트(Urd) 운명을 관장하는 노르네, 운명의 여신으로도 불리운다.

우테(Ute) 부르군트국의 대비이며 크림힐트, 군터, 게르노트 그리고 기젤헤어 및 하겐의 모친.

우트가르트(Utgart) 인간들의 거주 지역(미드가르트)과 신들의 거주 지역(아스가르트) 바깥에 존재하는 지역으로 거인들과 트롤들의 거주지.

우트가르트 로키(Utgart-Loki) 환각을 이용해서 토르와 그의 동료들을 자신의 성에서 우롱한 거인.

파프트루드니르(Vafthrudnir) 매우 늙고 지혜로운 거인. 오딘과 지식경쟁을 하다가 굴복한다.

발리(Váli) 오딘과 린트의 아들로 발더의 복수를 한다.

발리(Váli) 로키의 아들.

바네(Vane) 아제 신족과 더불어 게르만 신화에 등장하는 두 번째 신족으로 특히 풍요의 신들. 선조는 뇌르트이고 그의 아들은 프라이이며, 프라이야가 그의 딸이다. 아제 신들과 전쟁을 치룬 후 그들과 지속적인 화해의 시기를 갖는다.

베(Vé) 오딘의 형제.

벡탐(Vegtam) 이 이름으로 오딘은 예언녀 뵐바를 찾아가 발더의 운명에 대해 묻는다.

비다르(Vidar) 오딘의 아들. 그는 부친이 죽자 복수를 위해 늑대 펜리스를 살해한다.

비카르(Vikar) 노르웨이의 왕, 슈타르카트의 도움으로 죽어 오딘에게 봉헌된다.

빌리(Vili) 오딘의 두 형제 중 하나.

알차이의 폴커(Volker von Alzey) 부르군터 궁정의 종사이자 음유시인.

벨중(Völsung) 지그프리트 조부의 고대 북유럽어 이름.

뵐중엔(Völsungen) 뵐중과 오딘의 혈통을 이어받은 왕족.

뵐바(Völva) 예언녀로 오딘이 그녀에게 발더의 꿈에 대한 해석
을 문의한다.

바버로에(Waberlohe) 고대 북유럽어로 '쉬지 않고 타오르는 불
꽃'의 뜻. 거주지, 특별히 처녀들의 거주지를 보호하기
위해 타오르는 화염벽.

바데(Wade) 거인으로 대장장이 빌란트의 부친.

발할(Walhall) 이 궁전으로 오딘은 세계의 적들과 벌이는 최후의
결전을 위해 전사자들을 소집한다.

발퀴레(Walküre) 고대 북유럽어로 '죽은 자들을 선택하는 여인'
의 뜻. 오딘 또는 자신의 뜻에 따라 전장에서 죽은 자
들을 발할로 데려가기 위해 선택하는 여인.

스페인의 발터(Walter von Spanien) 에첼의 궁정에 있었을 때 하
겐의 젊었을 적 친구.

발터 폰 바겐슈타인(Walter von Wagenstein) 에름리히 왕에게 봉
사하는 그의 조카.

바스케(Waske) 이링의 칼.

빌란트(Wieland) 니둥의 궁정에 있는 명성이 자자한 대장장이로
니둥의 아들들을 죽이고 깃털로 만든 날개옷을 달고 도
망친다.

빌트 에버(Wild-Ewer) 베른의 디트리히의 종사.

비테게(Witege) 빌란트의 아들이며 디트리히의 동료. 나중에는
에름리히의 수하에서 군사령관이 된다.

볼프하르트(Wolfhart) 힐데브란트의 조카이자 디트리히의 수행
원.

아멜룽엔의 볼프빈(Wolfwin von Amelungen) 디트리히의 친척이

자 그의 수행원.

이그드라질(Yggdrasill) 고대 북유럽어로 '주목朱木 기둥' 또는
'공포의 말.' 오딘 자신이 매달려 있는 나무라는 뜻.
거대한 물푸레나무이며 우주의 나무로 신들의 회의장
소로도 쓰인다.

이미르(Ymir) 남녀 양성을 지닌 최초의 생명체, 최초의 신들이
그를 죽이고 그 주검으로 세계를 창조했다.

□ 참고문헌

신들의 이야기

Edda. Die Lieder des Codex regius nebst verwandten Denkmälern. Hrsg. von
      Gustav Neckel.Bd. 1: Text. 4., umgearb. Aufl. von Hans Kuhn.
      Heidelberg 1962. - Bd. 2: Kurzes Wörterbuch. Von Hans Kuhn. 5.,
      verb. Aufl. Ebd. 1983.

Snorra Sturlusonar Edda. [Hrsg. und bearb. von] Finnur Jónsson. Kopenhagen
      1931.

Die Lieder der Edda. Hrsg. von Barend Sijmons und Hugo Gering. Bd. 3:
      Kommentar. Halle 1927.

Baetke, Walter: Wörterbuch zur altnordischen Prosaliteratur. Berlin 1993.

Vries, Jan de: Altnordisches etymologisches Wörterbuch. Leiden 1962.

Edda. Übertr. von Felix Genzmer. Einl. und Anm. von Andreas Heusler und
      Felix Genzmer. 2Bde. Jena 1912-20. (Thule. 1. 2.,) - Neuausg.
      Düsseldorf / Köln 1963.

Die Edda. Götterdichtung, Spruchweisheit und Heldengesänge der Germanen.
      Übertr. von Felix Genzmer. Eingel. von Kurt Schier. München 1992.

Die Götterlieder der lteren Edda. Auswahl. Nach der bers. von Karl Simrock neu
      bearb. und eingel. von Hans Kuhn. Stuttgart 1960. (Reclams
      Universal-Bibliothek. 781.) - Neuausg. Ebd. 1991.

Die jüngere Edda. Übertr. von Gustav Neckel und Felix Niedner. Jena 1925. (Thule. 20.) - Neuausg. Düsseldorf / Köln 1966.

Gylfaginning / Snorri Sturluson. Texte, Übers., Komm. von Gottfried Lorenz. Darmstadt 1984.

Isländersagas. Übertr. und hrsg. von Rolf Heller, 2 Bde. Leipzig 1982.

Reallexikon der Germanischen Altertumskunde. Begr. von Johannes Hoops. 2., neu bearb. und erw. Aufl. Hrsg. von Herbert Jankuhn [u. a.] Bd. 1ff. Berlin / New York 1973 ff.

Schier, Kurt: Edda, Ältere. In: Ebd. bd. 6. 1986. S. 355-394 [über die Lieder-Edda].

Weber, Gerd Wolfgang: Edda, Jüngere. In: Ebd. Bd. 6. 1986. S. 394-412 [über die Snorra Edda].

Hauck, Karl: Brakteatenikonologie. In: Ebd. Bd. 3. 1978. S. 361-401.

Simek, Rudolf: Lexikon der germanischen Mythologie. 2., erg. Aufl. Stuttgart 1995. [Mit umfangreichen Literaturhinweisen.]

Kulturhistorisk leksikon for nordisk middelalder. 22 Bde. Kopenhagen 1956-78.

Baetke, Walter: Kleine Schriften. Geschichte, Recht und Religion im germanischen Schrifttum. Hrsg. von Kurt Rudolph und Ernst Walter. Weimar 1973.

Dumézil, Georges: Loki. Aus dem Frz. übers. von Inge Köck. Darmstadt 1959.

Grimm, Jacob: Deutsche Mytologie. Göttingen 1835. - Nachdr. 3 Bde. Frankfurt a. M. / Berlin / Wien 1981.

Nordal, Sigurdur(Hrsg.): Völuspá . Hrsg. und komm. von S. N. Aus dem Isländ. übers. von Ommo Wilts. Darmstadt 1980.

Ström, Ake V.: Germanische Religion. In: A. V. S. / Harald Bieznis: Germanische und Baltische Religion. Stuttgart 1975. (Die Religionen der Menschheit. 19,1.)

Vries, Jan de: Altgermanische Religionsgeschichte. 2 Bde. Berlin 1956-57.

Vries, Jan de: Altnordische Literaturgeschichte. 2 Bde. Berlin 1964-67.

Weber, Gerd Wolfgang: Wyrd. Studien zum Schicksalsbegriff der altenglischen und altnordischen Literatur. Bad Homburg / Berlin / Z rich 1969.

영웅들의 전설

Edda. Die Lieder des Codex regius nebst verwandten Denkmälern. Hrsg. von Gustav Neckel. Bd. 1: Text. 4. umgearb. Aufl. von Hans Kuhn. Heidelberg 1962. - Bd. 2: Kurzes Wörterbuch. Von Hans Kuhn. 5., verb. Aufl. Ebd. 1983.

Vçlsunga saga ok Ragnars saga loðbrókar. Udgivet for Samfund til udgivelse af gammel nordisk litteratur ved Magnus Olsen. 1. hæfte. København 1906.

Saga Didriks konungs af Bern. Udgivet af C. R. Unger. Christiania 1853.

Deutsches Heldenbuch. Tl. 1. Hrsg. von Oskar Jänicke. Biterolf und Dietrich, Laurin und Waberlin. Berlin 1866. - Tl. 2. Hrsg. von Ernst Martin. Alpharts Tod, Dietrichs Flucht und Rabenschlacht. Ebd. 1866. - TI. 5. Hrsg. von Julius Zupitza. Dietrichs Abenteuer. Berlin 1870.

Das Nibelungenlied. Zweisprachig. Hrsg. und übertr. von Helmut de Boor. Leipzig 1959.

Das Nibelungenlied. Mittelhochdeutscher Text und Übertragung. Hrsg., übers. und mit einem Anh. von Helmut Brakkert. 2 Tle. Frankfurt a. M. 1995.

Baetke, Walter: Wörterbuch zur altnordischen Prosaliteratur. 5. Aufl. Stuttgart 1992.

Mattias Lexer: Mittelhochdeutsches Taschenwörterbuch. 38. Aufl. Stuttgart

1992.

Die Edda. Götterdichtung. Spruchweisheit und Heldensänge der Germanen.
　　Übertr. von Felix Genzmer. Eingel. von Kurt Schier. München 1992.

Nordische Nibelungen. Die Sagas von den Völsungen, von Ragner Lodbrog und
　　Hrolf Kraki. Übertr. von Paul Hermann. München 1993.

Die Geschichte Thidreks von Bern. Übrertr. von Fine Erichsen. Jena 1924.
　　(Thule. 22.)

Das Nibelungenlied. Übers. von Felix Genzmer. Anm. und Nachw. von
　　Bernhard Sowinski. Stuttgart 1992. (Reclams Universal-Bibliothek.
　　642.)

Zur germanisch-deutschen Heldensage. Hrsg. von Karl Hauck. Darmstadt 1961.
　　(Wege der Forschung. 14.)

Europäische Heldendichtung. Hrsg. von Klaus von See. Darmstsdt 1978. (Wege
　　der Forschung. 500.)

Heldensage und Heldendichtung im Germanischen. Hrsg. von Heinrich Beck.
　　Berlin / New York 1988. [Mit umfangreichen Literaturhinweisen.]

Germanische Religionsgeschichte. Quellen und Quellenprobleme. Hrsg. von
　　Heinrich Beck [u. a.]. Berlin / New York 1992.

Brackert, Helmut: Nibelungenlied und Nationalgedanke. Zur Geschichte einer
　　deutschen Ideologie. In: Mediaevalia litteraria. Festschrift für Helmut
　　de Boor. Hrsg. von Ursula Hennig und Herbert Kolb. München
　　1971.

Curschmann, Michael: 《Nibelungenlied》 und 《Klage》. In: Die deutsche
　　Literatur des Mittelalters. Verfasserlexikon. 2. Aufl. Bd. 6. Berlin /
　　New York 1987. Sp. 926-969.

Düwel, Klaus: Hildebrandslied. In: Die deutsche Literatur des Mittelalters.
　　Verfasserlexikon. 2. Aufl. Bd. 3. Berlin / New York 1981. Sp. 1240-56.

Ehrismann, Otfrid: Nibelungenlied. Epoche - Werk - Wirkung. München 1987.

Geschwantler, Otto: Zeugnisse der Dietrichsage in der Historiografie von 1100 bis gegen 1350. In: Heldensage und Heldendichtung im Germanischen. Hrsg. von Heinrich Beck. Berlin / New York. 1988. S. 35-80.

Heinzle, Joachim: Das Nibelungenlied. München / Zürich 1987.

Höfler, Otto: Theoderich der Grosse und sein Bild in der Sage. In: O. H.; Kleine Schriften. Hrsg. von Helmut Birkhan. Hamburg 1992. S. 393-416.

Kaiser, Gerd: Deutsche Heldenepik. In: Neues Handbuch der Literaturwissenschaft. Bd. 7: Europäisches Hochmittelalter. Hrsg. von Henning Krauss. Wiesbaden 1981. S. 181-205.

Kuhn, Hugo: 《Dietrichs Flucht》 und 《Rabenschlacht》. In: Die deutsche Literatur des Mittelalters. Verfasserlexikon. 2. Aufl. Bd. 2. Berlin / New York 1980. Sp. 116-205.

Marold, Edith: Wandel und Konstanz in der Darstellung der Figur des Dietrich von Bern. In:Heldensage und Heldendichtung im Germanischen. Hrsg. von Heinrich Beck. Berlin / New York 1988. S. 149-182.

Rosenfeld, Hellmut: Dietrichdichtung. In: Reallexikon der Germanischen Altertumskunde. 2.Aufl. Bd. 5. Berlin / New York 1984. S. 430-442.

Schröder, Franz Rolf: Mythos und Heldensage. In: Zur germanisch-deutschen Heldensage. Hrsg. von Karl Hauck. Darmstadt 1961. (Wege der Forschung. 14.) S. 285-315.

Schulze, Ursula: Nibelungenlied. In: Deutsche Dichter. Hrsg. von Gunter E. Grimm und Frank Rainer Max. Bd. 1. Stuttgart 1989 [u.ö.]. (Reclams Universal-Bibliothek. 8611.) S.142-163.

See, Klaus von: Was ist Heldendichtung? In: Europäische Heldendichtung. Hrsg. von Klaus von See. Darmstadt 1978. (Wege der Forschung. 500.) S. 1-38.

Vries, Jan de: Heldenlied und Heldensage. München 1961.

Vries, Jan de: Theoderich der Grosse. In: J. de V.: Kleine Schriften. Hrsg. von
Klaas Heeroma und Andries Kylstra. Berlin 1965. S. 77-88.

Wisniewski, Roswitha: Mittelalterliche Dietrichdichtung. Stuttgart 1986.

□ 후기

　게르만 시문학은 원래 구전으로 전해 내려왔다. 특히 주술적인 목적으로 사용되던 루네 문자는 거의 한 줄의 운문도 문자로 기록되어 있는 것이 없다. 고트어로 쓰여진 성경의 번역시대에도 그것은 마찬가지다. 고고지古高地 독일어의 힐데브란트의 노래Hildebrantslied와 고대 영어의 베오울프Beowulf는 게르만 영웅전설 중에 남아있는 가장 오래된 필사본들이다. 기독교의 복음화로 독일어 영역권에서 근본적으로 모습을 감춘 신들의 신화는 이러한 구비전승으로 내려오지 않았다. 이교도의 사상을 받아들인 아리우스교의 고트족과 후에 남독일 부족들에 의한 게르만족의 선교 활동이 평화적으로 진행되었던 반면에, 카알 대제는 작센을 정복하기 위해 수 차례 전쟁을 감행해야 했다. 772년에 카알 대제는 신성한 이르민 주柱(고대 작센 사람의 군신 이르민을 섬기기 위한 신전 - 옮긴이)를 파괴하도록 명했으며, 그로부터 10년 후 기록에 의하면 알러강Aller에서 4500명의 작센인들을 사형에 처했다. 고대 신들에 대한 신앙을 그들이 저버리려고 하지 않았기 때문이다.

　아이슬란드의 역사적 사회적 그리고 지리학적인 특수성때문에 이 섬나라에서는 게르만 시문학이 가장 오랫동안 그 명맥을 유지해 왔다. 요컨데 게르만 신들의 노래들이 이곳에서만 전승된 것이다. 니벨룽엔과 빌란트의 전설 그리고 디트리히 시가와 같은 초기 영웅들의 노래 역시 에다Edda와 사가(아이슬란드를 중심으로 한 게르만 고대의 전설 - 옮긴이)에 들어있다. 이 책의 신과 영웅 전설은 그 출전에 근거한 것이다.

덴마크와 노르웨이는 왕권으로 기독교화 되었다. 거리상으로는 멀리 떨어져 있었지만 이웃 나라들과 활발한 교류 관계에 있던 아이슬란드에는 여전히 고대 게르만의 공동조직이 존재했었다. 즉 고대 게르만의 민회Althing가 중요한 모든 사항들을 결정했고, 중앙 국가권력은 존재하지 않았다. 노르웨이 왕 울라프 트뤼그바손은 10세기로 전환되기 바로 직전에 아이슬란드 공화국의 기독교 승인을 강요하기 위해 노르웨이에 상륙했던 아이슬란드인들을 인질로 삼았다. 수 많은 아이슬란드 사람들은 기독교도인 이웃 나라로 상업 왕래를 함으로써 그들의 오랜 신앙을 잃어버리거나 신앙에 의구심을 품었다. 1000년 섬나라에서는 전통 신앙과 새로운 신앙의 신봉자들 사이에 무장 충돌이 민회를 위협했다. 아이슬란드 법률 대변인의 권고 덕택으로 민회의 반대자들은 조국의 평화와 단합을 위해 타협했다. 그들은 비록 기독교를 승인하기는 했지만 여전히 비밀리에 그들의 고대 신들에게 제물을 바칠 수 있었고, 신생아를 버리거나 말고기를 먹는 일 따위는 허용이 되었다.

독일에서는 고고지 독일어 및 고대 작센어와 더불어 한 동안 라틴어 문학의 언어가 존재했던 반면, 아이슬란드에서는 고대 북유럽어의 민속문학이 끊이지 않고 지속되었다. 신들의 이야기와 역사는 기독교 시대에도 수 세기에 걸쳐 전해 내려왔다. 자유의지에 따라 결정된 기독교화는 평화적으로 실현되었고, 어떤 외적인 또는 내적인 권력도 행사되지 않았다. 교회언어로 사용되던 라틴어도 고트인들의 후손인 주교들의 독신제도 확고한 지반을 얻지 못했다. 그리하여 특히 13세기에 니벨룽엔의 노래가 중고지中高地 독일어로 쓰여지고 발터 폰 데어 포겔바이데 Walther von der Vogelweide가 시작詩作을 했던 유럽 문화의 황금기에 수 많은 신화와 전설들이 고대 북유럽어로 기록될 수 있었다. 더우기 아이슬란드인들은 오늘날까지 지속적인 영향력을 미치고 있는, 이례적으로 활발한 작가들의 전통을 유지하고 있다.

I

게르만 부족들은 확고한 동맹을 형성하지는 않았지만(제식과 신화는 공간적 시간적으로 서로 다르게 발전되었다), 비교 연구에 의하면 기독교가 스며들어 올 때까지 북부 게르만인들과 대륙의 부족들 간의 공통점이 두드러졌다. 베트케Baetke에 의해 우리는 게르만족의 정신생활(언어와 마찬가지로)에 대한 내적인 일관성 또한 역사적으로 충분히 입증된 것으로 간주해도 좋을 것이다.[1] 따라서 북부 게르만인들의 신화와 중부 유럽 게르만인들의 신화는 서로 유사한 점들이 많이 있다.

북유럽의 오딘 신은 보단Wodan으로, 북유럽의 토르 신은 도나르Donar로 추론될 수 있다. 프리크와 프라이야의 경우에는 근본적으로 동명同名이 유지되었다. 독일 지역 게르만족들의 신화는 우리가 알다시피 게르만 신화의 가장 원숙한 형상으로 볼 수 있는, 후기 북유럽 신화 속의 신들의 이야기와 비교해 볼 때 아마도 조금 미숙한 것으로 평가할 수 있을 것이다.

북유럽 신화들 중에서 가장 광대한 두 권의 원전 중 하나는

---

1) Walter Baetke, Das objektive Moment in der germanischen Religion, in: W. B., Kleine Schriften, S. 44-55.

스노라 에다Snorra Edda이다. 이는 1220년 아이슬란드의 스노리 스튀를뤼손Snorri Sturluson에 의해 편찬되었던 시인들을 위한 교재이다(4개의 주요 필사본으로 전해진다). 그 1부인 길피스 블랜둥 왕König Gylfis Blendung (길파기닝Gylfaginning)에 세계와 신들의 이야기가 처음부터 그 몰락에 이르기까지 기술되고 있다. 이 산문 출전에는 1643년에 하나의 필사본에서 처음으로 발견된 가요가 있는데, 그 중에서 출원된 몇 개의 시구가 인용되고 있다. 오늘날에는 가요 에다로 불리워지고 있는 이 신들과 영웅 가요의 총서는 13세기 후반에 기록되었다. 소재는 몇 세기 이전으로 거슬러 올라가는데, 구전으로 전승되어 변형되었다. 시의 몇몇 연들과 단편적으로 여기저기 흩어져 있는 파편들은 9세기 또는 심지어 8세기의 것들로 추정해 볼 수 있다. 신화 이야기들은 스노리의 초기 노르웨이 역사에 관한 작품인 하임스크링라Heimskringla(세계의 궤도)에서 발견된다. 그밖에 가장 중요한 원전에 속하는 것은 사가와 스칼데(고대 스칸디나비아의 음유시인이나 시인 - 옮긴이)들의 시문학, 삭소 그람마티쿠스Saxo Grammaticus(1140-1220)가 저술한 초기 데인족의 역사에 관해 라틴어로 쓰여진 게스타 다노룸Gesta Danorum, 타키투스의 게르마니아Germania와 같은 로마시대의 증서들, 선교사들의 생애와 같이 기독교화에 관한 저술들 또는 브레멘의 아담Adam von Bremen이 라틴어로 쓴 함부르크의 교회사(1072-76)와 같은 저술 따위이다. 묘지, 그림 유품, 루네 문자가 씌여진 비석, 바위에 새겨진 그림, 소택지에서 발견된 동물의 화석과 같은 고고학적인 발굴들은 점점 더 중요한 자료들이 되어가고 있다. 그 밖에도 지명과 다른 원전들이 고려될 수 있을 것이다.

세계의 생성에서부터 신들의 몰락에 이르기까지 신화적 전승에 관한 명백한 체계화는 그것이 비록 미흡한 것이라 할지라도 우리는 스노리 스튀를뤼손의 신세를 지고 있다.

좀 더 오래된 풍요의 신 바네 신족과 마찬가지로 더욱 거대한 아제 신족은 전쟁과 통치의 신들로 존재하고 영향을 미친다. 아제 신들은 예전에는 높은 산의 꼭대기로, 나중에는 하늘로 여겨진 아스가르트에서 대가족처럼 모여 살았다. 아제 신들의 아버지인 오딘의 아내 프리크는 여인들과 연인들의 수호신이다. 오딘과 프리크 사이에서 빛과 봄의 신이며, 아제 신들 중에서 가장 아름답고 고귀한 신인 발더라는 아들이 태어난다. 발더와 함께 전 세계는 파괴의 세력, 특히 거인들로 인해 위험에 처한다. 분열을 일으키는 거인족의 아들 로키는 세 가지 세계의 적, 즉 늑대 펜리스, 미드가르트 뱀 그리고 헬이라는 자녀들의 아버지로 간주된다. 그는 신들의 공동체에 받아들여져 후에 발더의 죽음을 교사한다. 오딘은 다가올 위험을 알고는 있으나, 세계의 적들이 언제 공격해 올지는 모르고 있다. 그 시기는 노르네들에 의해 결정되어진다. 위대한 업적들에도 불구하고 아제 신들은 세계의 멸망을 피하는 일에 성공을 거두지 못 한다. 〈신들의 황혼〉으로 잘못 알려진 신들의 몰락, 즉 라그나뢰크가 오고야 만다.

10세기가 전환되는 시점에 브레멘의 아담은 웁살라Uppsala에서 오딘의 첫째 아들인 토르의 신상에 대해서, 그를 오딘과 프라이 사이에서 태어난 가장 막강한 신으로 기록하고 있다. 인간들 다수가 토르를 주요 신이며 전적으로 아제 신으로 간주했다. 토르는 자신의 망치인 묄니르로 세계와 인간의 적들을 벌주며, 혼인과 계약을 축원하고, 번개로 풍요로운 수확을 선사한다. 수많은 지명들이 토르 숭배를 증명해주고 있는 데에 반해서, 오딘에 대한 숭배는 거의 없다고 볼 수 있다. 사람들이 이 악의 없는 토르를 인간들의 가장 친한 친구로 여긴 반면, 오딘은 많은 사람들에게 교활하고 그 의중을 간파할 수 없는 신으로 받아들여졌다. 오딘은 문학의 신이며 전쟁의 신이기도 하다. 바네 신족과 싸움에서 오딘은 처음으로 자신의 창인 궁니르를 던져 최초의 전쟁을 세상에 야기시켰다. 하르바르트의 노래에서는 오딘이 뱃사공의 모습으로 등장해 갈기갈기 찢긴 바지와 광주리를 지고 아버지 오딘에 의해 건너편 강가로 건너지 못하는 아들 토르를 조롱하고 있다. 전사자들을 집결시킨 오딘의 궁전 발할(대략 950년과 1000년 사이에 생성된 가요 에다 중의 가장 주목할 만한 시 뵐루스파Völuspa에는 상세하게 기록되어 있지 않고 있다)은 그 후에 스칼데, 즉 통치자들의 궁전에 있는 시인들에 의해서 영웅들의 천국으로 기려진다.

하지만 우선은 오딘이 세계를 파멸로 몰아간 장본인으로 이해되어서는 안 된다. 오딘은 신들에게 시인들의 꿀술을 가지고 돌아오기 위해 여름 한 철을 하인 아홉의 몫을 묵묵히 해내며, 더 많은 지혜를 얻기 위해, 그리고 세상의 존립을 지키기 위해 자신의 한 쪽 눈을 희생한다. 또한 그는 온 세계의 적들에 맞서 세상을 방어하기 위해 발할로 데려올 전사자들을 소집하기도 한다.

수 많은 북유럽 신화들의 기본 구조는 아주 초기시대로 소급해야 할 것이다. 발더라는 인물의 형상은 (때때로 주장되고 있듯이) 기독교의 영향에 기인한 것이 아니라, 하우크스Haucks가 민족 대이동시 반면半面에 각인된 장식용 원반에서 입증하듯이, 민족 대이동 시대에서 발원한 고대 게르만 신화의 영향이다. 로키와 발더 사이의 충돌은 뒤메질Dumézil이 제시할 수 있었던 것처럼, 심지어 인도 게르만 시대에서 그 기원을 찾을 수 있다. 그는 코카서스의 산족인 오세텐족Osseten에게서 그와 유사한 신화를 발견했다.

아이슬란드에서 신화가 기록되었을 당시에 이미 그곳에서는 200년 이상 기독교가 지배하고 있었다. 또한 가장 편견이 없었던 연대기 저자 역시 기독교도였거나 기독교식으로 교육을 받았다. 구전으로 전승된 것은 이미 9세기 이래로, 특히 아일랜드와 영국을 걸쳐 기독교의 영향력에 밀려 유기되고 있었다. 1세기에는 다만 베네딕트 수도회와 아우구스트 수도회만이 설립되었었다. 베네딕트 수도회원들은 기독교 이전의 역사도 강도 있게 다루었으며 과거에서 전승되어온 것들에 대해서도 편견 없이 대했다. 그 점에 대해서는 쿠르트 쉬어Kurt Schier가 명확히 언급한 바 있다.[2]

그럼에도 불구하고 당시 기독교의 세계관이 영향을 끼치고 있는 것이 사실이다. 따라서 스노리는 예를 들어 만물의 창조주로서 오딘에 대해 기록하고 있으며, 일종의 천국으로써 가장 높고 신성한 하늘과도 같은 장소인 김레Gimlé에 대해 서술하고 있다. 그리고 게르만인들에게는 죄에 대해 벌받는 장소가 없었음에도 불구하고 기독교의 고통스런 지옥의 특징들을 저승에 부여했다. 한 여론 조사에 따르면 1995년에 50%가 넘는 아이슬란드 사람들이 아직도 정령들을 믿고 있다. 오늘날에도 여전히 그곳에 유포된 유령과 바다의 괴물들에 대한 믿음을 근거로 800년이 넘는 그 이전의 이교도적인 것에 대한 신앙 또한 추론해 볼 수 있을 것이다.

독일에서는 19세기 초(낭만주의 시대)에 게르만 신화에 대한 광범위한 연구가 이루어졌다. 최초의 에다 번역물들이 바그너의 오페라에 영감을 불어 넣어주었다. 독일 민족주의가 지나쳤던 시대와, 특히 국가 사회주의 사상 속에서 신들의 전쟁과 그 권력투쟁은 게르만 신화의 수용은 지나치게 강조되었다. 여기에는 에다 번역물 대신 민중적인 저술들이 압도적으로 기여했다. 오늘날까지도 게르만 신화는 이러한 이데올로기적인 부담에서 완전히 벗어나지 못했다. 원전에 대한 편견없는 탐구가 절대적으로 불가피한 것이다. 그 본래의 출처를 탐구함에 있어서 북유럽

---

2) Felix Genzmer가 번역한 에다(München 1992, S. 19.)의 서문 참조.

의 신화, 무엇보다도 아이슬란드의 신화의 수용이 고려되어야
한다.

　수 많은 기독교 연대기 저자들과 후기 해석자들은, 신들의 모
습을 선하고 악한 존재로 구별하는 독특한 이중적인 시각을 신
들의 세계에 부여하려는 경향이 있었다. 하지만 예를 들어 북유
럽의 원전에 따르면 거인들의 존재가 처음부터 어리석고 악한
것은 아니다. 파프트루드니르처럼 매우 늙고 현명한 거인들이
존재한다. 그리고 많은 거인들은 오직 신들의 맹세를 위반함으
로써만 그들과 적대관계가 된다. 로키는 자신의 수 많은 무모한
행동때문에 갈등을 겪게 되고 시간이 경과되면서 비로소 평화
를 깨뜨리는 파괴자가 된다. 거인과 신들 사이에 원래부터 분열
이 있었던 것은 아니다. 그도 그럴 것이 신들의 존재가 거인들
로부터 유래하기 때문이다. 그들 안에 존재하는 '거인적인 성
향'은 결코 완전히 사멸하지 않고 그것이 결국 그들에게 화로
작용한다.
　게르만족 신들의 세계는 정적이지 않고, 역동적임을 보여준
다. 세계의 생성과 그 몰락을 다루고 있는 일련의 사건들은 인
물의 행동에 따라서 다양하고도 상반된 가능성을 담고 있다. 이
러한 의미에서 신들은 옛날의 견해들도 인식하고 있듯이, 애초
부터 어떤 영원불변한 운명의 지배를 받지 않는다. 게르만족의
신화에 나타난 신들은 오히려 자신들의 행위로 몰락을 초래한
다. 신들이 성벽 재건을 구실로 석공으로 변장한 거인과의 맹세
를 저버린 일에는 반드시 결과가 있게 마련이다. 베버G. W.
Weber의 연구에 의하면《비르트 Wyrd》(북유럽 신화에서 '운명'의
뜻 – 옮긴이)라는 개념을 숙명적인 운명으로써 기독교 중세의 세
계관에서 유래하고 있으며 후에는 아마도 이교도에 더 잘 대응
하기 위해, 기독교 연대기 기자들에 의해 고대 북유럽의 문구로

복구되었을 것이다.[3]

근본적으로 신들에게는 전쟁이 서로에게 익숙치 않은 것이다. 두 신족들 사이의 전쟁이 있고나서 영구적인 화해의 시대가 도래한다. 이러한 사실은 인질을 교환하는 것과 서로에게 동일한 권리를 인정하는 것으로도 확인할 수 있다. 오딘은 아제 신들의 아버지로 간주되고 있지만, 아제의 남신과 여신들은 공동으로 통치하며, 매일 회의를 통해 자신들을 적들로부터 방어할 것인지 그리고 전 세계의 안전을 보존할 계책에 대해서 논의한다. 신들은 또한 인간들에 대한 책임을 맡고 있다. 아제 신들은 자신들의 거주지를 정착하기 전에 인간세계의 둘레에 성벽을 쌓는다. 가장 위험한 세계의 적인 늑대 펜리스를 계략을 써서 결박하기 위해 전쟁의 신 티르가 나서다가 그에 의해 오른손을 물어뜯기게 된다.

북유럽의 신들은 결코 벌을 주는 신, 즉 두려움을 불러 일으키는 위력의 존재로 묘사되지 않는다. 그들은 인간들로부터 무조건 굴종을 요구하지도 않는다. 오히려 신과 인간의 관계는 마치 부모와 자식 사이처럼 허물이 없다. 신들도 인간적인 속성을 지니고 있으며, 그들은 불멸의 존재도 아니고, 그렇다고 전지전능하지도 않다. 그들은 사랑할 만한 약점들을 지닌 존재들이다.

북유럽의 신화는 어떤 일관된 사고구조를 지니고, 또 심지어 완결된 문헌으로 전해져 내려 온 것이 아니다. 대개의 원전들은 다양한 전승 견해를 지니고 있다. 그때문에 신화를 재형성하는 데 있어서는 특별한 어려움이 생기게 마련이다. 스노리의 산문 에다는 세계의 생성과 몰락의 틀을 갖고는 있지만, 수 많은 에다의 노래들 속에는 종종 논리적이라든지 또는 전체에 대한 인

---

3) 비슷한 견해가 발터 베트케Walter Baetke 이전에 이미 주장되었다.

과적인 연관성이 결여되어 있는 수가 있다. 고립되고 정체되어 있는, 그리고 부분적으로는 상반된 노래들을 (그것들은 산문으로 고쳐서 쓰여졌다) 세계의 생성과 몰락과 관련짓기 위해서, 재형성이라는 목적 하에서 작가에 의해 쓰여져야만 했다.

앞에서 보여준 글은 전반적으로 아이슬란드의 연구가 노델S. Nordal의 저술 뷜루스파Völuspa의 해석을 따르고 있다. 그의 현대적 연구의 성과들이 고려되어진 것이다.

이 재형성된 이야기는 북유럽에 전승된 온갖 중요한 신들의 이야기를 포함하고 있다. 신들이 속세의 일에 개입하고 있는 몇몇 북유럽의 영웅전설들도 포함되었다. 소재 자체는 될 수 있는 대로 충실하게 접근하고자 했으며 상당수 독일의 노래 번역들 중에서 잃어버린 본래의 원문을 그대로 되살리려고 애썼다. 고대 북유럽 원전의 초기 출전에 대한 현대적인 접근에 되도록 심혈을 기울였다. 자료로써는 스노라 에다에 대해서는 피누르 욘손 Finnur Jónsson의 저술이, 그리고 가요 에다에 대해서는 한스 쿤Hans Kuhn의 저술이 사용되었다.

Ⅱ

동화나 신화와는 달리 영웅전설은 역사적인 사건들과 인물에서 생성하며 대체로 민족이동의 시대와 연관이 있다. 이 시기는 370년에 있던 동고트족에 대한 훈족의 공격과 그 멸망으로 시작해서 568년 이탈리아에서 랑고바르트족의 건립으로 끝이 난다.

436년에 로마의 총사령관 아에티우스Aetius는 훈족의 지원군과 함께 부르군트족 사람들 대부분을 왕실과 더불어 섬멸했다. 이 종족은 당시 라인강변에 위치한 보름스 근처에 정주하고 있었다. 거기에서 군다하리Gundahari, 군도마르Gundomar 그리고 기슬라하리Gislahari라는 세 왕의 이름들이 전해 내려오고 있다. 그 다음 세기에는 보름스에서 짧은 기간동안 서고트인인 브루니힐트Brunichild가 통치했다(대성당의 석반石盤이 이를 상기시키고 있다). 그녀는 575년에 브루니힐디Brunichildi의 권력투쟁의 결과로 살해당한 프랑크족의 왕인 지기베르트Sigibert 1세의 부인이었다.

아마도 더 많은 역사적 인물들이 지그프리트 전설에 융합되었을 것이다. 추방된 메로빙거 왕조의 후예 역시 부르군트의 궁정에서 막강한 권력을 차지했었을 것이다. 가요의 핵심들은 아르미니우스Arminius(서기 9년에 로마군을 격파한 게르만의 영웅 – 옮긴이) 때까지 거슬러 갈 수 있을 것이다.

아틸라Attila는 부르군트 제국이 멸망했을 당시에 통치하고 있었지만, 전투에는 직접 참가하지 않았다. 이 훈족의 왕이 453년 게르만인의 첩이었던 일디코Ildico와의 신혼 첫날밤에 숨을 거두었다. 이 일로 친척들의 죽음에 대한 동고트족 여인의 피의 복수가 추론되어졌다. 이것이 아틀리(에첼)Atli(Etzel)를 둘러싼 초기 전설을 형성하게 된 동기인 것이다. 민족 간의 전쟁이 영웅들 간의 전투에 대한 전설로 확고한 자리를 잡게 되고, 한 왕가의 몰락이 훈족의 통치자가 다스리는 궁정에서 발생한다.

베른의 디트리히 전설에 있어서는 그 역사적 모형이 테오데리히Theoderich 대제 안에서 더욱 상세하게 확인될 수 있다. 그는 아틸라Attila가 죽고 난 후 수 개월 후 그리고 부르군트족이 전멸하고 나서 대략 18년이 되던 해에 태어난 인물이다. 전설에서는 그들이 동시대의 인물로 설정되고 있다. 18세에 이르렀을 때 테오데리히는 비잔틴 황제의 궁에서 10년 동안 인질로 묵으면서 그곳에서 포괄적인 교육을 받았으며 그의 부친이 죽고 난 후 동고트의 왕이 되었다. 게르만의 용병들은 오도아케르를 군인 왕으로 포고했고, 그는 마지막 서로마 황제인 로물루스를 폐위시

컸다. 동로마 황제인 제노Zeno는 오도아케르를 대항해서 대규모의 군대와 함께 테오데리히를 이탈리아로 파견했다. 그는 수차례 전투에서 압도적인 승리를 거두고 오도아케르를 라벤나에서 포위했다. 그는 궁극적으로는 오도아케르를 정복할 수 없었기 때문에, 그와 협정을 맺었고 결국에는 어깨에서 허리 부분에 이르기까지 한 손으로 일격을 가해 그를 사살했다. 이것을 계기로 테오데리히는 493년에 이탈리아에서 동고트 제국을 세웠다. 하지만 전설에서는 에첼의 궁정에서 체류한 30년에 걸친 망명생활이 성공적인 왕의 통치라는 측면으로 전개되었는데, 이는 다분히 비잔틴에서 인질로 구류되어 있었던 사실을 이야기의 핵심으로 삼은 데서 발생된 것이다.

그 시기에는 민족들이 이동을 하고 있었고 다른 종족들을 섬멸하거나 또는 다른 종족에 의해 절멸되었으며, 따라서 본토인이나 이방 민족과 혼합되었다. 이러한 현상은 오늘날 유럽의 광대한 지역들에 걸쳐 확산되었다. 오늘날의 〈초국가적〉인 언어관용에 따르면, 테오데리히와 같은 역사적인 인물들 뿐만 아니라, 그들과 그 시대에 대한 전설들 역시 이러한 의미에서 〈유럽적인〉 특성을 지니고 있다. 독일 영역 내에서 쓰여진 전설과 더불어 대부분 옛날 고대 북유럽의 출전들이 존재하고 있다.

부르군트족의 몰락에 관한 가장 오래된 노래나 산문 형태의 글은 이 민족 자체에서뿐만 아니라 프랑크족의 경우에도 5세기와 6세기로 거슬러 올라갈 수 있다. 중고지中高地 독일어의 니벨룽엔 노래에 대한 생성사는 포괄적인 게르만 문학연구의 대상이었다. 칼 라흐만Karl Lachman은 이 전설의 근원으로 여겨지는 20개의 노래들을 구성했다. 이 서사시는 하나의 노래가 《부풀어 오름》으로써 생성되었다고 안드레아스 호이슬러Andreas Heusler는 말했다. 고대 북유럽의 에다 가운데 보존되어 있는 1270년에 기록된 영웅가요들은 전승된 가장 중요한 전설에 속한다. 그 중에 '고대 아틀리 노래'와 '고대 지구르트 노래' 같은 몇몇의 노래들은 9세기에 유래한 것으로 볼 수 있다. 이 노래들의 원전에 따르면 13세기 중엽에 산문으로 된 뷜중 사가Völsungsaga가 생겨났는데, 오늘날에는 분실된 노래들 역시 그 속에 들어있었다. 그리고 브레멘, 뮌스터 및 쪼스트Soest 출신 사람들의 보고에 따라 부르군트족의 몰락에 관한 전설들이 담겨있는 '디드레크 사가Thidrekssaga'는 아마도 1250년 경에 노르웨이의 산악지역에서 씌여졌을 것이다.

중고지 독일어로 된 니벨룽엔 노래 중에서는 다소 완전한 것으로 여겨지는 열한 개의 필사본들과 스물 세 편의 단편들이 존재한다. 필사본 B는 대개 오늘날 알려지지 않은 원본의 노래 중에서 가장 오래된 사본으로 간주되고 있으며 헬무트 드 보르 Helmut de Boor와 헬무트 브락케르트Helmut Brackert의 저술들에 기초가 되고 있다. 필사본 C(펠릭스 겐츠머Felix Genzmer가 이를 번역했다)는 기독교의 영향 하에 개작한 것으로 여겨진다. 여기서는 크림힐트의 역할을 약화시키고 있으며 하겐을 주된 악인으로 제시하고 있다. 대개의 필사본들에는 부록으로써 후에 첨가된 연속물인 '비탄의 노래'가 로마 카톨릭 교회풍의 교훈적인 의미로, 그리고 해설을 가미해서 포함시키고 있다. 니벨룽엔의 노래가 발생한 장소로서는 크림힐트의 숙부인 필그림 주교와 그녀의 오라버니들 및 베히라렌(오늘날은 도나우 강변의 푀히라른)의 뤼데거와 같은 본문 속의 특정한 인물들을 평가하는 데서, 그리고 지리학적인 인식에서 파싸우와 비인 사이에 놓여있는 도나우 강변의 지역임이 분명해진다.

신화와 전설 사이의 경계는 명백하지 않다. 거대한 힘을 지닌 브륀힐트가 어떤 《인간다운》 용사로 인해서가 아니라, 오직 마력을 겸비한 지그프리트로 인해서만 제어된다면, 이것은 신화적인 세계, 즉 여기서는 더 숭고한 존재물들의 세계로 불거져 나온 그녀의 발퀴레 성향을 역설하고 있는 것이다. 지그프리트는 후에 크림힐트의 궁중적인 여성다움에 의해 매료당한다. 지극히 아름다운 그녀를 위해("daz in allen Landen niht schoeneres mohte sin이 세상의 다른 누구보다도 아름다운")[4] 영웅은 사랑하는 연인의 얼굴을 보지도 못한 채 1년을 부르군트의 궁정에서 참고 견디며, 작센과 덴마크를 정복하고 거의 제압하기 어려운 브륀힐트를 부인으로 얻도록 군터 왕을 돕는다. 지그프리트는 이미 그 혈통으로 신화적 인물임을 보여준다. 부르군트의 왕들은 이 신화적 형상에 훨씬 더 못 미치고 있다. 이러한 점에서 전설은 다소 신화적인 면을 지니고 있음에도 불구하고, 그 신화적인 특성이 전설에 있어서는 거의 무제한적으로 표현되고 있음을 알 수 있다. 영웅전설은 승리나 군통솔자에 대한 찬미가에서 기인할 수 있고, 찬미가로써 끝을 맺기도 하고 또는 나중에 신화적 요소를 가미할 수도 있다. 하지만 전설은 제식과 종교적 의식에서도 생겨났을 것이다. 이처럼 다양하게 형성된 전설은 결코 어떤 이론적인 도식에 의해 강요되어서는 안 된다.

전설의 핵심은 대개가 기독교 이전 시대나 기독교가 아직 확고한 지반을 얻지 못했던 시기에 유래한다. 신화적인 특징들은 후에 기독교의 작가나 연대기 저자들에 의해 종종 밀려나게 되었는데, 그 양상은 단지 단편적인 형태로만 나타나거나 또는 완전히 제외시키는 경우도 있었다. 전래된 고대 북유럽의 전설과 비교해 보면, 이러한 현상은 중고지 독일어의 니벨룽엔의 노래에서도 나타난다.

중요한 비중을 차지하는 '니벨룽엔의 노래'의 수용에서 니벨룽엔 노래에 대한 새로운 이야기는 쉽지 않았다. 중세의 어떠한 독일 문학도 그처럼 심도있게 이 독특한 이야기에 연결되고 수

---

4) De Boor의 Das Nibelungenlied, 2연 인용.

용되지 않은 문학이 없었다. 나폴레옹의 점령과 그 해방 전쟁(1813-15)은 19세기 초엽 독일에서 중세의 전통에 몰두하도록 이끌었다. 1806년 베를린 대학에서는 프리드리히 하인리히 폰 데어 하겐Friedrich Heinrich von der Hagen 교수에 의해 니벨룽엔 문학에 대한 과도하고도 공공연한 독서 열풍에 대해 보도되고 있다. 낭만주의자들이 촉진시킨 독일의 과거에 대한 열의는 해방전쟁에 대한 정신적인 동기로 작용했다. 독일 통일을 위한 투쟁에서 니벨룽엔의 영웅 서사시는 민족적 동일화의 본질적 요인으로 기여했다. 물론 그 이후로 니벨룽엔 서사시는 국수주의적 지향을 위해 점점 더 악용되어졌다. 종사들의 신의와 같은 개개의 모티브들과 하겐과 같은 인물들이 소재의 연관에서 벗어나게 되고 유리되면서 정치와 일상의 언어 속으로 수용되었다. 1909년 독일 제국 의회에서 오스트리아인의 《니벨룽엔의 충성심》를 보증했던 뷔로프Bülow 수상의 강령적인 발언을 상기해보면, 황제인 빌헬름 2세 역시 1914년 전쟁이 발발할 즈음 그와 똑같은 말을 한 적이 있었다. 1차 세계대전 중에 전략상의 작전명들이 지그프리트 노선, 하겐의 공격, 알베리히의 이동, 브륀힐트 진지 따위로 불리워졌다. 수석 군사령부의 의장이며 나중에 대통령이 되었던 파울 폰 힌덴부르크Paul von Hindenburg는 다음과 같이 기록했다. "잔인한 하겐의 음험한 투창 아래 쓰러진 지그프리트처럼 우리의 전선도 그렇게 무너졌다. 우리의 전선은 고국의 힘이 말라가는 샘에서 새로운 생기를 마시려는 헛된 시도를 해왔었던 것이다."[5]

1차 세계대전 종식으로부터 유명해진 '독일의 패망 원인이 음모에 있다는 주장'은 여기에 그 근원을 두고 있다. 그리고 나치즘은 전설 속에서 묘사한 모든 신화적 영웅적인 삶을 실현하고

---

5) Heizle, Das Nibelungenlied, S. 36에서 인용.

있다고 시사했다. 스포츠 궁전에서 행한 연설에서 헤르만 괴링 Hermann Göring은 스탈린그라드의 분지에서 격투를 벌인 독일 군대의 전투를 에첼의 궁정에 있는 홀 안에 포위당한 니벨룽엔 족과 비교했다.[6]

지그프리트의 전설 또는 니벨룽엔의 소재를 정치적으로 활용한 점에 있어서 미학적인 성과들이 없지는 않다. 이러한 맥락에서 게르트 카이저Gerd Kaiser의 다음과 같은 말이 있다. "니벨룽엔의 노래가 독일인들에게 중요해졌던 정신적인 전통이 오늘날에는 오히려 고통을 불러 일으키고 있다.〔…〕. 그것은 마치 독일에 있었던 민족주의의 이데올로기라는 악마를 추방한 후에 니벨룽엔의 노래를 둘러싸고 하나의 공백상태가 발생한 것과 같다. 이 공백은 또 다시 충족을 추구하고 있으며, 독일의 교육사 및 민족사에서 이 작품이 지니고 있는 현재의 입장에 대한 적절한 답변을 요구하고 있는 공백인 것이다."[7]

앞서 다룬 니벨룽엔의 노래에 대한 새로운 이야기에서는 그러한 위치 설정을 위한 하나의 기여로 시도되고 있다. 비판적인 새평가를 위해 필요한 원전으로의 귀환은 텍스트의 관찰을 요구한다.[8]

운명적인 파멸과 죽음의 징후를 강조하고 있는 모든 수용에는 1200년에 생성한 '니벨룽엔 노래'의 중고지 독일어 원고가 기초가 되었다. 에첼의 궁정에서 떼죽음 한 베히라렌의 뤼데거의 비극적인 얽혀듬과 더불어 부르군트 왕들의 몰락은 당시 독일의 위기 상황과 관련지어진 것으로 볼 수 있다.

이탈리아에서 황제 하인리히 4세의 때 이른 죽음이 중세의 독일제국을 가장 어려운 정치적 소요 가운데 하나로 몰고갔다. 이

---

6) Völkischer Beobachter, 3. Februar1943에 게재됨.

7)Kaiser,《Deutsche Heldenepik》 S. 185 참조.

시기의 특징이라면 1198년에 있었던 하인리히의 형제인 슈바벤의 호엔슈타우펜 왕가의 필립과 또한 그와 적대적인 벨프가의 한 사람 오토 4세를 둘러싼 선거와 경쟁 관계에 있는 이 두 독일 왕들의 즉위문제였다. 대부분의 동시대인들에게 바바로사 Barbarossa 황제(1152-90)하의 제국이 여전히 강성하고 일치단결된 것으로 간주되고 있었을 때, 이제 반목과 예측할 수 없는 불안한 정세로 바뀌게 되었다. 상황은 암담한 분위기, 즉 불안에 휩싸인 것으로 보고된다. 질문에 대답을 했다고 하는 검은 말을 탄 유령이 많은 사람들에게 나타났다고 하고, 그 유령은 베른의 옛 왕이라고도 하고, 제국에 재난과 비참을 예고한다고도 전해졌다. 기독교의 구원적 사고를 할 의무가 있는 사람들에게 이것은 사탄의 세력이 작용한 것으로 여겨졌다. 즉 악마가 오라버니인 군터와 관계를 끊도록 크림힐트에게 권고했다는 것이다("나는 사악한 악마가 크림힐트로 하여금 군터와의 우의로부터 작별을 고하도록 권고했었던 것이라 생각한다")[8]

크림힐트가 실을 잣듯 복수의 음모를 꾸미는 것이 아니라, 악마가 그녀에게 그러한 생각을 불어넣어 준다는 주장이다. 에첼의 궁정에 부르군트 사람들이 도착하고 난 직후 군터와 하겐에게 베른의 디트리히가 크림힐트의 복수에 대한 열망을 명백히 경고할 때, 크림힐트 자신은 악마(《valandinne》(악마라는 뜻의 고대어 - 옮긴이))[9]로 불리워진다. 그러므로 니벨룽엔의 노래는 동시대인들에 대한 경고로써, 즉 내면으로부터 파괴되어 버린 한 사회의 정체된 모습으로 파악되어질 수 있을 것이다.

외관상 온전한 부르군트의 궁정 세계로 밀고 들어간 지그프리트는 결투로 군터 왕에게서 나라와 권력을 수중에 넣고자 한다. 지그프리트가 불사신의 존재라는 것과 그의 마법의 외투, 기적

8) Das Nibelungenlied, Ausg. de Boor, 1394연
9) 앞의 책, 1748연.

의 칼인 발뭉 그리고 무한정의 보물이 언급된다. 이러한 신화적이고도 동화적인 옛날옛적 태고의 특성들 모든 것이 외관상 질서 정연한 방식으로 이루어지는 보름스를 "어지럽힌다". 또한 지그프리트와 브륀힐트가 이전부터 서로 알고 지내는 사이라는 사실만이 상기되어진다. 물론 이러한 신화적 원시시대의 특징은 중고지 독일어 문헌의 내용 전개에서 뚜렷하게 드러나고 있으며 완전히 다르게 동기부여된 의미구조의 근거가 되고 있다. 브륀힐트는 처음에 크림힐트 옆자리에 지그프리트가 앉아있는 것을 보고, 가장 힘센 용사보다도 바위덩어리를 더 멀리 던지는 이 발퀴레 여전사는 흘러 나오는 눈물을 주체할 수 없었다. 기만당한 신부로써 고통에 못 이겨 흐르는 눈물이었다. 그도 그럴 것이 좀 더 이전의 고대 북유럽에서 전승된 이야기에 따르면 지그프리트는 불타는 담장에 둘러싸인 브륀힐트를 구출하고 그녀에게 사랑과 신의를 맹세했었기 때문이다.

니벨룽엔의 노래에는 살해당한 지그프리트에 대한 크림힐트의 복수가 후반부의 이야기로 등장한다. 그녀는 하겐에게 복수할 방책을 알고 있기 때문에, 에첼의 청혼을 수락한다. 전승에 있어서 이러한 사건 진행이 작가에게 방해가 되는 것을 작가는 변경하거나 또는 생략했다. 전체적인 사건 진행과 절대적인 관련 없이 브륀힐트는 2부에서 다시 한 번 거론되고 있다.[10]

포기할 수 없을 정도로 중요한 그들 연인의 《초상》이거나 혹은 《부활》일 수도 있을 법한, 그리고 그녀가 크산텐 출신의 지그프리트와 여행을 떠난 이후로 외관상으로는 두 번 다시 보지 못한 크림힐트와 지그프리트의 아들 군터는 더 이상 언급되지 않고 있다. 이렇게 해서 지그프리트가 살해당한 이후 30년이 넘도록 크림힐트로 하여금 매일 슬피 울며 탄식하도록 만든 것 역

---

10) 앞의 책, 1484연

시 작가의 당연한 권리인 것이다.

중고지 독일어 문헌들에는 크림힐트가 하겐과 그리고 아마 군터에게도 보복을 가하기 위해 오라버니들을 초대하도록 사주한다. 하지만 에다의 고대 북유럽 전승에 의하면 아틀리(에첼)가 황금에 대한 욕심때문에 크림힐트의 오라버니들을 초대한 것으로 되어있고, 그들로부터 보물을 차지하고자 한다. 구드룬(니벨룽엔의 노래에서는 크림힐트)은 오라버니들에게 위험한 상황에 대해 미리 알려주고 있으며, 따라서 그들이 에첼의 성에 도착했을 때 늠름하게 무장한 모습을 보고 흡족해 한다. 부르군트 사람들의 《수 많은 새로운 방패들》과 《순백의 목 보호대》는 중고지 독일어 텍스트에 보존된 그 이전 문헌들의 파편에 해당하는 것들이다.[11]

이러한 고대 북유럽 문헌에서는 군터가 보물을 포기하지 않기 때문에, 아틀리는 공격을 명한다. 회그니(하겐)는 목숨을 잃고, 군터는 뱀들이 득실거리는 구덩이 속으로 내던져진다. 오라버니들을 죽인 대가에 대한 복수로 구드룬은 아틀리를 궁정의 홀이 불타오르는 화염 속에서 타죽게 하고, 그리고 나서 그녀는 스스로 목숨을 끊는다.

이러한 일가 친척들 간의 복수가 기독교적인 해석에 반하는 것은 물론이다. 따라서 그 대신 광범위한 시적인 형태를 부여함으로써 배우자 살해에 대한 복수가 등장한다. 그리고 바이에른 지방의 전래된 이야기에는 권력에 사로잡힌 아틀리를 수동적이고 심성이 선량한 에첼로 이상화했다. 보물의 신화적인 힘을 쟁취하기 위한 권력 투쟁에서 지그프리트를 살해한 자에 대한 앙갚음이 발생되었다는 것이다.

지그프리트의 신적인 혈통에 대해서도 니벨룽엔의 노래에서는

---

11) 앞의 책, 1717연.

더 이상 언급되지 않고 있다. 뵐중엔 혈족의 가장 주목할 만한 왕으로서 지그프리트는 고대 북유럽 원전에 따라 오딘/보단의 혈통을 이어받고 있으며, 뵐중엔 사가에 의하면 오딘은 그의 고조부가 된다. 이 신은 여러 번에 걸쳐서 지그프리트의 삶 속에 개입했으며, 용과 싸웠을 당시에는 현명한 조언을 해줌으로써 죽음에서 그를 보호했다. 베른의 디트리히 역시 마찬가지로 신적인 선조를 조상으로 두고 있다. 아말러족의 가장 막강한 왕으로서 그는 오딘의 다른 이름에 불과한 가우트Gaut의 후손이다. 니벨룽엔 전설의 신화적인 토대에서 그것의 집약적인 수용이 이루어졌으며 리하르트 바그너Richard Wagner를 통해 최고의 인기에 도달했다.

베른의 디트리히는 에첼의 궁정에서 싸움에 연루된 '니벨룽엔 노래'의 영웅들보다 우월한 위치에 있으면서, 적시에 주의를 주거나, 화해와 타협을 위해 진력한다. 후세의 어떤 영웅도 이러한 인간적인 위대함에 미치지 못한다. 헵벨Hebbel은 니벨룽엔 3부작의 결말에서 파멸한 에첼로 하여금 자신의 통치권을 디트리히에게 맡기게 한다.

민족이동 시기의 가장 위대한 게르만 통치자인 테오데리히 대제는 시문학 속에서 신화화 되었다. 디트리히는 게르노트나 뤼데거처럼 전장에서 전사하거나 지그프리트처럼 무기력하게 살해되지도 않고 초시간적인 영역으로 옮겨져 사나운 기마병들의 통솔자보다, 또한 위험을 경고하는 자보다 그리고 적으로부터 지켜주는 보호자보다 더 오래 살아남는다. 일설에는 그가 과오에 대한(교황 요하네스의 죽음) 징벌로써 그의 임종시에 흑마에 의해 지옥으로 납치되었다는 이야기가 있는데, 이는 광신적인 기독교 신자들에게 책임의 소지가 있는 말이다.

그 당시에 성행했던 것처럼 여전히 테오데리히의 생존시에도 최초의 노래들이 생겨났을 가능성이 높다. 하지만 그후 전설로 제 모양을 갖추면서 대성공을 거둔 주권자의 모습에서는 관대하고도 참고 견디는 인내자의 모습이 사라져 버렸다. 주목할 만한 것은 기사로서 테오데리히에 관한 글이 담겨있는, 9세기에 생겨난 뢰크Rök의 스웨덴의 루네 비석이다. 카알 대제는 테오데리히에게서 자신의 전형을 보았고 그의 기마상을 라벤나로부터 아헨Aachen으로 옮겨오게 했다. 역사적인 기록들과 전설이 여기서 밀접하게 함께 놓여있는 예이다.

이 통치자의 호평과 대중적인 인기는 풍부한 디트리히 시문학을 장려했다. 특히 중고지 독일어의 서사시인 라벤의 전투(1270년 경에 생성)와 디트리히의 도주(1280년 경에 생성)는 역사적인 인물과 부합하고 있다. 이 서사시들은 에르마네리히(에름리히)Ermanerich(Ermrich)와 겨룬 디트리히의 전투, 그의 제국에서의 추방 그리고 제국의 재탈환에 중점을 두고 있으며, 역사적으로는 오도아케르와 겨루었던 테오데리히의 전쟁에 기초를 두고 있다. 전설 속의 베른은 역사적 장소인 베로나에서, 즉 오늘날까지도 여전히 비석이 세워져 있는 그 역사적인 라벤나에서 라벤과 라벤 전투가 유래하고 있다. 동화풍의 디트리히 시가와 비터롤프, 디트라이프 그리고 오르트니트와 알파르트의 죽음과 같은 서사시들이 뒤를 잇고 있다.

디드레크 사가에서는 디트리히의 인생 여정이 처음부터 마지막까지 연결되어 전해지고 있다. 이때문에 디드레크 사가는 앞에 소개된 전설의 재형성에 기초가 되었던 것이고, 또한 거기에 등장하는 여러 갈등과 인물들이 선과 악이라는 대립적 양상에서 덜 극단화 되었다. 비드가(비테게)Widga(Witege)와 하이메는 단순한 모반자들이 아니며, 그들은 양 전선에 가로놓여 있으면서 그로 인해 더욱 다층적인 모습을 보여주고 있다. 이는 더 엄격하고 진지한 독일의 영웅상과 비교해 볼 때 개방적인 스칸디나비아적 시각이라고 볼 수 있다. 동화적인 디트리히 시문학에 관해서는 앞의 글에 에켄의 노래와 라우린(13세기 말)이 첨가되었다. 이밖에도 힐데브란트의 노래가 삽입되었다. 유일하게 보존된 고고지 독일어의 영웅가요에서는 라벤의 전투가 있을 당시에 힐데브란트가 하두브란트와 상봉한다. 노래에는 빠져있는 결론 부분이 에다에 있는 힐데브란트의 만가 중 4연에서 볼 수 있다. 즉 힐데브란트는 전쟁에서 자신의 아들을 죽이도록 강요당한다. 역사적인 관점에서 정확히 말하면 여기서 디트리히의 상대는 오도아케르이다.

500년 경 두 명의 대장장이를 감금해 놓고 자신을 위해 장신구를 만들도록 요구했던 루기의 여왕 기조Giso에 관한 이야기가 전해지고 있다. 그녀의 어린 아들이 대장간으로 들어왔을 때, 대장장이들은 만일 자신들을 놓아주지 않을 경우 그녀의 어린 아들을 죽이겠다고 위협한다. 여왕은 자신의 뜻을 굽히고 대장장이들을 풀어준다. 손수 완성한 날개를 달고 여왕 미노Mino의 손아귀에서 도망쳤던 대장장이 대달루스Dädalus에 관한 이야기와 같은 고대의 여러 전설들과 결합함으로써 거기에서 빌란트의 전설이 생겨났다.

보존되고 있는 가장 오래된 전설 가운데 '빌란트의 노래'가 에다의 영웅전설 중 서두에 위치하고 있다. 그 이후 사로잡혀 불구가 된 대장장이는 황금에 눈이 먼 왕의 두 아들들을 살해함으로써 그리고 왕의 딸을 임신시키고 자신이 완성한 깃털옷을 입고 영원히 달아나 버림으로써 왕에게 복수한다. 하지만 더 최근의 산문인 디드레크 사가에 의하면 빌란트는 왕이 죽은 후 그의 아들과 공주에게 그리고 그들의 아들에게로 돌아온다. 그리고 화해를 위해 공주와 결혼식을 올리고 왕의 궁전에서 오래도록 머문 다음 아내와 아들을 데리고 고향으로 돌아간다.

(궁중 및 봉건 시대와 같은) 지나간 한 역사적 시기의 글을 후기 시민시대의 언어로 옮겨질 수 있다는 사실이 헬무트 브락케르트에 의해 원칙적으로 의심되어진다.[12]

근대의 문학은 어떤 부분에 있어서 일종의 결손을 감수해야 하며 역사적인 신뢰를 얻기 위해 노력해야만 한다.

디트리히 시가와 견주어볼 때 그 분파됨이 적은 니벨룽엔의 노래의 전승 또한 문헌의 다양성을 지니고 있다. B와 같은 개개의 필사본들조차도 일치되지 않는 내용과 모순점들이 눈에 띄게 드러나고 있다. 작가는 전해져 이야기 되어온 것들을 존중하고 특정한 사실들을 그대로 유지하려 했고, 자료들을 완벽하게 간파했던 것이 아니라, 그것들을 수집해서 나름대로 해독했던 것이다.[13]

고대의 전설 뿐만 아니라, 전승된 여러 이야기들을 융합한 경우 또한 텍스트 속에서 〈어색한 면〉을 초래하기 마련이다.

성과있는 작업이 그런 조야한 부분과 동시에 신화적인 것의 핵심을 밝혀낼 것이다. 신화란 - 엄밀히 말해서(자유로운 인물들을 형상화 작업. 그리고 풍자는 여기서 배제된다) - 신화에 적합한 서술 방식과 언어를 요구한다. 비약적이고 확실히 이성적으로도 동기화되지 않는 내용 전개는 신화적 성격임에 틀림없다. 따라서 지그프리트는 이전의 연인이었던 브륀힐트를 기만하고서 그녀에게 마음에도 없는 군터와 결혼하도록 강요한다. 하겐이 에첼의 아들인 오르트리프의 목을 치자, 훈족의 통치자와 화해할 가망성은 영영 사라지고 만다. 논리적이며 심지어 심리학적인 설명이 불가능하며, 텍스트에 여전히 더욱 모호한 의미를 강행한다.

니벨룽엔의 노래는 가장 풍부하고 시적인 문학 형태로 부르군트족의 전설을 담은 새로운 이야기의 기초가 되고 있다. 이전에는 전래되어 온 것들이 고려되었지만 새로운 이야기에는 '니벨

---

12) Das Nibelungenlied, Ausg. Brackert, Tl. 1, S. 268. 참조.
13) Curschmann,《Nibelungenlied und 〈Klage〉》, Sp. 946f. 참조

룽엔의 노래'에 등장하는 이야기꾼이 수용되어 그가 모순되는 내용, 즉 배타적인 사건 또한 전해줄 수가 있게 되었다. 에첼은 보물 때문에 크림힐트에게 구혼한다는 사실을 알게 된다. 에첼은 복수심에 불타고 있는 크림힐트로 하여금 그녀의 오라버니들을 자신의 궁정에 초대하도록 부추긴다. 왜냐하면 그는 이러한 방식으로 보물을 얻고자 희망하고 있기 때문이다. 두 가지 이해관계와 관련해서 크림힐트가 군터를 죽이게 했다는, 즉 하겐의 목을 베고 자신마저도 힐데브란트의 칼에 쓰러진다는 잘 알려진 결말과 더불어 언급한 고대 북유럽의 표현법이 있다. 이 화자 또한 의도적으로 평가를 포기하고 있다. 지그프리트를 살해한 하겐의 행위가 비난받지도 않고 있으며, 그렇다고 부르군트 제국의 존립을 위한 필요한 행위로써 정당화되지도 않는다.

전래된 원전들과 마찬가지로 신화의 다의성은 앞서 보여준 신화와 전설의 재형성에 받아들여지도록 시도되고 있다. 언어상으로 고대의 여러 흔적들이 개별적인 문장이나 관용어적인 문구에서 또는 당시 이야기에 있어서 전형적인 중요한 호칭형태, 즉 독일어의 친칭인 《너》에서 존칭어인 《당신》으로 변화된 것도 그대로 보존되고 있다. 고대와 현대의 통합이 이루어지도록 추구되었던 것이다. 예를 들어 《민네minne》(중세의 궁정적 사랑 - 옮긴이)(현대에는 우스꽝스러운 의미로만 사용되고 있다) 대신에 《사랑Liebe》이라는 단어로 대치시켰다. 《종사》라는 단어는 오늘날에도 여전히 통용되고 있다. 그것에 반해서 이 책에서는 중세 이전의 시기가 수용되었기 때문에 중세기사의 개념이 빠져있다. 따라서 신화와 전설을 재형성한 것들이 더러 고풍스런 표현으로 여겨질 뿐만 아니라, 쉽게 친숙해지기 어려운 것으로 보여질 수도 있을 것이다. 이것은 고대 설화의 음조가 계속해서 이어지도록 보존된 것이다.

라이너 테츠너

옮긴이 | 성금숙

성금숙은 청주대학교 독어독문과를 졸업한 후 서강대에서 석사
와 박사학위를 받았다.
서강대와 청주대를 출강했고, 현재 독일 괴팅엔에서 일하고 있
으며 역서로는 〈황새 이야길랑 더 이상 하지 마세요〉가 있다.

GERMANISCHE GÖTTER-UND HELDENSAGEN by Reiner Tetzner

Copyright ⓒ 1997 by Reiner Tetzner

Translation copyright ⓒ 2002 by Bumwoosa
Korean translation rights arranged with
Philipp Reclam Jun. Verlag GmbH & Co.
Through Eric Yang Agency, Seoul, Korea

게르만 신화와 전설

발행일　초판　1쇄 발행 | 2002년　3월　25일
　　　　　초판　8쇄 발행 | 2019년　3월　5일

지은이 | 라이너 테츠너　　　　**옮긴이** | 성금숙
펴낸이 | 윤형두　　　　　　　**펴낸곳** | 범우사
교　정 | 마희식　　　　　　　**인쇄처** | 태원인쇄
등록번호 | 제406-2003-000048호 (1966년 8월 3일)
　　　　　　(10881) 경기도 파주시 광인사길 9-13 (문발동 525-2)
대표전화 | 031-955-6900　　　**팩　스** | 031-955-6905
홈페이지 | www.bumwoosa.co.kr　**이메일** | bumwoosa@chol.com

ISBN 89-08-04202-4　04900
　　　89-08-04200-8　(세트)

* 책값은 뒤표지에 있습니다.
* 잘못된 책은 바꾸어드립니다.